Jay Martin   *Henry Miller*

Jay Martin

Henry Miller
Die Liebe zum
Leben

Eine Biographie

Deutsch von Werner Waldhoff

claassen

1. Auflage 1980
Copyright © 1980 by claassen Verlag GmbH, Düsseldorf
Alle Rechte der Verbreitung in deutscher Sprache, auch durch Film, Funk und
Fernsehen, fotomechanische Wiedergabe, Tonträger jeder Art und auszugsweisen
Nachdruck oder Einspeicherung und Rückgewinnung in Datenverarbeitungsanlagen
aller Art, sind vorbehalten.
Gesetzt aus der Times der Linotype GmbH
Satz: Computersatz Bonn GmbH, Bonn
Papier: Papierfabrik Schleipen GmbH, Bad Dürkheim
Druck und Bindearbeiten: Ebner Ulm
Printed in Germany
ISBN 3 546 46345 5

In liebevoller Erinnerung an meinen Vater

Von der Liebe dürfen wir alles erwarten. . . Unser innerer Reichtum oder unsere innere Armut entspricht der Kraft unserer Vision. Liebe klärt das Spiegelbild unserer selbst. Es kann keine Erweiterung unserer Vision geben ohne einen entsprechenden Sprung der Liebe.

Henry Miller
»Love and How It Gets That Way«

Inhalt

Ein programmatisches Vorwort

Ein Buch mit sieben Siegeln, das ist Henry Miller schon immer gewesen – auch für sich selbst. Bei dem Versuch, die besondere Art seines Schreibens zu erklären, kam er zu dem Schluß, daß seine Arbeit die Erschaffung seiner »Legende« war. Und diese »Legende«, so fuhr er fort, indem er die Worte Miguel de Unamunos auf sich anwandte, »haben wir gemeinsam geschrieben, die anderen und ich, meine Freunde und meine Feinde und die zwei Seelen in meiner Brust, mir freundlich und feindlich gesinnt . . . Kann ich so sein, wie ich mich selbst sehe, oder so, wie andere mich sehen? Das ist der Punkt, an dem diese Zeilen vor meinem unbekannten und unerkennbaren Ich ein Geständnis ablegen, vor jenem Ich, das auch für mich unbekannt und unerkennbar ist. *Hier beginnt die Schöpfung der Legende, in der ich versinken muß.*«

So stand es in einem frühen Entwurf von *Im Wendekreis des Steinbocks*. Aber auch in allen anderen Werken Millers wird die Autobiographie seiner Legende, nicht seines Lebens nachgezeichnet. Seine Kunst wandelt ständig ihre Gestalt, sie ist die Erschaffung eines Ichs auf der Grundlage der Auslöschung oder zumindest Maskierung des eigenen Ichs. »Für mich ist alles Metamorphose«, gestand er einmal Claude Houghton.

Die meisten Studien über Miller gehen allerdings von der Annahme aus, daß seine Bücher genaue Fakten liefern, aus denen sich seine persönliche Vergangenheit ableiten läßt. Naiverweise haben so seine Kritiker versucht, den schöpferischen Prozeß umzukehren und die erfundene Legende wieder im gelebten Leben aufgehen zu lassen. Millers Bücher selbst unterstützen natürlich diese

Deutung; sie leben aus einer Atmosphäre persönlicher Erfahrung, die ihnen ihre Authentizität gibt.

Die biographische Methode, die die Person des Autors in den Romanen wiedererkennen will, leidet aber unter drei grundsätzlichen Nachteilen. Selbst wenn man annehmen könnte, daß Millers »Enthüllungen« sein wahres Leben widerspiegeln, so hat er doch nie behauptet, die vollständige Wahrheit über sein Leben niedergeschrieben zu haben. Ganz im Gegenteil. »Alles hab ich in meinen Büchern nie erzählt – und werde es auch nie tun«, erklärte er einmal dem deutschen Herausgeber einer aus dieser Methode abgeleiteten biographischen Skizze. Und zweitens ist Millers Darstellung seines Lebens ganz offensichtlich in zahllosen Punkten irreführend. Lawrence Durrell erzählt die Geschichte, wie er in Millers Apartment in der Villa Seurat hineinspazierte, wo Miller wie »verrückt vor sich hinkritzelte«, das unberührte Frühstück neben sich. Miller erklärte seine Eile: »Heute morgen . . . als ich den ersten Bissen im Mund hatte, kam mir der Gedanke: Was immer auch geschieht, früher oder später kommt der Tod. Ich stieß mein Frühstück beiseite und fing mit fieberhafter Hast an, ein paar Notizen über mein Leben zusammenzutragen, die für meine Biographen von Nutzen sein könnten. Bloß Namen von Orten und Leuten und Einflüssen – eine Art Zusammenfassung meines Lebens. Bis jetzt hab ich nur so wenig von der Wahrheit zu Papier gebracht. Vor lauter Ungeduld könnte ich rasend werden . . . Und weißt du was?« sagte er in leisem verschwörerischem Ton. »Hier und da lüg ich absichtlich mal ein bißchen – nur um die Bastarde auf eine falsche Fährte zu locken.«

Jeder Versuch, Millers Leben über seine Romane auf die Spur zu kommen, geht von zweifelhaften Grundannahmen über die Informationsmöglichkeiten von Romanliteratur aus und stützt sich auf nicht mehr als ein kompliziertes Spinnennetz aus Vermutung und purer Erfindung.

Mehrere seiner Freunde haben mit persönlichen Erinnerungen über Miller Bände gefüllt, die auf den ersten Blick größere Genauigkeit versprechen. Doch keiner dieser über Miller schreibenden Bekannten war länger als ein paar Jahre eng mit ihm vertraut oder kannte mehr als nur eine Seite seines Wesens. Wie Miller mir gegenüber einmal bemerkte: »Selbst meine ›engsten‹ Freunde kennen oder kannten lediglich einen Abschnitt meines Lebens, und zwar denjenigen, den ich mit *ihnen gemeinsam* verbracht habe.« Das beste Beispiel für die Richtigkeit dieser Feststellung ist seine gefeierte Freundschaft mit Lawrence Durrell. Diese beiden Schriftsteller korrespondierten ausgiebig miteinander, obwohl sie alles in allem genommen wenig mehr als ein paar Monate gemeinsam verbrachten. Außerdem wird man bei Memoirenschreibern fast immer feststellen, daß sie über die Beschreibung ihrer Beziehung zu berühmten Freunden wie Miller ein bestimmtes, bis zur Zensur definiertes Bild von sich selbst entwerfen und verteidigen.

Selbstverständlich habe ich sämtliche Bücher von Miller gelesen und alles, was über ihn geschrieben wurde. Ich ging noch einen Schritt weiter und interviewte verschiedene Bekannte von Miller, tastete persönliche Erinnerungen ab, nicht so sehr um Informationen über Miller zu sammeln, sondern um ein Gefühl für bestimmte Persönlichkeiten zu entwickeln, die für ihn von kritischer Bedeutung waren.

In diesem Buch hier habe ich allerdings versucht, Millers Leben durch eine vollkommen andere Methode zu erfassen, die einen wesentlich direkteren und objektiveren Zugriff erlaubt als gedruckte Werke und Interviews. Ich habe mich bemüht, so zu schreiben, als wäre noch nie ein Wort über Miller geschrieben worden. Meine Biographie basiert fast ausschließlich auf den in dreiundzwanzig Bibliotheken und in Privatbesitz aufbewahrten umfangreichen Sammlungen von Manuskriptmaterial. In einem Zeitraum von drei Jahren habe ich für diese Biographie insgesamt über hunderttausend Manuskriptseiten gelesen. Wo immer es ging, las ich stets die Originalmanuskripte – einschließlich der Werke von und über Miller, ja selbst der Briefsammlungen –, ein Verfahren, das deutlich zeigt, wie irreführend die gedruckte Endfassung sein kann. Ich glaube, kein anderer amerikanischer Schriftsteller hat derart viele Aufzeichnungen über sein Leben hinterlassen. Aus der Sammlung von Briefen, Notizen, Tagebucheintragungen, Marginalien, Korrespondenzen, Verträgen, finanziellen Aufzeichnungen, Buchskizzen, Zeitungsausschnitten, Roman- und Essayentwürfen, Wandkarten, Fotos aus verschiedenen Zeiträumen und aus einer Vielfalt anderen Materials begannen für mich die Umrisse von Millers Leben aufzutauchen.

Ganz anders als das Sammeln des Materials war jedoch das Schreiben von Millers Geschichte. Beim Lesen der Manuskripte machte ich mir ungefähr zweihunderttausend Notizen, ein umfangreiches Papiermosaik von Millers Leben und Geist. Aber ich habe nie beabsichtigt, eine Art »Miller-Logbuch« zusammenzustellen. Auch der Biograph muß wandlungsfähig sein; und ich wollte einen Stil entwickeln, der mehr als die Fassade von Millers Karriere, der auch die Winkel seines Herzens und die Korridore seiner Phantasie begreifbar machen konnte. Ich wollte wissen, wo er lebte und wie, was er aß und wie er sich anzog, zu wem er was wo sagte. Aber auch in seine Legende wollte ich ihm ein kleines bißchen folgen, da die »Fakten« seines Lebens gerade dort am interessantesten – und vielleicht auch am wahrheitsgetreuesten – werden, wo sie an den Rand des Geheimnisvollen stoßen.

Deshalb gibt diese Biographie gewiß nicht vor, Millers Leben zu *sein*: kein ein paar hundert Seiten umfassendes Buch könnte ein Leben in seiner Gesamtheit wiedererstehen lassen. Selbst wenn mir mein Material über lange Strecken hinweg erlaubt, Millers Leben mit großer Genauigkeit zu folgen, so ist doch meine Biographie – wie könnte es anders sein – eine symbolische Wiederbelebung der vielleicht wichtigsten Fakten von Millers Leben.

Teilweise muß ich Miller zustimmen, der mich zur Vorsicht mahnte: »Ich bin«, schrieb er, »gut dokumentierten Biographien gegenüber äußerst mißtrauisch, ebenso wie ich historischen Berichten und Ereignissen skeptisch gegenüberstehe. Wenn dagegen der Biograph nur aus seiner Vorstellungskraft heraus über sein Thema schreibt, so wie er seine Person zu sehen *glaubt*, das wäre eine andere Sache. Was mich stört, ist diese Art zu schreiben, *als wüßte er alles* über die Person.«

Zum Teil bin ich allerdings auch anderer Meinung. Ich habe beide Wege beschritten, die Miller hier umreißt, und mein Buch sowohl in die vielfältigen Details von Millers Leben eingebettet als auch die pure Notwendigkeit anerkannt, daß ich, um zum Kern der Dinge vorzustoßen, auf meine eigene Perspektive der Fakten vertrauen muß, um die ihnen innewohnende Wahrheit zu entfalten. Ich unterwerfe mich nicht dem, was ich denke, sondern nur den Gedanken, auf die mich das vorhandene Material bringt. Nach meinem Kampf, die Fakten zu sammeln, begann der Kampf der Fakten gegen mich. Sie haben ein Eigenleben, das zum Ausdruck drängt. Die Einzelheiten, die ich den Dokumentensammlungen entnahm, haben nichts mit meiner Vorstellung zu tun, aber ich habe versucht, ihre Bedeutung phantasiereich zu interpretieren und

12

auszudrücken und den Miller meiner Vorstellung durch das Raster meiner Quellen zu zeichnen.

Ich möchte daher gern behaupten, daß dieses Buch parallel zu Millers Leben verläuft: Es enthüllt den Werdegang von Millers Leben. Anstatt mit Millers Werken zu beginnen und von da her sein Leben abzuleiten, halte ich mich in dieser Biographie an den Augenblick, die irdischen Trivialitäten, Zimmer, Straßen, Häuser und vor allem an all jene Momente des zögernden Tastens nach Selbstverständnis, die schließlich zu der kreativen Arbeit führen sollten. Ich versuche, mich so eng wie möglich an das Leben zu halten, wie es gelebt wurde, und Miller immer kurz vor jenem Moment zu erfassen, an dem seine Phantasie ihre Ursprünge begräbt.

Ich muß gestehen, daß ich weder meinen noch Henry Millers Ansprüchen gerecht geworden bin. Ich nehme nicht an, daß dieses Buch die ganze Wahrheit über Miller enthält, und ich weiß, daß es noch andere Wahrheiten zu suchen gilt. Miller hat der Erschaffung seines Mythos ein ganzes Leben gewidmet, und es ist unmöglich – und vielleicht auch nicht einmal erstrebenswert –, seine Person von seinem Mythos zu trennen. »Ich hatte tausend Gesichter, und alle waren sie echt«, erklärte er einmal einem Freund. Ich habe lediglich etwa ein Dutzend dieser Porträts nachgezeichnet.

Millers Unzufriedenheit mit der biographischen Arbeitsweise saß tief, und mir geht es im Grunde nicht anders. Diese Unzufriedenheit hat verschiedene Ursachen. »Als ein Mensch, der ein ›vielschichtiges‹ Leben geführt hat«, enthüllte er einmal, »würde ich mir bestimmt nicht wünschen, daß jemals meine Motive mit kaltem, weltlichem Auge untersucht werden.« Jeder Mensch hat das Recht, behutsam mit seinem Leben umzugehen. Allgemeiner ausgedrückt, hat er einmal geschrieben, daß »ein Schriftsteller nicht einmal ahnt, wie der Verstand eines anderen Schriftstellers funktioniert«, und daß sich deshalb »Biographen im Irrtum befinden, wenn sie glauben, sie lernen einen Schriftsteller dadurch kennen, daß sie seine Briefe lesen, mit seinen Freunden reden und hier und dort und überall die verschiedensten Bruchstücke zusammenklauben«. Diese Art von solipsistischer Argumentation würde natürlich aller Personenbeschreibung außer der autobiographischen ein Ende machen, und wenn man Millers Aussage auch nicht überzeugend widerlegen kann, so sollte man sie doch schleunigst vergessen.

Bei anderer Gelegenheit schrieb mir Miller, daß eine Biographie, so wie ich sie im Sinn hätte, unmöglich sei. »Offen gesagt, glaube ich einfach nicht daran, daß irgend jemand die Art von Biographie schreiben kann, die ich gerne lesen würde. Nicht weil ich mich für so ein kompliziertes Wesen halte, obwohl auch das zutrifft, sondern weil ich glaube, der Biograph sollte die Person, über die er schreibt, von Anfang an gekannt haben und nicht erst siebzig Jahre später.« Als lebenslanger Freund tauge ich nicht viel, und die einzige Qualifikation, die ich hier aufzuweisen habe, besteht darin, daß ich in der gleichen Gegend von Brooklyn aufgewachsen bin wie er, zwischen den gleichen Gebäuden und der gleichen Sorte Menschen, zwar vierzig Jahre nach Miller, aber Brooklyn hat sich seitdem nicht sehr verändert.

Trotzdem *habe* ich so geschrieben, als könnte ich Millers und meine eigenen Bedenken zerstreuen. Ich glaube, einige seiner vielen Gesichter habe ich in diesem Buch skizzieren können. Ich habe versucht, sein Leben nicht einfach mit jenem kalten, weltlichen Auge anzusehen, sondern auch mit dem zärtlichen Blick des sinnlichen Auges, wie D.H. Lawrence es ausgedrückt hat. Ich habe – wie ich glaube, zu Recht – angenommen, daß jeder Autor, der wie Miller sich selbst so oft dargestellt hat, dem Leser Einblick in seine Denkweise schuldet – ansonsten wären seine Bücher ohne Bedeutung.

Und schließlich habe ich, wenn auch in begrenzter und künstlicher Form, sein Leben durch siebzig Jahre hindurch wie ein Freund ohne vorgefaßte Theorien begleitet, in einer Mischung von Bestürzung und Zuneigung.

»Mein Buch ist der Mann, der ich bin«, sagt Henry Miller in einem der Filme über ihn, »der verwirrte Mann, der nachlässige Mann, der rücksichtslose Mann, der lustvolle, obszöne, ungestüme, nachdenkliche, gewissenhafte, verlogene, diabolisch aufrichtige Mann, der ich bin.« In den Jahren, die ich mit dem Studium von Millers Leben und dem Schreiben an seiner Biographie verbracht habe, ist mir deutlich geworden, daß seine Bücher – und er – all diese Eigenschaften besaßen.

Henry Miller hat seinen Glauben, daß niemand seine Biographie schreiben könne, niemals aufgegeben. Aber er gab mir die Erlaubnis, mich durch den Berg persönlicher Aufzeichnungen in der Library of Congress, in der Special-Collections-Abteilung der Universität von

Kalifornien und einem Dutzend anderer Bibliotheken zu arbeiten, die bisher unzugänglich waren. Und auf diese Weise und trotz seinen tiefen Zweifeln gab er mir die Mittel und den Mut, dieses Buch zu schreiben.

Erstes Buch
New York

1. Klein-Henry und sein Pferd Dexter

»Ich bin unter einem glücklichen Stern geboren«, hat Henry Miller immer gern von sich gesagt. Geheimnis und Macht schienen von Anfang an seine Bestimmung zu sein. Er wurde am zweiten Weihnachtsfeiertag 1891 gegen 12.17 Uhr unter der Konjunktion von Pluto und Neptun geboren. Diese von der Erde am weitesten entfernten Planeten, die letzten, die von der Wissenschaft entdeckt wurden, besäßen bedeutsame astrale Einflüsse, wie er gerne rühmte. Und obwohl Steinböcke schon »bei Geburt alt sind«, wie ihm ein Astrologe erklärte, so sind sie doch in ihrem Streben nach Erfolg zu jeder Willensanstrengung und Beharrlichkeit fähig: sie sind ausdauernd.

»Ich wurde glücklich geboren«, sagte Henry Miller viel später. ». . . für mich war das der Normalzustand.« Vielleicht mußte er deshalb so viel leiden, weil er zum Glück verurteilt war.

Das Licht der Welt hat er im letzten Zipfel des neunzehnten Jahrhunderts über einem Saloon in der 450 East Eighty-fifth Street erblickt, in der Nähe der York Avenue in Manhattan, und dort hatte er Ausdauer und die Fähigkeit, Gutes und Schlechtes ertragen zu können, dringend nötig.

Nicht nur die Sterne, auch die ganze Galaxis seiner Vorfahren war ein Einfluß bei seiner Geburt. Obwohl seine Eltern beide deutscher Abstammung waren, kamen sie doch aus verschiedenen Welten. Heinrich *Müller*, sein Großvater väterlicherseits, wurde in Minden an der Weser geboren; seine Frau Barbara Kropf stammte aus Bayern. Der Vater seiner Mutter, Valentin Nieting, kam aus Darmstadt und seine Frau mit dem Mädchennamen Insel aus Bremen. Seines Vaters Familie bestand aus umgänglichen, fröhlichen Menschen, während die Familie seiner Mutter ein streng geordnetes Leben führte. Heinrich *Millers* Familie war leichtlebig, anpassungsfähig und fühlte sich überall zu Hause. Viele Männer der Nieting-Familie waren Kapitäne, die ruhelos um die ganze Welt reisten und sich an so weit entfernten Orten wie den Marquesas niederließen, aber selbst die Winde des Pazifiks konnten ihre teutonische Kälte nicht fortblasen.

Henrys Großväter kamen beide nach Amerika, um dem Militärdienst zu entgehen, und ließen sich im Yorkville-Bezirk von New York City nieder. Wie viele andere deutsche Einwanderer auch amerikanisierte Heinrich Müller schon bald seinen Namen. Seinen 1865 geborenen Sohn nannte er Heinrich Miller nach sich selbst. Der Neiting-Familie wurde 1870 eine Tochter geboren, die den Namen Louise Marie bekam. 1890 sollten diese beiden heiraten, aber ein Leben lang blieben sie zwei vollkommen verschiedene Persönlichkeiten; beide trugen sie das Erbe ihrer Herkunft und ihres Familientemperaments in sich.

Obwohl Henry Millers Vater, soweit bekannt ist, in seinem Leben nur wenige Bücher gelesen hatte und sich nur an eins davon erinnern konnte – geschrieben von einem »Kerl namens Ruskin« –, war er selbst ein großartiger Erzähler. Umgänglich und freundlich, redete er gern und verfügte über ein gutes Gedächtnis und viel Phantasie. Er lockte die Leute aus ihrer Reserve, indem er sich voller Mitgefühl ihre Leidensgeschichten oder voller Begeisterung ihre Abenteuer anhörte. Er arbeitete gern auf der Schneiderbank im Haus seines Vaters in Yorkville, er aß und trank gern, er liebte den Gesang. Sein Geld gab er mit vollen Händen aus oder verlieh es, fest davon überzeugt, daß es wieder auftauchen würde, wenn er Hilfe nötig hätte.

Louise Marie Nieting liebte die Ordnung, ein wohlhabendes, gutbürgerliches Leben. Ihre Stärken lagen genau dort, wo Heinrich seine Schwächen hatte, und manchmal wirkte sie stolz, kritisch und intolerant; Unregelmäßigkeiten verabscheute sie. Vor allem schien sie ein instinktives Gefühl für anderer Leute Fehler zu besitzen. Menschliche Schwächen betrachtete sie mit dem gleichen Abscheu, den sie für unangenehme Küchengerüche oder unordentliche Kleidung bereithielt.

Der Sohn, den Louise etwas über ein Jahr nach ihrer Heirat mit Heinrich Miller im Dezember 1891 zur Welt brachte, besaß ein

20

eigenes Temperament. Aber das geteilte Erbe hatte, wie sich bald herausstellte, deutliche Spuren in ihm hinterlassen, und so war es nur angemessen, daß er »Henry« nach dem einen und »Valentine« nach dem anderen Großvater genannt wurde: Henry Valentine Miller.

Seine Eltern zogen von Yorkville über den East River nach 622 Driggs Avenue, Williamsburg, Brooklyn, noch ehe Henry ein Jahr alt war. 1892 war das noch kein Stadtteil von New York City. Henry hielt sich von da an stets für »einen Brooklyn-Jungen«. Der geheimnisvolle Ort seiner Herkunft war Yorkville, wo hartnäckig deutsch gesprochen wurde und wo er im Sommer seinen angebeteten Vetter Henry Baumann besuchen konnte. Henry veränderte sich, Yorkville blieb immer gleich. Williamsburg aber war der Schauplatz, an dem er heranwuchs und der seine frühesten Erinnerungen prägte.

Eingehüllt in die durch und durch deutsche Atmosphäre seiner Familie, sprach Henry bis zu Beginn seiner Schulzeit nur deutsch. Am 11. Juli 1895 wurde seine Schwester Lauretta Anna geboren. Sein Leben kreiste um zwei Fixpunkte, sein Zuhause und seine Eltern.

Das Millerhaus, ein dreistöckiger Backsteinbau mit einem Laden im Parterre, war eines der besseren in diesem Viertel. In seinem Lord-Fauntleroy-Anzug mit Spitzenkragen wagte sich der kleine Henry kaum zur Tür hinaus. Von den Straßen und Läden und Gebäuden kannte er nur das, was er von seinem eigenen Haus aus sehen konnte; er lebte fast ausschließlich in den sauberen, ordentlichen Zimmern. Sein Leben war wohlbehütet, aber es war ein reiches buntes Leben; denn was er von den Fenstern aus sehen konnte und was er dazu noch alles im Haus besaß, ergab eine vollständige Welt, ausreichend für jedes Kind, wie wißbegierig es auch immer sein mochte. Manchmal saß Henry auf den Eingangsstufen und schaute zu dem flachen niedrigen Dach auf der anderen Straßenseite hinüber, wo sich Mrs. O'Mielios streunende Katzen herumtrieben und auf ihr Futter warteten. Er konnte den Duft von Jodoform riechen, der von dem Laden unten in seine Richtung trieb, wo der Veterinär Dr. Kinney Hengste kastrierte. Manchmal saß Henry im Haus und beobachtete den dahinterliegenden Garten. Ein Holzzaun begrenzte den Garten, auf den jemand grob mit schwarzer Farbe die geheimnisvolle Gestalt einer Frau mit weitem Rock und russischem Pelzhut, einen kleinen Hund an der Leine führend, gemalt hatte.

Eine große Ulme stand da, sehr knorrig und unheimlich, fast abgestorben, nur die oberen Äste lebten. Daneben blühten verschwenderisch die geliebten Blumen seiner Mutter – Flieder und Chrysanthemen und Schneeballbüsche. Auf der einen Seite des Gartens stand das Räucherfischhaus, auf der anderen Goellers Sommerhaus, durch dessen Gitterfenster Henry die unaussprechlichen Geheimnisse der Leute zu erspähen versuchte, die im Inneren wie die verschwommenen Gestalten in einem Edisonfilm herumflimmerten.

Manchmal kletterte er in den zweiten Stock des Hauses. Hinter dem Garten, vorbei an dem unbebauten Grundstück nebenan, konnte er die Konservenfabrik sehen, von wo ein beißender Gestank von Rauch und Konserven herübertrieb. Die nähere Umgebung lag wie ein Metallgarten da, bedeckt mit verstreuten Blechbüchsen, manche neu und hell und strahlend in der Sonne, andere fleckig und rostig wie sterbende Blumen. Mit beängstigender Regelmäßigkeit fing die Konservenfabrik Feuer: In einem Winter brannte die Fischräucherei ab, als es so kalt war, daß das Wasser in den Feuerwehrschläuchen einfror. Voller Erstaunen betrachtete Henry die verkohlten Mauern und die schweren Balken, von denen noch die wuchtigen Eisenhaken baumelten. Die zahlreichen Feueralarme sandten zwar immer noch einen Schauer des Entsetzens durch Henry, doch die anderen Familienmitglieder hatten sich schon so daran gewöhnt, daß sich Großvater Nieting tatsächlich einmal weigerte, sein Bett zu verlassen, bis die Feuerwehrmänner bei ihm eindrangen und sein Zimmer unter Wasser setzten.

Innerhalb des Hauses gab es für Henry überall was zu lernen. Am schönsten war es im Zimmer seines Großvaters, der dort auf einer massiven Bank arbeitete, seine Papiermuster ausbreitete und zuschnitt und nähte oder mit seinem großen Bügeleisen über feuchte Nähte fuhr. Seine Augen hatten einen merkwürdigen entrückten Ausdruck, vor allem dann, wenn er sich am Becken wusch, um sich für einen kleinen Besuch in Paul Kerls Taverne fertigzumachen. Er sang dazu fremdartige Lieder oder murmelte sich selbst und dem kleinen Jungen etwas von alten Zeiten zu und erzählte Geschichten von einem seltsamen Menschen namens Buxtehude. In diesem Zimmer putzte Henry für einen Penny die Schuhe seines Großvaters und schnitt Papiermuster für die Anzüge des alten Mannes aus. Er versuchte, die Zeitungen zu lesen, ohne die Wörter zu verstehen.

Großvater hatte ein wunderschönes Chinesengesicht und trug fast den gleichen Namen – Valentin – wie Henry auch. Und er sprach ein herrliches Englisch – wie ein echter Engländer –, denn er hatte über zehn Jahre lang als Schneidergeselle in einem Geschäft an einem wundervollen Ort namens Savile Row in London gearbeitet.

Das Wohnzimmer war viel größer, mit Sofaschonern und überpolsterten, steifen Möbeln. An den Wänden hingen sentimentale Stiche und Familienfotos. Eine Aufnahme zeigte Henry im Alter von drei Jahren, neben seinem Holzpferd Dexter stehend. Er hatte lockige Haare und einen verletzten, halb verängstigten Blick.

Ganz in der Nähe befand sich die Küche, aus der die schweren, dampfenden Gerüche der deutschen Gerichte drangen, Suppen, Fleischbälle, Spinat mit Eiern, Kartoffeln, Mehlklöße mit dicker Soße, Leber, siebenstöckige Torten, Pudding und Pasteten. Kamen Verwandte aus Yorkville in Manhattan oder Bekannte aus Ridgewood in Queens zum Essen, dann rollten ganze Festmahle aus der Küche, denen Whisky und Schnaps vorausgingen und die mit Bier oder Rheinwein und Apfelsaft für die Kinder hinuntergespült wurden. Am üppigsten waren diese Dinner dann, wenn die Seeleute, die herumvagabundierenden Verwandten aus den abgelegenen Ecken der Welt, zu Besuch kamen – Deutschland, Kalifornien, Alaska, den Karolinen. Dann waren die Düfte, die aus der Küche strömten, so kräftig und verschiedenartig, daß die Luft selbst eßbar schien.

Im Mittelpunkt des Hauses lag Henrys eigenes Alkovenzimmer. Als er noch sehr klein war, nahm ihn hier seine Mutter zum Ausguß und sagte: »Henry, du willst doch nicht mehr aus der Flasche trinken, oder?« Und als er mit »Nein« antwortete, zerschlug sie die Flasche im Ausguß. Hier durchlitt er all die Kinderkrankheiten, die die Stunden zu Ewigkeiten werden lassen, die aber auch seinen Vater in sein Zimmer brachten, der ihn mit Spezialseife einrieb, um sein Jucken zu lindern, oder ihn mit der Laterna magica aufheiterte. Ab und zu hatte er entzündete Augen und mußte dunkle Gläser tragen. Er fürchtete sich allein in dem finsteren Zimmer und träumte davon, daß ein großer Bär durch die Gitterstäbe vor seinem Fenster einzubrechen versuchte.

Bald aber kam wirklicher Kummer in sein Leben. Viele seiner Verwandten lebten im Ausland, und ihre Besuche demütigten ihn. Die erste Zurechtweisung von der Welt da draußen kam von ihnen –

nur weil er seine Suppe zu laut aß! Ein kleiner deutscher Cousin in einem Samtanzug tadelte ihn: »Schleuse nicht so! Warum schlürft er so?« Henry hätte ihn umbringen können. Und doch buckelten seine Mutter und seine Tanten vor diesen hochnäsigen, vornehmen Verwandten, geradeso, als wären die Millers aus dem vierzehnten Distrikt von Brooklyn *Dreck*. Henry jedenfalls empfand, daß er unbedingt jene entfernten Orte aufsuchen mußte, von wo seine überlegenen Verwandten kamen, um ebenso gut zu werden wie sie. Wirkliches Leben, begann er undeutlich zu ahnen, spielte sich nicht zu Hause ab – Leben war irgendwo anders. Den Kapitän eines Fährschiffes, einen Freund seines Vaters, quälte er mit Fragen über Seereisen. Er sehnte sich danach, seine Vettern in Yorkville oder Glendale, Long Island, zu besuchen. Sein Cousin Henry Baumann aus Yorkville stellte ihn feierlich all seinen Freunden vor: »Das ist Henry, Henry Miller aus Brooklyn«, so als wäre er eine Berühmtheit auf Tournee.

Daheim hatte er mehr und mehr das Gefühl, daß seine Mutter ihn der Familie seines Vaters zurechnete. An den Wohnzimmerwänden hing kein Foto der väterlichen Vorfahren, da Mutter deutlich zum Ausdruck brachte, sie seien »zu gewöhnlich« für eine solche Auszeichnung. Diese Beleidigung beschäftigte Henry. Wenn Vaters Verwandte nichts mit Mutter zu tun hatten, dann *hatten* sie ganz offensichtlich etwas mit ihm zu tun. Vielleicht hielt seine Mutter auch ihn für »zu gewöhnlich«. Vielleicht bekam er deshalb nie das Fahrrad oder das echte Pferd, nach dem er sich verzehrte, den mythischen Bronco aus Texas, den sein Vater ihm versprochen hatte. Das war vielleicht der Grund, warum seine Mutter ihn ständig herumkommandierte und ihn zwang, Dr. Roberts Sonntagsschule zu besuchen, und ihn aufputzte wie ein Muttersöhnchen mit samtener Etonjacke und schneeweißer Baskenmütze mit Quaste und ihn dann derart zugerichtet nötigte, zusammen mit seiner Klasse die Bedford Avenue hinunterzumarschieren. Einen Sklaven machte sie aus ihm; jeden Samstag mußte er die Fenster putzen, wo ihn alle Kinder auf der Straße sehen konnten – Mamasöhnchen! Mutter erniedrigte ihn, wenn sie anderen erzählte: »Klein-Henry hilft seiner Mama ja so gern!« Warum jammerte sie dann ständig, daß er in allen Dingen hintendran war, geradeso wie ein »Kuhschwanz«?

Sie demütigte ihn schrecklich, als er den Kindergarten besuchte, ein winziges Holzgebäude am Fillmore Place. Der Lehrer verteilte zu

Weihnachten nützliche Geschenke – Socken, Handschuhe, Taschentücher. Als er mit leeren Händen heimkam, wurde seine Mutter wütend. »Und wo hast du deine Geschenke?« fragte sie. Henry erklärte, daß er eine gute Tat vollbracht und die Geschenke dem Lehrer mit dem Vorschlag zurückgegeben hatte, sie jemandem zu überreichen, der sie wirklich nötig brauchte: Er wußte, all das und noch mehr würde er vom Weihnachtsmann oder zu seinem Geburtstag erhalten. Außer sich vor Zorn schleppte ihn seine Mutter am Ohr zur Schule zurück und zwang ihn, sich seine Geschenke zurückzuerbeten. Er litt entsetzlich darunter, und ihm war klar, daß seine Mutter ihn tatsächlich mit den »gewöhnlichen« Müllers in einen Topf warf.

Selbst in den Momenten, wo er, auf dem Fenstersims sitzend, die Fenster putzte, spürte er den immer stärker werdenden Wunsch, seinem Zuhause zu entrinnen. Fast konnte er hören, wie die Straße nach ihm rief: lauf auf mir, berühr mich, riech mich, hör mich, schmeck mich, leb in mir! Die Straßen wimmelten vor Leben, fremde Menschen und fremde Orte, strahlend und geheimnisvoll. Sie waren herrlich; in seiner Erinnerung verband sich mit jeder von ihnen ein Wunder. Die Driggs Avenue war natürlich die beste von allen, denn das war seine eigene Straße, die Straße, in der er, Henry Miller, lebte. North First Street zwischen Driggs und Bedford war der Ort für die Spiele des Sommers. Es war eine Straße zum Herumtoben, die Straße, wo sich sämtliche älteren Jungen aus der Nachbarschaft, die Helden des kleinen Henry, versammelten – Lester Reardon, Johnny Dunn, Eddie Carney und andere. Dem schüchternen kleinen Jungen kamen diese herumlungernden, an Laternenpfählen lehnenden und die Mädchen ärgernden Kerle wie vagabundierende Könige vor.

Die Straßen änderten sich mit den Jahreszeiten. Im Winter zog er nach der Schule seinen Schlitten zum Fillmore Place. Manchmal fochten die Jungen große Schneeballschlachten aus, bei denen es wirklich wild zuging. Henry wurde einmal von Bill Ayres durch das ganze Viertel gejagt, weil er ihm einen eisigen Schneeball verpaßt hatte. Wenn Billy ihn erwischt hätte, dann würde es eine ordentliche Tracht Prügel gesetzt haben, aber Henry rannte um sein Leben. (Dabei fiel ihm die Steinschlacht ein, in die er mal in Yorkville geraten war. Ihn verfolgte der Gedanke, daß er wirklich und wahrhaftig einen Jungen mit einem kräftig geworfenen Stein getötet hatte: Der Junge war wie von der Axt getroffen umgefallen, und

Henry hatte sich nicht die Zeit genommen, den Schaden näher zu untersuchen. »Val Miller: Mörder«, flüsterte er vor sich hin, um zu hören, wie das klang.) Auf dem Fillmore Place fanden auch Spiele wie Verstecken, Räuber und Gendarm, Krieg und Fangen statt. Henry und seine Kumpane Stanley Borowski, Louis Pirossa, der mürrische Gus Schmelzer und Alfy Letcher rasten durch das Straßengewirr, sprangen über Zäune und flitzten durch Hinterhöfe.

Die zunehmende Reichweite seiner Abenteuer begann Henry ein Gefühl für das Viertel zu vermitteln; sein Haus war nicht mehr Mittelpunkt seines Lebens. Ecke Driggs und Grand Street lag Pat McCarrens Saloon. An Feiertagen kippten sich dort selbst seine Onkel einen hinter die Binde und mußten an ihren Rockschößen heimgezerrt werden, quer über den Sägemehlboden, vorbei an den Spucknäpfen und durch den Gestank von Rauch und verschüttetem Bier. Reynolds Bäckerei lag in der Grand Street; nicht weit davon entfernt Vosslers Drugstore und Dalys Fischmarkt, wo auf glitzerndem Eis merkwürdige Unterwasserkreaturen lagen. Dann am Ende der Grand Street der East River, die Fährboote und Paul Kerls Bierhalle, wo Großvater sich die deutschen Lieder ebenso wie die Reden der Sozialisten anhörte. Ganz in der Nähe entlang der Kent Avenue lag das große Hafenbecken der Navy, wo die Kriegsschiffe festmachten. Drehkräne und Aufzüge be- und entluden gewaltige Wagen. Abseits der Navy Street zwischen der Hafengegend und Myrtle Avenue verlief eine Straße namens United States Street. Henry bezeichnete sie als Traumstraße – und in seinen Träumen verfolgte sie ihn jahrelang –, denn obwohl er sie bis in die letzte Einzelheit beschreiben konnte, war er nicht immer in der Lage, sie zu finden; die Straße schien ganz nach eigenem Belieben aufzutauchen und zu verschwinden. Andere Straßen regten Träume an: Myrtle Avenue, Berry Street, Metropolitan Avenue, Havermeyer Street und North Fourth. Er wanderte diese Avenuen entlang und träumte davon wegzulaufen, so als würden ihn diese strömenden Adern in die große Welt führen.

Er wuchs heran, entwuchs seiner Familie. Ein Teil von ihm wünschte sich, Klein-Henry zu bleiben. Fast schien sein Pferd Dexter ihm zuzuflüstern, hierzubleiben, ein Kind zu bleiben, voll wilder Aufregung sein Schaukelpferd zu reiten, sich aber nie vorwärtszubewegen. Doch die Kluft zwischen seinem Haus und der Straße vertiefte sich; er spürte, daß sein Leben in zwei Hälften zerhackt wurde, so wie die Metzger der Grand Avenue mit einem einzigen Schlag eine Hammelkeule vom Schafsrumpf trennten. Das einheitliche, abgerundete Leben seiner Kindheit konnte nichts und niemand wieder zusammensetzen. Jung wie er war, fühlte er sich von Dingen angezogen, auf die ihn seine wohlbehütete Kindheit nicht vorbereitet hatte. Verschwommen und voller Unbehagen spürte er, daß in seiner Zukunft eine andere Art von Erziehung auf ihn wartete.

Vor allem das Theater vermittelte ihm Informationen über die Außenwelt, Seine Mutter nahm ihn mit ins Novelty Theatre, wo er sein erstes Stück sah, *Onkel Toms Hütte,* und später dann *Way Down East* und *The Old Homestead* mit Denman Thompson. (Dazu gesellten sich dann haarsträubende Thriller in Corse Paytons Theater und so zweifelhafte Theaterangebote wie *Alias Jimmy Valentine.*) Wie erhaben kam er sich vor, als er selbst dann seine Vettern, Joey und Tony Imhof, ins Novelty mitnahm – und die schlichten Jungen vom Land waren verängstigt, weil die Galerie so hoch war.

Mehr noch als das Theater erweiterte das Lesen seinen Horizont. Zu seinen ersten Büchern zählten: *Robinson Crusoe,* die düsteren deutschen Märchen der Brüder Grimm, *Pinocchio,* die Bücher von Henty (von denen fünf oder sechs Stück auf einmal am Weihnachtsmorgen auftauchten), die Geschichte des jungen Genies Paul Morphy, die Abenteuer von Rider Haggard, *Alice im Wunderland,* die Romane von Dickens, Ellis' *A Boy's History of England* und *Knickerbocker's History of New York.* Einmal sicherte sich sein Vater bei einem anderen Schneider, einem Engländer namens Isaac Walker, eine ganze Kiste voller wunderschön gebundener Jugendbücher. Wenn Henry krank war oder in der köstlichen Stunde vor dem Einschlafen las sein Vater ihm vor, und so brachte Henry Bücher mit Mattigkeit in Verbindung oder mit mythischen Gestalten wie König Arthur oder Saladin, die in seine Träume hinübertrieben. Bücher schenkten ihm das, was auch Williamsburg zu bieten hatte – eine vollkommen neue Welt, die auf Entdeckung wartete. Manchmal versuchte er, seinem Großvater vorzulesen, während der alte Mann auf seiner Bank arbeitete. Einmal bestand er hartnäckig darauf, ihm laut vom Schicksal des Admirals Farragut in der Schlacht von Mobile vorzulesen. Großvater beklagte sich bei Henrys Eltern, daß der Junge zu viel lese. Vielleicht hatte Großvater recht. Die Geschichten brachten Henrys Phantasie zum Überkochen. Manchmal wachte er mitten in der Nacht auf, und die mythischen, engelsgleichen Romanfiguren schienen überall um ihn herum zu sein, ihre Flügel sein Gesicht zu streifen.

In seinem Herzen war er ein Brooklyn-Boy, ein Stadtjunge. Ein Besuch bei Joey und Tony Imhof in Glendale war ganz nett, doch ihre Begeisterung für Vögel und Blumen konnte Henry nie teilen. Ausflüge nach Glen Island, Far Rockaway oder Sheepshead Bay mochten in seiner Erinnerung wie ein strahlender japanischer Druck nachglühen, aber für das Leben in seinem Viertel spielten sie eindeutig keine Rolle. Williamsburg hatte sich wie Säure in seine Jugend eingeätzt. Das Stadtleben war seine Erziehung.

Ungefähr zu dieser Zeit dämmerte es Henry, daß mit seiner Schwester Lauretta etwas nicht stimmte, daß sie zurückgeblieben war, wenn nicht sogar »übergeschnappt«, wie die anderen Kinder sagten. Und Henry selbst hatte Probleme, weil er sich entschieden hatte, Flußlotse zu werden und nicht etwa Schneider wie sein Vater. Das war seine erste Rebellion. Die Idee hatte sich in ihm festgesetzt – je stärker der Widerstand von Eltern und Lehrern wurde, desto leidenschaftlicher bestand er darauf. In einer großartigen Vision sah er sich selbst auf der Brücke des Flußdampfers, der in die Bucht von Mobile hineindampfte. Henry war sehr glücklich darüber, seine Berufung entdeckt zu haben, und quälte seine Eltern unablässig, ihr Einverständnis zu geben. Aber statt ihn einfach zu ignorieren, widersprachen sie ihm und begründeten, warum dies eine schlechte Wahl sei – eine verantwortungslose, rücksichtslose Wahl. Es gab offenen Krieg um dieses Problem. Er kam mit der Entscheidung seines Lebens, und sie sagten einfach »nein« – dabei konnte er sich nichts anderes vorstellen.

2. Das neue Viertel

Eines Tages verkündeten Henrys Vater und Mutter, daß sie in der Bushwickgegend von Brooklyn in 1063 Decatur Street ein Haus gekauft hätten. Henry, der auch zuvor schon gespürt hatte, daß Williamsburg langsam, aber sicher verkam, wurde bei dieser Neuigkeit plötzlich zu einem Verteidiger von Williamsburg, das nun im Begriff stand, zu seiner »alten Heimat« zu werden. Vergeblich erklärte er, daß er nicht wegziehen wollte. Er fühlte sich von seinen Eltern verraten. Alles war in Ordnung, wenn sie ihn nur in Ruhe ließen. Schwierigkeiten tauchten immer dann auf, wenn andere ihn nach ihren Wünschen in Richtungen stießen, in die er nicht gehen wollte.

Und jetzt zu Winterbeginn des Jahres 1900 zerrten sie ihn weg vom Fluß, meilenweit ins Inland hinein, versenkten ihn noch tiefer in die Schlammzonen von Brooklyn, setzten ihn in einer »besseren«, respektableren, deutschen Nachbarschaft aus. Und langweilig – durch und durch bürgerlich! –, schon der Name der Straße sagte alles: Van Voorhees Street! Hörte sich wie das Grunzen eines fetten Holländers an. Seine Eltern erklärten ihm eifrig, daß der Name der Straße bald geändert, amerikanisiert würde. Bald schon würde sie in Decatur Street umbenannt.

Eines Tages dann zogen sie tatsächlich um. Die Millers gingen zum Broadway, unter dem Schatten der neuen Brücke. Hinter sich ließen sie die leeren Zimmer in der Driggs Avenue zurück; bei sich trugen sie nur die Pakete, deren Inhalt zu wertvoll war, um sie den Möbelpackern anzuvertrauen. Vor einem Bankhaus, das auf Henry so solide und beeindruckend wie das Kapitol in Washington wirkte, warteten sie auf die Broadway-Straßenbahn, die in eine Richtung fuhr, die er nie zuvor eingeschlagen hatte. Den ganzen Weg über wandte er den Kopf zurück, die Augen auf das gerichtet, was er verlor. Die neuen Straßen waren alle nach den Helden von Befreiungskriegen benannt: Greene, Gates, Kościuszko und DeKalb. Und die Häuser, neuer als jene in Williamsburg, waren nicht übel.

Sie überquerten indessen nicht den Broadway hinüber zu den wohlhabend wirkenden Sandsteinhäusern, sondern stiegen schon vorher aus der Straßenbahn, und Vater führte sie zum schäbigeren Teil der Straße, wo die Außenwände der Häuser bis zum ersten Stock aus Ziegelstein bestanden und in den oberen beiden Stockwerken aus Holzbrettern. Alle Häuser des Blocks glichen einander: Stufen führten hoch zu der kitschig verzierten Eingangstür im ersten Stock; sie hatten alle einen kleinen Vorgarten. Auch umbenannt kam Henry Decatur Street ziemlich schäbig vor.

Wie sich dann herausstellte, hatte die neue Nachbarschaft aber doch gewisse Attraktionen zu bieten. An grauen Wintertagen glühten auf leeren Grundstücken die Freudenfeuer der Kinder herzerwärmend. In der Nähe seines Hauses gab es ein herrliches Eishaus und nicht weit davon entfernt eine Eisenbahnlinie. Die Schaufenster der Läden rechts und links vom Broadway waren ein wunderbarer Anblick. Deutsche Straßenkapellen und Zigeunertaschenspieler, Tamburintänzer, schnurrbärtige, Leierkasten spielende Italiener und Männer mit Papageien, die einem für einen Penny weissagten, Gemüsehändler, die Karren hoch mit ihren Waren beladen, ihre Glocken schwingende Scherenschleifer und von Pferden gezogene Feuerwehrspritzen, alles schob und drängte sich durch die Decatur Street. Er fand neue Freunde wie Joe Mauer. Ein anderer, ein fetter sechzehnjähriger Junge, redete mit Henry über Eugene Sues *Die Geheimnisse von Paris*. Ein Reisender namens Dr. Brown besuchte die Volksschule und erzählte den Jungen von Asien und Afrika.

Doch den ersten, schlechten Eindruck verzieh Henry der neuen Umgebung nie wirklich. Für ihn war sie immer dem Untergang geweiht, irgendwie dekadent. Alles schien hier im Keim erstickt, giftig angehaucht – wie der verkümmerte Grasfleck, auf dem die Millers an Sommerabenden vor ihrem Haus saßen – wie Lauretta, die die Qual der Beleidigungen ertragen mußte, die ihr von dem Gör von nebenan, Henrietta Conklin, entgegengeschleudert wurden, wenn sie und ihre Freundinnen vorbeirannten – wie Henry, der die Schande der Krankheit seiner Schwester ertragen mußte und alldem nachtrauerte, was er verloren hatte, als er aus seiner alten Nachbarschaft herausgerissen worden war.

Henry wurde neun, zehn, elf. Er schien sich mit allem abzufinden; er vergaß, daß er Flußlotse werden wollte. Er half seiner Mutter bei den Hausarbeiten, die Nachbarn hielten ihn für einen Prachtjungen, seine Lehrer für einen auszeichnungswürdigen Schüler – seine Mitschüler fanden ihn widerlich, er war ein Besserwisser, ein Angeber. Immer gut gekleidet, gepflegt und blond, wirkte er sehr deutsch. Nachdem er seine Schüchternheit etwas abgelegt hatte, warb er vor allem um die Freundschaft älterer Jungen.

Er unterwarf sich der Führung der Älteren, weil er es gewohnt war, den Anweisungen seiner Eltern zu gehorchen. In einer längeren Unterhaltung mit Mrs. Tisch, deren Ehemann in der Musikbranche tätig war, hatte seine Mutter sich überzeugen lassen, daß Henry Klavierstunden nehmen sollte. Henry sagte zu allem, was sie wünschte, ja und amen. Daraufhin wurde von Mr. Tisch zum

Discountpreis ein Klavier angeschafft. Henry fing sofort an und zeigte tatsächlich echte musikalische Begabung. Er machte erstaunliche Fortschritte. Bald schon spielte er für seine Tante Melia »Two Little Brown Eyes« – für die liebe Tante Emilie, bevor sie verrückt wurde. Auch sein Vater meldete sich mit Vorschlägen an. Wollte Henry nicht helfen, Kleiderpakete auszutragen? Henry war einverstanden, aber er zuckte doch jedesmal zusammen, wenn er an einer Seitentür oder einem Hintereingang irgendeinem unverschämten Dienstboten, der ihn behandelte, als sei er eine Null, die Sachen aushändigen mußte.

Henry gehorchte, aber er war »verwöhnt«. Vielleicht weil Lauretta zurückgeblieben war, verhätschelten ihn seine Eltern um so mehr. Unklugerweise brachten sie ihn dadurch dazu, sich selbst höher einzuschätzen, als sie es wohl taten, größere Hoffnungen zu hegen und mehr zu erwarten, als sie selbst für realistisch hielten. Obwohl also alles ruhig und friedlich erschien, braute sich unter der Oberfläche einiges zusammen. Seltsame Anfälle von ungestümer Wildheit überfielen ihn. Mit zehn Jahren wurde er im Oktober 1902 als unverbesserlicher Störenfried eine Zeitlang von der Grundschule suspendiert. Obwohl er der beste Schüler seiner Klasse war, konnten die Lehrer seine Mätzchen einfach nicht länger ertragen. Eine Tracht Prügel von seiner Mutter sollte ihn wieder auf den rechten Weg führen, und für den Rest des Schuljahres schien es auch zu wirken.

In der weiterführenden Schule schloß er Freundschaft mit einem Jungen – Emil Schnellock war sein Name –, der mit ein paar schnellen Kreidestrichen Bilder an die Wandtafel zeichnen konnte. Henry selbst konnte nichts malen, was für irgend jemand erkennbar gewesen wäre, und so bewunderte er Emils Talent ohne jede Einschränkung. Langsam kristallisierte sich ein Muster heraus: er mochte Jungen, die »anders« waren, in gewisser Weise sogar sonderbar. Vielleicht vermutete er, daß er selbst auch nicht ganz »richtig« war; vielleicht wollte er es auch gar nicht sein.

Bis jetzt hatte Henry noch nicht offen rebelliert, aber er bereitete sich darauf vor. Als er im Februar 1905 die weiterführende Schule beendete und seine Absicht verkündete, die McCaddin Hall (Eastern District High School in der Wythe Avenue in Williamsburg) zu besuchen, mußte jedermann klar sein, daß er eine merkwürdige Wahl getroffen hatte. 1841 erbaut, war McCaddin Hall eine der ältesten Schulen in Brooklyn; und sie hatte keinen besonders guten Ruf, seit sie Anfang der 1890er Jahre als »Besserungsschule« für jugendliche Straftäter benutzt worden war. Warum sollte er eine so weit von zu Hause entfernte High School besuchen wollen? Warum wollte er nicht auf dieselbe Schule gehen wie all seine Freunde? Der Grund war einfach. Er packte die erste Gelegenheit beim Schopf, in die alte Nachbarschaft zurückzukehren und aus dem ihm von seinen Eltern vorgezeichneten Leben auszubrechen.

Henry wählte McCaddin Hall wegen ihrer Verbindungen zu seiner Vergangenheit. Aber während seiner Abwesenheit hatte sich die geliebte Gegend auch verändert. Die neue Williamsburgbrücke verband das Viertel mit der Delancey Street, und das Einsickern der Immigranten war zu einem stetigen Strom angeschwollen. Henry, der auf der Suche nach seiner Kindheit war, fand sich in einem Getto wieder. Er nahm erstaunt zur Kenntnis, daß jeweils acht von zehn seiner Klassenkameraden Juden und der überwiegende Rest Italiener waren. Nur wenige Schüler – aus den Familien, die hier ursprünglich wohnten – trugen Namen wie die Straßen, in denen der Klang des alten Amerika mitschwang – George Wright, Frank Carroll, Steve Hill, William Dewar. Selbstverständlich waren die Lehrer meist angelsächsische Überbleibsel des alten Williamsburg. Zwischen diesen Lehrern und der Handvoll angelsächsischer Schüler bestand eine stillschweigende Übereinkunft, Maßstäbe zu setzen und Neuankömmlinge auf ihren Platz zu verweisen.

Doch es dauerte nicht lange, und Henry lief zum Feind über. Er mochte die Neuankömmlinge: Gemeinsam mit ihm standen sie gegen das unveränderliche Gesetz des teutonischen Herrschaftsbereichs seiner Mutter. Die Neuankömmlinge waren umgänglich, laut, schmutzig und unordentlich – und Henry gefiel das. Seine Eltern waren nach Bushwick gezogen, um dem anarchischen, sinnenfreudigen Immigrantenmob zu entgehen. Nun gut: Er würde der Verbündete dieser Jungen sein und offen gegen die Lehrer revoltieren, was die Neuankömmlinge selbst nicht wagen konnten.

Henry behauptete öffentlich, der furchteinflößende Direktor sei in Wirklichkeit ein Stümper und Tölpel. Er machte sich über Miß Stratfords Aufsatzunterricht lustig, indem er laut einen verrückten Aufsatz vorlas, der so anfing: »Seid netter zu den Lebenden und kürzer bei der Grabschrift für die Toten«, und er besaß die Verwegenheit zu fragen: »Warum soll man Geometrie lernen?«

Henry war stets zu irgendwelchen Streichen aufgelegt; er entwik-
kelte sich zu einem wilden Störenfried, aber nun war er zu alt, um
dafür durchgeprügelt zu werden. Mit Vorliebe rührte er mit einem
Lineal im großen Glasaquarium herum und ließ Flußkrebse und
Seetang und Fische in schwindelerregendem Strudel durcheinander-
wirbeln. Als einmal ein Gast die Turnstunde besuchte, schlich er sich
aus der Reihe heraus hinter den Lehrer und hüpfte so lange auf dem
Gymnastikpferd herum, bis die ganze Klasse kicherte. Schließlich
verfing er sich mit dem Fuß und schlug der Länge nach mit dem
Gesicht zuerst auf den Boden, wobei er sich einen Zahn abbrach und
in die Unterlippe rammte. Er sprang hoch und streckte zur
Erheiterung der Mädchen seine Zunge durch die Lücke. Kein
Wunder, daß er dem Französischlehrer erklärte, sein *wirklicher*
Wunsch sei, Clown zu sein. Mit alldem kam er durch, weil er trotz
allem ein aufgeweckter Schüler war. Als er 1909 abging, wies ihn sein
Abschlußzeugnis als zweitbesten Schüler seiner Klasse aus.

Mit siebzehn allerdings hatte er dann jedes Interesse daran
verloren, von seinen Eltern oder der Schule erzogen zu werden, und
er war auch nicht mehr begierig, seine Erfahrungen auf der Straße zu
sammeln. Nur das Lesen von Abenteuerbüchern hielt seine Fähigkeit
zum Staunen lebendig. Bücher wie *Ivanhoe, König Arthurs Tafelrunde*, *The Lady of the Last Minstrel*, *The Rime of the Ancient
Mariner*, die er auf der High School las, ragten aus dem öden
Stundenplan hervor. Mehr als jede andere Bildungsquelle halfen ihm
diese Bücher, die entscheidenden Fragen seines Lebens zu beantworten. »Was möchtest du denn werden?« fragten ständig seine
Lehrer. Eine alberne Frage, natürlich David Copperfield, Hiawatha,
der Held von »Die Grube und das Pendel«, oder Wilhelm Tell,
Quasimodo, Heinrich der Vierte, Richard Löwenherz, Hamlet –
jeder, solange er nur nichts mit der Welt der Eltern und der Schule zu
tun hatte! Bücher füllten seine Träume. Ein Traum kehrte immer
wieder – von einer geheimen Bibliothek, die nur ihm allein gehörte,
mit meterlangen Bücherborden wie bei den Harvardklassikern von
Präsident Eliot. Für sich allein betrachtet ergab jedes Buch einen
Sinn. Doch wie paßten sie alle zusammen? Worin bestanden das
wunderbare Wissen und die Macht, die sie als Ganzes vermitteln
wollten? Er träumte, daß ein Buch allein den Schlüssel zu dem
Wissen enthielt, das in allen verborgen lag. Wann immer er sich in
seine nächtlichen Träume über diese Bücher flüchtete, suchte er

schließlich stets nach diesem einen magischen Buch, dem Band des Anfangs und des Endes, der alle Dinge in kristallklarem Licht erscheinen lassen würde. Nie fand er diesen Traumschlüssel.

Aber er besaß die Sammlung von Harvardklassikern, die ihm seine Eltern während seines zweiten High-School-Jahres gekauft hatten. Henry saß im Wohnzimmer im ersten Stock und las sich wie ein unermüdlicher Sechstagefahrer durch die griechische und elisabethanische Zeit und die Restauration, stürzte sich dann auf die Stücke von Goethe, Schiller, Shelley und anderen Dramatikern des neunzehnten Jahrhunderts. Das aufregende New Yorker Theaterleben ermöglichte es ihm, Aufführungen von vielen dieser Stücke zu sehen und so ein echtes Gespür für die Macht und Sinnlichkeit der Literatur zu entwickeln. Das alles begann damit, daß sein Vater ihn fragte, ob er das Stück *The Gentleman From Mississippi* sehen wollte, mit Douglas Fairbanks, einem jungen Schauspieler, der gerade Aufsehen zu erregen begann, in der Hauptrolle. Nachdem Henry erst einmal bei Douglas Fairbanks auf den Geschmack gekommen war, ging er so oft wie möglich ins Theater. Bald darauf nahm ihn sein Deutschlehrer von der High School mit ins Irving Place Theatre, um *Alt-Heidelberg* anzuschauen. Mit einem High-School-Freund besuchte er regelmäßig das Broadway Theatre in Brooklyn, wo reisende Truppen die Tourneehits mit den aus dem siebten Himmel von Manhattan gefallenen Stars aufführten. Obwohl die meisten Stücke nur Hausmannskost boten, schluckte Henry sie mit Haut und Haaren, denn sie erschienen ihm lebensvoll und romantisch.

Die Romantik der letzten Jugendjahre verband ihn mit seinen High-School-Kumpanen in improvisierten Bruderschaften, die nach ihrer Abschlußprüfung gegründet wurden. Die beiden wichtigsten nannten sich »Die tiefen Denker« und die »Xerxes-Gesellschaft«. Diese Gruppen schlugen Brücken zwischen Jugend und frühem Erwachsensein im Leben von Henry und seinen Freunden. Um 1910 herum fanden viele junge Männer den Übergang ins Erwachsenenleben besonders schwierig. Der amerikanische Lebensstil änderte sich schnell, und amerikanische Jungen versuchten, in der Gemeinschaft der Gleichaltrigen Sicherheit zu finden – um über die Jobs zu reden, die sie vielleicht bekommen würden, über den Ärger mit den Eltern, über die Mädchen, die ihnen Furcht und Schrecken einflößten. Schule und Eltern hatten sie hinter sich gelassen, aber insgeheim hatten sie Angst vor den Jobs und den Frauen, die in der

Zukunft auf sie warteten. Blasiert, verächtlich und witzelnd machten sie sich gegenseitig weis, daß die Gesellschaft, in der sie aufgewachsen waren, »unehrlich« und »nur eine Fassade« sei. Ihre Bruderschaften gaben ihnen eine sonnige Romantik männlicher Gemeinschaft: »mit den Jungs« zusammen zu sein ermöglichte eine, wenn auch befristete Verdrängung der Aussichten, die ihre Zukunft verdüsterten. Vor allem die Xerxes-Gesellschaft hatte anhaltende Wirkung auf Henrys Weltbild; sie verkörperte die verzweifelte Hoffnung, daß die Jugend vielleicht doch nicht vorübergehen würde.

Die Mitglieder der Gesellschaft sangen alle gern. Sie waren alle »so wunderbare Musikanten, sie übten jeden Tag«, wie es in ihrem Lied hieß. Wann immer sie sich trafen, Musik war stets dabei. Henry war verrückt nach Gesang: Für ihn begann der Tag damit, daß er ein Solo schmetterte. Zu der Zeit, als er die letzte Klasse der High School besuchte, hatte er derartige Fortschritte am Klavier gemacht, daß er für fünfundzwanzig Cent die Stunde Unterricht gab, um sich ein bißchen zusätzliches Taschengeld zu verdienen, das er dann gewöhnlich für Noten oder Schallplatten für fünf, sechs oder sogar siebeneinhalb Dollar das Stück wieder ausgab. Seiner Meinung nach war eine gute Aufnahme der Egmontouvertüre oder Platten von Caruso, Cantor Sirota oder Mme. Schumann-Heink fast jeden Betrag wert.

Wenn »die Jungs« sich im Old Triangle Hofbräu in Richmond Hill versammelten, war Henry immer sofort bereit, sich aufs Klavier zu stürzen und in halsbrecherischem Tempo Chopins »Revolutions-Etüde«, MacDowells »Scotch Tone Poem« oder Percy Graingers Arrangement von »Londonderry Air« herunterzuspielen oder seine Freunde mit einer jazzigen Interpretation des »Maple Leaf Rag« zu begeistern. Fast alle Mitglieder der Gruppe spielten ein Instrument, und manchmal hämmerten drei von ihnen gleichzeitig auf das Klavier ein, während der Rest sich dahinterdrängte und mit größtmöglicher Lautstärke »I Wonder Who's Kissing Her Now« oder »Meet Me Tonight in Dreamland« grölte.

Um Mitternacht gab es große kalte Platten, von Müttern und Großmüttern zubereitet, was die Ausgelassenheit der Xerxes-Boys noch steigerte. Manchmal besuchten sie irgendein großes Ereignis – ein neues Stück, die Debütvorstellung einer Schauspielerin, Box- oder Ringkämpfe oder Sechstagerennen. Sie sahen sich Eishockeyspiele an, liefen Schlittschuh, und zum Tanzen gingen sie in die Webster Hall oder ins Arcadia. Danach zogen sie sich in eines ihrer Lieblingsrestaurants zurück, betranken sich mit italienischem Rotwein und diskutierten über ihre Lieblingsschauspieler und -athleten. Im Sommer bummelten sie ab und zu nach Brighton Beach oder Coney Island, genossen die Music-Hall-Shows und die schwindelerregenden Karussellfahrten, stopften Fische und sonstiges Meeresgetier von hochaufgetürmten Platten in sich hinein und tranken schäumendes Bier aus Krügen. Diese fröhlichen letzten Jugendtage waren ebenso beschwingt und luftig wie die gepunkteten Bänder an ihren Strohhüten. Aber sie sangen, weil sie Angst hatten. Genau wie Tom Sawyers Bande besaß die Xerxes-Gesellschaft eine Verfassung, Gesetze, einen geheimen Händedruck, einen Ansteckknopf mit Abzeichen, ja sogar ein Kennwort. Vielleicht war sie deshalb so straff organisiert, weil die Jungen wußten, daß sie dem Untergang geweiht war. Sie hielt ein Jahr. Dann scheiterte die Gemeinschaft an Kleinigkeiten. Die Jungen verloren den Glauben daran, daß Kameradschaft ihre Jugend bewahren könnte. Von allen Seiten griff der Ernst des Erwachsenenlebens nach Henry und seinen Freunden; die stumpfen, eintönigen Tage des Alltags warfen störende Schatten auf die abenteuerliche Welt des Theaters oder des Stadions; allmählich nahm das Leben die Farbe von Coney Island im Winter an, wenn alle Wagen der Achterbahn stillstanden und das geronnene Fett der saftigen Würstchen vom letzten Sommer den grauen Bürgersteig befleckte.

Henry hatte Probleme mit seinen Augen (zusätzlich fiel er auch noch auf eine Quacksalberkur herein), so als könnte er den Anblick seiner grauen Zukunft nicht ertragen.

Die Schneiderei drohte ihn einzufangen. Nach Jahren des Zögerns und genau zu dem Zeitpunkt, in dem die Wirtschaft in eine ihrer Depressionsphasen sackte, raffte sich Henrys Vater 1908 viel zu spät auf, seinen eigenen Schneiderladen zu eröffnen. Das Geschäft war von Anfang an ein Fehler und steuerte schnurgerade in die Katastrophe. Sobald Heinrich sein Geld in den Laden gesteckt hatte, mußte er auch schon sparen, um ihn am Leben zu erhalten. Es war keine Zeit zu verlieren: Heinrich brauchte Hilfe von seinem Sohn und verlangte von ihm, das Handwerk zu erlernen. Henry hatte miterlebt, wie sein Vater sich abrackerte und aufrieb, und hatte nicht die geringste Lust, dieses Schicksal zu teilen.

Henry wollte an der Yale-Universität studieren – das war sein Traum. Aber aufgrund der wirtschaftlichen Verhältnisse mußte der Traum von Yale zugunsten der Cornell-Universität aufgegeben werden, an der Henry, wie sein Deutschlehrer glaubte, vielleicht ein Stipendium bekommen könnte. Er bekam es nicht; trotzdem wehrte er sich immer noch gegen die Schneiderei und belegte 1909 das erste Semester im City College. Vom Lehrplan und der unerträglichen Atmosphäre am City College bald schon angewidert, verstrickt in eine hoffnungslose Auseinandersetzung mit *The Faerie Queen*, gab er auf. Aber auch jetzt noch machte er einen Bogen um den Schneiderladen und fing als Angestellter der Atlas Portland Cement Company in der 30 Broad Street im Finanzbezirk von Manhattan an – für fünfundzwanzig Dollar im Monat plus zusätzlichen fünfzig Cent an Tagen, an denen er Überstunden machte.

Vierteldollars und Cents – sollte das der Sinn des Lebens sein? Wer brachte es bei solchen Aussichten noch fertig zu singen? In seinen Anfangstagen bei der Cement Company stimmte er mit den anderen Angestellten irische Melodien an, sobald der Bürovorsteher den Raum verlassen hatte. Doch nach einigen ermüdenden Monaten war das einzig hörbare Geräusch, auch wenn der Vorsteher weg war, das Kratzen von Bleistiften, die sich durch Zahlenkolonnen arbeiteten. Tag für Tag, leer und unausgefüllt, prüfte Henry, der schläfrigste Angestellte im Büro, die Reiseberichte der Vertreter, kontrollierte ihre Spesen und gab sich Träumereien über die entfernten Orte hin, in die sie den anständigen Namen von Portland Cement trugen. Die Landkarten waren in Ordnung mit ihren Städten und Flüssen und Bergen; aber für ihn, angekettet an seinen Schreibtisch, war nichts in Ordnung.

Jeden Tag pendelte er mit der »El«, der elektrischen Hochbahn, über die Brooklyn Bridge zur Arbeit und zurück. Er hatte seine Jugendfreundschaft mit Stanley Borowski wiederaufleben lassen, den ähnliche Gefühle wie Henry bewegten, und in umfangreichen Briefen breiteten die beiden jungen Männer einander ihre Schwermut aus. Stanley machte Henry auf europäische Literatur aufmerksam und lieh ihm Bücher von Pierre Louys, Pierre Loti, Anatole France und dem Polen Joseph Conrad, Stanleys Lieblingsschriftsteller. In Bibliotheken lieh Henry sich Madame Blavatskys *The Letters from the Mahatmas* aus, *Walt Whitman in Camden* und die Bücher von Tagore. Um 1910 oder 1911 herum las er auch Jack London,

Sudermann, Petronius, Rabelais, Maeterlinck und eine Auswahl anderer Autoren.

Vor allem in den Briefen an Stanley versuchte Henry auszudrükken, welchen Bezug dieser so unterschiedliche Lesestoff zu seinen Erfahrungen hatte, aber meistens kam dabei nur ein verwirrendes Durcheinander heraus. Stanley klagte, Henry habe keinen Stil, kein Gefühl für Tradition oder Form. Aber Henry las unentwegt weiter, auf dem Weg zur Arbeit an einem Haltegriff im überfüllten Wagen der Hochbahn hin und her schwankend, und sammelte Material.

1911 war er überzeugt, daß sein einziger wirklicher Lebenstraum das Schreiben war, Geschichten zu schreiben. Er las so viel, weil er Angst hatte zu schreiben, ihm schien, es gab nichts mehr zu sagen.

Stanleys Angriffe trafen ihn tief. Bevor er die Feder in die Hand nahm, hörte er sich selbst leidenschaftliche Monologe sprechen, sah sich dramatische Szenen entwerfen mit tiefgründigen Charakteren, neuartige philosophische Abhandlungen zur Diskussion stellen und die gesellschaftliche Heuchelei gnadenlos entlarven. Aber all das war wie weggewischt, sobald er zu schreiben begann. Bestenfalls sporadische Ausbrüche gelangen ihm, aber an eine richtige Geschichte wagte er sich nicht heran. Stanley würde sie zerfetzen. Aber, so tröstete er sich selbst, wer wußte mit zwanzig schon genug, um schreiben zu können?

Doch selbst dieses letzte Bollwerk war nicht zu halten. In der Bahn traf er gelegentlich einen Jugendbekannten, Billy Ayres. Billy sah blaß und unglücklich aus. (Hatte der eisige Schneeball von damals den armen Kerl ein bißchen schwachsinnig gemacht?) Schließlich gestand Ayres, daß er phantastische Geschichten schrieb. Also Billy – sogar Billy Ayres! – war ein Schriftsteller. Henry wagte es nicht, das für sich zu beanspruchen. Sein Dilemma bestand darin, daß er sich viel mehr wünschte, ein bekannter Schriftsteller zu sein, als zu schreiben. Gewiß wollte er anderen das Gefühl vermitteln, daß sie tatsächlich einen äußerst talentierten jungen Mann vor sich hatten, aber vor sich selbst konnte er nicht verbergen, daß das nur Fassade war. Die Leute hielten ihn für witzig, intelligent und einfallsreich – es war also besser, sich nicht bloßzustellen.

So blieb ihm nur, Geschichten in seiner Phantasie zu entwerfen, monströse Bruchstücke, Träume, ausgesponnene Assoziationen. Er tröstete sich: »Eines Tages werde ich ein gewaltiges, endgültiges

Buch schreiben, in dem alles vorkommt: die Straße, die überfüllten Wagen, die Grand-Street-Märkte, das Xerxes-Festmahl im Astor, die Sechstagerennen, Bergen Beach, Stanley Borowski – alles, das gesamte Leben.«

Mit diesem großen Ziel vor Augen überließ er sich weiterhin seinen Tagträumen und schrieb nichts.

3. Wein, Weib und Gesang

»Wein, Weib und Gesang« war der Titel des ersten Schauspiels, das einen bleibenden Eindruck auf Henry machte. Doch als er älter wurde, schlichen sich falsche Töne in die Lieder, und der Wein schmeckte sauer. Und was die Frauen anging – Sex berührte sein Leben auf sehr unterschiedliche, allerdings meist unglückliche Art und Weise.

Zweifellos wurden Henrys sexuelle Erfahrungen von Anfang an von seiner Mutter verkrüppelt, die ihn abwechselnd mit Kälte behandelte oder mit Aufmerksamkeit überschüttete. Wenn er ihr nicht aufs Wort gehorchte, entzog sie ihm jede Zuwendung; benahm er sich aber wie Mutters lieber kleiner Junge, dann hob sie ihn in den Himmel. Sie war eine Perfektionistin, der man es kaum recht machen konnte; und wenn sie den kleinen Jungen selbst nach seinen größtmöglichen Anstrengungen, ihren Wünschen zu entsprechen, von sich stieß, dann erschütterte sie sein Selbstvertrauen. Er begann, ihr auszuweichen. Aber seinem Vater konnte er sich nur schwer zuwenden, da die niedrige Meinung seiner Mutter von ihrem Ehemann zu tief in ihm steckte. Soweit er das beurteilen konnte, waren weder sein Vater noch er selbst in der Lage, ihren Ansprüchen gerecht zu werden. Und so lernte er schon früh in seinem Leben, vor Frauen auf der Hut zu sein, fest davon überzeugt, daß er in seiner Unsicherheit nur Niederlagen erleiden würde.

Natürlich hatte er die üblichen sexuellen Kindheitserfahrungen gemacht. Als Henry neun war, lockten er und sein Cousin Henry Baumann einmal ein kleines Mädchen namens Weesie in den Keller in Yorkville und überredeten sie, ihren Rock zu heben und sich von ihnen den Schlüpfer befummeln zu lassen. Und in der alten Nachbarschaft zahlten er und seine Kumpel einmal Jenny, der

Schwester des verrückten Willie Maine, einen Cent, damit sie sich an ihr reiben durften. Das verschaffte ihm nicht mehr Vergnügen, als an den Laternenpfählen der Grand Avenue herunterzurutschen, und er hatte eine panische Angst davor, bei solch schmutzigem Tun erwischt zu werden.

Im nächsten Jahr *wurde* er erwischt – na ja, fast. Er war bei seinen Vettern Joey und Tony Imhof zu Besuch. Eines Abends, nachdem sie des Herumtobens müde geworden waren, hatte Henry eine Idee. Im Zimmer nebenan schlief Tonys und Joeys ältere Schwester Minnie tief und fest. Henry führte die Jungen in ihr Zimmer. Sie schlief unter einem Kruzifix. Er schlich sich zum Bett hinüber und hob die Bettdecke hoch. Zu seiner Überraschung war sie vollkommen nackt. Nie zuvor hatte er einen entblößten Frauenkörper gesehen. Wie hypnotisiert begann er ihre Schenkel zu streicheln. Vorsichtig berührte er mit dem Zeigefinger die drahtigen schwarzen Haare am Rande ihres erstaunlichen Haarbüschels. Plötzlich wachte Minnie auf, wütend und verlegen drohte sie, alles zu erzählen. Aber Tony und Joey, denen Henrys Mätzchen und die Aufregung ihrer Schwester lächerlich vorgekommen sein mußten, brüllten vor Lachen, bis Minnie sie alle aus dem Zimmer jagte.

Dann folgte eine mehrjährige Pause, was seine Erlebnisse mit Sex anbelangte. Er war jetzt ein Jugendlicher – gefährlicher Boden, vor allem bei all seinen Selbstzweifeln und Ängsten. Er muß wohl gedacht haben, es sei besser, Sex nur aus der Entfernung zu betrachten und sich die Frauen vom Leibe zu halten. Und ganz sicher behandelte er so auch die Mädchen in der neuen Nachbarschaft um die Decatur Street herum – Carrie Sauer, Flossie Martin, Henrietta Conklin. Er wußte, daß sie existierten, er beobachtete sie, wie sie am Haus vorbeiliefen und dabei ihre Locken zurückwarfen. Aber er unternahm nichts. Es war schon schlimm genug, zwölf oder dreizehn zu sein, und schrecklich, gezwungen zu sein, in einer eintönigen neuen Gegend zu wohnen, da brauchte man sich nicht auch noch der Bedrohung durch das andere Geschlecht auszusetzen.

Vor der High School hatte Henry noch nicht mal ein Mädchen geküßt, außer bloß mal so im Scherz. Dann ließ Frances Glanty, ein hübsches jüdisches Mädchen aus seiner Klasse, einen Liebesbrief auf seinem Pult liegen, und als sie sah, daß er ihn gelesen hatte, fing sie ihn in der Garderobe ab und küßte ihn schamlos vor all ihren Freundinnen. Er lernte daraus einiges. Aber mehr noch lernte er vielleicht von einer seiner Cousinen, Marguerite. Jede Woche ging er zum Haus seiner Tante Annie Heller in der alten Gegend und bekam ein warmes Essen. Nach dem Essen kam stets die Freundin seiner Cousine herüber, und alle drei gingen sie zum Spielen in einen Stall, der Henrys Onkel gehörte. In der duftenden Dunkelheit spielten sie Verstecken, tasteten herum, führten Ringkämpfe auf und zogen und zerrten aneinander. Es gab schweres Geatme und fleischliche Erkundungen, aber es führte nie weiter, und nach einer Weile hörten sie einfach damit auf.

Ob er wollte oder nicht, Henry wurde geradezu zu den Mädchen gedrängt. In den Sommerferien übernachtete er mit seinen Eltern in Hotels, und bei solchen Gelegenheiten erwartete man von den Jungen, daß sie hinter den Mädchen herjagten. Das war allgemein so üblich, und deshalb fiel es ihm etwas leichter. In den Catskills warf er ein Auge auf eine gewisse Miß Green, und später gab es eine Edna Booth in Sparta, New York. Aber für ihn war Sex immer noch ein Spiel, und nachdem das Eis gebrochen war, wußte er nicht, wie er weitermachen sollte.

Mit sechzehn hatte er dann, immer noch vollkommen unvorbereitet auf etwas Derartiges, ein schmerzhaftes sexuelles Erlebnis. Henry und sein Freund Grimmy streunten in der Gegend des alten deutschen Dorfes hinter dem Metropolitan-Opernhaus herum, als sie von zwei Prostituierten angesprochen wurden. Die beiden erleichterten die Jungen um ihre Brieftaschen, und eine von ihnen verpaßte Henry den Tripper. Von Schmerzen geplagt, ging Henry zu einem Apotheker, der ihn mit ins Hinterzimmer nahm. »Dann wollen wir uns das mal anschaun«, sagte er und stieß einen Pfiff aus, »ein echtes Prachtstück!« – womit er die Infektion meinte. Und so mußte Henry still und heimlich – begleitet von Vorträgen – regelmäßige Behandlungen beim Hausarzt über sich ergehen lassen. »Was glaubst du wohl, wofür dieses Ding da ist?« fragte der alte Kauz bei der Untersuchung seines tropfenden Werkzeugs. »Na ja, zum Pinkeln, denke ich«, antwortete Henry verlegen. »Jawohl, aber vor allen Dingen zum Kinder machen«, murrte der Arzt mit salbungsvoller Überlegenheit. Henry mußte das schweigend ertragen, voller Angst, der selbstgerechte Bastard könnte es sich in den Kopf setzen, seiner Mutter zu erzählen, was ihrem Liebling Henry passiert war.

Nach und nach verlor Henry seine Ängste. Im nächsten Sommer besuchte er ein französisches Bordell in der Nähe des Herald Square

Theatre und holte sich eine weitere Infektion. Jetzt machte er Witze darüber und brüstete sich mit diesem männlichen Unglück vor den Kollegen im Atlas-Cement-Büro.

Typischerweise entwickelte Henry während der Jahre, in denen er sich den Tripper holte und seine Erfahrungen über Frauen aus den Varietétheatern bezog, einen leidenschaftlichen Idealismus der Liebe und war ständig auf der Suche nach einer Frau, die er anbeten konnte. Eines Tages war er in den Fluren der Eastern District High School einem Mädchen namens Cora Seward begegnet, die diesem Bedürfnis ganz zu entsprechen schien. Auf den ersten Blick war er völlig eingeschüchtert – von ihren festen Brüsten, dem vollen Mund und den Apfelblütenwangen –, sie schien einfach zu vollkommen, als daß jemand sie besitzen könnte. Alles an ihr wirkte strahlend, romantisch und entrückt; ihre porzellanblauen Augen schimmerten wie Eisberge, Spiegel ihrer arktischen Seele; ihr Haar war hell wie Guineveres in König Arthurs Tafelrunde. Er war so hilflos wie Galahad. Seine Freunde zerrten ihn mit Begeisterung vor Cora und drängten ihn, eine Liebeserklärung abzugeben. Aber sobald sie ihn mit verwirrender Scheu ansah, brachte er keinen Ton heraus.

In Wirklichkeit wollte er nichts anderes, als sie aus der Ferne zu bewundern, durch die gleichen Greenpoint-Straßen laufen, durch die sie ging, Devoe, Maujer, Conselyen und Humboldt Street. Jeder Schritt, den er machte, hallte mit dem Echo wider: Cora ging hier. In seiner Qual war er fast bereit, die Pflastersteine der schmutzigen, bedrückenden Straßen zu küssen. Einige seiner High-School-Freunde wohnten in Coras Nachbarschaft. Einer von ihnen, George Wright, hatte Mitleid mit Henry, gab ihm den Rat, gegen acht Uhr vor ihrem Haus herumzuhängen, denn dann wurde sie manchmal zum Bierholen geschickt. Also marschierte Henry gelegentlich nach dem Essen zurück nach Greenpoint und beobachtete sie von einer dunklen Ecke aus. Für die anderen Jungen mochte es einfach sein, vor sie hinzuspringen und sie im Dunkeln abzudrücken, bevor sie Widerstand leisten konnte, aber für Henry war es einfach nicht möglich, Cora so zu behandeln wie irgendein vollbusiges Mädchen, das gern Kaugummi kaute. Er machte nicht den geringsten Fortschritt in seinem Liebesabenteuer: Er wollte auch gar keinen machen. Schließlich gab es für Sexgeschichten genügend betrunkene alte Schlampen am Herald Square – Henry brauchte ein Mädchen zum Anbeten.

Nach dem Schulabschluß war er im Winter und Frühling 1909 ein- oder zweimal so kühn, Cora um ein Rendezvous zu bitten. Er nahm sie mit ins Theater, und manchmal sah er sie bei Tanzveranstaltungen. Aber die wenigen Male, die sie miteinander tanzten, war er steif und verlegen. Bei Parties kam sie nie wie andere Mädchen herüber und stellte sich hinter ihn, wenn er Klavier spielte. Im Sommer dieses Jahres zog Cora mit ihrer Familie nach Asbury Park, während Henry seine Plackerei bei Atlas Cement begann. Ihre Abwesenheit aber schränkte seine Liebe in keiner Weise ein, und er schrieb ihr lange, ernsthafte Briefe. Sie antwortete ihm nur selten, und er litt romantische Qualen. Häufig würgte er sein Essen herunter und unternahm einsame, verzweifelte Spaziergänge durch die geheiligten Straßen von Greenpoint, durch ganz Brooklyn vom East River zum Highland-Park-Gebiet. Mehrmals hatte er den gleichen Traum. Er und Cora, die vollkommene Cora, waren gemeinsam auf einer Party. Wie üblich gab sich Henry viel Mühe, sie zu ignorieren, und behandelte sie sogar geringschätzig, bis George Wright verkündete, daß Cora, abgestoßen von seinem Benehmen, aus dem Haus geflohen sei. Fast verrückt vor Kummer rannte Henry ihr nach, um sie zurückzuholen. Aber zu spät! Der Traum kam der Wahrheit ziemlich nahe – Henry trieb sie wirklich davon. Er behauptete, er wollte Cora, aber er wollte sie als göttliches Ideal; eine Cora aus Fleisch und Blut schien für ihn nicht zu existieren, und durch seine Verehrung stieß er sie ab.

Um 1910 – nach dem Abschluß der Schule – war Henrys Leben wie in unzusammenhängende Fragmente zerbrochen, und es war nicht erstaunlich, daß er in einer intensiven sexuellen Beziehung zu einer Frau, die fast alt genug war, seine Mutter zu sein, Halt und Orientierung suchte.

Er glaubte, Cora nicht erringen zu können, und deshalb begnügte er sich mit einer anderen, zugänglicheren Frau. Vielleicht war dies auch, was er brauchte, kein kaltes romantisches Ideal, sondern eine leidenschaftliche Mutter. Sex war etwas Geheimnisvolles, und vielleicht konnte er ihn vor der grauen Alltagswelt, in der er unterzugehen drohte, retten. In Pauline Chouteau fand er eine Mutter und Geliebte zugleich. Sie war, wann immer er bei ihr anklopfte, bereit, ihn aufzunehmen, ganz anders als seine eigene Mutter, die ihn niemals, das spürte er, einfach so um seiner selbst willen akzeptiert hatte.

Pauline besaß guten Geschmack und erstklassige Manieren und ein zart modelliertes Gesicht. Früher war ihr Haar rot gewesen, sagte sie, aber mittlerweile färbte sie es mit Peroxyd blond. In Sachen Kleidung traf sie haargenau Henrys Geschmack – vor allem mit einem pflaumenfarbenen, pelzbesetzten Kleid mit tiefem Ausschnitt, wodurch ihre weißen, hohen Brüste vorteilhaft zur Geltung kamen. Ihre Arme waren fest und kräftig, ohne muskulös zu sein; wenn sie die Ärmel aufrollte und mit dem Besen durchs Haus fegte, dann flog alles durcheinander; bei der Arbeit pfiff und sang sie stets mit zarter, leichter Stimme fröhlich vor sich hin. Ihm gegenüber war sie immer bescheiden, ruhig und freundlich: Sie brauchte ihn, und sie ließ es ihn wissen. Sie erzählte ihm Geheimnisse über die Liebe zwischen Mann und Frau, die sehr junge Männer nur durch glücklichen Zufall oder durch eine ältere Frau erfahren. Sie gestand ihm, daß sie von ihrem Mann schlecht behandelt worden war; während er total betrunken herumlag, brachte sie ihr Kind allein zur Welt. Und dieser Sohn George, nur um ein Jahr jünger als Henry, hatte die Schwindsucht, lag hilflos und schwach in seinem Bett und aß jeden Cent von Paulines und nach und nach auch von Henrys Geld auf. Denn Henry war bereit, sich für diese Frau aufzuopfern, ihr jeden Wunsch von den Augen abzulesen. Zum erstenmal in seinem Leben schenkte er Liebe, und er ließ sich nicht beirren, auch wenn seine Freunde glaubten, daß er seine Zukunft ruinierte.

Davon abgesehen verlor er sich vollständig im Sex, in einem Sturm, dessen Toben fast außer Kontrolle geriet. Pauline war eine zarte, aber sehr leidenschaftliche Frau, die wußte, wie man einem Mann Freude bereitete – und sich selbst auch. In der dampfenden Küche zogen sie sich aus. Es war jedesmal ein unbeabsichtigter Striptease, wenn Pauline sorgfältig ihre Kleider an einen Nagel an der Tür hängte. Zuerst schlüpfte sie aus ihrem Kleid. Dann folgten Korsett und Mieder. Ihre Brüste schwangen schwer, wenn sie sich nach vorne neigte, um aus ihrem Rock zu steigen. Schließlich zog sie ihre Strümpfe aus: oft trug sie verschiedenfarbige Strumpfbänder, und der Anblick der straffgespannten farbigen Seide über ihrer durchscheinend weißen Haut gerade unterhalb ihres großen Busches, dessen Haare schon so feucht waren, daß sie an Bauch und Beinen klebten, erregte Henry. Dies war das Varieté seiner Träume! Er liebte sie überall – in der Badewanne, auf dem Tisch und Fußboden, sie bestieg ihn auf einem Küchenstuhl, oder er nahm sie hoch und trug sie durchs Zimmer, während sie sich auf ihm wand und krümmte. Es war eine Explosion.

Nach derartigen Exzessen überfielen Henry jedesmal Gewissensbisse. Er war sicher, daß dieses Übermaß ihn geistig und moralisch schwächen mußte. Er erinnerte sich, daß die Männer der utopischen Oneida-Gesellschaft dem Glauben anhingen, sie könnten ihre Kraft dadurch bewahren, daß sie die Ejakulation zurückhielten. Und was tat er? Er verschwendete seinen Samen, als wäre er Herkules! Er faßte Entschlüsse, aber all seine Mühen waren vergeblich. Wenn er zu lesen versuchte, kuschelte sich Pauline an ihn und schob seine Bücher beiseite. Sie besaß einen gutentwickelten Verstand, aber sie verspürte nicht das geringste Interesse, über Nietzsche, Westermarck oder Leckys *History of European Morals* zu diskutieren – zu der Zeit Henrys Favoriten. Er mietete ein Klavier, aber nach ein paar Minuten Spielens brauchte er sich erst gar nicht umzudrehen, um zu wissen, daß Pauline hinter ihm stand und schweigend ihr Korsett und die farbigen Strümpfe auszog. Also richtete er sich schließlich darauf ein, sein Leben der Liebe zu widmen.

Schlimmer war, daß jeder über ihn und Pauline Bescheid wußte, selbst Henrys Vater. Jeden Morgen warf der alte Mann seinem erschöpften Sohn einen kummervollen Blick zu, der zu sagen schien: »Du machst dich noch verrückt, wenn du damit nicht aufhörst.« Aber Henry hatte nicht im geringsten die Absicht, Pauline zu verlassen. Nach dem Fiasko mit Cora war dies sein erster Erfolg bei Frauen, und es war nicht einfach, diesen Triumph aufzugeben, vor allem, da er geradezu unübertrefflichen Sex einschloß. Außerdem empfand er moralische Skrupel, Pauline einfach sitzenzulassen, er hatte das Gefühl, daß er eine Verbindlichkeit eingegangen war, weil er mit ihr geschlafen hatte, daß er die Pflicht hatte, für sie zu sorgen.

Aber es war ihm peinlich, mit ihr gesehen zu werden: eine ganze Tanzveranstaltung der Cement Company hindurch zitterte er vor Angst, irgend jemand könnte eine Bemerkung über ihr Alter machen. Und vielleicht hätte er schon lange zuvor mit ihr gebrochen, wenn seine Freunde nicht den schlechtesten Weg gewählt hätten, ihn zu überzeugen. Sie rieten ihm, die alte Dame einfach ohne großes Getue abzuschieben. Aber er konnte solche Ratschläge nicht annehmen, und so hielt er zu Pauline und hörte auf, seine Xerxes-Freunde zu treffen, die einmütig diese Beziehung verurteilten.

Insgeheim war er davon überzeugt, daß seine Freunde recht hatten und daß dieses ausschweifende Liebesleben seine Gesundheit ruinierte. Während des Winters von 1910/11 fing er mit spartanischen Übungen an. Jeden Morgen vor 5 Uhr 30 fuhr er auf dem Rennrad, das er von einem Sechstagefahrer im Madison Square Garden gekauft hatte, nach Coney Island und zurück. Er raste über das krachende Eis, und er verfluchte sich, weil er von Pauline nicht loskam. Manchmal zog er seine Tennisschuhe an und lief drei oder mehr Meilen. Schließlich begann er, Buch zu führen über die Tage, an denen er nicht mit Pauline schlief, in der Hoffnung, sich so vom Sex zu befreien, geradeso, wie Benjamin Franklin Tagebuch über seine Sünden geführt hatte. Über jede leere Seite in seinem Kalender war er glücklich.

Zu der Zeit unterwies ihn ein Dr. Cassius in Augenmuskelübungen, um seine Kurzsichtigkeit zu bekämpfen. Jeden Morgen, wenn er Henrys Augen untersuchte, schenkte er ihm einen ebenso unheilverkündenden Blick wie sein Vater. Im Frühjahr war Henry vernichtend geschlagen; er gab seine Augenübungen auf, machte mit dem Laufen Schluß und ließ sein Fahrrad herumstehen – aber er schlief weiterhin mit Pauline herum. Als er eines Morgens die letzten Seiten seines Kalenders durchblätterte, stellte er fest, daß überall Eintragungen waren: Es gab keinen einzigen weißen Fleck. Er ließ alle Hoffnung fahren, noch von irgendwas geheilt werden zu können.

Im Sommer 1911 war Henry seit fast vier Jahren in Cora verliebt – aus beträchtlicher Entfernung. Mit Pauline war er seit über einem Jahr zusammen. Sein Leben schien ihm völlig richtungslos. Wie die Wirtschaft des ganzen Landes war auch er in einer Depression versunken.

Als Amerika dann aber die ersten Anzeichen gab, sich von der Rezession von 1909/10 zu erholen, und die Nachfrage nach maßgeschneiderter Kleidung wieder stieg, verfügte Henrys Vater plötzlich über reichlich Geld und bot Henry an, ihn im Herbst auf das Cornell-College zu schicken. Henry war begeistert. Dies war die Gelegenheit, endgültig mit Pauline zu brechen, sich durch das College eine Zukunft aufzubauen und sich – das Beste von allem – Coras würdig zu erweisen.

Zufällig traf er sie eines Abends auf einer Party. Diesmal war es kein Traum. Alles lief großartig. Sei schien nur für ihn Augen zu haben. Mit neunzehn amüsierten sie sich immer noch mit dem

Gesellschaftsspiel Postfach. Das Spiel nahm seinen Lauf. Mit fieberhafter Erwartung sehnte Henry den Moment herbei, an dem er Cora in den Flur hinausrufen konnte, um »Briefe in Empfang zu nehmen«. Nie hätte er damit gerechnet, daß sie ihn »hinausrufen« würde, aber plötzlich tat sie es. Im Flur lag sie in seinen Armen.

Selbst in seinen kühnsten Träumen waren sie sich nie so nahe gewesen. Aber sie leistete keinen Widerstand. Irgendwie wollte sie ihm verzweifelt klarmachen, daß auch sie ihn gern hatte; schweigend, das fühlte er, bat sie ihn, sich zu erklären. Diese Göttin hielt ihn in ihren Armen – preßte sich gegen ihn –, erlaubte ihm, sie gegen die Wand zu drücken, ihre Augen zu küssen und ihren Namen zu stöhnen; und jede Umarmung gab sie zurück. Seine Hände wanderten über ihren ganzen Körper. Dann riß sie sich zu seinem Entsetzen plötzlich los, verwirrt und schockiert, und rannte ins Wohnzimmer zurück. In Wellen schlug die Scham über ihm zusammen. Er hatte sich wie eine grobe Bestie benommen, hatte sein Ideal wie eine Hure behandelt! Er war verzweifelt.

Um so entschlossener war er, mit Pauline Schluß zu machen und auf das College zu gehen. Am Vorabend seiner Abreise zum Cornell-College in Ithaca sagte er seinem Vater und seiner Mutter gute Nacht und schleppte sich in hoffnungsloser Verzweiflung aus dem Haus, um sich von Pauline zu verabschieden. Er blieb die ganze Nacht; es war hoffnungslos. Er konnte sie nicht verlassen, und da er das seinen Eltern nicht erklären konnte, versteckte er sich den ganzen Herbst in ihrer Wohnung, fühlte sich total elend und sah zu, wie sein Geld wie Schnee in der Sonne dahinschmolz. Noch vor kurzem hatte er geglaubt, er blicke auf eine vor ihm ausgebreitete, große Zukunft, aber nun war ihm, als wanderte er durch einen immer enger werdenden Tunnel – ohne Freunde und ohne Liebe.

Jeder konnte sehen, daß er aus seinem Leben ein trostloses Chaos gemacht hatte. Cora hatte er verloren, vor seinen Eltern versteckte er sich, seine Freunde mied er, und den langweiligen Job bei Atlas Cement hatte er aufgegeben. Im Oktober hielt er ohne große Überzeugung nach Arbeit Ausschau, fand aber nichts. Schließlich ließ er sich nur noch treiben, las Herbert Spencer und Henri Fabre, klimperte auf dem Klavier herum oder brachte Stunden damit zu, die Zimmer zu desinfizieren und die Betten auf dem Dach zu lüften; er lebte in der Furcht (oder vielleicht auch in der Hoffnung), daß er sich Georges Schwindsucht zuziehen könnte.

Nach viereinhalb Monaten kehrte er in die Decatur Street zurück. Er machte sich gar nicht erst vor, seine Eltern könnten glauben, er wäre seit September im College gewesen. Paulines Haus in der Macon Street lag schließlich kaum mehr als eine Meile vom Haus seiner Eltern entfernt. Sie wußten Bescheid, aber sie versuchten, es ihm nicht zu schwer zu machen, sie wollten ihn unterstützen, ihn wieder aufrichten und ihm dabei helfen, ein Ziel im Leben zu finden. Irgendwie hatte sich eine Verbindung zwischen Moral und physischer Verfassung in seinem Kopf festgesetzt, und so verkündete er nun seine Absicht, Turnlehrer werden zu wollen, und schrieb sich für einen vierjährigen Abendkurs in der Savage School of Arms im Columbus Circle der Fifty-ninth Street ein.

Wieder zu Hause, bemerkte Henry sehr schnell, daß sein Vater begonnen hatte zu trinken. Er sah die Furcht und den Ekel im Gesicht seiner Mutter, wenn sein Vater im unkontrollierten Rausch ins Haus stolperte, er empfand ihre verständnislose Qual nach, wenn sie den Alkohol in Heinrichs Atem roch. Er wünschte, er könnte seine Mutter irgendwie für Heinrichs und sein Versagen entschädigen, und so ergriff er ihre Partei gegen seinen Vater. Er haßte die Verachtung, mit der seine Mutter ihn selbst häufig behandelt hatte, aber trotzdem übernahm er ihre verächtliche Haltung Heinrich gegenüber. Zweifellos glaubte er, auf diese Weise ihre Anerkennung gewinnen zu können oder zumindest das Zuständnis, daß er besser war als sein Vater. Mit seinem Spott und seiner Verachtung verletzte er den alten Mann tief.

Henry war so deprimiert, daß er nun auch bereit war, etwas zu tun, was er früher immer weit von sich gewiesen hatte. Er erklärte sich damit einverstanden, in den Schneiderladen seines Vaters einzutreten. Seine Mutter glaubte, daß der alte Mann sich wieder aufraffen würde, wenn Henry Interesse an seinem Geschäft zeigte. Er konnte seinem Vater bei der Bedienung der Kunden zur Hand gehen, konnte ausstehende Rechnungen eintreiben – etwas, was sein Vater in seiner leichtlebigen Gleichgültigkeit nie tat – und ihn von seinen Saufkumpanen in der Wolcott-Bar fernhalten. Henry gab den Bitten seiner Mutter, dies um ihretwillen zu tun, schließlich nach.

Die Tür zum Schneiderladen war hinter ihm ins Schloß gefallen. Nun aber schüttete er seine ganze Bitterkeit über seinem Vater aus, strafte ihn mit schweigender Verachtung. Der alte Mann ertrug das nicht lange, bald verließ er jeden Tag gegen Mittag den Laden, um seine Zechkumpanen aufzusuchen. Vielleicht wäre Heinrich noch einmal auf die Beine gekommen, wenn er gesehen hätte, daß sein Sohn tatsächlich echtes Interesse für die Schneiderei entwickelte. Aber Henry machte sich darüber nur lustig. Anstatt was vom Geschäft zu lernen, brachte er sich selber das Schreibmaschineschreiben bei und beschäftigte sich damit, philosophische Traktate zu tippen oder mit den Zuschneidern über die Geheimnisse des Kosmos zu reden. Die meiste Zeit allerdings saß er mürrisch im Laden und schrieb seinen Freunden Briefe. Manchmal ließ er die Arbeit ganz im Stich und spazierte durch die überfüllten Straßen am unteren Broadway, ging ins Kino oder saß einfach nur in South Ferry auf einer Bank im Sonnenschein. Gefiel ihm eine Frau, dann klappte er sein Buch zu und verfolgte sie bis zu ihrer Haustür. Er träumte und trieb dahin, weil er kein Ziel hatte. Am Ende jedes Tages zog er dann seinen schamroten Vater aus der Bar und schleppte ihn heim. Jeder Tag war bitter, jeder schlug eine frische Wunde. Henry leistete nichts in dem Schneiderladen. Er träumte von Cora, aber schon bald trieb es ihn zurück zu Pauline.

Im Frühling 1912 wurde Pauline schwanger, und ihr Bauch schwoll wie eine Wassermelone an. Henry haßte es, in diesem Zustand mit ihr zusammen gesehen zu werden. Eines Abends im Spätsommer allerdings, als Pauline sich über die drückende Hitze im Haus beklagte, erklärte er sich bereit, sie mit nach Coney Island zu nehmen, wo sie sich in der Menschenmenge verlieren würden. Die Nacht schien herrlich trotz seines Kummers. Im Luna-Park saß er mit Pauline vor dem Musikpavillon und lauschte einem Konzert. Auf einem durchhängenden Seil balancierte über ihnen eine Frau mit einem Sonnenschirm, als könnte sie auf der Musik selbst tanzen. Der Reiz der Straßenhändler; die Art, wie die Achterbahnwagen die Nacht mit Silber übersprühten, wenn sie in den künstlichen See klatschten; die Pfiffe und das Geklirr und die Dampforgelmusik – die vielen Anblicke und Geräusche füllten ihn bis zum Bersten. Er wollte tanzen. Pauline, unglücklich über Henrys Unfreundlichkeit in letzter Zeit, strahlte über seine kleinen Aufmerksamkeiten. Arm in Arm mit ihr betrat er den Pavillon und sah geradewegs in Coras Gesicht. Ihre blauen Augen waren fest auf ihn gerichtet. Ganz allein stand sie direkt am Eingang des Pavillons. Sie hatte alles gesehen, alles mitbekommen, und er mußte in Scham und Schande genau an ihr vorbei. Seine Füße trotteten weiter. Er verbeugte sich ungeschickt und berührte seine Hutkrempe, allerdings nur andeutungsweise, so daß Pauline beinahe nichts gemerkt hätte.

Nach ein paar Schritten dann fragte Pauline beiläufig: »Wer war denn das?« »Oh, ein Mädchen, daß ich früher mal gekannt hab'«, sagte Henry gequält. Lustlos stolperte er durch ein paar Tänze, dann gingen sie heim. »O Gott, Henry«, weinte Pauline, als sie im Bett lagen. »Warum sagst du mir nicht die Wahrheit? Ich weiß, daß du mich nicht mehr liebst. Ich weiß, ich bin zu alt für dich.« Sie war müde, eine sanfte, verletzte Frau, die ein Kind in sich trug, das keiner von ihnen wollte, und die Aussichtslosigkeit ihres Lebens trieb sie zur Verzweiflung. Selbst verzweifelt, log Henry und tröstete sie und liebte sie, bis sie einschliefen. Pauline brauchte ihn, sie brauchte ihn wirklich. Er blieb bei ihr. Es war hoffnungslos. Er war rettungslos an Pauline gebunden. Das versuchte er auch jedesmal Frances Hunter beizubringen, wenn sie ihn anrief. Frances' Stimme erkannte er stets sofort, sie war kehlig und tief, und wenn er »Hallo?« sagte, antwortete sie immer: »Henry, Darling!« – für Frances Hunter war er grundsätzlich »Henry, Darling«. Während des Sommers hatte er Frances in einem Ferienort in Pine Bush, New York, kennengelernt. Mutter und Lauretta waren für den Sommer dort hochgefahren, während Heinrich und Henry weiter im Schneidergeschäft arbeiteten. Henry mußte den alten Mann an den Wochenenden nach Pine Bush bringen, und er war dankbar für die Chance, von Pauline wegzukommen.

Er mochte Frances' herzlichen, natürlichen Sinn für Humor, und er fühlte sich in ihrer Gegenwart befreit, scherzte und alberte herum. Nicht daß er hinter ihr her gewesen wäre. Er liebte einfach nur ihr warmes Lachen, ihre Natürlichkeit, und er hörte es gern, wenn sie in ihre Sätze die leicht spöttischen, aber herzerwärmenden Worte »Aber *Henry, Darling*...« einfließen ließ. Sie kamen großartig miteinander aus, und sie verliebte sich Hals über Kopf in ihn.

Henry wünschte sich das gleiche – er hätte sich gerne eingeredet, daß er in eine andere verliebt war, damit er Pauline, das ungeborene Kind und alles andere ohne Schuldgefühle vergessen konnte. Als sie in die Stadt zurückgekehrt waren, fuhren sie zusammen mit einem anderen Pärchen nach Coogan's Bluff. Da wurde die Sache dann etwas ernster. Frances liebte ihn, und in der Dunkelheit setzte sie sich auf seinen Schoß und hob ihr Kleid, damit er in sie eindringen konnte. Danach schliefen sie miteinander, wann immer sie konnten, manchmal sogar im Wohnzimmer von Frances' Mutter, die nebenan saß und nähte, meistens aber in den düsteren Zimmern ihrer Wohnung in Harlem. Jedesmal, wenn er gehen wollte, flüsterte sie: »Henry, Darling, wann sehe ich dich wieder?« Wann immer er sie anrief oder mit ihr spazierenging und bevor die Liebe an der Reihe war, erklärte er ihr stets, daß es sinnlos sei – er könne Pauline nicht entrinnen. Und ihre Einwände begannen immer mit »Aber Henry, Darling. . .«. Aber er sagte Frances die Wahrheit. Er *war* an Pauline gekettet. Er und Pauline fühlten sich beide elend, aber keiner von ihnen schien einen Ausweg zu sehen.

Eines Abends im Herbst 1912 kam er nach der Arbeit in Paulines Wohnung, die Zimmer rochen schwer nach Schweiß und Alkohol und Blut. Er fand Pauline erschöpft mit dunklen Ringen unter den Augen im Bett, der Fötus lag in einer Schublade ihrer Anrichte.

4. Sklaventage und Schizophrenie

An einem Tag im Winter 1912 saß Henry auf einer Bank am Union Square. Wenn es tatsächlich sein Schicksal sein sollte, ein totaler Versager zu sein, dann hatte er diese Rolle im Leben bereits jetzt restlos erfüllt. Er zählte sich seine vielen Niederlagen auf: Cora, Yale, Cornell, Atlas Portland Cement, Schreiben, Konzertpianist, Frances, Pauline, Brooklyn, Amerika, die Existenz.

Hier und da hatten sich im Park kleine Gruppen um politische Sprecher, Evangelisten oder Künstler versammelt. Leute gingen an ihm vorbei, voller Eile ihren Aufgaben nachgehend oder müßig dahinschlendernd; für die Tauben streuten sie Hühnerfutter aus und für die Eichhörnchen Erdnüsse. Jedermann, so stöhnte Henry vor sich hin, verfolgte irgendein Ziel oder eine Absicht; doch für ihn hatte sich das Leben auf den absoluten Nullpunkt reduziert. Selbst die Konstellationen des Kosmos paßten sich dem nahtlos an: seine Sterne – Mars, der Mond und Uranus – waren unheilvoll verbunden im Skorpion, dem Haus von Sex und Tod. Aber nicht mal den Mut, mit sich Schluß zu machen, brachte Henry auf. Teilnahmslos betrachtete er mit trüben Augen die Szenerie. Sein Blick fiel auf das Aushängeschild eines Phrenologen: *Weissagungen.* Er hatte nur noch wenige Dollar übrig und sonst nichts in Aussicht. Die Vorstellung, diesem Fakir seine letzten Kröten in den Rachen zu werfen, um sich seine nicht vorhandene Zukunft anzuhören, gefiel ihm; dann würde er total pleite sein. Aber selbst die kleinste Handlung schien enorme Entschlußkraft zu fordern. Den Blick auf das Schild gerichtet, unternahm er die gewaltige Anstrengung, sich von der Bank zu erheben und seine schlurfenden Schuhe in die richtige Richtung in Bewegung zu setzen.

Der Wahrsager erzählte nur Unsinn. *Er schmeichelt dir auf Teufel komm raus,* sagte sich Henry, als er die typische Technik eines guten Verkäufers erkannte, aber er stellte auch fest, daß er tatsächlich mit dem übereinstimmte, war der Kerl von sich gab: »Sie verfügen über große Fähigkeiten. Sie besitzen viele Talente. Sie könnten alles werden, was Sie sich in den Kopf setzen, sogar Anwalt oder Architekt.« Obwohl er all das nicht sonderlich ernst nahm, stürzte sich Henry hoffnungsvoll auf die Versicherung, er könnte mehr sein als ein stümperhafter Versager. Er war buchstäblich ausgehungert nach Lob und Bestätigung, und selbst die bezahlten Schmeicheleien eines Fremden waren ihm willkommen.

Henry stand zu dieser Zeit unter dem Einfluß seines besten Freundes, William Dewar. Dewar, der Rechtsanwalt werden wollte, verachtete alles, betrachtete Ideale als reinen Wahn und den Menschen als wenig mehr als eine belebte Maschine. Ungefähr ein Jahr lang hatte sich Henry als so etwas wie ein Jünger von Dewar empfunden. Aber gegen Ende des Jahres 1912, als Dewars Zynismus ihn abzustoßen begann, sehnte er sich nach einem neuen Mentor, der seine Skepsis mildern und seinen alten Idealismus anerkennen und ermutigen würde. Nur ein paar Tage, nachdem Henry voller Verzweiflung den Union-Square-Wahrsager aufgesucht hatte, stellte Dewar ihm seinen Halbbruder Robert Hamilton Challacombe vor, einen Mann, den Dewar ganz offen als Spinner abqualifizierte. Challacombe war ein erfolgreicher Erfinder, der mit seinem Rotationsölbohrer ein Vermögen gemacht hatte, gleichzeitig aber auch zu Dewars Abscheu ein Mitglied der Theosophischen Gesellschaft von Point Loma, Kalifornien, war. Challacombe glaubte vorbehaltlos an die Existenz einer mysteriösen, spirituellen, inneren Welt. Seine Konversation drehte sich ausschließlich um die Ziele der Theosophie, um das »Neue Denken«, um ethische Kultur und den Bahaismus. Aussprüche wie »der Weg«, »Gott«, »ein Ziel im Leben«, »universale Religion« und »geistige Kraft« gingen ihm leicht von den Lippen. Mit seiner Energie stachelte er Henrys Idealismus wieder an. Mehr noch, Challacombe schien etwas in dem verzweifelten jungen Mann zu sehen. Er brauchte nur wenige Tage der Bekanntschaft, um sein Urteil zu fällen: Henry besaß ein großes Reservoir an spiritueller Kraft, das zu nutzen er bis jetzt zurückgeschreckt war – darin lag der Hauptgrund für sein Leiden. Was Henry als Versagen ansah, wertete Challacombe als positive Anzeichen. Der Theosoph gab zu, daß Henry keine Karriere hinter sich hatte, aber das war lediglich ein Beweis dafür, daß seine Natur den geisttötenden Aspekten des amerikanischen Lebensstils Widerstand leistete. Seine Unfähigkeit, sich anzupassen, zeigte deutlich die Existenz einer geistigen Natur, die nach Befreiung, nach dem Pfad zum Bewußtsein suchte.

Betäubt von diesen Enthüllungen, die bis ins Detail seinen eigenen unterdrückten Träumen entsprachen, wurde Henry zu Challacombes Jünger. Er besuchte eine Vortragsreihe, die Challacombes Freund, der Evangelist Benjamin Fay Mills, im Spätwinter in New York hielt. Auf dem Fundament des »Neuen Denkens« hatte Mills ein eklektisches Gebäude spiritistischer Ideen erbaut – Telepathie, Hypnose, mentale Suggestion, die »innewohnende Göttlichkeit« und die »Übertragung geistiger Kräfte« – all das locker mit Christian Science verknüpft und im Ton tiefer moralischer Aufrichtigkeit vorgetragen. Sicherlich war das keine geistige Offenbarung, aber Henry war selbst auf niedrigstem Niveau bereit, mit fliegenden Fahnen zum Idealismus überzulaufen. Schon beim ersten öffentlichen Vortrag von Mills geriet er in Ekstase. Er lief nach vorn, um Mills noch auf dem Podium abzufangen. »Lieber Herr Mills«, bat er, »ich glaube, ich gehöre zu denen, die Ihre Privatvorlesungen hören sollten; denn Ihre Vorstellungen scheinen ganz speziell auf mich zugeschnitten zu sein. Könnte ich anstatt einer Bezahlung für diesen Unterricht nicht für Sie arbeiten?« Henry strahlte jene Ernsthaftigkeit aus, die der Redner gerade gefordert hatte. Vom Podium aus schaute Mills durchdringend auf den jungen Mann herunter – Henry hatte das Gefühl, er blickte ihm bis in die Seele (wahrscheinlich dachte Mills an das Hundertdollarhonorar, das er im Begriff war wegzuwerfen) –, dann lächelte er: »Aber selbstverständlich, Sie *sind* der Mann, Sie *sollen* die Vorlesungen hören.« Wochenlang ging Henry nun bei den öffentlichen Vorträgen mit dem Sammelteller herum, um die erhebenden privaten Sitzungen abzuarbeiten.

Challacombe und Mills widmeten sich der Aufgabe, das Ich wiederaufzurichten, das Henry anscheinend unbedingt hatte begraben wollen. »Folge um jeden Preis deinen höchsten, stärksten, besten Impulsen«, drängten ihn beide. Er beichtete ihnen seine persönlichen Probleme, erzählte ihnen all seine Ängste. Wie seine Freunde meinten sie, daß er mit Pauline brechen müßte; aber im Gegensatz zu seinen Freunden, die Pauline ihres Alters wegen ablehnten, führten sie höhere Motive an. Seine Opfer für sie, seine Treue ihr gegenüber waren Beweise eines edlen Charakters, aber es war falscher Stolz, wenn er sich für Paulines Schicksal verantwortlich fühlte. Er mußte seinen eigenen Weg gehen.

Challacombe und Mills gaben ihm eine neue Richtung: Point Loma. Challacombe war davon überzeugt, daß im Osten die geistige Entwicklung der Menschen gehemmt und unterdrückt wurde. Wenn er erzählte, konnte Henry fast die kalifornische Sonne ins Meer sinken sehen, und Point Loma wurde zu seinem Leuchtfeuer. Nach ein paar Monaten war dieser Brooklyn-Junge, der vom Landleben nicht mehr wußte, als einige Sommerferien ihm beigebracht hatten, entschlossen, sich nach Kalifornien durchzukämpfen, sich von seinen Selbstzweifeln und von Pauline zu befreien und zu entdecken, wer er war. Hätte William Dewar seinem Halbbruder zynisch erklärt: »Schau her, ich stell dir jetzt einen armen Tropf vor, dessen Leben von einer alten Kuh ruiniert wird; versuch mal, ob du ihn nicht von ihr wegbekommst«, Challacombe hätte die Aufgabe nicht besser erledigen können.

Pauline war alarmiert. Er redete ihr ein, daß er einen Job finden und sie nachkommen lassen würde, aber beide wußten, daß das eine Lüge war: Er wollte mit Pauline Schluß machen und dachte bereits wieder an Cora. Er schrieb ihr und schlug eine Unterredung vor, ehe er abreiste. Aber Coras Geduld mit ihm war am Ende: sie war nun fast zweiundzwanzig und wollte unbedingt heiraten. Als er sie besuchte, nahm sie ihn nicht mit ins Haus, sondern führte ihn für ein kurzes Gespräch die Straße hinunter. Beide waren verkrampft und gehemmt; er murmelte ein paar Banalitäten, gab ihr höflich die Hand und ging.

Im März 1913 verließ er New York; er fürchtete sich vor der Zukunft, und wieder einmal blickte er zurück, während er sich vorwärtsbewegte. Doch in die Verzweiflung und das Bedauern über seine Vergangenheit mischte sich ein Feriengefühl. Alles schien neu, als der Zug endlich in Barstow, Kalifornien, einfuhr. Er öffnete das Fenster und atmete den Duft der Orangenbäume ein. Auf einer Ranch in der Nähe von San Pedro trat er seinen ersten Job an. Die neue Welt, von der er geträumt hatte, konnte er nirgends entdecken, und so kam er bald zu dem Schluß, daß Kalifornien ein Ort wie andere auch war, und ließ sich von einem Job zum anderen treiben. Eine Zeitlang arbeitete er als Hilfskraft auf einer Zitronenplantage in Otay in der Nähe von Chula Vista. Während er den ganzen Tag unter der brütenden Sonne schwitzte und wie ein Sklave schuftete, wurden ihm die Widersprüche zwischen Theosophie und dem Alltagsleben eines Cowboys nur zu deutlich. Was wollte er hier? so fragte er sich ständig. Er überlegte, ob er Mills und Challacombe wirklich richtig verstanden hatte. Für ihn war dies Ganze eine bittere Enttäuschung.

Er hatte keine Ahnung, in welch einem gefährdeten psychischen Zustand er war, bis er eines Tages, als er in seiner Freizeit ziellos durch die Straßen von National City schlenderte, vollkommen außer Kontrolle geriet. Sein Kopf war plötzlich leer. Um ihn herum bewegten sich Leute in allen Richtungen, merkwürdig unwirklich und ohne Ziel, wie aus einer anderen Welt. Er wußte nicht, wo oder wer er war. Es schien, als hätte sein Verstand Selbstmord begangen und nur eine blendende Leere hinterlassen. Dieser Zustand dauerte nur eine Minute, aber er versetzte ihn in Furcht und Schrecken. Wieder zurück im Schlafsaal, studierte er sein Gesicht im Spiegel, um Anzeichen des beginnenden Wahnsinns zu entdecken. War er verrückt, und zwar auf eine weit schlimmere Art und Weise als die schwachsinnige Lauretta, die lediglich unschuldig vor sich hinplapperte? Hatte er die Disposition zum Wahnsinn geerbt, der bei Tante Melia und anderen Tanten und Onkeln und Cousins aufgetreten war? Lag die Ursache all seines Leidens nur darin, daß er verrückt war? Stand sein totaler Zusammenbruch unmittelbar bevor? Er starrte in den schwarzfleckigen Schlafsaalspiegel, aber was ihn da forschend anblickte, war sein vertrautes sonnengebräuntes, ein wenig orientalisch wirkendes Gesicht.

Sklaventage und Schizophrenie! Schmutzige, mühsame Arbeit und Irrsinn waren nicht das, was er in Kalifornien gesucht hatte. Die Götter machten sich über seine Träume lustig und zeigten ihm, wie leicht sie seinen Geist verwirren konnten; aber was sie mit der einen Hand nahmen, gaben sie mit der anderen. Henry hatte sich mit einem

Cowboy aus Montana namens Bill Parr angefreundet, einem Typ, der viel herumkam und gern über Bücher und Gewerkschaftspolitik in der Art von Jack London redete. Er führte Henry in die Tradition des Widerstandes in Amerika ein, indem er über Personen wie W. E. B. Du Bois, Hubert Harrison, Big Bill Hayward, Eugene Debs, Jim Larkin, Elizabeth Gurley Flynn, Carlos Tresca und Arturo Giovannitti sprach. Natürlich philosophierten sie nicht nur die ganze Zeit – die Samstagabende waren für Besuche in einem Puff in San Diego reserviert. An einem solchen Samstag wurden sie von einem Plakat abgelenkt, das eine Vortragsreihe von Emma Goldman über »Die gesellschaftliche Bedeutung des modernen Dramas« ankündigte, und sie beschlossen, den Puffbesuch zu verschieben. Allerdings kam Frau Goldman, eine bekannte Anarchistin, nicht zu ihrem Vortrag, da sie von den Wächtern der öffentlichen Moral so schnell wie möglich wieder aus der Stadt geschafft wurde. Immerhin schaffte es Henry in dem Tumult, einige Worte mit ihr zu wechseln. Was noch wichtiger war, er kaufte von ihrem Begleiter, Ben Reitman, zwei Bücher: Max Stirners *Der Einzige und sein Eigentum* und Nietzsches *Anti-Christ*.

Die Begegnung mit Goldman und Reitman gab Henrys Denken eine weitere radikale Wendung und half ihm, den Spiritualismus, der ihm von Mills und Challacombe eingeimpft worden war, aus der richtigen Perspektive zu sehen. Zwar war er keinesfalls bereit, Lehrsätze über »Innere Dynamik«, »Positives Denken« oder »Spirituelle Energie« ganz abzulehnen, aber er machte sich klar, daß seine eigenen Erfahrungen diese Dinge nicht unbedingt bestätigten. Er schloß daraus nicht, daß Mills und Challacombe unrecht hatten, aber er sah auch keinerlei Anlaß, darauf zu bestehen, daß sie im Recht waren. Für Goldman galt das gleiche. Ihre politischen Ansichten beachtete er kaum, aber ihr Anarchismus als Lebensphilosophie entsprach dem Gewicht, das er selbst auf persönliche Freiheit legte, und ähnelte entfernt dem, was er früher von Whitman und Jack London gelesen hatte. Auch war sie in ihrer Art eine Idealistin, die, obwohl die Gegenwart geradewegs in einen Krieg hineinzutaumeln schien, fest daran glaubte, daß die zukünftige Menschheit sich zum Besseren wandeln würde. Nietzsches *Anti-Christ* rundete diese Vorstellungen ab. In Stirners ansonsten kraftlosem Buch fand er eine Zusammenfassung der Grundideen anderer führender Anarchisten wie Kropotkin, Bakunin, Tolstoi und Johann Most.

Diese Begegnung brachte wichtige neue Einflüsse in Henrys Leben. Rein äußerlich hatte sich wenig geändert: Im Schlafsaal lauerten immer noch die Wanzen, Unkraut mußte weiterhin ausgerupft werden, müde Huren lungerten nach wie vor in San Diego herum. Er war mit der Absicht in den Goldenen Westen gekommen, die Literatur aufzugeben und ein gesundes Leben im Freien zu führen; aber das hatte nicht mehr gebracht als eine Niete in der Lotterie. Die Flucht war die einzige Art, mit Schwierigkeiten fertig zu werden, die er kannte, und eine Zeitlang faßte er ins Auge, der Fährte Jack Londons nach Juneau, Alaska, zu folgen, um dort als Goldwäscher zu arbeiten. Ein Fieberanfall schwächte ihn jedoch derart, daß er Alaska für zu riskant hielt. Schließlich schrieb er Pauline, daß er zu ihr zurückkehren wolle, und bat sie, ein Telegramm mit dem Inhalt zu schicken: »Komm sofort, Mutter liegt im Sterben« – damit sein Boß ihn gehen lassen würde. Nach neun Monaten Kalifornien kam er im Dezember 1913 wieder in New York an, zurück in Paulines Arme, zurück in den Schneiderladen.

Zu der Zeit, als Henry sich wieder häuslich in New York einrichtete, erschien Emma Goldmans Buch über das europäische Theater. Henry benutzte es als Anleitung für Studien der Werke von Hauptmann, Strindberg, Ibsen, Wedekind, Schnitzler und Gorki, Schriftsteller, in denen die Goldman den Geist des Widerstandes gespiegelt sah. Im großen und ganzen repräsentierten diese Dramatiker eine europäische Literatur, die sich stark von der unterschied, in die ihn Stanley Borowski eingeführt hatte; hier wurde weniger Gewicht auf selbstquälerische Sensibilität, sondern mehr auf die Darstellung tragischer menschlicher Beziehungen gelegt. Diese Schriftsteller entsprachen schon eher Henrys Geschmack. Goldmans Buch half ihm, weit über die Stücke hinauszugehen, die ihm früher gefallen hatten (wie *The Yellow Ticket, The Merry Widow* und *The Red Mill*), und veranlaßte ihn, das Portmanteau, das Cherry Lane und das Provincetown-Theater zu besuchen, wo er sich in großen Portionen das neue experimentelle Drama einverleibte. Und das war nur ein kleiner Teil der Literatur, den er Anfang 1914 verschlang, denn nur sie scheint zu dieser Zeit in seinem langweiligen Leben eine Rolle gespielt zu haben. Er las alles, was er von Nietzsche, Dreiser, Knut Hamsun, George Moore und Bergson in die Finger bekommen konnte. Auch die klassische Philosophie streifte er, und da sagten ihm vor allem Heraklit und Mark Aurel zu. Wie stets versuchte er, sein Wissen und seine Erfahrung in Einklang zu bringen, so als würde sein Leben harmonischer werden, wenn die Ideen und die Wirklichkeit ineinander übergingen. Er suchte die Einheit in der Vielfalt. Mit William Dewar, George Wright oder Stanley konnte er endlos über die möglicherweise zwischen Herbert Spencer und Friedrich Nietzsche bestehenden Beziehungen diskutieren; über die zwischen Edward Ballamy und Lewis Carroll, Paul Eltzbachers *Anarchismus* und Rider Haggards Abenteuerromanen, *The Secret Doctrine* und der Gestalt des Saladin. Wie »paßten« seine gegenwärtigen Favoriten mit seinen früheren zusammen? Wie konnte er Hamsun anerkennen, ohne gleichzeitig Goethe, Heine und Schiller, von dem er einst lange Passagen auswendig gelernt hatte, abzulehnen? Er suchte tatsächlich immer noch den einzigartigen goldenen Schlüssel, der wie in jenem alten Traum das Geheimnis zu allem Wissen aufzuschließen versprach.

Vor seiner Rückkehr von Kalifornien hatte Henry gelebt wie ein provinzieller Brooklyn-Junge, aber nach 1914 stürzte er sich in seinem Hunger nach Kultur auf das reichhaltige intellektuelle Leben von Manhattan. Das Café Royale in der Second Avenue gehörte zu seinen geschätztesten Aufenthaltsorten. James Gibbon Huneker schrieb dort seine Kulturkolumne, an den Wänden hingen Zeitungen in den verschiedensten Sprachen, und man konnte Plattenaufnahmen von Skrjabin hören. Gelegentlich ging Henry ins Yiddish Theatre, um sich den großen Schauspieler Jacob Ben Ami anzusehen. Und er speiste in rumänischen, wienerischen und russischen Restaurants zur Musik von Zimbel, Zither, Balalaika und Geige. Vielleicht der beste Ort für literarische Diskussionen war das Hinterzimmer bei Lüchow's. Vorträge und Lesungen wurden in der Rand School und im Henry-Street-Kulturzentrum geboten.

Kurz nach seiner Rückkehr aus dem Westen, am 26. Dezember 1913, wurde Henry zweiundzwanzig. Die Zusammenballung von Weihnachten, seinem Geburtstag und Neujahr hatte meist den Effekt, daß die Feiertage zu einer Art Generalabrechnung mit der Vergangenheit wurden, und so ging das Jahr in Bitterkeit und Bedauern zu Ende, während die Familie um den reichgedeckten Tisch herumsaß. Henrys Mutter sprach von den Talenten, die er einst gezeigt hatte, und von der Dummheit und Leere seiner Unternehmungen in der jüngsten Vergangenheit.

Henry machte lange Spaziergänge zu den Schauplätzen seiner frühesten Jugend, als glaubte er, er könne sich in den sichtbaren Zeugen der Vergangenheit wiederfinden. Zum Beispiel bestieg er an einem Abend die Tram nach Bergen Beach, um den Glanz, den der Ort einst besessen hatte, in der Gegenwart wiederaufleben zu lassen; in seinem Gedächtnis war nur das Gefühl hängengeblieben, daß er bei einem Ferienausflug dort wirklich glücklich gewesen war. Aber nach endloser Fahrt durch Sümpfe und Schutthaufen erreichte er einen öden Strand, an dem sich Rabauken und Fabrikarbeiterinnen tummelten. Seine Kindheit konnte er nur in seiner Erinnerung bewahren; doch die Beschäftigung mit der Kindheit erlaubte es ihm, die schmerzhafte Konfrontation mit der Welt der Erwachsenen, in der er in vielfacher Weise gescheitert war, hinauszuschieben.

Mit einer Niederlage seines Lebens aber wurde er durch Zufall sehr nachhaltig konfrontiert. Kurz nach seiner Rückkehr von Kalifornien fuhr er mit einem alten Freund in einer Brooklyner Straßenbahn, als Cora einstieg. Sie wirkte blasser und magerer, ein bißchen abgekämpft. Henry wollte ihr alles erzählen, was ihm zugestoßen war, er wollte eine neue freundschaftliche Ebene mit ihr finden. Aber ihre erste Bemerkung ließ ihn verstummen: Sie hatte geheiratet – jemanden, den er nicht kannte, einen Schriftsteller, einen Reporter. Nach ein paar Minuten murmelte sie, daß sie ihre Haltestelle erreicht hätte. Zu seinem Entsetzen mußte auch er hier aussteigen: offensichtlich wohnte sie ganz in der Nähe von Paulines Haus. Henrys Freund leistete sich einen üblen Scherz und bat sie, ihnen doch ihre Wohnung zu zeigen. Wie benebelt ließ Henry sich durch die Räume führen, bis hin zum Schlafzimmer. »Hier«, sagte sie ungeschickt, während sie auf das Doppelbett deutete, »schlafen wir.« Die idiotische Bemerkung bohrte sich wie eine Messerklinge in ihn. Wieder draußen wurde ihm erst klar, daß er nur um die Ecke von der Monroe zur Macon Street zu gehen brauchte, um Paulines Apartment zu erreichen. So hatte er also, ohne es zu wissen, Coras Haus gesehen, wann immer er in der Küche gesessen und über die Hinterhöfe geschaut hatte. Vielleicht blickte Cora genau wie er teilnahmslos und hoffnungslos in die kalten, schäbigen Brooklyn-Hinterhöfe, während ihr Ehemann, genau wie Pauline, klagte: »Bitte, komm ins Bett!«

Henry nahm die verschiedenartigsten Jobs an. Manchmal hielt er es nur einen Tag aus, weil er sich im Grunde an überhaupt keinen Job binden wollte. Er zog wieder in Paulines Wohnung und wurde zum inoffiziellen Hausmeister des dreistöckigen Gebäudes. Unter Pauline wohnte ein Mann namens Lou Jacobs, mit dem sich Henry anfreundete. Auf eine wohltuende, herzliche Weise lachte Lou über alles und brachte Henry damit bei, das Leben nicht so furchtbar ernst zu nehmen. Der Schneiderladen sandte ständig Notsignale aus und wartete darauf, von ihm »gerettet« zu werden: Die Kundschaft schmolz beängstigend schnell dahin, und die Unkosten fraßen das Geld auf, das Mutter mit Müh und Not zusammengespart hatte. Um ihr einen Gefallen zu tun und damit sie aufhörte, ihn als herzlos und verantwortungslos hinzustellen, nahm Henry die Arbeit in der Schneiderei wieder auf. Diesmal fiel es ihm nicht so schwer: Er beruhigte sich damit, daß er nicht lange in dem Geschäft bleiben würde, und nachdem er erst mal seine Abneigung darüber, daß man ihn in den Laden gezwungen hatte, überwunden hatte, stellte er fest, daß es ihm sogar Spaß machte, Gänge für seinen Vater zu erledigen. Manchmal raffte er eine Musterkollektion zusammen, raste in ein nahe gelegenes Bürogebäude, stürzte sich mit seinen Waren auf die nächstbesten Leute und hielt lange, kunstvolle Reden über die von der einzigartigen Firma Henry Miller & Son hergestellte Kleidung. (Unweigerlich begann er mit der Frage: »Sind Sie an Kleidung interessiert?« Und einmal, als ein dicker Mann seinen Redeschwall mit den Worten: »Ja, natürlich, sehen Sie nicht, wie nötig ich es hab, welche zu tragen«, unterbrach, wußte er nicht mehr weiter.) Er war ironisch, halb unterwürfig und halb arrogant, und außer von Stammkunden ergatterte er nur selten einen Auftrag.

Jahrelang war Henrys Widerstand gegen die Welt seiner Eltern eng mit seiner Sehnsucht, Schriftsteller zu werden, verbunden gewesen. Doch dieser Widerstand verbrauchte all die Energie, die er ansonsten vielleicht dem Schreiben hätte widmen können. Er »arbeitete« nur an einem imaginären »Buch«. Jeden Tag, wenn er mit der Hochbahn zur Arbeit fuhr, nahm er die Fäden seiner Phantasiearbeit wieder auf; je nach Laune änderte sich das Thema. Als im Frühling 1914 die Spannung im Haus einen Höhepunkt erreichte – Mutter griff Henry und Vater an, Henry schlug nach beiden Seiten zurück, und Heinrich schluckte seinen Teil mit erschütternder Demut –, stand eine mörderische Familiensituation im Mittelpunkt von Henrys imaginärem Buch. Er gab ihm auch einen Titel – »Das Inzest-Haus«. Er hatte der Schneiderei widerstanden, weil er schreiben wollte; ironischerweise hielt nun der Schneiderladen sein Interesse am Schreiben wach. Einige von Heinrichs Kunden waren Literaten wie zum Beispiel Frank Harris, der erste Schriftsteller, den Henry kennenlernte. Das geschah 1914 auf höchst banale Art und Weise. Mit zweiundzwanzig Jahren hatte Henry die Ehre, Harris beim Anpassen seiner Hosen zu helfen, während der große Mann über Shakespeare, Jesus und Oscar Wilde monologisierte. Einmal, als ihm die Millers einen etwas auffälligen Blazer anfertigten, stichelte er: »Ich bin kein Minnesänger, ich bin bloß Schriftsteller.« Und obwohl Henry mit ihm darüber lachte, war es doch genau der Anspruch, den er selbst gern erhoben hätte. Walter Pach, der Kunstkritiker und Übersetzer von Elie Faures *Geschichte der Kunst*, zählte ebenfalls zur Kundschaft; Henry war zu schüchtern, um zu erwähnen, daß er Pachs Übersetzung gelesen hatte. Boardman Robinson war ein weiterer Kunde, der von sich behaupten konnte, ein Schriftsteller zu sein, denn er schrieb regelmäßig eine Kolumne für eine Zeitung neben seiner Arbeit als Maler und Illustrator. Henry fand ihn weniger einschüchternd als den erschreckend wortgewaltigen Harris und besuchte ihn einmal in seinem Studio, bloß um ihn zu fragen, wie man es anstellt, Schriftsteller zu werden. Der Künstler rieb sich die Stirn. »Na ja, soweit ich weiß«, sagte Robinson, »fängt man einfach an zu schreiben.« Auf der Stelle begann Henry, ein kleines Tagebuch zu führen, dem er den Titel »Der intellektuelle Schneidersohn« gab, aber dann kritzelte er bloß ein paar blasse Ideen hinein. Auf dem Weg zur Arbeit und bei Spaziergängen entwarf er weiter Bücher in seinem Kopf: »Ich, der Embryo«, »Der Amüsierpalast«, »Von Brooklyn Bridge nach Cooper Union«.

Er wollte schreiben. Noch mehr, er wollte ein Schriftsteller *sein* und wie Jack London den Ruf einer romantischen Persönlichkeit haben. Die Nachricht vom Tode Londons im Jahre 1916 »schmerzte mich wirklich«, wie er einem kalifornischen Dichter namens Charles Keeler in einem Brief mitteilte, der auch sein Gefühl der Verlorenheit und Trostlosigkeit ausdrückte:

Um ehrlich zu sein, die Situation hier in Amerika widert mich jeden Tag mehr an und stimmt mich immer pessimistischer. Es mag sein, daß ich, lediglich ein Schneider, in einer engbegrenzten Umwelt lebe, aber aufgrund meiner Beobachtungsgabe bin ich in der Lage, mir ein Urteil über die Massen, die mich umgeben, zu bilden, und ich kann wahrheitsgemäß sagen, daß ich sie aus tiefstem Herzen verabscheue. Ihre eigene pure Dummheit wird ihr Untergang sein. Ich bin nicht mehr in der Lage, auf die Kapitalisten und Politiker zu schimpfen, wie ich es vor einigen Jahren noch getan habe. Was mich jetzt beunruhigt, ist die Tatsache, daß es kein Material mehr gibt, aus dem man heutzutage noch Männer machen könnte. Obwohl ich materialistisch denke, bin ich nicht so albern, zu glauben, das System sei an allem schuld. Das scheint mir nun auf gleicher Ebene zu liegen wie die alte ausgediente Theologie, die alles dem Willen Gottes zuschrieb.

Weißt Du, wo ich in all diesen Widerlichkeiten Befriedigung suchen muß? Bei den russischen Schriftstellern. In ihren Büchern findet sich eine grimmige Realität, die mich beschwichtigt. . . Ich kann einfach nicht wirklich daran glauben, daß ich fähig bin, etwas zu schreiben, das der Mühe wert ist, und trotzdem, ich kann beim besten Willen nicht erklären, woher dieser Drang kommt, meine Gedanken zu Papier zu bringen. Ich hatte so ein bißchen die Absicht, ein Theaterstück zu schreiben, aber da geht's um so exotischen Stoff, daß ich fast Angst habe anzufangen. Das einzige, was noch schlimmer als künstlerische Begabung ist: wenn man glaubt, man hätte welche.«

Henry war zu der Zeit ganz offensichtlich an ernsthaften Fragen interessiert, aber es fehlte ihm an Energie, Willenskraft und innerer Überzeugung, um nach ernsthaften Antworten zu suchen. Er arbeitete unregelmäßig, lungerte in Paulines Küche herum, las gierig und hatte die Absicht, zu schreiben. Vor allem aber – einem sicheren lebensspendenden Instinkt folgend – ließ er sich treiben, anstatt sich den trostlosen Umständen anzupassen.

5. Henry Val Millers Liebeslieder

Einer der Kunden von Henry Miller & Son – *Old Man Pack* nannten sie ihn – war der Fotograf, der die Studioaufnahmen für die Metropolitan Opera und Carnegie Hall machte. Seine Schneiderrechnungen bezahlte er teilweise damit, daß er Henry in den Jahren 1914 und 1915 jede Woche mehrere Eintrittskarten für Musikveranstaltungen in der Carnegie Hall überließ. Auf diese Weise erweiterte Henry seine musikalische Ausbildung. Er nahm seine Klavierstunden jetzt sehr ernst und faßte eine Karriere als Konzertpianist ins Auge. Im Oktober 1915 wurde er in seinen Bestrebungen sehr ermutigt, als er eine junge und hübsche Pianistin aus Brooklyn namens Beatrice Sylvas Wickens kennenlernte, die in der Ninth Street wohnte, am Rande seines alten Viertels. Auf konventionelle Art sah Beatrice gut aus, und sie besaß eine wohlgeformte, schlanke Figur. Ihr Gesicht war ziemlich klein mit hochangesetzten Backenknochen, großen dunklen Augen, einem kleinen Mund und einem ausgeprägten Kinn. Ihr dunkles Haar trug sie kurz in einer Bubikopffrisur. Unter der Obhut einer ledigen Tante – ihre Mutter hatte wieder geheiratet – hatte sie in einem Kloster Klavierunterricht bekommen und dabei große Begabung entwickelt. Henry stellte sogleich einen Katalog ihrer Vorzüge auf: Technik: perfekt; Darbietung: makellos; Handgelenkbewegungen: exzellent; Pausen, Legato, Arpeggio: herrlich. Wenn es ihr an musikalischer Originalität fehlte – wenn sie die gleichen Stücke wieder und wieder spielte und Liszts »Vierzehnte Ungarische Rhapsodie« allen Stücken von Strawinski oder Schönberg vorzog, so störte sich Henry nicht daran: Er richtete sein Augenmerk auf ihre offensichtlichen Vorzüge. Er begann, Stunden bei ihr zu nehmen.

Eines Tages machte er Pauline mit Beatrice bekannt. Pauline war sofort auf der Hut. Sie kannte Henry nur zu gut, und ihre Vorsicht war durchaus berechtigt. Henry mochte Beatrice, er legte gern seinen Arm um ihre Taille, er liebte die Herausforderung, die sie für ihn darstellte. Früher, als er noch hinter Pauline her war, hatte er unter allen möglichen Entschuldigungen seinem Vater gegenüber oft genug vorzeitig den Schneiderladen verlassen. Jetzt war Pauline an der Reihe, sich Henrys Ausreden anzuhören: Er hatte noch spät im Geschäft Muster zuschneiden müssen, der alte Mann mußte ausgenüchtert werden, ein Kumpel steckte in Schwierigkeiten und ähnliches. Natürlich wollte er Pauline nur entkommen, um bei Beatrice vorbeischauen zu können; er hörte ihrem Spiel zu oder nahm sie mit zu einer Matinee ins Theater. Obwohl sonst sehr impulsiv, war Beatrice durch ihre religiöse Erziehung in Sachen Sex puritanisch geworden, und so mußte er sich ihr vorsichtig und auf Umwegen nähern: Er brauchte Geduld, und so redete er von ihrer Technik in gewissen schwierigen Passagen oder von irgend etwas anderem unter der Sonne. Für ihn war diese Jagd ungemein aufregend, und Beatrice ergab sich nie ganz. Je weiter sie gingen, desto schlechter fühlte sie sich. »Ich schäme mich so«, stöhnte sie, nachdem die Erregung wieder abgeklungen war. »In Wirklichkeit bin ich dir gleichgültig«, sagte sie immer wieder. »Du willst nur das eine von mir.« Aber das Wort *Heirat* kam ihr oft über die Lippen, während sie in ihrem Frisiermantel in den zerknautschten Kissen lag. »Miß Wickens und ich machen große Fortschritte in unserer gegenseitigen Eroberung«, lautete Millers knappe Zusammenfassung seiner Liebesaffäre.

Henry dachte wieder mal an Flucht vor Pauline; und ausnahmsweise begünstigten ihn die Umstände. Paulines Sohn George, der in ein Sanatorium geschickt worden war, starb. Merkwürdigerweise fühlte sich Henry dadurch nicht länger an Pauline gebunden. Gut, dachte er, *jetzt wird sie mich in Ruhe lassen!* Und zufällig wurde ihm auch noch im Frühjahr 1917 ein Angestelltenposten in der Postabteilung des Kriegsministeriums in Washington, D.C., angeboten. In Vorbereitung auf den Krieg stellte die Regierung eine Menge Büroangestellte ein. Das war genau die Chance, auf die er gewartet hatte. Er verließ Pauline und zog nach Washington. Nach ein paar Wochen im Kriegsministerium schaffte er es mit seinem flinken Mundwerk, einen Redakteur der *Washington Post* zu überreden, ihn ohne Gehalt als eine Art Nachwuchsreporter einzustellen.

Aber auch Washington wurde zu einer Pleite. Die freie Mitarbeit bei der Zeitung dauerte ungefähr zehn Tage, die Arbeit in der Postabteilung kaum mehr als einen Monat. Als er sich dann für die Musterung zum Wehrdienst registrieren lassen sollte, zögerte er keinen Augenblick; er wußte, was er zu tun hatte. Wie seine Großväter hatte er nicht die Absicht, in den Krieg zu ziehen. Er beantragte Zurückstellung wegen seiner bevorstehenden Heirat und weil ihn seine Mutter und sein kranker Vater dringend brauchten. Henry kehrte nach New York zurück, trat wieder in den Schneiderladen ein und machte Beatrice zu seiner Frau. Beatrices Hochzeitsgeschenk entsprach dem Preis für einmal Rasieren und Haareschneiden; sie bezahlte die Heiratsgebühren. Es war ein Tag, den keiner von ihnen je vergessen würde.

Es dauerte nicht lange, bis der Grabenkrieg im Hause 244 Sixth Avenue, der neuen Adresse des Paares, begann. Beatrices Ansichten erwiesen sich als ebenso scharf und eckig wie ihr Gesicht. Ihr Atem, der ihm einst so süß wie Zimt vorgekommen war, wurde nun bitter von Klagen und Beschwerden. Vor der Ehe hatte er sich in der Position des Verfolgers befunden; sie war passiv gewesen. Nun jedoch kam ihre dominierende und aggressive Natur zum Vorschein. Sie war entweder hinter ihm her, sich auf die Suche nach einem besseren Job zu begeben, endlich etwas aus sich zu machen, oder sie schwieg mit grimmiger, pathetischer, leidender Miene. Ganz offen bezeichnete sie ihn Besuchern gegenüber als »vulgären, ungeschliffenen Narren«, als einen »Irren«. Ihm gingen ihre Schlampigkeit, ihr mangelnder Geschmack in ihrer Kleidung und ihre Klagen über seinen fehlenden Ehrgeiz auf die Nerven. Was tat sie denn anderes, als den ganzen Tag auf ihrem Hintern zu sitzen und diesen Scharlatan von Liszt zu spielen, neben sich eine offene Bonbonschachtel und stets in dem gleichen kotzgrünen Hemd? Warum ging *sie* nicht auf Arbeitssuche? Warum sollte er mit stupiden Jobs seine Zeit verschwenden, wenn sie durchaus in der Lage war, sie beide zu ernähren, während er schrieb? Von dem Geld, das sie durch ihre Unterrichtsstunden verdiente, sah er nie etwas, aber er sollte jeden Penny abliefern, den er heimbrachte. Warum mußte er sich mit mickrigen fünf Dollar pro Woche begnügen; soviel für Fahrgeld, soviel für Lunch, soviel für Zigaretten – aber nie klimperte zusätzlich was in seinen Taschen, nichts blieb übrig für ein bißchen Spaß, eine Varietéshow oder einen Ausflug zum Luna Park. Außerdem haßte Beatrice seinen Wunschtraum, Schriftsteller zu werden. Eines Abends, als er ihr sagte: »Gehn wir nicht aus. Vielleicht bleib ich daheim und schreib ein bißchen«, schnappte sie zurück: »Denk dran, daß du einen Job hast. Fang nicht wieder ein Buch an.« Die Schuld an seiner Unfähigkeit zu schreiben schob er nun auf sie; bei seinen Freunden beklagte er sich, daß sie ihn all seiner Energien beraubte. Genau wie seine Mutter mißbilligte sie alles, was er tat, alle Pläne, an denen sein Herz hing.

Im Grunde genommen hätte sie ihn ruhig schreiben lassen können, denn obwohl es während des Krieges genügend Arbeit gab, hatte er Schwierigkeiten, eine Stellung zu finden, und noch größere Schwierigkeiten, eine zu behalten. Gegen 1920 hatte er bereits derart viele Stellungen aufgegeben, daß ihn die Personalchefs mißtrauisch musterten. Wenn er nicht arbeitete, lungerte er im Schneiderladen herum, der in der Dreiundfünfzigsten Straße einen Sprung östlich der Fifth Avenue lag, von wo er dann zur Sixth Avenue hinübermarschierte, um die Aushänge der Arbeitsvermittlungen zu studieren, auf deren schwarzen Brettern freie Stellen in Hotels und Restaurants ausgeschrieben waren. Für ihn wurde es zum Alptraum, eines dieser schäbigen Gebäude zu betreten und sich um eine Stellung zu bewerben. Die Jobs selbst waren noch alptraumhafter – bei einigen hielt er es nicht mal einen ganzen Tag aus. Während der Kriegsjahre war er für kurze Zeit: Tellerwäscher, Zeitungsjunge, Müllarbeiter, Straßenbahnschaffner, Hotelpage, Sekretär, Barkeeper, Dockarbeiter, Sportlehrer, Werbetexter, Redakteur, Bibliothekar, Statistiker, Mechaniker, Sozialarbeiter, Versicherungskassierer und Gasmann. Ein paar Jobs zogen sich länger hin. Eine Zeitlang kämpfte er als Indexverfasser erfolgreich mit den Texten des Amtes für Wirtschaftsforschung. Eine beachtliche Zeitspanne schlug er sich mit der Arbeit am Katalog des Charles-Williams-Versandhauses herum, aber als sein Boß entdeckte, daß er während der Arbeitszeit deutsche Philosophie las und für sich selbst schrieb, flog er raus.

Überdies stellte sich nun heraus, daß Beatrices anfängliche sexuelle Zurückhaltung wenig mit vorehelichen Ängsten zu tun gehabt hatte. Ihre Hemmungen und Ängste lagen tief in ihrem Wesen. Henrys lässige Haltung Sex gegenüber entsetzte und erstaunte sie. Wann immer Henry Sex als komisch oder experimentell oder auch nur als selbstverständlich behandelte, zog sie sich zurück. Sie verlangte eine ernsthafte und romantische Haltung. Natürlich wurde Henry dadurch noch nachlässiger. Sie begannen, einander zu demütigen, indem sie Sex als Waffe ihrer häuslichen Kämpfe benutzten. Sie stritt mit ihm über Sex, weil er ihr im üblichen Sinne kein guter Gatte war; und er bekämpfte sie auf dem gleichen Gebiet mit Versprechungen oder, wenn nötig, auch mit Lügen um des Vergnügens willen, sie sexuell zu überraschen oder ihren Widerstand zu brechen. Ihre Versuche, ihn dadurch zum Nachgeben zu zwingen, daß sie ihm Sex vorenthielt, brachte ihn wie immer dazu, all seine Energien und Anstrengungen darauf zu konzentrieren, sie zu besitzen, ohne ihr zugleich ins Netz zu gehen. Er plante seine Eroberungen so sorgfältig wie General Pershing seine Kriegsstrategien. Vielleicht würde sie am Ende diesen Zermürbungskrieg für sich entscheiden, aber einzelne Gefechte konnte er mit überraschenden Angriffen und seiner Guerillataktik immer noch gewinnen.

Unglücklicherweise war wiederum der Sex Ursache seiner endgültigen Niederlage. Er beging einen schweren strategischen Fehler. Im

Sommer 1918, nachdem sie ein Jahr verheiratet waren, schlug Beatrice eine verspätete Hochzeitsreise zu ihren Eltern in einem abgelegenen Städtchen in Delaware vor. Da sie die meiste Zeit in Internaten verbracht hatte, kannte sie ihre Eltern kaum, aber sie vermittelte Henry den Eindruck, daß es sich um ein lebhaftes, aber ansonsten typisches Kleinstadtpaar handelte. Die Komplikationen begannen sofort nach ihrer Ankunft. Auf verblüffende Weise ähnelte Beatrices Mutter Pauline; sie war im gleichen Alter, besaß die gleiche positive Einstellung und das gleiche leichtlebige, sinnliche Zwinkern in ihren fröhlichen Augen. Es dauerte nicht lange, bis Henry die häuslichen Absprachen seiner Schwiegereltern durchschaute: Ganz offensichtlich waren dieser Mann und diese Frau schon vor langem zu der freundschaftlichen Übereinkunft gelangt, daß jeder tun und lassen konnte, was er wollte. Tatsächlich schien es die Mutter von Anfang an auf ihn abgesehen zu haben. Unter diesen Umständen dauerte es nicht lange, bis Henry und Beatrices Mutter allein im Haus zurückblieben. Eines Morgens, während er im sonnigen Wohnzimmer saß, seine Zeitung las und dem wilden Gezwitscher der Vögel im Garten lauschte, hörte er Beatrices Mutter vor sich hinsummen, fast schon ein Schnurren, mit sanfter Südstaatenstimme, während sie in der Badewanne plätscherte. Dann rief sie: »Val, bist du da? Bringst du mir ein Handtuch, Lieber, ja?« In seinem Pyjama ging er ins Badezimmer; er konnte sich später nicht mehr entsinnen, ob er nun ein Handtuch mitgenommen hatte oder nicht, bevor er zu ihr in die Wanne stieg.

Erst nachdem Beatrice am 30. September 1919 eine Tochter, Barbara Sylvas, zur Welt gebracht hatte, schleuderte sie ihm empört ins Gesicht, sie hätte die ganze Zeit über gewußt, daß er im letzten Sommer jeden Morgen zur gleichen Stunde mit ihrer Mutter geschlafen hätte. Jeder Mann, der so etwas tat, schien sie damit sagen zu wollen, mußte total verdorben sein; aufgrund irgendeiner merkwürdigen Logik kam sie dann zu der Schlußfolgerung, daß er nun, da seine Amoral so deutlich ans Licht gekommen war, ein braver Junge sein sollte und tun müßte, was immer sie von ihm verlangte. Der Krieg weitete sich aus. Sie stritten unaufhörlich und voller Erbitterung. Sie schliefen in getrennten Räumen, aber selbst so schnellten sie manchmal noch nachts im Bett hoch und schrien einander in die Dunkelheit hinein von einem Zimmer zum anderen Beleidigungen zu. Manchmal packte sie eine so wahnsinnige Wut, daß sie aus dem Bett sprangen, bereit, sich gegenseitig an die Kehle zu fahren. Es war kein Wunder, daß Henry sie vor seinen Bekannten als puritanisches Monstrum bezeichnete. Wer konnte ihn tadeln, wenn er die Nacht über wegblieb?

Aber trotz dieser ständigen, sich hinziehenden Scharmützel wäre es unfair gewesen zu behaupten, er hätte ganz aufgehört, Beatrice zu lieben. Sie quälte ihn wie eh und je, forderte ihn heraus, wenn sie über ihn triumphierte, und appellierte an sein immer waches Mitgefühl, wenn sie verlor. Und ohne jede Frage war er verrückt nach seiner Tochter Barbara. Er wachte über sie, hing Tagträumen nach, was er in der Zukunft alles für sie tun würde, versuchte, jede ihrer Reaktionen zu beobachten, als könnte er dadurch die Antworten auf alle Fragen über seine eigene Kindheit finden. Sie würde in der gleichen Gegend aufwachsen wie er, und sie sollte sich ebenso wild und frei in den Straßen bewegen dürfen wie er. Wie einen alten Film in neuer Besetzung sah er Barbara als sich selbst und sich selbst als Barbara.

Was sein erwachsenes Ich anbelangte, das stolperte weiter vor sich hin. Nachdem er in seiner Sehnsucht, Schriftsteller zu werden, so viele Frustrationen erlebt hatte, entwickelte er eine deutliche Schüchternheit, überhaupt noch darüber zu sprechen. Nur einem engen Freund wie William Dewar vertraute er seine Bewunderung für Waldo Frank an. Mit geradezu masochistischer Gründlichkeit malte er all jene Bedingungen und Talente aus, die ihm fehlten, um ein Schriftsteller zu werden – die Freiheit zu reisen, mehrere Sprachen zu beherrschen, einen bestechenden Stil zu besitzen, vor Publikum frei sprechen zu können –, und er verfluchte seine Lebensweise, die ihm so wenig Raum ließ, seine Träume zu verwirklichen. Aber aufgegeben hatte er sie nicht. Im Januar 1919 entdeckte er in einer Zeitschrift, die Kurzgeschichten abdruckte, *The Black Cat,* ein Editorial, in dem sich der Herausgeber an seine Leser wandte. Er erinnerte daran, daß *The Black Cat* um 1900 eine Geschichte von Jack London veröffentlicht hatte, als London eigentlich schon aufgegeben hatte und bereit gewesen war, in den Kohlebergbau zurückzukehren. Seitdem, so fuhr er fort, gehöre es zum Stil des Magazins, »junge Schriftsteller zu ermutigen«. Henrys Interesse war geweckt und erhöhte sich noch, als er folgende Sätze las: »Die Redakteure von *The Black Cat* erhalten ständig Manuskripte, die anscheinend die erste und zugleich die letzte Bemühung von

Autoren sind, die gerne Schriftsteller wären, aber nicht den Mut haben, dieser Berufung treu zu bleiben. Vielen kommt es nicht in den Sinn, daß es in der Schriftstellerei wie in jedem anderen Beruf nötig ist, eine Lehrzeit abzuleisten. Diese Autoren haben eine Grundregel nicht entdeckt – nur indem man sich in die Technik des Schreibens versenkt, kann man die Kunst der Kurzgeschichte beherrschen lernen.« Wie, so würde sich wohl jeder Leser fragen, brachte man es zur Meisterschaft in dieser Technik? Die Herausgeber hatten die Antwort: Jedem Abonnenten wurde die Gelegenheit geboten, seinen Stil durch das Schreiben von Rezensionen über Geschichten, die in *Black Cat* erschienen waren, zu erproben. Das Magazin würde intelligente Kritiken veröffentlichen und dafür ein Honorar von einem Penny pro Wort zahlen. Dies war, wie der Herausgeber versicherte, schon vereinzelt gemacht worden, und einige dieser Kritiker hatten später sogar eigene Geschichten in *The Black Cat* veröffentlicht – einer, wurde betont, mit so viel Erfolg, daß er sich eine Staatsanleihe kaufen konnte! Hier lag wirklich und wahrhaftig eine Chance!

Natürlich war das Ganze lediglich ein Trick, um Abonnenten für das Magazin zu gewinnen, aber Henry hatte schon so lange nach jener Art von Schreibunterricht gesucht, die hier anscheinend geboten wurde, daß er ohne Zögern die anderthalb Dollar opferte. Er erhielt ein »hübsches Clubabzeichen« und ein Exemplar des Februarheftes. Die Titelgeschichte war Carl Clausens »Der ungebetene Gast«, und Henry schwitzte, arbeitete und betete, bis er schließlich eine Rezension von einigen hundert Wörtern hervorgebracht hatte. Sie wurde angenommen! Dies war Henry Millers erste Veröffentlichung! Im Besprechungsteil der Maiausgabe von 1919 stand sie an erster Stelle und enthüllte einiges über seine Vorlieben zu dieser Zeit und über die literarische Richtung, auf die er hinarbeitete:

Je länger ein Mensch lebt, desto überzeugter wird er, daß nicht, was man sagt oder tut, das Wesentliche ist, sondern wie man es sagt oder tut. Männer wie Lincoln, Walt Whitman oder Ralph Waldo Emerson mögen die Ausnahmen sein, die die Regel bestätigen, aber auf der anderen Seite gibt es Unzählige, die wie Shaw, Wilde, Kipling, Rabelais und Arthur Brisbane diese Theorie im Reich der pragmatischen Wahrheit halten.

Wenn man die Talente eines Balzac oder Zola nicht besitzt, das heißt, wenn einem die unendliche Geduld und Genauigkeit dieser Künstler abgeht, ist eine große Vorstellungskraft ein hervorragender Ersatz. Ich möchte dem Autor das Kompliment machen, daß einige seiner beschreibenden Passagen mich lebhaft an eines von Pierre Lotis Werken, *An Iceland Fisherman,* erinnern, das ich für ein Juwel an Wortmalerei halte.

Er sah überdies »Anklänge« an Joseph Conrad, Jack London und Lord Dunsany in Clausens Kurzgeschichte, und er schloß mit der Erklärung eines ästhetischen Prinzips: »Ein Reisebericht von Burton Holmes mag wissenschaftlich einwandfrei und fotografisch hervorragend sein, aber das Gemälde eines Künstlers ist unendlich viel interessanter und anregender.« Diesen Artikel unterzeichnete er mit »Henry V. Miller«.

Als Henry im Mai die Nachricht erhielt, daß seine Rezension angenommen war, und ihm ein Scheck über 4,86 Dollar geschickt wurde, war er überwältigt. Er war ein gemachter Mann, sagte er sich. Nun endlich konnte er mit Recht sagen, daß er Schriftsteller war, selbst wenn er nie wieder ein Wort veröffentlichen sollte. Er war so aufgeregt, daß er mit dem Brief in der Hand hinauslief und seinen Borsalino-Schlapphut in die Luft warf. Er segelte in den Rinnstein und wurde prompt von einem vorüberfahrenden Lastwagen zerdrückt. Egal – es kam ja Geld herein: In den nächsten paar Monaten wurden vier seiner Essays veröffentlicht, womit er 9,50 Dollar verdiente. Einige allgemeine Aussagen in diesen Artikeln deuten auf die ästhetischen Ansichten, die er um 1919 vertrat. Für die amerikanische Literatur, bemerkte er, sei eine »glitzernde Sterilität« charakteristisch, was sie im Rang unter die »russischen und französischen Romanwerke« stellte. Am konsequentesten reagierte er als Kritiker anscheinend auf Themen, die mit der modernen Ehe und den Beziehungen zwischen den Geschlechtern zu tun hatten. (Eindeutig hatte das Scheitern seiner Ehe in ihm gewisse romantische und idealistische Erwartungen zerstört, die er geheimgehalten hatte – vielleicht sogar vor sich selbst. Seine Rezensionen wandten sich deshalb so bereitwillig dem Thema ehelicher Konflikte zu, weil er selbst unter ihnen zu leiden hatte.) Seine dritte Kritik über eine Kurzgeschichte, die sich um das Unglück einer verheirateten Frau drehte, begann so: »Die einzige Wahrheit über die Ehe ist, daß sie eine Desillusion ist. Der Autor . . . hat uns die eine Seite der Medaille gezeigt, die Desillusionierung der Ehefrau. Wir Männer brauchen selbstverständlich keine Geschichte, die uns die andere Seite der Medaille darstellte. Es braucht nicht länger als drei Tage ehelicher Gemeinschaft, dem Mann die Augen zu öffnen. Ich kannte einmal einen alten Philosophen, der es folgendermaßen beschrieb: ›Der Mann setzt die Frau von Natur aus auf ein Piedestal, aber sie besteht immer darauf, herunterzusteigen.‹ «

Die Geschichte, die zum Gegenstand seines vierten Essays wurde, »überraschte ihn vollständig«, da sie ein »gewisses Element des risqué« enthielt, eine Andeutung, die, wie er meinte, das Interesse an ihr um »80 Prozent« erhöhte. »Risqué« an der Short Story »Propriety and a Pulman« war der Versuch eines jungen Mannes, in das Schlafwagenbett einer Mitreisenden zu gelangen, die sich indessen schließlich als die Frau des jungen Mannes herausstellt. »Im Grunde«, schrieb Miller, »sind alle Frauen Schauspielerinnen. Hinzu kommt, daß alle eifersüchtigen Frauen, wie auch unsere Heldin, Freude an einem kleinen grausamen Spiel haben, vor allem mit denen, die sie lieben.« Seine letzte Kritik, die in der Oktoberausgabe von 1919 erschien, gestand ein, daß »Männer ihre Frauen vernachlässigen, selbst wenn diese talentiert oder begabt sind«. Interessanterweise aber konnte er der Darstellung einer Frau, die *impromptu* über gelehrte Dinge sprach, nicht folgen. Das war seiner Meinung nach nicht realistisch.

Henry wurde zum Starkritiker des Black-Cat-Club. Die Idee brachte aber offenbar nicht so viele neue Abonnements wie erwartet ein, und mit der Oktoberausgabe wurde der Abdruck eingesandter Rezensionen eingestellt. Henrys Publikationsmöglichkeit war ihm plötzlich wieder genommen. Wenn er erwartet hatte, die Technik der Short Story dadurch zu erlernen, daß er über die Geschichten anderer Autoren schrieb, so war er offensichtlich enttäuscht worden, denn er schickte der *Black Cat* niemals eine eigene Kurzgeschichte. Es ist aber recht leicht, aufgrund seiner Kritiken einzuschätzen, welche Art Geschichten er mochte und wahrscheinlich selbst gern geschrieben hätte. Offen stellte er sich auf die Seite alles Modernen, Neuen. Nichts wies darauf hin, daß die europäischen Dramatiker und Romanautoren, die er gelesen hatte, ihn tief beeinflußt hätten. Ein oberflächlicher, leichthin verallgemeinernder Hang zum Philosophieren spricht aus diesen Artikeln.

Henry wurde durch ein enorm angewachsenes Selbstbewußtsein für seine Bemühungen belohnt, aber Beatrice zählte nur die Dollar – 15 waren es, ein Penny pro Wort – und wies unfreundlich darauf hin, daß dies alles andere als eine Dauerstellung war. Was seine Jobsuche betraf, war Henry tatsächlich in einer Sackgasse gelandet. Selbst der Schneiderladen seines Vaters bot keine Lösung mehr: Er war praktisch pleite. Kurz nach seiner Heirat mit Beatrice hatte Henry auch alle Träume, ein Konzertpianist zu werden, begraben; zumindest zeitweise übertrug sich seine Abneigung gegen sie auch auf das Instrument, und er übte nur noch sporadisch. Jedesmal, wenn er sich an Stojowkis »Liebeslied« oder an den Geschwindigkeitsübungen von Czerny versuchte, merkte er, wie sehr er eingerostet war, und schloß daraus, daß es zu spät war, ein ernsthafter Musiker zu werden. Das erste Geschenk, das er Beatrice machte, war eine 250-Dollar-Victrola – ein extravagantes Symbol der Musik, die sie zusammengebracht hatte. Aber er bezahlte das Gerät nie und mußte es schließlich zurückgeben. Seine Ehe, seine Zukunft als Konzertpianist und die Victrola schienen alle zur gleichen Zeit dahinzuschwinden.

Aber natürlich mußte es noch andere Jobs geben. Beatrice forderte ihn unermüdlich auf, hinauszugehen und einen zu finden.

6. Die Kosmodämonische Telegraphengesellschaft

Da Henry schon so viele Jobs gehabt hatte, war es erstaunlich, daß er noch nie als Bote für die Western Union Telegraph Company gearbeitet hatte. *Jeder,* der laufen konnte, war auch als Bote geeignet – der letzte Job, wenn sonst nicht mehr ging. Mit achtundzwanzig fühlte er sich so am Ende, daß selbst das in Frage kam. Anfang 1920 bewarb er sich im Western-Union-Büro in dem berühmten Flatiron-Gebäude Ecke Fifth Avenue und Twenty-second Street. Die Sekretärin in der Rezeption warf einen Blick auf seine Bewerbung und teilte ihm zu seiner grenzenlosen Verblüffung mit, daß für ihn keine Stelle frei sei, obwohl für jedermann sichtbar ständig Einstellungen vorgenommen und Boten stündlich ersetzt wurden. Der schlechteste Job in der Welt – den er hauptsächlich wollte, um einen Vorwand zu haben, in New York herumspazieren zu können –, und man sagte ihm, daß er nicht geeignet sei. Es war demütigend, Beatrice erklären zu müssen, daß er sich um einen Job als Bote beworben hatte und abgelehnt worden war. Je mehr Henry darüber nachdachte, desto wütender wurde er. Am Abend war er so in Rage, daß er beschloß, dem Präsidenten der Gesellschaft einen Beschwerdebrief zu schreiben. Die hatten Nerven – ihm, Henry V. Miller, Autor und angesehener Bürger, einen derart mickrigen Job zu verweigern!

Frisch rasiert und ordentlich angezogen machte sich Henry am nächsten Morgen in einem Zustand milder Raserei auf den Weg zum Hauptbüro der Gesellschaft in 33 Park Place. Der Präsident, den er zu sprechen verlangte, war angeblich nicht in der Stadt. Sämtliche Vizepräsidenten schienen außerordentlich beschäftigt. Als er sich dann endlich einverstanden erklärte, seine Beschwerde über die Einstellungspraktiken der Gesellschaft beim Ersten Sekretär des Vizepräsidenten loszuwerden, kochte er vor Wut und brannte darauf, loslegen zu können. Zwar fühlte er sich meist in der Gegenwart Fremder gehemmt, aber gelegentlich brach dann eine dieser verbalen Explosionen aus ihm heraus. (Das war zum Beispiel eines Abends nach einem Literaturvortrag in der Rand School geschehen, als Henry aufstand und eine lange Stegreifrede hielt, die bei Ralph Waldo Emerson begann und mit Knut Hamsun endete und derart eindrucksvoll ausfiel, daß hinterher eine Gruppe von Leuten an ihn herantrat und ihn bat, einen Literaturzirkel zu leiten.) Als er nun dem Sekretär Auge in Auge gegenüberstand, überkam es ihn wieder. »Sie glauben also, ich meine es nicht ernst, wenn ich mich um eine Botenstelle bewerbe«, fing er an und lieferte einen Vortrag, der hauptsächlich das Thema seines Rechts auf gerade diesen Job variierte, für den er in jeder Hinsicht bestens geeignet war. Und wie war er behandelt worden! Was machte es schon, daß er für weitaus bessere Jobs qualifiziert war? Wenn er für diesen Job die richtigen Voraussetzungen mitbrachte, warum sollte er ihn dann nicht bekommen? Er beleuchtete die Frage von allen Seiten, leidenschaftslos, unter juristischen Aspekten. Er spielte mit dem Thema wie ein Jongleur mit seinen Keulen und betrachtete es aus den verschiedensten Blickwinkeln – idealistisch, praktisch, wirtschaftlich, persönlich, industriell.

Als Henrys Tirade sich ihrem Ende zuneigte, stimmte ihm der Sekretär glatt und geschmeidig zu, daß hier tatsächlich etwas schiefgelaufen war. Er wollte sich gern bei Henry dafür bedanken, daß er die Schwachstellen in der Einstellungspolitik der Gesellschaft aufgezeigt hatte. Er deutete Henry an, wie sehr es ihn entsetzte, daß es schon so weit gekommen war, daß eine kleine Telefonistin, tatsächlich die wohl am schlechtesten bezahlte Angestellte der Western Union, sich anmaßte, die Bewerbung eines Mannes, dessen Qualitäten so offenkundig waren, zurückzuweisen. Dann rief er den Generalmanager an und wiederholte Henrys Geschichte, dramatisierte sie sogar noch, und Henry wurde klar, daß sie die Angelegenheit tatsächlich ernst nahmen. Der Sekretär schickte ihn in die Zentrale, und dort drückte ihn der Generalmanager in einen tiefen Sessel und steckte ihm eine Zigarre in den Mund. Henry begriff, daß er den Finger offensichtlich auf einen wunden Punkt gelegt hatte. Bald stellte sich heraus, daß die Probleme mit der Kuriermannschaft das chronische Leiden des Unternehmens waren, denn die Boten waren nun mal das Herz der ganzen Gesellschaft. In der gesamten Organisation waren rationelle Geschäftsmethoden eingeführt worden, aber die Boten hielten immer noch den ganzen Betrieb auf. Um die tausend Boten arbeiteten für Western Union, und um diesen Stand zu halten, mußte die Firma ungefähr zehntausend Bewerbungen pro Jahr prüfen. Es schien, als habe Mr. Willever, ein Vizepräsident, in letzter Zeit die Unfähigkeit des Generalmanagers, das Zustellproblem zu lösen, scharf kritisiert. Man hatte ein Vermögen in die Technik investiert, um die Übermittlungszeit der Telegramme zwischen San Franzisko und New York auf fünfundvierzig Minuten zu drücken, und nun lag die Nachricht stundenlang im New Yorker Büro herum. Und wenn das Telegramm dann endlich zugestellt werden sollte, dann blieb es vielleicht in der Tasche irgendeines Halbidioten hängen, der sich zunächst mal ein Baseballmatch anschaute, oder es wurde von einem frisch angeworbenen Boten, dem schon am ersten Tag sein Job zum Hals raushing, in den nächsten Gully geworfen. Der technische Teil funktionierte tadellos, aber der menschliche Faktor war weniger fügsam.

Henrys Geschichte schien alle Schwächen des Systems ans Licht zu bringen. Dem Generalmanager gefiel seine Darstellung des Problems so gut, daß er seinen Assistenten hereinrief, und gemeinsam hörten sie sich alles noch mal von vorn an. Ein alter Fuchs, was die

Jobsuche anging, und geschickt in der Manipulation anderer, wenn er es darauf anlegte, ließ Henry sich von ihnen genau die Geschichte entlocken, die sie hören wollten. Er merkte sofort, daß sie es auf den »kleinen Juden« in der Telefonzentrale, Sam Sattenstein, und auf den Personalchef abgesehen hatten. Der Generalmanager entwickelte einen Plan: Henry sollte als Firmenspion angeheuert werden. Unter dem Deckmantel eines Botenjobs würde er die Runde durch die Zweigstellen der Gesellschaft machen (allein in New York gab es über hundert) und könnte sich so in ein paar Monaten ein Bild von den Unregelmäßigkeiten und Problemen des Kurierdienstes machen. Vielleicht konnte Henry dann sogar selbst Einstellungsboß werden. In der Zwischenzeit würde ihm aus einem Spezialfonds ein angemessenes Gehalt gezahlt.

Innerhalb von zwei Tagen war Henry als Bote mit einem Wochenlohn von ungefähr 17 Dollar abgelehnt worden und hatte einen Job als Spion und zukünftiger Personalchef der Boten für monatlich 240 Dollar angeboten bekommen. Er nahm auf der Stelle an. Dem spontanen Einfall des Managers folgten bald die entsprechenden Taten. Nach einigen Monaten wurde der alte Personalchef gefeuert, und Henry bezog das Einstellungsbüro am Park Place. Er hielt Sam Sattenstein, der bereit war, bedingungslos mit ihm zusammenzuarbeiten. Schon lange, bevor er die Stellung übernahm, war Henry zu der Schlußfolgerung gekommen, daß es für das Botenproblem in Wirklichkeit keine Lösung gab. Für ihn stand sogar inzwischen fest, daß das eigentliche Problem jener Idiot im dreizehnten Stock, Willever selbst, war. Denn sobald das Personal des Kurierdienstes aufgefüllt war, bekam der Personalchef einen Anruf vom dreizehnten Stock: Das Gesetz von Angebot und Nachfrage verlangte *Runter mit den Löhnen! Erhöhte Arbeitszeit! Erhöhtes Zustelltempo!* Woraufhin prompt alles wieder zusammenbrach. Die besten Boten kündigten. Anderen wurde die Bezahlung zu schlecht und das Tempo zu hoch; wieder andere resignierten einfach, zerrissen ihre Nachrichten und ließen sie im Wind davonflattern. Und dann gab es solche, die ihr Orientierungsgefühl verloren und die man wie in Trance auf einer Bank an der letzten U-Bahn-Haltestelle in Canarsie sitzend wiederfand. Unter diesen Umständen konnte kein Manager eine erfahrene Mannschaft zusammenhalten. Wenn es dann schließlich so schlimm kam, daß sich beim Personalchef nur noch geistig Gestörte bewarben, gestattete Willever wieder eine

Lohnerhöhung. Und dann wunderte er sich, warum der Kurierdienst so verkorkst war!

Unter diesen Umständen konnte niemand die Probleme lösen. Aber buchstäblich zum erstenmal in seinem Leben fühlte sich Henry herausgefordert. Der Job brachte in ihm den fast schon fanatisch missionarischen Idealismus zum Vorschein, der durch seine Fehlschläge unterdrückt, aber nicht zerstört worden war. Sein Mitleid verlagerte sich von ihm selbst auf andere. Konnte er einem Mann, der es verdiente, selbst keinen Job verschaffen, dann bemühte er sich, ihm anderswo durch seine Freunde oder andere Personalchefs zu einer Stellung zu verhelfen. Manchmal nahm er einen der Bewerber mit zu sich nach Hause, ließ ihn im Büro schlafen oder lieh ihm Geld. Konnte er sonst nichts tun, so versuchte er, wenigstens Mut zu spenden. In gewisser Weise war er wirklich für diesen Job prädestiniert. Sein siebenjähriges athletisches Training hatte ihn in ausgezeichnete körperliche Verfassung gebracht, bei seinen zahlreichen Jobs hatte er umfassende Erfahrungen über Einstellungsprozeduren gesammelt, und sein schlafendes Mitgefühl wartete nur darauf, von dem menschlichen Elend vor seinen Augen geweckt zu werden.

Er saß an seinem Schreibtisch in dem Haus am Park Place, und die Bewerber strömten herein, erniedrigten sich vor ihm, bettelten um Jobs. Sie schrieben ihm groteske Briefe wie jenen, den 1921 ein Bittsteller, Rosario Dimiceli, verfaßte: »Als ich oben im Hauptbüro am 33 Park Place war, erkannte ich an Ihrem Aussehen und der Art, wie Sie sprachen, daß Sie in meinem Fall einem Jungen noch eine Chance geben würden, für die Western Union zu arbeiten.« Alle schienen sie ein bißchen verrückt zu sein. Aber sie erzählten ihm Lebensgeschichten, die in ihrem Elend herzzerbrechend oder in ihrer Schwachsinnigkeit grotesk komisch waren. Einige heulten, egal, ob sie nun angenommen wurden oder nicht. Andere waren bereit, seine Hand zu küssen, zu seinen Füßen zu knien, vor ihm auf dem Boden zu kriechen, Gebete zum Allmächtigen hochzuschicken oder eine neuntägige Andacht für ihn zu veranstalten, zu bitten, zu betteln, ihm Bestechungen anzubieten oder ihre Frauen – oder Kinder, Mütter! Alles! – für einen Job, für die bloße Möglichkeit eines Jobs. Ihre klägliche Dankbarkeit empfand er als ebenso schrecklich wie ihr verzweifeltes Flehen. Er wollte jeden einstellen, aber er wollte auch den Kurierdienst perfektionieren, und beides zusammen ging nicht. Irgendwie mußte er da eine klare Linie reinbringen; zum erstenmal in seinem Leben mußte er seinen Verstand gebrauchen und seine verschwommenen Ideale mit den Forderungen praktischer Notwendigkeit konfrontieren.

Die er einstellte, mußten wie Schachfiguren herumgeschoben werden, um die Zweigstellen zu versorgen und das endgültige Schachmatt von der Firma abzuwenden. In seiner Freizeit mußte er sich um die Anfertigung von Uniformen kümmern, die den ausgefallenen Größen der Boten gerecht wurden. Er mußte den Überblick über seine gegenwärtige Mannschaft behalten und dazu noch ständig geeignete Neulinge suchen. Er lernte einen ehemaligen Aufseher von Sing-Sing kennen und warb entgegen den Anordnungen der Firma eine ganze Reihe von Männern direkt aus dem Gefängnis an. Er hatte einen indischen Freund und wurde prompt zur Anlaufstelle für arbeitsuchende indische Studenten; Buddhisten, Mohammedaner und Hindus machten aus dem Büro einen Versammlungsort der verschiedensten Religionen. Die Leiter der Heilsarmee und des Christlichen Vereins Junger Männer der Bowery schickten ihm heruntergekommene Typen. Es sah fast so aus, als würde er selbst eine Pennerherberge betreiben. Und immer, wenn er es mit letzter Kraft geschafft hatte, die Mannschaft auf volle Personalstärke zu bringen, schlußfolgerte Willever, daß die Löhne zu hoch waren, und ordnete an, sie herunterzustufen. Im Kielwasser dieser Gehaltskürzung folgten verheerende Ausfälle in der Truppe, und nach all seinen Anstrengungen war Henry wieder dort, wo er angefangen hatte: wie ein Wirbelwind einstellend und feuernd.

Und so trieb das Strandgut von New York durch die verschiedenen Büros, in denen er als Personalchef arbeitete, am Park Place, im Flatiron-Gebäude und 195 Broadway. Das Einstellungsbüro für Boten schien für die meisten Bewerber die letzte Station vor dem Untergang, dem Vergessen zu sein. Es war fast so, als müßte Henry jeden neuen vor seinem Schreibtisch erscheinenden Bittsteller noch aktenkundig machen und abheften, ehe er über den Rand der Welt kippte. Da war Gupte, der Flötenspieler, der in Greenwich Village ermordet wurde; Waldman, der Mathematiker, ein Gentleman *par excellence*; der alte Fettwanst, der Dante und Cervantes im Original las; Schiller, ein Knacki und Dealer; Tobachnikev, Bolschewik und hebräischer Gelehrter; Eugene Sullivan, der im Fahrstuhl Gedichte schrieb; Hugh Russell Fraser, der Sohn eines Landpfarrers; Anderson von Yale, der fünfzehn Jahre im Knast zugebracht hatte; Joe

Schriber, der Bote mit der lieblichen Stimme, am ganzen Broadway als »Al Jolson« bekannt; Muriel Silber, die siebzehnjährige Geigerin; Jac Dun, der Globetrotter; und Johnny Murry, der Exboxer. Das waren nur einige wenige der zahllosen Typen, mit denen er zu tun hatte. Wie man exotische Fische aus einem tropischen Aquarium herausholt, so konnte er ihre Akten aus seinem Schrank nehmen.

Dieser elende Job aber rettete Henry, weil er ihm sein falsches Überlegenheitsgefühl austrieb und seiner übersteigerten Beschäftigung mit sich selbst ein Ende machte. Die neue Stellung verwandelte ihn. Nun, da er nach außen das Bild eines erfolgreichen Angestellten, eines Geschäftsmannes, bot, empfand er sich selbst nicht als besser als die elendsten seiner Boten. Am Anfang hatte er geglaubt, daß er *sie* retten könnte, indem er ihnen Jobs anbot, doch nach einigen Monaten hatte er das unbehagliche Gefühl, daß vielleicht sie ihn retteten. Die Hinduboten, die ihn höflich »Meester Hendie Millar« nannten, erklärten ihm Ramakrishna und Tagores *Shantinikefan* und nahmen ihn in die Carnegie Hall mit, um dort Tagore selbst zu hören. Für ihn waren sie beflügelte, strahlende Boten. Die Kriminellen und Hobos breiteten die Geschichten ihrer Leiden aus und öffneten ihm die Augen für die Tatsache, daß sein eigenes Leid nur ein Tropfen im Meer des amerikanischen Elends war. Das kollektive Leiden, das ihm in seinem Büro jeden Tag ins Gesicht starrte, setzte in ihm den kritischen Prozeß in Gang, der in der totalen Ablehnung der amerikanischen Gesellschaft gipfeln sollte. Wie ein von den Toten Auferstandener war Henry zufällig in eine Position gesellschaftlicher Autorität und wirtschaftlicher Macht befördert worden. Aus dieser Vogelperspektive aber sah er um so deutlicher, wie hohl und leer das erfolgreiche Leben war, das er sich gewünscht hatte. Jetzt wußte er, daß er gemeinsam mit seinen Boten am Rande des Abgrunds stand.

Zum Glück hatte Henry fähige Mitarbeiter. Als Assistenten stellte er eine Art Glücksritter ein, einen Abenteurer namens Joe O'Regan. Henrys Sekretärin wurde eine gutaussehende Siebzehnjährige namens Muriel Maurer, die Joe im Archiv, wo sie beschäftigt war, beim Lesen von *Schuld und Sühne* während der Arbeitszeit überraschte. Genau die richtige Sekretärin für Henry – was spielte es da schon für eine Rolle, daß sie nicht tippen konnte? Der Firmendetektiv, Richard Carey, lungerte herum und bewies ein sicheres Auge für Schnorrer, Perverse und Rauschgifthändler; auf lässige, beiläufige Weise erzählte er erstaunliche Geschichten von seinen Erlebnissen aus seiner Zeit als Polyp. Die Schwachsinnigen unter den Bewerbern wurden an Emile Cohen, einen jungen Psychiater, weitergereicht. Joe Ramos, Mike Rivise und Sam Sattenstein verteilten die Boten über die ganze Stadt; und für gewöhnlich hing Dave Kasevoi herum und wartete darauf, Henrys Befehle auszuführen.

Henry machte aus dieser Gruppe so etwas wie eine späte Xerxes-Gesellschaft – mit ausschließlich an seinem eigenen Geschmack orientierten Regeln. Ihre Abenteuer begannen nach fünf Uhr. Brauchte er Geld, griff Henry in die Portokasse, überwies sich selbst eine kleine Summe oder pumpte einen Boten an. Der weitere Verlauf des Abends hing davon ab, wer auftauchte: Er war bereit, sich von jedem Windhauch treiben zu lassen (wenn es ihm nur die Möglichkeit verschaffte, so lange auszubleiben, bis Beatrice und Barbara, die in ihrer Wiege in der Schlafzimmerecke lag, fest eingeschlafen waren). Wenn Joe O'Regan und Muriel, manchmal von einem jungen Architekten namens Herbert Sleaco begleitet, ihn auf eine billige Mahlzeit zu Child's mitschleppten, dann war er froh, am Tisch zu sitzen, in seiner komischen, ironischen und mitreißenden Art Geschichten zu erzählen, mit dem Kopf zu wackeln und in brüllendes Gelächter auszubrechen, um seine Pointen zu verdeutlichen. Wenn es langweilig wurde, ging er an den nächsten Tisch und hatte dem dort sitzenden Gast innerhalb kürzester Zeit seine Lebensgeschichte entlockt. Oder sie machten Schluß mit dem Gequatsche und gingen zum Labor Temple Ecke East Fourteenth Street und Second Avenue, wo sie sich Vorträge über Literatur von Powys und über Psychologie von André Tridon anhörten. Cohen nahm sie manchmal zur unteren Second Avenue mit, wo sie bei der Untersuchung von Patienten in Dr. Schlapps Klinik für Geisteskranke dabei waren. Oder wenn sie die Laune überkam, besuchten sie Irving Place oder die Houston-Street-Varieté-Theater. Holten ihn statt seiner anderen Freunde Joe Ramos und Sam im Büro ab, dann ging es zum Broadway, in die Tanz-Kaschemmen, die Diana Dance Hall oder zu Wilson's oder in die Chop-suey-Schuppen.

Manchmal kam er zu Beatrices Abscheu mit einigen seiner Kumpane nach Hause. Beatrice schenkte ihnen allen einen düster jammervollen Blick, so als hätte Henry diesen Haufen nur zusammengestellt, um ihr eins auszuwischen (manchmal hatte sie da gar nicht so unrecht). Vor seinen Freunden machte er sich über ihre Vorstellungen lustig und diskutierte ihre häuslichen Streitigkeiten. Mehr noch als das haßte sie es, daß von ihr erwartet wurde, für die Meute zu kochen, und daß sich dann Henry das Essen von den Gästen bezahlen ließ, was selbst ihren unterentwickelten Sinn für Gastfreundschaft verletzte.

Henry nahm auch einen Untermieter auf, und obwohl das nach einer weiteren Beleidigung aussah, wurde ausnahmsweise mal etwas Erfreuliches für Beatrice daraus. Auf ihre Annonce in der *Times* meldete sich ein begabter Musiker aus Osage, Minnesota. Er hieß Harold Orvis Ross und wollte im Julliard-College Musiktheorie und Keyboard studieren. Die drei verstanden sich von Anfang an großartig; Ross und Beatrice fühlten sich durch das Piano verbunden und Ross und Henry durch literarische Diskussionen. Orvis war eine unerschöpfliche Quelle literarischen Wissens, und für Henrys Archiv fertigte er Kopien von Werken wie »I am the People, the Mob« aus Carl Sandburgs *Chicago Poems* an. Auf Henrys Bitte hin übersetzte er sogar den gesamten Roman *Batonala* von René Maran. Ross, der sie beide mochte, brachte dadurch für eine Weile Beatrice und Henry einander wieder näher. Manchmal saßen die drei in einer Atmosphäre häuslicher Harmonie zusammen, wie sie Henry schon seit langem nicht mehr erlebt hatte, und tobten sich auf dem Klavier aus oder unterhielten sich nach dem Essen über Bücher. Aber nach drei Monaten kehrte Ross nach Minnesota zurück und überließ sie wieder ihrem alten Zustand: gestrandet auf den Riffen einer unglücklichen Ehe. Allerdings war Ross ein Briefeschreiber, und bald trafen dicke Umschläge im Millerhaus ein. Seit Stanley Borowski gegen Kriegsende in Fort Oglethorpe stationiert gewesen war, hatte Henry nicht mehr eine derartig gewaltige Korrespondenz geführt. Mickrige zehn Seiten oder so über Dreisers *Jennie Gerhardt* waren für Ross nur ein Tropfen auf den heißen Stein. Wenn er erst mal warm war, folgten geschlagene dreißig oder vierzig Seiten einer Kritik über *The Bomb*; dann war er genau in der richtigen Form, um ein kleines Buch über *Der Idiot* zu verfassen, begleitet von ein paar Essays über Dostojewskij im allgemeinen. Henry tat das gut. Er steckte so tief in seinen Western-Union-Abenteuern, daß er ansonsten vielleicht die Bücher vernachlässigt hätte. Ross hielt sein literarisches Interesse wach.

Aber so dick die Briefe auch waren, die Henry erhielt, stets schien Beatrice ebenso umfangreiche zu bekommen, Henry war überzeugt davon, daß diese Episteln nicht nur von Bachs Orgelmusik handelten. Schon vor der Abreise von Ross war Henry mehr oder weniger sicher gewesen, daß sich dieser in Beatrice verliebt hatte. Beatrice fand ganz sicher Gefallen an Ross. Wann immer sie Streit miteinander hatten, wurde er als Gegensatz zu Henry bemüht; *er*, so jammerte Beatrice, sei freundlich und aufmerksam und rücksichtsvoll. Nun, wenn sie lieber mit Ross zusammenleben wollte, dachte Henry, warum kam er dann nicht und nahm sie? Das wäre die beste Lösung für seine häuslichen Probleme. Es würde keine Haßgefühle geben. Er könnte sogar die Freundschaft mit Ross aufrechterhalten, die er weit höher schätzte als Beatrices Zuneigung.

Im Herbst 1921 erreichte ihre Ehe ein derartig qualvolles Stadium, daß Beatrice plötzlich aufgab und mit Barbara nach Rochester, New York, zog. Dieser unerwartete Schritt brachte Henry aus dem Gleichgewicht. Er empfand nicht gerade Kummer, obwohl er Barbara ein bißchen vermißte; aber er begann, eine selbstanalytische Neugier zu spüren, wie er wohl dieses Verlassensein »hinnehmen« würde, und außerdem versuchte er, sich die Gefühle vorzustellen, die Beatrice bewegten. Er empfand so wenig Kummer über ihre Abreise, daß er sich praktisch verpflichtet fühlte, sich zu fragen, was er empfinden »sollte«. Hier begann sich so etwas wie ein schriftstellerisches Interesse an sich selbst zu regen. Noch sehr nebelhaft sah er seine Erfahrungen in den Begriffen des Romans als Thema und sich selbst als literarische Gestalt.

Beatrice schrieb ihm zehn Tage nach ihrer Abreise. Ihr und dem Kind, sagte sie, ginge es gut, und sie würden gern von ihm hören. Sie schien ruhig und entspannt, ein bißchen verträumt wie eine Genesende nach ernster Krankheit. Am Ende des Briefes fand sich eine ganz vorsichtige Andeutung, daß es mit dem Geld knapp wurde, allerdings keine direkte Bitte um Hilfe. Zu der Zeit hatte er sich in einen Zustand emotionaler Wallungen gebracht. Sein stärkster Impuls war selbstsüchtig und merkwürdig ambivalent: sich so zu verhalten, daß sie sich erneut in ihn verlieben würde, damit er sich an ihr rächen könnte. Sofort überwies er ihr telegraphisch Geld und schickte einen zehnseitigen Eilbrief. »Paß auf Dich auf«, schrieb er. »Amüsier Dich. Vielleicht bin ich ein großer Narr gewesen.« Drei Tage später erhielt er einen Brief, in dem sie ihm für seine Freundlichkeit dankte und ihn drängte, weiterhin zu schreiben. Ausgezeichnet! Er schrieb immer längere Briefe. Obwohl ihre Ehe eine einzige Qual gewesen war, ließ er sich schließlich von der Zärtlichkeit und der Sehnsucht überwältigen, die er selbst in seine Briefe hineinbrachte. Jetzt sagte er sich, daß er ein Narr gewesen war: Er bewunderte Beatrice. Und Barbara! Ihr erwachendes Bewußtsein hatte gerade begonnen, sein Interesse zu erregen. In der Mittagspause wanderte er herum, suchte in Schaufenstern nach Geschenken, die den beiden gefallen würden. Mehr als einmal schickte er Beatrice Blumen, Bücher, Süßigkeiten und Ausschnitte aus New Yorker Zeitungen, die sie, wie er glaubte, erheitern würden. Er bat sie um Verzeihung und gestand ein, ein elender Schuft gewesen zu sein.

Das alles funktionierte perfekt. Es dauerte nicht lange, bis sie ihn bat, sie zu besuchen. Henry nahm den Zug nach Rochester. In dem Augenblick, als sie die Tür öffnete, lag sie auch schon in seinen Armen. Die Zärtlichkeit hielt drei Tage lang vor. Dann war Henry klar, daß er sie nicht mehr liebte: Er hatte sich in seine Briefe, nicht in seine Frau verliebt. Als er wieder abreisen mußte, spürte er deutlich ihre unausgesprochene, aber inständige Bitte, ihr ein guter Ehemann zu sein. Aber schon als sie ihn zum Abschied noch einmal für ein letztes liebevolles Wort von der Haustür zurück in den Flur zog, trieb es ihm die Schamröte ins Gesicht, weil er nichts als Langeweile empfand.

Im Zug zurück in die Stadt spürte Henry, daß sich zwischen ihnen unwiderruflich ein Abgrund aufgetan hatte. Auf der Suche nach Ablenkung öffnete er geistesabwesend seine Tasche. Obenauf lag ein Überraschungsgeschenk von Beatrice, Knut Hamsuns Roman *Victoria*. Offensichtlich, überlegte Henry, mußte Beatrice in dem Buch eine Entsprechung zu ihrer eigenen enttäuschten Liebe gefunden haben. Sie hatte sogar Victorias Worte auf das Deckblatt geschrieben: »Ich bin eine Groteske, geschrieben auf ein altes Eichenblatt, von einem Sturm im Spätwinter erbrochen.« Er hatte das Buch verschlungen, ehe der Zug die Stadt erreichte, und mit Tränen in den Augen las er noch einmal die abschließenden Seiten, Victorias letzten Brief. Die Geschichte bewegte ihn tief, und er übertrug das Beispiel von Victoria und Johannes auf seine eigene Situation, allerdings nicht so, wie Beatrice es wahrscheinlich erwartet hatte. *Du mußt aus dieser weltlichen Existenz ausbrechen,* wiederholte er für sich. In seinem Zimmer angekommen, fing er sofort einen Brief an Beatrice an: »Liebe Victoria . . .«, und dann erzählte er ihr von seinem Drang, frei zu sein, sich zu entfalten. »Ich muß etwas tun, liebe Beatrice, liebe Victoria . . . Ja, ich habe Deine Inschrift auf dem Deckblatt gelesen . . . Ich ziehe jedoch die Seite 39 vor, wo geschrieben steht: ›Ah, Liebe verwandelt das Herz eines Mannes in einen Pilzgarten, ein üppiger und schamloser Garten, wo geheimnisvolle und unbescheidene Giftpilze ihre Köpfe erheben.‹« Es stimmte, er war tief und schmerzlich getroffen – aber er weinte um die fiktive Victoria, die zu treffen, das spürte er, sein Schicksal war. Er machte sich nicht mal die Mühe, den Brief der wirklichen Beatrice zu schicken. Aber er faßte den Entschluß, daß er sich endgültig und vollkommen aus den Fesseln einer bürgerlichen Existenz lösen mußte, um für die echte Victoria frei zu sein, wenn sie erschien.

Die Wahrscheinlichkeit war nicht gerade groß, daß er Victoria in der Dachwohnung seines Western-Union-Assistenten Joe O'Regan finden würde, aber nachdem Beatrice nach Rochester geflüchtet war, zog Henry bei Joe ein. Gemeinsam verwandelten er und Joe die Studiowohnung in eine Art Puff, wohin sie Frauen einluden, die sie dann untereinander austauschten. Dorthin luden sie auch die merkwürdigsten Jobbewerber ein, um sie auszufragen. Henry behandelte diese Menschen, als wären es lebende Fallstudien aus Büchern, die er las. Er war von vollendeter Höflichkeit, bis sie all ihre Geheimnisse herausgesprudelt und die verborgensten Wünsche ihres Herzens enthüllt hatten. Dann analysierte er ihre Motive, bis sie bereit waren, alles zuzugeben, und machte sich anschließend über ihre heiligsten Träume lustig. Eines dieser Opfer schrieb ihm: »Sie und Ihr ›Freitag‹ O'Regan sind solch ein schmutziges Paar Halunken, wie man es nur noch in den schlimmsten Gefängnissen des Landes finden kann . . .« *Zum Teufel mit ihm*, dachte Henry und heftete den Brief in seinem »Humor-Ordner« ab.

Die Einrichtung des »Humor-Ordners« war ein Zeichen dafür, daß sich Henrys Einstellung zu seinem Job geändert hatte. Nach anderthalb Jahren war sein ursprünglicher Enthusiasmus dahin und sein Idealismus verflogen. In gewissem Sinne war er herzlos geworden. Obwohl er zu den meisten seiner Freunde immer noch ebenso freundlich und aufmerksam war wie in den milden Tagen der Xerxes-Gesellschaft, so hatte sich seine Haltung ihnen gegenüber doch unmerklich gewandelt. Vor intimen Beziehungen schreckte er deutlich zurück und betrachtete die Menschen lieber aus der Entfernung. Anstatt sich selbst Erfahrungen auszusetzen, wie er es zuvor getan hatte, begann er nun, die Erlebnisse anderer zu seinem eigenen Nutzen in sich hineinzuschlingen. Konnte er aus einer bestimmten Person nichts mehr heraussaugen, zeigte er keinerlei Bedauern, die Beziehung einfach zu beenden. Als Heranwachsender war Henry deshalb so unbeständig gewesen, weil er selbstlos gewesen war, jederzeit bereit, seine eigenen Interessen zu opfern. Der Henry von 1922 hatte eine radikale Kehrtwendung vollzogen und war unbeständig, weil er absolut egozentrisch war.

Sein Job war gefährdet, denn der Kurierdienst war auf jenen Stand schwerfälliger Ineffizienz zurückgefallen, in dem er ihn vorgefunden hatte. Es war auch nicht gerade hilfreich, daß er und Joe häufig drei- und viertägige Zechtouren unternahmen. Erschöpft schliefen sie dann während des Tages abwechselnd auf dem Tisch im Hinterzimmer.

Henry zermürbte sich selbst; seine positive Veranlagung und seine angeborene Freundlichkeit fransten langsam aus. Boten und Mitarbeiter behandelte er zunehmend unwillig und mürrisch. Eines Tages explodierte er wegen einer kleinen Meinungsverschiedenheit und feuerte Joe O'Regan. Danach mußte er nicht nur in seine eigene Wohnung zurückziehen, ihm stand nun auch kein tüchtiger Assistent mehr zur Seite. Jetzt erst erkannte er, wie sehr er sich auf Joe verlassen hatte. Zwei Mann konnten den Western-Union-Job mit Müh und Not in den Griff bekommen – für einen (der noch dazu ziemlich erledigt war) war es unmöglich. Seine Bosse begannen, ihr Mißfallen zum Ausdruck zu bringen. Ab und zu beorderten sie ihn ins Allerheiligste. Aber ihm war es mittlerweile gleichgültig, ob er gefeuert wurde oder nicht, und sein lässiger Ton half ihm: Der Generalmanager riet ihm sogar, die Sache langsam anzugehen und nichts zu überstürzen. Er schmeichelte sich, die Bosse geblufft zu haben – und anstatt zu begreifen, daß sie nur abwarteten, bis sie ihn ersetzen konnten, wiegte er sich in Sicherheit und machte im alten Stil weiter.

In der Zwischenzeit hatte er einen lange vergessenen Bekannten – Emil Schnellock – wiedergefunden und sich mit ihm angefreundet. Zum erstenmal war Henry ihm an der Schule begegnet, als Emil die Tafel mit farbigen Kreidegemälden von St. Nikolaus und seinen Rentieren bedeckt hatte. Als sie sich zufällig 1921 wiedertrafen, war Emil gerade von Kunststudien in Europa zurückgekehrt, und seine Unterhaltung drehte sich hauptsächlich um die europäischen Meister, vor allem Botticelli, Cimabue, Giotto und Uccello. Emil war ein guter Kenner der Kunstgeschichte und hielt Henry so manchen Vortrag. Wenn auch mit vielen Skrupeln, begann er zu diesem Zeitpunkt eine Karriere als Werbegraphiker – wie viele seiner Freunde davon überzeugt, daß er sich verkaufte, gleichzeitig aber durchaus willens, sich zu verkaufen, weil er insgeheim fürchtete, nicht das Zeug zu einem wirklichen Maler zu besitzen. Auf jeden Fall besuchte ihn Henry häufig abends in seinem Studio in der Bedford Avenue, und sie schlenderten zum Prospect Park hinunter, wanderten um den See und redeten über Europa, Malerei, D.H. Lawrence (einer von Emils Lieblingen), Probleme des Künstlers in der modernen Gesellschaft. Diese Abende mit Schnellock strahlten für Henry einen derartigen Glanz aus, daß ihm die Straßen von Flatbush auf seinem einsamen Heimweg leer und schrecklich erschienen. Die Fifth Avenue–Sea Beach-Hochbahn, die er auf seinem Weg zur Sixth Street unterquerte, hing drohend wie ein obszöner Krebs über den Fußgängern; die Sandsteintreppen wirkten wie häßlich klaffende Wunden in den Häusern. Bis er bei seiner eigenen Wohnung angekommen war, hatte ihn eine derartige Melancholie überwältigt, daß er seinem alten Freund Stanley, mittlerweile ein hoffnungsloser Trinker, noch einen Besuch abstatten mußte und sich mit ihm betrank. Als Beatrice nach Rochester zog, hatte Schnellock bereits sein Studio nach 60 West Fiftieth Street in Manhattan verlegt. Henry tauchte oft dort auf. In seiner neugierigen, impulsiven Art rannte Henry die drei Stockwerke hoch, klopfte und fragte, immer etwas schüchtern: »Ist es erlaubt?« Es war immer erlaubt. Wenn Emil ein Modell da hatte, schnappte sich Henry einen Bleistift und tat so, als zeichnete er sie, um sie ausgiebig betrachten und entscheiden zu können, ob er mit ihr anbändeln sollte. Ansonsten versuchte er zu schreiben, während Emil seine eigene Arbeit beendete, dann besuchten sie Galerien oder ein Museum. Gelegentlich übte Emil, indem er Henry als Heiligen oder Satyr skizzierte. Sie spielten oft Schach, obwohl Henry nicht die nötige Geduld für das Spiel aufbrachte. (Hier zeigte sich wirklich seine Ungeduld mit dem Leben, die Tatsache, daß er ständig am Rande der Rebellion lebte. Eines Abends, nachdem Emil einige seiner Figuren geschlagen hatte, brüllte Henry: »Zum Teufel damit, das ist ein Zermürbungskrieg!« Der stete Verschleiß bei diesem Spiel ähnelte zu sehr seinem Leben mit Beatrice.) Henry war grimmig entschlossen, all seine Figuren zu opfern, um den Kampf auf das Wesentliche zu beschränken, das Endspiel, in dem er sich nur noch um wenige Figuren kümmern mußte.

Nach zwei Monaten kehrte Beatrice zurück, ohne daß etwas entschieden gewesen wäre. Das einzige anhaltende Ergebnis ihrer Abwesenheit bestand letzten Endes darin, daß Henry überzeugt war, ohne sie besser dran zu sein. Dieser Glaube hinderte ihn allerdings nicht, mit ihr zu schlafen, wann immer sich die Gelegenheit dazu bot. Und Beatrice wurde unglücklicherweise schon bald wieder schwanger. So lange es ging, verbarg sie ihre anschwellende Figur vor Henry, und danach schloß sie sich vor jedermanns Blicken im Haus ein. Henry sagte ihr klipp und klar, daß er weder mit ihr noch mit dem Kind etwas zu tun haben wollte. (*Warum war sie nicht in Rochester geblieben?*) Er wusch in der ganzen Angelegenheit seine Hände in Unschuld. Jemand anderes würde irgendwie das Problem in Ordnung bringen müssen. Inzwischen war seine frühere Sekretärin Muriel Einkäuferin eines New Yorker Warenhauses geworden, und er hatte sie durch eine Mulattin namens Camilla Fedrant ersetzt. Camilla war sehr großzügig. Sie besaß genügend eigenes Geld und hatte es nicht nötig, ihren Lebensunterhalt zu verdienen; sie arbeitete, weil sie nervlich labil war und so der Einsamkeit entkommen konnte. Kurz nach ihrer Einstellung erzählte Henry allen, die es hören wollten, daß er in Camilla verliebt war. Natürlich glaubte ihm niemand wirklich, aber als er von ihr zu dem ersten Gedicht seines Lebens inspiriert wurde, das sich um ein derart unwahrscheinliches Thema wie den Metropolitan Life Insurance Tower drehte, waren seine Freunde nicht mehr so sicher. Selbst Camilla schluckte sein Theater und wurde ihm vollkommen ergeben. Als Beatrice feststellte, daß sie schwanger war, übergab er daher die ganze Angelegenheit schlicht und einfach seiner Sekretärin. Camilla beriet sich mit Beatrice und brachte das Geld für eine Abtreibung auf. Zusätzlich bot sie sogar an, Beatrice hinterher zu pflegen. Mehrere Wochen lang nach ihrer Wiederherstellung bestand Beatrice auf totaler Enthaltung. Aber wie üblich regte ihn die Herausforderung nur an, und er setzte alles daran, ihren Widerstand zu brechen, mit dem Ergebnis, daß Beatrice 1923 wieder schwanger wurde. Dieses Mal rührte Henry keinen Finger für sie. Ohne große Beteiligung entnahm er ihren Klagen, daß sie eine Engelmacherin in der Henry Street besucht hatte. Er war von gespenstischer Teilnahmslosigkeit; für ihn gab es nur noch eines: er wollte der amerikanische Hamsun werden.

In Nachahmung des Norwegers entwickelte er die Gewohnheit, in einem Tagebuch seine Erlebnisse und Reflexionen aufzuzeichnen. Mehr und mehr sammelte sich in diesem Journal an – Zeitungsausschnitte, lange Zitate aus seinen Lieblingsbüchern, Listen von Wörtern, Kopien seiner eigenen Briefe, Buchtitel, die er eines Tages zu lesen beabsichtigte: kurz alles, was irgendwie mit Literatur zusammenhing. Das Tagebuch war wie ein alchimistischer Zauber, durch den die irdische Existenz in einen Roman verwandelt wurde. Einst hatte er von dem magischen Buch geträumt, das den Zugang zu den Geheimnissen allen Wissens aufschließen würde. Wie immer dieses Buch auch aussehen mochte, einen Anfang hatte er mit seinem Tagebuch gemacht, dessen Rachen sich so weit auftat, daß es jeden beliebigen Teil seiner Erlebnisse schlucken konnte. Welches Monster es wieder ausspucken mochte – das blieb abzuwarten. Zumindest war das Tagebuch ein Anzeichen dafür, daß es in seinem Leben irgend etwas von Bedeutung gab; ein Ansatz dazu, jene Ganzheit seiner Persönlichkeit wiederzugewinnen, die er in seiner Jugendzeit verloren hatte. Seine Identität lag in seiner Arbeit: sie bestand in der täglichen Wiedererfindung seines Wesens. Es spielte keine Rolle, ob die Arbeit schlecht war – im Moment war das unerheblich. In der Arbeit – da war er frei: »Aber als ich heute abend die Zeitung mit heimnahm, um sie während des Essens durchzublättern«, schrieb er an Emil, ». . . habe ich keinen Blick hineingeworfen. Will ich denn wissen, was der Rest der Welt tut? Meine Phantasie funktioniert einwandfrei. Ich weiß, daß sie sich gegenseitig reinlegen, ihre Arbeit schlecht machen, kämpfen, sich gegenseitig verteufeln und aus diesem Tal der Tränen ein Bett aus Dornen machen.« Kein Zweifel, diese Welt war ein Chaos. Was ihn wirklich interessierte, waren die täglichen Nachrichten seiner Phantasie.

7. Gestutzte Flügel und andere Engel

In einem dreiwöchigen Urlaub, der Ende März 1922 beginnen sollte, wollte Henry seine schriftstellerischen Möglichkeiten erproben. Dreisers *Twelve Men*, eine Serie von Porträtskizzen über Männer, die Dreiser gekannt hatte, schien ihm das angemessene Vorbild für die Art von Buch, das er über seine Boten schreiben wollte. Er schrieb Orvis Ross, er sei überzeugt davon, daß sein »menschliches Material« weit besser sei als das von Dreiser. Er blätterte seinen »Humor-Ordner« und sein Tagebuch durch und wählte aus den Hunderten von »Fällen«, die er aufgeschrieben hatte, ein glattes Dutzend aus. Willever hatte einmal die treffende Bemerkung fallengelassen, wie bedauerlich es sei, daß Horatio Alger nie die Gelegenheit gehabt hatte, über Western-Union-Boten zu schreiben. Miller wählte seine Exemplare unter dem Aspekt aus, Algers konventionelle Erfolgsgeschichten zu ironisieren. Das Buch sollte *Clipped Wings* (Gestutzte Flügel) heißen, denn es handelte von ermordeten Engeln. Anderson sollte einer seiner Fälle sein: Anderson, der seinen Abschluß in Yale gemacht hatte, ein Trinker wurde, sich selbst als Bote wieder kurierte, nur um auf seine Frau eifersüchtig zu werden, sie umzubringen und sich aufzuhängen. Anderson besaß sämtliche amerikanischen Tugenden – und war übergeschnappt. Gupte, der Hinduheilige, war ein weiteres Beispiel eines Fehlgeleiteten. Der arme, dem Untergang geweihte Trottel hatte eine Frau zuviel aufs Kreuz gelegt und wurde eines Morgens gefunden, nachdem irgendein Ehemann mit ihm fertig war, seine Kehle klaffte in rotem Lächeln von einem Ohr zum anderen auseinander. Dazu Dave Kasevoi, Henrys Gehilfe, Tawde, ein Hindustudent, und Charles Candles, der schließlich sich und seine Kinder umbrachte – Henry hatte wirklich genug Gestalten, die den sauberen Erfolgsgeschichten des Horatio Alger hohnsprachen.

Noch ein Einfluß machte sich bemerkbar, während er *Clipped Wings* plante. An einem klaren Abend, in einem für ihn so wichtigen Moment, daß er ihn schriftlich festhielt – fünf Minuten nach sieben Ecke Broadway und Kosciusko Street vor dem Schaufenster eines Herrenartikelgeschäfts, in dem leere Schuhkartons neben halbbekleideten Schaufensterpuppen aufgestapelt waren –, erzählte ihm sein Freund Benny Epstein die Geschichte von Raskolnikow in *Schuld und Sühne*, und Henry erschienen die Parallelen zu seinem eigenen Leben so verblüffend, daß er meinte, der Russe habe ihm aus der Seele gesprochen. Als er Dostojewskij las, wurde ihm klar, daß eine straffe Form nicht unbedingt eine Voraussetzung war, um das Chaos des Lebens wiederzugeben – das ermutigte ihn. Stanley hatte also unrecht: Pierre Loti und anderen preziösen Typen zum Trotz war es für einen großen Schriftsteller *nicht* notwendig, eine strenge Form zu vervollkommnen.

Am 20. März 1922 setzte sich Henry nieder, um ein Buch zu schreiben. Alles Ernsthafte nahm er stets methodisch in Angriff. Schreibpapier, Schreibmaschine, Kohlepapier und Radiergummi hatte er am Abend zuvor bereitgelegt. Noch ehe er ein Wort geschrieben hatte, legte er die Seitenzahl fest, die sein Buch haben würde, kalkulierte die Anzahl der Wörter und teilte diese durch die ihm zur Verfügung stehenden Tage. Er versprach sich selbst, daß er pro Tag nicht weniger als fünftausend Wörter schreiben würde. Kaum saß er da, entdeckte er, daß das gar nicht so einfach sein würde. Sein Kopf war leer. Aber sogar auf diese Möglichkeit war Henry vorbereitet. Aus der Bücherei hatte er acht Bände moderner Lyrik mitgenommen, von denen er sich Inspiration erhoffte. Emil Schnellock hatte ihn auf Ezra Pound aufmerksam gemacht; und neben *Lustra* hatte er auf seinem Schreibtisch Bücher von Carl Sandburg, Vachel Lindsay, Maxwell Bodenheim und Edgar Lee Masters. Den ganzen Morgen las er in diesen Bänden, ohne ein Wort niederzuschreiben. Dann endlich begann er sein Buch mit einer Skizze über seinen ehemaligen Boten Charles Candles.

Während er an *Clipped Wings* arbeitete, vermischte sich auf seltsame und unbeabsichtigte Weise der Einfluß dieser modernen Lyrikbände mit dem Geist von Dreiser und den philosophischen Werken, denen sich Miller gerade widmete. Diese unwahrscheinliche Kombination erwies sich als Katastrophe: von Anfang an fand er in »Charles Candles, der moralische Irre«, nicht den richtigen Ton. Sein Wunsch, den Traum vom Erfolg zu verspotten, zwang ihn dazu, sich selbst als hochmütigen Betrachter menschlichen Elends ins Spiel zu bringen; und seine philosophischen Überzeugungen tauchten in Form von Reformvorschlägen im Text auf. Er beschrieb einen Besuch der öffentlichen Bäder in der Henry Street, die »hauptsächlich von den Bewohnern dieses Viertels aufgesucht werden, weil es ihren Mietshäusern an den notwendigsten sanitären Einrichtungen fehlt«. In Candles Zimmern in der East Side »deutete schon der äußere Anblick der Örtlichkeiten auf Faulheit, Erstarrung, Gleichgültigkeit, Apathie hin«. Als nächstes entdeckt er zu seinem Entsetzen Schaben: »Eine von ihnen war kühn genug, sich meiner Person in schändlicher Absicht zu nähern. Ich . . . schauderte und schleuderte sie zu Boden, gleichgültig ihrem Schicksal gegenüber, aber insgeheim von dem Wunsch besessen, sie unter meinem Fuß zu zerquetschen.« Mit fast dem gleichen Entsetzen betrachtet er Candles und schließt seine Skizze auf »einigen Seiten ernsthafterer Betrachtung« mit einem kleinen Vortrag über eugenische Reformen: »Wir brauchen . . . mehr Kinder von der besseren und weniger von der schlimmen Sorte.« Und mit einem Zitat von Nietzsche setzt er dem die Krone auf: »Die Schwachen und Kranken müssen verschwinden; dies ist das erste Prinzip dionysischer Nächstenliebe. Und wir müssen ihnen dabei helfen.«

Das Buch schmeckte nach Pappe, als hätte Miller ein Rezept befolgt und abgepackte Zutaten verwendet: In eine Rührschüssel von Dreiser warf er sein eigenes Tagebuch und würzte großzügig mit Bodenheims Bohème; Verzweiflung nach der Art von Dostojewskij; Reform à la Mike Gold; und die Umgangssprache im Stile von *The Triumph of the Egg*; er legte es in ein Gebräu aus Galton, Darwin und Nietzsche ein und ließ es ziehen; dekoriert wurde das Werk dann mit von Pound entlehnten »images«. Von Henry selbst keine Spur.

Aber immerhin: Er arbeitete mit verbissener Stetigkeit, anfangs zu Hause, aber bald schon zog er in Emils Studio, um Beatrices jammervollen Blicken auszuweichen, Stunde um Stunde saß er steif auf seinem Stuhl und hämmerte auf die Schreibmaschine ein, würgte ein Wort nach dem anderen heraus, fühlte sich gehemmt, ein Anfänger, gelähmt von der Furcht, er könnte durch das Schreiben enthüllen, daß er kein Schriftsteller war. Und deshalb suchte er Zuflucht in seiner Bildung, seinem Wissen, immer wieder zog er in langen Exkursen, die mit dem Leben der Boten nichts mehr zu tun hatten, Auszüge von anderen Autoren heran, arbeitete sie ein. Aber obwohl sein Stil ausweichend, gespreizt, sogar künstlich wirkte, er lernte immerhin, Wörter aneinanderzureihen. Egal, wie verstiegen das Buch sein mochte, es *war* ein Buch, die Wörter kamen aufs Papier, insgesamt 75 000. Jahrelang war er durch die Bowery oder über die Brooklyn Bridge gewandert und hatte sich immer wieder gesagt: *Schreib es hin.* Aber bisher hatte er es nie geschafft. Am Ende seines ersten Schreibtages schrieb er fröhlich an Emil: »Ich glaubte fast, ich sei ein Geschäftsmann, einer von diesen effizienten Typen mit Wohlfahrtsfimmel und einer kleinen Liebschaft mit der unternehmungslustigen Sekretärin, ho, ho, und einer Flasche Rum. Mann Gottes, ich bin ein intellektueller Verrückter. Ich fühl mich wie ein Paradiesvogel unter Spatzen, wie ein Pascha unter zur Bastonade

Verurteilter – laß uns singen: zum Teufel mit der Western Union, die meine Brut füttert, und mit all den anderen stinkenden Mitläufern, die der W.U. dabei helfen.« Am Ende seines dreiwöchigen Urlaubs war er überzeugt, ein Schriftsteller zu sein.

Miller war sich der Mängel von *Clipped Wings* klar bewußt. Es war auf genau die falsche Art »literarisch«. Seiner selbst ungewiß und nur sicher, daß er nie genug wußte, hatte er weiter und weiter gelesen, bis er zu viel wußte; einander widersprechende Einflüsse zerrten ihn in diese und jene Richtung, bis jede Anstrengung, die er unternahm, irgendwie falsch erschien. Nie konnte er all diesen Einflüssen zugleich gerecht werden, aber er wußte auch noch nicht, wie er sich selbst gerecht werden konnte. Aber er gab nicht auf, Vor allem versuchte er erst einmal, *Clipped Wings* zu veröffentlichen. MacMillan lehnte das Manuskript prompt ab. Henry packte es mürrisch für Boni and Liveright erneut zusammen, aber dann verließ ihn der Mut, und das Päckchen blieb auf seinem Schreibtisch liegen. Statt dessen wählte er den Teil aus, der von Tawde handelte, versah ihn mit einem Kommentar über Tagore, nannte das Ganze »Black and White« und schickte es an W. E. B. Du Bois' Magazin *The Crisis*, wo es im Mai 1924 erschien. Außerdem arbeitete er die Jahre 1922 und 1923 unermüdlich an anderen kürzeren Sachen wie Skizzen, Essays und Improvisationen in lyrischer Prosa. Nur wenig davon stellte ihn zufrieden. Am besten waren »Auctioneer«, ein dramatischer Monolog; ein langes Prosagedicht mit dem Titel »Wrestlers«, das seiner Bewunderung für den Ringer Jim Londos entsprang; eine kurze Skizze »Make Beer for Men« (Macht Bier für Männer), in der er sich gegen die Prohibition wandte und dem angeblich zivilisierenden Einfluß von Bier das Wort redete; ein kurzer Aufsatz mit dem Titel »Asphodel« und ein komischer Essay über Kaugummi. Sie alle wurden von den Zeitschriften abgelehnt. Ein Freund, Eugene V. Brewster, versprach, seine Sachen Alfred Knopf und Horace Liveright zu zeigen, aber falls er es tat, dann zeigten die Verleger kein Interesse daran.

Nach außen hin hatte sich sein Leben kaum gewandelt, aber durch sein Schreiben hatte er ein neues Verhältnis zu seiner Umgebung gewonnen. Er begann, den »erfolgreichen« Mann zunehmend als den eigentlichen Versager zu sehen, und glaubte, daß sich der Wert eines Mannes in seinem Sein, nicht in seinem Status ausdrückte. Aber er selbst war nicht zufrieden damit, einfach nur zu »sein«: Er wollte schreiben, und er akzeptierte als Maßstab für seine literarischen Leistungen nur den Erfolg. Gleichzeitig verstand sich von selbst, daß er die meisten Erfolgsbücher verabscheute und das Zeug in den Massenpublikationen nicht mal der Verachtung wert fand. Er steckte voller Widersprüche. Mit ganzem Herzen glaubte er immer noch, daß Robert Challacombe recht hatte: Der Geist war der wesentlichste Bestandteil der Existenz – aber er kannte nur wenige Leute, deren geistiges Leben den Beweis dafür lieferte. Er stimmte mit Emma Goldman überein, daß es die Aufgabe des Schriftstellers war, gesellschaftliche Mißstände und soziale Ungerechtigkeit anzugreifen, aber mit Politik wollte er nichts zu tun haben.

Natürlich lag für ihn das Hauptproblem seines Lebens darin, daß er an Beatrice gebunden war – so wie zuvor an Pauline und noch davor an seine Mutter. Wann immer er mit seinem Leben unzufrieden war, hielt er Ausschau nach einer neuen Frau. Anfang 1923 war er fest entschlossen, Beatrice wegen einer jungen Frau namens Gladys Miller zu verlassen. Gladys arbeitete als Kellnerin in einem Restaurant, hatte schlanke Beine und studierte Griechisch. Er fand sie attraktiv. Und eines Nachts nach einem Streit mit seiner Frau stand er auf, zog sich an und ließ Beatrice auf dem Küchentisch eine Nachricht zurück, daß er endgültig ginge. »Ich habe es satt«, schrieb er mit Bleistift. »Erwarte nicht, mich jemals wiederzusehen. Für dich und das Kind werde ich sorgen.« Gladys schlief, und er mußte sie wecken. Sie wirkte etwas zerknittert und eine Spur fettig. Er sagte sich entsetzt: »Sie ist nicht die gleiche – das ist sie nicht!« Als er vor der erstaunten Frau in der Tür stand, war er sich plötzlich sicher, daß auch Gladys keine Lösung war. Er erklärte, daß er nur mal kurz auf einen Sprung vorbeigeschaut hätte. Mit mechanischen Schritten ging er heim. Wieder in der Küche angekommen, schaltete er das Licht ein und schaute auf den kleinen weißen Zettel mit seiner vertrauten Handschrift, die pathetisch vom roten Tischtuch zu ihm hochstarrte. Er zerriß ihn in kleine Fetzen und warf sie ins Feuer. Einige Wochen danach erhielt er ein Telegramm von Gladys mit der Bitte, sie an der Grand Central Station abzuholen, wo sie von Poughkeepsie mit der Leiche ihrer Mutter ankam. Es stimmte, sie hatte schlanke Beine und studierte Griechisch und Latein – aber sie arbeitete auch in einem Restaurant, und ihre Hände rochen nach Fett. Also ließ er sie mit dem Sarg in ihren fettigen Händen am Bahnhof warten. Er konnte sich nicht mehr erinnern, wieso Gladys ihm je gefallen hatte.

Frauen waren tatsächlich sein zentraler Widerspruch: Manchmal bedeuteten sie für ihn verlorene Freiheit, manchmal versprachen sie Befreiung. Im Mittelpunkt seiner Kindheit hatte dieses Paradox gestanden; und auch sein Erwachsenenleben drehte sich immer noch darum. Er pendelte ständig zwischen Freiheit und Bindung – von Mutter zu Cora, Cora zu Pauline, Pauline zu Beatrice, Beatrice zu Camilla und von Camilla zu Gladys. Eine Frau, die Erlösung versprach, das spürte er, war zugleich eine Falle. Sie wollten nicht Liebe, sondern Gehorsam, Harmonie, Kontrolle.

Sieben Jahre, dachte er. Vielleicht lag darin etwas Magisches. Sieben Jahre mit Pauline, nun fast sieben mit Beatrice. Vielleicht war er drauf und dran, sein altes Leben wie eine vertrocknete Haut abzulegen. Er sehnte sich nach einem ganz neuen Abenteuer. Und in jeder Vision dieses Abenteuers sah er das berauschende und geheimnisvolle Bild irgendeiner wunderbaren, neuen, vollkommen befriedigenden Frau.

8. June, Julia, Juliette, Henriette, Sie

An einem Donnerstagabend im Spätsommer des Jahres 1923 stand Henry allein in seinem Büro. Es war Zahltag: Er spürte das Gewicht des Geldes in seiner Tasche, und er sagte sich selbst mit hypnotischer Intensität: *Abenteuer – koste es, was es wolle!* Er war wild entschlossen, jeden Cent seines Gehalts an diesem Abend auf sich selbst zu verschwenden. Er schlenderte den Broadway hinunter, bis er zum Palace Theater kam; für ihn war diese ganze Gegend voller Assoziationen früherer Vergnügungen, und heute nacht würde er etwas Aufregendes machen. Er ging zur Wilson's Dance Hall, deren rote Laternen unter den Ventilatoren in den Fenstern hingen. Im vergangenen Jahr war er nach der Arbeit an *Clipped Wings* oft hier gewesen. In letzter Zeit war sein literarischer Eifer merklich zurückgegangen, und er hatte das Gefühl, daß ein kleines Abenteuer in Wilson's ihn wieder auffrischen könnte. Am Eingang kaufte er gleich eine ganze Reihe Tänze (ein Tanz zehn Cents). Er schleppte eine langweilige Partnerin übers Parkett und redete auf sie ein, mehr um sich selbst sprechen zu hören als um sich mit ihr zu unterhalten. Er redete über seine Lieblingsschriftsteller. Nach einiger Zeit setzte er sich; die Tanztickets, die der Grieche an der Tür verkaufte, schwanden wie Schnee im Frühling, wie die Kindheit – zu schnell. Aber an diesem Abend war ihm das egal. Er wollte noch mehrere der »Janes« dort ausprobieren – er war gerade erst warm geworden, er würde sich einfach in diese Nacht hineintreiben lassen.

Dann kam *sie* auf ihn zugerauscht, eines der Taxigirls. Sie war attraktiv, aber in einer dunklen, schweren Art, mit einem zu vollen Gesicht – so als wäre es von Renoir skizziert, aber von Rouault zu Ende gemalt worden. Irgendwie schien sie sich *in* ihrem Körper zu bewegen mit einer Art träumerischer, schläfriger, wie betäubter Langsamkeit. Zentraleuropa, vielleicht Zigeunerin. Sie sagte ihm sofort mit hastiger Stimme, daß sie ihn hatte sprechen wollen, daß er ihr aufgefallen war. Über Strindberg wollte sie mit ihm reden – sie hatte gehört, daß er beim Tanzen Strindberg erwähnt hatte. Und während sie sich unterhielten, könnten sie doch tanzen? Henry war etwas durcheinander und stotterte: »Ja, ja, o ja, ich bin gleich zurück.« Er kaufte eine ganze Handvoll Tickets. Während die hingingen, sprachen sie beim Tanzen endlos über Strindbergs Henriette, die sie für eine Personifizierung des Teufels hielt. Und sie sagte: »Henriette bin ich, ich selbst!« Sie sprach genau in seinem Stil, die Intensität, diese Stimmlage brachte auch er in seine langen Improvisationen. Ihre Unterhaltung begann und endete mit Henriette, aber zwischendurch erfaßte sie den ganzen Kosmos, von den Göttern über Perversionen und ihre Freunde – Prostituierte, Süchtige und Trinker – bis zu ihrem englischen Familienhintergrund, ihrer Erziehung in einem englischen Internat. Allein ihr zuzuhören war wie ein Bad in wohltuend warmem Wasser. Henry hatte das Gefühl, daß er nichts zu sagen hatte – ihr zuzuhören war genug. Aber das Zuhören brachte ihm wenig Tatsachen. Wer war sie? June Edith Mansfield war ihr Name – nur soviel wußte er. Aber wo immer sonst er mit Fragen ansetzte, stieß er auf ungewisse Nebelbänke, unfaßbar, ausweichend. Im Wunsch, alles zu wissen, hatte er immer seine Freunde einer wahren Inquisition unterworfen, selbst seine Boten, seine Eltern. Aber June schien keine eigene Existenz zu besitzen, denn was sie sagte, bestand ausschließlich aus Zitaten.

Nach Mitternacht stand er draußen auf der Straße und sah zu den roten Laternen hinauf, die niemals erloschen. Er wollte sie nicht besitzen, aber er wollte in dieses Geheimnis eindringen, seine Neugier befriedigen. Aber sein Kopf drehte sich, und als sie aus dem

Eingang heraus auf ihn zukam, das Kinn hoch und mit so viel natürlicher Kraft und Grazie, daß er einen Augenblick lang glaubte, sie sei größer als er, spürte er einen körperlichen Schmerz der Sehnsucht in sich, ein Zittern, ein absolutes Bedürfnis, sie zu nehmen, hier, direkt auf dem Broadway. »Sie ist prachtvoll«, flüsterte er sich selbst zu, und da war sie schon neben ihm, zog ihn einfach in ihr Kielwasser. Sie bewegte sich frei, nachlässig, bedenkenlos durch den Verkehr. Es gab neben ihr kein Gefühl der Angst, keinen Blick für andere Menschen, nur das überwältigende Bedürfnis, zu reden, sich ganz den Worten hinzugeben. Henry führte sie, so gut es ging, zum Chinesischen Garten.

Ein Orchester spielte, aber sie tanzten nicht. Sie setzten sich an einen Tisch, und Henry hatte sich endlich wieder so weit gefaßt, daß er anfangen konnte, zu sprechen. Ihm fiel plötzlich ein, sagte er ihr, daß es eine Gestalt in einem Roman von Knut Hamsun gebe, eine Frau mit Namen Victoria, der sie auf interessante Weise ähnele. Seltsam, Victoria in einem Tanzsaal wiederzufinden. Er erzählte ihr alles über das Buch, ließ aber aus, wie er dazu gekommen war, es zu lesen. Dann war da sein eigenes Buch, *Clipped Wings*, das ihn an ein anderes Buch über eine Sammlung seltsamer Gestalten erinnerte, *Winesburg, Ohio*. Die Erwähnung von Sherwood Anderson brachte ihn auf Ben Hecht. Würde sie ihm erlauben, ihr einige dieser Bücher zu leihen? Auch sie redete – ihre Unterhaltung war wie eine Fuge. Sie schloß Strindberg ab und kam dann zum Spiritualismus und dem Neuen Denken – Henry spitzte die Ohren –, schließlich sprang sie auf ihre verflossenen Liebhaber über, auf das Geheimnis der Sexualität. Ein Mann hatte sie auf der Treppe ihres Hauses beleidigt, indem er plötzlich ihren Rock hochgehoben hatte; einmal hatte sie einen Mann geliebt, der dies niemals erfuhr; ein reicher Anwalt hatte sie geliebt, ein anderer Liebhaber hatte ihretwegen Selbstmord begangen. Diese Geschichten waren kaum geeignet, Henry abzukühlen. Aber sie war schon wieder weiter, tief in Analysen von Dostojewskijs *Der ewige Gatte*, sprach über ihre seltsame Geburt, ihr Zigeunerblut und eine Stradivari, die irgendwo verlorengegangen war.

Er brachte sie in einem Taxi nach Bensonhurst hinaus, und ihre Worte klickten zusammen mit dem Taximeter heraus. Sie redete sich selbst in ein Fieber hinein. Sie verlor auch nicht viel Zeit, ihre Arme um seinen Hals zu werfen, und hätte ihn fast noch im Taxi bestiegen. Henry ruderte verzweifelt, mit ihr Schritt zu halten, er war überwältigt von ihren leidenschaftlichen Küssen, von der absoluten dämonischen Wildheit jeder ihrer Bewegungen. Der Morgen graute schon, als er vor seinem Haus aus dem Taxi stieg. Er schlich leise in das Schlafzimmer, das er mit Beatrice und Barbara teilte, derselbe Raum, in dem er schrieb. Das war nun zu Ende, dachte er; nichts konnte ihn mehr zurückhalten, ein neues Leben zu beginnen, ein Leben mit June. Still wie ein Mörder stand er vor den friedlich schlafenden Körpern in dem dunklen Zimmer, sein ganzes Leben schien in einer Ekstase der Hoffnung wie verwandelt.

Überraschend frisch begann Henry den nächsten Tag, indem er laut den »Liebestraum« auf dem Plattenspieler laufen ließ, überstand dann den täglichen, immer gleichen Streit mit Beatrice und ging zur Arbeit in das Chaos seines Park-Place-Büros. Camilla war in sentimentaler Stimmung, sie zeigte ihm eine Abschrift von Ernest Dowsons Gedicht – *Ich bin dir treu gewesen, Cynara! in meiner Art* – und wollte mit ihm am Abend Bootfahren gehen. Sie lud ihn in ein syrisches Restaurant ein. Henry hörte kaum zu – aber es gelang ihm, von ihr eine stattliche Summe zu borgen. Während sich die Bewerber in einer langen Schlange aufstellten, war alles, woran er dachte, der Brief, den er June schreiben wollte.

Er hatte immer nur zurückgeblickt, nie hatte er seine Zukunft planen können. Er ging in die Zukunft seitwärts hinein wie ein Krebs. Er war von June sofort fasziniert gewesen, weil sie in merkwürdiger Form eine Inkarnation der vitalen, groben, sogar brutalen Atmosphäre war, die er mit seiner alten Wohngegend und seiner Jugend assoziierte. Sie war ein geheimnisvolles Geschöpf – aber sie war auch *wirklich*. Ihre Freundinnen in Wilson's Schuppen waren locker, leichtsinnig und gutmütig wie Dreisers Frauen und sprachen über ihre Erlebnisse mit Männern so frei wie über ein Sonntagspicknick. June war eine wirkliche Frau mit all ihren Organen und einem Herz, das nicht von Konventionen gepanzert war wie das jener Village-Mädchen, die alle Schriftstellerinnen werden wollten und sich für Intellektuelle hielten. Wenn Henry so wie diese Mädchen über Literatur sprach, stoppte ihn June mit der scharfen Bemerkung: »Sag mal, was für'n Stoff hast *du* denn genommen?« Sicher, sie hatte *Fräulein Julie* gesehen, und sie war scharfsinnig und schnell und sprach intelligent, aber viel wichtiger war, daß sie leidenschaftlich war und wirkliche Gefühle ausdrückte, wenn sie über Literatur sprach. Sie redete, als seien die Gestalten in den Büchern wirkliche

Menschen, an deren Schicksal sie teilhatte. Ohne jede Absicht oder Überlegung zeigte sie Henry die Brücke zwischen dem Leben und der Phantasie. Er war jahrelang immer zwischen den beiden hin und her gestolpert. Er mußte June gewinnen, wenn er zu sich selbst finden wollte. Aber June war nicht einfach. Sie war ein Engel – aber das war Luzifer auch. June steckte mitten im rohen Leben – aber eine solche Existenz hatte auch ihre dunklen Seiten. Als er sich für June entschied, wußte Henry kaum, worauf er sich einließ. Aber der dritte Abend, den sie zusammen verbrachten, deutete die Widersprüche an, die da auf ihn zukamen. Sie verbrachten einen herrlichen, leidenschaftlichen Abend zusammen, der damit endete, daß June ihn auf ein dunkles, leeres Grundstück ihrem Haus gegenüber führte, um ihn im Gras zu lieben. Als sie sich wieder erhoben, umarmte ihn June plötzlich mit überraschender Kraft und zog ihn noch einmal herunter. »Du bist wundervoll. Ich liebe dich, ich liebe dich«, flüsterte sie mit brechender Stimme.

Sie hielt inne. Dann standen sie zusammen auf.

Plötzlich sagte sie mit gleichgültiger, harter und vulgärer Stimme: »Und nun zum schmutzigen Teil.« Und dann: »Leih mir fünfzig Dollar. Meine Mutter braucht es, um die Raten für das Haus zu bezahlen.« Sie fragte genau im Ton eines harten Straßenmädchens. Henry sagte sofort, ohne zu zögern, »ja«.

Sie zog ihn wieder aufs Gras und hielt ihn fest, um ihm zu danken, und als er sich schließlich aufrichtete, warf sie die Arme um seine Beine und küßte ihn und rief wie im Fieber: »Du bist mein Gott! Du bist mein Gott!« Was sollte er von diesen Stimmungsumschwüngen halten, von dieser wilden Folge von widersprüchlichen Emotionen? Er schüttelte es ab, aber es war ein Vorgeschmack – er erkannte es selbst erst später – der Qualen, in die sie ihn mit willkürlicher Grausamkeit stürzen, und der Ekstase, in die sie ihn durch ihre Anbetung versetzen sollte.

Im Augenblick entnahm er dem nur, daß er Geld brauchte, um June zu erringen. Er pumpte seine Freunde Garvey und Carey an, und er belieh seine Lebensversicherung. Er ließ es zu, daß June aus seinen gutgeschnittenen Anzügen den Schluß zog, er sei reich. Natürlich konnte er diese Vorspiegelung nicht lange aufrechterhalten. Am Samstagabend, zwei Tage, nachdem sie sich kennengelernt hatten, war er so pleite, daß er die Rechnung in Jimmy Kelleys Kneipe nicht bezahlen konnte. Er rettete sich vor einer möglichen

Tracht Prügel, indem er schnell den Western-Union-Nachtmanager anrief und ihn anwies, per Boten aus der Kasse fünfzig Dollar herüberzuschicken. Dann pumpte er sich weitere fünfundzwanzig Dollar von dem alten Knaben, der das Geld brachte. Und so türmten sich neue Schulden auf die alten. Aber dann wurde zu seinem Erstaunen tatsächlich der Bonus ausgezahlt, den die Firma ihm schon so lange versprochen hatte, immerhin 350 Dollar. Spontan beglich er sämtliche Schulden – selbst bei Sam, der nie damit gerechnet hatte, diese Darlehen jemals wiederzusehen. Dann lud er all seine geduldigen Exgläubiger zu einem großen Festessen im Crow's Nest ein.

In diesen Tagen traf er June so oft wie möglich. Seit langer Zeit schon ignorierte er Beatrices Vorwürfe. Er war bereit, sie zu verlassen, aber er hatte Gewissensbisse, was Barbara betraf. Am Samstag, nur drei Tage nach seiner ersten Begegnung mit June, nahm er die Kleine mit auf einen langen Spaziergang, bis sie erschöpft war. Dann hob er sie hoch und trug sie heim, sie fest an sich gepreßt haltend, im Kopf unrealistische Planungen, was er für sie alles tun würde, wenn sie groß war. Als sie die kleinen Arme um seinen Hals legte, empfand er Beatrice gegenüber, die ihn davontrieb, tiefe Bitterkeit. Eines Sonntags, nachdem er deprimiert im Ulmer Park herumgewandert war, beschloß er, Beatrice die Wahrheit zu gestehen. Er setzte sich an den Küchentisch, an dem sie gerade das Kind fütterte, und flüsterte sanft: »Bea, ich möchte frei sein.« Er meinte es so offensichtlich ernst, daß ihre Augen groß vor Tränen und plötzlicher Furcht wurden, worauf auch Barbara zu weinen begann. Henry aber, wild entschlossen, reinen Tisch zu machen, fuhr fort und erzählte ihr alles über June; er ging sogar noch weiter und berichtete ihr auch von seinen zahlreichen Frauenbekanntschaften.

Er zog nicht aus, aber er sah June nun ohne größere Vorsichtsmaßnahmen. Wenn er sich nach dem Essen umzog, um auszugehen, fragte Beatrice mit beißender Schärfe: »Na, gehst du wieder zu deiner Liebsten?« Und er antwortete: »Ja, ich treff mich mit meiner kleinen Hure.« Er zwang Beatrice sogar dazu, ihm das Fahrgeld zu geben, was sie methodisch mit Kreide auf der Schiefertafel notierte, heulend, daß sie ihm Geld für andere Frauen geben mußte. Manchmal tätschelte er sie dann oder zwickte sie ins Hinterteil, vor allem, weil sie jetzt so wütend darüber wurde – nun habe er kein

Recht mehr auf sie, sagte sie. Trotz allem bestürmte er sie manchmal noch, bis sie nachgab. Ihr Widerstand gab dem Ganzen eine Würze, die ihn immer noch erregte.

Mit Beatrice lief es schlecht – und mit June nicht immer gut. Eines Abends, als er zwei Karten für das Palace hatte, wo Thomas Burke »Roses of Picardy« singen sollte, versetzte sie ihn. Sie zog sich nun häufiger auf so unerwartete Art und Weise zurück. Sie behauptete, ihr wäre nicht klar, was für ein Spiel er spielte. Was wollte er von ihr? Sie hatte sogar ihrer Tante Henrys Liebesbriefe gezeigt und sie gebeten, seine Motive zu enträtseln. Sie verlangte zu wissen, ob er nur um einer Story willen mit ihr herumexperimentierte, so wie er es mit den Boten getan hatte, die in *Clipped Wings* beschrieben waren. Er schrieb ihr so seltsame, exotische Sachen – war er vielleicht rauschgiftsüchtig?

Henry seinerseits erkannte bald, daß die Geschichten, die sie ihm über ihr Leben erzählte, zu phantastisch waren, um vollkommen wahr zu sein, obwohl sie sie so glatt über die Lippen brachte. Für June bestand das Leben fast vollständig aus Vergangenheit oder Zukunft: Um die Gegenwart kümmerte sie sich nur, wenn sie hungrig war. Was beabsichtigte sie, wenn sie ihm von ihren anscheinend unzähligen Liebhabern berichtete? War ihrem Taxi wirklich ein Wagen gefolgt, als sie nach ihrer Nacht in Jimmy Kelleys Kneipe nach Bensonhurst fuhren? Stimmte es, daß June in Chicago mit Gangstern zu tun gehabt hatte? Liebschaften, Gefahren, Eskapaden, Phantasien, Fluchten, Risiken waren die üblichen Zutaten all ihrer Geschichten. Es schien, als führte sie ein Dutzend verschiedener Leben. Sie schien sich den schrecklichsten Situationen ausgesetzt, den schlimmsten Individuen hingegeben zu haben, und doch hatte ihre Selbstachtung offenbar nicht im mindesten gelitten. Sie wiederholte ständig, daß sie sich niemals wirklich jemandem hingegeben hatte, obwohl die Liebhaber sie wie die Motten umschwärmten. Henry sollte es zu würdigen wissen, daß sie, die von so vielen geliebt worden war, ihn gewählt hatte, ihn liebte. Namen kamen ihr leicht über die Lippen – Old Man Marder und Baker, Millionär und Schuhfabrikant, waren beide hinter ihr her. Jedesmal, wenn er in die Stadt kam, bot Baker 200 Dollar für ihre Gunst, aber sie hatte nicht die Absicht, sein Angebot anzunehmen. Sie konnte immer noch ein paar Hunderter aus dem achtzigjährigen Besitzer einer Wäscherei oder einem Angestellten des Imperial-Hotels herausschlagen. Sie stürzte sich ständig in die Flammen, entstieg aber wie immun immer wieder unberührt der Asche. »Die Leute kommen und saugen das Leben aus mir heraus«, sagte sie, »um selbst lebendig zu werden.« Aber das war absurd – sie sprühte geradezu vor Lebendigkeit und sah mit ihrer üppigen Figur und einem Hals wie eine griechische Säule prächtig aus.

Sie war unehelich geboren, sagte sie, im Wald von Sherwood: ihre Mutter war eine rumänische Zigeunerin, die bei der Geburt gestorben war (als Nachweis ihrer Herkunft sang sie auf russisch »Ochi Chornia« mit ihrer tiefen, kehligen Stimme). Sie war in Vermont aufgewachsen, hatte das Wellesley-College besucht, dann Geige gelernt und als Korrektorin an einer Zeitung gearbeitet. Die amerikanische Staatsbürgerschaft hatte sie nie erhalten. Ihr Vater, ein Engländer, hatte eine sagenhafte Jugend gehabt, als Ingenieur ein Vermögen gemacht, eine Reihe von Rennställen unterhalten und war später dann ein intimer Freund von Caruso geworden. Sein Vermögen hatte er inzwischen verloren. Nun lag er, vom Krebs zerfressen, in einem Sanatorium in Kanada. Sie betete ihn an, obwohl er sie geschlagen hatte; aber ihre Tante, die ihr Vormund war, haßte sie. June verachtete diese Frau dermaßen, so erzählte sie Henry, daß sie die alte Hexe dadurch beschämen würde, daß sie sich selbst und ihre Brüder, ja sogar ihre Tante ernähren und unterstützen würde, auf jede für sie nur denkbare Weise, selbst durch schlimmste Perversionen. Sie hatte tatsächlich schon einmal genügend Geld verdient, um das Haus zu retten, als die Tante die Enteignung aus eigener Kraft nicht mehr verhindern konnte. Old Man Harris hatte ihr tausend Dollar für ihr Entjungferung geboten, und um das Haus zu retten, hatte sie das Angebot akzeptiert, so wie man einen Vertrag unterschreibt, und sie hatte die ganze Prozedur durchgestanden, obwohl der alte Bock zehn Tage brauchte, um ihr Hymen zu durchstoßen. Gegen ihn hegte sie keinen Groll. Aber gegen Russell Hughes, einen Mann, der später lediglich mal versucht hatte, ihr Kleid hochzuheben, nachdem er sie heimgebracht hatte, nährte sie einen unnachgiebigen Zorn. Sie hatte ihn zu ihrem hilflosen Sklaven gemacht – hatte ihn dazu gebracht, Frau und Kinder zu verlassen und für sie zu lügen und zu stehlen und auf Knien um ihre Hand anzuhalten; sie behandelte ihn voller Verachtung. Und wie sie gestand, war sie mit dem armen Teufel immer noch nicht fertig. Sie war fest entschlossen, ihn in den Selbstmord zu treiben, und zweifelte nicht daran, daß sie dazu in der Lage war. Fast allen Geschichten von June lag ein Grundmuster zugrunde: Sie entrann durch Mut und Schläue den Klauen irgendeines lasterhaften Mannes. Nachdem sie das Thema Liebhaber erschöpft hatte, wandte sie sich Geschichten von Drogen, Perversionen, Nekrophilie, Diebstahl, Inzest, Sadismus, Vergewaltigung und Amnesie zu. Sie bestand darauf, keine Süchtige zu sein, obwohl sie natürlich über gewisse Erfahrungen verfügte, wie sie sagte.

Junes Verstand war ein bodenloser Sumpf. Henry war sich nie darüber klar, wie bei ihr ein Satz mit dem nächsten verbunden war; es war, als hörte man eine vertraute Sprache, die gleichzeitig unter den Regeln einer vollkommen neuen und unverständlichen Grammatik stand. Ihr Reden war fieberhaft, zwanghaft. Nie zuvor war Henry ein solches Fabuliertalent wie June begegnet. Er selbst hatte immer Schwierigkeiten gehabt, Dichtung und Wahrheit auseinanderzuhalten, und so machten ihn ihre Erzählungen völlig ratlos. War das alles nur Fassade, oder hatte sie wirklich so gelitten? Obwohl ihn ihre Geschichten verletzten, war das Wissen ihm wichtiger als seine Gemütsruhe. Und so befragte er sie stundenlang mit äußerster Genauigkeit über die intimsten Details ihres Gefühlsleben, ihrer körperlichen Empfindungen, ihrer Beziehungen zu anderen Männern. Was hatte sie bei dieser oder jener Gelegenheit gefühlt? Was hatte ihr mehr Vergnügen bereitet? Sie mehr erregt? Geschichten, bei denen er sich vor Entsetzen krümmte, brachten ihn nur dazu, sie noch genauer zu befragen, vor allem, wenn die Erzählung beschämend und erniedrigend war. Es schien, als seien ihm seine Analysen der Boten nur deshalb vom Schicksal zugestanden worden, um ihn darauf vorzubereiten, die Impulse und Reaktionen dieser Frau zu sezieren, rücksichtslos ihre Motive aufzudecken, selbst wenn er darunter bis zur Selbstzerfleischung litt.

Bestimmt wirkten ihre Geschichten über ihre Liebhaber als Aphrodisiakum auf ihn; selbst wenn sie ihn betrog, stachelte das seine Leidenschaft nur an. Der Masochist hatte seine Sadistin gefunden oder sie sich erschaffen. Henrys zwiespältige Haltung Frauen gegenüber, die er entweder als Heilige oder als Huren ansah, fand ihr genaues Gegenstück in der Art, wie June sich selbst darstellte. Er fand schmerzlichen, freudigen Trost in der Feststellung: *Sie ist eine Hure*, dann verbesserte er es in *eine Betrügerin* und danach in *eine Lügnerin*. *Was soll ich nur tun?* stöhnte er innerlich –

nur um sich auf der Stelle die Antwort darauf zu geben: *Was immer sie ist, ich liebe sie: und im Augenblick gehört sie mir.* Und schließlich: *Sie ist eine Heilige, unverletzbar.* Und weil er sie verdächtigt, sie verurteilt hatte, beschuldigte er sich dann selbst unzureichender Liebe, der Treulosigkeit, Schwäche und schrieb June Liebe, Edelmut und Großzügigkeit zu. Während er sich erniedrigte, erhob er sie, er redete sich ein, daß ihn diese vollkommene Frau bemitleidete, nicht liebte. Und so schwelgte er schließlich in den seltsamen Genüssen der Selbsterniedrigung. June lernte, seine Sehnsucht nach dem Fabelhaften zu befriedigen. Außerdem erregten sie ihre Phantasievorstellungen von ihrem eigenen Unglück selbst. Bill Dewar hatte unrecht, als er sie einmal eine »schmutzige kriecherische Lügnerin« nannte und Henry, der ihn in dem Moment unterstützte, ebenfalls; denn ihre Wahrheit lag in der gewalttätigen Schöpfung ihrer selbst verborgen. Sie empfand ein fast sexuelles Vergnügen bei der Neuerfindung eines Lebens von Schmerz und Ausbeutung. Erzählte sie Henry von ihren sagenhaften Liebhabern, so wurde in ihr der Wunsch wach, die perfekte Geliebte für ihn zu werden. Deshalb verschlang sie auch die Bücher so bereitwillig, die er ihr lieh – sie erfüllten sie ganz und gar –, jedes einzelne lieferte ihr ein neues Leben. Einmal war sie Ayesha, dann Henriette, Trilby, die Filippowna, dann Stawrogin und die Duse. Zusätzlich besaß jede von ihnen den Reiz, auch Henry gefallen zu haben. Aber wenn sie die Rollen vertauschten und sie ihn über sein Leben auszufragen begann, wurde er verlegen und unsicher. Seine Geschichten wurden so verwickelt und kompliziert, daß sie überhaupt keinen Sinn ergaben. Er war nach wie vor auf der Suche nach einer einigenden Deutung seiner Erfahrungen, aber er sah sich selbst immer nur in den Begriffen der Bücher, die er gelesen hatte. Und er versuchte, die Fiktionen und Mythen der Literatur in seinem Leben zu verwirklichen.

Er dachte daran, nach der Trennung von Beatrice June zu heiraten. Seine Freunde versuchten, ihn umzustimmen. Schnellock, Cohen, Muriel, Dewar und die anderen erinnerten ihn nachdrücklich an seine ewige Untreue. Nein, argumentierte er eindringlich, er habe bis jetzt, bis er June begegnet war, einfach noch nicht die Frau getroffen, der er treu sein konnte. Während er sich ruhig gegen die Argumente seiner Freunde zur Wehr setzte, hegte er selbst geheime Zweifel. Einmal hatte sich June auf der Straße von Bensonhurst vor ihn gekniet und ihm beteuert, er bedeute alles für sie.

Leidenschaftlich hatte sie sich an ihn geklammert und ausgerufen: »Oh, Val, du bist wunderbar. Für mich bist du wie ein Gott. Ich könnte alles für dich tun!« In dieser gegenseitigen Anbetung lag das zentrale Element ihrer Beziehung. (*Aber warum war sie mehr als einmal die ganze Nacht über bei Marder geblieben, und warum hatte sie ihn einmal sogar in Henrys Gegenwart abgeküßt und gestreichelt, während sie deutsche Lieder sang?*) June hatte ihm von Massachusetts geschrieben: »Ich möchte deine Frau sein.« (*Aber warum war sie auf Einladung irgendeines Hinterwäldlers zusammen mit zwei Nutten nach Massachusetts gefahren? Und was um Himmels willen hatten die drei Kerle und die drei Mädchen in der Hütte gemacht?*) Bei ihrer Rückkehr hatte er sie am Rockaway Beach getroffen. Sicher, sie war leidenschaftlich und bat ihn, mit ihr zu schlafen; also hatte er sie in ein Hotel mitgenommen. (*Aber warum war sie mit ihm nicht zum Höhepunkt gekommen? Und wenn, wie sie sagte, der Grund darin lag, daß sie wund war und er ihr weh tat, was hatte das zu bedeuten?*)

Also brach er noch nicht endgültig mit Beatrice – er trieb lediglich langsam in Richtung June. Beatrice war mürrisch und kalt wie eine Statue. Alles, was ihm nur einfiel, probierte er aus, um sie dahin zu bringen, ihn zu verlassen. Eines Abends nahm er sie mit ins Palace Theatre. Sie war mitleiderregend dankbar dafür, überwand ihre Schlampigkeit und machte sich zurecht, um ihm zu gefallen. Den ganzen Abend über bedachte sie ihn mit pathetischen Blicken, um zu sehen, ob er guter Laune war, ob er glücklich war, ob ihm die Show gefiel. Als das Varieté vorbei war, schlug Henry vor, in Wilson's Dance Hall hinüberzugehen. Er machte den Vorschlag so beiläufig wie möglich, aber Beatrice bemerkte die Spannung in seiner Stimme. Sie wußte, daß sein Flittchen ein Taxigirl war, und begriff wahrscheinlich, daß er den ganzen Abend nur in Szene gesetzt hatte, um sie so wütend zu machen, daß sie mit ihm brach – aber sie war entschlossen, ihm keinen Vorwand zu liefern.

Stanley Borowski sagte eines Tages, wenn Henry es wünschte, könne er sein Problem lösen. Henry stimmte bereitwillig zu, aber Stanley schien in der Sache nichts weiter zu unternehmen. Henry hielt nach anderen Lösungen Ausschau, und glücklicherweise schien sich eine abzuzeichnen: Orvis Ross schrieb, daß er in Verbindung mit seinen Studien der Wagner-Opern nach New York kommen wolle. Vielleicht würde er Beatrice mit zurück nach Minnesota nehmen (genau das richtige frigide Klima für sie, dachte Henry). Henry wußte, daß Beatrice Ross regelmäßig geschrieben hatte und daß die beiden sich wirklich sehr gern mochten. Wenn sie nur ihre Skrupel überwinden, dem armen Ehemann Hörner aufsetzen und miteinander durchbrennen würden, dann wäre alles gut! Kurz nach der Ankunft von Ross lenkte Henry die Unterhaltung auf seine häusliche Situation. Die Dinge, so vertraute er Ross an, standen nicht gut im Hause Miller. Die Schuld lag bei ihm. Henry bekannte, daß Beatrice einen besseren Ehemann als ihn verdient hätte. Nun, hätte Beatrice das Glück gehabt, Mrs. Harold Orvis Ross zu sein – dann würden die Dinge ganz anders liegen. . . Das war ein Fehler. Bevor Henry weiteres unternehmen konnte, war Ross auf dem Weg zurück nach Minnesota, *sans* Beatrice.

Henry war oft herzlos, aber er konnte auch sehr viel Mitgefühl aufbringen, und selbst als er schon das Ende seines Zusammenlebens mit Beatrice vor sich sah, empfand er wiederaufflackernde Zärtlichkeit für seine Frau und wachsende Zuneigung für sein Kind. Er spürte sogar ein leichtes Bedauern, als er nach der Rückkehr von einem Zweitagesausflug mit June erfuhr, daß Beatrice nun ihrerseits mit einer früheren Freundin aus der Klosterschule Urlaub auf dem Land machen wollte. Sie bemerkte kühl, daß es ihm ja nur recht wäre, wenn sie recht lange wegbliebe. Natürlich entstand in Henrys Kopf sofort der Plan, daß June einziehen könnte, aber ansonsten benahm er sich sehr zuvorkommend, geradeso wie ein guter Ehemann, der seine Frau auf das Land schickt; er fuhr sogar ein paar Stationen weit im Zug mit, so wie es einst sein Vater getan hatte, als er seinen Sohn – Henry – und seine Frau aufs Land schickte. »Sag Daddy auf Wiedersehen«, sagte Beatrice, »du wirst ihn einige Wochen nicht sehen.« Die kleinen Arme schlangen sich um seinen Hals, und er und Beatrice verabschiedeten sich freundlich voneinander.

Henrys erster Tag der Befreiung wurde durch quälende Ohrenschmerzen getrübt, aber am nächsten Tag traf er June. Zuerst gingen sie essen, dann spazierten Sie zum Prospect Park hinüber und schlenderten durch die warme duftende Dunkelheit des Spätsommers. Henry wollte gern ein Boot mieten und auf den See hinausrudern, aber die Boote waren die Nacht über angekettet. Das Liebespaar wanderte verträumt in eine über das Wasser hinausgebaute Laube. June trug das kleine steife Schweizerkleid mit den Punkten, das er so gern hatte. Die Bäume zeichneten sich dunkel gegen den Himmel ab, die Büsche am Ufer wirkten wie eine geflochtene Wand, das Wasser schwappte gegen die Pfähle. Verträumt liebten sie sich, June über ihm, während er auf einer grobgemaserten Bank saß. Sie waren leise, und er bewegte sich sanft in ihr. Junes steifes Kleid raschelte in der vor Nachtgeräuschen überquellenden Luft.

Aber gerade als sie sich mit etwas Wasser aus dem See wuschen, wurden sie von einem aus den Büschen hervortretenden wütenden Polizisten überrascht. Sie bekamen beide einen Heidenschreck, schafften es aber, den Polizisten davon zu überzeugen, daß sie ein jung verheiratetes Paar seien. Schließlich ließ er sie gehen, folgte ihnen aber noch bis zur Tür von Henrys Haus, um sicher zu sein, daß es sich bei ihnen auch wirklich um ein Ehepaar handelte. Sie sagten dem irischen Cop gute Nacht und bereiteten sich darauf vor, Mann und Frau zu spielen. June inspizierte seine und Beatrices Sachen, als müßte sie auf der Stelle in die Rolle seiner Frau schlüpfen. Henry zeigte ihr das obengelegene Schlafzimmer, wobei ihm einfiel, was Cora ein paar Jahre zuvor gesagt hatte: »Hier schlafen wir.« In unausgesprochener Übereinstimmung beschlossen sie, dieses Zimmer nicht zu benutzen und unten im Wohnzimmer zu schlafen, die Schiebetüren diskret hinter sich schließend. Obwohl sie müde waren, liebten sie sich erneut und redeten und hielten einander fest, bis sie einschliefen.

Gegen sieben Uhr morgens stand Henry auf und fing an, das Frühstück mit Eiern und Speck zu bereiten – ein romantisches Frühstück für zwei. Er ging wieder zurück ins Zimmer, schloß die Türen und legte sich nackt zu June. Auf kleiner Flamme begann der Speck gerade zu brutzeln, als plötzlich mit großem Lärm die Türen aufsprangen und Beatrice mit zwei Zeugen, dem Vermieter und seiner Tochter, in hysterischer Aufregung hereinplatzte. June zog die Bettdecke bis ans Kinn, aber Henry sprang vor Überraschung hoch. Er hatte nur zwei Gedanken im Kopf: daß dies Stanleys Werk war und daß der Speck verbrennen würde, wenn er nicht bald die unwillkommenen Besucher hinausbugsieren konnte – der Duft des Specks drang ihm bereits sehr lebhaft in die Nase. Beatrice war kurz angebunden und kalt wie Eis; sie befahl ihm und seiner Schlampe, auf der Stelle zu verschwinden. *Und das in meinem eigenen Haus,* dachte er unablässig, während er zum Angriff überging und sagte, er würde dann verschwinden, wenn er es für richtig hielte und soweit wäre. Und genau das tat er auch. Die einzig befriedigende Antwort auf

Beatrices anmaßende Forderung erschien ihm, Beatrice und ihre Zeugen rauszuschmeißen, zu Ende zu kochen und sich mit June zu einem Frühstück mit Eiern und Speck (mittlerweile sehr knusprig!) niederzulassen.

Durch eine Falle in die Freiheit! Stanley hatte für Beatrice einen Plan entwickelt, um Henry auf frischer Tat zu ertappen – und Beatrice war darauf hereingefallen. Jetzt, da sie ihn unter Zeugen erwischt hatte, mußte sie weitermachen und sich von ihm scheiden lassen. Nach dem Frühstück packte Henry einen kleinen Koffer und nahm June mit hinüber zu Emil Schnellock. Stanley war auch da und hatte bereits begonnen, den Erfolg zu feiern, noch ehe er gesichert war. Als sie auftauchten, hatte er bereits einen geradezu königlichen Rausch und war in der Badewanne eingeschlafen. Er trank von Jahr zu Jahr mehr, gequält von seinem Job, niedergedrückt von seiner Frau und einer großen Kinderschar. Überhaupt schien es Henry, daß seine Freunde – von Emil Cohen bis Emil Schnellock – zunehmend der Hoffnungslosigkeit verfielen. Während er den friedlich schlafenden Säufer anschaute, gratulierte sich Henry selbst dazu, daß er mutig genug gewesen war, seine Freunde ihren schwächlichen Kompromissen zu überlassen und selbst ein neues reines Leben zu beginnen, ein Leben mit June.

9. Ein neues Leben

Kaum hatte Henry den Sprung nach vorn in ein neues Leben gemacht, begann er zurückzuschauen. Aus eigenem Entschluß hatte er sich von seinem Kind getrennt. Obwohl es im Augenblick nicht möglich war, hoffte er doch, eines Tages Barbara zugesprochen zu bekommen und sie dann so zu erziehen, wie er sich gewünscht hätte, erzogen zu werden. In der Zwischenzeit mieteten er und June ein Einzelzimmer in einem Haus, das einem von Cohens Freunden gehörte, einem gewissen Dr. Luttinger, der sich auf Abtreibungen spezialisiert hatte. Sie nannten dieses Loch »Schabenpalast« zu Ehren der Insekten, die kolonnenweise die Wände auf und ab marschierten. Henry betrachtete den »Schabenpalast« nur als vorübergehenden Campingaufenthalt, bis er sein Leben in Ordnung gebracht hatte und Anspruch auf seine Tochter erheben konnte.

Jeden Sonntag besuchte er sie in der Sixth Avenue. Als sie einmal im Park saßen, sagte sie mit leiser Stimme: »Daddy, warum kommst du nicht zu uns heim? Warum schläfst du nicht wieder bei Mommy?« Er wandte ihr den Rücken zu und brach in Tränen aus. Einmal erlaubte er June, sie zu sehen. »Sie ist dir wie aus dem Gesicht geschnitten, Val.« Sie vergossen beide Tränen. Vielleicht glaubte June, daß Henrys Liebe zu Barbara ihn wieder heimtreiben könnte, und sie deutete ihre Bereitschaft, das Kind zu sich zu nehmen, dadurch an, daß sie Barbara Geschenke schickte und sich stets sehr für ihr Wohlergehen interessierte. Und so erstaunlich es auch sein mochte, innerhalb einer Woche dachte Henry tatsächlich daran, nach Hause zurückzukehren. Da June nachts bei Wilson's arbeitete, waren sie lediglich eine Stunde zusammen, wenn er Feierabend hatte, und dann noch mal eine, wenn sie heimkam. Den ganzen Abend mit sich allein, zog es Henry unwillkürlich nach Brooklyn. So wie er einst um Coras Haus gestrichen war, ging er nun bei Beatrice vorbei in der Hoffnung, einen Blick auf sein vergangenes Leben zu erhaschen. Selbst eine Versöhnung erschien nun wieder möglich. Eines Sonntags schickten sie Barbara zum Spielen hinaus, und als Henry anfing, Beatrice eine lange humorvolle Geschichte über eine seiner kürzlichen Eskapaden zu erzählen, rückten sie einander immer näher, bis sie sich berührten. Er mochte den Duft ihres Körpers und die Einblicke, die ihr Morgenmantel gewährte; bald waren sie wieder ein Liebespaar. June konnte sich so gut wie alles vorstellen, aber sie wäre nie auf die Idee gekommen, daß er an Sonntagnachmittagen in seinem alten Wohnzimmer mit seiner Frau schlief, während sie im »Schabenpalast« hockte und auf ihn wartete.

June fühlte sich hoffnungslos unglücklich. An einem Sonntag, an dem Henry seine Familie besuchte, machte sie einen halbherzigen Selbstmordversuch. Schnell stellte sich heraus, daß sie sich nicht in echter Gefahr befand, aber Henry blieb ängstlich und verwirrt. Sie zogen sofort aus dem »Schabenpalast« aus und schlugen für ein paar Tage ihre Zelte in Emils Studio auf. Für Dauergäste hatte Emil nicht genügend Platz, und der stete Strom der Damen machte einen längeren Aufenthalt ohnehin unmöglich. Als nächstes zogen sie zu Harold Hickerson in 524 Riverside Drive, einem von Henrys intellektuellen Freunden. Aber auch dort gab es bald Spannungen, und schließlich beschloß June, Henry zu verlassen. Sie klagte, er und seine Freunde behandelten sie wie ein Kind, und wie ein Kind lief sie davon. Sie war bald wieder da, aber ihre Flucht war ein weiteres Vorzeichen kommenden Unheils.

Die Scheidungsvorbereitungen machten rasche Fortschritte. Einer der letzten Sätze, die Beatrice zu ihm sagte, war: »Du tust mir wirklich leid. Du weißt ja gar nicht, was da auf dich zukommt«, aber als er sie nicht darum bat, ihn wieder aufzunehmen, wurde sie hart. Anfang Dezember 1923 begab er sich zu der Scheidungsverhandlung in das Gerichtsgebäude in Brooklyn. Gegen Ende des juristischen Firlefanzes gab es eine im Flüsterton gehaltene Beratung zwischen dem Richter und Beatrices Anwalt. Der Richter ließ Henry einen angewiderten Blick und anschließend eine kurze, aber vernichtende Predigt zukommen. Durch sein unmoralisches Benehmen habe Henry die Rechte an der Elternschaft verloren: Beatrice bekam die alleinige Erziehungsberechtigung für Barbara zugesprochen. Die Alimente wurden auf 25 Dollar pro Woche festgesetzt. Henry konnte das nicht auf sich sitzen lassen. »Fünfundzwanzig Dollar? Das ist nicht genug. *Machen Sie dreißig draus.*« Er machte den Vorschlag, als handelte es sich dabei um ein Kartenspiel, in dem er den Einsatz erhöhte. Bald schon jammerte er seinen Freunden vor, daß er jede Woche dreißig Dollar zahlen mußte – *lebenslänglich.*

Anfang 1924 nahm er einen Teil seines Urlaubs, um das Buch über die Boten in die richtige Form zu bringen. Obwohl die Einflüsse von Dreiser und Anderson nach wie vor deutlich waren, wirkte sich Somerset Maughams *On a Chinese Screen* (Das Lied des Flusses) formal auf den Text aus. Um ihn lesbarer zu machen, versuchte er, seine Trostlosigkeit abzumildern. Zum Beispiel fügte er einen langen Abschnitt über Jacobus Dun ein, einen jungen Mann, der in der Hoffnung nach Amerika gekommen war, Bilder zu verkaufen, die er vom Landsitz eines ungarischen Adligen mitgebracht hatte. Als alles andere fehlschlug, nahm er eine Botenstelle an. Eines Tages entdeckte ihn ein alter Bekannter auf der Straße und bot ihm einen Job an, der ihn mit den gekrönten Häuptern Europas in Kontakt brachte. An dieser Stelle von *Clipped Wings* rückte Henry ein paar Briefe ein, die Dun ihm aus Europa geschrieben hatte, und nun schien das Buch plötzlich doch wieder Horatio Alger recht zu geben. Henry bildete sich ein, sein Chef Willever könnte von einem Buch über Western Union beeindruckt sein, und überreichte ihm eine Kopie des Manuskripts. Der Vizepräsident hatte allerdings nicht die Zeit, es sofort zu lesen.

Ganz sicher stand es mit Henrys eigener Horatio-Alger-Story im Augenblick nicht zum besten. Willever schleppte aus Des Moines ein Team von Rationalisierungsexperten an, um die Firma zu durchleuchten. Es dauerte nicht lange, und sie begannen, sich auf das Büro des Personalchefs für die Boten zu konzentrieren. Ihre Berechnungen schienen anzuzeigen, daß die Probleme nicht bei den Boten oder im Zustellsystem oder im Lohngefüge oder bei den Sozialleistungen der Firma zu suchen waren. All ihre graphischen Darstellungen schienen nur in eine einzige Richtung zu deuten – auf Henry V. Miller. Sie schlugen vor, der Personalchef sollte sein Büro ständig von einer Zweigstelle zur anderen verlegen, um die ordnungsgemäße Abfertigung der Boten sowie die Arbeit jeder Zweigstelle zu überwachen. Woraufhin Henrys Hauptquartier durch sämtliche Zweigstellen der Stadt wanderte. Außerdem, folgerten die Experten, befinde sich der Kurierdienst deshalb in so einem schlechten Zustand, weil Henry derart viele unerwünschte Leute eingestellt hätte. Was für ihn ein interessanter Wurm im Apfel sein mochte, konnte kaum den Interessen der Firma dienen, deuteten sie an. Er hatte die Reihen nicht nur mit Kriminellen, sondern – noch schlimmer – mit Ausländern aufgefüllt – Ägypter, Hindus, Ostinder, Westinder, sogar amerikanische Indianer –, und die erreichten den Standard der Western Union eindeutig nicht und mußten gehen. Und schließlich machten sich die Experten aus Iowa über den Manager selbst ihre Gedanken. Er schien seinem Western-Union-Job nicht den nötigen Respekt entgegenzubringen. Es gefiel ihnen nicht besonders, daß Henry um zwei Uhr nachmittags ein Schild mit der Aufschrift »Für heute geschlossen« auf seinen Schreibtisch stellte, wenn er das Gefühl hatte, genügend Probleme gelöst zu haben. Sie meinten, er habe etwas gegen die Vorschriften, kleide sich wie ein Greenwich-Village-Bohemien und stehe im Verdacht, ein Bolschewik zu sein. Schließlich wies man ihm einen Assistenten zu, Mike Rivise, den Henry für einen Firmenspion hielt. Es schien, als würde man mit dem Personalchef das gleiche Spielchen wiederholen, an dem Henry vier Jahre zuvor selbst teilgenommen hatte – nur daß er sich diesmal am anderen Ende befand.

Hinzu kamen Schwierigkeiten mit June. Kaum eine der Geschichten, die sie ihm erzählt hatte, entsprach der Wahrheit. Als ihre wirkliche Vergangenheit schließlich zum Vorschein kam, erwies sie sich als ziemlich banal. Ihr Name war June Edith Smith – aber selbst das war nicht die ganze Wahrheit, denn ihre Familie nannte sie Julia, und einmal gab sie zu, als Juliette getauft worden zu sein. Der ursprüngliche Name der Familie war Smerth gewesen, was im Polnischen »Tod« bedeutete, und war 1911, als sie einwanderten, zu Smith angliziert worden. Ihr Vater war ein Bauer und Holzfäller, der wie viele andere polnische Juden emigriert war, um den Verfolgungen und der Armut zu entkommen. Er hatte sich schließlich als Händler mit gebrauchter Kleidung in New York niedergelassen. Natürlich war er nie in England gewesen. Der Vater, den sie angeblich angebetet hatte, war ein brutaler Mann, der sie oft verprügelt und schließlich hinausgeworfen hatte. Die einzige Beziehung, die er zu Pferden hatte, war seine Eigenheit, beim Rennen auf die falschen zu setzen. Die Frau, von der sie als ihrer Stiefmutter oder Tante berichtete, stellte sich als ihre natürliche Mutter heraus. June hatte die High School besucht, aber keinen Abschluß gemacht, schon gar nicht am Wellesley-College. Sie hatte ihr ganzes Leben in Bensonhurst, Brooklyn, verbracht, aber das kannte sie genau – sie war schon im Roseland Taxigirl gewesen, bevor sie zu Wilson's überwechselte. Die Erzählungen von ihren Männerbeziehungen waren ebenso erfunden wie ihr ganzer Familienhintergrund.

Henry wußte einfach nicht mehr, was er glauben sollte. Stimmte es, wenn sie verkündete, daß ihr Vater gestorben war? Sie kaufte ein schwarzes Kleid – und verschwand dann für zehn Tage. Als sie plötzlich in seinem Büro in 395 Broadway wieder auftauchte, wirkte sie mager, blaß und vornehm, fast wie eine italienische Prinzessin. Was hatte diese Verwandlung verursacht? Einmal gestand sie, mehrere Wochen lang nicht in der Tanzhalle gearbeitet zu haben. Woher hatte sie dann das Geld gehabt, das sie weiterhin heimbrachte? Na ja, von alten Männern, erklärte sie, netten alten reichen Männern, die sie in der Tanzhalle kennengelernt habe und die bereit seien, für die bloße Gesellschaft eines jungen hübschen Mädchens beim Essen oder bei einer Show zu bezahlen. Wann immer er sie jetzt festzunageln versuchte, lachte sie bloß oder klagte über Kopfschmerzen. Eines Abends kam sie heim und verkündete, daß sie bei Wilson's Schluß gemacht habe und von der Theatre Guild Company angenommen worden sei. Als Beweis dafür zeigte sie ihm das Skript eines Schnitzler-Stückes. Bei Wilson's, sagte sie, hatte sie einen Mann namens Ian MacLaren getroffen, der mit Guild irgendwas zu tun hatte; sie erzählte ihm von ihren dramatischen Studien im College, durfte vorsprechen und wurde als Ersatz in *Saint Joan* angenommen. Danach wußte Henry nie, wann er sie daheim erwarten konnte. Sie brauchte nur zu sagen, die Proben hätten lange gedauert, selbst wenn sie erst dann heimkam, wenn er zur Arbeit mußte.

Sie stürzte Henry in Eifersuchtsqualen und drängte ihn trotzdem unablässig, sie zu heiraten. Überraschenderweise regte sie sich sogar ziemlich darüber auf, daß er mit soviel Widerstreben von einer neuen Heirat sprach. Schließlich setzten sie ein endgültiges Datum fest. Am Samstag, dem 1. Juni 1924, nahmen Henry und June die Hudson-Untergrundbahn nach New Jersey; Cele und Emile Conason (Emil Cohens neuer Name) sollten sie in Hoboken treffen und als Trauzeugen dienen. Den ganzen Weg über war June streitsüchtig und warf ihm ständig vor, daß er sie nicht wirklich heiraten wolle. Er hatte dieses Gejammer schon so oft gehört, daß es ihm zum Hals heraushing, und so sagte er, sie hätte vollkommen recht. Eine Haltestelle vor Hoboken stieg June aus, fest entschlossen, heimzugehen. Er folgte ihr, nahm sie in die Arme und sagte, es täte ihm leid. Aber als sie im Büro des Standesbeamten A. G. Carsten ankamen, waren die Conasons nicht da: Wahrscheinlich hatten sie überhaupt nicht im Ernst damit gerechnet, daß Henry und June auftauchen würden. Kurz vor Schließung des Standesamtes gegen Mittag mußte Henry auf die Straße und zwei Herumtreiber einsammeln. Für ein paar Dollar waren die Vagabunden bereit zu schwören, daß sie das glückliche Paar die erforderliche Zeit gekannt hätten. Die Zeremonie selbst strahlte die Romantik einer Nähmaschine aus. Danach fühlten sich die Neuvermählten krank und enttäuscht. Ihnen fiel nichts anderes ein, als Freunde anzurufen, bis sie schließlich Ned Schnellock, Emils Bruder, erwischten. Ruhelos und begierig aufs Feiern, gleichzeitig aber auch lustlos und ohne zu wissen, wohin sie gehen und wie sie feiern wollten, nahmen sie ein paar Drinks mit Ned und seiner Freundin und gingen dann alle gemeinsam in die Houston-Street-Burleske. Und so verging ihre Hochzeitsnacht.

Auf Henry kamen viele Probleme zu. Willever las endlich *Clipped Wings*, und es gefiel ihm kein bißchen: Bestenfalls sah er in dem Buch einen Tiefschlag gegen die Firma, schlimmstenfalls eine indirekte Form der Erpressung, und er kochte vor Wut. Die Bosse beobachteten Henry jetzt genau, und das war die reinste Qual. Beatrice war wütend, weil er wieder geheiratet hatte, und machte ihm Ärger wegen der Besuche bei Barbara. June auf der anderen Seite war auf diese Sonntagsbesuche eifersüchtig. Durch seine Alimentezahlungen mußte er sich stark verschulden. Die Spannungen mit den Hickersons nahmen ein derartiges Ausmaß an, daß sie ausziehen mußten, ehe jemand ermordet wurde. Aber in seinem Eifer, eine Wohnung zu finden, die June gefiel, leistete Henry sich ein Apartment in 91 Remsen Street in Columbia Heights, Brooklyn, dessen Miete seine Verhältnisse weit überstieg. Es war eine elegante Wohnung in einem Haus mit roter Ziegelsteinfront und Sandsteinstufen. Zu der Zeit bildeten die Heights die letzte vornehme Gegend in Brooklyn. Das Apartment, das einst Richter Manton gehört hatte, kostete 90 Dollar im Monat, weit mehr, als er und June aufbringen konnten; es hatte Parkettböden, holzverkleidete Wände, bunte Glasscheiben und wunderschöne Samtportieren.

Mit soviel Druck von allen Seiten mußte er einfach zum entscheidenden Durchbruch ansetzen. Er fühlte sich so gelähmt, daß er bei seinen Lieblingsschriftstellern nach einer Romansituation suchte, die seiner eigenen ähnelte und ihm eine Lösung zeigen konnte. Sherwood Anderson kam ihm zu Hilfe. Mehr als einmal hatte Anderson berichtet, wie er eines Tages mitten im Diktat seine Managerposition in einer Fabrik in Ohio hingeschmissen hatte nach Jahren als Geschäftsmann – fest entschlossen, zu schreiben und nie wieder einen Job anzunehmen. Es war eine großartige Story, auch wenn sie mit den tatsächlichen Fakten von Andersons Leben nicht ganz übereinstimmte. Henry gefiel sie.

An einem Montagmorgen im November 1924 verschloß er die Bewerberliste in seinem Schreibtisch und ließ mit dem Schwur auf den Lippen, nie wieder in einem Büro zu arbeiten, seinen Job einfach im Stich. Wie Walt Whitman hatte er sich selbst zu seinem »eigenen Herrn und Meister« ernannt. Von seiner plötzlichen Handlung überrascht, wiederholte Henry diesen Satz, als er sich die Straße hinunter vom Büro entfernte.

June freute sich. Jetzt, sagte sie, könnte er sich ganz dem Schreiben widmen. Sie würde für alles Nötige sorgen, nicht nur für ihn und sich selbst, sondern auch für Beatrice und Barbara. Sie meinte es ernst: Sie wollte alles tun, um ihn glücklich zu machen. Erwähnte er nur irgend etwas, was er sich wünschte, June brachte es mit einiger Sicherheit angeschleppt. Sie drängte ihn, sich nicht um andere Jobs zu kümmern – er mußte schreiben. Er brauchte sich keine Gedanken darum zu machen, sie nach dem Theater abzuholen: Er sollte

112

daheimbleiben und schreiben. Er sollte sie gar nicht beachten. Sie war fest entschlossen: Er sollte nichts als schreiben.

Es war eine neue – und ziemlich einschüchternde – Erfahrung, zum Schreiben ermutigt zu werden. Junes Angebot machte ihm gründlich zu schaffen; er hatte das Gefühl, daß er unfähig war, überhaupt irgend etwas zu Papier zu bringen. In einem Monat schrieb er nur einen einzigen Sketch mit dem Titel »Rhapsody in Blue«. Er stellte fest, daß für ihn nichts existierte, über das er wirklich brennend gern geschrieben hätte. Er trödelte herum, überarbeitete alte Manuskripte, besuchte Emil oder hielt einen Plausch mit Joe O'Regan (der wieder aufgetaucht und zu ihnen in die Remsen Street gezogen war). Die meiste Zeit über fragte sich Henry, was June wohl tat. Obwohl June, triumphierend in ihrer Opferbereitschaft, stets nur kurz auftauchte und bald wieder verschwand, betrachtete er das sehr bald schon als eine verfeinerte Art von Folter, und es endete schließlich damit, daß er ihrem unverantwortlichen Benehmen die Schuld an seiner Unfähigkeit zu schreiben zuschob.

Doch als June ihm mit der größten Lässigkeit der Welt erzählte, daß sie mit dem Direktor des Theaters einen Streit gehabt und gekündigt habe, geriet er in Wut, obwohl sie kurz darauf einen anderen Job als Korrekturleserin bei Orloffs Zeitschrift PM bekam. Prompt gab Henry die ganze Schriftstellerei auf und machte sich auf Jobsuche. Aber er, der Tausende von Boten eingestellt hatte, konnte selbst keinen Job finden. Überall wurde er zurückgewiesen, geradeso, als wäre groß und deutlich Versager auf seiner Stirn eingebrannt. Er hatte kaum noch den Nerv, die Bewerbungsinterviews durchzustehen. Wann immer er geschlagen heimkam, schlug June vor Freude die Hände zusammen. »Laß mich das alles erledigen«, bat sie. Henry hatte diese blutlose deutsche Art, ihre Schulden und Verbindlichkeiten zusammenzuzählen, und sagte dann: »Ist *das* deine Methode, alles zu erledigen?« »Ich hab nicht den Mut, irgendwas zu tun, wenn du kein Vertrauen zu mir hast«, klagte sie und bat ihn auf den Knien, ihr alles zu überlassen. Er stimmte zu, aber am nächsten Tag machte er sich hektisch wie immer auf die Suche nach einer neuen Stellung. Zu seiner eigenen Verteidigung schob er weiterhin June die Schuld in die Schuhe: Sie machte einen Fehler, wenn sie ihm erklärte, er solle sich entspannen: Er *mußte* sich Sorgen machen, er *mußte* kämpfen, er *mußte* sich bemühen – sie beraubte ihn der unbedingt nötigen Erfahrungen, die ein Schriftsteller brauchte.

Aber in Wirklichkeit ließ sie ihn auch nicht in Ruhe arbeiten. Erschöpft und mutlos saß er unter ihren wachsamen Blicken da, sein Geist so rege wie ein Holzklotz, und versuchte, einen Gedanken aus sich herauszuquetschen, nur einen Satz, um zu beweisen, daß ihre Opfer nicht vergeblich waren. Sie zerstörte ihn mit ihrer Großzügigkeit. Er nannte sich selbst einen Zuhälter, einen Drückeberger, einen Verschwender, einen Versager. Ihre Opfer waren zu groß, zu selbstlos. Bald schon hatte er das Gefühl, er könnte selbst dann ihre guten Taten nicht wiedergutmachen, wenn er die Bibel, in Sanskrit die Upanischaden und als Zugabe noch sämtliche Werke von Shakespeare geschrieben hätte. Die Folge war, daß er gar nichts schrieb. Literatur wurde fast zu einem Haßobjekt für ihn: Sie erinnerte ihn daran, daß er sich selbst haßte.

Wenn June wegging, hielt er es auch nicht mehr lange aus und flüchtete vor seinem Schreibtisch und seiner Schreibmaschine mit der gleichen Erleichterung, die er erst kurz zuvor empfunden hatte, als er endgültig das Western-Union-Büro verließ.

10. Candy und andere Gaunereien

Mit der Miete, den Alimenten, den teuren Geschenken, mit denen June ihn überschüttete, und der Unterstützung, die Junes Mutter nun brauchte, gaben sie mehr als hundert Dollar pro Woche aus; trotzdem schaffte es June, ihren Haushalt irgendwie über Wasser zu halten. Sie begann, als Hosteß im Raymo's zu arbeiten, einer Art Nachtklub und Kneipe mit Alkoholausschank, und machte die Runde durch ähnliche Klubs im Village; jetzt betätigte sie sich, wie Millers Freunde bemerkten, »nicht zu knapp als Goldgräberin«. Es lief darauf hinaus, gerade so viel zu tanzen, daß die Kunden Durst bekamen, da ihre Bezahlung aus den Prozenten an den von ihr verkauften Drinks bestand. Ihr Job dauerte in jedem Klub immer nur kurze Zeit, aber Einfaltspinsel gab es überall genug. Aus offensichtlichen Gründen blieben auch sie und Henry in Bewegung. 1924 und 1925 entsprach die Anzahl ihrer Wohnungen etwa der Anzahl der Klubs, in denen sie arbeitete. June war schon immer unberechenbar gewesen und ihre Geschichten wirr und unzusammenhängend; nun aber entwickelte sie einen geradezu unglaublichen Lebensstil.

Fast wie ein Tier im Versteck blieb June den ganzen Tag zu Hause. Sie haßte das Sonnenlicht; vor Einbruch der Dämmerung ging sie nicht hinaus. Und oft kehrte sie erst bei Morgengrauen zurück, nachdem sie eine Nacht lang zu Drinks animiert, Geld zusammengepumpt und ihre Prozente vom Barkeeper kassiert hatte. Einige der ihr überraschenderweise immer noch sehr ergebenen alten Kunden aus Wilson's Tanzhalle folgten ihr in die Klubs. Ein paar von ihnen trotteten ihr sogar bis zu ihrem Haus nach und klopften in der kalten, grauen Morgendämmerung New Yorks an die Tür. Und eine ganz neue Gruppe von Bewunderern scharte sich um sie, während sie vom Raymo's zum Peroquet, zur Roman Tavern und zum Pepper Pot zog. Der reiche junge Mori; Nat Pendleton, der Ringer; Hans Stengel, der Künstler, der *Snappy Stories* illustrierte; Millionäre wie Neuberger und Johnson; Young, der Herausgeber von *Young's Magazine,* einem billigen Schundblatt, der kubanische Schachmeister Roberto de Silvor. . . diese und noch ein Dutzend andere umschwärmten June in den Tavernen und Teestuben und begleiteten sie ungefähr um die Zeit zu ihrer Haustür, als Henry aufstand.

Henrys Kreativität bestand in erster Linie darin, sich neue Schwindeleien auszudenken. Sie brauchten massenhaft neue »Geschäftsideen«, denn es war schwierig, längere Zeit erfolgreich als Hosteß zu arbeiten, ohne dabei zu betteln oder zu huren, und sogar noch schwieriger, einen einzigen Schwindel länger aufrechtzuerhalten, ohne entlarvt zu werden. Sie fingen mit schlichten Schwindelunternehmungen an. Als June zum Beispiel den Bankier Howell P. French kennenlernte, hielt sie ihn sich vom Leib, wann immer er zu feurig wurde, bis sie bereit waren, für ihn eine »Künstlerparty« in der Remsen Street zu inszenieren. Cele Conason spielte Henrys Frau, Henry den bohemehaften Schriftsteller, Emil den am Hungertuch nagenden Künstler, Conason einen verrückten Psychoanalytiker und June (selbstverständlich) die Grisette; das Ganze erweckte den Anschein einer Kreuzung zwischen Puccini und Maxim Gorki. Sie verzapften die Art von bizarrem Gerede, das man bei Künstlern voraussetzte; Emil beschrieb seine futuristischen Gemälde, und Henry las ihm imagistische »Schaben-Gedichte« vor. Dann verkauften sie French eine Story über einen Freund, der im Sterben lag, weil er sich eine bestimmte Behandlung nicht leisten konnte. Der einzige Fehler dabei war, daß Henry sich betrank und (natürlich) in sein eigenes Bett fiel und einschlief und Schnellock ihn morgens dort herauszerren wollte, als French zu wissen begehrte, warum diese Schriftstellertype die ganze Nacht über geblieben war. (Aber was, so mochte sich der exilierte Ehemann fragen, machten June und French bis zur Morgendämmerung im Nebenzimmer? Er wagte nicht nachzuforschen. Ihre Regeln erlaubten derartige Fragen nicht.) Das Pünktchen auf dem i war allerdings, daß June ein paar Tage später entdeckte, daß French gar kein Bankier war. Und so schien es bei all ihren Betrügereien darauf hinauszulaufen, daß letzten Endes Henry und June die betrogenen Betrüger waren.

Das Süßwaren-Importgeschäft versprach mehr Erfolg als die Masche mit dem kranken Freund – jedenfalls zu Anfang. Im Winter 1924/25 überredete der Besitzer eines Candyladens Henry dazu, eine Reihe importierter Süßwaren bei New Yorker Restaurants einzuführen. Die Süßigkeiten, versicherte er, würden sich praktisch von selbst verkaufen. Und war das erst mal eingefahren, konnten sie gut von den Provisionen für die Nachbestellungen leben.

Der »Candy-Racket« dauerte drei Monate. Während der Zeit kümmerte sich Henry ausschließlich um dieses Geschäft: Seine Schriftstellerei ließ er völlig fallen und marschierte sechzehn Stunden täglich mit dem Gedanken durch Manhattan, das Verlangen der amerikanischen Öffentlichkeit nach Süßigkeiten zu steigern.

Aber er war nicht in der Lage, den Verkauf selbst zu übernehmen. Er haßte es, seine alten Stammlokale wie das Café Royale als Vertreter aufsuchen zu müssen; er haßte die Beleidigungen; er schämte sich einfach, als Bittsteller auftreten zu müssen. Bald mußte June die Hausiererei innerhalb der Restaurants übernehmen, während er draußen in Kälte und Schnee wartete und von luxuriösen Dinners träumte – Ente, Truthahn, Gans und Leberklößchen! – und sich ab und zu mal mit vorbeikommenden Polizisten, Portiers und Taxifahrern unterhielt. In Henrys Mantel gekleidet, dessen Taschen mit Candyschachteln vollgestopft waren, steuerte June genau die Plätze an, wo sie zuvor als Hosteß gearbeitet hatte, und brachte unberührt von den Beleidigungen ihre Bewunderer dazu, Candy für einen Dollar die Schachtel zu kaufen; sie ging in die Bürogebäude in der Gegend von Borough Ball und der East Side und verkaufte von Büro zu Büro. Wie ein Zuhälter wartete Henry draußen, während June in Kellercafés hinabtauchte. Henry hätte die Gänge, die Einsamkeit, die Kälte und die Fehlschläge ertragen: Aber er haßte sich dafür, daß er June dies tun ließ.

Schließlich blieb Henry dem Candyhändler 50 Dollar Ware schuldig, die sie auf Rechnung bekommen hatten. Dann überredete er Beatrice, hausgemachte Süßwaren herzustellen, die er dann verkaufen wollte. Typischerweise feilschte Beatrice um die Prozente, die er ihr zahlen würde, aber sie war einverstanden. Henry war sich durchaus der Ironie bewußt, daß seine gegenwärtige Frau die Bonbons und Pralinen seiner früheren Frau verkaufte und daß die Alimente, die zu zahlen er sich immer noch abmühte, aus den Gewinnen stammte, die June aus Beatrices Arbeit herausschlug. Aber der Candyhandel brach nach und nach ganz zusammen, er zahlte Beatrice nie etwas für ihre Arbeit, und mit den Alimentenzahlungen machte er auch Schluß.

Im Frühjahr 1925 erfand June eine Variation auf das Süßwarengeschäft, die auf die Touristen in Greenwich Village zielte. Sie stellte ihr Dilemma in einfachen Zügen dar: Henry wollte mit Candy nichts mehr zu tun haben, aber er wollte schreiben – das unterstützte sie. Aber sie mußten Geld verdienen. »Gut«, sagte June. »Das Problem ist seine eigene Lösung. Du schreibst, und ich verkaufe das, was du schreibst.« Das leuchtete Henry ein. Auch Whitman hatte seine Texte selbst verkauft; so schrieb er eine Reihe von Prosa-Sketches, die kurz genug waren, um auf einer Karte Platz zu finden. Er ließ sie in einer Auflage von je hundert Stück auf verschiedenfarbiges, 15 mal 20 cm großes Papier drucken. In Anspielung auf die impressionistische Technik von Whistler nannte er diese Sketches »Mezzotintos«; jedes Mezzotinto sollte eine einzige Impression vermitteln.

Da jedoch die Mezzotintos Produkte waren, mit denen June hausieren gehen wollte, kamen sie überein, sie mit »June E. Mansfield/91 Remsen Street« zu signieren. Henry begann also zu schreiben – zuerst mit grimmiger Entschlossenheit, dann mit zunehmendem Vergnügen. Schließlich schrieb er ungefähr fünfunddreißig »Mezzos«, von denen dann aber nicht alle gedruckt wurden. Der Anfang war mühsam. Aber Henrys methodische Gewohnheiten zahlten sich nun aus. Er hatte Ausschnitte und Artikel gesammelt, Notizbücher über seine Erfahrungen geführt, Kopien seiner Briefe aufgehoben und nie einen literarischen Versuch weggeworfen. 1925 begann er dann, in seinen Archiven zu wühlen. Für das erste Mezzotinto griff er zwei oder drei Jahre zurück auf eines seiner frühesten Stücke – eine seiner Bemühungen, die Orvis Ross gelobt hatte, »Make Beer for Men« –, »Macht Bier für Männer (mit der

Bitte um Verzeihung an Horace Traubel)«, zumindest teilweise unter dem Einfluß des Gebräus geschrieben, das hier gepriesen wurde. Das Thema war: »Behaltet eure Bibliotheken. Behaltet eure Gefängnisse. Behaltet eure Irrenanstalten. . . *Gebt mir Bier!*« Es war ein Schrei nach Freiheit von den Konventionen, eine Tirade gegen die gesetzlichen Einschränkungen, die das Alkoholverbot auferlegte: »Ihr glaubt, Menschen brauchen Gesetze. Bier brauchen sie. Die Welt hat eure Moral nicht nötig. Sie braucht Bier. Sie braucht nicht eure Belehrungen oder eure Wohltätigkeit. Die Seelen der Menschen sind mit Unverdaulichem gefüttert worden. Aber Bier bekommt der Seele.«

Ein Brief, den Henry im August 1924 an Emil Schnellock geschrieben hatte, bildete die Grundlage für ein weiteres »Mezzo«, betitelt »Ein Phoenix aus der Bowery«. Derselbe Sketch erschien auch unter Junes Namen in der Februarausgabe 1925 von *Pearson's Monthly Review,* einer Zeitschrift, die früher von Frank Harris, nun aber von Alexander Markey herausgegeben wurde. In diesem Stück zeigt Henry, wieviel Nutzen er aus seinen Gesprächen mit Schnellock über die italienische Renaissance gezogen hatte. Sarkastisch zieht er über eine luxuriöse Bank im Renaissacestil her, die »dem Schmutz und der Armut der Bowery« entsprungen ist, und fährt fort:

Als Bankkunde möchte ich nur ein einziges Privileg erbitten: ich möchte meine letzten Schekel hier abliefern und träumen von Michelangelos Grab des Papstes Julius, von Leonardos vergeblichen Mühen um »Das Abendmahl«, von der grandiosen Grausamkeit in Donatellos »Judith und Holofernes«, von der perversen, sadistischen Miene Lorenzos des Prächtigen und von Savonarolas Freudenfeuer »de luxe« in dieser prachtvollen florentinischen Stadt der Renaissance.

Kauernde kleine Monster strecken der Bevölkerung ihre häßlichen Visagen von den gewaltigen Bronzeportalen entgegen. Verunstaltete, krummbeinige, düstere kleine Teufel. Aber wunderschön, wenn sie in lackierter Bronze aus einer schmiedeeisernen Tür hervortreten.

Diese Bank der Bowery-Medicis ist eine strahlende Dantesche Vision in einer überfüllten Hauptstraße, ein Schimmern aus gefrorener Musik in einem brodelnden Markt des Handels. Wahrlich, ein Bowery-Phoenix.

Ein weiteres Mezzotinto nannte sich »Nigger« und handelte von der brutalen Behandlung eines Negers durch einen Polizisten. Dieser Sketch brachte Henry vorübergehend in Schwierigkeiten, als eine Kopie davon dem Polizeileutnant seines Bezirks in die Hände fiel. Der bestellte Henry zu sich und las ihm den Aufruhrparagraphen vor.

»Tanzhalle« war eindeutig eine Meditation über einige von Junes geheimnisvollen Abenden bei Wilson's:

Amerikas mitternächtliche Weiden unschuldigen Frevels.
Laden den müden Geschäftsmann zum Eintritt ein.
Verlocken das Ladenmädchen, den Ford-Mechaniker, den Einfaltspinsel im Drehstuhl.
Die religiöse Interpretation der Neonlichter lautet:
»Nur hereinspaziert, ihr Fleischwolf-Satyre, ihr unerschütterlichen Huren, ihr lieblichen Mandarine, ihr Broadway-Beldames. Tretet ein. Laßt eine sündhafte Hüfte kreisen.«
Auf einem niedrigen Podium, umgeben von schweren Vorhängen, bearbeiten fünf schwitzende Roboter ihre Instrumente, produzieren Jazz. Angeführt von einem »Nigger« in Hemdsärmeln, an eine Fiedel geleimt. Ein schwarzer Satan wimmert verrückte Melodien. Und Ekstase schlägt auf eine Decke aus Rauch.
Preis: ein Nickel pro Tanz. Miete eine Lehrerin.
Sie wird dir alles zeigen, was sie weiß. Wird dich auf Akkordarbeitsbasis durch hundert Tänze schwenken.
Und dir ihre Familiensorgen erzählen.
Musik dröhnt, hämmert, jault jämmerlich. Glitzernde Teufel in Patentleder-Slippern fallen in exzentrische Posen, schielen lüstern auf die Zuschauer, pressen heiße Körper aneinander, bis sie zu schamlosen, zerfließenden Vierfüßlern verschmelzen. Niemand wird müde.
Jazzbabies mit verstörten Augen halten ein scharfes, unbarmherziges Tempo ein unter Schildern, auf denen steht:
»Kein anstößiges Tanzen.«
Kann ein Mädchen ihre Unschuld bewahren? Für einen Nickel pro Tanz? Fragt mich, ob es von Sokrates ethisch war, seinen Schierlingsbecher zu trinken. Ich kenne respektable Leute, die hier zweimal wöchentlich zur Entspannung herkommen. Fragt sie.

Außer einem waren alle Mezzotintos von June signiert. Die Ausnahme war »Reisende des Morgengrauens...«, gezeichnet »Henry V. Miller«. Dies ist ein Bericht über die Arbeiter, die die Stadt bei Morgengrauen bevölkern – Leute, deren Aktivitäten zu beobachten Henry massenhaft Gelegenheit gehabt hatte, seit er angefangen hatte, auf June zu warten. Es sind jene, die die Straßen säubern und ausfegen, die Geschäfte öffnen und schließen, Holz und Kohle liefern, Lastwagen fahren, mit Waren hausieren und Karren schieben. »Diese Untergrundwelt«, schreibt er, könnte nur von einem meisterhaften Maler wie Rembrandt, Goya oder Zuloaga wiedergegeben werden. »Aber sie waren nie in der U-Bahn, wenn die Kaninchenställe ihre Brut ausschütten. Nein, diese Monster der Verzweiflung, von unserer industrialisierten Zivilisation ausgestoßen, müssen noch porträtiert werden. Wir brauchen einen neuen Gustave Doré für dieses moderne Inferno.«

Die Mezzotintos waren kaum Ausdruck eines besonderen künstlerischen Talentes. Hier und da brachen ein Geistesblitz, eine scharfe Beobachtung oder ein originelles Detail aus dem Prosageröll, unter dem sie verschüttet lagen. Aber June behielt recht – sie verkauften sich! Wie das Candy, so verhökerte June auch die Mezzotintos, und zwar weitaus leichter und bequemer. Sie verkauften sich nicht nur überraschend gut, sondern auch zu verblüffenden Preisen – hauptsächlich an Junes Kunden im Pepper Pot. Wer konnte sich schon weigern, die künstlerischen Bemühungen einer jungen Kellnerin zu honorieren, die Tee servierte und dazu so lieb lächelte?

Im Frühling 1925, zu der Zeit, als die ersten Mezzotintos erschienen, hatten Henry und June ihr Remsen-Street-Apartment so gründlich verkommen lassen, daß sie hinausgeworfen wurden. Eine Zeitlang blieben sie bei Stanley und schliefen auf dem Fußboden. Aber selbst Stanley, von seinem eigenen Leben enttäuscht, bekam sie bald satt und warf sie brutal hinaus. Total pleite, suchten sie Unterschlupf bei einem alten Freund von Henry, Karl Karsten, einem erfolgreichen Statistiker. Er erlaubte ihnen, nur so lange bei ihm zu kampieren, bis sie etwas eigenes gefunden hatten. Schließlich mieteten sie vorübergehend eine Wohnung in der Clinton Street. Sowohl das Candy- als auch das Mezzotintogeschäft waren ausgelaufen – und beide aus dem gleichen Grund: Henry konnte nicht bei einer Sache bleiben. Er hatte es schnell satt, sah bald schon in allem nur die Nachteile und Fehler und war frühzeitig entmutigt. Die

Mezzotintos konnte er wirklich nicht anerkennen, und nachdem er erst mal die Ideen aufgebraucht hatte, die er seinen Briefen an June entnahm (wie bei »Freie Phantasie«, »Verfolgung« und »Selbstmordbrief«), hatte er auch keine Einfälle mehr.

Er sah sofort den Haken in dem Projekt, das als nächstes Junes fruchtbarem Geist entsprang. Aber sie war mittlerweile gegen seine Hemmungen und Befürchtungen immun und ließ sich nicht beirren. Für sie war die Frage rein – oder auch nicht so rein – und schlicht: Sie brauchten Geld, ständig Geld, und sie würden tun, was immer nötig war, um es zu bekommen. Um ihr neues Projekt in Gang zu bringen, brauchte sie allerdings erst einmal Anfangskapital für Vorräte.

Junes Idee war eine »Speakeasy«, eine illegale Kneipe. Nachdem Henry ein Darlehen aus seiner Mutter herausgeschlagen hatte, versank er in eine Art Betäubung und überließ June die restlichen Vorbereitungen. Er war fast vollkommen erstarrt, in sich zurückgezogen und arbeitsunfähig; er wollte nur noch mit Ned und Emil Schnellock, Joe O'Regan oder Harold Hickerson herumlungern, über Krieg, Kunst, neue Trends oder Theater diskutieren und Schach oder Pingpong spielen. Ganz gleich, wieviel Mühe sie sich gab, June konnte ihn nicht aus seiner Lethargie herausreißen. Schön, entschied sie, sie würde auch ohne ihn zurechtkommen, und trieb ihre Vorbereitungen weiter voran. Mit Hilfe ihrer Bewunderer mietete sie ein Souterrainapartment in der Perry Street und richtete es für den Besuch von Gästen, die hier trinken wollten, her; sie traf Vereinbarungen mit Alkoholschmugglern, die für Vorräte sorgen sollten; und sie kaufte Sakramentwein in den orthodoxen jüdischen Läden der Allen Street. Dann konnte es losgehen. Das Kellerlokal in der Perry Street besaß nur drei Räume. Im Wohnzimmer brachten sie ein Schachbrett, eine Tischtennisplatte und ein paar bequeme Sessel unter. Im zweiten Zimmer wollte June für die Privatunterhaltung ihrer speziellen Freunde sorgen. Das bedeutete, daß sie und Henry in der Küche wohnen mußten.

Fast von Anfang an gerieten sie mit der Miete in Rückstand, und sie mußte so schnell wie möglich mit dem Ausschank beginnen, um nicht hinausgeworfen zu werden. Henry fungierte als Barkeeper und Koch. Unter den gegebenen Umständen war ein Ehemann nicht gerade von Vorteil, und er mußte so tun, als wäre er ihr Angestellter, was ihn wurmte. Wenn June ihm eine Bestellung zurief, gab er manchmal mürrisch vor, nichts gehört zu haben. Und schlimmer noch, wenn einige ihrer Stammkunden kamen, mußte er gelegentlich durch das hintere Fenster verschwinden, damit es nicht so aussah, als sei er immer da. Und natürlich tauchten ständig neue Anbeter auf.

Er schmollte. Einmal steigerte er sich in eine unkontrollierbare Wut hinein und zerschlug Teile des Mobiliars. Er hatte schon immer Wutanfälle gehabt, aber in letzter Zeit schien es damit schlimmer zu werden. Er hatte das Gefühl, er könnte verrückt werden. Einen Tag nach seiner Rückkehr aus Kalifornien hatte er auf einer Hochbahnplattform in Brooklyn gestanden und wollte aus einem Automaten für einen Penny Wrigley's-Kaugummi ziehen. Als er den Penny einwarf, schaute er in den Spiegel – und sah ein Gesicht, das er nicht erkannte, und wieder merkte er, daß er sich an seine Identität nicht erinnern konnte! *Wie heißt du?* fragte er das Gesicht im Spiegel. *Wer bist du?* Die Schienen glänzten, die Reklameflächen flimmerten in grellen Farben, andere Leute bewegten sich – aber für eine Minute war alles ein lebendes Bild und er in seinem Mittelpunkt eingeforen, ohne Existenz. Und nun sah June direkt durch ihn hindurch – als existierte er nicht – und sprach kaum noch mit ihm. Ihre Freunde und Kunden behandelten ihn verächtlich und demütigten ihn. Er schämte sich dieses miserablen Lebens, und insgeheim hatte er den Wunsch, sich ganz davon zu lösen, von June, von ihrem Gestreite und ihren finanziellen Schwierigkeiten. Mürrisch begann er, sich ernsthaft ihren Alkoholvorräten zu widmen, und ließ das zum Dauerzustand werden.

Wieder schmiedete er Fluchtpläne. Das nächste »neue Leben« lockte. Er beschloß, mit Ned Schnellock und Joe O'Regan nach Florida zu gehen und dort in der Immobilienspekulation ein paar schnelle Dollars zu machen. Die drei planten, Jobs anzunehmen, ein bißchen Geld zu verdienen, es in einen Topf zu werfen und es dann in der aufgeheizten Grundstücksspekulation schnell zu vervielfachen. Jetzt beachtete June ihn: Sie schrie und stampfte mit dem Fuß. Anklagend jammerte sie, daß sie sich das Herz aus dem Leib schuftete, und er hatte nichts anderes im Sinn, als loszuziehen und sich zu amüsieren. Normalerweise wäre er wahrscheinlich gar nicht gefahren, aber da June so wütend war, setzte er sich in den Kopf, in Florida den großen Coup zu landen, um ihr zu zeigen, wie ernst er es meinte. Er bekniete sie so lange, bis sie nachgab und aus einem ihrer alten Liebhaber das Startkapital für ihn herauskitzelte, nicht so sehr, weil sie an seinen Erfolg glaubte, sondern einfach, um ihre Ruhe zu haben.

Aber im letzten Augenblick wurde sie weich. Als Henry am Erntedankfest 1925 abreisen wollte, warf sie ihm die Arme um den Hals und sagte, sie wüßte doch genau, daß er es schaffen könne, daß er ein großartiger Mann sei. Sie würde ihnen nachkommen, sobald sie den ersten erfolgreichen Schlag gelandet hätten. Jetzt, da June wieder nett zu ihm war, wollte Henry bleiben. Er brach nur zögernd auf und versprach, oft anzurufen (nur R-Gespräche: denn zu der Zeit, wenn die Telefonrechnung fällig würde, wäre June schon auf dem Weg nach Süden). In einem heftigen Schneesturm trampten sie los, und bei jedem Schritt stöhnte Henry, daß er June den Wölfen von New York in den Rachen warf, die in dem Perry-Street-Keller ihre Knochen blank nagen würden. Nur Joes Glücksrittereinstellung zog ihn mühsam mit. Sobald sie am ersten Abend Wilmington erreichten, rief er June an, er konnte es kaum erwarten, ihre Stimme zu hören.

Das Trampen war furchtbar. Einmal wurden Henry und Joe von einem jungen Mann mitgenommen, der ihnen während der rasenden Fahrt gestand, daß er ungewollt einen Mord begangen hatte und vor dem Sheriff auf der Flucht war. Sie rasten durch die Carolinas und Georgia und hinein nach Florida. Eine Nacht verbrachten sie in einem Bordell. Der Fahrer schlief angezogen, seinen Revolver auf dem Kopfkissen. Aber während der Fahrt kam er für alles auf, gab sogar Henry Geld für die Telefonate mit June.

Natürlich war ihnen längst schon das Geld ausgegangen. June hätte was auftreiben und telegraphisch anweisen sollen, aber er hatte den Kontakt mit ihr verloren. (Sie war ein paar Tage nach seiner Abreise aus der Wohnung hinausgeworfen worden.) Er und Joe lungerten am Bahnhof herum, wo sie sich das Geld für Kaffee und Brötchen zusammenzubetteln versuchten, aber von der Polizei mit gezogenem Revolver vertrieben wurden. Henry erbettelte genügend Geld, um sich einen Stoß Zeitungen zu kaufen, mit denen er sich als Straßenhändler versuchte. Aber niemand schien an den täglichen Nachrichten interessiert zu sein oder einen Nickel dafür übrig zu haben. Als es Zeit zum Schlafen wurde, glaubten sie, bei der Heilsarmee unterkommen zu können, aber ihnen fehlte der Vierteldollar, den ein Nachtlager auf dem Barackenboden kostete. Schließlich gingen sie in den Park. Es war Anfang Dezember und kalt und naß, aber in der Hoffnung auf ein bißchen Schlaf streckten sie sich auf Parkbänken aus. Henry döste langsam ein; er konnte kaum mehr als eine halbe Stunde geschlafen haben, als ihm ohne ein Wort der Warnung ein Polizist seinen Knüppel überzog wie einem ungezogenen Kind und ihn aufschreckte. Die Nacht war lang, er fühlte sich elend und machte sich wegen June Sorgen; aber vor allem brannte seine Kehrseite von diesem mutwilligen Schlag. Am nächsten Morgen merkte er, daß der Park, aus dem er vertrieben worden war, eingebettet zwischen June und Mansfield Street lag.

Nach einer Woche in diesem Elend war er vollkommen niedergeschlagen. Von dem verzweifelten Wunsch getrieben, wieder zu June zurückzukehren, war ihm der Gedanke an das langsame, unsichere Trampen unerträglich, und so wandte er sich an seine Eltern. Sein Vater schickte ihm das volle Fahrgeld, und gegen Ende Dezember 1925 nahm Henry den Zug zurück nach New York, unter seinem verletzten Stolz ebenso wie unter seinem schmerzenden Hinterteil leidend.

Er war nicht in der Lage, June aufzuspüren, und so nahm er wie der verlorene Sohn die U-Bahn über die Williamsburg Bridge zur Decatur Street und schleppte sich in Schande zur Nr. 1063. Kurz nach seiner Rückkehr folgten wie stets die beiden Tage der düsteren Mahnungen – Weihnachten und sein Geburtstag. Wie üblich konnte er weder für seine Eltern noch für seine Schwester Geschenke kaufen. Und sein Geburtstag hielt für ihn nur eine Botschaft bereit: *zu spät*. Er stand vor seinem fünfunddreißigsten Lebensjahr – zu spät, zu spät, um noch irgend etwas zu erwarten, da er doch die erste Hälfte seines Lebens so offensichtlich verschwendet hatte.

Dreizehn Jahre zuvor hatte Henry sein Elternhaus verlassen. In dieser Zeit hatte er eine Geliebte unterhalten, war zweimal verheiratet gewesen, war nach Kalifornien und Florida gereist und selbst Vater geworden. Wenn er auf den früheren Trip in den Westen zurückblickte oder auf die erst kurz zurückliegende Reise in den Süden, dann hatte er das Gefühl, sich in Wirklichkeit überhaupt nicht vom Fleck gerührt zu haben: Er war schlicht und einfach wieder dort angekommen, wo er angefangen hatte.

11. Visionen und Revisionen

Henry machte sich große Sorgen, weil er June nicht fand, aber er war noch deprimierter, als er sie dann endlich bei ihrer Mutter entdeckte. Sie sagte, sie hätte keine Hoffnung mehr, daß sie je wieder zusammenzuziehen könnten. Ihre Verzweiflung vertiefte nur noch seine eigene. Sie war nervös und litt schrecklich unter Ohrenschmerzen. Sie konnten nirgends miteinander schlafen und trafen sich lediglich mittags. Und June sagte immer dasselbe: Sie war drauf und dran fortzugehen, es gab keine Hoffnung. Von anderer Seite machte ihm Beatrice Schwierigkeiten, die lauthals über seine Rückstände in den Alimentenzahlungen klagte. Er fühlte sich, als würden Mauern um ihn herum hochgezogen.

Die Schriftstellerei, die ihn so oft enttäuscht hatte, rettete ihn diesmal. Er wußte nichts von der Dada-Bewegung in Europa, aber ebenso wie seinen europäischen Zeitgenossen erschien auch ihm das ganze Leben sinnlos und absurd. Er entwickelte nicht wie die Dadaisten eine Theorie darüber, aber er durchlebte ganz sicher das, was er in seinem eigenen Slang seine »Ga-ga-Periode« hätte nennen können. Ganz für sich allein entdeckte er die »selbsttätige Komposition«.

Eines Tages, nachdem er eine Zeitlang Wörter im Wörterbuch nachgeschlagen hatte, machte er einen Spaziergang, und plötzlich begannen die Wörter, wie aus eigener Kraft Sätze und Abschnitte zu formen. Er raste heim und hämmerte, immer noch in Hut und Mantel, auf der Schreibmaschine das herunter, was ihm »diktiert« wurde. Als er fertig war, nannte er es »Das Tagebuch eines Futuristen«. Er hatte eine wichtige Entdeckung gemacht. Als Schriftsteller hatte er stets genau geplant, sich Handlung und Thema seiner Texte genau überlegt und sich bei der Wahl seiner Situationen oder Charaktere auf den gesunden Menschenverstand verlassen. Nun plötzlich sah er, daß der gewöhnliche Verstand in erster Linie *gewöhnlich* war. Jetzt entdeckte er den ungewöhnlichen Sinn von Wörtern, die entsprechend ihrer eigenen Logik arrangiert waren. Daß sein »Tagebuch eines Futuristen« keinen gesunden Menschenverstand ausströmte, sondern statt dessen einen nur ihm eigenen Sinn beinhaltete, schien eindeutig zu seinen Gunsten zu sprechen. Henry erhob nicht den Anspruch, die Logik oder den Ursprung seiner Arbeit zu verstehen – er freute sich über die ihr innewohnende

Rätselhaftigkeit. In scherzhafter Laune erklärte er Emil Schnellock einmal die Quelle seiner Kreativität: »Nun, so wirst du wohl fragen, an welchem Fleisch tut sich Cäsar gütlich, auf daß er derart niedriges Zeug auskotzen kann? Gut denn, hier die Antwort: ein Artikel von Henry James in der *Yale Review*, lange, intime und eindeutig unfreiwillige Bekanntschaft mit Insektenfressern, die Errungenschaft einer Kohlezeichnung eines indianergleichen Dante, drei Pfeifen zuviel vom Prince-Albert-Tabak, zu große Gier nach dem Besitz einer lautlosen Schreibmaschine plus eine angeborene Liebe für den Müßiggang, was sich in Gebrauch und Mißbrauch einer unerwarteten Sekretärin niederschlägt, und – dreckige Bettwäsche, eine Manie für Stabreime, ausgezeichneter Stuhlgang und der Gedanke daran, daß Emil sich bei diesem kichernd glucksend eleganten Gequassel verschnellocken würde.« Sein literarisches Genie, deutete Henry an, liege in der literarischen Groteske und der Wert von »Tagebuch eines Futuristen« in seiner quasseligen Art.

Zusammen mit einigen seiner besten Sketche schickte Henry das »Tagebuch eines Futuristen« einem bekannten Werbefachmann namens Bruce Barton, der erst kürzlich ein Sachbuch mit dem Titel *The Man Nobody Knows* veröffentlicht hatte, das zu den größten Bestsellern des Jahrzehnts werden sollte. (Der Titel bezog sich auf Christus, und in dem Buch unternahm Barton den Versuch, Geschäftsprinzipien zum Verständnis des Christentums anzuwenden.) Henry glaubte, daß ihm ein so brillanter Publizist wie Barton mit dem Finger am Puls der Massen ein paar wirklich wertvolle Ratschläge geben könnte. Doch der Rat fiel anders aus, als von ihm erwartet. Barton schickte das Manuskript mit einem Brief zurück, der so endete: »Es ist offensichtlich, junger Mann, daß aus Ihnen nie ein Schriftsteller wird. Schreiben gehört sicher nicht zu Ihren Stärken.« Er riet Henry, seine wirklichen Talente zu entdecken. Ein bedeutender Kritiker war der gleichen Meinung: H. L. Mencken, der berühmte Autor von *American Mercury*, dem Henry das gleiche Manuskript zukommen ließ, schickte die Arbeit mit einer höflichen Ablehnungsnotiz zurück, adressiert an »Miss Miller«. Henry war verletzt, aber nicht am Boden zerstört. Er spürte, er war dabei, seine eigene einzigartige Rolle als Schriftsteller zu entdecken. Er erinnerte sich an die Bemerkung von Walter Pater in *The Renaissance*, ein Buch, das er zum erstenmal in der Remsen Street gelesen hatte: »Neben diesen großen Männern existiert eine gewisse Anzahl von

Künstlern, die ein eigenwilliges, individuelles Talent besitzen, durch das sie uns eine besondere Form des Genusses vermitteln, die nirgendwo sonst zu bekommen ist.« Er gebrauchte dieses Zitat in »Houston Street Burlesque« (veröffentlicht in *The Menorah Journal*) und schwor sich, danach zu leben. Er beanspruchte nicht, zu den Großen zu zählen, aber er glaubte, als individuelles Talent durchgehen zu können, und – was wichtiger war – er sah seinen Weg in der Betonung seiner persönlichen Eigenheiten.

Ronald Millar, dem Herausgeber von *Liberty Magazine*, sagten einige von Henrys Sketchen zu, und er beauftragte ihn, einen einfachen Artikel über »Wörter« zu schreiben, basierend auf einem Interview mit Dr. Vizetelly, dem Herausgeber von Funk and Wagnall's, dem auch von Henry benutzten geliebten Wörterbuch. Alles lief bestens: Dr. Vizetelly war zu einem Gespräch bereit und hielt eine Stunde lang einen Vortrag über Wörter, dem Henry die beruhigende Tatsache entnahm, daß sein eigener Wortschatz größer war als der von Shakespeare! Vizetelly erbot sich nicht nur, den ersten Entwurf von Henrys Essay zu lesen, sondern er schrieb auch noch an Henrys Vater, daß sein Sohn ein Genie sei.

Mit dem Artikel selbst klappte es nicht so gut. Er hatte fünftausend Worte für einen allgemeinen Leserkreis produzieren sollen, fünfzehntausend schrieb er; und selbst als er die Hälfte davon strich, beurteilte man ihn immer noch als »zu gut« für das Magazin. Der Artikel wurde auf Eis gelegt, aber Henry erhielt seine 250 Dollar Honorar. Wenigstens konnte er damit seiner Mutter beweisen, daß sich das Schreiben auszahlte. (Der Schuß ging allerdings nach hinten los; danach fragten ihn seine Eltern ständig nach seinen »letzten Verkäufen«, und seine Mutter drängte ihn unermüdlich, jedem neuen Bestseller nachzueifern.) Vor allem aber machte es ihm der 250-Dollar-Scheck möglich, in der Hancock Street in Brooklyn ein billiges möbliertes Zimmer zu mieten, wo er und June wieder zusammenleben konnten.

Aber sie bewegten sich auf verschiedenen Pfaden. Wenig später schon sprach Henry davon, ein separates Zimmer anzumieten, wo er ohne Störung an verkaufsträchtigen Artikeln arbeiten könnte, während June meinte, er habe nun gefälligst für immer an ihrer Seite zu bleiben. Er redete davon, genug zu verdienen, um sie beide durchzubringen, während sie vor gewaltigen Plänen schier zerplatzte. Jeder ging in seine Richtung, im festen Glauben, gemeinsam zu gehen. Der alternde Herausgeber von *Young's Magazine* gab ihr einen Auftrag für ein paar Geschichten. Einen weiteren Auftrag über ein Dutzend Erzählungen erhielt sie von *Snappy Stories*, einem Magazin, für das ihr Freund Hans Stengel Illustrationen machte. Natürlich schrieb Henry die Sachen, aber gedruckt wurden sie unter dem Namen June E. Mansfield. Die ersten beiden Geschichten, die angenommen wurden, waren Originale, aber als Henry merkte, daß alles, was unter dem Namen June E. Mansfield eingeschickt wurde, akzeptiert werden würde, zerschnipselte er die Stories aus alten Magazinen und setzte sie neu zusammen. Die Redakteure liebten die Geschichten. Aber selbst da hing Miller, der nie in der Lage war, irgendeinen Schwindel lange durchzuhalten, die ganze Angelegenheit bald zum Halse heraus. Anfang 1926 bekam er einen Job bei einer Long-Island-Zeitung für 50 Dollar im Monat. June bebte vor Wut. Sie ließ eine lange, heftige Tirade vom Stapel: »Das wird dir noch leid tun, daß du mich hier den ganzen Tag allein lassen willst. Wenn du so undankbar bist, mich allein zu lassen, bloß um zur Arbeit zu gehen, dann lehne ich jede Verantwortung für das, was ich tue, ab.« Als er von seinem ersten Arbeitstag zurückkam, war June verschwunden. Nachdem er sie endlich aufgetrieben hatte, erklärte sie ihm ruhig, sie habe sich, wenn er es unbedingt wissen wolle, in dem Augenblick, als er zur Tür hinausging, mit einem charmanten jungen spanischen Sänger verabredet, den sie vor kurzem kennengelernt habe. Henry kapitulierte und gab auf der Stelle seinen Job auf.

Aber er hatte schon einen neuen Plan. Wie ein Korken war Joe O'Regan plötzlich in Ashville, North Carolina, wieder an die Oberfläche gekommen. Hier, so berichtete er schriftlich, lief wirklich und wahrhaftig ein großer Grundstücksboom. Wenn Henry so schnell wie möglich nach Ashville kommen würde, könnte er als Public-Relations-Mann in der Immobilienbranche gutes Geld machen.

Henry argumentierte – nicht sehr einleuchtend –, daß es zwischen ihnen besser laufen würde, wenn sie von Junes Tanzhalle und ihren Pepper-Pot-Kumpanen wegkämen. June wußte jedoch instinktiv, daß ihre Freiheit in erster Linie in ihrer Vertrautheit mit New York und ihrer Verbindung mit einer Gruppe von Freunden begründet lag. Was für Schiffbrüche auch immer sie erleiden mochte, in New York würde sie stets unbeschadet davonkommen. Und deshalb leistete

June erbitterten Widerstand, als Henry ihr Joes Ashville-Plan aufdrängen wollte. Aber er ließ nicht locker, und schließlich wurde sie schwankend und von der Kraft seiner Argumente mitgerissen. Gegen Ende Juli 1926 schafften sie es, 145 Dollar zusammenzukratzen, eine Summe, die sich aus den Schecks zusammensetzte, die June von *Young's* und *Snappy Stories* kassierte, und aus ihrer Provision für die Hostessenarbeit. Henry hatte nicht mehr viel Vertrauen zu Joes rosiger Beschreibung, aber er brach doch mit Träumen vom schnellen Geld nach Süden auf.

12. In der Katakombe

Es war, als säßen sie auf einer Tretmühle fest. Sie zogen erneut in die Remsen Street, aber selbstverständlich in eine andere Wohnung. Bald verfielen sie wieder in die alte Routine. Sogar die alten Streitereien nahmen sie von neuem auf. June richtete sich hübsch her und ergatterte einen Hostessenjob in der Katakombe, einer neuen Arena für die alten Schwindelspielchen. Henry fing wieder mit der gleichen mühsamen Jobsuche an und brachte es zum Vertreter für eine Loseblattenzyklopädie. Wieder fand June seine Anstrengungen lächerlich. »Hör doch auf mit dem Unsinn«, pflegte sie zu sagen, »und mach dich an die Arbeit« – womit sie meinte, hör mit dem Verkaufen auf, und fang wieder an zu schreiben. Insgeheim befürchtete er, als Schriftsteller ausgelaugt zu sein, und das war einer der Gründe, weshalb er darauf bestand, seine Karriere einem gutbezahlten Job zu »opfern«. Junes ewig gleiches Lied lautete: »Sei nicht albern, Val. Für Geschäfte bist du nicht geeignet. Wenn du nur ernsthaft arbeitest, tu ich alles für dich.« Er war unfähig, er mußte sich auf sie verlassen, er würde es bedauern, wenn er sich von ihr löste. Sie drängte ihn, sich mit ihr ein- oder zweimal täglich in der Katakombe zu treffen, mit ihr zu essen, sie heimzubegleiten. Genau wie seine Mutter, so empfand er es, wollte sie ihn klein und kleiner machen, bis sie ihn in ihren erstickenden Schoß stopfen konnte. Es ist verdammt demütigend, sagte er sich oft genug; aber sobald er länger über das Thema nachdachte, müßte er sich eingestehen, daß sie wahrscheinlich recht hatte. Es stimmte: er taugte nichts, er war ein Wurm.

Bei dem Enzyklopädiejob kam selbstverständlich nichts heraus. Das Adressenmaterial, das ihm der Verkaufsmanager gegeben hatte, bestand aus einem kleinen Stapel schmieriger Zettel, aus Magazinen ausgeschnittene Coupons, von Leuten eingeschickt, die glaubten, dafür irgendwelche Geschenke zu erhalten. Er teilte die Zettel in Gebiete ein. Dann versuchte er, aus der Handschrift auf den Charakter des Kunden zu schließen. Ein oder zwei Stunden brachte er allein damit zu, seine Sprüchlein durchzugehen. Dann fuhr er mit größter Wahrscheinlichkeit zuerst zu der am weitesten entfernten Adresse (rein zufällig verschaffte ihm das die Zeit, den *Zauberberg* oder eines der anderen Bücher zu lesen, die er mit sich herumschleppte, um die Stunden im Zug oder der Straßenbahn zu verkürzen). Vor Ende des ersten Monats warf er kaum noch einen Blick auf die Adressenzettel, ehe er sie in den Gully beförderte, und kurz darauf hörte er ganz auf. Er sank so tief, daß er Zeitungen zu verkaufen suchte. Aber im Alter von fünfunddreißig brachte er einfach nicht mehr den Mut auf, ein Zeitungsjunge zu sein. Es kam die Zeit, da er sogar versuchte, sein Blut zu verkaufen – aber er erwies sich als blutarm.

Der Herbst 1926 senkte sich wie eine dunkle Nacht der Seele über ihn, eine Zeit der Hölle. Mehr als einmal träumte er davon, wieder im Süden zu sein. Er wußte nicht genau, wo er sich befand, aber anscheinend versuchte er, irgendwo nachts per Anhalter voranzukommen. Er sah die weißen sandigen Straßen schädelfarben im Mondlicht glänzen. Er fühlte sich schwach und hungrig und dann voller Entsetzen. Jemand stieß ihn in einen dreckigen Pferch, drängte ihn gegen einen zerbrochenen Zaun. Dann griffen sie mit schmutzigen Klauen in seinen After und zerfetzten mit einem rostigen Springmesser seine Eingeweide und Geschlechtsteile. Irgendwie fand er sich in einer Straßenbahn wieder, die einem Leichenwagen ähnelte, und wurde so aus seiner alten Nachbarschaft geschleift und in der Decatur Street rausgeworfen, der Straße frühen Kummers und erster Probleme. Selbst in seinen Träumen empfand er grausame Freude beim Anblick des Todes seiner Hoffnungen. Tagsüber wanderte er trostlos durch New York, diesen Hafen des Elends, diese gewaltige Stadt unter dem mit Feuer und Kot bespritzten Himmel, wo all seine Lieben ihn gekreuzigt hatten und noch immer die Folterer ihm auflauerten. Nachts in seinen Träumen schwebte June, die »Königin von Greenwich Village«, wie manche sie nannten, die

Schattenkönigin einer Million toter Seelen, drohend über ihm. Sein Herz brannte in kaltem Feuer: Maden hausten in seinen Achselhöhlen und Haaren, und Schnecken mästeten sich an seinem Herzen. Für die Erleuchtungen, die aus solch finsteren Nächten erwachsen können, war er längst noch nicht bereit.

Zwischen ihm und June tat sich eine Kluft auf. Jetzt verlangte sie nur noch von ihm, daß er sich nicht in ihre Arbeit mischte – »die Schmutzarbeit«, wie sie es nannte. Die Art ihrer Arbeit erlegte ihm eine Anzahl unübertretbarer Gesetze auf. Zuerst einmal durfte das Village nicht erfahren, daß sie verheiratet war. Deshalb durfte er nie die Tür öffnen, wenn es läutete, auch nicht, wenn er alleine war. Natürlich konnten es Joe oder Emil Schnellock sein, und so war ihm erlaubt, zum Fenster zu gehen und die Vorhänge einen Millimeter beiseite zu schieben. Eine weitere Regel: Wann immer er das Haus verlassen wollte, mußte June vorausgehen und nachsehen, ob die Luft rein war. Drittens: Kam er zurück, wenn June daheim war, dann mußte er vorsichtig sein. An der Tür flüsterte er in einer Art bitterer, komischer Bordellroutine: »*Kann ich jetzt reinkommen? Alle Kunden verschwunden?*« Die vierte Regel war: Wann immer June zufällig einen ihrer Bewunderer mit nach Hause brachte, mußte Henry vorher verschwinden. June hatte einen festen Plan ausgearbeitet, einen Typen auszunehmen. Mit irgendeinem Kerl auf dem Heimweg von der Katakombe fiel ihr plötzlich ein, daß kein Bissen zu essen im Haus war, und sie brachte den Freier dazu, in einem nahe gelegenen Lebensmittelgeschäft einen Wochenvorrat einzukaufen. Nachdem der Verehrer verköstigt worden war, eine der von ihm gekauften Zigarren verpaßt bekommen und es sich in einem der Sessel gemütlich gemacht hatte, in seinen Zähnen herumstocherte und June als *Chef-d'oeuvre* beäugte, klagte sie über die stickige Luft, öffnete das Fenster und zog das Rouleau hoch. Henry, der mittlerweile in der Kälte schon fast eingefroren war, während er seit Stunden die Straße auf und ab marschierte und auf das Signal wartete, klingelte kurz darauf. »Na so was, Val Miller, der Schriftsteller! – Wenn das keine Überraschung ist!« »Kam grad vorbei und wollt mal schnell hallo sagen.« Und so wurde er hereingebeten und dem anderen »alten Freund« vorgestellt. Der Typ betrachtete den Eindringling ganz sicher ohne jede Spur von Freude und beleidigte ihn wahrscheinlich ausgiebig, aber Henry knirschte nur mit den Zähnen und hielt durch, bis der enttäuschte Möchtegernfreier im Morgengrauen ging. Und all diese strategischen Planungen für ein paar Tage Vorrat an Maxwell-Kaffee, Pastete, Wurst und Pumpernickel.

June veränderte sich. Wenn sie morgens schlafend im Bett lag, erschien ihr Gesicht immer noch frisch und jungfräulich; umrahmt von blauschwarzem Haar, wirkte ihre Haut warm und cremig. Doch sobald sie erwachte, nahm ihr Gesicht den Ausdruck berechnender Kälte an. Jeden Tag ließ sie ihr Gesicht wieder neu entstehen. Sie benützte Make-up wie eine Bühnenschauspielerin – um eine Rolle zu erschaffen. Sie begann mit einer dicken Cremeschicht, die sie mit einem türkischen Tuch wieder abwischte, so wie ein Künstler mit der Reinigung seiner Pinsel anfangen mochte. Dann bedeckte sie ihr Gesicht zielbewußt mit einer dünnen Schicht Flüssigkeit, die sich zu einer weißen, durchsichtigen Totenmaske verhärtete. Nur eine blaue Ader auf ihrer Stirn schimmerte durch. Unter ihre Augen rieb sie blaue Kreise, die sich in ihre Haut zu brennen schienen. Anschließend legte sie einen Hauch von Rouge auf ihre Lippen und stäubte alles mit einem leichenhaften grünen Puder gründlich ein, bis ihr Gesicht einen zarten, leichenblassen Glanz ausstrahlte. Sie vertrödelte viel Zeit mit dieser *toilette*, während Henry sich vor qualvollem Widerwillen zusammenkrümmte. Sie trug weder Hut noch Strümpfe – nur eine Puderschicht umhüllte ihre Beine – und kein Korsett und keinen Büstenhalter unter ihren weichen, glatten Kleidern. Ihre gesamte Kleidung zielte nur darauf ab, die Illusion verhüllter Nacktheit zu erzeugen. Und schließlich wurde diese erschaffene Gestalt jeden Tag mit ein paar Tropfen eines Spezialparfüms abgesegnet und in ein langes, fließendes schwarzes theatralisches Cape gehüllt. »Um Himmels willen, hör auf damit«, schrie Henry oft genug, wenn sie einen weiteren exotischen Tupfer hinzufügen wollte. »Merkst du denn nicht, wie du aussiehst?« Sie starrte dann in den Spiegel und schnappte zurück: »Wie eine Nutte, vermute ich.« Daraufhin zuckte sie mit den Schultern und entgegnete verführerisch: »Ich vermute, du meinst, daß ich wie eine Nutte aussehe?« Sie wackelte herausfordernd mit den Hüften, und er wurde schwach und begehrte sie. Dann mußte er sich entschuldigen und erklären, daß sie wirklich atemberaubend aussah, absolut begehrenswert. Und mit größter Wahrscheinlichkeit verließ sie ihn abrupt, sobald er mit den Lobpreisungen am Ende war.

June beanspruchte stets die Hauptrolle und gestand Henry lediglich die Rolle eines Statisten oder Possenreißers zu. Für welche andere Rolle war er denn schon geeignet, wenn er sie den Aasgeiern zum Fraß vorwarf? Er benahm sich verrückt, wie ein steifer, verständnisloser, bourgeoiser Deutscher, der zufällig in ein Kabarett gestolpert war und nun den moralischen Sinn darin zu erkennen suchte; auf mehr als eine Art ähnelte er dem Professor im »Blauen Engel«, Emmanuel Rath. Er führte genau Buch über das Geld, das June von ihren Opfern »borgte«. Hatte sie sich hundert hier und fünfzig dort »geborgt«, dann, so argumentierte er mit Besessenheit, »schuldete« sie diese Summen. Und wenn sie darauf bestand, daß ihre Gesellschaft und Konversation das mehr als ausgeglichen hätten, dann antwortete er dümmlich, das wäre wohl kaum genug – was bildete sie sich ein, was sie wäre, eine Göttin?

Wenn er sie bat, eine Nacht für ihn allein zu reservieren, wenn er in sie drang, nicht die ganze Nacht wegzubleiben, dann hörte sie kaum hin. Nachdem er stundenlang auf sie wartend im Zimmer auf und ab gelaufen war, lief er oft zur Hochbahnstation und paßte mehrere Züge ab, oder er ging zur Bridge Plaza in der Hoffnung, sie in einem der Taxis erspähen zu können. Warf er ihr Gleichgültigkeit ihm gegenüber vor, wenn sie morgens gegen vier auftauchte, dann schlug sie zurück: wie konnte er es wagen, sich zu beschweren, zischte sie, wie stand es um all die Zeiten, als sie um seine Gesellschaft gebettelt hatte? Hatte er nicht erst kürzlich noch so lange wie möglich in der Badewanne herumgetrödelt, um sie nicht zum Zug begleiten und die sie anstarrenden Männer ertragen zu müssen? Hatte er nicht einst als Entschuldigung dafür, daß er sie dort nicht treffen wollte, behauptet, die Atmosphäre in der Katakombe bedrücke ihn? Unzweifelhaft hatte sie recht, und zu seinem Elend kam auch noch die Qual der Selbstvorwürfe und der Reue hinzu.

13. Die fabelhaften Zwillinge

Junes Liebhaber vervielfachten sich. Aber all ihre Betrügereien erreichten ihren Höhepunkt Ende Oktober 1926, als sie nach drei Tagen Abwesenheit ohne jede Erklärung wieder daheim auftauchte. Aus Angst, sie geradeheraus zu fragen, wo sie gewesen war, begann Henry seine Anklage damit, daß sie wie eine heruntergekommene Nutte aussah, als er zu seiner Verblüffung eine groteske Puppe vom

Fußteil des Bettes baumeln sah. »Das ist Graf Bruga«, rief June und preßte das Ding an ihre Brust; sie erklärte, daß die Puppe nach dem Helden eines kürzlich erschienenen Buches von Ben Hecht benannt war. Hecht seinerseits hatte diese Figur der Person des Dichters Maxwell Bodenheim nachempfunden, den Henry gut kannte. Er hatte einen beachtlichen literarischen Ruf, und June betete ihn an; aber 1927 lagen seine besten Tage bereits zehn Jahre zurück. Henry fand ihn ungeschliffen, hochtrabend, weibisch und geschmacklos, und es machte ihn rasend, zu sehen, wie vertraut Bodenheim June betatschte, während sie in einer dunklen Ecke der Katakombe sein emsiges Geschmeichel freundlich akzeptierte.

Der Graf hatte violette Haare aus gedrehter Seide, lavendelfarbene Augenlider, den Mund eines Satyrs und bleiche Wangen. Er trug eine kostbare Samtjacke und eine kaffeefarbene Seidenbluse. Auf seinem Kopf thronte ein riesiger schwarzer Sombrero à la Montparnasse. June setzte die Puppe auf den Toilettentisch, um sie besser bewundern zu können, und murmelte verzückt, daß sie mehr Charakter besäße als irgendein menschliches Wesen. »Da steckt Genie darin, echtes Genie«, rief sie aus.

Graf Bruga! – sie hätte besser Jean Kronski gesagt, die die leichenhafte Puppe gemacht hatte. Denn es war Jean, die June verhext hatte, und Graf Bruga war ihr Hausgeist. Jean wurde bald das Double von June, ihr Alptraum-Ich. Die dekadente Figur von Fürst Bruga öffnete ein weiteres Fenster zu Junes Seele, zu einer Zeit, als Henry schon soviel von ihrer Seele gesehen hatte, wie er sich nur je gewünscht hatte, und weit mehr, als er je verstehen würde. Sie war wie ein Abgrund, dessen Boden Henry nie erreichen konnte. Anfangs bekam er nur mit, daß ein neuer Begriff in Junes Sprache Eingang gefunden hatte: »Meine Freundin Jean.« Sie sagte es unaufhörlich, liebevoll, fragend; sie konnte ein Dutzend verschiedene Betonungen in diesen Satz legen. Und zum allerersten Mal war er eifersüchtig! Eifersüchtig auf eine weibliche Rivalin! Jean, verwaist und dann adoptiert, war erst vor kurzem nach New York gekommen. Sie war ungefähr einundzwanzig. Ihr Gesicht war bemerkenswert, wenn auch nicht schön, und ein Bekannter charakterisierte es als »Lukrezia Borgia, gemalt von Pinturicchio«. Sie gehörte zu diesen begabten, übersensiblen Menschen, die instinktiv immer der neuesten Mode folgen, und hatte nicht nur diese groteske Puppe gemacht, sondern schrieb auch expressionistische Gedichte und malte surrealistische Bilder. Sie hatte die europäischen *Avantgarde*-Dogmen in der Kunst und der Psychoanalyse mit Haut und Haar geschluckt. Sie bewunderte Rimbaud, ohne viel von seinem Genie zu besitzen – außer der Fähigkeit zur Selbstzerstörung.

Einige dieser Einzelheiten klaubte sich Henry aus Junes unzusammenhängenden Schwärmereien über ihre Freundin Jean heraus und andere später, als sie auf der Bildfläche erschien. Jean zog in die Pierrepont Street, um June nahe zu sein; June verbrachte in Jeans Wohnung bald ebensoviel Zeit wie bei der Arbeit. Wenn June heimkam, dann fast immer in der Begleitung von Jean. Henry saß wie betäubt in der Wohnung herum und wartete darauf, daß sie auftauchten. Aber wenn sie dann kamen, flüchtete er in empörtem Zorn oder behandelte sie mit übertriebener Ironie. June und Jean, Jean und June – die Zwillinge wurden für ihn zur fixen Idee. Er begann die Ränder der Seiten von *Psychopathia Sexualis* und Forels *The Sexual Question* mit den Namen *June* und *Jean* vollzuschmieren. Aber Jean demütigte ihn auch dafür. Eines Abends überfielen sie ihn, während er in seinem Sessel las. In ihrer üblichen direkten Art riß June ihm den Forel aus den Händen und reichte das Buch zur Begutachtung weiter an Jean, als wollte sie sagen: »Wollen mal sehen, hinter was der Dummkopf jetzt her ist.« June las einige der Absätze laut vor, die mit Jeans Namen versehen waren. Aber anstatt in Wut zu geraten, fand Jean es lediglich amüsant. Er glaubte wahrhaftig, *das* würde sie beschreiben oder *dies* oder *jenes*? Oh, versicherte sie ihm, ganz bestimmt war sie wesentlich schlimmer und bei weitem komplizierter, als sich ein Simpel wie Forel vorstellen konnte. Henry, so erklärte sie glatt, habe altmodische Ansichten, was die Sexualität betraf: »Diese Bücher sind überholt. Ich bring dir was Interessanteres.« Wie versprochen kam sie beim nächstenmal mit Büchern von Jung, Freud und Stekel an. Sie war ein pathologischer Fall, litt an selbstverursachter Hyperästhesie, und wann immer sie einem Analytiker begegnete, war sie bei der leisesten Andeutung bereit, sich alles von der Seele zu reden. Conason, der sie anfangs nur als Lesbierin betrachtet und später zum Genie erklärt hatte, war total von ihr bezaubert. Zu Beginn quälte er sie mit Beschuldigungen, aber schließlich verfiel er ihr so, daß er sie zu vergewaltigen suchte. Sie war in die verwirrende Vielfalt ihrer Neurosen verliebt, und Henry verdächtigte sie, einige davon aus Büchern übernommen zu haben, wie zum Beispiel ihre Geschichten von ihrer großen Liebe für die Bäume oder ihre nackte Herumtollerei auf einem Friedhof.

Noch ehe ein Monat vergangen war, beschlossen die beiden Frauen und Henry, gemeinsam in ein Dreizimmerapartment im Souterrain, eine frühere Wäscherei, in der Henry Street zu ziehen. Noch stärker als June betätigte sich Jean als Schöpferin ihres eigenen mythischen Lebens: schauerliche Fabeln von Perversionen, Stories von ihren bezahlten lesbischen Vorführungen bei einem abgeschlafften Millionär, ihre Einkerkerung im Bellevue und ihre als Reklametrick und Zeitungsente inszenierte Hochzeit. Jeder der drei war das Publikum für die Rollen der anderen. Jeder versuchte, die anderen mit langen, sorgfältig geplanten Darbietungen und genau berechneten Geständnissen zu beeindrucken. Hier und da mochte ein Splitter der Wahrheit enthüllt werden, allerdings bloß um eines taktischen Vorteils willen, nur als Eröffnungszug bei der Konstruktion einer noch monströseren Lüge. Sie lebten in einer Welt hysterischer Widersprüche. Morgens konnte June Henry sagen: »Du bist ein Gott für mich«, und wenn sie abends von der Katakombe zurück kam, war er ein Hundesohn. Jean schmeichelte sich bei ihm ein, lobte ihn, bemalte die Wand mit seinem von Schädeln und Schlangen umgebenen Porträt und lachte ihm dann in sein wirkliches Gesicht und machte sich über ihn lustig. Er hatte das Gefühl, unter den Trümmern ihrer Geschichten und Posen begraben zu werden.

Außerdem beschämte ihn die Tatsache, daß Jean ihn in eine untergeordnete Position als dienstbaren Geist drängte. Für die Gunst, mit zwei derart erstaunlichen Geschöpfen zusammenleben zu dürfen, so deutete Jean an, könnte er wenigstens die Rechnung übernehmen. Sie trieb ihn an, sich einen Job zu suchen, und verfluchte ihn, weil er es zuließ, daß June diese Animierarbeit machte. Ihm wurde klar, daß Jean ihn auf genau die gleiche Art kritisierte, in der er sich einst gegen Junes Mutter gewandt hatte, weil sie Geld von June nahm. Damals war er noch in der Position gewesen, die Jean nun besetzt hielt. Zu all seinen eigenen Fehlschlägen verlangte man jetzt auch noch von ihm, er sollte arbeiten, damit seine Ehefrau sich mit einem psychisch gestörten Weib im Bett amüsieren konnte.

Es dauerte nicht lange, und Jean schlief zu seiner Verblüffung und zu seinem Entsetzen mit June in einem der Einzelbetten. (Warum *hatte* er auf Einzelbetten bestanden, als June um ein Doppelbett bat?) Eines Tages fand er einen Brief von June an Jean, der so begann: »Bin verzweifelt, meine Geliebte.« June behandelte Jean ganz eindeutig so, wie sie früher Henry behandelt hatte; sie wollte sie dauernd an ihrer Seite haben, spielte ihr Kindermädchen, wusch ihr sogar die Füße, während Henry daneben stehen mußte, vernachlässigt oder, noch schlimmer, aufgefordert, Jean ebenfalls anzubeten. Er durfte Jean nicht einmal erzählen, daß er und June verheiratet waren. »Wenn ich ihr gesagt hätte, daß wir verheiratet sind, dann wüßte jetzt jeder im Village Bescheid«, sagte June.

In die Henry-Street-Wohnung drang nur künstliches Licht. Innerhalb kürzester Zeit befand sich das Apartment in furchtbarem Zustand. Sie lebten ein feuchtes unterirdisches Leben, als würde ein warmer schmieriger Abwässerkanal ihr Souterrainapartment tränken. Alles war dreckig, selbst die Laken. Statt Handtücher nahmen sie schmutzige Hemden, aus einer feuchten Ecke herausgeklaubt. Toilette und Waschbecken waren durch Unrat verstopft. Das Geschirr wuschen sie in der schwarzen, fettverkrusteten Badewanne. Wenn Henry Jean daran hinderte, seinen Funk and Wagnall's zu benutzen, damit die Seiten nicht verschmiert oder zerrissen wurden, oder wenn er versuchte, den ganzen Saustall aufzuräumen, tadelten sie seinen germanischen Widerwillen gegen Dreck und sagten ihm, daß Künstler schon immer so gelebt hätten; er sei ein Bourgeois. Kein Wunder, daß er nicht schreiben konnte und es nie lernen würde, lachten sie. Er fühlte sich so hilflos wie eine Puppe. Allmählich wurde er zu ihrem verkommenen Grafen Bruga.

Nur durch irgendeinen Gewaltakt, glaubte er, konnte er sich wieder an die Oberfläche kämpfen. Eines Nachts, als June wieder mal ohne jede Nachricht mit Jean und einem ihrer Verehrer, dem Ringer Nat Pendleton, eine Orgie feierte, zerrte Henry aus Schachteln und Schubladen all seine Liebesbriefe, die Fotos von ihm und June, die Manuskripte, die er über sie geschrieben hatte – »June, die Umherstreifende«, und andere – heraus, kommentierte sie mit verzweifelten Liebesbotschaften und verstreute alles im ganzen Zimmer. Er lehnte Graf Bruga an ihr Kopfkissen und drückte ihm seine Heiratsurkunde in die Puppenhand.

Aber als die beiden Freundinnen im Morgengrauen hereingeschwirrt kamen, betrachteten sie die ganze Bescherung milde und kicherten: »Wieder eine von Vals Gesten« . . . »sein künstlerisches Temperament« . . . »guter Witz«. June machte sich nicht einmal die

Mühe, die gekritzelten Botschaften zu lesen. Später schrieb er June flüchtige Notizen und schmuggelte sie in ihr Täschchen, aber sie kümmerte sich tagelang nicht darum und warf sie dann, ungelesen oder halb gelesen, zusammen mit Visitenkarten und leeren Streichholzschachteln in den Abfall auf dem Fußboden.

Schließlich ging er zu Conason und bat um etwas Gift, damit er diesem Elend ein Ende machen könnte. Feierlich und nachdrücklich argumentierte Conason gegen Selbstmord, aber schließlich versprach er zu helfen. Henry rang ihm das Versprechen ab, June nicht vor dem nächsten Tag anzurufen, wenn alles vorbei sein würde. Aber Henry beschloß, er müsse June noch einmal sehen, ehe er sich ins Jenseits beförderte; er würde warten, bis sie heimkam, wie früher mit ihr reden, ihr noch eine Chance geben. Wenn sie ihm dann immer noch die gleiche Mißachtung zeigte, würde er sich umbringen, während sie schlief. Voll ängstlicher Erregung wartete er bis zum Einbruch der Nacht, aber June kam nicht. Er spürte, daß ihn eine Gehirnhautentzündung dahinraffen, daß er allein schon am Warten sterben würde. Einige Zeit verbrachte er damit, daß er eine Verfügung schrieb, in der er seinen Körper Conason vermachte. Dann schrieb er einen inbrünstigen Brief mit seiner Selbstmordankündigung und adressierte ihn an June. Schließlich steigerte er sich in eine derartige Raserei, daß er die Pillen schluckte, sich auszog und alle Fenster aufriß; ihm war es gleichgültig, ob er am Gift oder an der Kälte starb. Die Vorstellung, wie June heimkommen und seine Leiche finden würde, gefiel ihm, und kurz bevor er einschlief, hatte er noch eine Idee für ein bewegendes Postskriptum, und so schleppte er seinen gefühllosen Körper aus dem Bett, um seinem Abschiedsbrief noch ein paar Worte hinzuzufügen. Nicht der Tod war es, den er herbeisehnte, schrieb er, es war sie, ihre Liebe. Einmal hatte June voller Romantik behauptet, daß nicht mal der Tod sie trennen könnte, aber nun, da er sie nicht haben konnte, zog er den Tod vor, ergänzte er. Damit beendete er den Brief und wartete in einem Fieber romantischen Vorgefühls darauf, daß sich der erste feuchte Atemhauch des Grabes auf seine Stirn senken würde, und dann war er eingeschlafen.

Zwölf Stunden später erwachte er – frisch und munter von dem Opiat, das Conason ihm gegeben hatte. June war überhaupt nicht erschienen. Spätmorgens jedoch rief Conason sie in der Katakombe an. Sie eilte heim, aber Henry war in bester gesundheitlicher

Verfassung. Er hatte lediglich eine Imitation von Strindberg zustande gebracht, der nackt in die eisige Nordsee gesprungen, aber schnell wieder hinausgerannt war. Auch Strindberg hatte nicht versäumt, seine Frau vorher anzurufen; doch als sie ankam, konnte er nicht mal mit einem Niesen aufwarten. In Junes Augen rekelte sich Henry lediglich nach durchschlafener Nacht im Bett. Seine Selbstmordbotschaft las sie nur halb. Trotzdem war es typisch für sie, daß sie ihn in seinem Elend trösten wollte, und so kletterte sie zu ihm ins Bett. Unglücklicherweise tauchte Jean ein paar Minuten später auf, und June ließ sie herein und ging dann mit ihr essen. In der Zwischenzeit litt Henry unter seinen Schreckensvisionen ihrer Unterhaltung über ihn: »noch eine Geste« . . . » . . .der arme Trottel« . . .»was hat er in dem Brief da geschrieben?« . . .»wie idiotisch!«. Später fand er seine theatralische Selbstmordankündigung zerknüllt auf dem Schreibtisch. Wahrscheinlich hatte June sie nie zu Ende gelesen. Er versuchte, June in Verlegenheit zu bringen, indem er eines Tages in die Katakombe hereinmarschiert kam, wo die beiden Frauen in einer Gruppe von Junes Freunden saßen, und Jean ins Gesicht sagte: »Erzähl uns doch mal, bist du nun pervertiert oder invertiert?« June wurde bleich. Später stellte sie ihn zur Rede: »Vielleicht ist Jean anders – lesbisch, pervers, invertiert, was immer dir einfällt – aber wie auch immer, ich werde sie nie verlassen. Ist das klar?« Er drang weiter in sie. »Ich liebe euch beide«, sagte sie, »obwohl meine Liebe für dich nicht das gleiche ist wie meine Liebe zu Jean.« Das sei »platonisch«, versuchte sie zu erklären. Sie gab zu, daß sie sich oft in Jeans Zimmer zurückzogen, aber nur deswegen, um sich küssen zu können, ohne ihn in Verlegenheit zu bringen. Aber er wollte es dabei nicht bewenden lassen, sondern wiederholte: »Diese Bruga-Frau ist eine Lesbierin.« »Na schön«, antwortete June, »und zu was, glaubst du, macht mich das?« Sie sagte es in dem gleichen ironisch-süßlichen Ton, in dem sie zu sagen gelernt hatte: »Du meinst also, ich seh aus wie eine Nutte!« Und dann ging sie zum Angriff über. Wie stand es denn mit ihm? Gab es da nicht einen schwulen Anstrich, wahrscheinlich sogar deutliche Anzeichen von Homosexualität in seinen intimen Beziehungen zu seinen Freunden, Stanley und Joe, Emil und Ned und all den anderen? Warum erkor er sich stets Johnny Paul und Lester Reardon zu seinen Idolen oder redete über die lang entschwundene Kameradschaft der Xerxes-Gesellschaft? Sie ging noch weiter: Die Liebe einer Frau für eine Frau war etwas ganz

Natürliches, in vollem Einklang mit ihren Instinkten, aber die Liebe eines Mannes für einen anderen Mann war pervers und verkommen. Er traute seinen Ohren nicht und reagierte heftig: »*Meine* Freunde? *Mein* Benehmen – dafür verdächtigst du *mich*?« stieß er hervor. »Du dachtest also, nicht wahr, daß ich dabei bin, mich zu verlieben in – wen? Emil? Gott verfluche dich. Wenn ich glaubte, du meinst das wirklich – ich würde dich erwürgen, du Hure. Aber du lügst, weil du nicht weißt, wie du dich sonst aus der Tatsache herauswinden sollst, daß Jean lesbisch ist und du genauso! Du würdest alles behaupten. Du bist korrupt, vergiftet, krank. Aber wenn du das tatsächlich glaubst – in Ordnung, morgen besorg ich mir ein rotes Halstuch . . . Henry Miller: Homo zu mieten, wöchentliche Gebühren – vernünftige Preise.« Sie hatte einen wirklich wunden Punkt erwischt und trieb ihn in die Hysterie.

Sie versuchte, ihn zur Vernunft zu bringen: »Du weißt, wie ich dich liebe. Verdreh nicht alles auf deine verengte, männliche Art, schnüffel nicht herum und versuch nicht, es zu analysieren. Siehst du denn nicht, daß ich daran wachse?« Er wußte nicht, was er sah. Er spürte, daß June wieder mal in eine ihrer Rollen geschlüpft war, aber statt Stawrogin war ihre Lieblingsrolle nun die Gudrun – und Jean war Ursula, eine Imitation von Lawrences *Women in Love*. Ein Schauer des Abscheus oder der Selbstverachtung durchlief ihn, als er ein Gedicht von einem dieser Village-Poeten hörte, das »diese herrliche Halbfrau June« besang. Er krümmte sich bei dem Gedanken, daß June es vorzog, mit Jean zu schlafen anstatt mit ihm. In der Zwischenzeit reihten sich auch Junes männliche Liebhaber wie leere Milchflaschen auf, die darauf warteten, eingesammelt zu werden. Er zuckte zusammen, wenn er June früh um vier auf Zehenspitzen mit Nat Pendleton die Straße herunterkommen sah und sie dann später lügen hörte, mit wem sie zusammen gewesen sei.

All diese Haßgefühle brachen in einem fast täglichen Ritual heraus, wenn sich die drei um einen Tisch im mittleren Zimmer setzten, den »Ehrlichkeits-Tisch«, und sich gegenseitig mit Kreuzverhören und Anschuldigungen und Schmähungen zerfetzten. Sie bezeichneten das als »moderne Offenheit«, es war modisch, aber es schmerzte trotzdem. Junes Stimme brannte wie eine silberne Peitsche, die von Jean war rauh und schwer wie eine Faust. Mit Worten verbissen sie sich ineinander, versuchten aber gleichzeitig zu lächeln. Das ließ sich nicht lange durchhalten. Als die Analysen ihrer realen Situation zu grausam wurden, erfand Henry zur Linderung ihrer Leiden die Fiktion eines Theaterstücks, das er angeblich zu beenden versuchte – würden sie ihm dabei helfen? Es ging um drei Gestalten – den Ehemann, die Ehefrau, die andere Frau. Wie würden sie sich verhalten, diese erfundenen Charaktere? Wie sollten ihre Probleme gelöst werden? Wie würde das Stück enden? Jeder von ihnen dramatisierte die eigenen Wünsche: Jean bestand auf dem Tod von allen dreien, wenn der Vorhang fiel. Schuld sei der Ehemann, der seiner Frau nur noch Alltag, aber keine Romantik mehr bot; so begründe er seinen eigenen Untergang. June vermutete, die drei würden nach Paris abreisen und von da an in einem zufriedenen Pernodnebel ewig und immer weiterleben. Henry griff ein: Wie konnten sie sich mit diesem unerträglichen Dreiecksverhältnis zufriedengeben? – falls es sich nicht überhaupt um ein Viereck oder Achteck handelte, denn in seinem Stück betrog die Ehefrau ihren Mann auch noch mit zahllosen anderen Männern? June wurde hysterisch. Die Maske des Spiels fiel. »Du willst Geständnisse?« schrie sie. Und sie beichtete entsetzliche Dinge, machte sich selbst zum Monster und überschüttete ihn mit Vorwürfen. Niemals hätte er geglaubt, einmal ein puritanischer Leuteschinder genannt zu werden, ein teutonischer Pedant, ein Bourgeois und zum Schluß ein übler Idiot. Jean stimmte ein und ging sogar so weit, ihm, der noch nicht einmal vierzig war, zu unterstellen, er wäre bereits erledigt, vorzeitig gealtert, als Schriftsteller und als Mann impotent.

Und als Schlußpunkt der ganzen Vorstellung erklärte ihm June kalt: »Es ist gut für dich, dieses Leiden. Es wird dir helfen, besser zu schreiben.« In ihrer ätzenden Bemerkung lag eine gewisse Wahrheit, aber da Henry nur schrieb, um sein Ego zu befriedigen, fluchte er über Junes Grausamkeit. *Leiden, um schreiben zu können?* Dann wollte er nicht schreiben! Um zu zeigen, daß er es ernst meinte, trug er einen großen Stoß Manuskripte ans offene Feuer und opferte ihn den Flammen. Er wollte nicht schreiben – er wollte June! Von nun an, schwor er sich, würde er nur noch Briefe schreiben. Er gewöhnte sich an, sie mit »Der Versager« zu unterzeichnen.

14. Legendäre Geburtswehen

»Legendäre Geburtswehen!« – so lautete der Titel einer Skizze, in der Miller das Inferno in der Henry Street beschrieb. Die Wehen erfolgten täglich, wenn sie jetzt auch noch nicht legendär waren. Selbst June, die Stärkste von den dreien, brach schließlich zusammen: »Ihr seid immer schnell bereit, mich anzuklagen und zu quälen«, schrie sie die beiden an, »tut doch zur Abwechslung mal was, anstatt mich in Stücke zu reißen.« Später, als sie in ihrem Zimmer allein waren, bat sie Henry: »O Gott, ich fühl mich so verbraucht, so müde. Bring mich weg von alldem. Ich will niemanden außer dir in der ganzen Welt.« Aber er besaß nicht mal die Kraft, sich selbst zu retten, geschweige denn sie. Er konnte immer noch keinen Job halten, obwohl er es in letzter Zeit als Tellerwäscher und Fahrstuhlführer versuchte. Er trampte nach Philadelphia, um von seinem Freund Blount tausend Dollar zu borgen. Er verlangte eine derart unverschämte Summe, um nicht als heruntergekommener Bettler zu erscheinen. Aber zurück kam er mit einem lächerlichen Betrag, nur der halben Miete, die sie schuldeten. June und Jean benahmen sich ihm gegenüber so gleichgültig, daß sie im Augenblick seiner Rückkehr zu einer Party aufbrachen, ohne sich überhaupt zu erkundigen, ob er erfolgreich gewesen war; wahrscheinlich setzten sie voraus, daß er keinen Erfolg gehabt hatte. June ignorierte ihn mehr oder weniger. Als er zu Emil zog und auf der Couch schlief, wo er und June sich einst leidenschaftlich geliebt hatten, bemerkte sie nicht mal seine Abwesenheit. An einem anderen Tag tauchte er mit seinem Koffer in der Hand in der Katakombe auf und erklärte June, daß er in den Westen aufbrechen würde. Er überreichte ihr einen Strauß Veilchen mit einem Liebesbriefchen, voller Hoffnung, sie so zu erschrecken, daß sie ihn bitten würde zu bleiben. *Es wäre nicht genug, wenn sie lediglich sagte:* »*Du solltest nicht gehen*« *– nein, bitten mußte sie ihn.* Aber sie meinte nur: »Vielleicht ist es besser. Geh für kurze Zeit, aber laß mich wissen, wo du bist.« Er hatte eigentlich gar nicht vorgehabt, irgendwo hinzufahren, und wußte nun nicht, was er machen sollte.

Nach einer kurzen Reise, die ihn nicht weiter westlich als bis nach Philadelphia und Atlantic City führte, kehrte er um und eilte zurück. Ganz sicher, so dachte er, würde June ihn mittlerweile schrecklich vermissen – er hatte sie genug gestraft. Aber statt sich über seine

Rückkehr zu freuen, teilte ihm June bei seinem Anruf von der Fähre lediglich mit, daß es schlecht passen würde, wenn er gerade jetzt auftauchte – sie und Jean gaben eine Party. Und so landete er für einen Vierteldollar im Mills-Hotel unter dem anderen Treibgut der Stadt.

Zurück in der Henry Street, sanken seine Lebensgeister auf den Nullpunkt. Immer wieder las er die gleichen vier Autoren – Spengler, Joyce, Proust und van Gogh. Jeder deprimierte ihn auf andere Art. Er und June waren einmal entschlossen gewesen, Jean loszuwerden, aber er war nicht überrascht, daß er es nun war, den die beiden loswerden wollten. June erklärte ihm eines Tages, daß sie mit Jean weggehen und während ihrer Abwesenheit ihre Beziehung zu Henry überdenken wollte. Sie ließ sich von ihm das Verprechen geben, daß er während ihrer Abwesenheit keinen Selbstmordversuch unternehmen würde.

Stumpf lauschte Henry ihrer verrückten Unterhaltung, während er in der Dunkelheit von Jeans Zimmer saß. Selbst als er sie Pläne schmieden hörte, wie sie genügend Geld für die Reise nach Paris auftreiben könnten, glaubte er nicht, daß sie wirklich fahren würden. Er beobachtete, wie sie Puppen machten, von deren Verkauf sie die Überfahrt bestreiten wollten. Die ganze Nacht durch sägten und hämmerten sie, trieben Nägel in das Holz und in Henrys Gehirn, bis sie Dutzende von Puppen fertig hatten. Nur ließen die sich nicht verkaufen. Selbst Greenwich Village war noch nicht bereit für den Grafen. Allerdings tauchten stets neue Opfer auf. June und Jean entdeckten sogar zwei Matrosen und versuchten sie zu überreden, sie an Bord ihres nach Europa fahrenden Schiffes zu schmuggeln. Er glaubte immer noch nicht, daß sie ihn verlassen würden, selbst als June sich vor ihm brüstete, sie würde keinerlei Schwierigkeiten haben, in Europa durchzukommen. Gegen März 1927 hatten die beiden Freundinnen nur noch einen Refrain auf den Lippen: Paris, Montmartre, die Tuilerien, Jardin du Luxembourg, die Metro – das Paris des amerikanischen Touristen. Henry hatte Paris schon jetzt satt – er bekam es in großen Portionen zum *Petit Déjeuner, Déjeuner* und *Diner* vorgesetzt.

Vor allem die Möglichkeit von Junes Abreise konnte er nicht ernst nehmen; denn endlich hatte er das bekommen, was ein dauerhafter Job zu werden versprach – und zwar ausgerechnet als Totengräber für die Queens County Park Commission. Im April 1927 bot ihm sein

Jugendfreund Jimmy Pasta an, ihn zu seinem Büroassistenten zu machen. Aber um jede Andeutung von Begünstigung auszuschalten, mußte Henry zuerst einmal eine Woche Lehrzeit als Totengräber vor Ort ableisten, dann würde er in das Büro übernommen werden. Henry sah eine Chance, aus seiner unterirdischen Existenz aufzusteigen, selbst wenn er dafür, wie er spottete, ins Grab hinabsteigen mußte.

Nach seiner ersten Arbeitswoche kam er am Freitag heim und fand die Wohnung in totaler Unordnung vor. Halbgepackte Koffer vermehrten das vertraute Chaos, alles war kreuz und quer geworfen worden; selbst Henrys Porträt war in einer Schublade verschwunden. Um drei Uhr trippelten die beiden Freundinnen in konfuser Hochstimmung herein. »Zieht ihr aus?« erkundigte er sich. June setzte sich neben ihn auf das Bett und nahm seine Hand: »Du hast doch nichts dagegen, wenn ich mit Jean nach Paris geh?« sagte sie und umarmte ihn. »Du kommst nach, wenn du kannst?« »Ja«, sagte er gefügig, wie immer. Dann wurde er wütend. »Was willst du in Paris ohne Geld anfangen? Wie soll ich da hinkommen? – Rüberschwimmen? Und was soll aus mir hier ohne dich werden?« Sie wollte einen liebevollen Abschied, aber er wandte ihr den Rücken zu. Er stieß sie zurück, und zugleich erschien ihm der Gedanke, sie zu verlieren, unerträglich.

Samstagmorgen. Als er erwachte, stellte er fest, daß June bereits aufgestanden war, um einige Zeit mit ihm zu verbringen, ehe er zur Arbeit aufbrach. Sie hatte ihm sogar zum Frühstück Erdbeeren gekauft – um diese Jahreszeit eine Delikatesse. Sie schien in sich gegangen und bereit zu sein, zuzugeben, wie unvernünftig sie gewesen war. Er seinerseits war nur zu gern bereit zu glauben, daß er sie bald dazu bringen könnte, Jean fallenzulassen. Sie schien ihn nur ungern gehen zu sehen, als er das Haus verließ, und begleitete ihn bis vor die Tür. Er strahlte über diese Aufmerksamkeit. »Heute ist Zahltag. Ich bring dir heut abend was ganz Besonderes mit«, sagte er. Sie spürten ein Aufflackern ihrer alten Zärtlichkeit: sein schlichtes Versprechen trieb ihr die Tränen in die Augen. »Ich brauch nichts – wirklich nicht«, flüsterte sie. Zum erstenmal seit Jahren stand sie draußen und winkte ihm nach, als er um die Ecke verschwand. Den ganzen Weg nach Queens redete er sich im Zug ein, daß bald alles wieder in Ordnung sein würde. Und in solchen Gedanken verbrachte er den letzten Tag, an dem er Gräber für andere graben mußte.

Mit Strümpfen und einem Büstenhalter als Geschenk stieg er an diesem Abend in das düstere Souterrain hinab. Noch bevor er das Licht einschaltete, wußte er, daß sich in den Zimmern etwas verändert hatte. Und voller Panik sah er dann, daß die Koffer verschwunden waren. Auf einem leeren Toilettentisch lag eine Gesichtsmaske, die Jean von Henry gemacht hatte, darunter eine Nachricht. Vorsichtig legte er sein Päckchen ab und nahm den an ihn adressierten Umschlag auf. June schrieb, sie sei ein paar Minuten, nachdem sie sich von ihm verabschiedet hatte, abgereist. Sie und Jean fuhren auf der *S.S. Suffren.* Sie erklärte – falls man bei June überhaupt von erklären reden konnte –, daß sie ihn zu sehr liebte, um es fertigzubringen, ihm auf Wiedersehen zu sagen – aber es wäre kein Lebewohl –, bald schon würden sie wieder zusammen sein . . . Er setzte sich auf einen kaputten Stuhl an den Tisch, wo so viele verbale Schlachten stattgefunden hatten, und starrte auf das Trümmerfeld des Zimmers.

Die dänische Vermieterin kam zur unverschlossenen Tür herein. Zuerst sagte sie gar nichts, sondern legte nur die Arme um ihn. Dann teilte sie ihm Junes andere Botschaft mit: June hatte sie gebeten, auf ihn aufzupassen. Vor allem mußte er versprechen, keine Verzweiflungstat zu unternehmen. Lange Zeit schluchzte er unbeherrscht in ihren Armen. Später, als er sich beruhigt hatte, ging sie.

Dann saß er da und versuchte zu ergründen, welche Tendenzen seines Lebens zu alldem geführt hatten. Unzusammenhängende Sätze und Fragmente schossen ihm durch den Kopf. *Und jetzt die Kohlen. Du bist wie ein Gott für mich. Bin verzweifelt, meine Geliebte. Das betrifft dich nicht, ich liebe euch beide. Et forsan haec olim meminisse invabit* (diese Zeile von Virgil hatte er über Jeans Bett geschrieben). *Ich kann nicht, Liebling, Val ist hier. Leiden wird dir helfen, besser zu schreiben.* Die Sätze von Jeans Gedicht »Für H.V.M.« fielen ihm ein:

Soll er leben zum Beweis
  Zergliederung
    schläft
      nicht
        mit
          dem
            Himmel.

Vor allem erinnerte er sich, daß Jean ihn als unreif bezeichnet hatte – immer wieder nannte sie ihn *Baby* – und wie er einst June belauscht hatte, die ihre Liebe für ihn mit den gleichen Worten verteidigte, mit denen ihn Jean verdammte: »Meine Liebe für Val ist lediglich die einer Mutter für ihr Kind – das ist alles.« Gott! es ärgerte ihn, wenn June auf der Muttermasche herumritt. Sie klagte sogar häufig darüber, daß er als Liebhaber unzulänglich sei – nicht nur in physischer, sondern in emotionaler Hinsicht –, weil er immer noch am Schürzenband seiner Mutter hing: er sei nie bis zu dem Punkt gelangt, seine Mutter als Frau zu akzeptieren, und aus diesem Grund konnte er überhaupt keine Frau akzeptieren. Henry kochte, wenn sie diese bei Jean aufgeschnappte Frauenjournalpsychologie versprühte.

Er erinnerte sich an ihren grotesken Weihnachtstag vor wenigen Monaten. Am Heiligabend hatten sie zuviel getrunken, wachten dann morgens erschöpft und verbraucht auf, und June steigerte sich in eine ihrer mürrischen Launen, in der sie dann hartnäckig darauf bestand, daß sie ohne Jean nicht mit zum Haus seiner Eltern gehen würde. Ein oder zwei Stunden brachten sie damit zu, Jean vorzeigbar zu machen. Aber trotz allem wurden dann doch seine schlimmsten Befürchtungen wahr, als die beiden Frauen nach dem Essen bei seinen Eltern auf dem Sofa in inniger Umarmung einschliefen.

Er dachte an all seine Demütigungen, und während er so am Tisch saß, wechselte seine Stimmung von Kummer zu Wut und von Hoffnungslosigkeit zu Verzweiflung. Rosa Lampen erzeugten die Atmosphäre eines verlassenen Bordells. Auf seinem Bildnis an der Wand wirkte sein Gesicht wie das eines chinesischen Priesters mit einem Satyrgrinsen. Es sah aus wie sein eigenes Gesicht, lediglich wahnsinnig. Er ging durch das Apartment, starrte in jede Ecke, spürte, daß er *wirklich* verrückt wurde. Jeans Zimmer wirkte sogar noch bizarrer: Gemälde mit Schädeln, Schlangen und Mandalas bedeckten die Wände.

Und dann endlich fing er an, Dinge zu zertrümmern. Zuerst nahm er jedes Bild von der Wand und zerschmetterte es, selbst sein eigenes Bild holte er aus dem Badezimmer und riß es in Fetzen. Er fetzte die Vorhänge von den Fenstern und spuckte und pißte auf sie. Mit dem Schuh zermalmte er seine Maske zu Pulver. Er schleuderte den auf dem Boden liegenden Unrat, schmutzige Gläser, Sardinenbüchsen,

146

dreckige Hemden und zerrissene Magazine, gegen die Wandgemälde
– bis er aus einer Ecke ein Paar zusammengerollte Seidenstrümpfe
aufhob.

Sie gehörten June. Er drückte seine Nase hinein und atmete tief
durch. Er küßte sie. Er wischte sich mit ihnen die Tränen aus den
Augen. Er streichelte sie. Und schließlich stopfte er sie sich in die
Tasche, wo er sie in seinem geheimen Kummer immer in der Hand
halten konnte. Zum Schluß warf er sich auf die schmutzigen Laken
seines Bettes und weinte und schlief, und so ging die Nacht
vorbei.

15. Der Geist von St. Valentin

Kaum eine Woche war vergangen, als Henry auch schon dringende
Telegramme von June erhielt. Bereits pleite, bat sie verzweifelt um
Hilfe. Als er sah, daß er in dem Telegrammspielchen als ihr Opfer
auserkoren war, merkte er plötzlich, daß der Job, mit dem er sie
zurückzugewinnen glaubte, in Wirklichkeit den Haken geliefert
hatte, an den sie ihren Europatrip zu hängen hoffte. Ganz
offensichtlich glaubte sie, daß er mit einem dauerhaften Job
genügend Geld haben würde, um ihren Parisaufenthalt zu finanzie-
ren, und merkwürdigerweise war er dazu bereit. Er hatte sich so
lange auf June verlassen, daß er nun die Chance genoß, ihr zu helfen.
Obwohl das bedeutete, daß sie weiterhin fernbleiben würde,
beschloß er, ihr fast jeden Cent zu schicken, den er verdiente. Er rief
seine Eltern an und vereinbarte mit ihnen, wieder nach Hause zu
ziehen. Ohne auch nur noch einen Blick auf den Schutt seines
untergegangenen Henry-Street-Lebens schlich er sich eines Nachts
aus dem Apartment, unter dem Arm nur einige Manuskripte und sein
Funk-and-Wagnall's-Wörterbuch.

Im Taxi auf der Fahrt zurück zur Decatur Street empfand er, was er
schon so oft zuvor empfunden hatte – daß der ganze große Kreislauf
seines Lebens absolut sinnlos und, schlimmer noch, dem Untergang
geweiht war. Er war gezwungen, in die Decatur Street zurückzukehren, die Mildtätigkeit seiner Eltern in Anspruch zu nehmen – obwohl
er ein erwachsener Mann war. Lange war er weggeblieben, hatte es
geschafft, auf eigene Faust zu überleben. Als er im Dezember 1925

aus Florida zurückkehrte, hatte er kurz Station machen müssen, bis er June fand und wieder auf eigenen Beinen stehen konnte. Noch nicht mal ein Jahr danach kehrte er nun wieder wie ein geprügelter Hund ins Nest zurück. Der Job für Queens County, den Jimmy Pasta ihm besorgt hatte, war pure Wohltätigkeit. Seine Bestimmung schien zu sein, es im Leben zu nichts zu bringen – er war ein Mensch, der die Zeit totschlug, der gemeinsam wartete mit Vater und Mutter und ihren kümmerlichen Hoffnungen und verschwommenen Wünschen und mit Lauretta und ihrem törichten Geplapper.

Die ganze Zeit hatte er gespürt, wie fiktiv Junes Leben war, in welchem Ausmaß sie sich selbst aus Büchern erschaffen hatte. Aber bis zu dieser Taxifahrt hatte er nie mit derartiger Deutlichkeit erkannt, daß auch er selbst eine von Junes Erfindungen war: Er war nicht mehr als eine Ausgeburt ihrer stürmischen Phantasie, genau wie Jean lediglich Junes beschämendes Double war. Es war Junes Erfindung, daß er ein Schriftsteller sein könnte – ihre Idee, nicht seine –, ein besonders grotesker Witz. Die meisten seiner Stücke waren von June unterzeichnet worden, und sie war auch in Wirklichkeit der eigentliche Urheber gewesen. Jetzt, da sie gegangen war, verlor er allen Glauben an sich selbst.

Er war, so machte er sich resigniert klar, weder verrückt noch ein Künstler – bloß ein gewöhnlicher Bursche, dessen einziges Talent seine Persönlichkeit war. Er sollte sich eine Frau suchen, die nach ihrer Schulzeit nie mehr ein Buch angerührt und nie eine Tanzhalle von innen gesehen hatte, aber starke feste Arme besaß und die Ärmel hochkrempelte, wenn sie sich an den Abwasch oder die Wäsche machte, und die beim Hausputz vor sich hin pfiff. Jemand, der eine Horde Kinder haben würde. Vor allem jemand, der seine Illusionen zerstören, ihn mit der Nase in die tägliche Tretmühle drücken und nach dem Abendessen mit ihm einnicken würde, abgekämpft vor Sorgen und Arbeit. Warum sollte er eigentlich nicht zu Beatrice und Barbara zurückkehren? Nicht zum erstenmal kam ihm dieser Gedanke. Stanley hielt ihn über die beiden auf dem laufenden. Seit er keine Alimente mehr zahlte, hatte er das Recht verloren, Barbara zu besuchen, aber oft strich er in der Gegend seiner alten Wohnung herum, voller Hoffnung und Angst zugleich, sie zu sehen.

Diese Gedanken gingen ihm durch den Kopf, als er die Evergreen Avenue hinunterfuhr. Seine Eltern waren froh, ihn zu sehen. Sie hatten auf ihn gewartet, standen auf den Stufen und lächelten ihm traurig zu, als er sich näherte. Vater streckte ihm die Hand entgegen. Selbst Mutter machte keine Bemerkung über seine Extravaganz, ein Taxi zu nehmen, wie er befürchtet hatte. Seine Familie betrachtete Essen als bestes Mittel gegen Melancholie, und so hatte seine Mutter eine reichhaltige Mahlzeit für ihn vorbereitet. Über June wurde kein Wort verloren, keine Anspielung auf dieses unglückliche Weihnachtsessen oder andere Ereignisse gemacht, die seinen Eltern Kummer bereitet hatten. Alles war so, wie es immer gewesen war: Vater saß am Kopfende des Tisches, Henry nahm seinen gewohnten Platz seiner Mutter gegenüber ein. Er zog seine Serviette aus dem Ring und ergriff die silberne Gabel mit seinem eingravierten Namen, Henry Valentine.

Er war heimgekommen, wo er hingehörte, wo ihm ein eigener Serviettenring und eine Gabel und ein Platz am Tisch zustand, wo die Möbel alt und abgenutzt und vertraut waren, wo die ganze Atmosphäre ihn von der Würde des schlichten Lebens überzeugte und ihn vor der Sünde der Anmaßung warnte, der er sich schon oft genug schuldig gemacht hatte. Wenn er irgendeine Erinnerung an diese Sünden nötig hatte, dann brauchte er bloß in seine Manteltasche zu greifen. Er trug immer noch Junes Seidenstrümpfe mit sich herum. Als er in sein Alkovenzimmer hochging, stopfte er sie in eine Schublade.

June schickte inzwischen eine endlose Kette von Telegrammen, in denen sie um Geld bat. Er sandte ihr den größten Teil seines Lohnes und borgte gelegentlich fünfzig Dollar – aber nie war es genug. June war ständig hektisch und ungestüm – nie schien sie Zeit für einen Brief zu haben. In drei Monaten bekam er lediglich zwei Briefe von ihr und Postkarten vom Eiffelturm, dem Arc de Triomphe und von Notre-Dame, die er auf den Kaminsims stellte. Selbstverständlich schrieb er ihr lange Briefe; nie wurde er müde, ihr die nebensächlichsten Fragen über Paris zu stellen. Was sah sie, wenn sie aus ihrem Hotel in der Rue Princesse herauskam? Welche Straßen waren gepflastert? Wo lebten die Arbeiter? Wie war das Essen? Hatte sie ein paar erlesene Weine probiert? Traf sie sich mit irgendwelchen Künstlern – war das Quartier Latin voll von ihnen? Seine Phantasie lieferte ihm die Antworten, die in ihren Telegrammen fehlten, und er baute sich ein labyrinthisches, magisches Paris auf, das zu einem wesentlichen Bestandteil seines Traumlebens wurde.

Nie spürte er seine eigene Machtlosigkeit intensiver als am Nachmittag des 21. Mai 1927, als im Radio die Nachricht vom heldenhaften Alleinflug eines jungen Fliegers namens Charles Lindbergh über den Atlantik kam; der Flug hatte unweit von Millers Büro begonnen und nicht weit entfernt von June in Paris geendet. Während er in Brooklyn überlegte, wo seine Frau war und in welcher Gesellschaft sie sich bewegte, war dieser Flieger in eine einmotorige Maschine geklettert und über den Teich gehüpft. Vielleicht war June in der Menge gewesen, die ihn in Le Bourget begeistert begrüßt und ihm Küsse zugeworfen hatte, die Henry aufzufangen wünschte.

Am Tag, als diese Nachricht die Nation begeisterte, schrieb Henry einen Brief an June, der noch verzweifelter klang als sonst. Er jammerte darüber, wie sehr er sie vermißte, und kündigte seine Entschlossenheit an, Selbstmord zu begehen, wenn sie kein festes Datum für ihre Rückkehr setzte. Er begrenzte sogar den Zeitraum, innerhalb dessen sie per Telegramm antworten mußte, wenn sie seine Verzweiflungstat verhindern wollte. Warum sollte er sich nicht umbringen, fragte er, wo er doch »der traurigste Narr von allen« war? Um seiner Todesentschlossenheit einen noch dramatischeren Anstrich zu geben, verfaßte er ein Stück mit dem Titel »Friedhofsidylle« im Stil der alten Mezzotintos. Das gab er dann am Nachmittag zusammen mit seinem Brief auf.

Nach Dienstschluß um fünf Uhr, als alle seine Mitarbeiter das Büro verlassen hatten, spannte Henry ein Blatt in die Schreibmaschine, und indem er einfach dem Diktat seines Gedächtnisses folgte, begann er, Notizen für ein Buch niederzuschreiben, das von seinem Leben mit June handelte und mit ihrer und Jeans Abreise nach Paris endete. In seinem Kopf stand der Titel fest: *Lovely Lesbians*. Er begann mit: »Kapitel I. *Roses of Picardy*. Wilson's Tanzhalle – erster Blick . . . Diskussion über die Ähnlichkeit von ›Victoria‹ und June. Versprechen, *Winesburg, Ohio*, Ben Hecht zu schicken.« So ging es stundenlang weiter. Auf einen Schlag tippte er sechsundzwanzig Seiten, einen Katalog aus Ereignissen, Krisen und Hieroglyphen, die sein Gedächtnis später stützen sollten. Er unterteilte die entscheidenden vier Jahre seines Lebens mit June in acht Kapitel: »Rosen aus der Picardie«, »Alimente«, »Cabaret«, »Der Versager«, »Bürgersteige von New York«, »Speakeasy«, »Doppelte Hedschra« und »Der Gefangene«. Er mochte kein Schriftsteller sein, gab er sich selbst

150

gegenüber zu, aber jeder Mensch trug ein Buch in sich, das Buch seines eigenen Lebens, selbst wenn es wie bei Sherwood Anderson *Das Buch des Grotesken* heißen mochte. Dieses eine Buch mit seinen acht Kapiteln war alles, was er zu schreiben wünschte.

Sobald er den Entwurf für das geplante Buch beendet hatte, fühlte er sich wie neugeboren, und noch bevor June seinen Selbstmordbrief erhalten haben konnte, kabelte er ihr, ihn nicht zu beachten. Vielleicht zum erstenmal schien ihm ein Buch wichtiger als seine Frau. Aber er wußte nicht, wie er beginnen sollte. Seine ganze Kraft war von dem Entwurf, den Vorbereitungen aufgezehrt worden. So ging er statt dessen seine Notizen durch und machte Korrekturen; in den nächsten Wochen fügte er mehr als ein Dutzend zusätzlicher Blätter mit handgeschriebenen Notizen hinzu. Er konnte nicht mit dem Schreiben beginnen, da er sich nicht wirklich auf eine realistische Sicht der Dinge einlassen wollte. Natürlich wollte er über sein Leben mit June schreiben, und manchmal kam es ihm so vor, als würde sie nur in seinem Buch existieren: aber zu anderen Zeiten war es immer noch June selbst, was er sich am meisten wünschte. Sie war für ihn noch nicht zu einem Mythos geworden. Er machte sich um ihre Sicherheit Sorgen. Als Lindbergh in Paris landete, erfuhr er, war June nicht dort, sondern in München gewesen. Mit wem? Wie üblich war sie nicht gerade mitteilsam. Doch eine Bemerkung in einem ihrer Briefe machte deutlich, daß June und Jean sich zerstritten hatten. Die Gründe dafür waren wie gewöhnlich verschwommen und nicht durchschaubar; aber es schien darauf hinauszulaufen, daß Jean mit zwei Männern nach Nordafrika gegangen war; einer davon war ein geistreicher österreichischer Schriftsteller mit einem tschechoslowakischen Paß. June ließ ziemlich klar durchblicken, daß dieser Mann, Alfred Perlès, sich zuerst in June verliebt und sich dann nur aus dem Grund Jean zugewandt hatte, weil er bei ihr, June, nicht landen konnte. Henry konnte nicht sagen, ob dieser Bruch zwischen den beiden außergewöhnlichen Frauen bedeutete, daß sich Junes Rückkehr beschleunigen würde, aber er nahm frohen Mutes an, daß es wahrscheinlich sei.

Trotzdem verging ein weiterer Monat, und es war Anfang Juli, als er endlich das Telegramm erhielt, auf das er so lange gewartet hatte: In ein paar Tagen würde sie mit der *Berengaria* ankommen. Pflichtgetreu stand er unten am Kai, bis sich das Schiff geleert hatte. Es überraschte ihn kaum, daß June nicht an Bord war.

16. Die Geburt von Dion Moloch

Eine Woche danach kam ein weiteres Telegramm, das ihre Ankunft
ankündigte. Dieses Mal stieg June tatsächlich die Gangway herab.
Da stand sie, kämpfte mit einem großen schwarzen Pappkoffer,
einem Kunstalbum, Büchern, Gehstöcken von der Elfenbeinküste
und einem mitgenommenen Graf Bruga, dem ein Bein fehlte. Henrys
Mut sank – immer noch Bruga!

Aber sobald sie durch den Zoll gesegelt kam, erfuhr er, daß sie
noch weit mehr Gepäck mit sich schleppte – geistige Ansammlungen,
neue Erfindungen. Mehr denn je sehnte sie sich nach dem
Exotischen, dem Merkwürdigen, dem Künstlerischen, dem Deka-
denten. Das Album von George Grosz' *Ecce Homo*, ihre Taschen-
buchausgabe des *Kamasutra*, Karten vom Cirque d'Hiver, signierte
Gedichtmanuskripte, ein Poster, von einem Pissoir in der Rue
Blondel abgerissen, handgeschriebene Menuekarten, eine Skulptur
von Zadkine – das waren die Symbole einer Existenz, die ihr
vorschwebte, neue Dinge, mit denen ihre bizarre, exotische und
erotische Phantasie spielen konnte. Ihren Erzählungen entnahm er,
daß sie Absinth geschlürft hatte, daß die Musik der Karussells ebenso
süß war wie der Straßenlärm von Montmartre, daß man den Anblick
von Les Halles in der Morgendämmerung einfach erlebt haben
mußte, daß Knoblauch und Wein den Geist stärkende Mittel seien.
Er spitzte noch mehr die Ohren, als sie erwähnte, Hemingway im
Café Deux Magots gesehen zu haben und Kokoschka, Paul
Rosenberg, Augustus John und Tihanyi im Dôme begegnet zu sein.
Nicht nur, daß Zadkine sie bewunderte, er hatte sie auch eines
Abends in den Bois de Boulogne ausgeführt. Auch Cocteau und
Picasso seien hinter ihr her gewesen. Sie habe einen Revolver tragen
müssen, um sich vor den Männern zu schützen. Der Bericht von
ihrem Pariser Leben war mit den unwahrscheinlichsten Abenteuern
gewürzt einschließlich der Behauptung, sie habe eine Dosis Gift
geschluckt, womit sie ihre verspätete Ankunft begründete. Aber
hauptsächlich sang sie das gleiche Lied, das sie bei der Abreise auf
den Lippen gehabt hatte – Paris, Paris, Paris –, nur daß jetzt Jean von
der Bildfläche verschwunden war und der Refrain lautete: »*Wenn wir
nach Paris gehen, Val . . .*«

Kaum waren sie in ein hübsch möbliertes Zimmer in der 180
Clinton Avenue gezogen, begann sie, einen Plan auszuhecken, der

sie beide nach Europa bringen sollte. Noch ehe sie eine Woche zusammen waren, fühlte sich Henry wieder in die gleiche unterirdische Welt zurückgeworfen, die er in der Henry Street erlebt hatte. Sie brauchte nicht mal richtig mit ihm darüber zu diskutieren, daß er seinen Job aufgab – es schien ein absolut natürlicher Bestandteil der Rückkehr in seinen früheren Zustand der Trägheit und Sinnlosigkeit zu sein, der automatisch mit ihrem Wiederauftauchen verbunden war. Erneut brachte sie Geld von ihren Ausflügen zurück, in erster Linie von einem Verehrer, den sie »Pop« nannte. Nach Junes Erzählungen war Pop so alt und häßlich wie eine Kröte, aber er war eine Art Literaturkenner und -liebhaber; er liebte Proust und Joyce. Und dazu, berichtete June Henry, hatte er in »ihren« Mezzotintos echtes literarisches Talent entdeckt. Die Tatsache, daß die Mezzos und ein paar Artikel und Geschichten unter ihrem Namen veröffentlicht worden waren, untermauerte ihre Behauptung, eine Schriftstellerin zu sein; und ihre schnelle Anpassung an »künstlerisches« Benehmen, den Büchern entnommen, die sie las, in Verbindung mit ihren kürzlichen tiefen Eindrücken vom Pariser Kunstleben, ließen Pops Glauben an ihr Talent plausibel erscheinen. Sie erklärte, daß er bereit war, sie zu unterstützen, während sie sich an einem Roman versuchte, und falls sie genügend Disziplin aufbrachte und das Buch vollendete, versprach er, sie auf ein Jahr nach Europa zu schicken, damit sie in der richtigen geistigen Atmosphäre ihr schriftstellerisches Talent vervollkommnen könnte. June unterbreitete Henry die Nachricht von diesem neuesten Opfer: Sie hatte ihren Teil geleistet – Henry mußte jetzt nur noch den von Pop geforderten Roman schreiben.

June hat wahrscheinlich nie jemand wirklich verstanden. Aber Pops Analyse von Junes mangelndem Selbstvertrauen als Schriftstellerin paßte haargenau auf Henry, worauf der Pop als seinen Todfeind betrachtete. Aber immerhin erwies ihm Pop indirekt einen unschätzbaren Dienst, als er »June« bat, einen Roman zu schreiben. Er zwang ihn zum Schreiben, jeden Tag etwas zu produzieren. In zehn Jahren hatte Henry nicht mehr zustande gebracht als ein paar veröffentlichte Geschichten und eine Handvoll Manuskripte. Sobald er angefangen hatte zu schreiben, war jedesmal in ihm die Überzeugung gewachsen, daß er kein Talent habe. Es dauerte nicht lange, und er ließ die Schreibmaschine im Stich, um sich von Passagen bei Dostojewskij, Arthur Machen, Edgar Saltus, Hamsun, Dreiser, Nietzsche, Pater und seinen anderen Lieblingsautoren Rat zu holen. Er hatte »im Hamsun-Stil«, »im Rabelais-Stil« und so fort zu schreiben versucht. Ohne Aussicht auf Erfolg suchte er die Stilrichtungen anderer nachzuahmen und hinderte sich damit daran, herauszufinden, was es bedeutete, »im Henry-Miller-Stil« zu schreiben – der einzige Stil, den er sich anzuerkennen weigerte.

Pops Forderung war genau das, was Henry brauchte. Nichtsdestoweniger entsetzte ihn die Aussicht, seine literarischen Ambitionen einer Prüfung unterwerfen zu müssen. »Wie kann ich denn einen Roman schreiben, einfach *so*!« sagte er und schnippte mit den Fingern. »Schreib einfach einen Roman, irgendeinen Roman. Du kannst es, Val, ich weiß, daß du es kannst!« sagte sie beiläufig zu ihm.

Er stellte die Schreibmaschine auf den Tisch. Er wechselte das Farbband. Er wählte für den ersten und zweiten Durchschlag grüne und rosa Blätter. Er stapelte das Papier sauber und ordentlich. Er las seine Lieblingsautoren und schaute erneut seine Manuskripte durch und unternahm Spaziergänge, aber Tag um Tag blieben die weißen Blätter weiß. Schließlich schrieb er oben auf das erste Blatt den Titel: *This Gentile World*. (Ein bißchen später strich er das aus und schrieb *Moloch* darüber nach dem Namen seines Helden.) Er sah eine Möglichkeit, das Material von *Clipped Wings* zu retten, indem er den Schwerpunkt von den Boten auf die Abenteuer des Personalchefs mit seiner Mannschaft schob. Die seltsamen, die pervertierten und exotischen Charaktere bildeten die komplizierte Welt, der dieser sensible junge Mann, Dion Moloch, ins Angesicht sehen mußte. Die Zeit, in der sich der Roman abspielte, deckte sich ungefähr mit dem Jahr 1923 von Millers Leben. Beatrice, Conason, Muriel, Camilla, Sam Sattenstein und andere wurden zu negativen Gestalten, deren Lebensformen Moloch unbedingt vermeiden muß, will er nicht genauso eine groteske Gestalt werden wie die Boten, die er beschäftigt. Henrys persönliche Erfahrungen, nur schwach maskiert als Dions Erlebnisse, wurden zur Grundlage des Buches. Wie er Conason gegenüber erklärte, »werden natürlich all die Monstrositäten verschärft und vergrößert«.

Er griff nicht nach den Sternen – er versuchte nur, ein Buch zu schreiben, das seinem geringen Talent entsprach. Er sagte Conason: »Oh, nur keine Angst! Ich plane kein zweites *Gullivers Reisen*. Wünschte, ich könnte es. Ich denk nicht mal an so was wie *The Waste*

Land oder an rotzige Abende mit Mr. Bloom an den Ufern des Liffey. Keine Belehrungen. Nein, einfach bloß eine schlichte Geschichte über uns – wir und die Firma. Sam? Aber sicher. Gibt keinen Besseren. Werden sie Masken tragen? Sehr, sehr durchsichtige, mein Alter.« Endlich schien es, daß Miller eine deutliche Vorstellung von dem hatte, was er schreiben wollte. Aber sobald er mit dem Buch anfing, begannen auch schon die Schwierigkeiten. Auch wenn er gespürt hatte, daß er selbst die Hauptfigur in seinem eigenen Werk sein mußte, schränkte ihn doch die Tatsache ein, daß es sich bei dem Roman um eine bestellte Arbeit handelte: Es sollte Junes Werk sein und mußte deshalb aus weiblicher Perspektive geschrieben werden. Er versuchte, sich auszumalen, wie June über diesen Moloch schreiben würde. Aber als er nach diesem Muster achtzig Seiten heruntergehämmert hatte und selbst June sich beschwerte, daß die Arbeit deutlich maskuline Tendenzen zeigte, war er verloren und schob das Buch beiseite. Unglücklicherweise machte er noch den Fehler, Teile dieses Entwurfs zu retten, so wie man Stücke eines schlechtgeschnittenen Anzugs zur Wiederverwendung aufhob. Und weil er das erneut einbauen wollte, konnte er keinen zweiten Anlauf machen. June wurde ungeduldig: sie mußte Pop *irgend etwas* vorzeigen, mußte beweisen, daß sie wenigstens einen Anfang gemacht hatte.

Henry konnte seiner Frau nicht die Wahrheit sagen, aber sich selbst gegenüber gab er zu, daß er einfach nicht wußte, wie er ein Buch über Henry Miller beginnen sollte. Insgeheim befürchtete er, daß seine eigene Geschichte für niemanden sonst von Interesse sein könnte; wenn er es genau betrachtete, interessierte selbst ihn seine Biographie nicht besonders. All seine Erlebnisse kamen ihm ziemlich gleichwertig vor, für ihn zeichnete sich einfach nicht ab, wo sein Leben begann. Hätte Pop nicht immer dringender nach einem Blick auf Junes Arbeit verlangt, wahrscheinlich hätte er überhaupt nicht mehr angefangen. Aber unter dem Druck dieser Forderungen mußte er einfach den Sprung ins kalte Wasser wagen.

Wieder lief es verkehrt. Sobald er das erste Kapitel geschrieben hatte, erkannte er, daß hier eine Menge vorhergehender Erklärungen nötig wären. Also fing er an, das Buch von der Mitte aus vorwärts und rückwärts zu schreiben wie ein Schneider beim Zuschnitt. June brachte Pop ein Kapitel nach dem anderen, der sagte, daß ihm die logische Entwicklung des Buches nicht ganz klar wäre; aber die Geschwindigkeit, mit der sie die Seiten aufeinandertürmte, erfreute ihn.

Als Henry zweihundert Seiten beisammen hatte, geriet er erneut in Panik. Sorgen bereitete ihm vor allem, daß er bis jetzt immer noch nicht das erste Kapitel geschafft hatte. Die von ihm bewunderten Kritiker hatten ihn gelehrt, daß jedes gutgemachte Buch nach einer notwendigen Form verlangte, einen Anfang, eine Mitte und ein Ende haben mußte. Sicher, Form mochte eine vielschichtige Angelegenheit sein, aber selbst Joyce hatte eine endgültige Form gefunden, indem er sich die von Homer borgte, und Proust hatte die seine in Wiederholungen, Kontrapunkten und der Umgruppierung seiner Gestalten gefunden. Aber als Henry noch nicht einmal dann das erste Kapitel schreiben konnte, als er bereits zwei Drittel des ganzen Buches geschafft hatte, war er überzeugt, selbst den einfachsten technischen Voraussetzungen der Gestaltung nicht gewachsen zu sein. Obwohl er seit über fünf Monaten an dem Buch arbeitete, beschloß er, daß es am besten sei, es aufzugeben: Das Buch war inkonsequent, seiner Talente unwürdig, unzusammenhängend, kompromißbeladen. An diesem Punkt setzte sich June energisch durch. Pop, sagte sie, gefiel das Buch; es stimmte zwar, daß er ihr darüber Fragen stellte, die sie nicht beantworten konnte, aber er erhob keine der Einwände, die der Verfasser selbst machte. Nicht einmal hatte Pop durchblicken lassen, daß es nicht von einer Frau geschrieben sein könnte noch daß er es für chaotisch hielt. Statt dessen mochte er die rohe Kraft des Textes, ihm gefiel die Qualität der Gewalttätigkeit und Schroffheit ebenso wie die thematische Reichweite. Henry ließ Junes Argumente nicht gelten. »Aha«, sagte er verächtlich zu ihr, »das ist also die Meinung eines Mannes, der, wie du mir erzählst, Lawrence und Proust liebt. Er muß verrückt sein.« Dann setzte er sich wieder an seine Schreibmaschine und machte weiter.

Gegen Ende Februar 1928 verkündete Henry, daß er und June Urlaub machen sollten. Immerhin hatten sie ein bißchen von Pops regelmäßigem Stipendium auf die Seite gelegt und konnten sich eine kleine Erholung leisten, irgend etwas, um seinen Glauben an sich selbst wiederzubeleben und ihm eine neue Perspektive zu vermitteln, damit er *Moloch* beenden konnte. Das war genau die Art von Vorschlag, die June zusagte. Wohin sollten sie fahren? Henry verriet keinerlei Unentschlossenheit. »Montreal!« Französische Menschen, französisches Essen, französisches Leben! Zu den Einzelheiten:

Henry schlug vor, hochzutrampen, um soviel Geld wie möglich zu sparen und sich ein hübsches Hotel in Montreal leisten zu können. Er war kaum überrascht, als June ihm sagte, daß es ihr zu dem festgesetzten Abfahrtsdatum einfach unmöglich war, New York zu verlassen, und daß sie ein paar Tage später mit dem Zug nachkommen und ihn in Montreal treffen würde. In der Zwischenzeit mußte sie einen gewissen Plan ankurbeln . . . einen kleinen Schwindel zum Abschluß bringen . . . eine Verabredung einhalten . . . Nichts davon begründete sie näher. Sie erklärte es auf die ihr eigene Art. Einzeln betrachtet, war jede ihrer Begründungen halbwegs durchsichtig wie ein dünner Schleier; aber sie häufte Schleier über Schleier, bis Henry nichts mehr erkennen konnte.

Zu seiner Überraschung erschien June tatsächlich wie geplant in Montreal; sogar pünktlich. Per Anhalter brauchte er fast drei Tage, und da sie mit dem Zug fuhr, kamen sie lediglich mit ein paar Stunden Unterschied an. Der Anfang war perfekt und der Rest ihrer kleinen Spritztour der reinste Kaviar. Sie suchten sich ein hübsches Hotel, ihre Zimmer wirkten ausländisch, ganz anders als die schäbigen amerikanischen Wohnungen, die sie gewohnt waren. Henry fühlte sich allein schon vom Blick aus dem Fenster auf die fremdartige, unamerikanische Szenerie angeregt, während June alles, was er sah, mit einem musikalisch schwingenden Vortrag kontrapunktierte, wie sehr diese Stadt Paris ähnelte – dieser *lapin sauté* war fast so gut wie einer, den man in Paris bekommen konnte – dieser Anblick glich fast dem, der überall in der französischen Hauptstadt geboten wurde! Henry empfand es, als wäre Montreal das Okular eines großen, auf Paris gerichteten Fernrohrs. June saß lieber in der Hotelhalle, aber Henry wollte alles sehen und schleppte sie hinaus in die Straßen und in die hintersten Viertel von Montreal, bis sie durchgefroren und mit wunden Füßen zurückkehrten. Sie hatten genügend Geld gespart, um ein paar Tage gut zu leben, und sie genossen diese Zeit, die durch kein Wölkchen getrübt wurde. Er schrieb Postkarten und Briefe an seine Freunde zu Hause über das großartige Essen und die Weine – er hatte ja gar nicht geahnt, daß es so viele verschiedene Sorten gab, und er wollte sie alle probieren! All seine Sinne vibrierten unter der Wucht einer einzigen verblüffenden Tatsache: Er hatte Amerika hinter sich gelassen.

Vielleicht schenkte ihm die Freude über die Reise den Anfang des Buches. Jedenfalls war das erste Kapitel da, als June und Henry nach

New York zurückgekommen waren und Henry sich an die Schreibmaschine setzte. Er fing den Roman auf die einzig mögliche Art und Weise an – mit einem satirischen Bild von sich selbst, in einem aus H. L. Mencken, James Branch Cabell und den Autoren des neu gegründeten *New Yorker* zusammengebrauten Stil. *Moloch* beginnt so:

Dion Moloch schlenderte mit dem träumerischen Gang des Schlafwandlers unter den Erscheinungen der Bowery umher. Ich sage »Erscheinungen«, denn die Bowery ist, wie jeder gebildete New Yorker weiß, eine Durchgangsstraße, wo zerstörte Seelen zum Preis eines Gratisessens repariert werden . . . Obwohl er in Diensten der Großen Amerikanischen Telegraphengesellschaft stand, litt er nicht an Größenwahn, Dementia praecox oder an irgendeiner der anderen modischen Nerven- oder Geisteskrankheiten des zwanzigsten Jahrhunderts. Jedenfalls ähnelte er nicht einer gewissen Gestalt von Gogol, der man sagen mußte, wann sie sich die Nase zu putzen hatte. Kurz ausgedrückt, er war seit drei Generationen Amerikaner. Er war eindeutig kein Russe.

Der Kern dieses Kapitels ist eine Darstellung von Molochs Gedankenwelt. Dann beobachtet Miller seinen Moloch wieder von einem erhöhten Standpunkt:

Was der Pöbel auf dem Bürgersteig sah . . . war ein bescheidenes, sensibles Individuum mittlerer Größe mit Gesichtszügen, die eine Mischung aus Gelehrtem und Faun bildeten . . . Ein Sterblicher mit zwei Beinen in seinen Hosen wie bei jedem anderen Sterblichen in der westlichen Hemisphäre auch. Kein pädagogischer Sadist wie dieser Trapezkünstler von der Emeraldinsel; keine großartige sokratische Bremse, die ihren Stachel in das dicke Fell des britischen Spießbürgertums bohrte; auch kein Slave, der in einem Bad von Schaben mit der Ewigkeit flirtet. Nein, einfach nur ein Mann mit Anzug und Hosenträgern . . . und BVDs *für perfekte Bequemlichkeit im Zwickel*. Ein Mann, dessen Name unbyzantinisch ist. Ein Amerikaner seit drei Generationen, ein Ehemann und Vater, eine bescheidene empfindliche Seele . . . Und trotzdem Personalchef der Großen Amerikanischen Telegraphengesellschaft.

158

Damit endete das erste Kapitel. Der nächste Abschnitt des Buches entstammte dem Kapitel über Charles Candles aus *Clipped Wings*: aber es war nicht länger eine Studie eines Schwachsinnigen – es handelte von einem Menschen Dion Moloch. Die sich hier abzeichnende Richtung brachte Miller weg von dem hochmütigen Tonfall und der deterministischen Haltung, die *Clipped Wings* und fast all seine früheren Arbeiten beeinträchtigt hatten. Früher hatte Miller die meisten Leute als Typen, Museumsausstellungsstücke, Studienobjekte betrachtet. In *Moloch* wurden sie zu Menschen, deren Vielschichtigkeit Typisierungen nicht mehr erlaubte.

Nachdem er das erste Kapitel des Buches geschrieben hatte, sagte ihm sein Instinkt oder besser seine Phantasie, wie der Roman enden mußte. Obwohl das Buch ziemlich genau seine Arbeit bei der Western Union und seine Unzufriedenheit in seiner Ehe mit Beatrice – im Buch Paula genannt – nachzeichnete, entschließt sich Dion Moloch in dem Buch, zu seiner Frau zurückzukehren. Auf Junes Geheiß schrieb Henry seinen ersten Roman; aber ironischerweise verstärkte die Handlung des Buches seinen Glauben, er hätte nur in einer bestimmten Nacht im Jahre 1923 heimzugehen und Beatrice in die Arme zu nehmen brauchen, und er hätte sich all die Leiden erspart. Er wäre glücklicher gewesen, hätte er June nie gekannt. Sein Roman nahm eine Wendung, der er selbst nicht folgen konnte. Das Ende seines Buches bewies ihm, daß er ein Rätsel war, auch für sich selbst.

Aber das noch größere Rätsel lag darin, daß er schließlich trotz allem tatsächlich diesen unmöglichen Roman vollendet hatte. Vielleicht *hatte* das Buch all die Eigenschaften, für die er es verflucht hatte, wenn er seine Unzufriedenheit an June ausließ: Unzweifelhaft war es »hölzern«, »künstlich« und »literarisch«. Seine »Einfälle« mochten schwach und sein Abbild des Lebens verzerrt sein. Aber als er das fertige Buch betrachtete, sah er einen erfreulich dicken Stapel von 350 Seiten vor sich, und er strahlte vor Freude. Anscheinend ging es Pop genauso, denn das Geld für Junes *Wanderjahr* in Paris tauchte wirklich und wahrhaftig auf. Es hörte sich alles so einfach an, daß es unmöglich schien: Der Roman war fertig. Das Geld hatten sie. Er und June würden bald nach Europa fahren.

Er litt immer noch unter dem Verfolgungswahn, Jean könnte plötzlich auf der Bildfläche erscheinen und ihm June wegschnappen; daß es June und *Jean*, nicht er und June sein würden, die sich mit Pops

Geld davonmachten, und daß er erneut verlassen zurückblieb. In diese Furcht mischten sich seine ständigen Schuldgefühle darüber, daß er Beatrice im Stich gelassen hatte, und die logische Folge davon schien zu sein, daß es nur gerecht wäre, wenn umgekehrt nun er verlassen würde. Seine Ängste drückten sich in einem wiederkehrenden Traum aus. Darin wurde das möbilierte Zimmer in der Clinton Avenue zum offenen Hof eines alten Schlosses, wo er und June schliefen. Zufällig schaute er eines Tages durch ein Fenster des Schlosses und entdeckte Jean innerhalb eines verdunkelten Raumes. Da begriff er, daß sich Jean seit ihrer Rückkehr von Europa heimlich in dieser düsteren Nische versteckt hielt. Also trafen seine Befürchtungen zu, daß Jean nicht in Europa geblieben war, nachdem June abgereist war: Die beiden Frauen waren gemeinsam zurückgekehrt, und June hatte ihn die ganze Zeit über mit Jean betrogen. Er kämpfte sich durch das Labyrinth des Schlosses bis zu Jeans geheimem Zimmer vor, wo er sie in Nonnentracht kniend fand. Ihr Körper war auf derart groteske Weise zusammengekrümmt und verdreht, daß ihre ganze Haltung wie bei einer gerade in Mode befindlichen Lithographie der Form eines menschlichen Schädels ähnelte. Sie stöhnte und weinte, und er war tief berührt von ihrer totalen Verlassenheit. Er beobachtete sie nur, stellte ihren mitleiderregenden Zustand fest. Aber als er wieder aus der Düsternis ihrer Zelle in den Hof hinaustrat, hatten sich die Mauern des Schlosses rot gefärbt, und inmitten dieses karmesinroten Zimmers stand ein prächtig aufgeputztes Bett, auf dem sich Beatrice genießerisch räkelte. Er begriff nicht, warum, aber für ihn war das eine grauenhafte Vision, die den Rest des Traumes auslöschte.

Henrys Psyche war so zerbrechlich, daß er, wie er glaubte, in seinem Inneren schreckliche Dinge mit sich herumtrug. Er wußte, daß er seine Augen auf einen entfernten Punkt, Paris genannt, heften und alle anderen Visionen wegwischen mußte. Er kam zu dem Entschluß, daß es keine Rolle spielen dürfte, wenn June gestand: »Ja, Val, ich hab mit Pop geschlafen – ich weiß gar nicht mehr, wie oft.« Er sagte sich, daß er nie mehr an Junes sogenannte Geständnisse glauben konnte, da sie mit ziemlicher Sicherheit das Gegenteil der Wahrheit waren. Er schien sich weniger als früher auf sie zu stützen. Sein ganzes Leben lang war er von anderen gestützt worden – Mutterliebe, Freunde, Bewunderung, Junes Schmeichelei, Challacombes Achtung. Er hatte sich darauf eingelassen, sich so einzuschätzen, wie andere ihn beurteilten. Doch im Frühjahr 1927, als June ihn verlassen hatte, begann er zu lernen, daß er sich selbst achten mußte, wenn er überleben wollte. Er tastete sich einem Grundsatz seines Lebens entgegen: »Du mußt nur verzweifelt genug sein, und alles wird sich zum Guten wenden.«

17. Der Traum von Europa

Alles ging glatt. Die vielen Risiken gingen gnädig an ihnen vorüber: June hätte zwar das ganze Geld für irgendeinen anderen Plan zum Fenster hinauswerfen können; Pop hätte es sich anders überlegen können, Beatrice hätte davon Wind bekommen können, daß Henry Geld hatte, und gerichtlich gegen ihn vorgehen können; Henry selbst hätte den Mut verlieren können. Aber zwischen Mitte März 1928, als sie mit ihren überstürzten Vorbereitungen begannen, und Mitte April, als ihr Schiff die Anker lichtete, kam ihnen nichts in die Quere.

Henry trieb durch diesen Monat wie ein Schlafwandler, der, weder nach rechts noch nach links schauend, auf einem Sims balanciert. Seine Freunde bemerkten, daß er benommen schien, ohne jeden Bezug zu allem, als wäre er wirklich nicht in der Lage, die Dinge zu erfassen. Er überließ alles June und vertraute auf das Schicksal. Wie geplant fuhren sie im April 1928 in New York ab und kamen neun Monate später zurück, als ihnen das Geld ausgegangen war. Während er und June in Europa waren, scheint seine sonst überragende Fähigkeit, Einzelheiten zu beobachten und sich an Ereignisse zu erinnern, fast vollkommen verschwunden zu sein. Er vergaß häufig, wo er gewesen war, was er getan hatte. Wichtig war nur, was mit ihm geschah – die langsame Heilung –, nicht, was er tat.

Natürlich erwartete er, das Paris zu sehen, von dem er während der Zeit, als June in Europa war, geträumt hatte, und zwangsläufig mußte er enttäuscht werden. Sie landeten in Le Havre, wo sein Traum von Europa sogleich erschüttert wurde. Das erste, was er sah, als das Fährboot neben den Eisenbahnschienen anlegte, war kein wunderbares Symbol französischer Grazie oder künstlerischer Sensibilität, sondern rußgeschwärzte Gebäude und ein heruntergekommener Bahnhof im Hintergrund. Da lag eine düstere Stadtlandschaft vor ihm, wo er doch nur das strahlende befreiende Europa seiner Träume zu sehen wünschte; und dann saß er im Eisenbahnwagen, schaute durch das Fenster auf die schäbige, rußige Stadt und weigerte sich zu glauben, daß es zwischen dieser Stadt und Paris irgendeine Verbindung geben könne außer dem eisernen Band der Eisenbahnschienen.

Um fünf Uhr morgens, als der Himmel sich zu erhellen begann und die hektische Betriebsamkeit von Paris erwachte, fuhr der Zug in den Gare St. Lazare ein, und er und June machten sich auf die Suche nach einem Taxi. Dann, als er zu beschäftigt war, um damit zu rechnen, sprang Paris ihn an, und er vergaß das Taxi und versuchte, alles gleichzeitig aufzusaugen, Sonnenschein und Schatten, Gebäude, Kleidung, Gesichter, warme Luft, Fahrzeuge, Plakate – alles –, und die ganze Zeit sagte er sich: *Das ist es also, Paris*, als könne er nicht glauben, wirklich hier zu sein, und müßte befürchten, daß sich das Ganze als Vision auflöste und sich in Flatbush, Brooklyn, verwandelte. June half ihm. Als sie in Richtung St. Germain fuhren, wurde sie von ihren eigenen Erinnerungen überwältigt, und sie deutete hier hin und dort hin, schrie fast vor Begeisterung *Ça y'est!* – da war das Restaurant oder Café, von dem sie ihm geschrieben hatte, das Hotel, das sie erwähnt hatte, der Park oder die Statue, wovon sie ihm Postkarten geschickt hatte, oder die Gebäude und Straßen, von denen er gelesen hatte.

Als sie einen Boulevard ihrem Bestimmungsort in der Rue Bonaparte entgegenrollten, erhaschte er einen Blick auf ein berühmtes Café, das Deux Magots. Das Hotel, vor dem sie wenig später anhielten (ohne Reservierung, selbstverständlich), war das Hôtel de Paris in 24 Rue Bonaparte: Allein sein Name schien schon Garantie zu sein, daß sie damit in das Herz der Stadt vorgedrungen waren. Sie sprangen aus dem Taxi. In solchen Augenblicken überkamen June häufig Anfälle geradezu fieberhafter Aktivität. Henry hatte kaum Zeit, Luft zu holen, als June auch schon ihre wenigen französischen Worte über den Besitzer ergossen, ein Zimmer ergattert hatte und ihn und den Hotelpagen mit seiner leuchtend bunten Weste und den aufgerollten Ärmeln hinter sich herschleifte. Der Schlüssel war aus Eisen und gewaltig groß. Die Tapete war verblichen, der Kleiderschrank rissig und verschrammt. Der Spiegel über dem Sims war fleckig, der Teppich fadenscheinig mit verwaschenen Farben.

Sie besaßen genügend Geld und taten das, was alle Touristen tun, und als typische Touristen vergaßen sie das, was sie taten. Was ihn am intensivsten berührte, war dieses Gefühl, wieder frei zu sein wie ein Kind und das sinnliche Vergnügen an den belebten Straßen direkt erfahren zu können. Gewisse Eindrücke trafen ihn mit überwältigender Unmittelbarkeit: die fleischliche Schönheit der Statuen in den Tuilerien, fast ausreichend, ihn körperlich zu erregen; die pornographischen Fotos, ausgestellt im Schaufenster eines Ladens in der Nähe der Folies Bergère; die Seine bei Nacht, im Fließen ihrer Strömung das Spiel der Reflexionen von Lichtern und Brücken und Bauwerken; eine alte Frau, neben Notre-Dame auf einer Zeitung schlafend; die Bettler, die die Straßen und Cafés am Boulevard Sebastopol durchkämmten; fremdartige Straßen wie die Rue St. Martin oder die Rue Quincampeix. Die Gegend um die Kirche von St. Sulpice herum mit den grellen Plakaten über der Kirchentür und den im Inneren hinter wuchtigen Glockenstühlen flackernden Kerzen faszinierte ihn besonders. Zola oder Maupassant hatten hier ihre Eindrücke gesammelt, während sie auf den Bänken dieses Platzes saßen. Vor allem Anatole France hatte ihn geliebt. Henry erinnerte sich an die Loblieder, die Stanley Borowski über Anatole Frances Werk gesungen hatte. Und nun stand Henry genau da, wo France gestanden hatte – noch immer schien Frances Geist fast greifbar anwesend zu sein, als würde er im nächsten Augenblick um die Ecke biegen.

Er war verblüfft, wie sehr Paris der Zwilling seines New Yorks war. Vom Place St. Sulpice aus auf der anderen Seite des Flusses, in den Straßen nahe Les Halles, türmten sich die Karren auf wie um den Fulton-Fischmarkt herum. Die Ähnlichkeiten zwischen dem Dôme und dem Café Royale und zwischen Montmartre (vor allem in der Umgebung des Place du Tertre) und Greenwich Village waren offensichtlich. Der Plunder, der sich entlang der Quais häufte, konnte nur mit den die Straßen verstopfenden Schubkarren von New Yorks unterer East Side verglichen werden. Und die Fahrt mit der Métro von den Champs-Élysées nach Clignancourt war fast genauso wie eine U-Bahn-Fahrt von der Fifth Avenue nach Corona. Paris hatte sich in vielen Vierteln noch die Brooklyner Dorfatmosphäre bewahrt, erzeugt von ernsthaften, hart schuftenden Menschen, die um elf die Lichter löschten und frühmorgens zur Arbeit gingen. Die Rue de Lapp ließ die Atmosphäre um die Metallfabrik in der alten

Nachbarschaft wieder lebendig werden. Wie merkwürdig, daß er glaubte, Brooklyn entrinnen zu wollen, und hier sich jetzt voller Freude daran erinnert fühlte.

Nach einem Monat, gegen Ende Mai 1928, brachen er und June zu einem Ausflug auf, der sie in einem Bogen um Paris herumführen sollte, wo sie Anfang August wieder eintreffen wollten. Hier und da eine Pause einlegend, fuhren sie mit dem Zug durch das nördliche Frankreich nach Belgien und dann weiter nach Aachen, Bonn, Frankfurt, Heidelberg, München, Linz und Wien. In Budapest blieben sie längere Zeit und begaben sich dann auf die lange Bahnfahrt durch Rumänien nach Czernowitz an der russischen Grenze, von wo Junes Familie stammte. Von hier hofften sie nach Rußland und da weiter bis Kiew und Moskau fahren zu können. Doch an der Grenze wurde ihnen die Einreise verweigert, und so machten sie sich auf den Rückweg, von Czernowitz aus über Lemberg nach Krakau, dann Prag, Marienbad, durch Süddeutschland ins nördliche Frankreich, durch Reims und zuletzt »nach Hause«, Paris.

Auf dem Heimweg erschienen ihm Polen und die Tschechoslowakei (mit Ausnahme von Prag) schrecklich – schrecklicher noch als Deutschland, dessen Industrialismus Henry abgestoßen hatte. Als der Zug in Krakau einfuhr, hatte Henry bereits mehrere Fälle von Angriffslust auf die armen, eingeschüchterten Juden miterlebt und entschieden, daß die Polen das finsterste und dümmste Volk in Europa waren. Aber als ein polnischer Rabauke mit seinem Mädchen in Henrys Abteil kam und ihr Henrys Platz anbot, wurde er wütend, weigerte sich schroff. »Er versuchte, darauf zu bestehen, also erklärte ich ihm in mühsamem Deutsch, er solle einen Gendarm rufen – ich würde nicht aufstehen. Nun, er geht raus, und, bei Gott, er bringt einen Gendarm mit. Dann fängt er an, auf einigen friedlich aussehenden Juden im Abteil herumzuhacken.« Henry zögerte selten, seine Erfahrungen zu verallgemeinern, und selten sind seine Ansichten gemäßigt: »Die Polen«, schrieb er, »sind die schmutzigsten, gemeinsten Rohlinge in Europa. Am liebsten würde ich dem ganzen verdammten Volk die Eingeweide rausreißen.«

Was Henry am meisten haßte, was ihm wirklich die Galle überlaufen ließ – waren die Toiletten. Sein Gefühl für Hygiene rebellierte total gegen diese Örtlichkeiten, die nach Sodom und Gomorra rochen und vor Dreck starrten. »Jesus, eine Revolution wäre nötig, um Europa hygienische Toiletten zu verschaffen!« klagte er. Er schrieb lange Berichte über die Schrecken der Toilette. Oft, sagte er, bestünde die Toilette lediglich aus einem Loch im Boden, »und wenn man an der Kette zieht, kommt das Wasser raus und umspült einem die Knöchel, was einem ein erfreulich entspanntes Gefühl vermittelt.« Bloß einen Fetzen Papier vorzufinden war schon der Himmel auf Erden. »Und wenn eine Toilette tatsächlich mal sauber ist, steht man auf und singt ›Vorwärts, christliche Soldaten!‹.« Demzufolge blieb Henry die Geographie der wenigen annehmbaren Toiletten in Europa im Gedächtnis haften. Seine Lieblingsörtlichkeiten befanden sich in Paris – die Toilette im American Express und das Damenklo im Dôme.

Müde des Herumreisens, kehrten sie schließlich wieder an ihren Ausgangspunkt zurück. Wie in Treibsand versanken sie in Paris. June war darauf bedacht, ihre Bekanntschaft mit den Schriftstellern und Künstlern, die sie ein Jahr zuvor kennengelernt hatte, wiederaufzunehmen. Sie liebte es, die ganze Nacht mit einem Chartreuse oder Brandy in Cafés herumzusitzen – zu sitzen und zu reden. Sonnenschein haßte sie. Ihr Paris ließ sich mit einigen wenigen auserwählten Institutionen umreißen: das Café Select, das Büro von American Express in der Rue Scribe, wo sie fast jeden Tag hingingen und fragten, ob irgendwelche Überweisungen eingetroffen waren, das Deux Magots, Zadkines Studio, das Dôme, Gare de Lyon, Montmartre, Café Wepler, die Jardins du Luxembourg, das Rotonde, Café Zeyer, Café des Mousquetaires. Durch die Cafés strömte ganz Paris, und sie nahmen, was immer die Strömung an Land spülte – den Künstler Adolph Dehn und seine Frau Mura; Alfred Perlès, den Österreicher, der mit Jean nach Nordafrika gegangen war; den Maler Hans Reichel, betrunken im Dôme; Oskar Kokoschka; ein deutsches Mädchen namens Magda, das sich in June verliebte; und Ossip Zadkine – sie alle (und die Anonymen, die zahnlosen Hexen und die herrlichen *Poules*, die Gendarmen und die Kellner) waren Nahrung für die ausgehungerten Amerikaner und wurden mit überdimensionalen Gesprächen hinuntergeschlungen, Gesprächen, die nirgendwo anfingen und nirgendwo endeten, sondern einfach nur in endlosem Murmeln dahinflossen. Wenn er sich erschöpft und ausgebrannt fühlte, verließ Henry das Café und ging auf sein Zimmer. Er versuchte, wieder Spengler zu lesen. Aber der Rohrstuhl im Hotel war unbequem, und in Paris klang Spengler irgendwie falsch und verstimmt. Und so legte er sich meistens auf das Bett und hing seinen Gedanken nach, während er der Nacht von Paris zuhörte.

Zuerst weigerte er sich, es sich einzugestehen, aber nachdem er zwei Wochen lang Junes Rezept für ein perfektes Leben in Paris befolgt hatte, fühlte er sich unglücklich. »Dieses Leben des Boulevardiers in den Cafés und Ateliers«, schrieb er Emil Conason in New York, »ist hier genauso stumpfsinnig wie woanders auch.« Er zeigte *Moloch* einem Verleger, aber es wurde ihm bald zurückgeschickt, und das entmutigte ihn sofort, irgendein neues literarisches Werk ernsthaft in Angriff zu nehmen. Er mochte die Cafés nicht, er fand es nicht toll, sich jede Nacht mit Pernod vollaufen zu lassen, er haßte die Toiletten, er lehnte Magda und Zadkine ab, und June gefiel ihm nur, wenn er sie für sich alleine hatte. Und so fühlte er sich wieder mal elend.

Henry war nie gut darin gewesen, Probleme zu lösen, aber diesmal hatte er einen grandiosen Einfall. Seit er in Europa angekommen war, hatte sein Herz beim allgegenwärtigen Anblick der Fahrradfahrer höher geschlagen. Wenn er nur noch sein Rennrad hätte – er hatte bisher nicht gemerkt, wie sehr er es vermißte. Er erklärte June, wie aufregend es sein konnte, auf einem Fahrrad dahinzufliegen. In seinem Kopf regte sich der alte, alte Traum von einer Fahrradtour. Was das Rad in der alten Nachbarschaft, in den Tagen der Qual mit Cora und Pauline bedeutet hatte, das konnte es jetzt wieder bedeuten: *fort!*

Und so entwickelte er die Idee einer Radtour durch Frankreich und Spanien. Auf die Art, erklärte er der zweifelnden June, würden sie mit dem echten Bauernleben in Europa vertraut werden, könnten sich den Weg suchen, der ihnen paßte, oder auch gleich querfeldein fahren oder einfach, wenn es ihnen in den Sinn kam, einen Nachmittag an den Ufern von Yonne oder Thône faulenzen. Um ehrlich zu sein, diese Idee löste bei June nicht gerade übertriebene Begeisterung aus, aber sie war nie eine Spielverderberin gewesen, wenn es um Henrys Leidenschaften ging, und sie unternahm nichts, um ihn daran zu hindern, sich auf diese Sache zu stürzen. Bald hatte er die Fahrräder gekauft. In der Rue Visconti, wo Balzacs Verlag gewesen war, brachte er June das Radfahren bei. Jetzt blieb nur noch, eine vernünftige, für Fahrräder geeignete Route festzulegen. Auf einer der Marmortischplatten im Dôme zeichnete Zadkine eine grobe Skizze des Weges auf, den sie nach Marseille nehmen sollten,

166

und er markierte die Städte, denen *en route* besondere Aufmerksamkeit gebührte. Henry prägte sich die Karte ein. June übte weiter radfahren und steuerte in Schlangenlinien die Rue Visconti hinunter. Nach der ersten Septemberwoche 1928 war sie immer noch unsicher und hatte Angst, die große Fahrt im Pariser Verkehr zu beginnen. Also luden sie ihre Räder in einen Zug nach Fontainebleau, wo June noch ein bißchen übte, und brachen dann von dort aus auf.

Der erste Teil der Fahrt war kein Vergnügen, da June schnell müde wurde und sie oft anhalten mußten. Aber sie erlebten erinnernswerte Tage. Sie standen auf einer romantischen Brücke in Auxerre und schauten auf das Spiegelbild der Bäume, die sich unter ihnen im glasigen Wasser wiegten. Vor allem Vézélay gefiel ihnen besonders gut.

Nach Lyon wurde das Radfahren leichter, als sich das breite Rhonetal vor ihnen öffnete. In Vienne verbrachten sie einen romantischen Abend und genossen ihr Essen an dem rauschenden Strom. Am nächsten Tag starrten sie verwundert auf die Annamitensoldaten der französischen Armee, die hier ihr Quartier hatten. Die Landschaft war wunderbar. Sie besuchten fast alle Orte, die Zadkine vorgeschlagen hatte. Aber allmählich versandete die Freude an der Fahrt. June wünschte sich nach Paris zurück, außerdem ging ihnen langsam das Geld aus. Und so wurde der letzte Teil des Ausflugs, der eigentlich als Höhepunkt gedacht war, zu einer Pleite. June bestand darauf, keinerlei Abstecher von der Straße mehr zu machen, sondern schnurstracks und verbissen direkt nach Marseille zu radeln. Sie weigerte sich, noch irgend etwas zu besichtigen, egal wie schön oder historisch bedeutsam. Sie wollte keinen Meter weiter strampeln als unbedingt nötig. Das wunderbare dunkelgrüne Laubwerk von Avignon und der Papstpalast bedeuteten ihr nichts. Mit Müh und Not ließ sie sich überreden, in Nîmes einen Stierkampf anzusehen.

Kompromißlos weigerte sie sich, einen Halt in Tarascon einzulegen, obwohl Henry seit Tagen von dieser Stadt geredet hatte, die so eng mit Alphonse Daudet verbunden war. Auf Stanley Borowskis Empfehlung hatte Henry im Alter von fünfunddreißig Jahren *Tartarin de Tarascon* gelesen, als er und June in der Remsen Street wohnten. In seinem Jammer hatte er davon geträumt, mit Tartarins und Daudets Geist in Tarascon in Verbindung zu treten. Jetzt fuhren sie zur Mittagsstunde in die Stadt hinein. Die Hitze war schrecklich, und sie saßen verloren auf einer windigen, sonnendurchglühten Terrasse an der Hauptstraße. Die ganze Stadt schien eine *ville morte*, verschlossen hinter eisernen Fensterläden, wie ausgelöscht vom heißen Wind. June wollte nicht halten; es interessierte sie nicht, Daudets Haus aufzusuchen.

Endlich kamen sie in Marseille an und beschlossen, sich nach Osten zu wenden, nach Italien anstatt nach Spanien. Sie radelten nach Ézes-sur-Mer, wo Nietzsche *Also sprach Zarathustra* geschrieben hatte. Ézes war wundervoll, aber ansonsten stimmte nichts. Das Geld ging ihnen aus. Sie kamen noch bis Nizza, wo sie die Fahrräder verkauften. Nachdem auch dieses Geld dahingeschmolzen war, ließ ihnen ein Neger aus Georgia, der auf der Promenade des Anglais Schuhe putze, ein paar Almosen zukommen. Das Geld, das sie erwarteten, erreichte sie nie.

Sie wußten nicht wohin, und so trampten sie nach Monte Carlo, insgeheim hoffend, daß sich in diesem Mekka des lockeren Geldes irgendwas ergeben würde. Nichts ergab sich. Sie saßen in dem kleinen Park hinter dem Spielkasino und hielten sich die Bäuche vor Hunger. Wohin sie schauten, alles strotzte um sie herum nur so von Üppigkeit; selbst das Laubwerk hatte diesen delikaten Grünton der amerikanischen Banknoten. Die Szenerie glich einer Postkarte, reizend, aber unberührbar. Dies war wirklich die Welt, die June sich ersehnte, und mitten in diesem Luxus mußte sie ihren Hunger niederkämpfen.

Plötzlich sah Henry eine Träne über ihre Wange laufen und auf ihren Handrücken fallen. Wie in Trance hob sie die Hand, um eine weitere Träne wegzuwischen, dann gab sie auf, und die Tränen strömten nur so. Ihre Hand blieb erhoben, erstarrt und wie aufgehängt in der Luft. Sie schluchzte und schluchzte, als sei jegliche Hoffnung geschwunden. Ohne zu wissen warum, fühlte er sich schuldig, konnte aber nichts sagen. Er konnte nicht mal die Hand heben, um sie zu berühren. Wände standen zwischen ihnen, und er spürte, daß irgend etwas zu Ende gegangen war, aber er wußte nicht, was.

Es war ihr Europaaufenthalt, der seinem Ende entgegenging. Sie kehrten nach Nizza zurück und hingen dort drei Wochen fest, bis Henry den amerikanischen Konsul überreden konnte, June das Fahrgeld nach Paris vorzuschießen. Einmal dort, schaffte es June in gewohnter Manier, genügend Geld zusammenzukratzen, um Henry eine Summe anzuweisen, mit der er sich eine Fahrkarte kaufen und auch noch ihre Schuldverschreibung beim Konsul einlösen konnte.

Danach lungerten sie noch eine Zeitlang in Paris herum, als hätten sie nicht die Kraft, sich zur Heimreise aufzuraffen. Henry hatte nichts geschrieben, und wenn er sich zu erinnern versuchte, was er gesehen hatte, stellte er fest, daß er nichts dazugelernt hatte. Nun, da er die ganze Reise überdachte, schien es stets so wie in Tarascon gewesen zu sein: Die Fensterläden und Türen waren verschlossen, nirgendwo hatte er das Europa seiner Träume gesehen. Sie trieben durch Paris wie ein Paar Gespenster oder saßen in den Cafés herum, während die Sonne verblaßte und die Luft kälter wurde.

Als sie sich endlich zur Rückkehr entschlossen hatten, luden sie Zadkine ein, sie zu einer *Bon-voyage*-Party in die Ciquona-Tanzhalle am Abend vor ihrer Abreise zu begleiten. Sie redeten von der Prohibition in Amerika, während sie schnell beschwipst wurden. Henry fühlte sich benebelt, er begann, sich närrisch aufzuführen und mit einer wunderschönen Blondine mit dunklen Augen zu tanzen. June wirkte verärgert, und Zadkine drückte ganz offen sein Befremden aus, daß Henry mit anderen Mädchen tanzte. Henry seinerseits gefielen die Aufmerksamkeiten nicht, die Zadkine June zukommen ließ. Je eifersüchtiger er wurde, desto mehr trank er. Je betrunkener er wurde, desto stärker flammte seine Eifersucht auf. *(Was war im Bois de Boulogne geschehen, als June und Zadkine spätnachts dort hingegangen waren, um die Sterne zu betrachten?)* Henry fühlte sich tollkühn. Auf der Tanzfläche preßte er sich gegen die Blondine und flüsterte ihr zu: »Meine letzte Nacht in Paris.« June sah angewidert zu. Aber die Blonde preßte zurück und flüsterte ihm was ins Ohr. Dann mußte er auf die Toilette (sein französischer Wortschatz bestand zu einem großen Teil aus: »Où est le lavabo?«). Als er wieder heraus zum Waschbecken kam, zwinkerte ihm eine Amerikanerin zu, und er ergriff sie und begann, mit ihr zu tanzen. Plötzlich wurde ihm klar: *Es ist ein Walzer, mein letzter Walzer in Paris.* Er spürte, wie er stolperte, aber er wollte einen letzten schwindelnden Walzer in Paris haben, und so tanzten sie. Erst als er die Stufen hochstolperte, fiel Henry ein, daß seine Hose noch offen war, und er schloß sie im letzten Moment. June und Zadkine empfingen ihn mit kalten Blicken, und Zadkine, mit seinem Spazierstock wedelnd, sagte: »Laßt uns morgen alle nach London fahren.« Und alle brüllten sie »ja!«. Und dann gingen sie zurück ins Hôtel de Paris, und Henry stand inmitten all der halbgepackten Koffer und kotzte über all die wunderbaren Kleider und die Anzüge und die Galoschen und die Slipper und die Aktentasche und die Notizbücher und Spengler und den Rohrstuhl und das Bidet und das Waschbecken – über das ganze unglaubliche französische Zimmer. *Das also ist Paris!*

Am nächsten Tag schifften sie sich ein. All die Gerüche von Paris hatte er noch in der Nase, seine Augen fühlten sich körnig an, und grüne Galle stieg ihm in die Kehle. Das war, sagte er sich, die beste Nacht gewesen, die er in Europa erlebt hatte.

18. Die Hand des Träumers

»Bruder, hast du 'nen Penny übrig?« Das war der Titel eines Songs, den jedermann bald singen würde. Obwohl die große Wirtschaftskrise noch nicht zugeschlagen hatte, als Henry und June im Januar 1929 nach New York zurückkehrten, hatte Henry diese Melodien von Depression und Hoffnungslosigkeit doch schon seit einem Jahrzehnt geprobt. Er und June mieteten ein Apartment in der Nähe von Fulton Street, Ecke Clinton Avenue. June begann, wieder Kontakt mit alten Freunden aufzunehmen, neue Bewunderer anzuziehen und Ausschau nach einem Job zu halten, während er ziellos durch die Straßen strich. Nach und nach wurde er träge, er fühlte sich wie gelähmt. Befand er sich in einer besseren Gegend, versuchte er, Leute anzubetteln: »He, Mister, können Sie mal 'ne Tasse Kaffee springen lassen?« Aber was er wirklich sagen wollte, war: »Ich bin in Europa gewesen und habe einen Roman geschrieben, aber ich führe ein Hundeleben, ein Leben von Zuhälter und Hure, wenn Sie so wollen. Könnten Sie mir nicht mit einem oder zwei Dollar oder hundert Dollar aus einer kleinen Verlegenheit helfen?« Er sagte es nie – obwohl er einmal sogar so verzweifelt war, daß er einen Mann in eine Seitenstraße in der Nähe von Times Square verfolgte und drohte, ihn zusammenzuschlagen, wenn er nicht einen ordentlichen Betrag herausrückte.

Nach einiger Zeit zog er immer engere Kreise um die Wohnung. Mal spazierte er bloß die Fulton Street bis zur Brooklyn Bridge hinunter, oder er wandte sich der Orange oder Pineapple Street zu und ging bis zu einer Straße namens Columbia Heights, von wo man einen herrlichen Blick über den Hafen hatte. Und so rückte er allmählich seinem Apartment und seinem Schreibtisch immer näher, an dem er schließlich an dem Roman zu arbeiten begann, den er hatte schreiben wollen, ehe er durch *Moloch* abgelenkt worden war. Er saß an seinem Tisch und las seine Notizen über sein Leben mit June, und dann las er sie noch mal und noch mal.

Er fühlte sich, als wäre seine Haut weggebrannt und sein Herz durchsichtig zur Schau gestellt. Er schrieb das Buch seines Lebens, und bald schon wurde das Schreiben zu seinem Leben. Seine Frau, seine Geschichte, er selbst, sogar sein Buch, alles wirkte fiktiv auf ihn – nur das Schreiben war real.

Ein großer Teil seiner wirklichen Lebensgeschichte war tatsächlich von seiner Gegenwart weggebrochen wie eingestürzte Brücken auf Salvator-Rosa-Gemälden. Kurz nach ihrer Rückkehr von Europa erfuhr June, daß Jean in ihrer Abwesenheit nach New York zurückgekommen war. Da war sie wieder in eine Anstalt eingeliefert worden und hatte sich in einer depressiven Phase umgebracht. Henry seinerseits erfuhr von Stanley, daß Beatrice einen recht wohlhabenden Mann geheiratet hatte, fünfundzwanzig Jahre älter als sie. Ping! Ping! – es war, als schieße das Schicksal ein Stück seiner Vergangenheit nach dem anderen mit unfehlbarer Genauigkeit heraus. Er konnte lediglich an seinem Schreibtisch sitzen, eingemauert von seinen Notizen, und seinen Roman schreiben. Er fühlte sich festgenagelt im toten Zentrum einer leblosen Welt.

Ein Plan war wichtig, das sagten ihm seine Notizen. All seine methodischen Gewohnheiten drängten ihn, seine Arbeit mit Sorgfalt anzulegen. Er beabsichtigte, das Buch in vier Teilen zu schreiben. Der erste Teil würde mit seinen gelegentlichen Besuchen in Wilson's Tanzhalle beginnen und mit der überraschenden Ankunft von Beatrice in ihrem Apartment enden, als er und June dort im Bett lagen. Der zweite Teil, eine Beschreibung seines eigenen Niedergangs, würde seinen frühen Höhepunkt im Verlust des Western-Union-Jobs finden, dann mit dem Auftauchen von Jean neue Spannung aufbauen und mit einem Bericht von seinem Selbstmordversuch enden. Teil drei, so wie er ihn vor sich sah, »sollte geradezu überquellen vor Ereignissen und Charakteren, zu einem Crescendo hochgetürmt, mit Lichtgeschwindigkeit allegro fortissimo con furioso. Keine ausgewalzten Selbstbetrachtungen – bloß Fakten, Fakten, Fakten.« Hier wollte er durch eine gründliche Bloßstellung von Junes Lügen begründen, warum er so eifersüchtig war und sie quälte. Er würde sich zeichnen als einen Mann, der gegen Jean um die Liebe seiner Frau kämpfte, aber auch gegen die Lügen und für die Wahrheit; für Verständnis und gegen Betrug. Der dritte Abschnitt würde ihn ans Ende seiner ursprünglichen fünfundzwanzig Notizseiten bringen: die Abreise der »lieblichen Lesbierinnen« nach Paris. Doch im Frühjahr 1929 hatte er seine Aufzeichnungen erweitert und stellte sich einen vierten Abschnitt so vor: »Still, ruhig, Liebe verströmend, Verrücktheit, Spannung. Voll von Liebesbriefen, Visionen von Paris. . .« Dieser Teil würde die Geschichte der Aussöhnung des Helden, Henrys, mit sich selbst und sein neues Selbstverständnis schildern. Das Buch sollte mit Junes Ankunft am Kai enden, mit dem »Anblick, da sie über der Reling lehnt, und der Schlußpunkt sollte der Versuch sein, das sublime Geheimnis dieses Gesichtes auszudrücken, wie es sich mir zuwendet, mich in der Menge sucht«.

Zwei Jahre lang hatte er sich eingeredet, daß dies das einzige Buch sei, das er schreiben wollte. Aber sobald er es zu planen begann, entfernte er sich von seinen Notizen: Das Buch war wie Quecksilber, das nicht mal die leiseste Berührung duldete, ohne ins Schwanken zu geraten.

Und das traf nicht nur auf die Handlung zu, sondern auch auf seine literarischen Vorbilder. Sie änderten sich schnell, und die Art von Hamsun-ähnlichem Buch, das er zu der Zeit hatte schreiben wollen, als er die Notizen sammelte, entsprach nicht länger seinem Ideal. Als er tatsächlich zu schreiben begann, zählte er einem Freund die »einzigen guten« Bücher auf: *Ulysses, Auf der Suche nach der verlorenen Zeit, Hill of Dreams, Wanderers, Against the Grain, Disenchanted, Closed all Night* und *Der Untergang des Abendlandes*. Aber seine Notizen hatten nie darauf gezielt, die Art von Buch hervorzubringen, die er nun bewunderte. Auf jeden Fall stand das Buch, das zu schreiben ihn seine Notizen zwangen, dem komprimierten Realismus von Dreiser und Wassermann näher als den Werken seiner momentanen Favoriten.

June wußte, daß das Buch von ihr handelte, und zeigte lebhaftes Interesse. Sie stand buchstäblich an seiner Seite. Jedesmal, wenn er die Finger auf die Tasten legte, spürte er sie neben sich, sie spornte ihn an, indem sie ihm schwor, alles genauestens aufzuklären, was er niederschrieb. Hatte er wirklich geglaubt an jenem Abend bei Chin Lee, daß ihr Vater eine Anzahl Rennpferde besaß? Nun, sie würde enthüllen, warum sie das gesagt hatte und um seines Buches willen die Geheimnisse ihres Lebens offenlegen. Und so fing June langsam und unterschwellig an, das Buch zu *ihrem* Buch zu machen: Sie unterwarf seine Phantasie ihrer Zensur, warf ihm vor, daß er sie immer noch nicht verstünde, daß dieser oder jener Bericht irreführend oder unfair oder unausgewogen sei. Der Anfang gefiel ihr nicht, die Szene bei Wilson's. Und auch die von ihm versuchten Verbesserungen mochte sie nicht und lehnte jede der neuen Versionen ab. Als er endlich eine Fassung gefunden hatte, die ihr zusagte, war Henry – der eigentliche Held des Romans, dem June den Namen Tony Bring gegeben hatte – buchstäblich aus dem Buch verschwunden und existierte nur noch als Erzähler. Unter Junes Anweisungen drohte die ganze Geschichte, schnell zu einem Denkmal für Jean zu werden.

Junes Eingriffe zerstörten noch die kleinsten Ansätze von Verständnis, die Henry zustande gebracht hatte. Sie übertrumpfte ihre alten Märchen mit noch monumentaleren. Er glaubte ihr, und er glaubte ihr zugleich nicht, und in dem Abgrund zwischen diesen beiden Stimmungen schrieb er seinen Roman. Er befand sich in einem Zustand, in dem er nichts mehr beurteilen konnte: Was immer er schrieb, erweckte neue Zweifel, und so zog jede vollendete Seite die Vernichtung von zwei vorhergehenden nach sich; als er schließlich drei- oder vierhundert Seiten geschrieben hatte, besaß er gerade einen kleinen Stoß Manuskriptseiten, der höchstens für eine magere Novelle ausgereicht hätte. Schrieb er weiter, dann würde er es wahrscheinlich noch zu einer Short Story bringen, bis sich schließlich sein Buch von epischer Breite in Luft auflöste. Nach zehn Monaten hatte er nur noch seine Notizen, Notizen über Notizen, Notizen darüber, wie er seine Notizen anordnen sollte, Notizen über gerettete Teile seines alten Manuskripts, Notizen, wie diese wiederzuverwenden wären, und vierhundert getippte Manuskriptseiten, die vorgaben, eine fiktive Erzählung zu bilden, in Wirklichkeit aber nur eine lange Notiz über einen Roman darstellten, den er nicht hatte schreiben wollen. In einem Teil des Buches wurde Jean gefeiert; in einem anderen folgte ein Bericht von Henrys Haß auf June und Jean, der damit endet, daß Tony Bring 1926 die lesbische Geliebte seiner

Frau umbringt. 1929 wünschte sich Henry tatsächlich, June den Hals umzudrehen, um die Wahrheit aus ihr rauszuquetschen und sie dann niederzuschreiben. Aber wenn er noch nicht mal so weit war, seine eigene Rhetorik oder seinen Belehrungsdrang zu zügeln, wie konnte er sich dann der Wahrheit über seinen Haß auf die Frau, die er liebte, nähern? Er machte sich eine Notiz über Velchaminors Bemerkung in *Der ewige Gatte*, das Buch, das er als Dostojewskijs Meisterwerk betrachtete. »Ja, aus Haß liebte er mich; das ist die stärkste aller Lieben.« Aber er begriff die Bedeutung dieser Aussage für sich selbst noch nicht. Und so war das Buch von der Vollendung weiter denn je entfernt. Es hatte noch nicht mal einen Titel.

Es war seltsam, wie sehr ihn die tote Jean weiterhin beeinflußte. Sie war es gewesen, die ihm den ersten richtigen Unterricht im Zeichnen und Malen gegeben hatte. Angewidert von seiner Schreiberei, überkam ihn im Sommer 1929 der unwiderstehliche Drang zu malen. Eines Abends, als er sich nach einem erfolglosen Tag des Schnorrens auf dem Heimweg durch die Livingston Street befand, kam er an einem Schaufenster vorbei, das voller Turner-Drucke hing. Zu Hause holte er einen Kindermalkasten heraus, einen ausgefaserten Pinsel und Einwickelpapier vom Metzger, ergänzte diese Ausrüstung mit Zeitungspapier und Kohlestift, Feder und Tinte und Bleistift und begann, zerbeulte Filzhüte, Stühle mit darüberhängenden, zerknitterten Mänteln, Teekessel, Schuhhaufen, die mißgestalteten Visagen von Emil, Joe, Conason und zum Schluß von Vater, Mutter und Lauretta auf Papier zu bringen.

Die Arbeiten überzeugten seine Mutter davon, daß er nun endgültig schwachsinnig geworden war, obwohl wahrscheinlich eher das Gegenteil zutraf. Die Malerei bewahrte ihm vielleicht seine geistige Gesundheit und rettete ganz sicher seine Schriftstellerei. Wenn er *con furioso* mit dem Pinsel vorwärtsstürmte, ganz gleich, wohin es ihn führen mochte, dann zeigte sich keine Spur von den Qualen, die sich stets in sein Schreiben einschlichen. Wenn er schrieb, dann trieb er sich selbst dazu, die »Wahrheit« über sein Leben zu erzählen; beim Malen war er frei von den Worten, die ihm Schmerzen verursachten. Als Maler besaß er keine Erinnerung, nur die Gegenwart zählte. Er schrieb mit der rechten Hand oder mit der Maschine; aber er malte – nicht tatsächlich, aber symbolisch – mit der linken Hand, der Hand des Träumers. Schreiben war eine ernste Sache, eine persönliche Prüfung; aber im Malen steckte die Seele des

Spielerischen. Selbst in Momenten seiner größten Erniedrigungen war Schreiben irgendwie mit dem Impuls zu dominieren verbunden, mit der Rettung seiner bedrohten Männlichkeit; beim Malen dagegen fügte und unterwarf er sich selig. Als Stadtmensch und Amerikaner hatte er keine Gelegenheit gehabt, Meditation zu erlernen oder den Wert kontemplativer Ruhe. Doch inmitten seiner Verzweiflung über sein Buch und über sein Leben ertastete er sich durch das Malen einen Weg zu aktiver Kontemplation und begann so, seiner geplagten Existenz wieder einen Hauch von Realität zu verleihen.

Allerdings bestand kein Zweifel daran, daß er mit dem Malen nie das erreichen konnte, was er anstrebte – June zu beweisen, daß er ihrer Rückkehr würdig war. Sie zu befriedigen war der Antrieb, der hinter *Moloch* steckte, die Hoffnung auf ihre Anerkennung trieb die Arbeit an dem neuen Roman voran. Er wollte sich ihren Respekt, ihre Bewunderung verdienen – ja sogar ihre Anbetung wie zu Anfang. Versagen als Schriftsteller, so glaubte er, sei gleichbedeutend mit dem Eingeständnis, als Liebhaber versagt zu haben.

June ging natürlich längst wieder eigene Wege. Unter ihrem Namen mußte Henry täglich eine Kolumne von 1 500 Worten abliefern, als wäre es für die Hearst-Zeitungen, nur um einem Verehrer zu beweisen, daß sie eine annehmbare Reporterin werden könnte. Dafür kassierte sie fast zwei Monate lang zwischen fünfzig und fünfundsiebzig Dollar pro Woche. Wie üblich hetzten ihre Bewunderer mit heraushängender Zunge hinter ihr her. Einer von ihnen hieß Oliver. Seit Anfang Januar 1930 mußte Henry liebevolle und literarische Briefe entwerfen, die June dann abschrieb und an Oliver schickte. Welches Schicksal auch immer June Oliver zugedacht hatte, sicherlich war er zum Opfer eines weiteren, sorgfältig ausgearbeiteten Schwindels erwählt. Der Name eines anderen Bewunderers tauchte auf, Stratford Corbett – »bloß ein Idealist, der für die New York-Lebensversicherungsgesellschaft arbeitet«, sagte June. Die gleichen alten Spinnwebennetze.

Pop erfreute sich noch immer ihrer liebevollen Aufmerksamkeit. June glaubte, er würde eine Menge Kohlen ausspucken, wenn sie ihn nur richtig behandelte. Bei dieser Gelegenheit regte sie an, daß Henry allein nach Paris zurückkehren sollte. Sie argumentierte überzeugend und schlüssig, daß Henry sein Buch in Paris sehr viel eher vollenden könne. Jedermann konnte doch sehen, daß er in New

York lediglich unzufrieden herumhing. Wäre er in Paris oder Madrid nicht glücklicher? Dort könnte er seinen Roman fertigschreiben, diesen Roman, der auf merkwürdige Art ihr Loblied sang, *ihren* Roman. Allein in New York hätte sie freie Bahn, Geld heranzuschaffen. »Geh. Es wird dir guttun, auch deinem Roman. Überlaß die Sorgen ums Geld mir. Was mußt du sonst wissen? Vertrau mir. Ich liebe dich. Mein Gott, Val, ich liebe dich, weißt du das denn nicht?«

Und so ertränkte er seine Sorgen in Wasserfarben und bastelte an seinem Buch herum, während er darauf wartete, was das Schicksal, das er nicht mehr verstand und auch nicht verstehen wollte, für ihn bereithielt. Er war seiner alten Leidenschaften müde. Er hatte es satt, sich die Namen von Junes alten Liebhabern vorzusagen, aber er konnte nicht aufhören, sich mit ihnen zu beschäftigen: Sie alle waren June ins Garn gegangen – Oliver und Pop und er, ganz zu schweigen von all den anderen, die sie geliebt hatten. Zwanghaft und selbstquälerisch hatte er sie aufgezählt – er hatte sogar Listen über ihre Liebhaber angefertigt, eine Art masochistischer Katalog. Soweit er es mitbekommen hatte, war sie von zweiundvierzig Männern und sechzehn Frauen geliebt worden – Old Man Harris; Marder; Baker, der Schuhfabrikant; Howell French; Johnson, der Holzfäller aus Alaska; Jean Kronski. . . die Liste ging weiter und weiter.

Junes Gerede war dunkel, unmöglich zu durchschauen. Sie redete unermüdlich auf ihn ein. Und sie hatte es auch immer geschafft, ihn in ihre Strategien zu verwickeln. Für gewöhnlich stellte sich dann heraus, daß seine Kooperation und sogar seine aktive Beteiligung nötig waren, um ihre Pläne zur Reife zu bringen und die Falle zuschnappen zu lassen.

Manchmal spürte er vage, daß er sich selbst in den Fallstricken verheddterte, die zu legen er ihr half. Aber er versuchte, sich anzugewöhnen, keine Fragen zu stellen. Wann immer June anfing, ihm von ihren Plänen zu erzählen oder Enthüllungen zu machen, die er gar nicht hören wollte, zerrte er sie ins Bett, um die Wärme wiederzufinden und zu seiner alten Sicherheit zurückzukehren. Die meiste Zeit verbrachte er ohnehin im Bett. Er überließ sich ganz einfach ihrer Kontrolle und trieb in jede Richtung, in die ihn ihre Launen oder ihre seltsamen Planungen stießen.

Und so, von den Sternen getrieben, von June vorwärtsgestoßen, von seinen Freunden fast verlassen, aber unter Zwängen, die er nicht verstand, machte er sich Ende Februar auf, mit dem Dampfer *American Banker* nach Europa zu fahren. Er nahm die Schiffskarten, die sie ihm gab. Er schluckte alles, was auf ihn zukam, wie gelähmt.

Ein Vorfall aus seinem abgestorbenen Leben ging ihm im Kopf herum, aus der Anfangszeit ihrer Beziehung, als June ihn gebeten hatte, ihr fünfzig Dollar zu leihen und – als er sofort einverstanden war – vor ihm niedergekniet war und wie ein verirrtes Kind seine Beine umklammert hatte. »Du bist mein Gott!« Auch wenn alles andere starb, das konnte er nie aus seinem Gedächtnis tilgen. Irgendwo in dieser Szene lag der Schlüssel zu den vergangenen sieben Jahren verborgen, das fühlte er. Aber obwohl er oft darüber nachdachte, er kam der Lösung nicht näher.

Das Abreisedatum kam ihm zu schnell. Er wollte seine Abfahrt verschieben. June wollte davon nichts wissen. Genaugenommen, so informierte sie ihn, mußte er das Haus noch einen Tag früher verlassen – er konnte nicht mal seine letzte Nacht in seinem eigenen Bett, mit June in seinen Armen, verbringen. Auch zum Schiff konnte sie ihn nicht begleiten. Anscheinend waren ihre Pläne an einem kritischen Punkt. Ab und zu ließ sie Pops Namen fallen, und offensichtlich existierte irgendeine Verbindung zwischen der Notwendigkeit seiner eigenen überhasteten Abreise und ihren dunklen Absichten mit Pop. Schließlich befolgte er alle ihre Anordnungen, ohne auch nur ein einziges ihrer Motive dafür zu verstehen. Er nahm einfach die Tickets, die sie ihm gab, ließ sich einen mechanischen Abschiedskuß geben und trat in die kalten Straßen von Brooklyn hinaus. Ein Wagen folgte ihm langsam, als er die Avenue zur Hochbahn hinunterschlurfte. Er war nicht sicher, wer ihn fuhr, obwohl er Pop zu erkennen glaubte. Betrat Pop das Haus, sobald er es verlassen hatte? Zweifellos gehörte das zur Planung.

Henry nahm den Zug, mit dem er so oft zuvor schon gefahren war, und stieg in der Nähe der Delancey Street aus. Die ganze Nacht hindurch wanderte er ziellos und einsam in der Gegend der East Side herum, ohne einen Pfennig, unfähig zu glauben, daß er wirklich abfuhr. Fröstelnd und müde machte er in den frühen Morgenstunden eine Pause und wärmte sich im Jüdischen Schachklub in der Fourteenth Street auf. Hier bekam er seine letzten lebhaften Eindrücke von New York vermittelt: der Anblick dunkelgesichtiger Männer, von ihren nächtelangen Spielen übermüdet, der Geruch von abgestandenem Schweiß und Rauch, vermischt mit der Ausdünstung von nassen, wollenen Mänteln, die an Mantelhaken vor sich hindampften und wie schmutzige Kaninchen in einem überfüllten Stall stanken.

Schließlich machte sich Henry auf den Weg ins nahe gelegene Studio von Emil Schnellock, seinem ältesten und wahrscheinlich besten Freund. Mit Emil hatte er gute Zeiten erlebt und manch langes Gespräch geführt. Aber jetzt gab es anscheinend nicht mehr viel zu sagen – nur die gleiche alte Frage: »Hast du ein paar überflüssige Moneten bei dir?« June hatte charakteristischerweise diesen Punkt total vergessen. Emil förderte einen Zehndollarschein zutage. Das war das ganze Geld, das Henry auf das Schiff mitnahm.

Und dann ging er an Bord. Merkwürdig, daß ihn böse Vorahnungen überfielen, weil man ihm Kabine dreizehn zugewiesen hatte, denn früher war er nie abergläubisch gewesen. Ein überwältigender Impuls, alles aufzugeben und an Land zurückzukehren, kämpfte mit dem trotzigen Gefühl, daß er einem unabänderlichen Schicksal folgte. Er wollte nicht gehen, aber bleiben konnte er auch nicht.

Der New Yorker Hafen mitten im Winter: Die Luft war kalt wie eine Eisenstange, und der Schnee peitschte die Gesichter der Passagiere an der Reling. Aber Henry war so taub und gefühllos, daß ihm die Luft zu seiner Überraschung milde vorkam. Die *American Banker* zog lautlos ihre Bahn in den Hafen hinaus, aber er konnte keine Bewegung spüren. Er fühlte sich erstarrt, auf merkwürdige Art und Weise verblüfft, daß der New Yorker Hafen an ihm vorübertrieb. Fast vergaß er, wohin er unterwegs war. Hilflos starrte er in die weiße Leere des Schneesturms; er konnte gerade noch schwach die Skyline ausmachen. Dicht fiel der Schnee in großen Flocken auf das Schiff, Flocken, die in dem grauen Wasser verschwanden, vollkommen verschwanden, ohne irgendeine Spur zu hinterlassen. Das löste bei ihm ein eigenartiges Gefühl aus, so als könnte der Himmel selbst herabstürzen und lautlos vom Wasser verschluckt werden.

Und dann verschwanden Skyline und Hafen. Henry tauchte in den Bauch des Schiffes hinunter und warf sich auf sein Bett, wo er unkontrolliert vor sich hin schluchzte. Es war, als wäre auch er von der See verschluckt worden.

Er hatte das Gefühl, daß er nun endlich am untersten Grund angekommen war, aber er täuschte sich. Er ähnelte einem Schwimmer, der gerade eben seinen Kopf ein bißchen unter die Wasseroberfläche gesteckt hatte. Er hatte noch einen langen Weg nach unten zurückzulegen, bis er in den Schlamm des Grundes sinken würde und endlich den Weg zurück an die Oberfläche beginnen konnte.

Henry, 8 oder 9 Jahre alt, mit Loretta und seinen Eltern
(Copyright: Capra Press)

Die Xerxes-Gesellschaft (Henry links unten)
(Copyright: Capra Press)

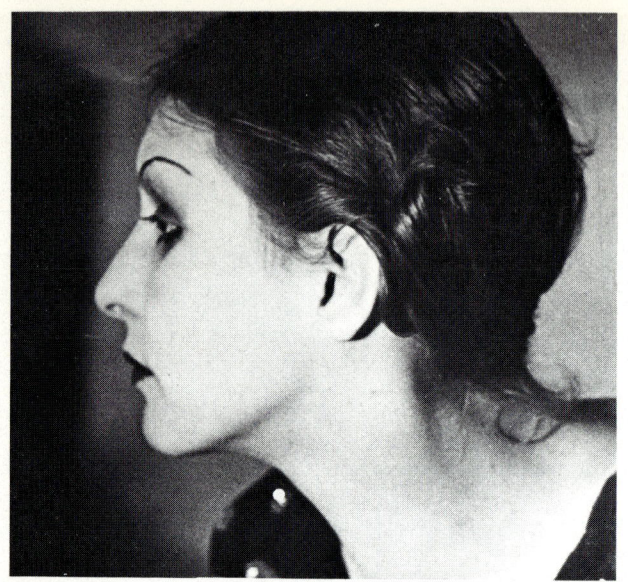

June (die »Mona« der Wendekreise). Henrys zweite Frau
(Copyright: Capra Press; Henry Miller)

Alfred Perlès, 1932
(Copyright: Brassaï)

Henry Miller, 1931
(Copyright: Brassaï)

Zweites Buch
Paris

1. Literat

London paßte zu seiner Stimmung. Es war trostlos, unfreundlich, verarmt. Er fühlte sich freudlos und einsam und hatte nur ein paar Dollar. June hatte versprochen, sie würde ihm einen Geldbetrag an American Express, London, überweisen. Er war nicht überzeugt gewesen, daß es da sein würde, und es war auch nicht da.

Also mußte er wieder das alte Spielchen spielen, diesmal auf internationaler Ebene: auf Kredit leben. Sein erstes Problem war eine Unterkunft. Er würde ein Zimmer mit Verköstigung auf Wochenbasis nehmen müssen, um Vorauszahlung zu vermeiden. Zumindest würde er am Leben bleiben, bis der Zaster von June kam. Bald danach merkte er, daß es in Londons billigeren Hotels weder Heizung noch Wasser auf den Zimmern gab. Es waren einfach nur »elende, düstere, kleine Zimmerchen«. Ohnehin deprimiert, ließ ihn die Aussicht, in einem dieser Zimmer wohnen zu müssen, nur noch verzweifelter werden. Obwohl er am 25. Februar 1930 in London ankam, erschien ihm das Klima zuerst mild, so wie der frühe Frühling in New York. Aber bald schon spürte er den Unterschied. Keine Sonne durchdrang den Nebel und den Nieselregen; und der Anblick der feuchten, einsamen Zimmer ließ ihn erschauern. In seinem Herzen war es feucht und kalt, und ihn verfolgte die Vision, in einem dieser trostlosen Räume zu sterben – »hübsche Örtchen, um einfach zusammenzuschrumpfen und darin zu sterben, ohne daß einer von Londons sieben Millionen was davon erfährt«. Er hatte Angst, allein zu sterben; vom dichten Nebel verschluckt zu werden, so wie Schnee von der See geschluckt wird, verschwunden ohne jede Beachtung oder Erinnerung. Schließlich entschied er sich für das Melvin Private Hotel, eine Pension, wo er für dreieinhalb Guineen pro Woche ein

Zimmer mit Verpflegung bekam. Er lud sein Gepäck im Melvin ab und grub sich ein, um auf Junes Geld zu warten.

Keine wie auch immer geartete Niedergeschlagenheit hatte Henry je vom Spazierengehen abgehalten. Sein Hotel lag in der Nähe des Britischen Museums und der Universität von London. Die Ausstellungen im Museum fand er überwältigend, vor allem den wunderbaren Prunk exotischer, bizarrer Antiquitäten. Er strich durch Londons enge Gassen, und wie jeder Tourist besuchte er *Dirty Dick's Pub*, aber für ihn war es bloß »ein dreckiger kleiner Weinkeller, mit toten Ratten dekoriert«. Er war ein bißchen schockiert, als er entdeckte, daß die Frauen genauso in die Kneipen kamen wie die Männer und dort tranken. Er probierte die U-Bahn-Züge aus, die ihm wegen ihrer Sauberkeit und Pünktlichkeit gefielen, und vor allem konnte man – erstaunlicherweise! – in den Wagen rauchen, während man in Plüschsitzen mit Armlehnen ruhte! Die Engländer, so schien es, besaßen einen zivilisierten Sinn für Bequemlichkeit. Aber es war auch in der U-Bahn, wo ihn die Klassenunterschiede der englischen Gesellschaft schwer trafen. Er konnte die unteren Klassen – eine »gemeine, niedrige, unterwürfige Masse, die mehr wie Zwerge und Affen denn wie menschliche Wesen wirkten« – Seite an Seite mit dem englischen Gentleman sitzen sehen, »häufig in seinem Cutaway, Gamaschen und mit Seidenhut. Er ist schon ein Prinz von einem Kerl... Als Musterexemplar an Zivilisation und Verfeinerung ist er nicht zu schlagen.« Zwischen den Klassen schien ein Abgrund zu klaffen, so tief wie zwischen verschiedenen Gattungen. Kein Wunder, dachte er, daß überall an den Straßenecken Agitatoren zu finden waren, die ihrem Ärger über die Mißstände Luft machten. Es war verständlich, daß sie eine beträchtliche Zuhörerschaft um sich versammelten. Englische Arbeiter mußten von Elendslöhnen leben. Auch Henry hatte nichts, überhaupt nichts. Und nach wenigen Tagen erschien ihm London besonders teuer. Was nützte es, in der U-Bahn rauchen zu dürfen, wenn ein Päckchen Zigaretten einen ganzen Shilling kostete? Endlich, nach einer Woche qualvollen Wartens, sah Henry den Angestellten bei American Express nicken, als er sich seinem Schreibtisch näherte. June hatte genug geschickt, um ihn aus dem Melvin auszulösen und ihn bis Paris zu bringen. Keine Chance, nach Spanien zu fahren.

Als der Zug in Paris einfuhr, dachte Henry traurig darüber nach, daß er zwanzig Jahre zu spät in Paris ankam. »Jesus«, schrieb er Emil

Schnellock, »wenn ich daran denke, daß ich achtunddreißig und arm und unbekannt bin, dann steigt mir die Galle hoch.« Er hatte mit seiner eigenen Generation nicht Schritt gehalten: Seit zwei Jahrzehnten hätte er schon veröffentlichen sollen, aber statt dessen war er in der Literaturbranche immer noch ein blutiger Anfänger. Wäre er mit einundzwanzig Jahren Auslandsamerikaner in Paris geworden, anstatt nach dem Goldenen Westen aufzubrechen, dann hätte er zu seinem Bekanntenkreis Max Jacob, Cendrars, Apollinaire, Gauguin, Douanier Rousseau, Picabia zählen können und all die anderen, die zur Zeit des Ersten Weltkrieges Paris zum kulturellen Zentrum der Welt gemacht hatten. Vielleicht hätten sie ihn willkommen geheißen. Aber mittlerweile war er achtunddreißig Jahre alt. Die Karrieren von Leuten seines Alters waren in einigen Fällen bereits am Höhepunkt angekommen, er aber war immer noch anonym, und wahrscheinlich war es ihm bestimmt, es auch zu bleiben.

Er gestand sich ein, ein paar Verbündete, einige wenige Vorteile zu besitzen. June würde ihn wohl unterstützen – knapp und dürftig – bei einem Wechselkurs von zweiundzwanzig Franc auf einen Dollar. Emil Schnellock, Joe O'Regan, ein neuerer Freund namens Abe Elkus, der einen Textilladen in Brooklyn besaß, Emil Conason und ein paar andere Kumpel würden ihn nicht im Stich lassen. Er hatte zwei Reisetaschen und einen großen Koffer, in denen maßgeschneiderte Fifth-Avenue-Kleidung für alle Jahreszeiten ruhte, angefertigt von Henry Miller, *Gentleman's Tailor*. In der Reisetasche befand sich ein Exemplar von Walt Whitmans *Leaves of Grass* und in einem Koffer das komplette Manuskript von *Moloch* und der Entwurf seines Romans über June. Schließlich und endlich hatte er sich einen Rest von Humor bewahrt. Auf seine Briefumschläge schrieb er:

Absender: Henry V. Miller
Literat
c/o American Express
11 Rue Scribe
Vive la France! Liberté, Egalité, Fraternité!
Pax Vobiscum

Er fühlte sich in Paris schrecklich einsam und sehnte sich nach June, er hatte in der Stadt keinen Freund (außer Zadkine, dem er nicht unbedingt begegnen wollte). Zum erstenmal war er wirklich einsam.

Kaum war er in Paris angekommen, wurde ihm klar, daß er nicht mal zurückfahren konnte, wenn er es wollte, weil ihm das Geld für die Überfahrt fehlte. Kein Emil war in der Nähe, immer gut für einen kleinen Zuschuß, keine Mutter und kein Vater, bei denen er einziehen konnte. Daran gewöhnt, seinen eigenen Wünschen gegenüber nachsichtig zu sein, fand er es widerlich, auf jeden Pfennig sehen zu müssen. Sein natürlicher Instinkt war, Paris zu genießen und sich etwas zu gönnen. Aber er mußte an die Zeit denken, wo ihm vielleicht überhaupt keine Mittel mehr zur Verfügung standen, wo er kein Zimmer, kein tägliches Glas Anjou, keine Rasierseife haben würde, ja vielleicht nicht mal ein kostbares Stück Papier, um sich den Hintern abzuwischen.

Henry hatte oft am Rande der Katastrophe gestanden, aber er konnte stets, wenn er zu versinken drohte, auf eine rettende Hand zählen. Nun war er in das Leben einer namenlosen Menge eingeschmolzen, bewegte sich wie andere auch, glotzte auf das, was die Masse in Bewegung brachte, wurde mit die Straße hinuntergespült. Es war ein Schwimmen ohne Bewußtsein oder Sprache in einem unterschiedslosen Meer, eine Zurückführung auf die einfachsten Impulse – Wärme, Hunger, Aufregung. Er wurde vollkommen von zwei simplen Grundsätzen regiert, die Paris ihm schenkte: *Fay ce que vouldras!* – Rabelais' Motto – und *Defendez-vous contre la syphilis!* – die Warnung, neben einen hämisch grinsenden Totenschädel geschrieben, der jedes Pissoir der Stadt zierte. Da sein Leben so wenig Inhalt hatte, konnte er sich ebensogut nach diesen beiden Axiomen richten.

Seine Tage begannen, eine gewisse Einheit anzunehmen, wie sich Treibholz in der Flut zusammenschiebt. Jede Bewegung war neu, aber sie hinterließ stets ein Muster für zukünftiges Verhalten. Zuerst versuchte er natürlich, sich in den gewohnten Bahnen zu halten. Bei seiner Ankunft in Paris beispielsweise ging er direkt ins Hôtel de Paris, wo er mit June gewohnt hatte. In einem Straßenrestaurant am Boulevard St. Germain verspeiste er sein erstes Mahl in Paris. Er war aufgeregt und verängstigt. Sogar die Worte gingen ihm aus – obwohl er *légumes* bestellen wollte, konnte er sich einfach nicht an *haricots verts* erinnern. Er würgte irgendwas heraus, aber der verständnislose Ausdruck im Gesicht des Kellners sagte ihm, daß er einen Fehler gemacht hatte; und nachdem er dieses Wort falsch angewendet hatte, verlor er das Vertrauen in sein bißchen Französisch. Er konnte nur noch Englisch sprechen und Zeichen machen – aber wie sollte man in der Zeichensprache »Bohnen« ausdrücken? In Amerika entsprang Henrys Überlegenheitsgefühl seiner Fähigkeit, mit Worten umgehen zu können. Aber jetzt wurde ihm deutlich, daß er in Frankreich hilflos war. Durch seinen amerikanischen Wunsch nach Bohnen hatte er sich lächerlich gemacht. Schön, sollten sie ihm doch geben, was sie wollten. *Fay ce que vouldras!*

Am nächsten Tag verließ er das Hotel und die Erinnerungen an June und zog in ein kleineres Zimmer in der Rue Bonaparte: Hôtel St. Germain des Près, Hausnummer 36. Der Name klang vornehm und machte sich gut auf Briefen oder Postkarten an Freunde, und Auguste Comte hatte hier auch vier Jahre lang gewohnt. Es war alt und schäbig, aber billig, und das war das Wichtigste. Für zwanzig amerikanische Dollar nahm er sich ein Zimmer im fünften Stock genau unter dem Mansardendach. Direkt vor seinem Zimmer gab es ein Bad, das er für fünf Franc pro Besuch benützen konnte. Die Dachfenster ließen wenig Licht herein, die Decke fiel steil ab, die gelbe Tapete war fleckig und pellte ab, auf dem Fußboden gab es keinen Teppich, die Lüftung war unzureichend, die Heizkörper lauwarm, der Raum modrig und zugig – aber Henry genoß es, daß dieses Pariser Zimmer ihm allein gehörte.

Was noch besser war, auf der anderen Straßenseite wohnte eine Anzahl Maler; sie hingen ihre Leinwände mit der Bildseite nach außen zum Trocknen auf die Balkons und sorgten so für Farbe an den grauen Gebäuden. Jedesmal, wenn Henry in sein Hotel ging, kam er an einem Kunstladen vorbei, dessen Preise so lächerlich niedrig schienen, daß ihm der Gedanke kam, er könnte genauso gut nebenbei ein bißchen malen. Dann könnte er ebenfalls seine Werke aushängen wie Poster, die auf der Seite der Rue Bonaparte mit den ungeraden Hausnummern verkündeten: Auch hier wohnt ein Künstler, Henry Miller.

In seinem Viertel um die Rue Bonaparte herum drängten sich viele Kunstgalerien. An jeder Ecke stieß man auf eine Gouache von Max Jacob, einen Holzschnitt von Kandinsky, ein Ölgemälde von Miró, ein Aquarell von Laurencin, einen Lurcat oder einen Cocteau; es war, als würde man Europa selbst begegnen, seinem Intellektualismus, seiner zu künstlerischer Vollkommenheit erhobenen Ernsthaftigkeit. Man konnte in diese Läden hineinmarschieren und die in den Kästen gestapelten Arbeiten durchsehen; wie Fische aus einem Tank konnte man die Werke von Genies herausziehen. Trotzdem hatte Henry das Gefühl, daß die zeitgenössische europäische Kunst nach Geometrie schmeckte. Seiner Meinung nach war die Ozeanische und Afrikanische Ausstellung im *Théatre Pigalle* dem Intellektualismus des Kubismus weit überlegen. In dieser Ausstellung, schrieb er an Emil Schnellock, steckte der direkte, autochthone »Ausdruck von Völkern in verschiedenen Zivilisationsstufen, noch unberührt von einer verrotteten, verlogenen weißen Kultur«.

Ein flüchtiger Blick auf den Stadtplan von Paris zeigte ihm, daß die Stadt übersät war von mit Schriftstellern geweihten Straßen – Balzac, Eugène Sue, Rousseau, Baudelaire, Cervantes, Villon, Victor Hugo. Aber mehr noch als das war Paris eine Stadt, deren ureigenste Geschichte eng mit der Geschichte der Literatur verbunden war. Er markierte seine Karte von Paris und machte sich auf die Suche nach diesen historischen Straßen und den Häusern von Rousseau und anderen Unsterblichen. Immer noch war er ein Tourist in der Welt der Kunst. Zwanzig Jahre waren vergangen, seit er den Börsenmakler Robinson gefragt hatte, wie man es anstellen sollte zu schreiben: Aber Henry hatte immer noch nicht begriffen, daß Robinson ihm die einfache Wahrheit gesagt hatte, als er ihm riet, einfach drauflos zu schreiben. Henry glaubte immer noch, daß ein geheimer Gang in die Welt der Kunst führe, ein Kodewort, ein Abzeichen oder ein besonderer Händedruck, wie ihn die Xerxes-Gesellschaft hatte. Und so wollte er das Paris der Künstler entdecken und versuchen, alles mit ihren Augen zu sehen. In der Amerikanischen Bibliothek am Boulevard Raspail fand er zwei Bücher, die zu seinen wichtigsten Führern wurden: Arthur B. Maurices *The Paris of the Novelists* und Francis Carcos *Bohemia*. An dem großen Rotholztisch, der den weiten Weg von Kalifornien bis zur Amerikanischen Bibliothek gefunden hatte, blätterte er diese Bücher durch, machte weitschweifige Notizen und überlegte, wie er diese Bücher am besten klauen könnte. Das Buch von Maurice lieferte ihm genau das, was er wollte: die Örtlichkeiten, die Romanszenen angeregt hatten. Auf der Suche nach ihnen machte er stundenlange Wanderungen, verirrte sich oft und mußte Passanten fragen, die meist sein Französisch nicht verstanden. Aber er lernte Paris kennen.

Millers erster Sonntag in Paris setzte das typische Grundmuster für sein Pariser Leben. Obwohl er immer noch ein bißchen unter einer Erkältung litt, die er sich in London eingefangen hatte, beschloß er, zeitig aufzustehen (was er bei June nie gedurft hatte), das frühe Morgenleben von Paris zu beobachten und diesen Sonntag zu einem einmaligen Ferientag zu machen.

Er wurde frühzeitig von den Rufen der Straßenhändler geweckt, von denen jeder seine eigene Melodie sang. Er sprang aus dem Bett, entschlossen, noch vor dem Frühstück St. Severin zu besuchen. Paris erwachte früh, und die Hausfrauen eilten bereits durch die gewundenen Straßen. Die Straßenkehrer waren noch an der Arbeit: Mit langen Besen aus dünnen Hanfbüscheln fegten sie den Dreck von der Straße in den Strom des Wassers, das im Rinnstein in die geheimnisvollen Gullies floß. Die Luft war kühl, aber die Sonne schien schon kräftig und verlieh der Luft einen zarten Glanz, wie von grauen Wänden gespiegeltes, gestreutes Licht.

Er ging die Seine entlang, sagte sich den Namen jeder Brücke vor, an der er vorbeikam. Auf beiden Seiten des Flusses warfen Männer mit langen Ruten Leinen in das leicht geriffelte Wasser; ihre Schatten zitterten und bebten unwirklich auf der Oberfläche. In der Ferne, wo sich der Fluß schlängelte und wand, schienen sich die Häuser über den Ufern liebevoll dem Wasser zuzuneigen. An diesem Morgen schien eine direkte Begegnung mit dem authentischen, unsterblichen Paris möglich. Diejenigen, die an den Ufern der Seine entlangschlenderten, die Brücken überquerten oder darauf stehenblieben, um den Ausblick zu genießen – wie er es tat –, waren von ihren Vorgängern aus früheren Zeiten nicht zu unterscheiden. Er war kaum mehr als ein Partikel in einem fließenden Strom, anonym, aber lebendig und strahlend wie ein warmer Tropfen eines wunderbaren französischen Likörs.

Gegen elf Uhr vormittags stieg er wieder die Stufen zu seinem Hotel und weiter die fünf Stockwerke zu seinem Zimmer hoch. Bis eins arbeitete er an seinem Roman über June und Jean und vermehrte ihn um ein oder zwei Seiten. Aber er schaffte es nicht, den Straßen lange fernzubleiben. Er ging in die Richtung des Gare Montparnasse und sah sich die berühmten Literatencafés an. In vielen Hauptstraßen kam er an Freiluftausstellungen vorbei, in denen sich die Künstler mit der Bourgeoisie vermischten, die *en masse* unterwegs war, um die künstlerische Wochenproduktion zu begutachten. Die meisten Gemälde waren scheußlich, aber die Künstler in Kordhosen und schwarzen Baretten, mit gewaltigen Pfeifen, die in dichten Bärten verschwanden, wurden jeder Erwartung gerecht. Henry bahnte sich einen Weg zum Deux Magots und fand einen ruhigen Tisch. Seinen ersten Pernod trank er allein. Er öffnete das Manuskript seines Romans und überlas, was er kurz zuvor ergänzt hatte, brachte hier und da Korrekturen an und empfand selbstzufrieden, daß er genau das tat, was man von einem Literaten zur Mittagszeit erwarten konnte – einen Pernod schlürfen und an einem Manuskript arbeiten. Ohne daß er es merkte, stießen sich vielleicht Touristen an und machten sich gegenseitig auf ihn aufmerksam. Ein bißchen sträubte er sein Gefieder; er sehnte sich danach, eine lokale Größe zu sein.

Während er zu der uralten Eglise St. Germain hinüberspazierte, machte er einen Umweg durch ihre Gärten, wo die vor langer Zeit heruntergefallenen oder von der Kirche entfernten Wasserspeier auf Podesten aufgeschichtet lagen wie geopferte Köpfe vorchristlicher Monstren. Dann wandte er sich der Gegend hinter dem Gare Montparnasse zu, auf der anderen Seite der Avenue du Maine, wo sich die Güterbahnhöfe ausbreiteten. Der bleierne Nachmittagshimmel blendete direkt in die grauen Steinmauern, die grauen Gebäude, die graugepflasterten Straßen und die staubigen Fenster. Eine herrliche zirkusähnliche Szenerie öffnete sich vor ihm, all seine Sinne reagierten darauf, als befände er sich in einem surrealistischen Gemälde. Die zerlumpten Idioten von Chagall, die Grotesken von Goya, die einäugigen Monstren von Picasso, all das zog an seinem Auge vorbei, streifte ihn, schrie auf, murmelnd und stolpernd. Im Zentrum der Aktivität konnten die Pferdeschlächter kaum den Andrang bewältigen. Die tropfenden Kadaver, aufgeschlitzt und an Haken gehängt, wirkten monströs, vorsintflutlich. Zwei oder drei Zwerge, die grunzend und keuchend einen dieser Kadaver an einen Haken zu hängen versuchten, sahen schwachsinnig aus wie die Zwerge von Velásquez oder deformiert wie Fantin-Latours Gnomen. Hier, nur ein paar Häuserblocks von dem blutleeren Dôme mit seinem verlogenen bohèmehaften Literatentum entfernt, lag eine ganz andere Welt, brutal, aber machtvoll, ihr einziger Sinn der sinnlose Fortgang des Lebens.

Wieder in seinem Zimmer angekommen, fühlte sich Miller ein bißchen unsicher, wie es mit seinem Roman weitergehen sollte. Obwohl er den Schluß seiner ersten Fassung, in dem der Ehemann melodramatisch die lesbische Geliebte seiner Frau ermordet, total verworfen hatte, versuchte er immer noch, viele frühere Episoden des Buches zu verwenden, ohne zu erkennen, zu welchem möglichen Ende das führen sollte. Jetzt, wo die wirkliche Jean tot war, brauchte er sie nicht mehr in seiner Phantasie umzubringen. Der Sinn des Buches lag im Dunkeln; es wirkte leblos; es verblaßte neben dem Leben vor seinen Augen. Er begann, daran zu denken, einen Bericht über Paris zu schreiben – nicht gerade einen Reiseführer, eher seine Eindrücke und Impressionen, und er wollte es – natürlich – »Paris und Ich« nennen.

Voll von Ideen spazierte er zum Boulevard St. Germain, um sein Sonntagsdiner einzunehmen, und fing auf der Rückseite der hand-geschriebenen Menükarte einen Brief an Emil an. Die Seiten häuften sich, der Brief floß leicht dahin, und er begriff, daß er ihn unbewußt schon den ganzen Tag über geschrieben haben mußte. So lange war er nun schon daran gewöhnt, Bücher im Kopf zu entwerfen, daß durch die Straßen zu laufen für ihn gleichbedeutend war mit schöpferischer Tätigkeit. Also schrieb er weiter zwischen den einzelnen Gängen eines herrlichen à-la-Carte-Diners für zweiund-zwanzig Franc mit einem Café crème für zwei Franc fünfzig als Abschluß. Was machte es schon, daß ihm während seiner ersten paar Tage in Paris die Hundertfrancscheine mit erschreckender Geschwindigkeit durch die Finger geglitten waren? Bald schon, das spürte er, würde er die Stadt wirklich kennen und wissen, wo er ein Essen für zwölf Franc oder ein Frühstück für fünfzig Centimes bekommen konnte. »Also Leute, alles in allem genommen bin ich zufrieden«, schrieb er an Schnellock (mit der Anweisung, seine Briefe an Ned, Conason, Joe und Elkus weiterzugeben). »Ich will hier schreiben. Ich werde ruhig und zurückgezogen leben. Und jeden Tag werde ich ein bißchen mehr von Paris sehen, werde es studieren, es auswendig lernen, als wäre es ein Buch. Es ist ganz bestimmt die Anstrengung wert. Über Paris Bescheid zu wissen bedeutet, eine ganze Menge zu wissen. Welch ein gewaltiger Unterschied zu New York. Was für beredte Überraschungen warten hinter jeder Straßen-ecke auf einen. Sich hier zu verirren ist ein außergewöhnliches Abenteuer. Die Straßen singen, die Steine reden. Die Häuser triefen vor Historie, Ruhm, Romantik.«.

Er nahm den Mund ganz schön voll, und es war nicht gerade wenig, was er da zusammen mit dem Essen hinunterzuschlucken hatte, aber Henry beschloß, daß er nicht einer von diesen Schwachsinnigen sein würde, die in den Cafés lebten und lediglich so taten, als wären sie

Künstler. Er würde dem Pariser Leben wirklich auf den Grund gehen. Um die Sprache zu erlernen, benützte er jetzt bereits ein französisches Wörterbuch und übersetzte Paul Morands Buch über New York. Bei dieser Beschäftigung erfuhr er zugleich etwas über Morands Kunst des Sammelns und Aufzeichnens von Impressionen – er war entschlossen, für Morands Paris das zu tun, was Morand für Henrys New York getan hatte.

Nachdem er sich wieder ins Hotel begeben hatte, übersetzte er am Abend dieses ersten Sonntags eine Zeitlang Morand, wobei er häufig das Wörterbuch zu Rate ziehen mußte. Als sich sein erster Sonntag in Paris seinem Ende entgegenneigte, träumte er davon, daß er einmal ein solches Buch schreiben würde. Nach einiger Zeit verschwammen ihm die Sätze vor den Augen; er schloß Morands Werk und schrieb June einen langen Brief. Als er ihn beendet hatte, war es immer noch nicht an der Zeit, ins Bett zu gehen, und da er keine Freunde hatte, die er hätte besuchen können, wandte er sich wieder der Arbeit an seinem Roman zu, so wie er es in den letzten paar Nächten auch getan hatte. Abgekämpft, aber immer noch voller Erregung, ging er schließlich am Ende seines ersten Sonntags in Paris allein ins Bett – mit sehnsuchtsvollen Gedanken an June.

2. Paris und Ich!

Die Idee zu dem Buch über Paris setzte sich fest; sie vermittelte Henry das Gefühl, daß sein Parisaufenthalt Sinn und Zweck hatte; er mußte nur herumstromern, sich auf zufällige Begegnungen verlassen, das war seine Aufgabe. Davon abgesehen hatte Henry Miller es satt, Dion Moloch oder Tony Bring zu sein – welch eine Erleichterung, in der ersten Person zu schreiben, die eigenen Gedanken zu denken. Warum so tun, als wäre er an irgendwelchen »Gestalten« interessiert – in Wirklichkeit interessierte er sich lediglich für sich. Jeder seiner Freunde wußte, daß er bei allem, was er schrieb, sein eigener Held war und daß die Ereignisse, die er schilderte, seinem Leben entstammten. In seinem früheren Elend hatte er geglaubt, daß das Leben unwirklich sei, vollkommen fiktiv, daß er keinen Sinn in seine Existenz bringen könnte. Nun stolperte er auf die Vorstellung zu, daß Realität einfach das war, was *ihm* geschah: Realität war schlicht und einfach identisch mit *seiner* Fiktion der Realität. Dementsprechend beschloß er, aus seinen Briefen einen umfassenden und wahrheitsgetreuen Bericht seiner Erfahrungen zu machen und dies dann als Grundlage eines Buches über Paris zu verwenden. Natürlich wußte Henry, daß frühere Autoren, angefangen bei Horaz und bis hin zu Oliver Goldsmith, Reisebriefe geschrieben hatten, und er glaubte, daß seine eigenen Berichte dem skeptischen, aber naiv-humorvollen Stil der Briefe in Mark Twains *Innocents Abroad* ähnelten. Viele seiner Episteln waren zwanzig oder mehr Seiten lang und erreichten Emils Briefkasten komplett mit literarischen Titeln wie »Frühling auf den Bürgersteigen«, »Der Löwe vom Louvre« und »Sechstage-Radrennen«. Es waren seine New Yorker Mezzotintos, auf den neuesten Pariser Stand gebracht, aber flüssiger und rhapsodischer: Er träumte davon, daß sein Buch eines Tages in den Bücherborden des Amerikanischen Clubs neben *Bohemia* und *The Paris of the Novelists* stehen würde.

Wenn er allein lebte, war Henry geradezu süchtig nach Regelmäßigkeit und Ordnung in seinem persönlichen Verhalten. Er war erst eine Woche in Paris, als er schon einen Arbeitsplan aufstellte und sich ein Programm verordnete, um jede Woche einen langen Brief zu schaffen, der zur späteren Verwendung in einer zusammenhängenden Erzählung gedacht war. In seinem übertriebenen Wunsch, alles zu sehen – und dies möglichst schnell – und um sicherzugehen, auch genug Material zusammenzutragen, raste er auf seinem Fahrrad durch Paris, als trainierte er für die Tour de France. Selbstverständlich übertrafen seine Fahrten bald schon seine Fähigkeit, sie aufzuzeichnen. Er war gezwungen, weitschweifige Notizen von zehn bis fünfzehn Seiten pro Tag zu machen, bis sein Notizbuch von ungenutztem Material überquoll. Gegen Ende des ersten Monats verlor er die Übersicht darüber, was er bereits in den Briefen behandelt hatte und was noch in seinen Notizen zusammengefaßt war. Er bat Emil, ihm mitzuteilen, was er abhaken konnte. »Hier sind ein paar Sachen, bei denen ich im Zweifel bin, ob ich schon was drüber geschrieben hab.«

Die Legende der Pissoirs
Trödelmarkt, Boulevard Richard Lenoir
Flohmarkt, Clignancourt – echte Kunstobjekte unglaublich billig
einschl. ozeanische, afrikanische, melanesische, siamesische usw.

Kandinsky, Lurcat, Miró, Czobel, Dufresne
Surrealismus – Zweites Manifest (Aragon, Breton, Soupault et alia)
Abattoir Hippophagique, Ville Malakoff, Place Violet
Place Vauban – der letzte Mann von Europa schläft unter dem Kapitol. – Willy – »Le Troisième Sexe«
Karls des Großen Schachfiguren – der Makkaronityp in der Bibliothèque
Rue Blomet und andere Straßen
Grand Guignol – Cent Lignes Emues und »Le Griffe« – Verblüffend!
Die Mumien im Trocadero – wo Zadkine, Maillol, alle, ob groß oder klein, sich ihre erste Inspiration holten – und ihre letzte. . .
Der muselmanische Friedhof auf Père Lachaise
Toiletten am rechten Ufer und Toiletten am linken
Die Lesben im Jockey Club und die Schwulen der Rue de Lapp
Der Idiot auf französisch – mit einer französischen Madame für Nastasia Filippowna
Die Madonna der Sandwichs – Rue Mademoiselle
Der Kosmos in der Wohnung – die Galerie Zac – mexikanische Ausstellung. – Dufresnes herrliche rosafleischige Aktgemälde – ein Stück Leinwand zum Frühstück.

Als Schnellocks Antwort eintraf, ertrank Henry bereits in weiteren Notizen. Er lernte Guy Hickock kennen, einen Journalisten vom *Brooklyn Eagle,* der ebenfalls Paris erforschte, und fragte ihn nach exotischen Plätzen aus. Gegen Ende März lud Hickock eines Abends Henry zu einem köstlichen Mahl in ein Café gegenüber der Madeleine ein. Während des Essens erzählte ihm Henry von den merkwürdigsten Orten, die er entdeckt hatte – Cité Nortier, das aussah, als wäre es eine Kulisse der Ufa –, und als Gegenleistung brachte ihn Hickock an seinen Lieblingsplatz, eine schmale gewundene Straße namens Rue Asselin unterhalb von Buttes-Chaumont, eine trostlose Gasse, wo die Huren, die sich den Arabern und Algeriern anboten, wie die Aasgeier auf jeden Passanten stürzten. Henry setzte das auf seine Liste der Orte, über die er ausführlich schreiben wollte. Ende März, noch nicht einmal einen ganzen Monat in Paris, hatte er bereits ausreichende Beobachtungen gemacht, um auf Jahre hinaus versorgt zu sein. Er brauchte jetzt nur genügend Zeit, um sie zu verarbeiten und eine Form für sie zu finden. Seine Einsamkeit hielt ihn bei der Arbeit, und die Freude an der Arbeit ließ ihm neue Ideen zufliegen. Henry schrieb sogar einen Brief an Morand, in dem er dessen Analyse von New York überschwenglich lobte. Dann machte er gleich weiter und verfaßte einen ähnlichen Brief an Maurice Dekobra, dessen *Sèche L'Amerique* er ebenfalls als ein Vorbild für sein Buch über Frankreich ansah. Der erste antwortete ihm höflich, was Henry auf den Gedanken brachte, Morands Bekanntschaft zu machen und seine Dienste als »Experte für amerikanische Zivilisation« anzubieten. Seine Begeisterung kam dem Roman zugute; er nahm ausgiebige Verbesserungen vor, fügte noch hundert Seiten hinzu und gab ihm einen französischen Titel: *Très lesbienne.*

In der Zwischenzeit war Henry auch anderen Einflüssen ausgesetzt. Im Club de L'Ecran, Salle Adyar, am Place Rapp, gab es ein Theosophisches Zentrum mit einem kleinen Zuschauerraum und einer Leinwand; hier trafen sich Intellektuelle und diskutierten über die Produktionen der Experimentalfilmer. In den Diskussionen nach der Filmvorführung blieb er zurückhaltend (er konnte kaum den schnell gesprochenen Kommentaren folgen, und er war darauf bedacht, sein eigenes kümmerliches Französisch zu verbergen), aber er war tief beeindruckt. Nach einer Vorführung von Buñuels surrealistischem *Un Chien andalou* konnte Miller nicht länger schweigen. Er ging heim und verfaßte auf englisch einen langen Brief, »so verrückt wie der Film und noch verrückter«, den er dem Regisseur schickte. Leider erhielt er von Buñuel nie eine Antwort.

Ein paar Wochen später geriet Miller wegen eines anderen Films in ähnliche Aufregung – es war Germaine Dulacs *La Souriante Madame Beudet.* Er richtete ein langes Schreiben an diese Regisseurin und wurde daraufhin in Madame Dulacs Haus geladen. Henry war begeistert, in einem Schauer höchster Erwartung stand er vor ihrer Tür. Ein Dienstmädchen ließ ihn ein, und ein Butler geleitete ihn in Madame Dulacs Arbeitszimmer, das von einem weichen, theatralischen Licht erfüllt war. Die von Bücherregalen bedeckten Wände glühten in den vollen tiefen Tönen polierten Holzes und kostbarer ledergebundener Bücher. Zwischen ihnen hingen antike Seekarten, und überall im Zimmer standen große, erleuchtete Aquarien, in denen exotische Fische schwammen.

Er sah sich in diesem herrlichen Zimmer um, bis Madame Dulac – selbst wie ein exotischer Fisch aussehend – aus der Tiefe des Raumes auf ihn zugeschwommen kam. Er war von ihrer männlichen Kleidung und dem festen Händedruck ein bißchen überrascht, aber auch geschmeichelt, mit welcher Freude sie ihn begrüßte. Sie bot ihm einen wunderbaren antiken Stuhl an, während sie selbst königlich hinter einem massiven Schreibtisch thronte. Die Erkenntnis traf ihn, daß dieser Raum alles in sich barg, was er sich wünschte, ein Traumzimmer, genau das, was ein Schriftsteller brauchte. Eines Tages, schwor er sich, würde er genauso ein Zimmer haben. Sie sprach mit leiser, murmelnder Stimme: Sein Brief habe sie nicht nur deshalb interessiert, weil er offensichtlich viele Filme gesehen hatte und ihre eigenen Bemühungen hochschätzte, sondern vor allem, weil er Amerikaner war. »Und warum hebe ich diese Tatsache besonders hervor?« fragte Madame Dulac. »Weil die Amerikaner Neuland betreten haben, indem sie Tonfilme machen.« Da sie ebenfalls einen Tonfilm plante, wollte sie Henrys Meinung über die Tonfilme hören, die er in Amerika gesehen hatte, und seine Vorstellungen darüber, wie man den Ton experimentell einsetzen könnte. Während sie sich unterhielten, zerbrach Henry sich auf der Suche nach intelligenten Bemerkungen über die Zukunft des Films den Kopf. Vor allem aber versuchte er, die Konversation auf eine Diskussion über neuentdeckte amerikanische Schauspielerinnen zu lenken – vor allem auf eine Schauspielerin, der ein überwältigender Erfolg bestimmt war. Hatte Madame Dulac je von June Mansfield gehört, der Schriftstellerin und Schauspielerin? Natürlich hatte sie nicht; aber Henry hatte noch nie Mühe gehabt, in den höchsten Tönen von June zu schwärmen, und er stellte sie als mystisches, sagenhaftes Geschöpf dar – und zur Abrundung des Porträts setzte er mit sicherem Instinkt eine Andeutung von June als *très lesbienne* hinzu. Die Regisseurin kam an seine Seite und legte schwer ihre Hand auf seine Schulter, während er von June sprach. »Ja«, sagte sie leise, June schien genau die richtige Schauspielerin für Madame Dulacs ersten Tonfilm zu sein.

Noch während Henry weiter mit der Dulac redete, schrieb er June bereits im Geiste über ihre Aussichten, ein Filmstar zu werden, und dazu entwarf Henry einen Brief an Emil, der einige seiner erlesenen Beobachtungen über das Kino enthielt mit seinem Schreiben an Buñuel als Zugabe.

Henry war vom Schreiben so besessen, daß er gar nicht merkte, wieviel seine Erlebnisse, mit denen die Bücher gefüllt werden sollten, kosteten. Seine Barschaft nahm in beängstigender Geschwindigkeit ab. Eintrittskarten zu Filmen, Zeitungs- und Bücherkäufe, die Fahrpreise der Métro, das Probieren neuer Weine, die umfangreichen Mahlzeiten, die er sich gönnte, sein Gläschen Anjou am Nachmittag, der Pernod am Abend, all das summierte sich. Anfang April hatte Henry noch fünfzig Franc in der Tasche und seine Miete im *Hôtel St. Germain* nur noch für einen oder zwei Tage vorausbezahlt.

Henry fand es irritierend, daß er sich ausgerechnet jetzt um Finanzen kümmern sollte, da er endlich den Rhythmus literarischer Arbeit gefunden hatte. Seiner Ansicht nach ließen sich all seine Schwierigkeiten auf Junes Verantwortungslosigkeit zurückführen. Obwohl sie ihm in den sechs Wochen, seit er New York verlassen hatte, keine einzige Zeile geschrieben hatte, waren mehrere Telegramme von ihr gekommen, aber sie enthielten nur Versprechungen und aufgeblasene Hoffnungen; am Ende immer derselbe Refrain: *Geld ist unterwegs. Ich schreib bald.* Aber weder Geld noch Briefe kamen je an. In endlosen Monologen schrieb er ihr ständig von seinen aufregenden Abenteuern *à la vie Parisienne;* er schrieb fieberhaft, mit romantischem Schwung, von seiner Liebe zu ihr. Aber nachdem sechs Wochen vergangen waren, verdorrten Henrys Briefe ebenso wie sein Elan und verwandelten sich in telegraphische, schmollende Hilferufe, die beherrscht waren von Wörtern wie »verzweifelt«, »Hoffnungslosigkeit«, »Gefangener« und »hungrig«. In der Gewißheit, von June nie mehr eine Antwort zu erhalten, mußte er schließlich seine Freunde um Geld bitten. »Laßt mich nicht verloren in einer bohèmehaften Welt herumirren«, schrieb er seinen New Yorker Kumpanen. Keine Antwort: Er hatte ins Leere gerufen. Mit solchen Sorgen im Kopf konnte er nicht arbeiten. Im April war er wirklich der Verzweiflung nahe.

Hilfe kam schließlich aus einer vollkommen unvorhersehbaren Quelle. Nach einem ergebnislosen Besuch bei American Express spazierte er an einem sonnigen Tag zu den Folies-Bergère, wo er gern in der Gasse am Hintereingang herumlungerte und davon träumte, daß ihn eines der Chormädchen ansprechen würde. Ein offener Lastwagen ratterte heran. In schwerem, gutturalem Französisch rief der Fahrer Henry zu, ihm beim Abladen der Eisenfässer mit

Insektiziden zu helfen, die er hineinrollen mußte. Henrys Antwort auf französisch war kaum besser. Aber, so machte er sich verständlich, er würde gern helfen (mit dem Hintergedanken, daß er vielleicht einen Blick auf die süßen Schönheiten hinter der Bühne werfen konnte, sobald er erst mal drinnen war). Bald kamen er und der Fahrer, ein Russe, ins Gespräch. Mit einigen Schwierigkeiten brachte Henry ihm bei, daß er am Verhungern war – könnte der Fahrer ihm nicht wenigstens als Gegenleistung für seine Hilfe ein Essen und ein Päckchen Zigaretten zahlen? Daß ein Amerikaner arm sein konnte, verblüffte den Russen. Aber offenbar kam ihm Henrys momentane Verlegenheit nicht ungelegen. Da er später nach Amerika auswandern wollte, mußte er Englischunterricht nehmen. Für diesen Unterricht bot er Henry Unterkunft in seinem Apartment in Suresnes, eine große russische Mahlzeit *tout compris* jeden Tag und sogar ein paar Franc Taschengeld, falls Henry ihn auf dem Lastwagen begleitete und half, die großen Fässer in die von Schaben und Läusen verseuchten Glamourkneipen von Paris zu rollen.

Obwohl damit seine dringendsten Probleme von Nahrung und Unterkunft gelöst gewesen wären, wollte Henry kein Vagabund werden oder in der anonymen arbeitenden Klasse versinken, und so schüttelte er den Kopf. Nein. Aber vielleicht, drängte der Fahrer, würde er es sich noch einmal überlegen; er drückte Henry einen kleinen Betrag für Fahrgeld in die Hand und erklärte ihm den Weg.

Dieser Tag war ein Jubiläum. Seit genau einem Monat befand er sich in Paris, seine vorausbezahlten Tage im Hotel waren abgelaufen. In seiner Tasche klimperten nur noch ein paar Münzen. Er hatte einfach keine andere Wahl, als das Angebot anzunehmen. Unter den strengen Blicken der Concièrge holte er sein Gepäck aus dem Hotel und schleppte es rüber zum Amerikanischen Club, wo er fast alles unterstellte, was er besaß. Am Nachmittag (nach einem weiteren fruchtlosen Besuch in der Rue Scribe) stieg er zur Métro hinab, tauchte an der Endstation wieder auf, kletterte in einen Bus zur Fahrt um den Bois de Boulogne und kam endlich in Suresnes an, wo sich eine beträchtliche Kolonie von russischen Emigranten niedergelassen hatte.

Sich immer noch an die Illusion klammernd, daß er ein unabhängiges Leben führte, ging er nicht direkt zu der Adresse, die er bekommen hatte. Im Restaurant Louis Varnier vertrieb er sich die

Zeit mit einem Kaffee und schrieb einen Brief an Emil, in dem er beklagte, daß er in einem Monat keinen einzigen Freund in Paris gefunden hatte, an den er sich um Hilfe wenden konnte. Endlich ging er dann zu der angegebenen Adresse und wurde mit einer königlich-warmherzigen Begrüßung empfangen, die er in seiner Melancholie nicht recht erwidern konnte.

Eine Nacht genügte, um ihm zu zeigen, daß er einen Fehler gemacht hatte. Sicherlich hatte sein Gastgeber die besten Absichten, setzte ihm eine große Mahlzeit vor und erzählte ihm spannende Geschichten von seinem Vater, der zur Zeit der Revolution Kommandant des berühmten Panzerkreuzers *Potemkin* gewesen war. Aber Henry konnte weder die Unordnung und den Dreck in den Zimmern ertragen noch die Art tolerieren, wie die Familie den Hunden beiläufig Stücke vom Tisch zuwarf. Am schlimmsten war das Lager, das Henry zum Schlafen zugewiesen wurde. Über die Polster mußte man mehrere Gallonen Insektenvertilgungsmittel gegossen haben. Sie waren gründlich durchtränkt und rochen ranzig.

Am nächsten Morgen, als er am Place Perreire aus dem Lastwagen stieg, nahm er ein paar Franc als Fahrgeld für den Abend entgegen, aber es war ihm zu peinlich, seinem neuen Freund sagen zu müssen, daß er nicht mehr kommen würde. Eine Stunde stand Henry vor dem American-Express-Büro und hoffte, ein bekanntes Gesicht zu sehen. Aber bald verließ ihn die Geduld, und er ging nach Montparnasse, auf die vage Möglichkeit hin, in einem der Cafés einen Bekannten zu entdecken wie zum Beispiel Guy Hickock. Obwohl niemand auftauchte, setzte sich Henry ins Dôme und bestellte einen Drink. Er würde die Zeche zahlen müssen, aber er bestellte weitere Drinks und schaute zu, wie die Bons sich stapelten. Er mußte weitertrinken; sobald er aufhörte, würde die Rechnung kommen. Sein einziger Plan war es, dem Kellner im schlimmsten Fall seine billige Golduhr als Bezahlung anzubieten. Davon abgesehen hegte er die vage Hoffnung, daß ihm die Vorsehung einen betuchten Amerikaner senden würde.

Alfred Perlès, der Österreicher, der mit Jean Kronski eine Affaire gehabt hatte, bewahrte ihn vor dem Schlimmsten, als er auf seinem Heimweg von der Arbeit an der »Port Edition« der *Chicago Tribune* ins Dôme hereinschaute. Als er Henry erkannte, den er 1928 getroffen hatte, gesellte sich Perlès zu ihm. Sie unterhielten sich über die Vergangenheit: »Erinnern Sie sich an diesen regnerischen

Abend, als wir uns in der Rue Delambre kennengelernt haben?«
Selbstverständlich! Und was hatte der andere mittlerweile getan – das
Essen? Die Mädchen? Das Schreiben? Von allem reichlich? Natürlich war das Geld nie ausreichend, und deshalb brauchte man gar
nicht darüber zu reden. Und die Untertassen stapelten sich. Perlès,
ein ausgesprochen freundlicher Gesprächspartner, wollte wissen,
was aus Jean (eine von denen, die er als seine »bemerkenswerten
Mösen« bezeichnete) und aus June (die er nicht leiden konnte)
geworden war. Henry fand in ihm einen aufmerksamen Zuhörer
seiner traurigen Geschichte. Zur Abwechslung erklärte dann Perlès,
daß er sich in Paris als Autor von Feature-Stories für Zeitungen
durchgeschlagen hatte. Seine Spezialität waren Kuriositäten, Skizzen
von Paris und Vorbesprechungen künstlerischer Ereignisse. »Anna
Pawlowa tanzt«, »Gifttrank, aus Fliegenpapier gekocht«, »Ein
Gespräch mit Scapini, einem blinden Kriegsveteranen«, »Who's
Who in Europe« und »Literatencafés von Paris« waren einige der
Artikel, deren regelmäßige Produktion ihn ernährte und für ein Dach
über seinem Kopf sorgte, während er jeden Tag ein paar Sätze für
einen Roman zustande brachte, den er auf französisch schrieb. Er
kam zurecht, er überlebte – manchmal ging es ihm sogar ganz gut. Er
wußte, wo er eine billige Mahlzeit zu suchen hatte, wie er einen
Freund ins Hotel schmuggeln konnte, wie er ein bißchen Geld
auftreiben, ein paar Drinks aufschreiben lassen konnte und die
Mädchen ins Bett kriegte. Er hatte immer nur gerade genug, um zu
überleben – aber er überlebte, er war ein alter Fuchs, was das Leben
in Paris betraf – genau die Art von Lehrer, die Henry brauchte.

Und was an diesem besonderen Aprilabend im Augenblick noch
wichtiger war, Perlès hatte seinen Lohn von der *Tribune* in der
Tasche. Schließlich gestand Henry, daß er pleite war. Perlès
untersuchte die Golduhr mißtrauisch. Sie sah nach nichts Besonde-
rem aus; selbst wenn sie von einem Amerikaner stammte, würde sie
wahrscheinlich den Besitzer des Cafés nicht sonderlich beeindruk-
ken. Warum ließ er ihn nicht die Rechnung bezahlen? Und warum
kam er nicht mit auf sein Zimmer, da Henry ja ohnehin kein anderes
Plätzchen hatte? Spätnachts schlichen die beiden Verschwörer auf
Zehenspitzen die Stufen des Hôtel Central in der Rue du Maine
hoch. Am nächsten Tag zahlte Perlès eine Wochenmiete für ihn, lieh
ihm ein Hemd und kaufte ihm eine Zahnbürste. Nach knapp einem
Monat in Paris befand Henry sich bereits in seiner dritten Unterkunft

und hatte seine Besitztümer auf ein absolutes Minimum reduziert, so als bereite er sich auf ein Wettrennen vor. Der American Express wurde jetzt zu Henrys Stammplatz. Jeden Morgen um neun Uhr wartete er draußen, bis sich die Tür öffnete. Um ein Uhr erschien er wieder. Um fünf kam dann sein letzter verzweifelter Auftritt. Samstags lungerte er bis zum letzten Augenblick herum, wenn die Firma um sechs Uhr schloß. Endlich kam ein Telegramm von June: »Dienstag. Geld heute telegrafisch angewiesen.« Aber Mittwoch, Donnerstag, Freitag und Samstag gingen vorüber, und nichts war da. Henry zappelte vor Nervosität, unfähig, an irgend etwas anderes als Geld denken zu können, uninteressiert an seinen Notizbüchern, seinem Roman, ja selbst an Paris. Er lag einfach im Bett, träge und bewegungslos. Er starrte an die Decke, machte sich Sorgen um June, wünschte sich zurück nach New York und versuchte auszurechnen, wieviel seine Winterkleidung, sein schwerer Mantel, seine Ledertaschen und sein Koffer auf dem Flohmarkt bringen würden. Samstagabend und am Sonntag ließ er ein ganzes Sperrfeuer an Briefen auf seine New Yorker Freunde und auf June los, in denen er sich bitterlich über die »gefühllose Behandlung« beklagte. Zum Glück, schrieb er ironisch, litt er unter Durchfall und durfte nur Orangen und Bananen essen. Wie würde wohl sein Schicksal aussehen, scherzte er grimmig, wenn er sich einen bösartigen Bazillus eingefangen hätte, der in ihm den ununterdrückbaren Wunsch nach *Cervelles* oder *Entrecôtes grillés* auslösen würde?

Als der American Express am Montagmorgen öffnete, war endlich das lang ersehnte Kabel mit dem dringend benötigten Geld da, sogar mehr, als er erwartet hatte. Das bißchen Geld hatte geradezu zauberhafte Auswirkungen: Henrys Verdauungsstörungen verschwanden, er schrieb einen langen Brief an Emil, in dem er seine literarischen Pläne darlegte und die optimistische Voraussage wagte, daß seine Notizen für mindestens zweihundert Seiten ausreichten – zusätzlich zu den fünfzig, die er bereits von seinem Paris-Buch geschrieben hatte. Seinem Brief legte er noch einen langen Essay mit dem Titel »Bei den Weinhändlern« bei. Er steckte so voller Einfälle, erklärte er Emil, daß er täglich vierundzwanzig Stunden schreiben und jeden Monat mindestens ein Buch fertigstellen könnte.

Alfred Perlès überredete ihn schließlich, *Dion Moloch* Henri Müller anzubieten, einem intelligenten Kritiker, der Englisch konnte und bei Grasset arbeitete, wo er auch als Blaise Cendrars' Lektor tätig war. (Mit Alfreds Hilfe übersetzte Henry Cendrars' *Moravagine* und war von diesem ausschweifenden, chaotischen Buch tief beeindruckt.) Obwohl Müller erklärte, *Moloch* sei in Frankreich nicht publizierbar, empfahl er einen Berliner Verlag, dem Henry das Manuskript zuschickte. Müller drängte Henry außerdem dazu, weniger realistisch zu schreiben, und empfahl ihm zwei surrealistische Bücher, Bretons *Manifesto du Surrealisme* und Philippe Soupaults *Un homme coupé en tranches* zur Lektüre. »Ich finde es ganz und gar überzeugend«, schrieb Henry Emil Schnellock in bezug auf das zweite Buch. »Es ist eine Befreiung vom Klassizismus, Realismus, Naturalismus und jedem anderen altmodischen -ismus der Vergangenheit und der Gegenwart.« Er habe beschlossen, so fügte er hinzu, sein gerade in Arbeit befindliches Buch von Grund auf zu überarbeiten, um die Geschichte seines Lebens mit June durch eine surrealistische Linse zu betrachten, in der Technik von Soupault, »und auf unbegreifliche Weise das Drama zu beschreiben, das in einer an der Ecke Forty-Second Street und Broadway stehenden Seele vor sich geht«. Das Buch würde eindeutig »fester geknüpft, stromlinienförmiger« und »zusammenhängender« sein als *Moloch*.

Seine Begegnung mit dem Surrealismus brachte ihm mehrere neue Einfälle. Es dauerte nicht lange, und er schüttelte eine Skizze aus dem Ärmel, in der er ein Interview mit einer weiblichen Künstlerin namens Madame Zanzerhof beschrieb, die ausschließlich Porträts von General Grant malte. Echte Wecker, die nur die Sternenzeit anzeigen, schmücken ihre Leinwände. Ihr Haus ist fremdartig: »Das Bett sah aus wie die Küche, und die Küche war eine mit *mesas* und Beifuß bewachsene Salzwüste. Die Vorhänge waren an die Fenster genagelt und von Kugeln durchlöchert. Es gab keine Schatten in ihren Bildern, aber dafür Brotmesser und Rollschuhe und Rasenmäher.« Das Ganze wirkte ein bißchen lahm, ähnelte vielleicht mehr Vaudeville als Surrealismus, aber es brachte Henry weg von seinem Hang zum Realismus. Bald stapelten sich seine surrealistischen Seiten neben jenen der Pariser Notizen und des Romans.

3. Das Leben ist ein Sandwich

June begann, ein gewisses Muster in ihre Nachrichten zu bringen. Ungefähr einmal im Monat kam ein Telegramm mit der Nachricht, daß sie gerade dabei sei, Geld zu überweisen. Eine Woche später – eine Woche, in der Miller in tiefe Depression verfiel und nichts tat – kamen ungefähr fünfundzwanzig Dollar an. Gelegentlich erhielt er einen Zuschuß von Schnellock. Aber ganz gleich, wie sehr er sich bemühte, irgendwie schien er nicht in der Lage zu sein, sein Geld bis zum Eintreffen neuer Sendungen zu strecken: die letzten fünf von jeden dreißig Tagen hing er in Cafés herum, zog aus Hotels aus, suchte Freunde auf oder hielt sich auf einer Bank im Jardin du Luxembourg den Bauch, um das nagende Hungergefühl zu bekämpfen. Den größten Teil des Monats über liebte er Paris und wollte dort bleiben, aber gegen Ende jeden Monats überfiel ihn schwarze Verzweiflung. »Ich bekomm überhaupt keine Post«, schrieb er, »außer schauerlichen Briefen von meinen Leuten über die schrecklichen Zustände drüben.« June telegrafierte nur, nie schrieb sie. Anscheinend zog sie ständig um. Henry mußte ihr über die Adresse vom Pepper Pot schreiben, obwohl er den Verdacht hegte, daß die Spelunke geschlossen worden war und keine seiner Nachrichten sie erreichte. Jeder Brief schien ein Glücksspiel wie eine Wette in einem Rennen, dessen Ausgang ungewiß blieb. Er war nun zwei Monate in Paris, lebte aber enthaltsam. Zu Anfang lief er den Prostituierten hinterher, beäugte sie aus der Entfernung, reagierte aber scheu, wann immer ihm sich eine näherte. Später fand er ein gewisses Vergnügen darin, ein paar Worte mit diesen Frauen zu wechseln. Aber beim Gedanken an die Warnungen in den *Pissoirs* ließ er immer noch Vorsicht walten; er fürchtete die dreckigen Zimmer, in die sie ihn führen könnten, und die *apaches,* die räuberischen Zuhälter, die in dunklen Fluren auf ihn lauern mochten. Als aber Junes Sendung im Mai eintraf, beschloß er, einen Versuch zu wagen. Er gönnte sich ein gutes Essen mit einer Flasche Wein und schlenderte dann, leicht benebelt vor sich hinsummend, die Champs-Élysées hinunter. Es war nicht zu übersehen, daß auf diesem eleganten Boulevard die Mädchen eine Klasse und Schönheit hatten, die den Prostituierten der anderen Straßen fehlte. Mehrere winkten ihm zu oder warfen ihm Kußhände zu. Er versuchte, sich auf den literarischen Brief zu konzentrieren, den er über die Champs-Élysées zu schreiben plante, aber er ertappte sich dabei, wie er die Geldscheine in seiner Tasche befingerte. Und mit jeder Begegnung wurde sein Widerstand schwächer. Sechs Mädchen wich er aus. Dann kam eine direkt auf ihn zu und nahm seinen Arm. Er gab auf.

Der Preis, soweit er es einschätzen konnte, schien vernünftig. Sie plapperte unentwegt und lockerte keine Sekunde ihren Griff, bis sie ihn sicher in ihrem Zimmer hatte. Mittlerweile fühlte er sich ein bißchen nervös, aber er war entschlossen, die Sache durchzustehen – aus Angst, die Gefühle des Mädchens zu verletzen. Stückchen für Stückchen kletterte der Preis in die Höhe. Das Mädchen erklärte, *Monsieur l'Americaine* möchte doch bitte für das Zimmer bezahlen – hübsch, aber teuer – und ein paar Franc für das *préservatif* und natürlich ein bißchen was für das Stubenmädchen und vielleicht sogar für die besonderen Vergnügungen, die sie anzubieten hatte, ein extra *soupcon* für sie. Sich wie ein Idiot vorkommend, blätterte Henry einen Schein nach dem anderen hin, während sie ihm sinnlich zulächelte.

Dann wurde es geschäftlich. Würde Monsieur sich bitte ausziehen. Sie drückte ihn auf den Rücken und fing an, mit dem Mund zu arbeiten. Während er sie beobachtete, wirkte sie wie eine Maschine; die schlürfenden Geräusche, die sie machte, klangen lächerlich. Er legte sich zurück, fühlte sich so kalt wie eine Makrele und starrte an die Decke. Sie schaute fast wie eine Kinoleinwand aus, auf der er beinahe das projektierte Bild eines Schädels und gekreuzter Knochen über der Inschrift sehen konnte: *Défendez-vous contre le syphilis!* Der Schädel sah wie sein eigener kahler Kopf aus. Er konnte fast spüren, wie seine Haut abfiel. Christus! Sein einziger Gedanke war: *Hundertsiebenundsiebzig Franc, genug, um zehn Tage damit auszukommen, einfach weggeworfen, und als Dreingabe krieg ich noch die Syphilis.* Er erinnerte sich an seinen Besuch im Amerikanischen Krankenhaus, wo ihm der Arzt ein paar fast schon von der Krankheit dahingeraffte, gespenstische Kerle gezeigt hatte, und er stöhnte und krümmte sich vor Pein. Das Mädchen sah erstaunt zu ihm auf. »Mach ich dir keine Freude?« Er wußte nicht, was er antworten sollte, machte aber eine müde, byronhafte Geste und winkte sie beiseite. »Nein, ich bin nur traurig«, sagte er. Schnell zog er sich an, und sobald er draußen war, stürzte er sich in ein Taxi. So eilig wie möglich wollte er zurück in sein Zimmer und sich ordentlich abschrubben. Noch mal fünf Franc für das Taxi! *Défendez-vous!*

Mit Germaine Daugeard war alles ganz anders. An einem Sonntag im Juni machte er einen Ausflug nach Clignancourt. Auf dem Rückweg entdeckte er Germaine, die am Boulevard Beaumarchais auf und ab ging, und er blieb stehen und wartete darauf, daß sie ihn ansprach. Er war jetzt etwas mehr auf der Hut (und hatte wesentlich weniger Geld dabei), und als sie sich in ein Café begaben, sagte er ihr offen und ehrlich, daß er sie sich nicht leisten konnte, obwohl deutlich war, daß sie mehr der Typ des billigen Fabrikmädchens war. Wenn sie mochte, konnten sie sich allerdings einen Film ansehen oder in der Rue de Lapp einen Happen essen. Mit Germaine war leicht auszukommen, und sobald sie erst einmal die Situation begriffen hatte, kamen sie ohne großes Gefeilsche zu einer Übereinkunft. Sie deutete an, daß sie – er als Schriftsteller und sie als Malermodell – immerhin in gewissem Sinne Künstlerkollegen waren. Zwanzig Franc würden genügen, und für lediglich fünf Franc extra könnte er in ihr Hotel in der Rue Amelot kommen. Er fühlte sich von der freundlichen Behandlung geschmeichelt, und diesmal genoß er es. Danach lud er sie zum Dinner ein und redete auf französisch, unterstützt von Zeichensprache, auf sie ein. Er versprach, sie wiederzusehen. Offensichtlich mochte sie ihn. Er war ihr *»grand ami«*. Sicher hatte sie ihren *maquereau*, ihren Zuhälter, aber sie favorisierte Henry. Er fand zunächst nicht heraus, warum sie ihn mochte. Aber eines Tages machte sie eine beiläufige Bemerkung über seine Kleidung, und er begriff: Sie genoß es, mit ihm in einem Café zu sitzen, wenn er seine aufdringliche, typisch amerikanische Oberklassenkleidung mit Knickerbockern und grellen Golfsocken trug. Kein Franzose würde so herumlaufen; dadurch wurde ihr Begleiter eindeutig als Amerikaner identifiziert. Und sie, Germaine Daugeard, fühlte sich vornehm, sie war etwas Besonderes, wenn sie mit ihm im Café l'Éléphant saß. Ein- oder zweimal, wenn er total pleite war, nahm sie ihn »aus Liebe« mit auf ihr Hotelzimmer. Sie flüsterte: »Wenn du Geld hast, gehen wir in ein anderes Hotel, bleiben die ganze Nacht, liegen uns in den Armen.«

Es schien jedoch wenig Aussicht zu bestehen, daß diese Vision Wirklichkeit wurde. Woher sollte das Geld kommen? *Moloch* war nur zu offensichtlich ein Flop, und der zweite Roman wurde nicht fertig. Und bis jetzt hatte noch niemand von einem amerikanischen Magazin gehört, das für eine surrealistische Geschichte oder Skizze Geld rausgerückt hätte; er hatte nicht mal den blassesten Schimmer, wohin er sein »Porträt von General Grant« schicken könnte. Die einzige ihm verbleibende Hoffnung lag in seinem Buch über Paris. Er wollte es in einem Stil schreiben, der einen Verkaufserfolg ermöglichte, es sollte, wie er Emil schrieb, »ein übermütiges Buch [werden] ... populär, verkaufsträchtig, leichte Kost«.

Das war ein schlechtes Zeichen. Miller, der jeden anderen Beruf dem Schreiben zuliebe aufgegeben hatte, wollte insgeheim diesen Bruch stets dadurch rechtfertigen, daß er breiten literarischen Erfolg hatte, aber gleichzeitig wurde er sofort ängstlich und steckte voller Befürchtungen, sobald er merkte, daß er das Schreiben zum Geschäft zu machen begann. Im Frühsommer 1930 jedoch, nach fast vier Monaten Paris, bewegten sich seine Geldmittel so voraussagbar an der untersten Grenze, daß er Angst hatte zu verhungern und es sich auf Perlès' Rat hin angewöhnt hatte, dreimal täglich Haferflocken, das billigste, kräftigendste Nahrungsmittel, zu essen. Er brauchte Geld zum Überleben, aber wenn er aus seinem Schreiben ein reines Geschäft machte, dann waren all seine Leiden umsonst gewesen. Sein unlösbarster Konflikt lag in seiner Trennung von June. Obwohl er sie bei sich haben wollte, konnte er nicht sicher sein, daß sie kommen würde, wenn er sie darum bat. Kam sie aber, dann war er verloren, da er sie in New York brauchte, wo sie ihren alten Zauber auf die Kunden vom Pepper Pot wirken lassen und ihm Geld schicken konnte. Ohne sie fehlte ihm die Inspiration für seine Kunst, sagte er sich; aber wäre sie bei ihm, dann müßte er die Kunst beiseite schieben und sich das Herz aus dem Leibe schuften, bloß um ihre täglichen Haferflocken zu verdienen. Sich selbst gegenüber konnte er kaum zugeben, daß es die Zuwendungen der »Klienten« und »Opfer« waren, die ihn in Paris am Leben erhielten. Er war in einem Labyrinth von Bedürfnissen und Notwendigkeiten gefangen, er rebellierte gegen das Schicksal und klagte sich selbst seiner vielen Irrtümer an. Da es so viele Widersprüche aufzulösen gab, löste er überhaupt nichts. Nichts klappte. Er schaffte es nicht mal, von June die Briefe zurückzuerhalten, die er ihr über Paris geschrieben hatte. Obwohl er sie darum bat, ihm diese Dokumente zurückzuschicken, damit er sie für sein Reisebuch auswerten konnte, antwortete June nie.

Eines Nachts mußte er unter einer Seinebrücke schlafen. Er dachte an all die lebenden Körper, die da hineingefallen waren, als wäre es ein fließender Friedhof, aber eine verbissene Hoffnung wich nicht von ihm. Am nächsten Tag bezog er wieder Posten vor dem American Express. Von June kam nichts, aber kurz vor Schluß raste ein Taxi heran, und eine Gestalt, die Henry bekannt vorkam, flitzte ins Büro. Henry erwischte ihn am Informationsschalter und streckte ihm mit einem »Hallo« die Hand entgegen, noch ehe ihm richtig klar war, um wen es sich handelte – es war einer der Western-Union-Boten, Jacobus H. Dun. Sieben Jahre zuvor hatte der Direktor der Heilsarmee einen heruntergekommenen Dun zu Henry geschickt, dem Personalchef der Telegraphengesellschaft. Dun, mit einem gewissen Flair und voller Geschichten über Europa, hatte Henry sofort gefallen. Bis zum ersten Zahltag hatte er damals bei Henry und Beatrice gewohnt. Lediglich zehn Tage nach seiner Einstellung hatte Dun am Eingang des Flatiron-Gebäudes einen alten Bekannten getroffen, den Chef einer Maschinenbaufirma, der ihn vom Fleck weg für einen Job in Europa engagierte. Dieser erstaunliche Vorgang hatte Henry damals so beeindruckt, daß er ihn in *Clipped Wings* einzuarbeiten versucht hatte.

Und jetzt stand dieser Dun vor Henry im Büro von American Express. »Henry Miller! Ich wußte, ich würde dich eines Tages in Europa finden«, rief er aus. Dun wollte wissen, ob Henry immer noch schrieb. Ja, sagte er, er sammle Material für ein Buch, »bei dem sich die Bourgeoisie auf den Arsch setzen« würde. Und Madame Miller – Beatrice? Henry erklärte alles. Ah ja, meinte Dun, in trauriger Weisheit mit dem Kopf nickend. Er sagte, daß er sich an die seidige Stimme von Henrys neuer Frau, June, erinnerte, die er einmal am Telefon gehört hatte, als sie Henry im Büro anrief. Henry wollte alles über Duns Abenteuer wissen. Was tat er, wovon lebte er? Dun gestand, daß er für American Express eine Reisegesellschaft führte – London, Rom, Budapest, München, Berlin –, die Route, die Henry mit June gemacht hatte. Im Winter leitete er ein Reisebüro in Tunis. Er war gerade eine Stunde zuvor in Paris angekommen, verfügte über Geld und war begierig, seinen alten Boß einzuladen. Henry führte ihn zum Alba. Dun zahlte Henrys Zimmermiete, lud ihn dann zu einem großartigen Essen ein, gefolgt von einer ausgiebigen Zech-tour, die mit Vichy ihren Anfang nahm (»um den Magen zu säubern«, sagte Dun), und darauf folgten erlesene Weine, Bier, Pernod, Wodka und Kirsch.

In stark angetrunkenem Zustand redete Dun ausgiebig über das, was er als die »europäische Einstellung zur Liebe« bezeichnete.

Amerikaner, sagte er hartnäckig, seien Puritaner, die nichts von Sexualität verstünden. Henry, sagte Dun, müßte sich von dieser Hingabe an eine Frau befreien, er müßte Sex beiläufiger und mit größerer Feinsinnigkeit behandeln. Henry, der sich um June, von der er lange nichts gehört hatte, Sorgen machte, sprach von seiner Eifersucht. Aber Dun sang unentwegt sein Loblied auf die Promiskuität und wiederholte, er mache am liebsten mit einem Mädchen und einem anderen Mann oder einer Frau ein »Sandwich«. Jeder halbwegs erfahrene Mann in Europa, deutete er an, »sandwichte«. Und hätte Henry nicht Lust, mit ihm gemeinsam in einem Hurenhaus irgendein junges Ding aufzugabeln? In der Bar Dominique wurde Dun nach seinem sechsten Wodka ein bißchen kühner. Was glaubte Henry wohl, was die neue Madame Miller gerade trieb? Zweifellos, ließ Dun einfließen, wurde in Amerika auch gesandwicht. Henry wurde wütend, und das wiederum provozierte Dun zu einem persönlichen Angriff; er traf genau dort, wo Henry am verwundbarsten war, nannte ihn einen engstirnigen amerikanischen Puritaner.

Henry unterdrückte den fast unwiderstehlichen Impuls, Dun eins auf die Nase zu geben, nur weil er sein Augenmerk in erster Linie darauf richtete, ihn anzupumpen. Er fühlte sich eiskalt wie ein Raskolnikow und war entschlossen, soviel wie möglich herauszuholen, selbst wenn er den Schuft dafür umbringen mußte. Total besoffen schwankte Dun schließlich hinaus und brach zusammen. Henry setzte ihn auf eine Bank, nahm ihm sein Geld ab und ging. Eine Stunde später schlenderte er wieder zurück. Dun schnarchte friedlich vor sich hin. Henry spuckte ihn an und lief weiter. Am nächsten Morgen im Alba, nachdem er Dun erfolglos um ein 500-Franc-Darlehen gebeten hatte, zischte ihm Henry kalt zu: »Denk dran, wenn du mich je wieder nach meiner Frau fragst oder den Klang ihrer Stimme erwähnst, dann besorg ich's dir . . . ich hau dich durch.«

Es gelang ihm schließlich doch noch, ein paar hundert Franc aus Dun herauszuquetschen, aber die Gedanken an Junes Untreue, die Duns Bemerkung heraufbeschworen hatte, konnte er nicht wieder abschütteln. Trostlos saß er in seinem Zimmer, träumte von June und trank und begann schließlich, einen Brief an June zu schreiben. »Wenn diese Nachricht, die mit der *Europa* kommt, wieder nur so eine kümmerliche Botschaft ist, dann bin ich wirklich erledigt«, jammerte er. »Und wenn überhaupt nichts kommt. . .? Wenn ich zum American Express muß, so wie ich einst am Kai gestanden hab, Jesus, June, mir wird's die Eingeweide rausreißen.« Er rechnete: Die *Europa* würde nicht vor dem zehnten in Cherbourg einlaufen – das bedeutete, daß er nicht vor dem elften oder zwölften ihren Brief hätte; noch über eine Woche Wartezeit. Duns Bemerkungen über June hatten ihn in eine derartige Erregung versetzt, daß er glaubte, er »könnte es keinen Augenblick länger ertragen. Wenn nicht dieser Ozean zwischen uns liegen würde, ich ginge sicherlich los und würde bis zu dir laufen, bis zu dir kriechen.« Er quälte sich weiter mit Erinnerungen an Junes Leidenschaftlichkeit, an die Eruptionen ihrer Sexualität: Einmal hatten sie aus Geldmangel eine lumpige Woche oder zwei getrennt leben müssen, und June hatte gedroht, sich in den Fluß zu stürzen, wenn Henry nicht mit ihr schlief. Wie um alles in der Welt sollte sie es dann sechs Monate ohne Sex aushalten?

Während Henry fortfuhr, zu trinken und zu schreiben, begann er, sie sich mit anderen Männern vorzustellen. Er sah sie vor sich, wie sie in ihrem Zimmer herumging, nackt in der New Yorker Hitze, ihr blauschwarzes Haar kringelte sich, und auf ihrem Nacken und der Oberlippe standen Schweißtropfen. Und dann kamen die Visionen von June in den Armen eines anderen. »Ja, ich will es ganz kühl zu Papier bringen«, schrieb er ihr. »Ich bin närrisch genug zu glauben, daß du niemand küssen möchtest außer mir.« Aber er glaubte selbst nicht an seine eigene Torheit, und er sah sich als »Sandwich« zwischen all den Liebhabern von June. Schließlich fiel er dann in einen trunkenen Schlaf.

Im Licht des Morgens wurde ihm klar, daß June zu ihm kommen könnte, wenn er nur in der Lage wäre, Arbeit für sie in Paris zu finden, und so wandte er sich wieder an Germaine Dulac. In mehreren Briefchen bestand er darauf, daß Miß Mansfield genau die richtige Darstellerin für ihre Filme sei. Ein anderer Plan kam auf Anregung des verabscheuten Dun zustande. Henry fragte einen Reisebüroagenten um Rat und machte sich Hoffnungen, einen Job als Reiseführer zu bekommen (für fünf Dollar pro Tag plus Spesen). Im Juli glaubte er, sogar einen noch besseren Job in Aussicht zu haben. Er besuchte den amerikanischen Konsul in Paris und verließ ihn mit dem Gefühl, daß er mit seinen geschäftlichen und schriftstellerischen Erfahrungen einen Posten als Vizekonsul ergattern könnte, höchstwahrscheinlich in Bukarest oder Kopenhagen, mit ungefähr 2 000 Dollar im Jahr. Das schien mehr als nur ein falscher Traum zu sein, und er schrieb an Emil Conason, den er als Referenz angegeben hatte, und drängte ihn, eine Empfehlung mit »der üblichen Scheiße«, der allgemeinen Lobhudelei, vorzubereiten.

Natürlich wurde aus keinem dieser Jobs Wirklichkeit. Früher mal hatte Henry daran geglaubt, unter einem glücklichen Stern geboren zu sein, aber nun verfolgte ihn die Furcht vor Hunger und bitterer Not. Nur zu gut erinnerte er sich an die schrecklichen Aussichten der Zeilen von Rimbaud, die in Carcos *Bohemia* zitiert wurden: »Immer, wenn man nachts durch die Straßen streift, hungrig und durstig, dann ist jemand hinter dir her, verfolgt dich, jemand, der an der Straßenbiegung darauf wartet, sich zu demaskieren!« Diese Zeile ging ihm nicht aus dem Kopf, als er jeden Tag aus dem Alba hinausging zur Rue de Vanves, einer Straße wie das Tor zum Fegefeuer mit ihren Modergerüchen und abgestandenen Ausdünstungen. Meist war es sein eigenes Gesicht, das er in den Visagen der müden Seelen wiederfand, die da dahintrieben – er war es selbst, den er auf dieser Straße demaskierte.

4. Kinotage: Junes Ankunft und andere Katastrophen

Aber selbst hier, in der Rue de Vanves, wohnten auch Engel. Eines Tages in seiner Einsamkeit fing Henry eine Unterhaltung mit einem Bär von einem Mann an, der auf einer Leiter herumwackelte und die Kinoreklame draußen vor dem Cinéma Vanves austauschte, nur einen Sprung von Henrys Hotel entfernt. Der Mann war ein weiterer Emigrant aus Rußland, und wie Henrys früherer russischer Wohltäter war Eugene Pachoutinsky begeistert davon, mit einem Amerikaner zu plaudern. Er war sozusagen das Mädchen für alles in dem Kino; spielte auch die Begleitmusik zu den Stummfilmen auf dem Klavier. Er lud Henry ein, ihn zu dem Eckcafé zu begleiten. Nachdem sie sich eine Weile unterhalten und eine Partie Schach gespielt hatten, überwand Henry seine Hemmungen und sagte ihm, daß er es vorzöge, wenn Eugene ihm statt eines weiteren Drinks etwas zu essen kaufen würde. Offensichtlich war es für jedermann verblüffend, daß ein Amerikaner (der nach Pariser Dogma reich sein mußte) auf die Hilfe eines russischen Emigranten angewiesen war, aber Eugene reagierte großartig und begann sofort, Henry seine Erfahrungen darüber, wie man *en marge* überlebte, mitzuteilen. Henry sollte, schlug er vor, sich eine Stammkundschaft an französischen Bürgern aufbauen, die Englisch lernen wollten. Als wäre er Henrys Manager, malte er ein Schild und stellte es ins Fenster des Cafés:

Leçons d'Anglais
Adresse à M. Miller, 60 Rue de Vanves
Prix modeste

Aber Henrys Tage im Alba waren bereits gezählt. Anfang Juli schuldete er eine Wochenmiete, und die Besitzerin beäugte ihn mißtrauisch mit durchdringenden, glitzernden Augen. Jeden Morgen verließ er frühzeitig sein Zimmer und kehrte nicht vor Einbruch der Nacht zurück, aus Angst vor ihren bohrenden Fragen: »Wann erwarten Sie, daß Ihr Geld kommt?« »Jeden Tag jetzt, jeden Tag«, murmelte er darauf, bis er seine eigenen Ausreden selbst satt hatte. Schließlich setzte die Besitzerin vom Alba ein Datum fest, an dem er entweder zahlen oder gehen mußte. Doch wohin sollte er gehen? Eugene schlug die Heilsarmee in der Rue de Rome vor. Er probierte es, aber seine Nachfrage bei der Heilsarmee brachte das gleiche Resultat wie damals in Jacksonville. Anstatt eines Bettes und einer Mahlzeit übergab ihm der Angestellte eine Liste der Hotels.

Es stand schlecht um ihn, als der Tag kam, an dem er das Alba verlassen mußte. Aber sobald er tatsächlich ausgezogen war und zusammen mit Eugene und dessen Boß, Robert Girardot, zum Eckcafé auf einen Drink hinunterschlenderte, fühlte er sich wieder frei. Seine Freunde faßten seine Notlage zusammen: Er war ein Schriftsteller; er hatte den Roman, den er in Amerika begonnen hatte, fast vollendet; und er besaß noch genügend Energien, um einen wesentlichen Teil des Buches über Paris zu schreiben, das auf ganz neuen Prinzipien aufgebaut war ... jedoch im Moment – war er pleite. *Alors!* Die Lösung war offensichtlich: Nachts konnte er sich in Monsieur Roberts Büro im Cinéma Vanves aufs Ohr legen. Und auch für das nötige Kleingeld gab es neben dem Sprachunterricht eine praktische Lösung. Eugene schickte Henry zu einem Händler für Gebrauchtkleidung in der Rue Sts.-Perès, wo Henry vier seiner Anzüge loswurde – von Heinrich Miller gefertigte Anzüge –, und zwar zu einem derart niedrigen Preis, daß es dem Händler die Schamesröte ins Gesicht trieb und er Henry noch zu einem guten Essen in einem ausgezeichneten Restaurant einlud. Weitere Kleidung verkaufte er an Freunde von Eugene, Seeleute und Arbeiter. Wie ein Boxer, der sich auf den Kampf vorbereitete, warf er überflüssiges Gewicht ab, bis er zum Schluß bei einer einzigen Grundausstattung gelandet war: einem Schlapphut mit Löchern um das Schweißband herum, Flanellhosen, einem abgetragenen Sweater, einer uralten Tweedjacke und leichten Halbschuhen. (Als Reserve – und zur Erbauung von Germaine – behielt er auch noch den kratzigen Knickerbockeranzug, den er von Joe O'Regan geborgt hatte.)

Aber die Nächte im Cinéma Vanves wurden bald zur Hölle. Jeden Abend drehte Monsieur Robert den Schlüssel in der Bürotür herum. Damit fingen die Probleme an. Henry warf sich die ganze Nacht herum, fühlte sich eingesperrt und erstickt, von Feuer bedroht und von verschwommenen Ängsten gepeinigt. Das einzige Fenster des Büros war mit Brettern zugenagelt; er litt unter Sauerstoffmangel. Henrys Schläfen pochten, und sein Herz arbeitete und schlug unregelmäßig. Schlief er, dann träumte er davon, in Madame Dulacs Studio zu sein, wo glotzäugige Fische ihm Bläschen entgegenblubberten. Platzten diese Bilder, dann entsprangen ihnen fremdartige Bilder, Szenen aus den Filmen, die er tagsüber sah, Fragmente seiner Streifzüge durch Paris, Erinnerungen an June. Seine Angst vor dem Verhungern nahm in seinen Träumen fast schon hysterische Formen an. Der obszöne Anblick eines Mannes, der seinen Hund mit Gänseleberpastete fütterte, ein Anblick, den er durch ein Restaurantfenster gesehen hatte, erschien immer wieder in seinen Träumen.

Schließlich entfernte Girardot die Bretter vom Fenster – aber nach wie vor waren schwere Eisengitter davor. Selbst wenn Henry auf dem Tisch neben dem Fenster stand, konnte er nicht auf die Straße sehen. Und so legte er sich in seinem Mantel hin und lauschte und schlief ein bißchen. Jeden Morgen vor der Dämmerung rumpelte ein kleiner Karren mit dem Geklimper winziger Glöckchen vorbei, gefolgt von dem Geräusch eines eigenartigen, unirdischen Liedes. Henry sah den Karren oder den Sänger nie, aber in seinen Träumen erblickte er einen wahnsinnigen Nordafrikaner, der für einen im Krieg gefallenen Sohn eine Litanei sang. Danach saß Henry bis um neun Uhr, wenn

Eugene – wie ein Zoowärter – seinen Käfig aufschließen kam, am Schreibtisch und litt unter Hungeranfällen und träumte vom Frühstück, wie er es einst daheim gegessen hatte, mit Eiern, Schinken, Wurst, warmem Kuchen, Waffeln, Pfannkuchen, Strudel und Teegebäck, alles hoch aufgetürmt und mit großen dampfenden Tassen heißer Schokolade hinuntergespült.

Bis zu einem gewissen Grad von Gides Skizze über Dostojewskij beeinflußt, die er gerade auf französisch las, begann Henry, die kleine Zelle im Cinéma Vanves als Symbol seiner Existenz zu begreifen: Er war in Paris ohne Hoffnung auf Befreiung eingesperrt. Diesmal gab es keine Flucht, kein leichtes Ausweichen. Konnte er Paris nicht akzeptieren, dann würde Paris ihn vernichten. Und so lernte er, seine Energien zu bündeln und ein gewisses Muster einzuhalten: jeden Tag zu ungefähr den gleichen Zeiten zu arbeiten, immer in denselben Lokalen zu essen, jeden Abend nach acht den gleichen Platz im Dôme einzunehmen. Damit brachte er einen Anschein von Ordnung in sein Leben, obwohl es von allen Seiten von Unordnung und Auflösung bedroht war. Was genauso wichtig war: Die Gleichmäßigkeit dieser Routine verschaffte ihm allmählich ganz zwangsläufig einen Kreis von Freunden und Bekannten. Nach fünf Monaten, gegen Ende Juli, begann er, in Paris zu leben.

Durch Alfred Perlès lernte er einen neuen Freund und Führer durch Paris kennen, den ungarischen Fotografen Brassai, der ihm die schmutzige Seite von Pigalle zeigte, die häßlichen Bordells in der Rue Blondel und Chez Jean in der Rue Victor Masse, wo sodomistische Darstellungen über die Bühne gingen. Er posierte sogar für einige der pornographischen Fotos, die Brassai an den unersättlichen Touristenhandel weitergab. Brassai war ein wunderbarer Begleiter, ein Mann von großer Lebensfreude; er lachte leicht und war immer fröhlich. Aber da Henry Ungarisch nicht verstand und Brassai nur wenige Worte Englisch sprach, war kaum eine Unterhaltung zwischen ihnen möglich. Die meisten von Henrys Freunden waren Amerikaner. Tex Carnahan, ein Maler und Teilzeitsekretär im Amerikanischen Club, war immer gut für ein kleines Darlehen. Frank Mechau aus Colorado war stets bereit, Henry einzuladen; seine Frau Paula kam Henry wie eine Zweitausgabe von June vor. Ein weiterer Maler, Fred Kann, erzählte spannend von Tibet, Theosophie, Okkultismus und dem Orient und nahm Henry zu köstlichen Essen ins Restaurant des Gourmets mit. Wambly Bald schrieb eine Kolumne für die *Tribune* über das Künstlerleben von Paris und legte Wert darauf, jedermann zu kennen. Henry fütterte ihn mit dem Tratsch, begleitete ihn zum Interview eintreffender Berühmtheiten (wie Djuna Barnes und Countee Cullen), und für zehn Franc schrieb er gelegentlich einen Teil der Kolumne selbst.

Anfang September 1930 saß Henry im Dôme und hielt nach einem dieser Freunde Ausschau, als er einen alten Bekannten entdeckte, Nanavati, den Perlenhändler, den er vor ungefähr zehn Jahren durch einen der von ihm bei der Western Union beschäftigten Hinduboten kennengelernt hatte. Er ließ den Perlenhändler so taktvoll wie nur möglich wissen, daß er zur Zeit ohne feste Unterkunft war und es in Erwägung ziehen würde, auf einige Zeit sein Gast zu sein. »Komm doch zu mir, Endee«, drängte Nanavati. Endee wäre willkommen, und vielleicht würde er als Gegenleistung ein paar einfache Hausarbeiten im Apartment erledigen. Als Henry dann tatsächlich kam, fand er eine schäbige, schmutzige Wohnung vor, Nanavati konnte ihm lediglich ein paar grobe Wolldecken anbieten, einen staubigen Strohsack in einer schaben- und wanzenverseuchten Ecke und altes Gemüse oder Brot ohne Butter. Wieder ein Schabenpalast! Und dafür säuberte Henry jeden Tag die Teppiche, wusch das Frühstücksgeschirr, bereitete das Gemüse zum Lunch vor und scheuerte die Toiletten.

Bei Nanavati erreichte Henry, elend und gedemütigt, eine Ebene der blanken Hoffnungslosigkeit, die sich von seinen früheren Zeiten der Enttäuschungen unterschied. Seine Armut und die Trennung von June hatte er hingenommen, ohne den Glauben an eine bessere Zukunft zu verlieren, aber nun glaubte er, so tief gesunken zu sein, daß keinerlei Anlaß zu Hoffnung mehr bestand. Er fühlte sich vollkommen verloren, seine Arbeit hatte er eingestellt oder aufgeschoben, die Zukunft schien verschlossen. Er versuchte, einen Job als Komparse bei den Paramount-Studios zu bekommen, aber er wurde nicht mal aufgerufen. Er war ganz eindeutig überflüssig.

Er schien ins Nichts zu treiben. Ohne Arbeitsgenehmigung auf seiner *carte d'identité* besaß er keine Möglichkeit, Geld zu verdienen, und damit keine Aussicht, Nanavati zu entkommen. Jeden Morgen verfolgte ihn Nanavati mit seinen Anordnungen. »Endee, warum zeigst du nicht ein bißchen mehr Energie beim Säubern der Teppiche?« »Endee, die Zwiebeln waren in der falschen Richtung geschnitten.« »Endee, bitte poliere das Bidet.« Abends mußte er die

Hindus, die Geschäftsfreunde oder die missionarischen Anhänger von Gandhi, die bei Nanavati auftauchten, durch Paris führen und ihnen die »interessanten« Dinge zeigen: Chez Jean, die Bordelle entlang des Boulevard de la Chapelle oder das Haus der Mysterien in der Rue du Faubourg St. Martin. Die Zeit, die er bei Nanavati verbrachte, war der absolute Tiefpunkt seines Parisaufenthalts – das Leben sah so finster aus, daß er nicht den kleinsten Funken Hoffnung verspürte. Aber letztlich verwandelte er diese Hoffnungslosigkeit in ein Thema seines Romans – und sie verwandelte ihn in einen Schriftsteller.

Seit sieben Monaten war kein Brief von June gekommen. Jetzt plötzlich, Ende September, schickte sie Geld und kündigte in einem Telegramm ihre Ankunft mit der *Majestic* noch vor Ende des Monats an!

Das war verblüffend, nicht zu fassen. Die Aufregung überwältigte ihn. Was konnte er für sie tun, wenn sie ankam? Was für kleine Aufmerksamkeiten konnte er für sie vorbereiten? Und was, wenn sie nicht kam? Tagelang hüpfte er wie ein durchgedrehter Vogel herum. Arbeit kam nicht in Frage, so ausschließlich waren seine Gedanken auf June konzentriert. »Aber Endee«, pflegte Nanavati zu flöten, »die Teppiche sind nicht sauber, die Toilette gurgelt die ganze Nacht. Du mußt was dagegen tun, Endee.« Henry tat gerade genug, um aus seinem Hindugastgeber ein paar Sou herauszukitzeln. Von Eugene borgte er sich 50 Franc. Voller Unruhe trieb er sich herum. Am Tag der Ankunft von June war er außer sich. Kein erklärender Brief, keine Nachricht war dem Telegramm gefolgt. War sie betrunken oder hysterisch gewesen, oder handelte es sich nur um einen grausamen Scherz? War das eine weitere Prüfung? An dem Tag, als die *S. S. Majestic* einlaufen sollte, wäre Henry am liebsten gleich zum Gare St. Lazare gegangen und hätte dort den ganzen Tag gewartet, obwohl die fahrplanmäßige Ankunft des Schiffszuges von Cherbourg nicht vor abends war. In dem Versuch, diesen Wunsch zu bekämpfen, trieb er sich so lange in Paris herum, daß er schließlich aufgeregt und aufgelöst zum Bahnhof laufen mußte, weil er zu spät dran war. Zu seinem Entsetzen dampfte der leere Zug tatsächlich friedlich im Bahnhof vor sich hin, als er die Treppen von der Métro hochgerast kam.

June war nirgendwo zu sehen. Henry suchte den Bahnhof ab. Nichts. *Also ist sie doch nicht gekommen,* dachte er voller Bitterkeit.

Er nahm die Métro zurück nach Montparnasse und machte sich auf die Suche nach einem Freund, irgendeinem Freund. Plötzlich, als die im Dôme sitzenden Gäste in sein Blickfeld gerieten, sah er sie, eine bleiche, dunkle Frau mit brennenden Augen, die träumerisch einen milchig-gelben Pernod dem Abend entgegenhob. Sie trug das kleine Samtkostüm, das er so bewunderte – wie stets durchfuhr ihn die Vorstellung ihres kühlen, reifen, festen, muskulösen Körpers unter dem kremig-weichen Samt wie ein Messer. Er ging mechanisch auf sie zu, unfähig, zu sprechen oder zu rufen, mit feuchten Augen. Sie schien sich aus einem Meer von Gläsern, Augen, Untertassen, Nasen, Flaschen, Fingern und Fensterscheiben zu erheben. »Nie wieder werd ich dich so leiden lassen – nie wieder!« rief sie ihm zu, als wäre sie selbst eine verlorene Seele.

Wie von einer endlosen Spule begann ihr Bericht abzurollen. Sie hielt nicht inne, machte nur für seine Fragen kurze Pausen. Warum hatte sie nicht am Bahnhof auf ihn gewartet? Als sie ohne einen Penny in ihrem Täschchen aus dem Zug stieg und Henry nicht sah, hatte sie sich selbstverständlich ein Taxi genommen, den Fahrer angewiesen, ins Hôtel de Paris zu fahren, den Besitzer gebeten, das Taxi für sie zu bezahlen, ihren schwarzen Pappkoffer in ihrem Zimmer abgestellt, und danach war sie lässig hinabgeschlendert – die gebieterische Madame Miller erweist dem Hotel die Ehre – und hatte sich von dem Besitzer hundert Franc geborgt – nichts leichter als das. Und dann ließ sie sich natürlich in einen Stuhl im Dôme sinken, wo sie bequem auf Henry warten konnte. Ihre Konversation setzte das Unwahrscheinliche voraus und ging zum Unmöglichen über. Während sie redete, tasteten ihre Augen die Umgebung ab, sie wirkte wachsam und auf der Hut, als fürchte sie einen Angriff; ihre Hände und Schultern zuckten ständig unruhig; sie saß fluchtbereit da. Und die ganze Zeit über floß ein Strom von wilden Geschichten aus ihr heraus, über Bodenheim und Romany Marie und Pop und die schmutzige Atmosphäre in New York und die luxuriösen Apartments. »Erinnerst du dich daran, als Romany Marie versprach, dem Matrosen einen zu blasen? Nein? Das war nach deiner Abreise? Ich dachte, du wärst noch dagewesen.« Er war verletzt und bekümmert, daß sich seine Abwesenheit bei ihr nicht mit der gleichen Schärfe eingegraben hatte wie die ihre bei ihm.

June war ihm stets ein Rätsel, aber ausnahmsweise begriff Henry den Grund ihrer plötzlichen Transatlantikreise, als sie anfing, darüber zu sprechen, wie sehr sie sich darauf freute, Filme für Gaumont oder Paramount zu machen, daß sie fast vor Verlangen *starb,* Germaine Dulac kennenzulernen. Im Kopf ging Henry noch einmal die überschwenglichen Briefe durch, in denen er sie bedrängt hatte, herüberzukommen. Hatte er ihr wirklich geschrieben, daß die großen Studios eine Schauspielerin von genau ihrem Typ und mit ihrer Stimme brauchten? Hatte er sie tatsächlich gedrängt, sie sollte alles hinwerfen, womit sie in New York gerade beschäftigt war? War sein Bericht von seinem Besuch bei Germaine Dulac zu übertrieben ausgefallen – oder hatte er sie zu attraktiv hingestellt, indem er sie als eine der »gefeierten *lesbiennes* von Paris« bezeichnete? Ja! . . . Aber das waren doch nur Wunschträume, Phantasien gewesen. Wie *konnte* sie ihm nur geglaubt haben? *Sie mußte es doch besser wissen?* Seinen Appellen schenkte sie nie die geringste Beachtung, aber seine Phantastereien nahm sie ernst. Sie war selbst eine derartige Phantastin, daß er ihr nur ein Samenkorn von einem Traum zu geben brauchte, und schon ließ sie es zu monströsen Plänen wuchern. Jetzt bereits träumte sie davon, ein großer Star zu sein und ein schönes Apartment zu besitzen, vielleicht ein Haus auf dem Land, Champagner, besten Likör, Eintrittskarten für das Theater, Freunde, Parties in Cafés – alles, was sie sich schon immer gewünscht hatten. Aus dem Grund hatte sie auch nichts anderes mitgebracht als flittrige Abendkleider mit Schlitzen und Lochstickereien à la Olga Tschechowa. Er arbeitete als Hausboy eines Hindus, während June eine Existenz plante, deren Grundlage ein Einkommen von ein paar hunderttausend war!

Im Hôtel de Paris war die Zeit stehengeblieben. Sie stiegen die Stufen in einer beschwipsten Stimmung hoch wie auf der Hochzeitsreise – hier war es immer noch 1928. Er öffnete das Fenster und schaute in den Hof hinunter, wo sie ihre Fahrräder repariert und einmal Lucienne Boyers Stimme gelauscht hatten, die aus einem obengelegenem Zimmer herunterwehte. Sie saßen im Bett und rauchten und redeten und liebten sich und schliefen endlich ein. Um fünf Uhr früh wurden sie von Wanzen geweckt, die einen regelrechten Überfall inszeniert hatten – Junes Haare wimmelten vor Insekten. Es blieb ihnen nichts anderes übrig, als aufzustehen, sich anzuziehen und bis zum Morgen durch die Straßen zu laufen, um dann ins Hôtel des États-Unis am Boulevard du Montparnasse in ein Zimmer mit einem dringend benötigten Bad umzuziehen. An diesem

Abend besuchten sie das Coupole, wo sie bis nachts um drei tranken und sich unterhielten und Schach spielten. In den frühen Morgenstunden schob Henry seinen Drink und den Aschenbecher beiseite, strahlte June an und schrieb einen Brief an einen Freund in New York, der mit den Worten schloß: »Sieht so aus, als sollte ich wieder ein neues Leben beginnen.«

Aber während ihrer siebenmonatigen Trennung hatten sie sich auseinandergelebt. Schon nach kurzer Zeit stritten sie ständig. June hatte bereits ein derartiges Quantum an Elend und Armut in New York genossen, wie sie nur ertragen konnte; sie schaffte es einfach nicht, in Paris damit von neuem zu beginnen. Und Henry fühlte sich bald schon deswegen elend, weil June seine ganze Routine wohlorganisierter Armut zerstörte. Jeden Morgen fing der Krach an, wenn June aus dem Bett sprang, um das Fenster zu schließen, ehe sie eine Zigarette anzündete und den Raum vollqualmte. Es ging weiter mit ihrer Meckerei über Frankreich, ihren Klagen über das Zimmer, den Krach der Toiletten, das magere Frühstück und die Kälte. Henry haßte den Geruch von Rauch vor dem Frühstück, er verteidigte Frankreich und verdammte die Automaten, die puppengesichtigen Frauen und die bösartige dollargeschwängerte Atmosphäre von New York. Und was ihre Klagen über die Kälte anbelangte, warum hatte sie nicht ihren dicken Umhang, kurze Wollkleider und den schweren Morgenmantel anstatt der durchsichtigen Fetzen mitgebracht? Die Diskussionen verschärften sich, als June ihr leichenhaftes grünes Make-up auftrug. Während des Mittagessens ging es weiter, als June darauf bestand, daß sie Pernod tranken (um einen hübschen gelblich-grünen Teint zu bekommen?), und verstärkte sich in den Cafés, wo June ihn dazu brachte, ihr bei der Abfassung von Briefen behilflich zu sein, in denen sie Oliver und andere Freunde zu Hause um Geld bat. Spätnachts ertränkten sie ihre bitteren Worte im Chartreuse und Benedictine, und der Tag endete trostlos wie eine ausgebrannte Zigarre. Er schrieb in sein Notizbuch: »Wenn ich ihrem wilden Geplapper zuhöre, diesen optimistischen Luftblasen über die Zukunft, die sie zollfrei aus Amerika mitgebracht hat, dann spüre ich, daß ich auf dem Weg zurück in die Eiszeit bin.«

Wann immer sie eine Summe beisammen hatten, die der Höhe ihrer Hotelrechnung entsprach, bezahlten sie und zogen um, damit sie nicht auch noch ihr restliches Gepäck verloren. Nach diesem Programm verließen sie am 8. Oktober das États-Unis. Sie zogen ins

Hôtel des Écoles, ein mit Kalksteinsatyren dekoriertes Gebäude in der Rue Delambre, weil dort zwei Hindumädchen aus Kaschmir für ihre Miete bürgten. Nach ein paar Wochen wechselten sie wieder ins Hôtel Princesse. Henry versuchte, ein bißchen Geld zu verdienen – er gab einem Geschäftsmann in Neuilly Englischunterricht –, aber vier Dollar wöchentlich machten kaum einen Unterschied. Anfang November 1930 schließlich, etwas über einen Monat nach ihrer Ankunft, verließ June Frankreich wieder, genauso abgebrannt, wie sie gekommen war.

Das Geld für ihre Rückfahrt mußte durch Telegramme an ihre neuen Freunde in New York aufgetrieben werden. Mit großen Hoffnungen war sie gekommen, aber alles hatte sich als Illusion erwiesen. Am erschütterndsten war ihr Verdacht, daß Henry sie betrogen haben könnte – zumindest hatte er sich selbst betrogen –, was das Ausmaß von Germaine Dulacs Interesse an ihr betraf. Noch nicht mal ein Treffen mit der berühmten Filmregisseurin kam zustande, doch sobald sie mit dem Schiff in Richtung Heimat unterwegs war, verfiel Henry wieder in seine alten Träume und drängte June brieflich, sie sollte sich ernsthaft bemühen, beim Theater in New York unterzukommen. Mit diesen frisch erworbenen Schauspielerfahrungen, so erklärte er ihr, sollte sie sich dann wieder im Winter in Paris präsentieren. Er schrieb, daß er es »geschafft hatte, das Versprechen zu bekommen . . . für eine Rolle [für June] in dem ersten englischen Tonfilm, den Madame Germaine Dulac drehen wird«. Er schrieb das sehr zuversichtlich – aber dann fügte er hinzu: »Das wird allerdings mindestens noch bis Januar dauern.« Es war deutlich, daß er lediglich June mit einem Trick nach Paris zurücklocken wollte, der schon einmal »funktioniert« hatte.

Sie ihrerseits ermutigte ihn halbherzig, heimzukommen. Sie drängte Henry, ihr nach New York zu folgen, und zitierte für ihn die Worte Stawrogins: »Ein Individuum, das die Verbindung mit seinem Land verloren hat, hat Gott verloren.« Obwohl Henry sich danach sehnte, ihr nachzufahren, begann er, das Gefühl zu entwickeln, daß seine eigenen Interessen genau das Gegenteil verlangten – in New York sah er keine Chancen für sich. Junes Abreise war auch eine Erleichterung. Er fing an, beschwingte Briefe an Joe O'Regan und Schnellock und Conason zu schreiben, in denen er sie einlud, sich ihm in seinem »glücklichen Leben der Schande« anzuschließen. Auch seine Buchpläne strahlten wieder neuen Glanz für ihn aus.

So ganz allmählich dämmerte ihm die Erkenntnis, daß Paris ihm gut tat, weil es ein Schlachthaus der Träume, einen absoluten Nullpunkt darstellte. Das einzige Gesetz, das in Paris zählte, war – Realität. Er glaubte, daß Paris ihm so einiges darüber beigebracht hatte, daß man Phantasiegebilde mit einer gewissen Skepsis betrachten mußte, während June immer noch mitten im ranzigen Herzen des fetten amerikanischen Traums lebte. Junes Besuch befreite ihn von einem weiteren seiner falschen Götter – von June selbst.

5. Ballade d'Hiver

Henry kämpfte ums bloße Überleben. Im Versuch, mit zehn Franc am Tag auszukommen, zog er von einem billigen Hotel zum anderen; er reiste sozusagen mit leichtem Gepäck und bewohnte Zimmer, die weder Heizung noch Wasser noch Elektrizität hatten. Ende November, mit Einsetzen des Pariser Nieselregens, war er bereit, aufzugeben. Vor Hunger und Kälte zitternd, setzte er sich hin und ging seine Freunde mit einem Kettenbrief um Hilfe an, wobei er mit Abe Elkus den Anfang machte. Er führte, schrieb er, ein erbärmlicheres Leben als ein Hund. Er hatte sich alles genau überlegt, hatte Fahrpläne und so weiter durchgesehen und sich für das billige Schiff der America-French-Linie entschieden, das jeden Samstag von Le Havre nach New York auslief; die Überfahrt einschließlich des Schiffszuges kostete ungefähr 90 Dollar. Er rechnete damit, daß seine Eltern und seine Freunde gemeinsam das Fahrgeld aufbringen könnten. Unter der Erniedrigung stöhnend, erklärte er, daß er des täglichen Kampfes müde sei.

Seine Freunde konnten ihm nicht helfen; seine Eltern hatten kein Geld. Für ihn gab es keine Möglichkeit heimzukommen, aus seinem Elend gerettet zu werden. Er hielt das für eine Katastrophe, aber in Wirklichkeit rettete es ihn. Zu jener Zeit, Ende November 1930, hatte, ohne daß er sich dessen bewußt war, eine Art Genesungsprozeß eingesetzt, er hatte die Talsohle durchschritten. Die vergangenen sechs Monate hatten ihn ein für allemal gelehrt, ohne Hilfe zu überleben. Genau zu der Zeit, als er sich verzweifelt bemühte, das Geld für die Heimreise aufzutreiben, war sein Sieg in Paris bereits sichergestellt.

Fred Kann brachte ihn in seinem Atelier in der Rue Froidevaux in der Nähe des Montparnasse-Friedhofs unter. Er stellte Henry zwei seiner Bekannten vor. Einer war der Maler John Nichols, ein überschwenglicher junger Künstler mit beachtlichem Talent, aber wenig Disziplin. Der andere war Richard Galen Osborn, ein Absolvent des Yale College und der Yale Law School, ein empfindsamer und leicht labiler Möchtegernschriftsteller, der in der Rechtsabteilung der Pariser Filiale der National City Bank arbeitete. Osborn entstammte einer alten Familie aus Connecticut; er war unverheiratet und bekleidete eine geachtete, gutbezahlte Stellung. Er war nicht reich, hatte aber mehr Geld zur Verfügung als irgend jemand sonst, den Henry kannte. Er hatte diese Stelle in Paris angenommen, um noch ein paar Jahre das Leben zu genießen, bevor er sich in einem Wall-Street-Büro niederließ, und er knauserte nicht, wenn jemand Hilfe brauchte – egal ob für Unterkunft, Essen oder Abenteuer.

Osborns Apartment lag in einer guten Gegend in der 2 Rue Auguste-Bartholdi. Bald schon sprang Henry mehrmals täglich die 129 Stufen zu dem Atelier im siebten Stock hoch. Osborn bestand darauf, daß die Wohnung für ihn allein zu groß sei mit ihrem Wohnzimmer mit Kohleofen, dem großen Schlafzimmer und der separaten Küche, und er lud Henry ein, zu ihm zu ziehen. Henry brauchte nicht lange, um zu erkennen, daß Richard selten allein gewesen sein mußte, denn eine Prozession von *filles de Joie* gab sich an seiner Tür ein Stelldichein wie wohlschmeckende Gerichte, die darauf warteten, gekostet zu werden. Osborn hatte von Bridgeport ein kleines Schild mitgebracht, das er an die Schlafzimmerwand hängte und das ihn mit nie versiegender Fröhlichkeit erfüllte. »Umsonst gibt's hier nichts«, stand darauf. Richard liebte es, die Mädchen, die er in das Zimmer brachte, mit listigem Grinsen darauf hinzuweisen. Aber von Henry verlangte er nichts.

Jetzt, da Henry sicher in einer Wohnung untergebracht war, konnte er die Welt etwas lockerer betrachten. Er ließ sich einen Bart stehen. Zu seiner Verblüffung nahm der einen leicht rötlichen Farbton an. Er gab ihm das Aussehen, so seine Freunde, von »einer Mischung aus einem *Clochard* und einem Anwärter auf die Christusrolle bei den Oberammergauer Passionsspielen«. Jeden Tag, bevor er zur Arbeit ging, legte Osborn stillschweigend zehn Franc auf den Tisch. Er hoffte, meinte er oft, daß Henry sich dafür eine ordentliche

Mahlzeit kaufen würde. Aber Henry hatte seine eigene Diät, und wenn er den Schein einsteckte und hinausging, dann setzte er seine tägliche Spende in zwei Päckchen Gauloises Bleu, *Café Nature, Croissants,* Briefmarken und Fahrgeld für die Métro um. Stets legte Osborn das Geld neben die Schreibmaschine, denn er wußte, daß Henry arbeitete. In Osborns Wohnung fühlte Henry seine Lebensgeister steigen, und er nahm wieder die Arbeit an seinem Roman über June und Jean auf, nun mit dem endgültigen Titel *Crazy Cock.* Er schrieb drei neue abschließende Kapitel und überarbeitete das Ganze gründlich, wobei er abends Osborn seine Änderungen vorlas. Osborns herzhafter Applaus gab Henry Selbstvertrauen. (Die Tatsache, daß Osborn gleichzeitig auch seinen Stil als »altmodisch« bezeichnete, ignorierte er souverän.) »Es ist durchaus möglich«, schrieb er Emil Schnellock, »daß es eine Sensation auslöst. Durchaus möglich, daß ich ein gemachter Mann bin.« Sollte er je die Chance bekommen, die malerische Geschichte seiner Leiden und Nöte während der Abfassung seines Romans in *Vanity Fair* oder einem anderen Magazin zu schildern, dann erwartete er, zum »romantischen Jungen von ganz Amerika« zu werden, »sans doute«.

Nach Beendigung von *Crazy Cock* stürzte Henry sich sofort auf eine Serie von Skizzen über sein Elendsleben in Paris und begann eine Erzählung über seine Nächte im Cinéma Vanves. Die literarischen Einflüsse, die auf ihn wirkten, waren offensichtlich. Aus dem Künstlertypus von *la vie bohème,* Cocteaus Clowns, Dostojewskijs verrückten Heiligen, Dreisers öden Stadtmenschen, Grosz' grotesken Gestalten, Strindbergs sexbesessenen armen Teufeln, Cendrars' Weltmännern, Duhamels skeptischen Beobachtern und einer Vielzahl weiterer Andeutungen aus den Werken anderer Schriftsteller begann Henry, nach seinem Ebenbild einen Charakter zu formen. Mitten im Zentrum seines neuen literarischen Schaffens stand diese Figur eines vagabundierenden Künstlers, rücksichtslos und unverantwortlich, kindisch und ausgesprochen durchtrieben; vibrierend vor sinnlicher Vitalität, aber auch ein Hanswurst, immer am Rande des Wahnsinns; ein Heiliger, aber bereit, beim leisesten Anstoß ein Verbrecher zu werden. Der Kern der Philosophie dieser Gestalt bestand darin, daß für sie das eigene Überleben die wichtigste Angelegenheit im ganzen Universum war – zumindest für sie selbst. Henrys Ansichten von den Beziehungen der Geschlechter zueinander gingen schnell zu der Überzeugung über, daß Prostituierte die einzigen ehrlichen und anständigen Frauen waren.

Diese neue zentrale Gestalt und ihre Thematik beherrschte zwei Stories. Die erste trug den Titel »Mademoiselle Claude«. Es war eine Geschichte über Germaine Daugeard vom Boulevard Beaumarchais, die von Henry nichts weiter verlangte als Freundlichkeit und ein bißchen Geld. Er träumte sogar davon, sie aus ihrem Beruf herauszuholen und zu seiner Mätresse zu machen, sie zu unterhalten und sie auch noch mit verschwenderischen Geschenken zu verwöhnen. Offensichtlich war das eine Art verlogene puritanische Phantasievorstellung, der Wunsch, etwas für sie zu tun als Gegenleistung dafür, daß sie sich für ihn prostituiert hatte; es ähnelte seiner Anhänglichkeit an Pauline. Abgesehen davon, wie *dankbar* würde Germaine sein, genau wie Pauline es gewesen war! Und sie würde ihm treu sein. Eine treue Hure – er schwelgte in dieser Phantasie. Er goß seine Zuneigung zu ihr in seine Geschichte »Mademoiselle Claude«, das erste wirkungsvolle Stück Prosa, das er je geschrieben hatte. »Kürzlich, als ich diese Erzählung zu schreiben begann«, fing die Geschichte an, »bezeichnete ich Mlle. Claude als eine Hure. Selbstverständlich ist sie eine Hure, und ich versuche es auch nicht zu leugnen, aber ich muß gleich hinzufügen – wenn Mlle. Claude eine Hure ist, welchen Namen soll ich dann für die anderen Frauen wählen, die ich kenne? Irgendwie ist das Wort Hure nicht ausreichend. Mlle. Claude ist mehr als eine Hure. Ich weiß nicht, als was ich sie bezeichnen soll. Vielleicht einfach nur als Mlle. Claude. *Soit.*«

Um diese Zeit schrieb Miller eine weitere Geschichte über eine Prostituierte, eine surrealistische Skizze, die er »Bezeque« nannte. Darin wird von einer Begegnung mit einer Prostituierten berichtet, die ihm ein Märchen über ihre sterbende Mutter erzählt – eine vornehme Hure mit einem erstklassigen Diplom an ihrer Schlafzimmerwand, deren Geld er klaut, bevor er aus ihrem Apartment schleicht.

Zusammengenommen bedeuteten diese beiden Geschichten einen echten Durchbruch in Millers literarischer Karriere. Er traf ein Thema, das seine frisch gewonnenen Überzeugungen widerspiegelte, und Stimmung und Tonlage vermittelten eindringlich diese seine Überzeugungen. Er glaubte, daß beide Geschichten zur Veröffentlichung geeignet waren. Zusammen mit einem Artikel über Buñuels *L'Age d'Or* schickte er »Mademoiselle Claude« an Samuel Putnams

Avantgardejournal *The New Review,* während er gleichzeitig beschloß, »Bezeque« per Schiff an eine New Yorker Agentin namens Madeleine Boyd für eine mögliche Publizierung in Amerika zu senden.

Gewiß waren Millers Skizzen von vielen literarischen Strömungen beeinflußt, aber die Art, wie er diese Einflüsse zusammenschmolz, ließ sich direkt auf die Einwirkung seines Freundes Alfred Perlès zurückführen. Perlès überlebte durch seinen scharfen Verstand, er war ein Meister der »Randexistenz« in Wien und Paris, und die Moral des Lebens *en marge* entsprach seinem Wesen. Perlès' epikureisches Lebensgefühl bildete ein Gegengewicht zu Millers Romantizismus; es half Henry, aus seinen literarischen Erfindungen einen Charakter herauszufiltern, der Henrys Erfahrungen, aber Perlès' Einstellung zum Leben besaß.

Im Winter 1930/31 begann Henrys bemerkenswerte Veranlagung, Freundschaften zu schließen, endlich auch auf fremdem Boden Früchte zu tragen. Perlès, Eugene, Anatole und Leon Pachoutinsky, Fred Kann, Wambly Bald, John Nichols, Frank und Paula Mechau, Richard Osborn, Walter Freeman (von Richards Bank) und Tex Carnahan ergaben ein rundes Dutzend Verbündeter und vermittelten Henry das warme brüderliche Gefühl einer bohèmehaften Xerxes-Gesellschaft. Die Leute halfen ihm, weil sie ihn mochten. Wenn Perlès beispielsweise Henry seinen ersten Auftrag für ein Feature in der Pariser Ausgabe der *Chicago Tribune* besorgte, dann brachte Richard Osborn Henry das Material zu diesem Artikel. Osborn feierte gern, er war freundlich und gesellig und nur zu froh darüber, daß Henry ihn bei seinen Unternehmungen begleitete. Jeden Abend, wenn er von der Bank heimkam, rief er fröhlich in seinem schlechten Französisch: »Ce soir, Henri, nous vouldras fait un rigolo!« Eines Abends lud Osborn Henry in den Zirkus Medrano ein mit seinen wunderbaren Artisten, die Seurat so oft porträtiert hat. Die Vorführung berührte Henry stark, brachte ihm in Erinnerung, daß er einst ein Clown hatte werden wollen. Aber wenigstens schreiben konnte er über Clowns. Vielleicht konnte er als Schriftsteller Clownerien von sich geben. In seinem Notizbuch gab er sich selbst den Rat: »Dann mal wieder los! Schreib es auf!« Perlès brachte den Artikel zu Elliot Paul, einem früheren Redakteur von *Transition,* der jetzt den Featureteil der Pariser Ausgabe der *Sunday Tribune* lcitete. Als der Artikel Anfang 1931 erschien (Millers erste Veröffentlichung in Europa), war er mit einer Reproduktion eines Seuratbildes illustriert. Ein paar Wochen später brachte er in der *Tribune* einen weiteren Artikel unter: »Sechstagerennen.« Obwohl er den Titel eines seiner früheren Mezzotintos trug, waren beide *Tribune*-Artikel flüssig und leicht geschrieben, nicht zu vergleichen mit den verkrampften und künstlich eleganten Mezzotintos. Und diesmal stand *nicht* »June E. Mansfield« darunter.

Anfang 1931 standen alle Sterne günstig: Er klapperte nicht nur fleißig auf der Maschine, er fing auch an, riesige Wandkarten anzulegen, ein deutliches Anzeichen dafür, daß er vor Ideen überströmte. In früheren Jahren, als er sich in Beherrschung und Kontrolle übte, war deutlich gewesen, daß er sich fürchtete, seine Unzulänglichkeiten zu enthüllen; er hatte Angst gehabt, sobald er sich einmal wirklich losließ, könnte jemand sagen: »Ist das alles? Ist das tatsächlich alles?« Aber jetzt, als er begann, Karten, Diagramme, Handlungsabläufe und Tabellen aufzuzeichnen, Journale und Notizbücher zu füllen, verlor sich die Angst vor der Kritik, vor der Bloßstellung. An die Wand neben der Schreibmaschine pinnte er zwei braune Packpapierblätter, dreißig mal sechzig Zentimeter. Er teilte sie in sechs Abschnitte, die er mit »Wörter« überschrieb. Darauf vermerkte er, wie sich Osborn erinnert, »wissenschaftliche Wörter, beschreibende Wörter, mythologische Ausdrücke, archaische und veraltete Bezeichnungen, unmäßige Wörter, Schimpfwörter, durchschlagende Wörter, die den merkwürdigsten Quellen entstammten«. Außerdem erweiterte er sein »Pariser Notizbuch« beträchtlich, indem er Auszüge aus Büchern, die ihm gefielen, kopierte, Zeitungsausschnitte oder Menuekarten oder Durchschläge seiner Briefe an Emil einklebte und lange Abhandlungen über Kunst verfaßte. So verbrachte er seine Tage mit schriftstellerischer Arbeit; aber wenn Osborn abends heimkam, war Miller noch so frisch wie ein Gänseblümchen und bereit, über die literarischen Werturteile seines Gastgebers und dessen literarische Idole zu diskutieren wie Anatole France und Joseph Conrad. Miller pries die Vorzüge von Proust, Gide, Valéry, Duhamel, Cocteau, Spengler und Faure. Während Henry gestikulierend redete, beschäftigte sich John Nichols, der häufig zu Besuch kam, damit, Millers Porträt zu malen, der mit seinem Bart wie ein listiger alter Satyr aussah. (Auf die Möglichkeit hin, daß jemand die sinnlichen Qualitäten von Miller nicht spürte, malte Nichols neben Henry ein Fenster, durch das einem der phallische Anblick des Eiffelturms vergönnt war.) Wenn die Unterhaltung vorbei und er zu müde zum Schreiben war, begann Henry häufig, ebenfalls zu malen. Unter Nichols' Einfluß handhabte er Pinsel und Schwamm mit kühner Ungezwungenheit – aber *Ungezwungenheit* war nun sein Zauberwort für alles und jedes. Osborn hat einmal gesagt, daß zu dieser Zeit Henrys Begeisterung einem ständigen Rauschzustand ähnelte; aber Richard verstand, daß Henry im Grunde durchaus klar sah und kühlen Kopf bewahrte: Das Leben hatte ihn so niedergedrückt, daß er, um die Balance wiederzugewinnen, einfach eine Weile exzessiv leben mußte.

Das Jahr schien unter einem günstigen Stern zu stehen. Silvester 1930 stieg Henry nach einer Party in der Coupole in ein Taxi; auch der Taxifahrer hatte gefeiert und getrunken, und sobald er sein Vehikel auf Höchstgeschwindigkeit gebracht hatte, geriet es ihm außer Kontrolle und knallte frontal mit einem anderen Wagen zusammen. Der Zusammenprall war so stark, daß sich Henrys Taxi überschlug; direkt neben ihm zerbarst das Seitenfenster, und die Glassplitter flogen nach innen. Aber er kam ohne jeden Kratzer davon. In der *Tribune* brachte er unter den Namen von festen Mitarbeitern ein paar Artikel unter und wurde von ihnen dafür bezahlt. Er schrieb ein paar Artikel für Balds Kolumne, und er ergatterte sogar einige kurzfristige Aufträge als Ghostwriter, die Geld einbrachten. Als ein neues Bordell am Boulevard Edgar-Quinet um Amerikaner warb, schrieb Henry ein Reklameflugblatt. Dann lernte er einen New Yorker Pelzhändler im Ruhestand namens Louis Atlas kennen, der ihn für eine Serie über prominente Juden in Paris engagierte. Henry quälte sich vier oder fünf Kolumnen ab – eine davon über Fred Kann –, das Stück zu fünfundzwanzig Franc. Sie wurden an ein Syndikat jüdischer Zeitungen in New York weitergeleitet und erschienen, ins Jiddische übersetzt, unter Atlas' Namen.

Eins folgte dem anderen. Im März 1931 tauchte auf Junes Empfehlung hin ein junger Mann namens Millard Fillmore Osman auf, um Henrys Hilfe beim Abfassen einer Examensarbeit für Psychologie an der Sorbonne zu erbitten. Osmans Arbeit behandelte die Situation von verkrüppelten und geistig zurückgebliebenen Kindern in New York, Paris und anderen Großstädten. Henry zog in Osmans Apartment in der Rue Denfert-Rochereau, begann, sich durch dessen Psychologietexte zu wühlen, und diskutierte sie dann stundenlang mit Osman durch, um halbwegs intelligente Bemerkungen über die Notlage der Verkrüppelten zu Papier bringen zu können. Osman lud Henry zu umfangreichen amerikanischen Frühstücken und Dinners ein, versorgte ihn mit Zigaretten, löste seinen Ehering bei der Pfandleihe aus, machte ihm wertvolle Geschenke (wie zum Beispiel Toilettenpapier von der Sorte »Extra-Zart«, alte Krawatten und gestopfte Socken) und ließ ihm ein paar Franc pro Woche zukommen. Aber Henry hielt sechs Wochen bei Osman durch und erledigte dessen Arbeit aus einem einzigen Grund: um jeden nur denkbaren Krümel an Informationen über June herauszuquetschen. Osman klatschte gern, seiner Version nach hatte er mit June – auf rein platonischer Basis – und einer dritten Person zusammengelebt. Ob Mann oder Frau, Henry gelang es nicht, das aus Osman herauszukitzeln, obwohl der es ansonsten deutlich genoß, vom Treiben der Village-Bewohner zu berichten. Durch Osman lernte Henry Walter Lowenfels kennen, der ganz in der Nähe von Osmans Apartment in der Rue Denfert-Rochereau 16 wohnte. Lowenfels war ein ernsthafter Schriftsteller, seit er vor fünf Jahren in Paris angekommen war, hatte er zwei schmale Gedichtbändchen veröffentlicht. Das erste dieser Bücher, *USA With Music,* war ein bitterer Angriff auf die oberflächlichen Werte des amerikanischen Lebens und entsprach völlig Henrys eigenen Ansichten. Das andere, *Apollinaire: An Elegy,* war die erste einer Reihe geplanter elegischer Arbeiten, die Lowenfels unter dem Sammeltitel *Some Deaths* zusammenfassen wollte. Lowenfels' Theorie war es, daß die moderne Welt an ihren herrschenden toten, funktionalen Werten »gestorben« sei. *Apollinaire* gab den Grundton der Reihe an: »Die Welt betrauert ihren eigenen Tod, sterbend in ihrer eigenen Schöpfung – in Apollinaire.« Als Miller und Lowenfels im April 1931 zusammentrafen, arbeitete Lowenfels an einer Elegie auf D. H. Lawrence und dachte über eine auf Hart Crane nach.

Obwohl Henry anfangs nicht viel Sinn in diesem elegischen Hokuspokus des Todesdichters sah, erkannte er einige Verbindungen zu dem, was er bei Spengler, Nietzsche und Lawrence gelesen hatte; unter Lowenfels' Einfluß entwickelte er bald eine eigene Version der Todesbeschwörung. Er erbat Lowenfels' Meinung zu seinem Artikel »Buñuel or Thus Cometh to an End Everywhere the Golden Age«, den Samuel Putnam für *The New Review* angenommen hatte. In diesem Essay argumentiert Miller, Buñuels Surrealismus beweise, daß der Zivilisationsmensch Verfall und Fäulnis anbete. Nur durch Auslöschung der gesamten Gesellschaft könne der erkrankte Organismus geheilt werden. Diese Ansichten waren Wasser auf Lowenfels' Mühlen. Sie begannen, Artikel auszutauschen. Lowenfels zeigte Henry einen Aufsatz, den er für *This Quarter* vorbereitete. »Innerlich sterben wir ab, und deshalb sterben auch unsere Worte. Ist man innerlich tot, dann existiert kein Hintergrund für Emotionen . . . Alles und jeder vertrocknet in einer Welt von Geschwätz«, schrieb er. Bald schaute Henry täglich im Apartment von Lowenfels vorbei, manchmal nahm er dessen kleine Tochter zu einem Spaziergang durch den Jardin de Luxembourg mit, und häufig blieb er zum Essen, das Lowenfels' Frau Lillian so wunderbar zu kochen verstand. Und unablässig, auf die denkbar lebendigste Weise, schlugen er und Lowenfels sich mit dem Todesthema herum.

Lowenfels wies Miller eines Tages auf Michael Fraenkel hin, einen prominenten amerikanischen Juden in Paris, der sich gut als Sujet für einen der Artikel eignete, die Miller für Louis Atlas schrieb. Fraenkel hatte einen Verlag, die Carrefour Editions, die Lowenfels' *USA* publiziert hatten. Als Emigrantenjunge hatte Fraenkel, ein naturalisierter Amerikaner russischer Herkunft, in New York Zeitungen verkauft. Später wurde er Englischprofessor, brachte es im Buchhandel zu einem bescheidenen Vermögen und vermehrte es an der Börse, bevor er 1926 nach Paris zog, um sich ganz der Philosophie und der Literatur zu widmen. Fraenkel hatte einige feinsinnige Gedichte in *Transition* veröffentlicht, er war Lowenfels' anerkannter Meister in der Todesschule der Literatur. Der hatte Fraenkel schon auf Henry vorbereitet. Er schilderte Miller als einen Mann, der voller Leben, voller merkwürdiger Spitzfindigkeiten steckte und über unerkannte Talente und eine unerschöpfliche Freude an Streitgesprächen verfügte. Lowenfels stachelte Fraenkels Neugier an, indem er behauptete, daß Miller fast sämtliche Philosophen gelesen habe, mit denen sich Fraenkel beschäftigte. Die beiden sollten sich unbedingt kennenlernen. »Nimm ihn dir zur Brust«, zwinkerte ihm Lowenfels zu, »er ist genau dein Fall.«

6. Die Villa Seurat:
ein instinktivistisches Porträt

Das Treffen wurde arrangiert. Henry stieg am Boulevard Alesia aus der Métro und ging von dort in die Rue Villa Seurat. Vor der Nummer 18, am Ende der Sackgasse, blieb er stehen. Die Häuser in dieser Gegend, am südlichen Rand des Stadtkerns von Paris, waren alle nach dem Ersten Weltkrieg erbaut worden. Obwohl das Viertel weit davon entfernt war, eine bevorzugte Wohngegend der Bohème zu sein, wohnte doch eine Anzahl von Künstlern und Schriftstellern hier, die von Montparnasse emigriert waren, weil sie beabsichtigten, sich auf Dauer in Paris niederzulassen, und sich deshalb Apartments mit eigenen Kochmöglichkeiten wünschten. Dali lebte in der Nähe. Artaud und Foujita wohnten in der Villa Seurat; Derain war erst vor kurzem weggezogen. Die Nummer 18 war ein dreistöckiges Haus mit einem nach hinten gelegenen Studioapartment im obersten Stock. Henry marschierte eine Treppe hoch, öffnete die Flügeltür und wandte sich innen nach links, wo er am Fuße einer Art Wendeltreppe an Fraenkels Tür klopfte.

Der Mann, der die Tür öffnete, war ein Trotzki im Kleinformat: kleiner und dünner als Henry, mit dunklem buschigem Haar und einem dunklen Spitzbart, seine Augen schienen durch seine Blässe noch schwärzer zu sein. Fraenkels Lebendigkeit konzentrierte sich fast ausschließlich in seinen leuchtenden, durchdringenden Augen und in seinem Redefluß, der einen Verstand verriet, der seinen Augen an Intensität nicht nachstand. Der kleine Mann winkte Henry herein, warf sich in dem mit Fensterläden verschlossenen Zimmer auf seine Couch und begann, mit großer Entschiedenheit zu sprechen, als wäre jeder Satz eine in eine Landkarte gestoßene Nadel. Schnell wurde klar, daß es sich um die Karte eines Friedhofs handelte. Jeder Satz fegte eine weitere Illusion, einen weiteren anerkannten Helden, eine weitere Hoffnung beiseite. Ping! Ping! Ping! – wie in einer Schießbude mit Michael Fraenkel als Meisterschütze. Er schien nur in einer Zeitform sprechen zu können: der Vergangenheit. »Du bist gestorben«, war der Refrain seiner Ausführungen.

Er nahm Henry unter seine Fittiche und begann, ihn seinen Katechismus zu lehren. Die einzige Möglichkeit, den Tod zu überwinden, fing Fraenkel an, bestehe darin, ihn auszuleben, nicht zu versuchen, an der Fassade des Lebens teilzunehmen, denn das liefe auf einen unmöglichen Selbstbetrug hinaus. Nur indem er diese Krankheit auslebte, konnte ein Mensch sie liquidieren. Vielleicht stammte diese Idee zumindest teilweise aus Nietzsches *Geburt der Tragödie* oder aus dessen Korrespondenz mit Brandes, aber Fraenkel trieb sie konsequent in ihr Extrem und machte sie zu einer alle Erfahrungen umfassenden Weltbetrachtung. Henry, der stets an persönlichen Einzelheiten interessiert war und sich jetzt schon vorzustellen versuchte, wie er aus diesem Interview einen Zeitungsartikel machen konnte, wollte einiges über Fraenkels Karriere wissen. Wie war er auf diese Ideen gekommen? Michael begann von der hektischen, masturbativen Existenz des amerikanischen Geschäftsmannes zu reden, der die Unwirklichkeit seines Lebens mit dem hysterischen und selbstzerstörerischen Wunsch kompensiert, zu leben, zu genießen, zu besitzen. Er selbst war ein solcher Mann gewesen, gestand er. Dann brachte er das Gespräch wieder auf ein höheres Niveau und sprach von D. H. Lawrences Analyse desselben Zustandes; um sich schließlich, noch höher greifend, seinem eigenen »Weather Paper« zuzuwenden, einem Essay, der ihn die letzten beiden Jahre beschäftigt hatte. Alles Handeln, hatte er nachgewiesen, war vergeblich. Das Wetter wehte von Norden, von der Eiszeit her, und das Wetter würde sich nicht ändern. Fraenkel faszinierte Henry und fast jedermann, der mit ihm in Berührung kam, mit seinem brillanten Fanatismus; er brachte alle seine Ideen in die extremste Form, um ihnen Glanz und Intensität zu geben. Auf dem Bücherbord hatte er sein Buch *Werther's Younger Brother* zwischen die Bibel und Nietzsche gestellt.

Obwohl diese Unterhaltung wenig hergab, um Louis Atlas zu befriedigen, versetzte sie Henry in einen Taumel. Die Nacht blieb er als Gast, und am nächsten Tag zog er in Michaels Wohnung, wo er im Wohnzimmer schlief. In der Villa Seurat oder in Lowenfels' Wohnung stapelten Fraenkel und Lowenfels, diese beiden Vertreter des Todeskults, in den nächsten zwei Monaten die Leichen der westlichen Zivilisation aufeinander. Dies waren echte Intellektuelle; Henry hatte vorher wenig Gelegenheit gehabt, solchen Leuten zu begegnen, er wollte von ihnen lernen und entwickelte ein scharfes Konkurrenzgefühl. Gelegentlich gingen sie in ein Café, wo sie ihren unterhaltsamen *danse macabre* bei einem gutzubereiteten *lapin*, einem zarten Omelett oder schmackhaften *tripes à la mode de Caen* fortsetzten. Die Mahlzeiten ernährten Henry, und die Gespräche blendeten ihn. In seinem Kopf vermengte sich das Todesthema mit Kanns Okkultismus, Perlès' Bohèmeideen, Dostojewskis Spiritismus, Hamsuns Sexismus und mit seinen Erlebnissen in Amerika und Paris. Er fühlte sich aus den Angeln gehoben; er glaubte daran, daß er wie van Gogh seine Hand in die Flamme würde legen müssen, wollte er eine Mitte in dieser Konfusion finden.

Lowenfels und Fraenkel glaubten, daß Männer, denen die Auflösung der modernen Welt als feste Tatsache galt, als Schriftsteller anonym bleiben, sich nicht erheben sollten aus einem Publikum, dessen Untergang sie teilten. Die Tage persönlicher Autorenschaft waren vorbei. Das Beste, worauf ein Schriftsteller hoffen konnte, war schöpferischer Selbstmord: Anonymität. Gemeinsam hatten sie an einem neunundzwanzig Seiten langen Pamphlet gearbeitet, in dem dieser Standpunkt dargelegt wurde. Es trug den Titel *Anonym: Die Notwendigkeit der Anonymität* (1930): »Der anonyme Kampf, einen Roman oder ein Gedicht zu vollenden, wird zum Kampf um ein Weltideal, um Schöpfung; nicht um die Fortschritte irgendeines einzelnen Poeten, ›seines Rufes oder seiner Anerkennung‹ . . . Ist er ein Künstler, so ist dies genug.« Wenn auch Henry mit dieser Logik übereinstimmte, so konnte er doch nicht ganz leugnen, daß es ihm ein bißchen heuchlerisch vorkam, denn immerhin verfügte Fraenkel über genügend Geld, um seine eigenen Werke (einschließlich *Anonym*) zu publizieren, während Henry jede Chance auf eine Veröffentlichung nutzen mußte und ganz gegen seinen Willen Artikel anonym publizierte. Seine Essays über Juden in Paris erschienen unter Atlas' Namen; jene in der *Sunday Tribune* nannten Perlès als Verfasser. Als fester Mitarbeiter hatte Alfred Perlès Zugang zu dem sonntäglichen Featureteil, während Henry dieser Weg im allgemeinen verschlossen blieb, aber Miller hatte die fünfzig Franc, die für eine Kolumne gezahlt wurden, dringend nötig. »Gobelins«, »Prismatoide Szenerie«, »Paris in Ut-Mineur«, »Spaziergang ohne Gamaschen«, »Mumien und andere Zeitgenossen« und »Rue Lourmel im Nebel« – Essays, die ihm alles zusammengenommen 350 Franc (16 Dollar) einbrachten – erschienen auf diese Art und Weise im Winter und im Frühling des Jahres 1931. Natürlich waren sie aus Entwürfen seines Paris-Buches und aus den aufbewahrten Kopien der Briefe, die er an Schnellock geschrieben hatte, zusammengeklaubt. Er überarbeitete dieses Material, wobei er auf einen locker impressionistischen, manchmal amüsant surrealisti-schen Stil achtete. »Die Stunde, in der man die Gobelins-Bezirke besucht«, schrieb er beispielsweise, ». . . ist um *le crépuscule*. Noch besser wäre es, wenn man inmitten eines Alptraums geht, aber dann könnte man seine *Carte d'identité* und den Revolver vergessen. Und versehentlich könnte man in ein Krankenhaus wandeln, und sie haben einem die Eingeweide rausgeholt, ehe man aufwacht.«

Wie die Leichtigkeit dieses Stils andeutet, hatte Miller genügend Stabilität und Selbstvertrauen erworben, um Schläge einzustecken, die bei ihm früher Depressionen ausgelöst hätten. Als Fraenkel im Juli 1931 sein Apartment vermietete und aus der Villa Seurat auszog, störte Henry der erneute Umzug wenig. Jetzt verfügte er über ausreichende geistige und körperliche Reserven, um sich durchzu-bringen. Er zog lediglich mit seinen wenigen Sachen – hauptsächlich Manuskripte – in Perlès' Zimmer im Hôtel Central. Was die Nahrung anging, so löste sich dieses Problem, als er eines Tages gemeinsam mit Fred Kann auf einer Bank in der Nähe des Coupole saß. Hungrig überlegte Henry, wieviel er wohl für seinen Ehering bekommen mochte, wenn er ihn wieder versetzte. (Das Gejammer um den Ehering war unfehlbar der beste Ansatz für einen Pumpversuch.) »Ich hab alles ausgeklügelt«, erzählte er Kann. »Ich könnte jetzt von ungefähr sechs Dollar pro Woche leben. Aber was spielt das schon für eine Rolle? Selbst wenn's drei Dollar wöchentlich wären, ich käme damit der Lösung keinen Schritt näher.« Es war ja nicht so, daß er nie über Geld verfügte, meinte er. Bis vor kurzem konnte er das Kleingeld einsammeln, das in der Villa Seurat herumlag, und sich gelegentlich ein paar Münzen oder Scheine aus Fraenkels Mänteln fischen. Ab und zu schickten ihm June und einige seiner Freunde immer noch Geld, und ein paar Dollar verdiente er mit dem Schreiben. Und wenn's ganz schlimm stand, konnte er immer noch Wambly Bald um Geld bitten: Bald warf manchmal eine Handvoll Centimes in den Rinnstein, und Henry mußte sich wie ein Vorsteh-hund darauf stürzen; gelegentlich gab er Henry ein paar Sou fürs Schuheputzen und ließ ihn in seiner Wohnung schlafen. Aber er konnte einfach nicht genug Geld auftreiben, um die regelmäßige Verpflegung zu sichern. Kann beruhigte Henry und erwähnte all die anderen, die gern zu seiner Rettung beitragen würden. Fast gleichzeitig kam beiden der Einfall eines »Fahrplans« für Mahlzeiten, aufgeteilt unter seine zahlreichen Freunde.

Am folgenden Tag machte sich Henry mit teutonischer Gründlichkeit daran, seinen Plan auszuarbeiten. Zuerst legte er für jeden seiner Freunde eine fünfzehn mal zehn Zentimeter große Karte an. Die vierzehn Vielversprechendsten wählte er aus und arrangierte sie nach Tag und Stunde entsprechend ihren Möglichkeiten, ihn zu beköstigen. Osborn zum Beispiel, der in der Bank arbeitete, mußte für die Wochenenden vorgemerkt werden. Mit seiner Kartei schlenderte Henry dann hinüber ins Dôme, setzte sich dort zuversichtlich hin, verlangte Papier, Feder und Tinte und schrieb ungefähr einem Dutzend seiner Freunde Briefe. »Gerade eben bin ich auf eine praktische Lösung meiner Probleme gestoßen«, begann er. »Ich habe die besten Freunde, die ich hier besitze, für ein regelmäßiges wöchentliches Mahl vorgesehen . . . Ich bin sicher, Sie haben nichts dagegen einzuwenden, daß ich Sie in meine Liste aufnehme?« Dieses Arrangement, sagte er, würde nicht nur die Last gleichmäßig verteilen und für ihn eine gewaltige Erleichterung darstellen, sondern »es wird mir erlauben, mit unbeschwertem Herzen und Verstand zu arbeiten«. Vor seine Unterschrift setzte er die Abschlußworte: »Verbleibe ich mit dem Wunsch nach ›glücklicheren Tagen‹.« Der Plan funktionierte perfekt, wie die Antworten, die er von Frank und Paula Mechau, Michael, Walter, Zadkine, Kann und Ned Clamer erhielt, bald schon erkennen ließen. Jeder seiner Freunde teilte ihm seine Datumswünsche mit. Bald zum Beispiel war damit einverstanden, Henry an Dienstagen zum Lunch einzuladen, da an diesem Abend seine Kolumne fällig war und Henrys Klatsch ihm half, seine Zeilen zu füllen. Mit dem Terminplan in der Hand tauchte Henry dann prompt am Sonntagabend vor Osborns Tür auf und fing hier an, sich frohen Mutes durch die Woche zu futtern, bis er erneut bei Richard Osborn erschien. Tatsächlich funktionierte der Plan so gut, daß Henry nach einiger Zeit wählerisch wurde. Er überprüfte seine Liste, strich die Langeweiler und beschränkte seine Besuche auf eine auserwählte Gruppe von Freunden, die Geist und Witz mit seltenen Weinen und zarten Steaks verbanden.

Nicht alle Dinners verliefen problemlos. Bei seiner Montagabendeinladung bei Joseph und Bertha Schrank in der Nummer 7 Rue Huysmans bewegte er sich auf glattem Parkett. Obwohl Henry die erfolgreichen Stücke, die Joseph für Broadwaybühnen geschrieben hatte, nicht sonderlich interessierten, war er von dem lieblichen Gesicht, der milchweißen Haut und den vollen Brüsten von Bertha hingerissen, und bald schrieb er ihr lange surrealistische Liebesbriefe. Jeden Montagabend speiste er mit den Schranks und lauschte Josephs nur um seine eigene Person kreisenden Bemerkungen über ein Drama, das er für die neue Saison plante, während Henry und Bertha sich unter dem Tisch aufeinander zutasteten. Nach dem Essen spielte Bertha Klavier, während ihr Mann sich kühl zurücklehnte und eine gute Zigarre rauchte. Egal, an welchem Stück sie sich versuchte, stets bemerkte er: »Spiel dieses andere, das du geübt hast.« Henry wußte selbst nicht, warum er so für Bertha schwärmte, aber jeder, der Henry seit 1917 kannte, hätte die Gründe dafür sofort erkannt. Sie erinnerte ihn stark sowohl an Beatrice als auch an June. Wie seine erste Frau spielte sie Klavier – als sie sich zum erstenmal sahen, sagte sie, sie würde an diesem Abend »nur für ihn« spielen. Eine schöne Frau beim Klavierspiel in ihrem eigenen Haus zu beobachten, berührte ihn stark. Es war gar nicht anders möglich, sie erinnerte ihn an Beatrice; sogar die Namen ähnelten sich. Ihr Können hielt sicherlich einen Vergleich mit dem von Beatrice nicht stand, aber beim ersten Akkord war er verloren, sein Herz jubilierte. Voller Aufregung sprang er zum Piano, führte seine Kreuzhandtechnik vor und verfiel auf eine brillante Idee. Es wäre doch für ihn überhaupt keine Mühe, vorbeizuschauen und Bertha die richtige Ausführung von Andante und Legato beizubringen und so dazu beizutragen, daß sich bei ihr die »Mondscheinsonate« nicht mehr so anhörte, als wäre sie von Richard Rodgers geschrieben.

Was ihn an Bertha wirklich verrückt machte, verbarg er sogar vor sich selbst: Körperlich erinnerte sie ihn an June. Tatsächlich erkannte das Bertha noch vor ihm. Im Sommer 1931 trafen sie sich oft, während Joseph in New York letzte Hand an ein Stück für die Herbstproduktion legte. Einmal, als sie in seinem Zimmer war, Chambre 29 im Hôtel Central, betrachtete sie ein an der Wand hängendes Foto von June ganz genau. »Sie ist eine sehr schöne Frau«, sagte sie. »Da ist etwas Fremdartiges an ihr, etwas, daß sich nicht fassen läßt . . .« Er versuchte, das Thema zu wechseln, während er sie langsam in Richtung Bett drängte. »Wann fahren wir nach Rußland?« fragte er. »Meinst du, ich kann da einen Job als Korrektor bekommen?« (Mehr als einmal hatten sie davon gesprochen, in die Sowjetunion durchzubrennen: Bertha interessierte sich für die dortigen sozialen Experimente.) »Warte«, sagte sie, ihn zurückhaltend, »schau mich genau an. Entdeckst du keine Ähnlichkeit . . .« Ihr

Blick wanderte zum Foto. »Ich habe sie vollständig vergessen«, beeilte sich Henry zu sagen, »und sie hat mich ebenfalls vergessen.« Aber Bertha hatte recht. Sie hätte Junes Schwester sein können. Er versuchte, sie zu küssen. »Laß das jetzt. Es hat keinen Sinn«, sagte sie. »Also gut«, meinte er. »Es stimmt, da ist eine Ähnlichkeit, sogar eine große Ähnlichkeit, ich hab das von Anfang an gesehen. Aber es bedeutet nichts – bloß ein Zufall –, du bist anders, ganz anders.« Aber sie wollte sich nicht überzeugen lassen. »Wenn du mich manchmal umarmst«, bemerkte sie, »dann denkst du überhaupt nicht an mich – sie ist es, an die du denkst.« »Das ist doch lächerlich«, antwortete er und tat so, als hätte ihn ihre Schlußfolgerung verletzt, aber er protestierte nicht weiter, denn was sie gesagt hatte, war richtig. Er versuchte, die Dinge wieder anzukurbeln. »Nein, ich erwarte nicht, June je wiederzusehen.« (Das war eine Lüge, und er wußte es: Er wünschte sich nichts sehnlicher, als June wieder in seinen Armen zu halten.) Dann sagte er lahm: »Heirate mich, verlasse Joe und heirate mich.« Sie schaute ihn kläglich an. »Ich kann mir über nichts klarwerden, bis June wieder hier ist. Nur dann kannst du zwischen uns wählen. Du weißt jetzt selbst nicht, was du denkst, und ich – ich fühl mich wie jemand, der eine Ersatzrolle spielt.« Ja, dachte er, während er all die Frauen Revue passieren ließ, die er je geliebt hatte, sie *war* ein Ersatz für viele andere, und alle waren sie austauschbare Glieder einer Kette, die bis zur Zeit seiner ersten Erinnerung an eine weibliche Gestalt, die sich über sein Bett beugte, zurückreichte.

Als Joseph im September 1931 wiederkam, sagte Bertha schlicht: »Henry, kein Liebesgeflüster mehr. Joe ist mit einem Herzen voller Liebe heimgekommen.« Damit war ihre Affäre vorbei, und Henry erkannte, daß ihn der Verlust Berthas vollkommen gleichgültig ließ. Nun, da die Romanze vorbei war, bedauerte er lediglich, daß sie ihm nicht seine Liebesbriefe zurückgab, obwohl er sie für sein Buch benötigte, und daß er sich wie ein schwachsinniger Idiot um ein erstklassiges Montagabenddinner gevögelt hatte – bloß wegen eines Liebesabenteuers!

Allerdings hatte er mittlerweile einen Job für zwölf Dollar die Woche als Korrektor der Börsenberichte bei der *Tribune* bekommen. Das war ungefähr das Doppelte, was er zum Leben in Paris benötigte. Da er jedoch noch nie hatte wirtschaften können, bereitete es ihm keinerlei Schwierigkeiten, sein neues Einkommen unter die Leute zu bringen. Wie um zu einem neuen Sprung anzusetzen, räumte er mit seinen früheren literarischen Projekten auf und schickte sämtliche abgeschlossenen Kurzgeschichten und Skizzen der Literaturagentin Madeleine Boyd, die Vertrauen zu seiner Arbeit gewonnen hatte. Unter der Anleitung von Michael Fraenkel, der *Crazy Cock* für »unerbittlich platt, steril, schal« hielt, »nach dem neunzehnten Jahrhundert riechend«, kürzte Henry den Roman um die Hälfte auf dreihundert Seiten: Es war, als würde man Dostojewskij mit der Guillotine lektorieren. Er übergab das Buch Edward Titus, der einen kleinen Verlag betrieb – und prompt verlor Titus das Manuskript. (Ein Jammer. Aber Henry besaß noch genügend frühere Versionen.) Das wichtigste Ereignis war, daß Henry eine fundamentale intellektuelle Neuorientierung durchmachte, eine tiefgreifende Veränderung, die im Sommer 1931 abgeschlossen war. Michael Fraenkel hätte vielleicht gesagt, daß Miller endlich seinen Tod anerkannt habe. Kann hätte diese Veränderung als visionäre Erfahrung werten können. Aber in Wirklichkeit war es viel einfacher. Es war die – absolut grundlose – Hoffnung, die dem Gefühl entspringt, daß man das denkbar schlimmste Elend schon durchgemacht hat. Einige Jahre später brachte Miller die Lektion, die er während dieser Zeit gelernt hatte, zum Ausdruck, als er Walker Winslow riet: »Es ist immer gut, wenn man bis zur Hoffnungslosigkeit runterkommt – funktioniert immer.« Henry selbst fühlte – und es war wirklich ein Gefühl, eine subtile Änderung in seiner Beziehung zu der Welt, die er erlebte, keine »Idee« –, daß er nicht länger irgendwelche Ansprüche auf die Welt erheben konnte oder sie auf ihn. Er schien das ganze Muster seines Lebens deutlich vor sich liegen zu sehen. Jetzt bejammerte er nicht mehr sein Schicksal. Er ging seiner Bestimmung entgegen – das war alles. Hätte man ihn der größten Verbrechen angeklagt, das spürte er, so hätte er fröhlich darauf antworten können: »Schuldig! Schuldig in allen Punkten! Schuldig auf jede nur vorstellbare Art.« Plötzlich schienen Schuld und Schande von ihm abgefallen. Als June ihn 1927 verließ oder als er 1930 gezwungen war, nach Paris abzureisen, hatte er geglaubt, am Tiefpunkt angekommen zu sein. Aber dann bei Nanavati hatte er dasselbe empfunden. Dies schien nun die unterste Stufe zu sein. Sein Sturz war lärmend gewesen, voller Klagen – zu sehr von einem Ego erfüllt, das von Verzweiflung noch nicht ausgelöscht worden war. Im Spätsommer 1931 aber hatte er sich zu einer Härte und Gleichgültigkeit durchgekämpft, die sowohl Hoffnung als auch Verzweiflung gleichermaßen unbedeutend erscheinen ließen. Auf eine sehr einfache und ruhige Art wußte er jetzt, daß er am Nullpunkt seiner Wertvorstellungen angekommen war. Die Vergangenheit und die Zukunft schienen identisch: In der Vergangenheit hatte er nichts erreicht, und von der Zukunft erhoffte er sich nichts. Nur deshalb hatte er schreiben wollen, das spürte er jetzt, um dem Leben aus dem Weg zu gehen. Jetzt fielen seine Verblendungen von ihm ab, sogar sein letzter Wahn – daß es seine Bestimmung war, ein gefeierter Autor zu werden. Aber nun, da er irgendwie entdeckt hatte, daß er lebte, schien die Notwendigkeit zu schreiben nicht länger so allumfassend, und er erkannte: Wenn er es tun wollte, so *konnte* er schreiben. Aber er war nicht länger *gezwungen* zu schreiben, genötigt, das »romantische Idol von Amerika« zu werden, berühmt zu werden, es zu wirtschaftlichem Erfolg zu bringen. Schreiben war: »einfach bloß schreiben«, wenn es ihm Spaß machte. So banal war das. Und aus dieser simplen Vorstellung heraus fing er an, über ein neues Buch nachzudenken, keinen Roman wie *Crazy Cock,* sondern einen so wahrheitsgetreuen Bericht über sein erstes Jahr in Paris – ein glückliches Jahr ohne jede Verantwortung –, wie ihm nur möglich war.

Sein Leben wurde einfacher, als er im Hôtel Central wohnte und Alfred Perlès häufig sah. Jeden Morgen um acht Uhr öffnete er die Tür zum Nebenzimmer, Alfreds Zimmer, für einen kleinen Morgenplausch. Später dann arbeitete er gleichmäßig und ohne die Hektik, die ihn bei Osborn angetrieben hatte; er las, machte sich Notizen, fertigte gewaltige Übersichtskarten an, malte und schrieb. Er begann etwas, das er als »ein Album meines Pariser Lebens« bezeichnete, *la vie quotidienne,* mit Beobachtungen über Salavin, Fetzen von französischen Liedern, Federzeichnungen von Les Halles und Phantasieinterviews mit »distinguierten Mösen«. Das Papier, das er für das Journal auswählte, war kräftig genug, um Wasser zu vertragen, und er mischte Aquarelle mit literarischen Improvisationen.

In seiner Freizeit half er Alfred, Features für die Port-Edition der *Herald Tribune* zu schreiben. Meist schrieben sie lediglich Artikel aus alten Nummern um; durch einfallsreiche Umgestaltung brachten Henry und Alfred touristische Artikel über Orte zustande, die sie nie gesehen hatten: Split, Hvar und Mallorca.

Aber Henry verspürte im Grunde keine große Lust zum Arbeiten. Warum schuften, wenn er statt dessen den Ausblick von seinem Fenster über den kleinen Park am Place du Maine genießen konnte? Am Morgen setzten sich französische Muttis auf die hölzernen Bänke und beobachteten ihre herumtapsenden Babies. Gegen Mittag wurden sie von Vagabunden und sandwichkauenden Leuten des Viertels abgelöst, die eine einfache Mahlzeit aus Brot und Käse einnahmen und dazu aus grünen Flaschen ihren *vin ordinaire* tranken. Später paradierten die Huren in der Gegend vom Park bis zum Boulevard Edgar-Quinet. Er mochte diese Mädchen, sie waren schlicht und geschäftsmäßig, und bei einem Preis von fünf Franc (dem Gegenwert von zwei Packungen Gauloises Bleu) hatten sie die Ehre, die billigsten Prostituierten von Paris zu sein.

Am frühen Nachmittag machte sich Henry für gewöhnlich auf die Suche nach jemandem, der ihm ein Essen zahlte. Viele Leute in der Gegend von Montparnasse kannten ihn: Er war sogar in Balds Kolumne »La Vie de Bohème« beschrieben worden. Bald sagte darin: »Henry Millers Studie eines Zuhälters in ›Mademoiselle Claude‹ ist einzigartig.« Amerikaner, die Paris besuchten und abreisten und wiederkamen, fanden Miller an den alten Stammplätzen. »Immer noch in der Gegend, alter Junge?« sagten sie und luden ihn an ihren Tisch ein. »Was gibt's inzwischen Neues in Paris?« wollten sie alle wissen, und er konnte mit Leichtigkeit sein unterhaltsames Gequatsche von einem späten Lunch über Café crème bis zu einigen Drinks strecken.

Danach ging er vielleicht ins Hotel zurück und machte sich wieder an die Arbeit, oder er traf sich mit dem einen oder anderen Freund und unterhielt sich mit ihm bis zum Abend, woraufhin er zur Arbeit bei der *Tribune* mußte. Manchmal schlug er dorthin den Weg durch den Jardin du Luxembourg ein, spazierte die Rue de Seine hinunter und überquerte den Fluß zur Avenue de l'Opéra, vorbei am American Express – eine Route, die sich durch lange Gewohnheit bei ihm eingegraben hatte –, obwohl er die Hoffnung aufgegeben hatte, noch mal was von June zu hören. Aber ebenso oft vermied er das Büro vom American Express, wanderte auf der anderen Seite des Flusses durch ein Gewirr von Straßen und tauchte aus der Rue Notre-Dame des Victoires auf und in die Rue Montmartre hinein, wo der große erleuchtete Pfeil auf die Folies Bergère hinwies, und drängte sich durch die überfüllte Rue Lafayette zu den Büros von *Le*

Petit Journal, wo die *Tribune* produziert wurde. Vor der Arbeit aß er zu Abend, meist mit Alfred Perlès bei Giolotte, einem lockeren, gemütlichen Lokal. Das Leben schien flott und leicht und erfreulich, er schüttelte seine Sorgen ab und fühlte sich wieder wie ein Junge.

Er und Alfred leisteten sich im Mittsommer 1931 einen tollen Spaß mit Samuel Putnam. Putnam hatte »Mademoiselle Claude« angenommen, weil er, wie er sagte, »spürte, daß es einen guten Einblick in das Leben von Montparnasse in dieser Zeit und von einem weitverbreiteten Typ des im Ausland Lebenden gestaltete – den Henry-Miller-Typ«. Aber als Putnam beschloß, für Juli und August nach New York zurückzukehren und Henry die Verantwortung für den Druck der Herbstausgabe der *New Review* anvertraute, rechnete er nicht damit, daß Henry sich entsprechend dem Prototyp *tatsächlich* wie ein verrückter Künstler benehmen würde. Das Material für diese Nummer, erklärte Putnam, war bereits gesammelt, ausgewählt und geordnet. Blieb nur noch, dem Drucker auf die Finger zu schauen, Korrektur zu lesen und die Fahnen zu verbessern. Es sollte eine besonders gute Ausgabe werden mit einem Beitrag von Robert McAlmon, den Putnam ungemein schätzte. Aber sobald der Herausgeber sicher im Schiffszug untergebracht war, machten sich der neue Assistent des Herausgebers, Miller, und *sein* Assistent, Alfred Perlès, an die Arbeit. Kein von ihnen herausgegebenes Journal, schworen sie sich, würde eine Story von McAlmon enthalten. McAlmon wurde hinausbefördert. Sie warfen noch ein paar Gedichte raus und strichen hier und da einige Zeilen in den verbleibenden zusammen. Und da sie nun schon mal dabei waren, möbelten sie den Inhalt nach ihrem eigenen Geschmack auf. Henrys Geschichte blieb selbstverständlich unangetastet. Ein Artikel über Rilke von Alfred kam neu ins Blatt. Henry steuerte ein paar beschwingte Passagen bei. »Ich hab nie was von Rilke gelesen«, schrieb er an Schnellock, »aber ich denk, nach dem, was ich geschrieben habe, muß er großartig sein!«

Sie wurden gerade erst warm. Alles schien so gut zu klappen, daß ihnen der Gedanke kam, den Abonnenten der *New Review* einen Bonus zukommen zu lassen, indem sie ein literarisches Manifest als besondere Gratisbeilage zur normalen Ausgabe druckten. Diese Erklärung wurde schließlich zu einer Parodie auf die Art von Manifesten, mit denen sich Pariser Journale in den letzten beiden

Jahrzehnten für die -ismen stark gemacht hatten. Henry und Fred verkündeten »Den Neuen Instinktivismus«: »Eine Proklamation der Rebellion gegen die Kindereien in Kunst und Literatur, ein Manifest des Abscheus, ein Schleimklumpen in die Spucknäpfe der Nachkriegsillusionen, ein gesunder Schiß in die Krippe totgeborener Gottheiten.« Der Kern des Neuen Instinktivismus, erklärten sie, wäre »nicht mehr und *nicht weniger,* als *dafür* oder *dagegen* zu sein – instinktiv«. Dazwischen existierte nichts. Folglich wandte sich das Witzmanifest so ziemlich gegen alles und jedes und stand nur für die Befreiung des »Elementes der Gewalt im Menschen, ohne das er aufhört, kreativ zu sein«; es unterstützte die Vernichtung jedes zivilisatorischen Einflusses, der die Kreativität abwürgte. »Das einzig Wichtige ist jetzt, zu rebellieren, zu kämpfen, zu zerstören. Anarchie? Jawohl, aber kein Anarchismus . . . Hast du deine Frau satt? Zum Teufel mit ihr! Hängt dir die Politik zum Hals raus? Wähl nicht! Verabscheust du deinen Job? Wirf ihn hin! Was immer du tun willst, tu es . . . und nimm nicht erst den Hut ab.«

Zwanzig Seiten von »Der Neue Instinktivismus« gingen zusammen mit der neuen Auswahl, die sie für das Magazin getroffen hatten, zum Drucker. Vielleicht wäre das alles ohne Einwand gedruckt worden, hätten sie ihre dogmatische Proklamation in Englisch geschrieben, aber ungefähr ein Drittel des instinktivistischen Schwulstes war in Französisch, und einiges davon war deutlich beleidigend. Etwas beunruhigt, vor allem, weil er nach französischem Recht verantwortlich zu machen war, schickte der Drucker die Korrekturfahnen zur Überprüfung an Putnam. Es dauerte nicht lange, und die unvermeidlichen Telegramme kamen von New York nach Paris geschwirrt. Putnam hatte allen Grund, wütend zu sein – instinktiv und auch sonst. Tatsächlich aber schlug er einen versöhnlichen Ton an, sprach von »Mißverständnis« und »Bedauern«. Zweifellos war Putnam gegen die beiden instinktivistischen Autoren, denn er warf die Fahnen ihres Manifestes in den Papierkorb. Das war allerdings nicht mal so unpassend, denn immerhin hatten sie in dem Werk ja auch noch ihre grundsätzliche Opposition gegen eine Bewegung namens »Der Neue Instinktivismus« zum Ausdruck gebracht.

7. Glücklichere Tage –
und neuere Katastrophen

Henry half Bald weiterhin bei seiner Kolumne. Als er Anfang September 1931 endlich ein lang erwartetes Telegramm von June erhielt, schrieb er eine Nachricht, die für ihn von wesentlich mehr Interesse war als für Balds Leser: »In einigen Wochen wird June Mansfield zurück sein . . . Bei ihrer Abreise hier erklärte sie, sie wollte mit ihrem neuen Roman *Glücklichere Tage* beginnen. In New York leitete June eine Bohème-Höhle mit Namen ›Fire Bird‹. Sie hatte eine Strawinsky-Ausstattung, entworfen von Jean Kronski, einer ihrer Freundinnen . . .«

Der satirisch bittere Unterton in diesen Bemerkungen zeigte die Distanz an, die Henry während des Jahres gewonnen hatte. Zu seiner eigenen Überraschung stellte er fest, daß er über die Aussicht von Junes Rückkehr gar nicht so schrecklich glücklich war. Schon vor ihrer Ankunft begann er, Verteidigungsbarrieren gegen sie zu errichten; er rief sich ihr irritierendes Verhalten ins Gedächtnis, vor allem die Qualen, die sie ihm mit ihrer Beziehung zu Jean zugefügt hatte. Er begehrte sie, aber er versuchte, sich schon im voraus zurückzuziehen. Und so hing er in der Luft, kannte nicht einmal genau ihren Ankunftstermin und wußte nur, daß sie ihm in ihrer üblichen spontanen Art aus heiterem Himmel gekabelt hatte, sie würde das erste erreichbare Schiff nehmen und sich ihm anschließen. Er kannte Junes Gewohnheiten, obwohl er sich nie an sie gewöhnen konnte. Sehr wahrscheinlich, darüber war er sich im klaren, würde er von ihr nichts mehr hören, bis sie an seiner Türschwelle auftauchte oder ihm auf die Schulter tippte, während er gerade einen Pernod im Coupole schlürfte.

Er arbeitete nicht viel, sondern stolzierte nur wie ein Kadett herum, der auf den Beginn der Schlacht wartet. An einem Samstagabend Ende September ging er zu Prinzessin Lievens Studio, um sich Helba Huaras Darbietung von Inkatänzen anzusehen. Sie beeindruckten ihn so, daß er darüber schreiben wollte, ehe er zu Bett ging. Aber vorher schlenderte er zum Dôme hinüber, um auf Bald zu warten und sich von ihm einen Drink kaufen zu lassen. Wambly tauchte nicht gleich auf, aber es dauerte nicht lange, bis ihn eine Gruppe von Jünglingen an ihren Tisch einlud. Er fühlte sich von ihren abfälligen Bemerkungen über Frankreich und die *New Review* angewidert und ließ sie sitzen, als er zwei Prostituierte in einer Ecke sitzen sah; eine von ihnen gefiel ihm. Es war leicht, eine Unterhaltung in Gang zu bringen, sie hatten nichts gegen ein bißchen Gesellschaft einzuwenden und drängten ihn nicht, und schließlich verabredete er sich mit der Netteren für den späteren Abend. Er ging an seinen Tisch zurück und hatte sich kaum gesetzt, als ein Fremder auf ihn zukam und ihm auf die Schulter tippte. »June sitzt da drüben«, sagte er.

Einen Augenblick lang war er verwirrt. Warum hatte sie einen Boten geschickt, anstatt zu ihm herübergerannt zu kommen? Wie lange hatte sie ihn schon beobachtet? Warum war sie nicht gekommen, hatte ihre Arme um ihn geworfen und ihn schlicht und liebevoll geküßt?

Als er sich ihr zudrehte, erschauerte er. Sie sah wie eine Leiche aus. Sie hatte Gewicht verloren, und die üppige Fülle ihrer Figur war scharf und eckig geworden. Ihre Augen brannten. Sie wirkte pervers, fremdartig, nicht von dieser Welt. Ihr Gesicht war wie das eines Clowns weiß geschminkt. Sie schien nur zu träumerischen, zombiegleichen, fieberhaften Bewegungen fähig. Hatte sie Fraenkels *Werther's Younger Brother* gelesen? Sollte er auf sie zugehen und, wie Michael es getan hätte, sagen: »Bist du gestorben?«

Und dann war er neben ihr, ohne zu wissen, wie er dort hingekommen war. Er nahm sie in die Arme, spürte ihren mageren Körper unter ihrem Mantel und hörte ihrem hektischen, unkontrollierten Reden zu – ohne zu verstehen, was sie sagte, nur vereinzelte Worte wie »Entbehrung« und »Leiden« klangen durch. Als er sie fest an sich zog, sah er hinter ihr den weibischen Fremden stehen, dämonisch grinsend. Er wirkte wie eine angemalte Puppe – ein lebender Bruga. Henry empfand zärtliche Beschützergefühle. Er dachte, nun, wo sie ihm durch ein Wunder wiedergegeben worden war, müßte er sie vor ihren Perversionen und Verblendungen retten. Er wollte ihre falschen Götter zerschmettern. Er genoß es, daß sie in seine Arme sank und plapperte, wie sehr sie ihn vermißt hatte.

Diese Gefühle lösten sich Stück um Stück auf. Als sie gerade das Dôme verlassen wollten, tauchte Bald auf. Er sagte, er habe Henry überall gesucht, um ihm die Nachricht zu überbringen, daß seine Frau seit einiger Zeit in Paris sei. Ja, gab June zu, sie sei vor mehr als sechsunddreißig Stunden eingetroffen. Also war sie den ganzen vorhergehenden Tag in der Stadt gewesen: Während er in der Closerie des Lilas mit Fraenkel gegessen hatte, während er die Schranks besucht und eine bedeutungslose Konversation über Gifte geführt hatte. Es schmerzte ihn, daß sie ihn nicht gefunden hatte. Und außerdem war er verärgert, daß sie einen Boten zu ihm geschickt hatte, anstatt selbst herbeizueilen. Er fühlte sich in seiner Beschützerrolle enttäuscht.

Er begleitete June in ihr Zimmer im Hôtel Princesse mit den schaurigen roten Tapeten, und dort auf dem Bett, inmitten der Unordnung ihrer Garderobe, lag Graf Bruga. Bruga! – hatte er das Monster in seinem erst kürzlich beendeten Roman *Crazy Cock* nicht zur endgültigen Ruhe gebettet? War June immer noch nicht über Jean Kronski weggekommen? Bruga, dieses scheußliche Symbol von Jean, verfolgte ihn immer noch und erinnerte ihn an seine Niederlagen in der Hölle der Henry Street. »Ehe Bruga nicht vernichtet ist«, sagte er jetzt zu June, »wird es zwischen uns nie Frieden geben.«

Diesmal begannen die quälenden Kämpfe fast augenblicklich. Alles, was sie tat oder sagte, ärgerte ihn, vor allem ihre Unfähigkeit, schlichte, einfache Dinge zu genießen. »Selbst über die simpelsten Sachen sprach sie in Rätseln«, so empfand es Lillian Lowenfels. Die Wahrheit war einfach genug. Ein Teil von Junes Geist und Unternehmungslust war gestorben: Sie hatte ihren Mut in der Clinton oder Remsen oder Henry Street verloren oder in dem elenden möblierten Zimmer in der Hancock Street, wo er für *Snappy Stories* geschrieben hatte, sie war hart geworden und im Grunde gleichgültig, ihre Lebenslust war nur noch Fassade. Vielleicht war alles seine Schuld gewesen. Er hatte ihr zuviel zugemutet. Sein größtes Verbrechen bestand darin, all seine Hoffnung und sein Vertrauen in sie gesetzt zu haben, denn solch eine Last konnte niemand tragen. Er hatte eine Göttin aus ihr gemacht und seine Frau in Stein verwandelt. June ließ durchblicken, sie wüßte Bescheid, daß er etwas mit einer anderen Frau hatte: sie wäre im Besitz »gewisser Fakten« über eine »bestimmte Person«. (June redete stets so, als befände sie sich in einem russischen Roman.) Zuerst dachte er, sie habe »Mademoiselle Claude« gelesen und ärgerte sich über sein Eingeständnis, daß er Huren mochte. Sie stritt das ab. (Tatsächlich stellte sich heraus, daß sie Germaine und Claude treffen wollte, sie kennenlernen wollte.) Ahnte sie seine Affäre mit Bertha? Hatte Osman ihr irgendwas erzählt? Oder, was wahrscheinlicher war, hatte eine weibliche Bekannte der Schranks, die einige Tage vor Junes Abfahrt nach Paris in New York angekommen war, alles verraten? Halb ausgezogen stand er in ihrem Zimmer, während June ihn anschrie und Graf Bruga in hämischem Triumph zu grinsen schien. Noch vor kurzem hätte er alles fallengelassen, um sich ausschließlich mit June zu beschäftigen, auch wenn es nur um Streitereien ging. Aber die Distanz, bewirkt durch seine eigene Veränderung, bewahrte ihn davor, vollkommen in diesen deprimierenden Debatten zu versinken. Die echte June erschien wie ein Anachronismus. Wie ein Exemplar einer aussterbenden Gattung hatte er sie in *Crazy Cock* ein für allemal »fixiert«.

Außerdem hatte er ein neues Buch über sich selbst und June begonnen, einen autobiographischen Bericht von seinem ersten Jahr in Paris, der mit Junes erstem Besuch endete. Die Idee dazu war ihm während des Monats gekommen, in dem er mit Fraenkel in der Villa Seurat gewohnt hatte. Dies war das Buch, das einmal den Titel *Wendekreis des Krebses* tragen würde. Im Herbst hatte er gerade erst angefangen und lediglich ein paar Seiten geschrieben. Aber Umriß und Ablauf des Buches schienen sich wie von selbst zu ergeben. Es war ein Buch der Visionen, das genau dort einsetzte, wo seine visionären Erfahrungen ihren Anfang genommen hatten: »Ich lebe in der Villa Seurat als Gast von Michael Fraenkel. Kein Schmutzkörnchen ist zu sehen, kein Stuhl verrückt. Wir sind hier ganz allein, und wir sind tot.« Er bastelte keinen Roman zusammen, sondern schrieb von seinen Visionen – das war ihm klar –, und deshalb gebrauchte er auch die authentischen Namen. Den Titel wußte er noch nicht, aber er war überzeugt, daß er das Buch mit »Anonymus« unterzeichnen würde: Er war der anonyme Betrachter der Wahrheit über anderer Leute Tod. Solch ein Buch, daran hegte er keinen Zweifel, mußte »eine Verunglimpfung, Verleumdung, Schmähung des Charakters« sein, und er war entschlossen, nicht auf halbem Wege stehenzubleiben. Um jede Verfälschung unmöglich zu machen, schloß er mit sich ein stillschweigendes Übereinkommen, keine einzige Zeile zu ändern oder den Versuch zu unternehmen, seinen Stil oder seine Gedanken im nachhinein aufzupolieren oder zu vervollkommnen. Denn er schrieb keine Literatur, und jeder Versuch, seine Visionen durch Formgestaltung zu verschönern, konnte nur zu ihrer Schwächung führen. Sehr frühzeitig also war er darauf bedacht, die Methode des automatischen Schreibens anzuwenden und Formen wie den Brief, das Journal, das Tagebuch und gedankenloses Gekritzel zu benützen. Das mußte ihn in Schwierigkeiten bringen. Nachdem er das erste halbe Dutzend Seiten geschrieben hatte, zeigte Henry das Manuskript Fraenkel. Dessen Einspruch kam auf der Stelle und war eindeutig: Er wollte nicht, daß Henry seinen wirklichen Namen nannte. In Ordnung, erklärte Henry, das ließe sich bestimmt ändern. Aber er hatte nicht die geringste Absicht, derartige Änderungen vorzunehmen. In seinem Tagebuch schwor er, daß er, falls nötig, sogar seinen Lehrer Fraenkel täuschen würde.

Auch June war über dieselben paar Seiten verärgert und noch mehr über das, was er ihr von seinen Plänen für den Rest erzählte, beispielsweise die Szene mit den Wanzen in ihrem Haar. Seine Idee, die Wahrheit über seine bohèmehaften Erlebnisse während seines ersten Jahres in Paris zu berichten, gefiel ihr überhaupt nicht: Auf die Art würde jeder erfahren, daß sie mit einem Schnorrer und Faulpelz verheiratet war. Henry ging zum Gegenangriff über und sagte, daß er die bescheidenen Mädchen auf den Straßen von Paris anziehender und fraulicher fand als irgendein amerikanisches weibliches Wesen. Glaubte June, weil die Frauen in New York sich ihren Lebensunterhalt verdienten, gelernt hatten, wie die Männer zu fluchen, und herumschliefen, wie es ihnen Spaß machte, sollten sie angebetet werden? »Ich möchte, daß du kapierst«, erklärte er ihr, »was es heißt zu leben, einfach nur Mann und Frau zu sein, ohne irgendwelche Aufkleber und Etiketten, ohne Rouge oder Lippenstift und ohne Nerzmantel.«

Nachdem Fraenkel und June so unwillig auf sein neues Buch reagiert hatten, zögerte er ein bißchen, die Anfangsseiten einer jungen verheirateten Schriftstellerin zu schicken, die er durch Richard Osborn kennengelernt hatte. Es handelte sich um Anaïs Guiler, deren Ehemann Hugo in Richards Bank beschäftigt war – genauer gesagt, war er Richards Chef. Richard hatte Henry wunderbare Dinge von der jungen Frau erzählt. Zuerst weckte er Henrys Interesse, indem er ihm einen Artikel zeigte, den sie unter ihrem Mädchennamen Anaïs Nin über D. H. Lawrence geschrieben hatte. Bis auf die Idealisierung von Lawrence fand Henry den Artikel gut, ihn erregte der Gedanke an eine junge Frau, die *Lady Chatterley's Lover* pries, ein Buch, das außerhalb von Frankreich immer noch nicht verkauft werden durfte. Sie selbst war nach Osborns Worten wunderschön – und ein geheimnisvoller Mensch.

Ihr Vater war der spanische Pianist und Komponist Joaquin Nin; er und die dänische Sängerin Rosa Culmell begegneten einander auf Kuba und heirateten. Im Februar 1903 in Neuilly in Frankreich geboren, erhielt ihre Tochter einen ordentlichen spanischen katholischen Namen, Juana Edelmira Antolina Rosa Nin Y Castellano, aber von Anfang an riefen ihre Eltern sie Anaïs. Als Kind war sie durch ganz Europa geschleppt worden. Ihre Eltern trennten sich, als sie elf Jahre war, und sie kam mit ihrer Mutter nach New York City. Außergewöhnlich intelligent und mit großem Sprachgefühl begabt, lernte sie Englisch und faßte bald den aussichtslosen Plan, sich in alphabetischer Reihenfolge durch sämtliche Bücher in einer der örtlichen Filialen der New Yorker Volksbibliothek zu lesen.

Ungefähr zur gleichen Zeit begann dieses frühreife Mädchen, ein Tagebuch zu führen, das an den Vater gerichtet war, der sie ihrem Gefühl nach im Stich gelassen hatte. Zuerst schrieb sie auf französisch, später ging sie dann zu Englisch über. Obwohl sie mehrmals mit ihrer Familie wieder nach Frankreich zurückkehrte, hatten sich bei ihr zumindest sprachlich die amerikanischen Erfahrungen tief eingegraben, und sie schrieb und las weiterhin meist Englisch. Sie hatte sogar ein literaturkritisches Buch geschrieben: *D. H. Lawrence: Eine unakademische Studie,* das bald von Edward Titus' Black Manikin Press veröffentlicht werden sollte, dem gleichen Verleger, von dem Henry hoffte, daß er *Crazy Cock* herausbringen würde.

Ihre Sympathie für D. H. Lawrence begründete Henrys Hoffnung, daß sie sich von seiner offenen Ausdrucksweise nicht abgestoßen fühlen würde, als er nervös eine Einladung zum Essen im Haus der Guilers in Louveciennes annahm, eine Stadt westlich von Paris. Die fünfundvierzig Minuten dauernde Zugfahrt beruhigte ihn wieder. Es war nicht viel anders als ein Ausflug mit der Hochbahn zu den äußeren Bezirken von New York – wie eine Fahrt nach Bergen Beach. Alles schien leicht außergewöhnlich und mythisch angehaucht zu sein. Der Bahnhof, wo ein Chauffeur auf seine Ankunft wartete, lag hinter großen Tannen versteckt. Das Bahnhofsbistro und das Café wirkten wie aus einem Ölbild von Vlaminck oder Utrillo. Louveciennes war im vierten Jahrhundert von den Römern erbaut worden, und obwohl nur noch wenig von ihrer einstigen Anwesenheit zeugte, war der Zauber der Antike sicherlich in den hohen, zerbröckelnden, efeuumrankten Kalksteinmauern bewahrt geblieben, neben denen die Straße zum Haus Nummer 2 Rue de Monbuisson verlief. Das von den Guilers bewohnte Haus war ein Nebengebäude auf dem Besitz der legendären Madame Dubarry. Die Villa war romantisch angelegt. So als wäre das Leben hier etwas zu primitiv, um vollkommen zivilisiert zu werden, hatte man den Garten ein bißchen wild wuchern lassen. Diese Wirkung war wie alles, was Anaïs tat, sorgfältig berechnet. Das Innere des Hauses war maurisch, seine Unordnung nahm Gestalt an als zu Stein und Holz gewordene Befreiung der Phantasie. An den mit Aprikosen- und Pfirsichblüten bedeckten Wänden hingen im Schatten blauvioletter Lampen astrologische Karten, exotische Bilder und Ornamente aus gehämmertem Kupfer. Auf Tischen standen mit seltsamen Steinen gefüllte Schalen. Die holzgeschnitzten Bücherschränke waren schwarz, und schon ein flüchtiger Blick zeigte, daß sie mit Bänden in Deutsch, Französisch, Spanisch und Englisch gefüllt waren – alles, was je über William Blake geschrieben worden war, alles, was das Thema Psychoanalyse berührte, kostbare Alben großer Maler. Das Ganze wirkte wie ein Schmuckkästchen.

Aber die Frau selbst, Anaïs, überstrahlte ihre Umgebung. Henry verglich ihre Schönheit mit der zweier Filmstars – Marcelle Chantal in *L'Ordonnance,* Miriam Hopkins in *Haute Pègre:* Alle drei Frauen besaßen das gleiche glänzende Haar; die gleichen brennenden Augen; das gleiche feine Netzwerk der Gesichtsknochen, zart und doch stark wie Stahldrähte; das gleiche ovalförmige Gesicht. Selbst ein Osborn konnte das erkennen. Aber Henry spürte auch, daß sie viele Qualitäten besaß, die Richard entgangen waren: die Schönheit der europäischen Frau, Tiefe, die direkt unter der Oberfläche lag, eine tragische Note, eine Energie, die ihr exquisites Kostüm zu sprengen drohte, einen eleganten, gelassenen Gang, als wäre letzten Endes ihre vollendete Haltung lediglich eine Maske für ihre vollblütige Verletzlichkeit. Ihre Tiefgründigkeit kam deutlich in ihrer Unterhaltung zum Vorschein: Welch ein Unterschied zu Junes billigen Bemerkungen über *Lady Chatterley's Lover* lag in ihrer Würdigung von D. H. Lawrence.

Obwohl Henry und Anaïs innerlich einander viel ähnlicher waren, als irgend jemand vermuten konnte, benahmen sie sich doch bei ihrer ersten Begegnung wie ein Schauspieler und eine Schauspielerin, die auf einer Bühne gegensätzliche Charaktere zu verkörpern hatten. Aufgrund ihrer Bildung und ihrer Position als die junge Ehefrau eines Bankvizepräsidenten war Anaïs die Rolle der feinsinnigen, vollendeten Dame zugeordnet. Henry spielte den Part des großen amerikanischen Hobokünstlers, den Edmund Wilson später den »Henry-Miller-Typ« nennen sollte. Ein Porträt von Miller als glücklichem, leicht verrücktem Vagabunden der Straßen von Paris war vor kurzem in Wambly Balds Kolumne erschienen. » ›Montparnasse ist ein großartiger Ort (sagt Miller). Jedermann ist bereit, einem Burschen, der pleite ist, zu helfen. Vor ein paar Tagen hielt mich ein Mädchen, das ich kaum kannte, auf der Straße an. Ich erzählte ihr von meiner Lage, und sie nahm mich mit zu sich nach Hause und nähte ein paar Knöpfe an meinen Mantel und an meine Hosen. Die Leute sind phantastisch, sie kümmern sich um einen.‹ « Henry sei, so schloß das Porträt, »ein legitimes Kind von Montparnasse, das Salz des Viertels«. Neben der Kolumne fand sich eine von Brassaï gezeichnete Karikatur von »Henry Val Miller«, die ihn unrasiert und etwas schmuddelig zeigt, aber seinen Schlapphut trägt er verwegen ins Gesicht gezogen, während er im Café an einem Tisch vor einer offenen Flasche Wein sitzt und ein Glas in der Hand hält. In seiner Jackentasche steckt ein Stift, und neben dem Wein liegt ein ungeöffnetes Exemplar der *New Review*. Henry hatte die Kolumne selbst geschrieben, und sie spiegelte sein Wunschbild wider: so wollte er gesehen werden. Aber er war größer als die Rolle, die er spielte. Und Anaïs Nin Guiler war tiefgründiger als die Gestalt, die sie verkörperte. Anaïs' Ehemann war ruhig, ein bißchen jungenhaft, in Henrys Augen schien ihm jede Leidenschaft für das Leben abzugehen. Mit ihrem Cousin Eduardo, dessen Neigungen astrologischer, mittelalterlicher und mönchischer Natur waren, konnte Henry keine gemeinsame Ebene finden. Auch fand er in seinen Erfahrungen keinen Ansatzpunkt, um sich in der exotischen Welt, die Anaïs so glänzend für sich selbst hergerichtet hatte, einen Platz zu verschaffen. Aber als der Abend sich seinem Ende zuneigte, hatte sie immerhin ihr Tagebuch erwähnt, als könnte das ein Band zwischen ihnen sein, und er hatte versprochen, ihr die Anfangsseiten seines autobiographischen Romans zu schicken. In dieser Nacht, während er am Bahnhof auf den Zug nach Paris wartete, schaute er auf das umgebende Land und sah, wie die Seine schweigend unter ihm dahinströmte, und jenseits davon die herrlich funkelnden Lichter von Paris. Und ob er sich dessen nun bewußt war oder nicht: Der Abend hatte seinem Leben eine neue Wendung gegeben.

248

June – mit ihrem unglaublichen Instinkt – war wütend, als er im Select ankam, wo sie und Osborn auf ihn warteten. Zweifellos hatte Richard sie ausgiebig mit Geschichten über Anaïs gefüttert, und als Henry sich entgegen seiner üblichen Art während des Essens still verhielt, wurde sie sofort mißtrauisch. Für June existierten Beziehungen nur auf sexueller Ebene, und so hatte sie Henry gedrängt, allein nach Louveciennes zu fahren, damit das Treffen nicht durch die Rivalität zweier Frauen beeinträchtigt werden würde. Aber keinesfalls hatte sie damit gerechnet, ihn so überwältigt zu sehen, und noch im Café machte sie ihm klar, daß er besser nicht versuchen sollte, sie mit dieser verheirateten Frau zu betrügen. Als eine zweite Einladung zum Dinner bei den Guilers eintraf, weigerte sich June nicht mehr mitzugehen. Sollte ein sexueller Wettstreit um Henry ausgefochten werden – gut. Als Kontrapunkt zu Anaïs' polierter Eleganz kleidete sie sich in ihr übertriebenstes bohèmehaftes Kampfgewand; ein rotes Samtkleid, ihr schweres Cape und einen schmutzigen Filzhut. Henry ahnte, was kommen würde, und als sie ihr Hotel verließen, warnte er sie, auf ihre Ausdrucksweise zu achten, eine Bemerkung, die nicht dazu angetan war, Junes Mißtrauen zu besänftigen.

Auch seine eigene Ausdrucksweise machte ihm Sorgen. Er hatte gezögert, Anaïs seine autobiographischen Aufzeichnungen zu zeigen, aus Angst, sein neues Buch könnte ein bißchen zu direkt geraten sein und ihn als rohen Barbaren bloßstellen. Aber er hatte die geistige Flexibilität und Vielseitigkeit der jungen Frau unterschätzt. Sie war von den Roheiten des Lebens ebenso fasziniert wie vom Parfüm des Lebens, und ganz sicher war sie an dem Außergewöhnlichen interessiert, in welcher Form auch immer. Selbst June, die für sie eine Überraschung gewesen sein muß, schluckte sie, ohne mit der Wimper zu zucken. Zu ihrer eigenen Verblüffung stellte June sogar bald fest, daß Anaïs *ihr* den Hof machte. Das erstaunte sie, ließ sie mißtrauisch werden, aber zugleich empfand sie Sympathie für die Rivalin. Nach und nach ließ June ihre Voreingenommenheit fallen und begann, die Komplimente zurückzugeben, indem sie Anaïs umwarb, wie sie es einst bei Jean getan hatte; sie überreichte ihr kleine Geschenke und erzählte ihr sogar Geheimnisse über Henry – sie gab somit ihren Mann der Lächerlichkeit preis, um die Zuneigung ihrer Rivalin zu gewinnen. In gewissem Sinne wurde June zu einem Teil der stillschweigenden Übereinkunft zwischen Anaïs und Henry; Anaïs benutzte June, um seine Geheimnisse zu verstehen.

Gleichzeitig löste sich Henry allmählich aus Junes Griff. Er war nicht länger Junes Puppe, Tony Bring. Dieser zerbrochene, vom Elend geschüttelte Held aus *Crazy Cock* und der Henry aus dem Jahre 1931 trugen die gleichen Narben, aber Henry war ein anderer geworden. Den ganzen Herbst hindurch kämpfte Henry um seine Unabhängigkeit – Osborn und Perlès waren seine Verbündeten. Gegen Ende November war er überzeugt davon, daß June wahrscheinlich deshalb so plötzlich nach Paris gekommen war, weil ihr ein paar Andeutungen über seine Untreue zu Ohren gekommen waren, weil sie das Leben mit ihm satt hatte, ihn als armen Trottel betrachtete und ihn loswerden wollte. Sie war herbeigeeilt, um ihn für seine Sünden zu züchtigen, ihn wie einen armseligen Wurm zu zerquetschen und ihn dann für immer zu verlassen. Doch als sie ihn gesund und munter vorfand, wurde sie schwankend: Sie sehnte sich danach, ihn noch einmal zu sklavischer Anbetung zu zwingen, bevor sie ihn sitzenließ; aber das, was einst so leicht und einfach gewesen war, wurde ihr nun plötzlich schwer. Ihre Scharmützel erreichten am Weihnachtsabend 1931 im Hôtel Princesse einen Höhepunkt, als sie ihn dazu brachte, seine Treulosigkeiten zu gestehen. Sie teilte ihm mit, daß sie innerhalb weniger Tage nach New York zurückkehren und sich wahrscheinlich dort von ihm scheiden lassen würde. Sie konnte ihm einfach nicht seine Bewunderung für Bertha vergeben, in der sie viel zuviel Ähnlichkeiten mit sich selbst entdeckte. »Ich werd nie wieder heiraten«, kreischte sie. »Niemand ist gut genug für mich, keiner ist in der Lage, all die Opfer zu begreifen, die ich bereit bin zu bringen. Nein, ich werd nicht mal mehr in die Nähe von einem Mann gehen – außer wenn ich so scharf werd, daß ich mich nicht länger beherrschen kann. Und dann werd ich's mit jedem machen, der Reihe nach. Ich werd die Auswahl treffen. Ich werd ihnen bloß sagen, daß ich einen Mann brauch.«

8. Eingemauert

Junes Fähigkeit zum Streiten war unerschöpflich. Sie hätte den ganzen Winter durch an Henry herumnörgeln können – wäre er bereit gewesen, seine Bestrafung in Paris über sich ergehen zu lassen.

Er schaffte es jedoch, einen Job in Dijon zu ergattern, ein Ort, der nach Junes Ansicht unbewohnbar war, und so schiffte sie sich Anfang Januar 1932 nach New York ein, während er sich darauf vorbereitete, in die Senfhauptstadt der Welt zu ziehen. Beginnend mit dem neuen Schuljahr, würde er die Position eines *répétiteur d'anglais*, eines Assistenten für Englisch, am Lycée Carnot bekleiden, einer französischen Grundschule. Als all seine anderen Anstrengungen, einen Job zu bekommen, fehlgeschlagen waren, hatte Hugo Guiler ihn an Dr. Krans von der American University Union weiterempfohlen, der ihm wiederum seinerseits diese Austauschstelle vermittelte, die normalerweise für jüngere fortgeschrittene amerikanische Französischstudenten reserviert war. Sowohl Krans als auch Monsieur Declos vom Office Nationale des Universités Françaises warnten ihn vor dem »spartanischen Regime« an der Schule, das die beiden vorhergehenden Englischlehrer zur Kapitulation veranlaßt hatte. Beide wußten nicht genau über die Bezahlung Bescheid, aber zu der Zeit, als June endlich abreiste, waren seine Nerven total ausgefranst, und er betrachtete Dijon mit den gleichen Augen wie ein Schwindsüchtiger die Schweiz – als eine Art Genesung. Außerdem träumte er auf längere Sicht von einem Dauerwohnsitz, wo er in Ruhe arbeiten konnte. Er nahm an, daß er im Lycée Carnot ungefähr 500 Franc verdienen würde zusätzlich zu Unterkunft und Verpflegung. Das bedeutete (überlegte er sich, alle Hindernisse ignorierend), daß er bald genügend gespart haben konnte, um seine Schulden zu bezahlen, nach Spanien weiterzureisen und vielleicht sogar dort ein Plätzchen für sich und June zu finden.

Aber der erste Anblick von Dijon erweckte in ihm lediglich den Wunsch, nach Paris zurückzufliehen: Eingehüllt in dichten Nebel, die Straßen mit gefrorenem Schnee verkrustet und die Ulmen reifbedeckt, war Dijon nicht gerade die bezaubernde sommerliche alte Stadt, durch die er im Sommer 1928 zusammen mit June geradelt war. Die Schule hatte eine harte »Kasernen«-Atmosphäre. Sein Zimmer war eher eine Zelle und eisig kalt.

Am ersten Abend schaffte es Henry, seinen Ofen in Gang zu setzen, der allerdings vor dem Morgen ausging, und so erwachte er in eine frostige Morgendämmerung hinein. Das hier war schlimmer als Monsieur Roberts Büro in der Rue de Vanves. Er zog sich die dünnen Decken über den Kopf. Eine wie zerbrechendes Eis klingende Glocke schlug sechs und ließ Henry erschauern: Sie hatte genau den gleichen scheußlichen Ton wie die Friedhofsglocke, die jedesmal ertönte, wenn ein Leichenwagen durch die Tore des Friedhofs Montparnasse fuhr. Wie oft hatte er das gehört, als er zusammen mit Kann in der Rue Froideveaux direkt neben dem Friedhof gewohnt hatte. In solch einer tödlichen Atmosphäre aufzustehen bereitete ihm das Gefühl, daß die Leute, die Gebäude, der Geisteszustand, der Speisesaal, das Benehmen – das all das eingefroren war, zu Elend und Stupidität geronnen. In seinen Klassen schimpfe er auf die Schule und versuchte, die Schüler und die Aufsicht mit dem Geist der Rebellion zu infizieren. Niedergang und Katastrophen waren seine Themen; Spengler lieferte ihm die Beispiele dazu. Außerdem waren die Beweise für den Abstieg in Dijon, einst eine noble Stadt, deutlich zu sehen.

Aber immerhin war die Arbeit wenigstens nicht beschwerlich; sie bestand lediglich aus neun Stunden Unterricht pro Woche. Ohne eine Spur von dem Beharren auf gesellschaftlichen Unterschieden, das ein Franzose an seiner Stelle genossen hätte, freundete sich Henry bald mit den Assistenten und den Schülern an. Es setzte sie in Erstaunen, wenn er ihnen eingestand, daß er, ein Amerikaner, Frankreich liebte, besonders das alte Frankreich, mehr als sein eigenes Land und daß er Wein höher schätzte als Gin, Rabelais über Sinclair Lewis, Proust über Jack London stellte. Sie waren verblüfft, daß er Paris besser kannte als jeder Franzose an der Schule; daß er eifrig darauf bedacht war, erst mal mit eigenen Augen die Bordelle von Dijon in der Rue Philibert Papillon zu begutachten; und daß er schmutzige Lieder singen und dazu in der Brasserie Miroir steptanzen konnte, wo die Melodien von Massenet und Rudolph von einem sentimentalen französischen Cabaretorchester wiedergegeben wurden.

Der größte Nachteil bestand darin, daß der Job außer Unterkunft und Verpflegung kein zusätzliches Geld einbrachte. »Der Unterschied zwischen einem Hungerlohn und keinem Hungerlohn macht den Unterschied zwischen Leben und Tod aus«, schrieb er an Osborn. Natürlich wandte er sich hilfesuchend an Declos und Krans. Henry hatte früher seine Freunde gebeten, ihn nicht der Welt der Bohème auszuliefern. Unter Fraenkels Einfluß hatte er später geschworen, ein anonymer Künstler zu werden. Jetzt jedoch hatte man ihn in das Fett des französischen bourgeoisen Schullebens getunkt, und ihm drohte die Anonymität eines in der Provinz ausgesetzten Schullehrers. Die Vorstellung entsetzte ihn, und er sandte Hilferufe an alle und jeden. Als die ersten Antworten auf sein Hilfegeschrei von seinen Freunden in Paris eintrafen, hatte sich sein Entsetzen schon ein bißchen gemildert, und er war entschlossen, die Sache bis März durchzustehen, wo dann sowohl die Sonne als auch seine Osterferien kommen würden. Die Guilers waren besonders hilfreich. Zuerst erreichte ihn ein Brief von Hugo mit Informationen, wie ein Stipendium zu bekommen war. Am nächsten Tag kamen ein Telegramm und ein Brief mit Geld von Anaïs. Im ersten wurde er ihrer Bereitschaft versichert, ihm behilflich zu sein, und im zweiten wurde er eingeladen, in ihrer Villa zu wohnen, falls er die Schule verlassen mußte. In seiner Antwort schrieb er, daß er glaubte, allein schon ihr Interesse würde ihm über die Runden helfen. Außerdem, so fuhr er ziemlich überschwenglich fort, verbesserte sich sein Französisch sprunghaft: Er hatte *Vol de Nuit* ebenso wie die letzte Ausgabe von *La Nouvelle Revue* verschlungen und führte sich Proust in großen Portionen zu Gemüte. Albertine, erklärte er Anaïs, faszinierte ihn, weil sie ihn an June erinnerte. Mittlerweile war »June« fast zu einem geheimen Kode, einem Erkennungswort, einem Band zwischen ihnen geworden; er tauschte seine Notizen über »Die Mansfield-Frau« gegen Anaïs' Tagebuchbeobachtungen über June. Beide gestanden die Absicht, einen Roman über June zu schreiben.

In seiner Freizeit nahm er sich *Crazy Cock* vor, und plötzlich verstand er, was all seine Freunde an diesem Roman kritisiert hatten. Sogar der normalerweise so sanfte und freundliche Perlès hatte das Buch dermaßen verabscheut, daß er im Sommer 1931 buchstäblich verschiedene Seiten herausgerissen und zerfetzt hatte. Etwas vorsichtiger als Alfred wies Anaïs auf seinen zentralen literarischen Mangel hin – daß der Ehemann in dem Buch, obwohl von ihm *behauptet* wurde, er sei ein interessanter Charakter, ein impulsiver Liebhaber, ein Schriftsteller, ein Abenteurer, sehr blaß blieb. Jean und June wurden mit kühnen, emphatischen Strichen gezeichnet, aber Tony war eine blutlose Abstraktion, ein reiner Beobachter, der von seinen Leiden spricht, aber nie in der Lage ist, sie den Leser auch fühlen zu lassen. »Ich habe dich nirgends entdecken können«, teilte sie Henry mit. »Ich sah nur einen Mann vor mir, der eine Geschichte erzählt.« Henry hing an dem Buch wegen der tiefen persönlichen Bedeutung, die es für ihn hatte, aber selbst er war schließlich gezwungen zuzugeben, daß es kaum mehr als eine Zurschaustellung von »le spleen anglais« war. Er hatte den Roman bis zum letzten Komma geplant, aber diese sorgfältigen Vorbereitungen hatten seine Phantasie erstickt. Schließlich schrieb er *Crazy Cock* in einer Notizbucheintragung selbst ab, »der übelste Mist, den es je gab«. Er stellte eine Liste von sechsundzwanzig Artikeln auf – meist Briefe an Emil oder Überbleibsel des alten Parisbuches –, die er vielleicht verkaufen konnte. Darunter waren »Der letzte Mann von Europa«, »Toiletten am linken Seineufer und anderswo« und »Von meinem Pariser Fenster aus«. »Der Neue Instinktivismus« schickte er in der Hoffnung an Emil, daß er oder George Buzby, Herausgeber von *USA*, vielleicht in der Lage wären, ihn um seines »Schmutzwertes« willen zu verkaufen. »Es soll witzig sein, verstehst du«, bemerkte er zweifelnd.

In Dijon sammelte er also seine Kräfte und holte zum großen Schlag aus. Das Stipendium kam niemals durch, die Kälte wurde nicht geringer, und seine Einsamkeit nahm zu. Als Perlès Ende Februar telegraphierte, der Herausgeber hätte ihn ermächtigt, Henry einen Dauerjob als Redaktionsassistent bei der *Tribune* anzubieten mit einem Gehalt von 1 200 Franc im Monat bei einer Arbeitszeit von halb neun Uhr früh bis ein Uhr mittags täglich, stürzte er sich förmlich auf diese Chance. Seine Schüler verabschiedeten ihn. Ihren ersten Plan – ihn in einer offenen Kutsche zum Bahnhof zu fahren – lehnte er ab, aber als er dann abreiste, versammelten sie sich in der Bahnhofshalle um ihn, sangen ein obszönes französisches Lied und ließen ihn hochleben. »Bis Ostern in Paris!« brüllten sie. Er fühlte sich merkwürdig und zugleich beschwingt angesichts der Erkenntnis, daß er als Amerikaner diese französischen Jungen in Paris würde herumführen müssen, falls sie dort auftauchten.

Unmittelbar nach seiner Ankunft in der Hauptstadt begab er sich auf kürzestem Weg zu Perlès ins Hôtel Central. Es war, als hätte man alles für seine Heimkehr geplant.

Splitterfasernackt öffnete Alfred die Zimmertür. Aus dem Zimmer trieb ein Duft nach Leben heraus, zusammengebraut aus Wein, Tinte, Käse, Frauen und Brot. Und inmitten all dieses Überflusses strahlte der kleine Fred Perlès, mit einem fröhlichen Willkommen auf seinen Lippen und einer »distinguierten Möse« in seinem Bett.

Nachdem er den Sprung über die Mauern von Dijon gemacht hatte, war Henry endgültig entschlossen, die Zwangsjacke des literarischen Selbstbetrugs abzulegen. Er war nicht länger gewillt, »reine Literatur« im konventionellen Sinne zu schreiben. Sein neues Buch ging er langsam an, von dem vernünftigen Instinkt geleitet, daß es zu wichtig war, um es durch übertriebene Hast zu gefährden.

9. »Das letzte Buch«

Das neue Buch. Das erste Buch. In seiner vernichtenden Kritik an *Crazy Cock* hatte Fraenkel ihn gedrängt: »Schreib, wie du redest. Schreib, wie du lebst. Schreib, wie du fühlst und denkst. Setz dich einfach an die Schreibmaschine und laß es fließen . . . Verlaß die Schützengräben!« Das war ein guter Rat, und Henry befolgte ihn. Er beschloß herauszufinden, wie er lebte und dachte und fühlte. Angeregt durch die bloße Existenz von Anaïs' *Journal intime* (das er bis jetzt noch nicht ganz gelesen hatte) und die Logik des Bekenntnisimpulses anerkennend, aus dem heraus ihr Buch entstanden war, beschloß er, seine eigene Biographie in Tagebuchform anzulegen. Er nannte es »Das letzte Buch«, später wurde es »Wendekreis des Steinbocks« und schließlich *Tropic of Cancer (Wendekreis des Krebses)*.

Wahrscheinlich um Papier zu sparen, aber doch mit einer eleganten Abschiedsgeste an sein letztes Werk spannte er die Blätter seines ursprünglichen Tony-Bring-Manuskriptes mit der Rückseite nach oben in die Schreibmaschine. Osborn spukte ihm im Kopf herum, und so begann er das Logbuch seines desperaten Lebens mit der Geschichte von Osborn, ihm selbst und Irene, der russischen Prinzessin. Dies war ein Bericht von einer Frau, die mit ihnen lebte und sie beide aussaugte, vor allem Richard, während sie die Wahrheit der verrücktesten Geschichten aus ihrer Vergangenheit beteuerte und sie sich vom Leibe hielt, indem sie behauptete, den Tripper zu haben.

Fast augenblicklich brach die Grenze zwischen Fiktion und Reportage zusammen. Was immer Henry als Wahrheit ausgab, *entsprach* der Wahrheit, wenigstens in diesem Moment. Die einzige verbleibende Regel war der Mut zur Abschweifung. Bald schon floß alles in das Tagebuch ein, sämtliche Geschichten seiner Pariser Jahre. »Es ist wie eine große öffentliche Mülltonne«, schrieb er an Emil Schnellock. »Nur die räudigen Katzen fehlen. Aber die krieg ich auch noch.« Hinein mit ihnen. Er plünderte seine Notizbücher nach zusätzlichem Material, Beobachtungen, Zitaten, Fragen. Manches klebte er sogar zusammen mit Zeitungsausschnitten und Speisekarten ein. Eine Beschreibung von Wambly Balds Zimmer kam hinein gemeinsam mit einem Katalog von Etiketten und Markennamen der Alkoholika, aus denen Bald seine Kolumne destillierte. Eines Tages beim Schreiben trieb der Gesang einer Frauenstimme »Ich hab es nie gewollt . . . Was soll ich nur tun?« in sein Zimmer. Das Lied und ihre volle, dunkle Stimme gingen in das Buch ein. Er schrieb an Bertha in der Hoffnung, einige seiner Liebesbriefe für das Buch verwenden zu können. Daraus wurde nichts: Sie antwortete ihm, daß sie an dem Tag, an dem seine Taten nicht mehr mit seinen Worten übereinstimmten, die Briefe vernichtet hatte. *Miststück,* grollte er und beschimpfte sie in seinem Tagebuch. Aus »Bezeque« holte er die Geschichte der Prostituierten mit der sterbenden Mutter heraus. Er ließ den Zirkus Medrano noch mal Revue passieren. Auch das kam hinein. George Grosz' Bilder ebenso wie Grosz' und Spenglers Ideen über den »spätstädtischen Menschen« wurden eingebaut. Herbert Wilkie aus Valier, Montana und Marseille tauchten auf, ein »geständiger Päderast«. Nanavati, Eugene, Alfred, Germaine, Putnam, Zadkine, Claude, Fraenkel und Lowenfels erschienen, jeder auf der Suche nach seiner eigenen Identität, erleuchtet von seiner eigenen Manie. Die höhere Mathematik des Todesevangeliums wurde in Formeln zusammengefaßt. Die ganze Dijon-Episode wurde humorvoll wiedergegeben. Und um der Sache die Würze zu geben, wurden Papini, Duhamels *Salavin,* Rabelais, Proust, Whitman, Annie Besants *The Ancient Wisdom* und Keyserlings *Creative Understanding* hineingerührt. Henry hatte jeden Wunsch, sich selbst zu verteidigen, aufgegeben. Schutz- und wehrlos hielt er sich nur noch an ein Motto, *fais ce que voudras:* tu alles – solange es Ekstase abwirft.

Er hatte das Gefühl, in dem Gewirr der Sprachfetzen endlich seine eigene Stimme gefunden zu haben. Er hämmerte auf seine Schreibmaschine ein, und die Erregung seiner Selbstentdeckung strahlte von ihm aus. In jenen Tagen gingen – wie Perlès es wunderschön formulierte – seine Freunde in Henrys Schatten, »und selbst sein Schatten war warm«. Alles, was er tat, nahm neue Dimensionen an. Jeden Morgen war er um sechs Uhr auf den Beinen. Berge von Büchern stapelten sich auf seinem Arbeitstisch, große Skizzen waren an die Wand geheftet, Beethoven oder Jazz dröhnte mit voller Lautstärke vom Plattenspieler (ein Geschenk von Anaïs), seine Schreibmaschine klapperte unablässig, seine Produktion war enorm – es schien, als müsse er aus dem winzigen Hotelzimmer herausplatzen.

Für Alfred und Henry war es offensichtlich, daß sie Geld sparen und angenehmer leben würden, wenn sie statt des winzigen Hotelzimmers gemeinsam ein Apartment mieten würden; so könnten sie sich nicht nur die Miete teilen, sie wären auch in der Lage, sich ihre eigenen Mahlzeiten zu bereiten, was im Hotel nicht möglich war. Fred wünschte sich eine Wohnung in einer kürzlich erbauten Reihe von Apartmenthäusern in 4 Avenue Anatole France in Clichy direkt in den Randbezirken von Paris. Henry konnte sich nicht besonders dafür begeistern, denn auf ihn machte es den Eindruck, als würde er dreitausend Meilen und zwanzig Jahre zurückversetzt in die Apartmentsiedlung über dem Central Park. Henry hätte ein Atelier oder ein großartiges, altmodisches pariserisches Hotelapartment vorgezogen. In Clichy war alles auf funktionale Weise modern gehalten, die Architektur war einheitlich; das Innere der Häuser war unscheinbar und winkelig, von Zeit oder menschlicher Benutzung unberührt. Genau wie in einigen der übleren Gegenden von New York gab es hier eine Gegend auf dem Weg zum Apartment, die des Nachts gefährlich zu durchqueren war, entlang dem Gerümpel und Abfall zwischen der Porte Clichy mit den Straßenbahnendstationen und Garagen und dem Anfang von Clichy selbst. Aber Küche und Badezimmer entschieden die Angelegenheit: In Freds Augen waren sie einfach umwerfend. Das Inventar war neu, die Hähne tropften nicht, die Klobrille war intakt, und das Wasser lief nicht die ganze Nacht. Zusätzlich gab es zwei durch einen Flur getrennte Schlafzimmer, was es Henry und Fred ermöglichte, zu kommen und zu gehen, wie es ihnen paßte, und für sich allein Freunde zu empfangen. (Fred lebte mit einer jungen Frau namens Paulette zusammen.)

Die Franzosen hätten gesagt, daß Henry es endlich zu einem *domicile fixe* gebracht hatte. Aber nach Jahren der Durchreise konnte Henry es nicht wagen, die Wohnung in Clichy mehr als

»pseudo-permanent« zu nennen. Für Fred, so lange auf schäbige Sachen aus zweiter Hand beschränkt, war die bourgeoise Modernität des Platzes herrlich. Für Henry stellte es lediglich ein finanzielles Arrangement dar: Die Miete war bei weitem niedriger als in den üblichen Hotels. Bei 5 100 Franc plus Steuern am Ende des Jahres konnten sie sich das Versprechen leisten, daß sie sich gegenseitig unterstützen würden, falls einer von ihnen seinen Job verlor.

Noch vor Mitte März 1932 brachten sie ihre wenigen Habseligkeiten in die Avenue Anatole France. Natürlich verlor Henry prompt seinen Job. Schon am zweiten März hatte ihn die Buchhaltung der *Tribune* gebeten, seine Arbeitserlaubnisbescheinigung vorzulegen. Seit seiner Ankunft in Paris hatte er nie um Arbeitserlaubnis nachgesucht. Nun, als er es tat, wurde sie ihm verweigert. Die *Tribune* setzte ihm eine letzte Frist, und zwei Wochen später erhielt er seine Kündigung in einem Brief von Jules Frantz, dem leitenden Redakteur. Als Henry Jules der Ungerechtigkeit beschuldigte – denn es gab eine ganze Menge von Amerikanern, die ohne Genehmigung bei der *Tribune* arbeiteten –, senkte Frantz den Kopf, murmelte etwas über »Wirtschaftlichkeit« und versprach Henry, daß er während der Ferienzeit weiterhin als Korrektor arbeiten könnte. Aber obwohl er Frantz heftig kritisierte, war Henry ihm in Wahrheit insgeheim dankbar. Wiederum, so machte er sich selbst klar, hatte er den Franzosen seine Rettung zu verdanken. Er fühlte, daß nichts niedriger sein konnte als die Tiefen, in die er bei Nanavati oder im Cinéma Vanves gesunken war, warum also sollte er sich über den schlichten Verlust eines Zeitungsjobs aufregen? Was immer auch passierte, es war genau das, was passieren sollte. Niederlagen in Triumphe zu verwandeln – mehr konnte er nicht verlangen. Zum erstenmal war Henry davon überzeugt, daß er eine Bestimmung zu erfüllen hatte.

Außerdem arbeitete er jetzt so viel, daß die zusätzlichen viereinhalb Stunden, die er durch die Entlassung bei der Zeitung gewann, ihm sehr gelegen kamen. Er steckte so voller Energien, daß er kaum Schlaf zu brauchen schien – nicht mehr als fünf Stunden. Er schlafe, behauptete er, nur, um sich das Vergnügen des Träumens zu gönnen. Er träumte ständig: von den Büchern, die er lesen würde (Leihgaben von Anaïs oder aus der Amerikanischen Bücherei geklaut), von den Aquarellen, die er malen würde (beeinflußt von Klee, Chagall und Picasso), und vor allem von den Büchern, die er schreiben würde.

Über der ganzen Welt lag die Depression: Ebenso wie die Wirtschaftler hatten auch die Literaten ihre Erwartungen zurückgeschraubt. Miller war einer der wenigen amerikanischen Schriftsteller, der 1932 immer noch die hochtrabenden Hoffnungen der zwanziger Jahre in sich trug: Werke zu schaffen, so großartig, wie sie nur je geschrieben worden waren. Viele andere wollten lediglich etwas »Proletarisches« schaffen, wenn auch etwas besser als Gorki. Henry war bereit, es mit der *Ilias,* Rabelais, Joyce, Proust aufzunehmen – und dem Heiligen Geist, wenn es sein mußte. In diesem Moment war er sich seiner Bestimmung gewiß. Er *mußte* jeden Tag eine selbstverordnete Anzahl von Seiten schreiben, erklärte er Perlès, »um der Nachwelt willen«.

Jetzt arrangierte er sein Leben wie Figuren auf einem Schachbrett – in kleinen ordentlich abgestuften Reihen, soviel Raum für jedes, und alles hatte seinen Platz. Er lebte so, wie er gern in der Remsen Street gelebt hätte (ohne das durch June verursachte Chaos), ein simples, einfaches, japanisches Leben. Jeden Morgen stand er auf, wusch sich gründlich und streckte sich, zog die Vorhänge auf und schaute, obwohl immer noch nackt, nach, was unten im Hof vor sich ging; dann kleidete er sich an und machte sein Bett. Sein teutonischer Ordnungssinn hielt an, bis die Arbeit auf den Tisch kam – dann explodierte er. Manchmal bemerkte er bei der Vorbereitung seines Frühstücks ein Buch, das er am Abend zuvor unbeendet hatte liegen lassen. Schon war das Frühstück total vergessen. Anstatt einen Platz für seinen Teller frei zu machen, griff er sich einen dicken Wälzer von Rank, Jung oder Keyserling und begann zu lesen. Das war ein vielversprechendes Zeichen. Kurz darauf hatte er einen Bleistift in der Hand und schrieb Kommentare an die Ränder, zuerst sparsam, dann reichlich. Von diesem Zustand war es dann nur noch ein kleiner Schritt bis zur Schreibmaschine, meist, um einen besonders interessanten Abschnitt abzutippen. Dann stieß er das Buch beiseite, um das Gelesene sofort richtig auszuquetschen, vielleicht in einem Brief an Emil oder Anaïs. Sobald er sich seinem Roman zugewandt hatte, arbeitete er leicht und beschwingt. Das waren die Tage, an denen Schreiben so einfach wie Singen war – kein Wunder, daß er beim Tippen gelegentlich in Gesang ausbrach. Zehn und mehr Seiten mochten leicht von der Walze seiner Schreibmaschine rollen, ehe er nach dem vergessenen Frühstück bereit war, eine Lunchpause einzulegen. Er litt nicht mehr unter der Angst, einen Einfall zu vergessen. Zum erstenmal in seinem Leben schien Schreiben nicht schwerer zu sein, als einen Wasserhahn aufzudrehen. Und wie bei fließendem Wasser, so war der Strom der Erinnerungen, Wörter und Ideen stets vorhanden – er mußte nur den Hahn aufdrehen, um es strömen zu lassen.

Nach dem Lunch, den er manchmal mit einem frischen Vouvray oder Muscadet hinunterspülte, schaffte er wieder Ordnung, zog sich dann vollkommen aus und seinen Pyjama an und legte sich zu einem Mittagsschlaf ins Bett. Seinen Freunden erschien das als unglaublicher Luxus – aber für ihn war es eine Notwendigkeit: Der Schlaf brachte nicht nur, wie er behauptete, »Samt in seine Wirbelsäule«, er diente zur bewußten Aufstauung des Gedankenstromes, bis dieser von sich aus dann über die Ufer trat. Seine gehegten und gepflegten Träume waren für ihn Bestandteil seiner Arbeit, sie gaben den Gedanken des Morgens eine neue Richtung, entwickelten sie weiter.

Gelegentlich schaute einer von Millers Freunden herein. Fraenkel, immer noch tief in der Niederschrift seiner Evangelien von Anonymität und Tod, kam häufig vorbei, um seine Ideen zu diskutieren. Man brauchte nur irgendwo zu beginnen, und schon war Fraenkel auf dem Friedhof oder auf dem Schlachtfeld bei seinen Leichen. An diesem Punkt angekommen, begab sich Alfred mit einiger Sicherheit ins Restaurant de l'Escargot, falls er über Bargeld verfügte; falls nicht, ging er zu Giolotte in der Rue Lamartine, wo das Personal der *Tribune* – die genau gegenüber auf der anderen Straßenseite lag – anschreiben lassen konnte. Henry und Michael belegten das ganze Apartment mit Beschlag und quasselten voll tiefer Befriedigung über »kreativen Selbstmord«. Aber Henry stand nicht länger auf Fraenkels Seite, falls er das je getan hatte. Fraenkel hatte in allem recht mit einer Ausnahme: Jeder war tot – jeder, bloß Henry nicht. Für ihn wurde das Evangelium des Todes zum Maßstab seines eigenen Triumphes. Je überzeugender Michael wurde, desto gerechtfertigter fühlte sich Henry. All die Leute, über die er schrieb – Bertha, Bald, Alfred und sogar Fraenkel –, waren wie Leichen in durchsichtigen Särgen. Nur er, Henry, tanzte allein auf dem Friedhof, Blumen streuend.

Für Fraenkel war das ein deutlicher, abzulehnender Kompromiß. Aber es war genau das, was er befürchtet hatte. Noch vor Henrys Abreise nach Dijon hatte Fraenkel ihn gewarnt: »Der Grund, warum ich wollte, daß du an dem Abend bei den Lowenfels' Selbstmord begehst . . . ich hatte Angst, schreckliche Angst, daß du eines Tages auf mich zurückkommen würdest und mir unter den Händen stirbst. Und ich würde einfach in der Luft hängen mit meiner Vorstellung von dir, mit nichts, um sie aufrechtzuerhalten. Ich würde dir das nie verzeihen.« Er meinte damit, Henry sollte kreativen Selbstmord begehen, indem er zugab, daß sein Leben ein Tod war. Im Frühling 1932 wurde Henry jedoch sogar für sich selbst lebendig. Jetzt wurde einer von Michaels einst hochgeschätzten Briefen als Beispiel für ein Hokuspokusevangelium in »Das letzte Buch« aufgenommen.

Richard Osborn drohte tatsächlich unter ihren Händen zu sterben. In dem Winter, als Henry in Dijon war, erlitt er einen totalen Nervenzusammenbruch mit paranoischen Wahnvorstellungen. Das Krankenhaus am Rand von Paris, in das man ihn eingekerkert hatte, war buchstäblich alptraumhaft. In einem Punkt hatten Osborns Ängste eine reale Grundlage: Er hatte mit einer jungen Französin zusammengelebt, die schwanger geworden war – zumindest *glaubte* er daran, daß sie schwanger und er der Vater des Kindes war. Er hatte sie geschwängert – das murmelte er unaufhörlich vor sich hin, als würde ihn selbst die Biologie verfolgen. Keiner seiner Pariser Freunde hätte die weitere Entwicklung voraussagen können. Seine Bridgeportmoral kam wieder zum Durchbruch: Er *wollte* sie heiraten, die Frau, die er ins Unglück gestürzt hatte. Er bereitete sich aufs Sterben vor, er hoffte zu sterben – und sein Geist starb –, aber er war entschlossen, zuerst noch »das Richtige zu tun«.

In der Anstalt bekam Osborn Tobsuchtsanfälle. Er hatte den Verdacht, daß während seiner Abwesenheit Jeanne tagsüber Männer im Apartment gehabt hatte. Er hatte sich den Tripper geholt und ihn an sie weitergegeben, sagte er mit tränenüberströmtem Gesicht. Aber im nächsten Augenblick behauptete er, daß Jeanne, diese kleine Schlampe, ihm den Tripper angehängt und dann so getan hatte, als hätte er sie angesteckt. Er konnte es nicht ertragen, sie zu verlassen, jammerte er. Dann wieder meinte er, er würde ihr verzweifelt zu entkommen suchen, hätte aber keine Chance, sie würde ihn aufspüren und ihm die Augen auskratzen. Er wollte das arme Mädchen heiraten. Aber sobald er das sagte, drehte er sich herum und verfluchte sein Schicksal: Nun würde er ewig in einer Provinzstadt hängenbleiben. Christus! – er hatte doch nichts anderes gewollt, als sich in Paris ein bißchen auszutoben, ehe er eine Praxis für Handelsrecht eröffnete mit einem hübschen Haus in Bridgeport und einem Büro in der Wall Street. Sein Verstand war ein Trümmerhaufen.

Henry schwor sich, den armen Teufel zu retten, ganz egal, zu welchen Verzweiflungsmaßnahmen er greifen mußte. Er versuchte, die Nebel von Osborns Paranoia zu durchdringen, um herauszufinden, was tatsächlich passiert war. Henry redete mit einigen von Jeannes Freunden und Nachbarn und kam zu dem Schluß, daß sie nicht schwanger war, sondern nur vor lauter Faulheit fett wurde. Aber nach einiger Zeit gab er auf und entschied, daß die Wahrheit keine Rolle spielte. Erstmal mußte Richard gerettet werden. Einige Zeit später, als Osborn aus dem Krankenhaus entlassen wurde und nach Paris zurückkehren durfte, bestimmte Henry, daß er sich aus dem Staub machen, Jeanne verlassen und nach Amerika zurückkehren sollte. In Frankreich gab es keinen Ort, wo er sich vor Jeanne verstecken konnte, falls sie es sich tatsächlich in den Kopf setzte, ihn aufzuspüren. Und wirklich packte sie ihn wie eine Spinne, sobald er nach Paris zurückkam; sie verschlang ihn zwar nicht, ließ ihn aber auch nicht aus den Augen. Eines Tages Ende Juli begegnete Henry ihm zufällig am rechten Ufer. »Ich bin gerade auf dem Weg zur Bank, um ein bißchen Geld abzuheben«, sagte er nervös. »In einer halben Stunde muß ich wieder zurück sein. Ich weiß nicht, was ich tun soll.« Es war ein sonniger, luftiger Tag in Paris. Äußerlich sah Osborn wie ein gesunder Amerikaner aus – gutgekleidet, barhäuptig, mit einem kleinen Bauch. Aber seine Augen wirkten verhangen und verwirrt. »Du mußt mir aus dieser Sache raushelfen«, bestürmte er Henry plötzlich mit verzweifelter Stimme. »Ich gehör hier nicht hin. Ich wünschte, ich wäre zu Hause.« Er fing an zu blubbern und ging dann ganz aus dem Leim. Er keuchte und stöhnte seinen Abscheu vor der Grausamkeit und Sterilität der Franzosen heraus, einem Volk, das er einst bewundert hatte. Es machte ihn sogar verrückt, sagte er, ständig Französisch sprechen zu müssen.

Henrys Gedanken rasten, und er nahm Richard beim Arm. »Ich werd dir helfen«, sagte er. »Laß uns erst einen Drink nehmen.« Als der amerikanische Alkohol ankam, samtig und goldbraun aussehend, standen ihm die Tränen in den Augen. Er packte Henry, als wäre er sein letzter Freund, und sang ein Loblied auf ihr Vaterland, das wiederzusehen er, wie er sagte, nicht mehr zu hoffen wagte. »Hör zu«, sagte Henry, »wenn ich an deiner Stelle wäre, ich würde fahren –

ich würde nach Amerika gehen, ohne zu zögern, heute noch.«
Osborn sah sich vorsichtig um, als wäre das bloße Flüstern einer
solchen Idee schon ausreichend, ihm Jeanne auf den Hals zu hetzen.
»Wieviel hast du auf der Bank? Gehört es dir oder dem Vater von
Jeanne?« fragte Henry. Nachdem beide Fragen zu seiner Zufrieden-
heit beantwortet waren, entwarf er seinen Plan. Er gab seiner Stimme
Entschlossenheit und Autorität. Der Plan war wahnsinnig einfach,
im wahrsten Sinne des Wortes. Jetzt auf der Stelle – ohne Hut, ohne
einen Stock, seinen Mackintosh, seine Manuskripte, ja sogar sein
Yale-Diplom zurücklassend, ohne noch einmal in sein Apartment
zurückzukehren, um auch nur eine Zahnbürste zu holen – sollte
Osborn ein Schiff in Richtung Vaterland besteigen. In kaum mehr als
einer Woche, erinnerte ihn Henry, könne er wieder in Bridgeport
sein. Der Slapstickplan war derart grotesk, daß Osborn sofort
mitmachte. In seinen eigenen Krisenzeiten hatte Henry nie entschlossen gehandelt, aber er war desperat genug geworden, um zu
lernen, daß man sich zu helfen wissen mußte. »Jesus, Osborn«, sagte
Henry, um ihm den Rücken zu stärken, »denk nur, heut abend
steckst du in London, bis zu deinen Ohren alles nur englisch um dich
herum.«

Henry schleppte ihn durch die schweren Prüfungen der Bank, des
britischen Konsulats und von American Express mit einer Rast in
einem ausgezeichneten Restaurant und einer Abschiedsflasche
Wein, der besten auf der ganzen Karte. Mit Richards Geld in seinen
Taschen war er von den Ereignissen selbst recht angeregt. Als sie im
Taxi auf dem Weg zum Gare du Nord waren, hatte er bis auf 2 500
Franc Richards gesamtes Geld in Reiseschecks und Pfund umge-
tauscht. In großer Verwirrung versuchte Osborn zu erklären, wie die
Neuigkeiten Jeanne beizubringen wären, und verheddderte sich dabei
immer mehr und fühlte sich verantwortlich und war auf dem besten
Wege, Henry unter den Händen zusammenzubrechen. Aber Henry
war mittlerweile entschlossen, die Sache durchzustehen. »Kümmer
dich darum nicht«, erklärte er Richard. »Wieviel Moneten willst du
ihr geben? – das ist die einzige Frage.« Osborn sah ihn gequält an:
»Wieviel hast du?« »Ungefähr 2 000 Franc, mehr, als sie verdient«,
antwortete Henry. »Ich weiß nicht . . .«, murmelte Osborn schwach,
getrieben von dem Wunsch, zu gehen, und getrieben von dem
Wunsch, zu bleiben. »In Ordnung, ich werd ihr das ganze französische Geld geben«, sagte Henry und hielt die zweitausend hoch.

Das war also geregelt. Henry steckte den Kies ein, versprach, Jeanne am nächsten Tag aufzusuchen, und stieß das schwankende Wrack in den Schiffszug; Richard war auf dem Weg nach Amerika.

Amerika! – wie sehr hatte sich Henry selbst danach gesehnt, in sein Land zurückzukehren. Einst hatte er seine Freunde und seine Frau angebettelt, ihm die Mittel für die Heimfahrt zu schicken, weil er befürchtete, in Frankreich zu verhungern. Er war ebenso verzweifelt auf die Heimkehr bedacht gewesen wie Osborn. Als er nun in einem Café an der Place Lafayette saß, zählte er Osborns Geld; es belief sich auf eine Gesamtsumme von 2800 Franc – 125 Dollar. Das reichte für ein Ticket nach Amerika. Wer würde je erfahren, daß Jeanne das Geld nie erhalten hatte? Selbst wenn Osborn ihr schrieb, wer würde ihm schon glauben, einem Verrückten, der eine für die Franzosen unvorstellbare Tat vollbracht hatte – sich an Bord eines Schiffes nach London zu begeben, ohne vorher seinen Mantel zu holen oder sich den Hut fest auf den Kopf zu setzen! Wollte Henry Osborn nach Amerika folgen, dann brauchte er nichts weiter zu tun, als den nächsten Zug nach Le Havre oder Cherbourg zu nehmen und dort auf ein Schiff zu warten. Zum erstenmal, seit er in Paris angekommen war, konnte er über sein Schicksal selbst entscheiden. Er saß an der Place Lafayette und ließ seine Gedanken treiben. All die Nachteile, die das Leben in Frankreich für Osborn besaß, existierten tatsächlich – die Selbstsucht und die Gleichgültigkeit, das Beharren auf Vernunft und Beschränkung, die kleinliche Strenge und der bösartige Puritanismus –, zumindest für die Franzosen. Aber für einen Amerikaner wie ihn, der noch nicht eingesessen war, einen Amerikaner, der wußte, woher seine nächste Mahlzeit kommen würde, war Frankreich gerade richtig, mehr konnte er nicht verlangen. Es war nicht der Whisky oder der Wein oder der letzte Pernod, den er zusammen mit Richard getrunken hatte, der ihn durchströmte – es war das Leben, sein Leben. Jetzt, da er vor der Wahl stand, nach Amerika zurückzukehren, entdeckte er, daß dieses Paris, für das er sich nie entschieden hatte, sich für ihn entschieden hatte. Es war wie sein erster Sonntag in Paris: Er würde bleiben und leben und schreiben – wieder empfand er die gleiche Überzeugung, diesmal jedoch aus Erfahrung und nicht aus Unschuld geboren und deshalb wahrscheinlich von Dauer. Er und Richard, sie beide machten sich an diesem Tag auf den Heimweg.

Das alles bedeutete nicht, daß Henry nicht von dem Fluchtplan angetan war, zu dem er Osborn angestiftet hatte. Sofort beschloß er, sich selbst eine ordentliche Provision von achthundert Franc zuzugestehen. Am gleichen Nachmittag noch schickte er per Postscheck glatte 2000 Franc an Jeanne. Er legte eine mit der linken Hand geschriebene Nachricht bei, in zittriger Schrift, ähnlich der Osborns: *»Chère Jeanne, je suis parti pour l'Amerique. O.«* Seine Eile hätte sich zu einem bösen Schnitzer auswachsen können, denn Jeanne überprüfte blitzschnell die Fahrpläne der Frankreich verlassenden Schiffe und saß noch am gleichen Abend in dem Zug nach Le Havre, wo sie den Dampfer *Rochambeau* bis zur Abreise nicht aus den Augen ließ. Zum Glück fuhr Richard am gleichen Tag mit der *Olympic* von Cherbourg nach London.

Henry brachte diese Geschichte in »Das letzte Buch« unter, noch bevor Osborn in Amerika gelandet war. Mittlerweile war das Buch weit genug fortgeschritten, um das Risiko eingehen zu können, es Lowenfels zu zeigen. Walter spürte die Bedeutung des Textes, nachdem er die ersten fünfzig Seiten gelesen hatte, und schrieb einen achtseitigen Kommentar. »Er achtet sorgfältig darauf, sich mit toten Leuten zu umgeben«, bemerkte er. »Natürlich bewundert er Fraenkel . . . Miller erkennt Fraenkels Tod als das einzig Wahre und erhebt ihn so zum Idol. Die anderen, die lebenden Toten, mußte er lediglich auslöschen durch – was? Es ist nicht Verachtung. Es ist so, daß er dermaßen lebendig ist, daß sonst nichts existieren kann. Es ist, als wäre man der Sonne nahe.« »Dieses Buch sollte den Titel tragen: ›Ich bin der einzige lebende Mensch auf der Welt‹ «, verkündete Lowenfels. Ende des Monats schlug Henry Anaïs zwei Titel vor: »Ich besinge den Äquator« und »Wendekreis des Krebses«. Ersterer war eine Anspielung auf Whitman, aber Anaïs' Interesse an der Astrologie ließ sie den letzteren vorziehen. Der Titel beinhaltete mehrere Assoziationen für Henry. In sein Notizbuch hatte er einen Auszug aus dem *Satyricon* eingetragen: »Ich selbst wurde unter dem Zeichen des Krebses geboren und stehe deshalb fest auf meinen Beinen und habe große Besitzungen sowohl zu Lande als auch zu Wasser!« Der Krebs, eine Kreatur, die sich nach vielen Richtungen hin bewegen kann, das Fabeltier der chinesischen Sagen. Krebs ist das Zeichen des Poeten, der die Krankheit einer Zivilisation beobachtet und enthüllt, daß sie sich in die falsche Richtung entwickelt. Krebs ist auch das Zeichen des Todes im Leben mit

Bezügen zu Nietzsches Doktrin der ewigen Wiederkehr ebenso wie zu buddhistischen Dogmen.

Tropic of Cancer (Wendekreis des Krebses) dreht sich um die kritische Anfangsphase von Millers Elend und persönlicher Verzweiflung in Paris. Er verwandelte seine Begegnungen mit Bertha, Eugene Pachoutinsky, Fraenkel, Nanavati, Perlès, Osborn und anderen zu Symbolen der Fragmente, in die sein Leben zerfallen war. Tod und Ekel liegen auf ihm. Der Anfang hatte sich gegenüber der ersten Fassung nicht verändert.

> Ich lebe in der Villa Borghese. Es gibt nirgends ein Körnchen Schmutz, kein Stuhl ist verrückt. Wir sind ganz allein hier, und wir sind tot.

Aber obwohl der Tod das Gefängnis ist, über das er schreibt, so ist es doch der lebende Künstler, der das Buch schreibt. Sicher hatte er recht: In seinen schlimmsten Tagen in Paris war Henry Val Miller wirklich an Herzversagen gestorben. Aber als ein neuer Desperado war er wiedergeboren worden:

> Ich habe kein Geld, keine Reserven, keine Hoffnungen. Ich bin der glücklichste lebende Mensch . . .
> Um zu singen, muß man zuerst den Mund öffnen. Man muß ein Paar Lungenflügel haben und ein bißchen was von Musik verstehen. Ein Akkordeon oder eine Gitarre ist dazu nicht notwendig. Das Wesentliche ist, daß man singen *will*. Das ergibt dann ein Lied. Ich singe.

Gesang, Essen, Wörter, physische Empfindungen von Sex und vielem anderen, der Wahnsinn des Hinnehmens, all das blubbert selbst dann noch an die Oberfläche der Erzählung, wenn Miller von seinen düstersten Tagen berichtet – von Hunger, Verfall, Schmerz, Kälte und dem Gefühl der eigenen Auflösung. Die Geschichte, die er erzählt, ist in erster Linie eine Erklärung des Buches, in dem die Story geschildert wird. Wie kommt es zu so einem Buch, wie wird es geschrieben – ein Buch, das »Spucke in das Gesicht der Kunst, ein Tritt in die Eier von Gott, Menschheit, Schicksal, Zeit, Liebe, Schönheit« ist? Solch ein Buch, läßt er durchblicken, kann nur geschaffen werden durch den Tod des konventionellen Künstlers und seine Wiederauferstehung als ein neuer Mensch, der mit neuen Augen sieht und seine Geschichte in Übereinstimmung mit einem neuen Vertrag mit der Welt erzählt. Zur Zeit der Niederschrift waren die Hauptfigur des Buches und Miller keineswegs identisch. Er war aus seiner Verzweiflung aufgetaucht, um zu schreiben – aber er schrieb aus dem Blickwinkel, den er durch seine quälenden Erfahrungen gewonnen hatte. Am Ende des Buches wird der Mann geboren, der das Buch schreiben kann.

Obwohl *Wendekreis des Krebses* noch nicht ganz beendet war, versuchte Miller bereits, einen Verleger zu finden. Michael Fraenkel hatte offen seinen Glauben zum Ausdruck gebracht, daß Henry »etwas Größeres als *Ulysses*« erschuf, und er schlug vor, das Buch in Brügge setzen zu lassen und unter seinem eigenen Carrefour Imprint herauszubringen. Aber Fraenkel war emotional in schlechter Verfassung. Streitigkeiten mit Lowenfels und häusliche Probleme hatten ihn fast in den gleichen ineffektiven Zustand versetzt wie Osborn; den ganzen Tag über saß er in einem kalten Zimmer, zu gebrochen und hilflos, um sich auch nur zum Ausgehen aufraffen zu können. Henry zögerte, ihm das Buch anzuvertrauen; er stellte eine Liste anderer »Kleinverlage« zusammen. Zuerst jedoch ermutigte ihn Anaïs, es im großen Stil zu versuchen. Sie bat ihren Freund Dr. Krans (durch den Henry ans Lycée Carnot gekommen war), Miller einem Pariser Literaturagenten namens William Aspenwall Bradley zu empfehlen. Wambly Bald hatte Bradley in der gleichen Kolumne erwähnt, in der er »Mademoiselle Claude« besprochen hatte, mit der Behauptung, Bradley »hätte mehr Anfänger ermutigt und ihnen geholfen als jeder andere freundliche Engel, den wir kennen«. Kurz darauf erhielt Henry einen herzlichen Brief, in dem ihn der Agent aufforderte, sein Buch in seinem Büro in der Rue Saint-Louis auf der Île de la Cité vorbeizubringen.

Henry übergab die Manuskripte von *Crazy Cock* und *Wendekreis des Krebses* und wartete – nicht gerade geduldig. Bradley antwortete innerhalb einer Woche: »Ich habe beide Bücher durchgelesen und würde gerne mit Ihnen darüber reden – vor allem über *Wendekreis des Krebses,* ein großartiges Werk.« Er erkundigte sich, ob Henry ihn Ende der Woche besuchen könnte? In ihrer ersten Unterredung ließ Bradley kaum ein gutes Haar an *Crazy Cock,* aber er milderte seine Kritik, indem er Henry einredete, der Roman käme nur durch den Vergleich mit dem späteren, tieferen Buch so schrecklich schlecht weg: In ungefähr zwei Minuten war er mit *Crazy Cock* fertig. Aber was würde Henry davon halten, wenn *Wendekreis des Krebses* in einer begrenzten Auflage von 500 Exemplaren für 500 Franc pro Stück bei der Obelisk Press veröffentlicht würde? Millers erste Reaktion war bezeichnend. Obwohl Anaïs dabei war, rief er aus: »Wenn nur June hier sein könnte, um das mit mir zu genießen. Allein die Vorstellung, daß all unsere Träume wahr werden, und sie weiß es nicht einmal.« Seine zweite Reaktion war merkwürdig: Aus irgendeinem tiefverwurzelten Bedürfnis nach Rechtfertigung wollte Henry ihnen unbedingt auch *Crazy Cock* aufdrängen. *Wendekreis des Krebses* sei nicht das Buch, das er hatte schreiben wollen, behauptete er verrückterweise, nicht die Geschichte, die er wirklich hatte erzählen wollen. 1927 hatte er sich selbst versprochen, daß er sich der Niederschrift der Geschichte seines Lebens mit June widmen würde. Und wie ein schwachgläubiger Pilger hatte er sich mit dem erstbesten Altar begnügt, den er sah, und lediglich ein Buch über sein eigenes miserables Leben geschrieben. Wenn sie *Wendekreis des Krebses* wollten, dann mußten sie auch *Crazy Cock* nehmen!

Mitten in diese trotzige Stimmung hinein platzte ein Brief von Samuel Putnam, der sich gerade in New York befand. Im Auftrag des Verlagshauses Covici-Friede fragte er an, ob Henry irgendeine Arbeit anzubieten hätte; Covici habe »Mademoiselle Claude« gelesen und für gut befunden. Henry war wütend, daß sich jemand für eine derart »schwache« Story interessierte, ein *jeu d'esprit,* das er mit der linken Hand hingehauen hatte. Es war beleidigend, entschied er, von solchen Trotteln bewundert zu werden. Wenn die Amerikaner nun ein Buch von ihm wollten, dann sollten sie gefälligst *Crazy Cock* nehmen. Zu Henrys Überraschung las Putnam tatsächlich das Manuskript und meinte, er könnte es sich als ein »Covici-Friede-Buch« vorstellen. (»Ich glaub, er ist verrückt«, schrieb Miller an Schnellock – aber er schickte das Buch wirklich den Covici-Friede-Lektoren.) Auf die Titelseite war ein Vorwort von etwa einem Satz getippt (»Entschuldigung an Michael Fraenkel«) und dazu eine nur unwesentlich längere Einleitung (»Good-bye dem Roman und der geistigen und körperlichen Gesundheit. Hallo, ihr Engel!«). Ein anderer Mann als er, erklärte er Emil, habe *Crazy Cock* geschrieben, ein Mann, den Henry nun als Hochstapler einstufte; und er schiß auf diesen Mann, auf diese hohle amerikanische Puppe, die er hinter sich gelassen hatte.

268

Seine Wut über das plötzliche amerikanische Interesse an seiner Schriftstellerei brachte er auch noch in *Wendekreis des Krebses* ein, das er nun, da die Veröffentlichung durch Obelisk Press gesichert schien, erweiterte. Zur gleichen Zeit, als *Crazy Cock* von Covici-Friede geprüft wurde, schnitt Henry bis auf das »Feuer und Dynamit« so ziemlich alles aus *Wendekreis des Krebses* heraus. Entschlossen, seine Leser zu schockieren und sein Buch für den öffentlichen Geschmack vollkommen unannehmbar zu machen, fügte er einige neue Abschnitte ein, deren Offenheit mit Sicherheit Anstoß erregen mußte. Das Ganze versah er noch mit einer streitbaren Einleitung, in der er seine eigenen Anschauungen über die Krankheit der Gesellschaft seiner Zeit mit der surrealistischen Grausamkeit von Luis Buñuel und mit Duhamels heftigem Angriff auf die Wertvorstellungen Amerikas in *Salavin* in Verbindung brachte. So eine einleitende kritische *tour de force,* glaubte er, würde die Kritiker versenken. Rücksichtslos folgte er Fraenkels Logik und zeichnete sein Buch mit »Henry Miller, Pseudonym«, ging dann noch einen Schritt weiter und tippte eine neue Titelseite: » ›Wendekreis des Krebses‹ von Anonymus.« Zuletzt schwor er noch, daß die Veröffentlichung lediglich ein Nebenprodukt seiner Bemühungen um Selbstverständnis sei: Er würde nichts umschreiben, um dem Publikum entgegenzukommen, die Zensoren zu beschwichtigen oder seine Kunst zu vervollkommnen. Nur seine eigene Integrität, entschied er, war wichtig. Wenn es sein mußte, war er sogar bereit, die Ausweisung aus Frankreich als Folge der Veröffentlichung des *Krebses* hinzunehmen und wie ein Unberührbarer über die Erde zu wandeln.

Jack Kahane wäre wahrscheinlich entsetzt gewesen, hätte er von Henrys radikalen Vorsätzen eine Ahnung gehabt; denn als Herausgeber und Eigentümer von Obelisk Press bereitete er den Vertrag für die Publikation von *Wendekreis des Krebses* vor. Nach den Bestimmungen dieses Vertrages erklärte sich Miller damit einverstanden, Obelisk Press die Weltrechte an der Veröffentlichung seines Buches in englischer Sprache zu übertragen. Millers Autorentantiemen betrugen 10 Prozent, und er räumte dem Verlag eine Option auf seine beiden nächsten Bücher ein. Der letzte Absatz des Vertrages war keinesfalls bloß eine leere Geste. Kahane deutete damit das Vertrauen an, das er in seinen neuen Autor setzte. Und für Henry bedeutete es, daß jemand seine zukünftigen Manuskripte zumindest lesen würde. Tatsächlich hatte er, als er den Vertrag unterzeichnete, bereits sechzig Seiten seines nächsten Werkes geschrieben, ein Buch, das er unvermeidlicherweise *Tropic of Capricorn (Wendekreis des Steinbocks)* nennen würde.

10. Sie-der-zu-gehorchen-ist

Miller war 1932 ein gefestigter Mann. Sicherlich verhalf ihm die Befriedigung über die Anerkennung, die *Wendekreis des Krebses* fand, zu Selbstvertrauen. Sicherlich schenkte ihm das Bewußtsein, sich ohne Hilfe durchsetzen zu können, Ruhe. Aber hinzu kam etwas, was er immer suchte – der Glauben eines anderen Menschen an ihn. 1932 war dieser Mensch Anaïs Nin. Sie vermittelte ihm das Gefühl, als seien seine Sterne bei ihrem Erscheinen am Horizont neu geordnet worden, als warte nun ein neues Schicksal auf ihn. Die astrologische Metapher war durchaus angemessen. In ihrem Haus in Louveciennes regierten die Sterne. Ihr Cousin Eduardo Sanchez war ein Eingeweihter dieser Wissenschaft. Auch einer von Anaïs' Psychoanalytikern, René Allendy (Autor von *Paracelse, le Medecin Maudit)*, benutzte Astrologie als Interpretationshilfe. Im Frühling 1932 stellte Hugo Guiler, assistiert von Allendy, Henrys »interessantes, aber unglückliches« Horoskop auf. Hugo entschied, daß Henrys dominierender Planet Mars »nicht in Einklang« mit seiner restlichen Existenz stünde, aber zu jedermanns Überraschung platzte Anaïs heraus: »Mars ist der Planet, der nur einen einzigen Freund besitzt – die Venus. Mein herrschender Planet ist die Venus.«

Venus spielte sicher eine Rolle, aber Anaïs war auch in praktischer Hinsicht für Henry von großer Bedeutung. Als im Sommer 1932 nur zu offensichtlich wurde, daß Fred Perlès' Gehalt, aufgeteilt zwischen ihm, Paulette und Henry, für sie alle nicht ausreichte, begann Anaïs, dem Haushalt der drei regelmäßige Unterstützungen zukommen zu lassen, damit Henry seine Zeit nicht damit verschwenden mußte, wieder nach einem Job zu suchen. Zum erstenmal nach seinem Western-Union-Job in New York war er wieder finanziell gesichert. Anaïs war von Natur aus eine Gebende, sie war sanft und forderte im Unterschied zu June keine demonstrative Dankbarkeit für ihre Opfer. Einmal zeigte sie ihm einen Eintrag in ihr *Journal intime:* »Ich werde immer zu ihm stehen, mit ihm, gegen die Welt. Ich will *mit ihm* lachen, selbst wenn es sich gegen mich richtet.« Das war genau ihre Haltung, und ihr Benehmen stimmte ohne jede Abweichung damit überein. Diese uneingeschränkte Anerkennung gab Henry eine psychische Sicherheit, die er vorher nicht gekannt hatte.

Das Haus in Louveciennes, das er in jenen Tagen häufig besuchte, trug zu diesem Gefühl der Sicherheit bei. Die an Watteau erinnernde Louveciennes-Szenerie, die grünen Weiden mit den friedvollen Kühen, die sich in der sanften Brise wiegenden Bäume, die ganze stille pastorale Atmosphäre übte eine heilende Wirkung auf ihn aus. Das Innere von Anaïs' Haus war darauf angelegt, einen ähnlichen Effekt der Ruhe zu erzeugen. Selbst das Zimmer, das nun ausschließlich für Henry reserviert worden war, vermittelte ein Gefühl der Stabilität. Es war das ehemalige Billardzimmer der Dubarry-Residenz, und Anaïs hatte es mit allem versehen, was er brauchte: Papier, Kohlepapier, Wasserfarben, Whiskyflaschen und Lebensmitteln.

Anaïs half ihm, die bejahenden, positiven Elemente seines Charakters wiederzubeleben. Einmal, in einem Moment ekstatischer Begeisterung, unterbrach er in einem vierzehnseitigen Brief an Anaïs seine Diskussion der Ideen Ranks und schrieb unvermittelt: »*Du* bist mein Lehrer gewesen – nicht Rank, nicht einmal Nietzsche und auch nicht Spengler. Allen diesen wird unglücklicherweise Anerkennung zuteil, aber in ihnen liegt das Skelett des Gedankens. In Dir aber lag die Belebung, das lebende Beispiel, Du bist die Führerin, die mich durch das Labyrinth des Ich zur Lösung des Rätsels, zu den Geheimnissen leitete. . . Wenn man den ganzen Weg mit Dir geht, wenn man den ganzen Weg mit Dir gehen *kann*, wird man belohnt mit etwas ganz Außergewöhnlichem, mit etwas Unpragmatischem, mit etwas – ich sage das gerne – *Unwirklichem*. Man hat schließlich das Privileg, Weisheit zu trinken. Ich sage dies sehr, sehr romantisch! Es ist die reine Romantik, in diesen Zeiten vom Wert der Weisheit zu sprechen, denn es ist ein Wert, für den kein Bedarf mehr besteht. Er hat keine Bedeutung in dieser Welt der Realitäten, denn diese Welt der Realitäten ist eine Welt des Todes.«

Die Weisheit, die Anaïs auszeichnete – und Henry hatte ihre Weisheit dringend nötig –, war die neptunische Seite ihres Charakters, aber Venus verschwand nie ganz hinter dem Horizont. »Komm und sei für ein paar Tage mein Ehemann«, schrieb sie ihm, so oft

Hugo geschäftlich unterwegs war. Allein führten sie ein stilles Leben, aßen im Garten unter den uralten Bäumen, wuschen das Geschirr oder kümmerten sich um das Feuer, genossen die besten Weine, die der Händler in Louveciennes liefern konnte, führten die Hunde nachts über die Kieswege spazieren, tanzten zur Grammophonmusik, lasen und redeten. Sie ließen kleine Zettel im Haus herumliegen, die der andere finden sollte, sogar Liebesbriefchen auf dem Kopfkissen des Schlafenden. Henry war in einem Zustand fassungslosen Glücks. Je besser er sie kannte, desto mythischer, wandelbarer erschien ihm Anaïs. Er nannte sie *Schneewittchen,* und er entdeckte auch maurische, jüdische und afrikanische Vorfahren bei ihr. Wie Ajesha mußte man ihr gehorchen – aber sie verlangte nur, was gut für ihn war. Bald schrieb Henry seinen Freunden, daß Anaïs die erste Frau war, die er wirklich und wahrhaftig liebte, die erste, die ihn glücklich machte und ihm das Gefühl gab, daß die Empfindungen von Mann und Frau füreinander unerschöpflich sein könnten. Daß Fraenkel und Osborn in Frankreich von einer Art Erstarrung erfaßt worden waren, während Henry aufgeblüht war, sei ihr Verdienst, gestand er ganz offen ein. Er begann, in aller Stille von Heirat zu reden. Seiner Meinung nach konnte Anaïs unmöglich weiterhin mit Hugo verheiratet bleiben, »einem Mann ohne Ekstase«. Im Oktober 1932 schrieb er entschlossen an Emil Schnellock: »Meine nächste Frau ist Anaïs.«

Die gleiche alte Geschichte. Er wollte heiraten – aber wo war das Geld? Hugo hatte den Daumen auf der Brieftasche.

Henry dachte sich eine Anzahl von geldbringenden Plänen aus. Er begann, die Honorare zu überschlagen, die er mit *Wendekreis des Krebses* verdienen konnte. Er nahm Kontakt mit Paul Morand auf, um die Möglichkeit zu besprechen, dessen französische Vorträge für eine Amerikatour ins Englische zu übersetzen. Er dachte, dadurch könnte sein in Arbeit befindliches Buch über Paris bekannt werden, und es ließe sich an Knopf oder einen Verleger gleicher Größenordnung verkaufen. Er glaubte, die wirtschaftliche Seite sei das einzige Hindernis für ein gemeinsames Leben mit Anaïs, und vergaß in seiner Euphorie, daß er ja selbst noch verheiratet war. Natürlich wandte er sich nicht länger um Unterstützung an June – so wie Anaïs sich an Hugo wandte –, aber sicherlich war er gefühlsmäßig immer noch mit ihr verbunden, mehr, als er sich eingestehen wollte. Zur Bestätigung dafür brauchte man nur das Manuskript von *Wendekreis des Steinbocks* zu lesen, das er im Sommer 1932 anfing. Es war noch einmal die Geschichte von *Crazy Cock*, wie zwanghaft; noch einmal versuchte er, etwas aus den Notizen zu machen, die er 1927 angehäuft hatte. Einst hatte er geglaubt, sie könnten ihn retten, nun aber konnten sie ihn wie an einem Riff scheitern lassen; sie waren zu einer fixen Idee geworden, als könnte er June nicht loswerden, ehe er durch dieses Buch ihren Zauber brach. Er arbeitete locker und impulsiv an seinen anderen Projekten, aber jeder wußte, wann er auf *Wendekreis des Steinbocks* herumhämmerte, denn dann schloß er sich endlose Stunden lang in seinem Zimmer ein, aus dem er schließlich abgekämpft und gequält wieder auftauchte.

Wäre noch irgendein weiterer Beweis für die Macht nötig gewesen, die June immer noch ausübte, so erbrachte sie ihn durch ihr Wiedererscheinen in Paris Ende Oktober 1932, als sie Henry augenblicklich wieder in ihren Bann schlug. Nachdem sie ihm während seiner zweieinhalb Jahre in Paris ganze vier Briefe geschrieben hatte, folgte sie Mitte Oktober ihren üblichen Gewohnheiten der telegraphischen Rätsel und kabelte ihm über Bald bei der *Tribune:* »Komme nach Paris Ende Oktober. Brief folgt. Bitte schreib mir über Elkus. Verzeih, liebe Dich, June, New York.« Er schrieb sofort zurück, bat sie ruhig, all seine alten Manuskripte mitzubringen, aber es dauerte nicht lange, bis seine Ängste wieder an die Oberfläche trieben. Eine Woche nach Eintreffen ihres Telegramms geriet er in Panik, als er in einem kleinen Park in einiger Entfernung von Clichy saß. Vielleicht – der Gedanke kam ihm ganz plötzlich – war June bereits in dem Clichy-Apartment, las seine Manuskripte der *Wendekreise* und zerfetzte sie vor Wut. Er raste heim, aber natürlich war June noch nicht eingetroffen noch schrieb oder kabelte sie in den nächsten zwei Wochen.

Aber gegen Ende des Monats erreichte ihn die Nachricht, daß Junes Ankunft unmittelbar bevorstand. Aus Gründen der Sicherheit brachte er Anaïs' Briefe nach Louveciennes zurück und bat sie, seine Manuskriptkopien von *Wendekreis des Krebses, Wendekreis des Steinbocks* und sein Pariser Notizbuch aufzubewahren. Erleichtert begann er nun sogar, Junes Kommen mit Freude entgegenzusehen. Er legte einen kleinen Vorrat an Pernod und Whisky und noch einigen anderen kleinen Überraschungen für seine Frau an. Als wären es wertvolle heilige Dokumente, so trug er die vier Briefe, die June ihm nach Paris geschickt hatte, überall mit sich herum, damit er sie, in den Cafés sitzend, lesen konnte. Er stellte sich vor, daß er wieder in sie verliebt war, und er beschloß (wie er in seinem Notizbuch schrieb), daß er um ihrer Wiedervereinigung willen bereit sei, sein eigenes Buch zu vernichten, sich selbst krimineller Handlungen zu bezichtigen und jede Beschuldigung, die er je gegen sie erhoben hatte, zurückzuziehen. Kein Zweifel, sie hatte gelitten – ihre Einsamkeit mochte schrecklicher gewesen sein als seine. Nun konnte er in ihren Briefen erkennen, daß dem wirklich so war. »Was meine gute Stimmung anbelangt«, hatte sie ihm 1930 in ihrem ersten Brief geschrieben, »wie konntest Du das nur glauben?« Sie war gewillt, beharrte sie, »zu rauben, zu morden, alles, nur um Dich glücklich zu machen und bald bei Dir sein zu können, nicht als die Frau, die jedermann kennt, sondern als unbedeutende kleine Hausfrau, Geliebte, Freundin. . .«. Er saß in dem schäbigen Café, las diese Worte und sehnte sich danach, sie bei sich zu haben, überzeugt davon, daß nichts anderes zählte.

Am Monatsende kam June an. Ausweichend wie immer begab sie sich direkt ins Hôtel Princesse und teilte Henry ihre Ankunft telegraphisch mit. Obwohl Henry und Alfred erst spätabends heimkamen, bestand Henry darauf, sofort nach Montparnasse zu eilen. Er und Alfred radelten nach Paris zur Rue Princesse, nur um dort June bereits schlafend vorzufinden. Sie war erstaunt, so spätnachts noch gestört zu werden, und verkündete, daß sie nicht nur keinerlei Absichten hegte, sie jetzt noch nach Clichy zu begleiten, sondern daß sie sich auch ein Zimmer für zehn Tage genommen hatte. (Genügend Zeit für Henry, das Geld für die Hotelrechnung aufzutreiben.)

Sofort nach ihrer Ankunft fielen Henry und June in ihre alten Verhaltensmuster zurück. Zu viel an Groll und Mißtrauen hatte sich angesammelt. Und ihr Verhältnis wurde noch komplizierter durch Anaïs, vor der Henry keine Geheimnisse hatte. Anaïs' Zuneigung zu June wiederum erregte Henrys tiefstes Mißtrauen. Wenn June so attraktiv war, mußte sich Anaïs dann nicht in sie verlieben und sich mit ihr gegen ihn zusammenschließen? Wie von einem Magneten angezogen, schlossen sich die drei eng zusammen, es war ein faszinierendes Spiel, aber der Kern dieses Spiels lag in einer Tatsache, die jeder der drei noch vor sich selbst verbarg: Jeder liebte sich selbst mehr, als er oder sie einen oder eine der anderen lieben konnte. In den anderen sah jeder die Gestalten der eigenen Sehnsucht, jeder erfand die Qualitäten der anderen nach dem Bild der eigenen Idealvorstellung und versuchte, sie zu Imitationen seiner selbst zu machen.

Ein unsichtbares, emotionales Ballett lief da ab. Anaïs sah June bald öfter als Henry. Sicher – Teil ihres Motivs dafür war es, Henry mehr Zeit zur Arbeit zu lassen, aber andererseits wollte sie Henry auch dem Einfluß von June entziehen. Und die beiden Frauen zog es zueinander, sie tauschten sogar Ringe als Zeichen ihrer Zuneigung aus. Henry dankte Anaïs dafür, daß sie ihn davor bewahrte, von June zermalmt zu werden; andererseits aber machte er wenig Anstrengungen, Anaïs oder June zu sehen, er schien zufrieden, wenn er Ruhe hatte und arbeiten konnte. June ihrerseits begann, Anaïs zu behandeln wie einst Jean, und »verteidigte« ihre Beziehung in extravaganten Worten – ohne allerdings je zu sagen, worin diese Beziehung bestand.

Henry versuchte, Anaïs davon zu überzeugen, daß nur ihr Glaube an ihn ihn aufrechthielt, aber gleichzeitig gab es für ihn kein anderes Thema als June, June, June. Anaïs hinterging June, um Henry an sich zu binden. Sie ließ ihn ihre Tagebuchnotizen über June lesen und später das kurze Manuskript »Alraune« (June), das sie über das Dreiecksverhältnis geschrieben hatte. In Anaïs' Buch sagt Alraune einer Frau mit Namen Mandra (Anaïs), daß Rab (Henry) das Einfache nicht liebe und daß sie es deshalb gelernt habe, sich selbst ständig neu zu erfinden, exotische Rollen für sich zu entwerfen: Sie könnte seine Liebe nur erhalten, indem sie ihn ständig belog! Miller verbrachte Tage über dem Manuskript, fügte handgeschriebene Bemerkungen und Korrekturen ein und diskutierte mit dem Text wie mit einem Menschen. Aber er schien es nie zu schaffen, die Gestalten, die Anaïs beschrieb, wirklich zu verstehen, ganz zu schweigen von der wirklichen June, die, obwohl sie doch da war, in Paris, vor seinen Augen nie klar zu durchschauen war. Als June zwei Monate in Paris war, erschien sie ihm als ein größeres Rätsel denn je.

Eine Zeitlang drohte Fred Perlès, das Dreieck in ein Viereck zu verwandeln. Für ihn war June eine natürliche Feindin, eine Schwachsinnige, eine pathologische Lügnerin, eine Langweilerin. Zugleich hatte er sich in Anaïs verliebt, die Henry liebte, der June liebte. Die komplizierte Situation erreichte ihren Höhepunkt, als Perlès eines Tages Henry seine fortdauernde Ergebenheit June gegenüber vorwarf und ihm vorhielt, daß er Anaïs vernachlässige. Perlès war nicht überrascht, daß Henry seine Frau verteidigte, aber er war verblüfft, daß auch Anaïs sich auf Junes Seite stellte. War es denn wahr, daß auch Anaïs Junes Zauber verfallen war? Die Wahrheit sei, erklärte Anaïs, als sie Fred allein traf, daß sie Angst habe, Henry zu verlieren, wenn sie June kritisierte. Deshalb versuche sie zu erreichen, daß June sie liebe, damit auch Henry das tat.

June hatte sie alle, Henry und Alfred und Anaïs, in ihrem Netz, aber sie selbst zerriß es. Sie und Henry und Alfred stritten so heftig in Clichy, daß June eines Tages auszog, um bei Freunden in Montparnasse zu wohnen. Bis dahin hatte Henry buchstäblich sein ganzes Schreiben aufgegeben aus Angst, June könnte alles, was er schrieb, im Streit gegen ihn verwenden. Als sie auszog, holte er seine Kopien der *Wendekreise* von Anaïs zurück und machte sich wieder an die Arbeit. Anfang Oktober 1932 hatte Henry 146 Seiten von *Wendekreis des Steinbocks* geschafft. Seine schlimmsten Befürchtungen wurden an einem Abend Ende November Wirklichkeit. Als er sein Zimmer in der Avenue Anatole France 4 betrat, fand er June in den *Krebs* vertieft vor. Sie kreischte ihm die schrecklichsten Anschuldigungen entgegen, die er je von ihr gehört hatte: Er habe sie total verzerrt und entstellt, er habe seinen Mangel an Verständnis für jegliches Talent enthüllt, indem er unbedeutende Details vergrößerte und vergröberte, seine bodenlose Gemeinheit sei nun offenbar. Alles, was sie für ihn getan, die unzähligen Opfer, die sie gebracht hatte – alles verschwendet. »Du bist der schlimmste Feind, den ich auf der ganzen Welt habe«, schrie sie ihn an. »Ich bring dich um. Ich hab deine Briefe gelesen, als hätte Gott persönlich sie geschrieben, während du mich die ganze Zeit über verleumdet hast mit deinem schmutzigen Verstand, deinen abscheulichen Worten.« In ihrer tobenden Wut gab sie ihm schließlich einen von Anaïs' Briefen an sie. »Lies das. Du glaubst, du liebst sie, aber sie ist nichts weiter als eine kleine Lesbierin. Ohne dich wär sie tot. Und du – du liebst sie bloß, weil du selber ein Homo bist.« Sie beschuldigte ihn, daß er gemeinsam mit Alfred und Anaïs versucht habe, sie zu vergiften – deshalb sei sie auch während ihres Aufenthaltes in Clichy dauernd krank gewesen. Sie warnte ihn, wenn er je ein Buch veröffentlichen würde, in dem ihr Name erwähnt war, würde sie ihn vor Gericht schleppen. Dann änderte sie ihre Meinung. »Nein, ich will, daß es so, wie es ist, veröffentlicht wird, damit die ganze Welt sieht, was für ein

Mensch du bist. Als ich *Crazy Cock* las, hat es mich fast umgebracht, aber das hier ist zu komisch, so verzerrt ist es. Du glaubst, du weißt alles über mich, aber es gibt ein Dutzend anderer Männer, die mich besser kennen als du. Du beweist bloß, wie klein und eng dein Geist ist. Das Buch wird dich bloßstellen.« Er wankte unter ihren Angriffen. Am ganzen Leibe zitternd, stand sie auf, um zu gehen. »Unsere Heiratsurkunde und meinen Ehering kannst du auf dem Grund der Seine finden, falls du dir die Mühe machen willst zu suchen. Von jetzt an werd ich Alice im Wunderland sein«, schrie sie und stürmte aus dem Zimmer.

Unfähig, sich zu bewegen, stand er da, wollte ihr nachrennen und sie aufhalten und sagen: »Ja, ich habe dich Hure und Betrügerin genannt und dich verleumdet. Jetzt ist es meine Aufgabe, dich zu kreuzigen. Nichts kann das verhinderrn. Aber wenn das mein Haß ist, dann wird meine Liebe später kommen. Selbst wenn du schreist, du würdest mir gern das Herz rausreißen, selbst wenn du es tust, ich würde immer noch rufen: ›Ich liebe dich, June.‹ Ich mache dich unsterblich, verstehst du das denn nicht? Nie ist ein Mann bereit gewesen, solche Dinge über die Frau zu sagen, die er liebt.« Aber er lief ihr nicht nach. Statt dessen brach er in stumpfem Schmerz auf dem Bett zusammen. Auf dem Boden sah er ein Bällchen Klopapier, um die Ohrringe und Armbänder gewickelt, die June von Anaïs bekommen hatte. Und darauf stand in Junes kindlicher Handschrift: »Reich bitte so schnell wie möglich die Scheidung ein!« *Das Miststück,* dachte er. *Jetzt werd ich meine Manuskripte nie zurückbekommen.*

Alfred und Anaïs ergriffen die Gelegenheit, ihn von June fernzuhalten, und überredeten ihn, über Weihnachten nach London zu fahren. Er bekam ein Visum und eine Rückfahrkarte. Alfred half ihm beim Packen seiner Manuskripte, seiner Notizbücher und seiner Papiere. Er reiste nie mit leichtem Gepäck, und so stopfte er zwei Koffer voll. Er tauschte ungefähr vierzig Dollar von dem Geld, das Anaïs ihm gegeben hatte, in Pfund um.

Die englischen Banknoten raschelten in seiner Brieftasche; seine anderen Sachen waren am Abend vor seiner geplanten Abreise im Flur aufgetürmt, als June überraschend erschien. Sie verhungerte in der Wohnung des Schwulen, bei dem sie wohnte, jammerte sie und beschuldigte Henry, daß es ihm ganz egal sei, was aus ihr würde. Nach einer schrecklichen Szene händigte Henry ihr den gesamten

Inhalt seiner Brieftasche aus – und sie marschierte triumphierend hinaus. Als Fred um zwei Uhr nachts von der Zeitung heimkam, hatte Henry einen Zustand geistiger Paralyse und betrunkenen Selbstmitleids erreicht, der dem Osborns sehr nahekam. Seine ganze Haltung ließ sich in Osborns Appell zusammenfassen: »Was wirst du tun, um mich zu retten?« Und tatsächlich zeigte sich Perlès der Situation gewachsen und reagierte mit der gleichen Entschlossenheit, wie es Henry in Osborns Fall getan hatte. Er leerte seine eigene Brieftasche – die wenig mehr als 200 Franc enthielt – und verschiffte am Morgen Henrys Koffer, einen Karton mit Manuskripten und sogar die Schreibmaschine direkt nach London. Nun, da seine Manuskripte unterwegs waren, blieb Henry keine andere Wahl, als zu fahren. Durch die gleichen Tore am Gare du Nord, die Osborn einige Monate zuvor durchschritten hatte, ging Henry zum Zug; ihn bewegten wohl so ungefähr die gleichen Gefühle der Entwurzelung und Furcht, die Osborn empfunden haben mußte. Er saß im Zug, während sich die Dezembernacht herabsenkte, und erlebte die Überfahrt in tiefster Finsternis. Aber je weiter er sich von Paris entfernte, desto besser fühlte er sich.

Die Schwierigkeiten fingen an, als er in Newhaven auf der englischen Seite des Kanals ankam und die Fragen des britischen Zollinspektors beantworten mußte. Wieviel Geld brachte er mit ins Land? Der Beamte erklärte ihm höflich, aber geradeheraus, daß Miller wie ein Mann wirkte, der mit seinen gesamten Habseligkeiten nach England gekommen war – sogar mit seiner Schreibmaschine –, um lange Zeit zu bleiben. Und doch führte er nur lumpige 178 Franc mit sich – der Gegenwert von einem englischen Pfund. Sobald das Verhör begann, war sich Henry darüber im klaren, daß der Inspektor glaubte, Miller beabsichtige, nach England einzureisen und dann zu einem Wohlfahrtsfall zu werden.

Am Ende des Verhörs wurde Henrys Visum mit einem großen schwarzen X durchgestrichen, und er wurde einem Beamten übergeben, bis er morgens zurück nach Dieppe geschickt werden konnte. Plötzlich erinnerte er sich in Panik daran, daß sein Gepäck den Zoll passiert hatte und nun London entgegenratterte. Könnte der Beamte nicht irgendwas tun, um es zurückzuholen? fragte er. Jawohl – für ein kleines Trinkgeld für den Beamten. Ein Telegramm wurde dem Zug nachgeschickt. Miller wurde in einem großen Raum eingesperrt, in dem er auf einer harten Bank die Nacht verbrachte.

Das war also England. Aber schon auf dem Schiff kehrten seine Lebensgeister zurück. Obwohl es später Dezember war, stand er am Bug und schaute Frankreich entgegen.

Dort war alles ganz anders. Als der Beamte, der seinen Paß kontrollierte, bemerkte, daß Henry Schriftsteller war, ein *écrivain,* schlug er sofort einen respektvolleren Ton an. Wußte Monsieur Millair, wo er sich in Frankreich aufhalten würde? *Bon.* Würde der Monsieur sich einen Augenblick Zeit nehmen, sein Visum in Ordnung zu bringen? *Très bon!* Könnte er, der Beamte, ihm vielleicht in irgendeiner Form behilflich sein? Henry tauschte mit ihm einen herzlichen Händedruck, und der Beamte begleitete ihn bis zum Bahnsteig. »Bonne chance, Monsieur Millair«, rief er ihm nach. Henry wußte, daß die ihm gewidmete Aufmerksamkeit nicht persönlich gemeint war, aber gerade deswegen genoß er sie um so mehr. Sie galt der Literatur. Das ließ seine Rückkehr nach Dieppe wie eine Heimkehr erscheinen. Bald würde er mit seinen Freunden lachen, froh, wieder zurück zu sein, entzückt, eine gute Story zum Erzählen zu haben.

Alfred und Anaïs waren über diese Wendung der Ereignisse nicht so erfreut und beruhigten sich erst, als er sich damit einverstanden erklärte, June bis zum festgesetzten Termin ihrer Abreise in dem Glauben zu lassen, er wäre in England. Versteckt in Louveciennes, wartete er auf den Tag ihrer Abreise. Wie üblich zeigte June nicht die geringste Bereitschaft, sich selbst zu helfen. Sie unternahm nichts, um die Schiffskarten zu besorgen. Sie teilte lediglich schlicht und einfach jedermann mit, daß sie an dem und dem Datum abzureisen gedachte, und dann lächelte sie unschuldig, faltete die Hände und ließ sich zurücksinken, auf daß das Schicksal alles weitere für sie erledige. Zweifellos, argumentierte sie, gab es genügend Leute, die sie loswerden wollten und die schon dafür sorgen würden, daß sie auf das Schiff kam. Ein paar Tage vor der Abfahrt brachte ihr Alfred ein Ticket an die Tür. Sie nahm an, daß er das Geld für ihre Überfahrt zusammengekratzt hatte, aber natürlich war es Anaïs gewesen. Alfred übernahm die Aufgabe, June zum Zug zu bringen. Sie reiste am zweiten Weihnachtstag, an Henrys Geburtstag, ab, immer noch ohne zu wissen, daß er sich ganz in der Nähe versteckt hielt. Wahrscheinlich hatte sie ein scheußliches Weihnachtsfest verbracht, ebenso wie Henry, und sie war am Morgen ihrer Abreise sehr niedergeschlagen. Sie sagte Fred, was sie Henry gesagt hatte, als sie

ihn zum letztenmal sah: »Ich fühl mich wie Alice im Wunderland!«
Dann aber kam ihre alte Energie zum Vorschein. Als gäbe sie eine
Bestellung beim Kaufmann auf, sagte sie Alfred: »Sag Henry, er soll
mir so schnell wie möglich die Scheidung schicken.« Damit
verschwand sie leichtfüßig im Zug.

11. Clichy-Tage und Alptraum-Nächte

Jetzt, da June verschwunden war, kehrte Ruhe in Clichy ein. 1933
versprach ein Traum von einem Jahr zu werden. Henry arbeitete
gleichmäßig und gut. Anaïs besuchte ihn regelmäßig, mindestens
zweimal in der Woche, aber immer tagsüber. Gelegentlich gingen sie
zum Lunch aus, häufiger aber bereitete sie ein *dejeuner à deux*. Sie
war eine großartige Köchin; ihre spanische Abstammung kam zum
Vorschein, wenn sie Paella oder ein saftiges Geflügel machte. Henry
selbst entwickelte sich schnell zu einem brauchbaren Koch: Vor
allem machte es ihm Spaß, gute Käsesorten auszusuchen und
Beefsteaks – nur ausgewählte Stücke – mit *salade de mâche* und
betteraves zuzubereiten; dazu Vouvray als Aperitif und einen St.
Emilion für die Mahlzeit. Nach dem Lunch mit Anaïs schob er die
Teller beiseite, las aus seinem Manuskript vor oder zeigte ihr seine
Aquarelle.
    Doch trotz dieses friedlichen Erscheinungsbildes war 1933 ein Jahr
der Träume – mörderischer Träume. Die Tage in Clichy waren still,
aber die Nächte steckten voller Schrecken. Anaïs' Interesse an der
Psychoanalyse beeinflußte Henry tief, auch wenn er sich für einen
Gegner der Psychoanalyse hielt. »Als Germaine ihr Kleid hochhob
und mir ihre kleine Pussy zeigte«, sagte er mit Vorliebe zu Anaïs,
»hat sie mich wirkungsvoller kuriert, als diese ganze Mannschaft von
Freud, Jung, Adler und Stekel es hätten tun können.« Das war
offensichtlich die Pose eines gebildeten komplizierten Mannes, der
sich einzureden versuchte, die Welt sei einfach. Aber es wirkte nicht
sehr überzeugend. Wann immer er in Fraenkels Gegenwart in diese
Stimmung verfiel, wurde er von dem erbosten Michael auseinander-
genommen; Anaïs redete ihm sanft zu, und Fred lachte ihn einfach
aus. Und Henry war auch tatsächlich nicht in der Lage, sich zu
verteidigen: Jeder wußte, daß er die Arbeiten von Otto Rank,

Psychoanalytiker und Autor von *Der Künstler* und *Das Trauma der Geburt,* sehr bewunderte. Rank hatte bereits eine Analyse mit Anaïs gemacht, die Henry mit ihm bekannt machte. Im November 1933, als Henry bei seiner Überarbeitung von *Wendekreis des Krebses* den Überblick verloren zu haben glaubte, erklärte sich Rank damit einverstanden, ihm seine Meinung über das Manuskript zu sagen. Henry war ziemlich nervös, aber Rank strömte Zuversicht aus, las schließlich den Roman und lobte ihn wegen seiner lebendigen Darstellungsweise. Henry fand ihn nicht nur scharfsinnig, sondern auch vernünftig und freundlich, sehr menschlich, und diese persönlichen Qualitäten brachten ihm Ranks Ideen näher. Rank wurde zu einem derart häufigen Diskussionsthema, daß Henry fast das Gefühl hatte, er bekäme durch Anaïs einen Kurs in Rankscher Analyse vermittelt. Weit stärker als Freud war Rank bereit, das menschliche Leben auf der Grundlage seiner poetischen Gestaltungen zu verstehen, so als wäre der Psychologe ein Kunstkritiker. Er war weniger an Patienten interessiert, die Heilung suchten, als an der Psyche des Künstlers. Für ihn stellte ein Kunstwerk eine Art Apokalypse des Geistes dar, wobei die Gesellschaft und die von ihr erzeugten Neurosen symbolisch getötet wurden, während das künstlerische Werk weiterlebte, das gesunde Kind einer Neurose. Nach vielen Diskussionen mit Anaïs schlußfolgerte Henry, wenn ein Kunstwerk aus Neurosen entstand, dann mußte sich der Künstler seiner eigenen Krankheiten so bewußt wie möglich werden, um aus ihnen den denkbar besten Nutzen für seine Arbeit zu ziehen.

Bereits im September 1932 hatte er angefangen, ein Traumbuch zu führen; doch seine Konflikte mit June hatten die Tage so alptraumhaft gestaltet, daß er für Träume keine Zeit hatte. Nun aber träumte er sich seinen Weg zurück in sein frühes Erwachsenenleben, die Jugendzeit und die infantilen Ängste.

Beatrice schob in Flatbush einen Kinderwagen eine Straße hinunter, aber Barbara lag nicht darin, sie war bereits erwachsen. Natürlich wollte Henry wissen, in welcher Straße sie sich befanden, also zog er sein Notizbuch aus der Tasche, um die Adresse von ihrem Haus nachzuschlagen, als Beatrice ihn packte und sagte: »Ja, das ist die Straße. Erinnerst du dich nicht? 244 Sixth Avenue.« Dann gingen sie in ein Restaurant, aber seine Frau begann, sich wie eine Schlampe aufzuführen, was einen Fremden dazu brachte, sie zu beleidigen. »Sie sehen ja selbst, was sie ist«, sagte er entschuldigend zu Henry.

Und so nimmt Henry sie mit nach Hause, um sie sorgfältig zu untersuchen. Während er ihre Vagina inspiziert, nimmt diese plötzlich die Form einer Billardkugel an mit kleinen Zähnen darin, die sich wie mechanisch öffnen und schließen. »Ein bemerkenswertes Instrument«, seufzt er. »Du solltest es mit Leuchtanzeige ausrüsten!«

Der Schatten eines Kreuzes fällt über das Ende des Bettes, an das er gekettet ist – die Ketten klirren laut, während ein Anker herabgelassen wird. Mutter ist neben ihm und sagt: »Du rufst besser die Polizei. Vater ist noch nicht daheim.« Sie geht zu Henrys Schreibtisch und holt seinen Revolver hervor. Wenn Vater nicht Selbstmord begeht, fragt sich Henry, wie sollen sie dann die Versicherung kassieren? Im mittleren Zimmer steht Mutter in ihrem Hemd und heult wie eine Verrückte, während sie Toilette macht, sich mit einer großen Puderquaste die Achseln, den Busen und zwischen den Beinen pudert, dann mit einem Zerstäuber die gleichen Stellen mit einem penetranten Parfüm einsprüht. Abgestoßen von diesem Benehmen, für das er seinem Vater die Schuld gibt, denkt Henry: Es wäre sicherlich besser, wenn sich der alte Geier selbst umbringen würde!

Er hat Gertrude Imhof heimbegleitet, und bevor er sich noch von ihr verabschieden kann, fragt sie ihn beiläufig, ob er mit ihr schlafen möchte. Sofort packt er ihre gewaltigen Arschbacken und versucht, sie im Stehen zu bumsen. Er schafft es auch, daß ihm einer abgeht, aber genau in diesem Augenblick nimmt sie eine riesige alte stumpfe Schere vom Tisch und beginnt, eine Schnur abzuschneiden, die an einem Kondom befestigt ist, das er ihr reingesteckt hat. Er ist starr vor Furcht, sie könnte seinen Penis abschneiden – und während sie so vor sich hinschnippelt, hat er tatsächlich den Eindruck, die Schnur ist eine lebende, mit seinem Körper verbundene Faser, sie *ist* sein Penis, und obwohl der Schmerz erträglich ist, wird er nervös.

Auf einem Bahnhof in einem fremden Land, während Henry sich in einer verlassenen Kneipe mit zerfetzter roter Tapete umzieht, taucht seine Mutter auf und teilt ihm mit, daß sie ebenfalls mit dem Zehnuhrzug abreist. Bis dahin sind es nur noch zehn Minuten, und sie hat noch nicht mal mit dem Ankleiden begonnen. Nachdrücklich sagt er, daß er zehn Minuten warten wird – nicht länger! Sie verspricht, pünktlich zu sein, und geht hinaus; kaum ist sie draußen, verschwindet er auch. »Soll sich doch um sich selbst kümmern«, murmelt er.

Aber er hat Schwierigkeiten, Fahrkarten zu bekommen, die Prozedur ist zu kompliziert, als daß er sich daran erinnern könnte. Als er
sich schließlich seinen Weg zum Bahnsteig bahnt, warten seine Eltern
dort bereits auf ihn; sie sehen verbraucht und altmodisch aus. Aber es
kommt noch schlimmer; als er versucht, den Bahnsteig hochzugehen
und so zu tun, als gehöre er nicht zu ihnen, trifft er einen
Jugendfreund, angeberisch herausgeputzt in einem Gehrock. Henry
war immer überzeugt gewesen, daß dieser Typ es zu nichts bringen
würde, und so erkundigt er sich, wieso es ihm so gut geht. Der Freund
erklärt, daß er eine Witwe ihres Geldes wegen geheiratet hätte: »Es
ist ganz einfach. Ich sitz da und erledige ihre Telefongespräche – das
ist alles!«

Das war die Art von Traumkino, die das ganze Jahr 1933 hindurch
in Henrys Kopf ablief, vor allem von Januar bis September. Seine
Träume ließen ihm das, was er tagsüber tat, in einem seltsamen,
hochintensiven Licht erscheinen. Schließlich dämmerte ihm, daß er
Tag und Nacht immer die gleichen Ziele verfolgte: seine Vergangenheit wiederzugewinnen, seine Einbildungskraft zu vertiefen, seine
eigene Identität zu erkennen, in einen Zustand kosmischen Bewußtseins hinüberzugleiten – die Wahrheit zu träumen! Er war durchdrungen von der Erkenntnis, daß jedes Ereignis in seiner Vergangenheit nicht nur Verbindungen mit anderen Ereignissen aufwies,
sondern auch noch Bedeutung und Auswirkung auf die Entwicklung
seiner Psyche hatte. Das hieß schließlich nichts anderes, als daß die
Gegenwart, wenn auch unterschwellig, die gleichen bedeutsamen
Wirkungen auf ihn ausübte und daß er sich bewußt bemühen mußte,
der Gegenwart die gleiche Aufmerksamkeit zu schenken, die er
durch seine Träume an die Vergangenheit wandte. Klar zu sehen
bedeutete also letzten Endes nichts anderes, als prophetisch zu sein;
denn die Gegenwart zu verstehen hieß die Zukunft und das Schicksal
seines Ich zu erkennen. Seine Träume führten ihn auf sein reiches
und umfassendes Innenleben zurück.

Vielleicht war die wichtigste Erkenntnis dieser Phase, daß es eine
gewisse durchgehende Linie, einen roten Faden, in der Geschichte
seiner Beziehungen zu Frauen gab. 1935 schrieb er im dritten Band
seines »Traumbuchs«:

Und beim Gedanken an . . . die Fragen, die A[naïs] und andere
mir über meine Mutter stellten, meine Verehrung meiner Mutter

(unbewußt) und wie das mein ganzes Leben beeinflußte, dann muß ich zugeben, daß hier ein Rätsel liegt, das zu ergründen sich lohnt. Denn ich erkenne, daß die Frauen, die ich liebte, für mich immer zwei Seiten hatten – ich demütigte mich vor ihnen, betete sie an, vertraute ihnen blind *und* betrachtete sie als *grausam*. Vielleicht liegt die Wurzel zu alldem in meiner Haltung als Kind meiner Mutter gegenüber: zuerst sehr vertrauensvoll, sehr abhängig, durch ihre Dummheiten und Brutalitäten schon früh desillusioniert; zweitens der beginnende Haß auf sie und die Übernahme der Rolle meines Vaters, denn seine Schwächen konnte ich verstehen, seine größeren menschlichen Qualitäten. Und ich übertrug diese zweiseitige Art der Liebe (die Anbetung und den Haß) auf alle Frauen, denen ich begegnete, und erschuf so jedesmal von neuem die gleichen Konflikte, selbst wenn es dafür keinen Grund, keine Notwendigkeit gegeben haben mochte – das heißt, in der eigentlichen Natur dieser Frauen, in ihrer Beziehung zu mir.

Dieses reife Verständnis seiner selbst war ein deutlicher Fortschritt in die Richtung psychischer Gesundung.

Miller veröffentlichte sein »Traumbuch« nie, obwohl er im Oktober 1933 seine Traumschriften und -analysen abtippte, eine analytische Inhaltsübersicht entwickelte und ein geschriebenes und gezeichnetes Titelblatt entwarf: »Für Anaïs Nin/Original M.S. des Traumbuches/von Henry Miller.« Trotzdem stand dieses »Traumbuch« hinter der Arbeit dieses Jahres und wirkte sich bis zum Ende der dreißiger Jahre auf seine schriftstellerischen Arbeiten aus.

12. Das verlorene Buch

Die Buchstaben erschienen auf den weißen Seiten, als stünden die Sätze, die er tippte, bereits in kleinen Reihen in seinem Kopf und warteten nur darauf, abgeschrieben zu werden. Nichts konnte diesen Strom eindämmen. Ablehnungen, die ihn früher ein oder zwei Jahre gelähmt hatten, prallten einfach von ihm ab; umfangreiche Projekte waren nun in Notizbüchern und gewaltigen Wandkarten skizziert; Hoffnungen, die er sich früher nicht mal selbst eingestanden hätte, gab er nun ganz offen Ausdruck.

Als ihn Anfang Januar 1933 die Nachricht erreichte, daß Covici-Friede *Crazy Cock* »freundlichst abgelehnt« hatten, war er sogar froh darüber und bereit, das Buch zugunsten von *Wendekreis des Krebses* in der Versenkung verschwinden zu lassen, da es in beiden Büchern um das gleiche Thema ging. Zumindest teilweise war er deswegen mit *Wendekreis des Krebses* so langsam vorangekommen, weil das frühere Buch dem späteren, tiefgründigeren das Material geraubt hatte. Nun jedoch schenkte ihm die Ablehnung von *Crazy Cock,* so schrieb er an Pascal Covici, einen »Augenblick überschwenglicher Freude«.

Miller hatte Überschwenglichkeit dringend nötig, denn er arbeitete gleichzeitig an drei großen Projekten: Überarbeitung von *Wendekreis des Krebses*, Entwurf von *Wendekreis des Steinbocks* und Skizzierung einer kritischen Arbeit über D.H. Lawrence, mit der er Anfang November 1932 begonnen hatte. Bei der Annahme von *Wendekreis des Krebses* für Obelisk Press hatte Jack Kahane bemerkt, der Einfluß von Lawrence sei offensichtlich. Zu Henrys Verärgerung sprach er weiterhin von D.H. Lawrence als »Ihrem großen Vorbild« und schlug schließlich vor, Miller sollte eine *plaquette* über Lawrence von ungefähr hundert Seiten schreiben, die von Obelisk Press noch vor *Wendekreis des Krebses* herausgebracht werden würde, um Henry das Prestige eines Intellektuellen zu geben, wodurch die Kritiker entwaffnet und gleichzeitig gezwungen würden, den Roman ernst zu nehmen. Eine kritische Arbeit über D.H. Lawrence, argumentierte er, würde Miller etwas von dem Status verleihen, der Lawrence und seine Verleger vor Strafverfolgung bewahrt hatte. Obwohl beschäftigter denn je, nahm Henry diese Aufgabe als eine Art Herausforderung in Angriff – um der Welt zu beweisen, daß er ein Denker war. Er stürzte sich fast sofort darauf und schrieb bald danach an Osborn, daß er in einem neuen Buch, das er begonnen hatte, Joyce »niedermachen« würde. Im Vergleich zu D.H. Lawrence hielte er Joyce für so »tot wie einen Sargnagel« genau wie Proust auch; er plante, seinen Essay »Brochure« oder »Das Universum des Todes« zu nennen, einen aus Lawrences *Fantasia of the Unconscious* geborgten Titel.

Miller begann zu schreiben ohne die geringste Vorstellung dessen, was er sagen wollte. Es kam ihm nicht in den Sinn, daß sein Antrieb ein Konkurrenzgefühl D.H. Lawrence gegenüber sein könnte: Er wollte den Verdacht ausräumen, er sei ein Lawrence-Jünger – er wollte beweisen, daß er Lawrence überlegen war, und ihn gemeinsam mit Joyce und Proust abtun. Nachdem er jedoch weit über hundert Seiten geschrieben hatte, verstärkte sich in ihm das Gefühl, einen Fehler gemacht zu haben. Er war nicht sicher, ob Lawrence wirklich so eine barsche Behandlung verdiente. War es möglich, so fragte er sich, daß er Lawrence verdammte, nur weil Anaïs und Fraenkel und Lowenfels (und sogar aus größerer Entfernung Emil Schnellock) so überzeugt auf seiner Seite standen? Unter zunehmenden Zweifeln schrieb er weiter, aber das Zentrum seiner Lawrence-Darstellung hatte sich verlagert, aus den neueren Teilen sprach eine deutlich positive Einstellung.

Als das Originalkonzept von »Brochure« sich zu verschieben begann, versuchte er, es in ein ganz anderes Buch zu verwandeln, in eine Abhandlung über die »Denker« oder »Lebensspender« (Spengler, Nietzsche, Faure, Maurice Bucke, Whitman, Fraenkel, Rank und Jung), die ein Gegengewicht zu den modernen »Todesfressern« (Lawrence, Joyce, Proust) bildeten. Genau wie in seinem »Traumbuch« versuchte er nun, in »Brochure« zu erkennen, was ihn am Leben erhielt, indem er über die mächtigen Geister schrieb, die ihn beeinflußt hatten. Bildeten sie irgendeine Art von Einheit, dann traf das auf ihn auch zu. All seine Favoriten waren systematische Denker, die verständliche Erklärungen des Universums anboten, und das war natürlich genau das, was er auch zu tun wünschte. Aber er glaubte daran, daß diese anscheinend so unterschiedlichen Denker in Wirklichkeit von seinem grundsätzlichen Verständnis der Realität ausgingen. Er entwarf komplizierte Karten, um weitschweifige Untergrundsysteme an Beziehungen und Verbindungen zwischen ihnen aufzuzeigen. Diese Bemühungen brachen indessen im Januar 1933 total zusammen. Verloren herumirrend, kopierte er ein paar hundert Seiten Text aus den Werken seiner Lieblingsdenker, aber als er damit fertig war, hatte er nicht die geringste Ahnung, wie er sie einarbeiten sollte.

Als nächstes begann er, unter dem Einfluß von Anaïs und der Lektüre von »The Crown« und *Apocalypse* seine Meinung über D.H. Lawrence zu ändern. Nachdem er anfangs Lawrence für einen schwachen Künstler gehalten hatte, entdeckte er nun, daß er ein überlegener Denker war. Schließlich verfiel er diesem Mann mit Haut und Haaren. Und so durchlief das kleine kritische Büchlein, das Henry auf Kahanes Aufforderung hin begonnen hatte, eine ganze

Reihe von Transformationen. Im April 1933 fing er mit seiner dritten Version an. Seine Notizen hatten mittlerweile gewaltige Dimensionen angenommen: Allein die Textauszüge ergaben über zweihundert Seiten. Er hatte keine Ahnung, wie er sie kürzen sollte, um daraus eine Art folgerichtiger Argumentation zu entwickeln. Auf Drängen einer inneren Stimme, die ihm »diktierte«, schrieb er hundert neue Seiten. Er argumentierte, daß Lawrence als Schriftsteller zwar einen Fehlschlag erlitten habe, sein Werk aber das Drama eines Versuchs, seinen Tod kreativ zu erleben, darstellte. Aber die Ähnlichkeit dieser Idee zu Fraenkels Vorstellungen machte ihm Kummer: Fraenkel, der mehr als sensibel war, konnte durchaus auf die Idee kommen, daß Henry aus seinen »Wetter«-Papieren abgeschrieben habe. Außerdem hatte sich Henry selbst in *Wendekreis des Krebses* über das Todesdogma lustig gemacht – und wenn es nun hier zum Verständnis von Lawrences Werk dienen sollte, was bedeutete das dann für seine Ausführungen dort? Eines seiner Bücher war drauf und dran, das andere zu negieren.

Wieder fing Miller von vorn an. Er stellte eine Liste mit fünfundvierzig Themenbereichen aus seinen Notizen zusammen, die er unter vier Hauptgebieten erfaßte: »Die Krankheit: Auflösung des Ego«, »Mensch als Universum«, »Funktion der Kunst« und »Mensch als Geschichte«. Aber so weitgefaßt diese Überschriften auch waren, so trieben doch viele seiner Themen ziemlich hilflos in der Gegend herum. Wo sollten »Magie des Sexus«, »Hamlet-Faust-Zyklus«, »Keyserlings Evolutionsspirale der Menschheit« oder »Obszönität« plaziert werden? Und wohin würden Lawrence, Joyce oder Proust passen? Er fing von neuem an, indem er ein thematisches Register entwarf, um diesen Autoren gerecht zu werden, und schaffte es, seinen Entwurf auf zwölf Hauptpunkte zu reduzieren wie zum Beispiel »Individuelle Seele«, »Frau gegen Mann« und »Homosexualität«. Er erkannte, daß etwas mit einem Konzept nicht stimmen konnte, das so beliebig austauschbar war. Ihm wurde klar, daß Emil Schnellock (dem er seine Manuskripte geschickt hatte) total verwirrt sein mußte, und so versuchte er, ihm brieflich seine Absichten zu erklären, erkannte dann aber selbst, daß er genauso verwirrt war wie alle anderen auch, und er gestand Emil ein, »daß Gott allein weiß, wann ich zu einem Ende kommen werde«. Das Grundproblem bestand darin, daß er verschiedene Bücher miteinander zu verbinden suchte – eine *plaquette* über Lawrence, eine kulturelle Psychologie seines Zeitalters, eine Geschichte seiner eigenen intellektuellen Entwicklung und einen Angriff auf die Moderne. Das war Material für mehrere Bücher. Aber anstatt einen Großteil seines Stoffes auszumustern, kam er zu der verblüffenden Schlußfolgerung, daß er *vier* verschiedene Bücher schreiben mußte: schmale Broschüren über Joyce und Proust, einen dicken Band über Lawrence und ein Buch über kulturphilosophische Theorie, ein »von Namen unabhängiges Buch«, in dem all seine Themen miteinander in Einklang gebracht wurden.

Acht Monate Arbeit am Lawrence-Buch – und mit jedem Tag wurde es umfangreicher und unkontrollierbarer. Im Juni 1933 hoffte er nur noch, das Buch bis zum Jahresende fertigzubekommen. Kahane hatte die Veröffentlichung von *Wendekreis des Krebses* hinausgezögert in Erwartung der schnellen Vollendung dieser kritischen Arbeit, die er vor dem Roman zu publizieren beabsichtigte. Obwohl Miller diese Absicht begrüßte und seinen Standpunkt mit absoluter Deutlichkeit klarzumachen wünschte, quälte und plagte er sich den ganzen Sommer mit dem Projekt herum. Ein Jahr, nachdem der Vorschlag mit der *plaquette* über Lawrence an ihn herangetragen worden war, kehrte er dann zu seinem Ausgangspunkt zurück. Sicherlich, so glaubte er, könnte er aus den Hunderten von Seiten an Notizen und Niedergeschriebenem eine kleine Abhandlung über Lawrence, nur Lawrence zusammenstellen. Entschlossen schrieb er den Titel hin: *The World of Lawrence*. Aus seinen verschiedenen Enwürfen – die sich wegen seiner häufigen Meinungsänderungen oft genug widersprachen – zog er 225 Manuskriptseiten heraus und versuchte, sie zusammenzubauen. Aber anstatt diese Seiten zu revidieren, um ihre Widersprüche einzuebnen, entschied sich Miller, die gegensätzlichen Versionen stehenzulassen. In Wahrheit war er zu etwas anderem gar nicht in der Lage, nichtsdestoweniger versuchte er, dieses merkwürdige kritische Vorgehen in einem »Vorwort« zu rechtfertigen, das er in der Mitte des Buches unterbrachte. Er ließ Widersprüche stehen, so erklärte er, weil sie seine frühere Unwissenheit verdeutlichten. Das Wichtigste sei – versuchte er, sich ebenso wie seinen Lesern einzureden –, daß er es nun von hier aus »unternahm«, eine endgültige, einleuchtende Darstellung von D.H.Lawrence zu geben.

Woraufhin er nicht schrieb, sondern eine weitere Wandkarte entwarf, der »Baum des Lebens« genannt, in dem er Lawrence als

Apostel einer neuen Lebensweise zu interpretieren versuchte und das symbolische System erläuterte, dem seine Ideen entstammten. Schließlich wurde der eigentliche Grund von Henrys Schwierigkeiten, das Buch zu vollenden, auch ihm selbst deutlich: Er hatte die Trennungslinie zwischen D.H. Lawrence und sich selbst gründlich verwischt. Manchmal hatte er fast das Gefühl, der Geist von Lawrence habe die Karte »entworfen« und »diktiere« ihm das Buch, manchmal fühlte er sich wie von Lawrence »besessen«. »Lawrence«, schrieb er, »hat mir deshalb so viel bedeutet . . . weil ich in seinem Kampf meinen eigenen Kampf mit der Welt wiedererkannte. Verurteilt er die Welt, dann spüre ich, daß auch ich die Welt verurteile – in genau den gleichen Worten.« Er konnte das Buch einfach nicht in Henry Millers Worten schreiben.

Im Oktober 1933 hatte er schließlich jegliche Orientierung in seiner eigenen Arbeit verloren. Hilfesuchend wandte er sich an Lowenfels. Walter las das Manuskript und gab es kopfschüttelnd zurück. Er wurde nicht einmal andeutungsweise schlau daraus. Henry wandte sich an Anaïs. Etwas sanfter gab sie ihm zu verstehen, was immer es auch war, was er hatte ausdrücken wollen, es war ihm nicht gelungen, sich verständlich zu machen.

Die Arbeit eines Jahres war in einem vollständigen Fiasko versunken. Er erklärte sich selbst zum Narren, daß er wegen der Arbeit über Lawrence mehrere andere Bücher, die er geplant hatte, beiseite geschoben hatte. Darunter waren eine Arbeit mit dem Titel »Palast der Eingeweide«, ein unverfilmbares Szenario, eine Art Anthologie von Filmideen, und eine Burleske auf der Grundlage von Anaïs' »Alraune«. Außerdem hatte er ein kritisches Buch über den Film schreiben wollen und ein weiteres, größeres Buch – »Selbstporträt« –, in dem er sich durch seine Träume in einer Art Tagebuch seines Nachtlebens selbst darstellen wollte. Mit diesen Arbeiten war er keinen Schritt weitergekommen.

Und was viel wichtiger war, allmählich begann sein detaillierter Entwurf von *Wendekreis des Steinbocks* an der Wand zu verblassen, obwohl es sich dabei, wie er sagte, um das eine Buch handelte, das er schreiben wollte. Er mußte sich selbst die Frage stellen, ob es nicht stimmte, daß er nur deshalb andere Projekte in Angriff genommen hatte, um zu vermeiden, die Wahrheit über sein Leben mit June erzählen zu müssen. *The World of Lawrence* hatte alles zum Stehen gebracht.

13. »All die losen Enden, die in meinem Innern herumflattern«

June blieb ein Stachel. Niemand, am wenigsten Henry selbst, hätte sagen können, ob er sie noch liebte, aber immer wieder zeigte sich, wie sehr er sich noch mit ihr verbunden fühlte. Er hatte nichts unternommen, um die Scheidung einzuleiten, die June verlangt hatte. Osborn schickte einen zweiundvierzig Seiten langen Brief, aber Henry kochte schon nach der ersten Seite vor Wut über die Neuigkeiten über June. Osborn hatte sie zufällig in einem Restaurant am Patchin Place in Greenwich Village getroffen. »Sie schien sehr verbittert bei der Erwähnung Deines Namens, und sie sagte, sie wollte weder was von Dir wissen noch was über Dich hören, aber sie war neugierig genug, mich zu fragen, ob Dein Buch drüben veröffentlicht worden sei.« Sie war in Begleitung, schrieb Osborn, »eines recht gut aussehenden jungen Burschen, an Jahren beträchtlich Dein Junior«.

Die Formulierung war typisch Osborn – geschraubt und lächerlich – aber sie traf Henry ins Herz. Er sah sie vor sich, wie sie Richard verächtlich anblickte, Beleidigungen von sich gab und dabei am Arm eines Mannes hing, der »an Jahren beträchtlich Dein Junior« war – welch ein Satz! Das konnte nur Stratford Corbett sein, ein strammer Kerl, der am Patchin Place wohnte. Deshalb also hatte June bei ihrem letzten Besuch mehr als einmal gesagt, als sie ins Bett kletterten: »Mein Gott, Val, wie dünn du ausschaust« – ohne Zweifel dachte sie dabei an Corbetts athletische Figur. Später am Abend ließ er seiner Verzweiflung in einem zwölfseitigen Selbstmordbrief an Emil Schnellock freien Lauf. Er konnte nicht weiterleben, erklärte er, wenn June ihn haßte. Aber warum sollte sie ihn hassen? Sie hatte Verbrechen an ihm begangen, nicht umgekehrt. Doch was immer sie tat, schrieb er, nie konnte er seine Liebe überwinden, nie konnte er ihr entrinnen. Und obwohl er die Hoffnung aufgegeben hatte, ihre Liebe zurückzugewinnen, bestürmte er Emil, sie zu bitten, ihn nicht mehr zu hassen.

Aber während er bei einer Flasche Wein ziellos weiterschrieb, änderte sich sein Tonfall, und er begann, sich zu verteidigen. Er gab zu, daß er sich nicht damit zufriedengeben würde, wenn June ihn nicht mehr haßte, er wollte, daß sie ihn sklavisch liebte. Er schrieb:

»Ich will, daß sie auf den Knien liegt und *mich um Verzeihung bittet.*
Ich will, daß sie weint, bis ihr das Herz bricht, ihr schmutziges,
kleines, gemeines, mieses jüdisches Herz, das nicht in der Lage war,
eine große Seele zu erkennen, als es eine vor sich hatte. Wer ist June
in Wirklichkeit? Glaubst Du, ich weiß es nicht? Glaubst Du, all Deine
kleinen Sarkasmen und Ironien, Deine zarten Anspielungen haben
sich nicht in meinem Gehirn festgesetzt? . . . Sicher weiß ich, wer
June   Smith-Smerth-Mansfield-Miller-Fotze-Eier-Hure   war.   Ich
kenn sie bis in die tiefsten Wurzeln ihrer unersättlichen Möse. Ich
kenne ihre Seele durch und durch, weil sie so dünn ist, daß man sie
wie einen Ärmel wenden konnte. Ich kenne June besser als
irgendeiner von euch. Aber ich liebte sie . . . ich konnte sie lieben
und sie zur gleichen Zeit lächerlich machen.« Allein der Gedanke,
daß sie glaubte, sie hätte das Recht, ihn zu hassen, ärgerte ihn bereits.
Er wünschte, eine große Geste zu vollbringen, die ihr zeigen würde,
wie sehr sie im Unrecht war, irgendeine Tat, die ihn ins rechte Licht
rückte. Und deshalb sollte Emil ihr eines sagen: Wenn sein
Selbstmord ihre Seele besänftigen würde, dann würde er sich mit
Begeisterung ins Jenseits befördern.

Vielleicht, fuhr er fort, war alles seine Schuld – er war ein Träumer,
der was darstellen wollte, und er hatte andere Menschen immer
ausgenutzt. Er hatte June dazu gebracht, Candy zu verkaufen, als
Hosteß zu arbeiten, hatte sie zu anderen Männern getrieben und zu
allen möglichen Opfern, die nötig waren, ihn am Leben zu erhalten.
Jetzt haßte sie ihn und ließ sich von einem jungen Mann lieben, der
»an Jahren beträchtlich sein Junior war«, usw. Er gestand, daß er
wünschte, es sich nun verzweifelt wünschte, nie ein Wort geschrieben
zu haben; daß er jetzt für die New Yorker Lebensversicherung
arbeitete und ein Idealist wäre, daß er dieser naive, stupide junge
Bursche sein könnte, der an June glaubte und ihr in einem
Greenwich-Village-Restaurant jedes Wort von den Lippen ablas.
Aber er konnte es nicht sein; sie betrachtete ihn als ihren Feind. Also
brauchte sie nichts, aber auch nichts weiter zu tun, als ein Wort zu
sagen, und er würde Selbstmord begehen, und nichts, was er je
geschrieben hatte, weder *Wendekreis des Krebses* noch *Wendekreis
des Steinbocks*, würde veröffentlicht werden. »Ich hätte gern
geglaubt« – sollte Emil ihr von ihm sagen –, »daß sie ewig sei, diese
unsere Liebe. Aber da sie es nicht ist oder nicht war, was kann ich
tun? Ich kann mir das Gehirn aus dem Kopf blasen oder in die Seine

springen.« Vielleicht würde der Gedanke daran sie erbeben lassen, und während sie in den Armen eines jungen Mannes lag, an Jahren beträchtlich sein Junior, würde sie ihm von dem wurmzerfressenen Schriftsteller erzählen, der zu ihrem privaten Nervenkitzel Selbstmord begangen hatte. Und in der Zukunft dann, wenn June von einem Mann zum anderen wanderte, würde sie sich einen glamourhaften Anstrich geben, indem sie von dem Burschen erzählte, der Bücher über sie geschrieben und sich aus Liebe zu ihr umgebracht hatte. Er war stockbetrunken, als er endlich bei der zwölften Seite angekommen war, aber ihm war klar, auf was das alles hinauslief: Emil sollte ihr ausrichten: »Verletzt, verletzt, ich liebte sie. Sag ihr das.« Und damit sank er in den Schlaf. Aber die trunkene Niederschrift dieses langen Briefes hatte auch eine befreiende Wirkung. Beim Aufwachen fühlte er sich erfrischt. Mit einer gewissen Erheiterung las er noch einmal seinen Brief durch und fügte ein Postskriptum hinzu: »Wenn ich sage, daß mir das Herz bricht, glaub mir nicht. Es ist bloß Literatur. Solltest Du besagte Mansfield-Smith-Smerth-Miller-Frau sehen, sag ihr, sie soll sich zum Teufel scheren – und sag ihr, daß ich das gesagt hab.« Diese abrupte Kehrtwendung war reinster Henry Miller. Er war sicherlich nicht so labil, wie sein ursprünglicher Brief aussagte, aber auch weit stärker engagiert, als seine leichtfertige Schlußbemerkung andeutete.

Zwei Wochen lang brütete er über dieser Episode und schrieb nichts, obwohl er immer noch das Problem des Schlusses von *Wendekreis des Krebses* vor sich herschob. Anfang Juni 1933 versuchte er schließlich, seine persönlichen Probleme und die Vollendung des Buches auf einen Streich zu lösen, indem er es mit einem literarischen Brief an June enden ließ, den »Dernières pages«. Dieser Schluß des Buches, erklärte er, wurde durch Anaïs ermöglicht, die ihm beibrachte, was wirkliche Opfer bedeuten. Ehe er Anaïs kennenlernte, hatte er geglaubt, daß Junes Opfer selbstlos gewesen seien. Um June Gerechtigkeit widerfahren zu lassen, mußte er seine Verachtung für sie zum Ausdruck bringen: Das ist die Bedeutung von *Wendekreis des Krebses*.

Dieser Schluß hätte ihn eigentlich antreiben müssen, die Arbeit an *Wendekreis des Steinbocks* wiederaufzunehmen, aber der Roman bereitete ihm genauso viele Schwierigkeiten wie die Lawrence-Studie, und zwar aus fast dem gleichen Grund: Er hatte seine Vorbereitungen übertrieben, er ähnelte einem Schauspieler, der immer noch ein schmieriges, abgegriffenes Skript eines Stückes durchblätterte, das schon vor Jahren hätte aufgeführt werden sollen. Er hatte seine vierzig Seiten Notizen so oft durchgesehen, daß er sie hätte auswendig hersagen können, aber er ließ ihnen nie die Chance, von seinem Gedächtnis in seine Phantasie durchzusickern. Nun überarbeitete er sie noch einmal und schrieb einen detaillierten Entwurf. Im Juni 1933 war er nicht in der Lage zu erkennen, daß sowohl der Roman als auch die Studie über Lawrence nicht zu handhaben waren, weil er sich weigerte, selektiv vorzugehen oder sich von seinen minutiös ausgeführten Plänen zu trennen. Als er die umgekehrte Methode probierte – einfach automatisch zu schreiben und sich vom Schwung seines Stiles und dem Sprung der Intuitionen zur Erkenntnis tragen zu lassen –, war er genauso erfolglos. Er versuchte einen Stegreifanfang, und es endete in einer Katastrophe. »Das Allerschwierigste für mich ist es, diese erste Zeile zu schreiben«, fing er an, »ein Stück aufrichtiger Unaufrichtigkeit, einen Schlüssel zu meinem Charakter, zu alldem, was folgt. Für mich ist der Anfang das Schwerste, denn nie habe ich Anfang oder Ende gekannt.« Das Buch, sagte er, war bloß ein Buch – weder ein Roman noch eine Story noch ein Scheibchen vom Leben, keine Erfindung, keine Biographie, nicht einmal eine Autobiographie –, bloß ein Buch: Wenn es außer sich selbst noch etwas anderes darstellte, dann konnte es höchstens eine Beerdigung sein. Er schrieb, um den im Buch aufgeführten Taten ein anständiges Begräbnis zukommen zu lassen: »Es ist *mein* Buch, *mein* Leben, *meine* Schöpfung«: Es war alles, was er, der Autor, wollte.

Soweit der ästhetische Teil. Es war ein Anfang – aber wie sollte er von hier aus weitermachen, ohne in die Falle zu tappen, einen Roman zu konstruieren, wenn er doch nichts anderes wollte, als die Seiten mit seinem roten Blut zu tränken? Er hatte eine Ästhetik angekündigt, die ihn nun in eine Ecke drängte. Seine Prinzipien gefielen ihm, aber nun, da es um das Tun ging: Wie konnte er ein Buch schreiben, das *nichts* als ein Buch war?

Da er keine Antwort darauf fand, legte er *Wendekreis des Steinbocks* beiseite und widmete sich »Selbstporträt«. Obwohl er »Selbstporträt« ursprünglich als Anmerkung zu »Das Universum des Todes« oder als Abschluß von *The World of Lawrence* betrachtet hatte, war es von ihm stets als persönliches Bekenntnis gedacht gewesen, und anstatt einem großartigen Plan zu folgen, ließ er dieses

Buch locker und natürlich Gestalt annehmen. »Riesige Blöcke meines Lebens sind für immer verschwunden«, schrieb er. »Gewaltige Blöcke verschwunden, zerstreut, verschwendet in Reden, Taten, Erinnerungen, Träumen. Nie hat es eine Zeit gegeben, in der ich nur *ein* Leben lebte ... Wo immer ich war, mit was immer ich mich beschäftigte, stets führte ich zahlreiche Leben.« Indem er der Versuchung widerstand, so etwas wie das Wesen seiner Persönlichkeit zu definieren, hielt er den Roman offen genug, um Raum für Improvisationen mit seinen verschiedenen Ichs zu haben, als Ehemann, Freund, Sohn, Schriftsteller, Maler, Exilierter und Träumer. Die Betonung des Buches lag auf seiner Vorliebe für Streifzüge, Exkursionen, Spaziergänge. Miller sah sich selbst, wie er durch Paris schlenderte, durch seine Vergangenheit, durch Kontinente, durch seine Träume; dem Besitz neuer Länder und eines neuen Bewußtseins entgegen. Er war fest entschlossen, seinen Lesern nicht ein paar Scheibchen des Lebens zu servieren, sondern sein eigenes Ich, zerschnitten in durchsichtige kubistische Stücke – ein Ich, das mal so, mal so gesehen ist, ein Ich, das nur in seiner Vielschichtigkeit existierte.

Endlich hatte er die Methode wiederentdeckt, die seinem Talent entsprach. Zuerst kam eine Skizze über seine Kindheit, eine Rhapsodie über den Ursprung seines Denkens unter dem Titel »Der vierzehnte Bezirk«. Hier wurde sein sinnliches Entzücken als kleiner Junge in den Straßen der alten Nachbarschaft wachgerufen, als wäre es sein erster Frühlingstag. Im nächsten Abschnitt, »Der dritte oder vierte Frühlingstag«, erinnert er sich an das Haus in der Driggs Avenue, und er verbindet das darin enthaltene Gefühl des Wunderbaren mit Paris. In »Ein Samstagnachmittag« fährt er mit seinem Streifzug durch Paris fort und schreibt voller Komik über französische Pissoirs. Anschließend ließ Miller eine Reihe von Skizzen über die Entwicklung seiner künstlerischen Sensibilität folgen. In »Der Engel ist mein Wasserzeichen«, eine Arbeit, die später zu seinen bekanntesten gehören sollte, beschreibt er die Entstehung eines seiner Aquarelle. »Der Schneiderladen« ist eine Schilderung seiner Frustrationen, als er davon träumte, ein Schriftsteller zu werden, aber im Schneiderladen seines Vaters arbeitete. Darauf folgte eine Burleske, »Jabberwhorl Cronstadt«, über eine Konversation mit Walter Lowenfels, einem Künstler, dessen Kunst hauptsächlich im Reden bestand. Dann ein Bericht über Henrys Träume, basierend auf den Aufzeichnungen seines Traumbuchs, in dem die Ursprünge der Kunst mehr in Phantasiegebilden als in Worten enthüllt wurden, mehr in inneren Schöpfungen als in gesellschaftlichem Palaver. In diesem Kapitel, betitelt »Ins Nachtleben hinein«, versuchte Miller, in einem Stil zu schreiben, den Stuart Gilbert als die »Sprache der Nacht« bezeichnet hatte. So als würde er eine *Impasto*-Technik anwenden, wollte Miller große Kleckse des Irrationalen auf seine Seiten bringen zusammen mit seinen detaillierteren Radierungen. Dies machte das Kapitel »Ins Nachtleben hinein« zum gefühlsmäßigen und ästhetischen Mittelpunkt des Buches. Der Titel entstammte einer Zeile von Freud, in der nach Meinung von Gottfried Benn die gesamte moderne Psychologie enthalten war: »Ins Nachtleben hinein scheint verbannt, was einst den Tag regierte.« Dann folgten drei Abschnitte: »Hin und her in China«, »Das Konzertcafé« und »Wahnsinn einer gigantischen Stadt«, in denen Millers gegenwärtige Ansichten zum Ausdruck kommen sollten. Anarchisch, improvisiert und rhapsodisch war das Buch ein städtisches *Walden*, in dem eine Anzahl von elementaren Gegensätzen zum Vorschein kam – zwischen Zivilisation und Ich, zwischen Tod und Leben, Gesellschaft und Mutterschoß, Vergangenheit und Gegenwart, Knechtschaft und Befreiung. Sein Plan für das Buch erlaubte ihm nicht nur, sondern verpflichtete ihn geradezu, die widersprüchlichsten Impulse in einem einzigen weitausholenden Gedankengang zusammenzuschweißen. Sehr weise erklärte er Lowenfels: »Such nicht nach Realismus, Wahrheitstreue, Nachbildung, Ehrlichkeit, Gerechtigkeit. Such nach der Leidenschaft, die mich beseelt . . .«

In »Selbstporträt« hatte Miller weder das Gefühl, sich als Denker beweisen zu müssen wie bei seiner Arbeit über D.H. Lawrence, noch mußte er eine Geschichte erzählen, die ständig seine Neurosen hochkitzelte wie im Falle von *Wendekreis des Steinbocks*. Die ganze Arbeit war ein Vergnügen. Er schrieb, als träumte er. Der einzige, umfangreiche Plan, den er für »Selbstporträt« entwickelt hatte, war der Vernunft nicht zugänglich: eine farbige Wandkarte, und durch sie bekam das Buch eine große Ähnlichkeit mit den Arbeiten der Actionmaler in den vierziger und fünfziger Jahren. Überzeugt davon, daß das »Leben seine eigene Geschichte durch Farben ausdrückt«, nahm er im Herbst 1933 Malstunden bei Hilaire Hiler – einem der modernen Meister der Farbe – in der Hoffnung, daß er lernen würde, sich in graphischer und symbolischer Form von dem umfangreichen

Material seiner gegenwärtigen und zukünftigen Bücher ein Bild zu machen. Erfahrungen wurden rot dargestellt, Ideen blau und das Unbewußte gelb. Diese Primärfarben symbolisierten die Primärzustände des Seins. Violett, die kräftige Mischung von Gedanken und Erfahrung, symbolisierte den Traumzustand; Orange war das Produkt der Mischung aus Erfahrung und Unbewußtem und symbolisierte das Leben der Straßen. Weiß war überhaupt keine Farbe und deutete auf die Zeit vor der Geburt hin, während Schwarz das Fehlen von Farbe, der Tod war. Dringt die Unfähigkeit zu leben oder die Sehnsucht nach dem Tod in die Primärimpulse des Menschen vor, so ist ein blasses Leben, ein graues oder braunes Leben die Folge. Nur in jener makellosen Zeit, wenn sich die starken Impulse des Unbewußten kräftig mit der Idee mischen, entsteht Frühling (grün). Zu jener Zeit glaubte Henry, daß Grün mit Schwarz getränkt war: Es war ein »schwarzer Frühling«. Er hatte ein Konzept und einen Titel gefunden!

Da das Leben gegenwärtig so eng mit dem Tod verbunden war, argumentierte Henry, mußten neue Formen der Literatur nach dem Grab riechen; Literatur mußte selbst zu einer Bestattungskunst werden. Unverkennbar beeinflußt von D.H. Lawrences *Apocalypse*, hatte er in seiner »Brochure« geschrieben: »Nein. Wir wollen keine Wiedergeburt. Wir wollen den Tod – den Tod aller Dinge. Wir wollen nur genug Sprache, genug Verständlichkeit, unsere eigene Grabrede zu halten.« Sein neues Buch war, wie er es im Epilog ausdrückte, ein Gemälde vom Ende der Welt: »Dies ist einer jener seltsamen schwarzen Frühlinge, die den Menschen periodisch heimsuchen. Ein Frühling ohne Hoffnung. Ein Frühling ohne Knospen, ohne Duft. Ein gußeiserner, intellektueller Frühling, der Flecken von Rost und Melancholie hinterläßt . . . Die Frauen bewegen sich grotesk, als wüßten sie, daß in der Muschel ihres Leibes ein Idiot liegt, auf den Ellbogen gelehnt, eine Butterblume im Mund zwischen den verrottenden Lippen.« *Black Spring – Schwarzer Frühling* sollte Millers Grabrede auf die Welt sein. Aber es war zugleich auch die Formulierung einer neuen künstlerischen Doktrin, die durch das Gleichgewicht der Primärfarben und damit der psychischen Zustände dem Menschen die Kreativität zurückgeben sollte. Es war eine Formulierung seiner selbst, seiner künstlerischen Arbeit. Für ihn brach alles um ihn herum zusammen, aber noch angesichts der Ruinen seiner Zeit proklamierte er sich selbst als den

Mann der Zukunft. Die Welt war schwarz, aber für ihn war Frühling. Der grandiose Wahnsinn seines Buches, sagte ihm Anaïs, »war inspiriert vom Leben und nicht von einem Mangel an Leben«. Mit Rimbaud konnte er triumphierend ausrufen: »*Moi, je suis intact.*«

Schwarzer Frühling, wie er das Buch im September 1933 endgültig genannt hatte, war im Grunde ein ebenso radikaler Bruch mit dem Herkömmlichen wie *Wendekreis des Krebses*, auch wenn es an der Oberfläche weniger anstößig wirkte. Beide Bücher betonten die Notwendigkeit der Mobilität, der ständigen Bewegung, der Rezeptivität, Selbstverwirklichung und Weiterentwicklung. Miller zog *Schwarzer Frühling* seinem ersten Roman vor, vor allem, weil es die Rolle des Künstlers mehr betonte und die Wandlungsfähigkeit der Phantasie. Für Henry war *Schwarzer Frühling* ein Bekenntnis zum Künstlertum – auch zu dem der Zukunft. Michael Fraenkel hatte ihn überzeugen wollen, daß alles, was dem Künstler noch blieb, der »künstlerische Selbstmord« war; Lowenfels hatte ihm zugerufen: »Keine Gedichte mehr!« In ihren endlosen Gesprächen war das zentrale Thema immer der Tod gewesen – aber Henry war nicht überzeugt. Er stimmte ihnen zu: Der schwarze Tod war überall – aber er schien auch in der Lage zu sein, das Wetter zu verändern. Seinen Freunden und seinen frühen Überzeugungen zum Trotz bewegte er sich in einer anderen Atmosphäre – einem grünen Horizont entgegen.

14. Anaïs, Anaïs, Anaïs

Exkursionen – echte, mit der Eisenbahn oder auf der Straße – lagen das ganze Jahr 1933 hindurch in der Luft, und zwar nicht nur als Metapher für *Schwarzer Frühling*. Anaïs steckte voller Pläne für Reisen, und Henry war gerade in der richtigen Stimmung für einen kleinen Urlaub. Schon Anfang März beabsichtigte sie, Hugo nach New York zu begleiten und mindestens einen Monat dort zu bleiben. Aber sie wollte Henry nicht allein zurücklassen, und sie trieb Geld auf, um Henry die Überfahrt zu ermöglichen. Er hatte zwar entschieden verkündet, daß er bleiben wollte, wo er war, und keinen Wert darauf legte, sein Heimatland wiederzusehen. Aber sobald Anaïs von dem New-York-Besuch zu reden begann, gab er zu, daß er sich danach sehnte, die Stadt noch einmal zu sehen, um »amerikanische Mösen in ihrem natürlichen Lebensraum« zu beobachten. Im Mai beschloß Anaïs, Hugo nicht nach New York zu begleiten; sie und Henry planten einen Ausflug durch Andorra, die Pyrenäen und Spanien. Das klappte nicht, weil Anaïs' Horoskop eine Reise in Europa für unklug erklärte, also zogen sie Konstantinopel, Bagdad, Smyrna und Fes für den Spätherbst in Betracht, vielleicht auch Indien. Aber schließlich kehrte Hugo Guiler zurück, die Pläne für einen Urlaub wurden fallengelassen, und Henry fand, er sollte sich in Louveciennes ein bißchen rarer machen. Schließlich begnügte er sich mit einer Fahrradtour durch Frankreich nach Luxemburg, die er gemeinsam mit Alfred unternahm.

Am freiesten fühlte er sich, wenn er vor seiner Schreibmaschine saß. Seit er Anaïs Nin kennengelernt hatte, war er davon überzeugt, daß er eine Bestimmung zu erfüllen, nicht ein Schicksal zu erdulden hatte. Diese Welle des Vertrauens in sich und seine Zukunft wurde sicherlich durch Anaïs' Glauben an ihn genährt. Als sie im Winter 1934 von dem zugigen Haus auf dem Land in die Passy-Gegend von Paris zog, in die Nähe von Trocadéro, verließ Henry Fred in Clichy und zog, um ihr nahe zu sein, in ein Apartment in der Rue des Marronniers. Er war der erste Mensch, dem sie erlaubte, ihr vollständiges »Tagebuch« zu lesen. Da er überzeugt war, das Journal würde unsterblich werden, bat er um ihre Erlaubnis, auch etwas dazu beitragen zu dürfen. (Er schrieb sechs Seiten hinein.)

So taten sie sich zusammen, um sich gegenseitig zu helfen. Sie unterstützte ihn bei *Wendekreis des Krebses* und bei seiner Arbeit über Lawrence. Ende 1933 hatte Henry jede Erinnerung an die Qualen seiner beiden Ehen ausgelöscht und wünschte nichts sehnlicher, als Anaïs zu heiraten. Obwohl er in seinem Werk darzutun beabsichtigte, »daß der große Künstler der Mensch ist, der den Romantiker in sich selbst besiegt«, dachte er selbst sehr romantisch. Er glaubte, nur noch das Geldproblem lösen zu müssen; ein Grund, warum er so fieberhaft schrieb, war der Gedanke, daß er nur im Schreiben eine Chance sah, sich den Lebensunterhalt zu verdienen.

Sehr wahrscheinlich stand Anaïs diesen Heiratsplänen sehr reserviert gegenüber, auch wenn sie das Henry nie enthüllte. Und er selbst hatte, auch wenn er sich das nicht eingestehen wollte, schwere Schuldgefühle, denn er brachte Hugo in eben jene Situation, unter der er bei June selbst so tief gelitten hatte.

Diese Schuldgefühle hatten seltsame Folgen. Henry hatte einen geheimen Drang, seine Beziehung zu Anaïs all seinen Wünschen zum Trotz zu erniedrigen, herabzuziehen. Das zeigte sich dramatisch in Henrys sehr offenen und detaillierten Schilderungen der Prostituierten, zu denen er ging, oder der vielen Frauen, die er oder Fred Perlès in ihre Wohnung in Clichy gebracht hatten. Er machte Anaïs gegenüber daraus kein Geheimnis. In einer seltsamen Inversion traf er sich öfter mit einer Prostituierten, die er in Briefen an Emil »Nys« nannte und die er in jener romantisch-höflichen Weise behandelte, die er Anaïs gegenüber nicht aufbrachte. Er ließ Anaïs zum Beispiel wissen, daß er nach einigen Tagen des glücklichsten Zusammenlebens mit ihr in Louveciennes direkt ins Café Wepler gegangen war, wo er »Nys« traf und sie für 200 Franc mit zu sich nahm. Anaïs war verwirrt, aber sie sagte nichts; Perlès dagegen war über diese Episode tief verärgert (er liebte Anaïs immer noch), und es kam aufgrund der Geschichte zu einem zeitweiligen Bruch zwischen den Freunden. »Und du willst mir erzählen, daß du Anaïs liebst?« schrie Perlès. Aber sicher, antwortete Henry. Vielleicht, fügte er hinzu, hätte Anaïs sogar ein perverses Vergnügen daran gefunden, ihm bei der Hure zuzusehen. Auf diese Weise zerstörte er sein Verhältnis zu Anaïs, das er doch im Grunde unter allen Umständen bewahren wollte. Wenn er sie nicht »romantisch« haben konnte – und das hieß für ihn: Heirat –, konnte er sich ihr gegenüber auch nicht romantisch verhalten.

Die Entfremdung, die diese Komplikationen in ihr Verhältnis trugen, blieben an der Oberfläche zunächst unsichtbar. Sie unterstützten einander in jeder nur denkbaren Weise. 1934 fuhr Anaïs nach London, um ihre Bekanntschaft mit Rebecca West zu vertiefen, und sie nahm *Wendekreis des Krebses*, *Schwarzer Frühling* und Fragmente von *The World of Lawrence* mit. Nachdem *Wendekreis des Krebses* zum drittenmal vollständig umgeschrieben worden war, ging es nun durch die Druckpresse, obwohl der endgültige Erscheinungstermin immer noch nicht feststand. Selbst zu diesem späten Zeitpunkt hoffte Miller noch, einen günstigeren Vertrag auszuhandeln. Wenn Miller die Herstellungskosten übernehmen könnte, stimmte Kahane zu, würde Obelisk Press das Buch in den Handel bringen und lediglich einen prozentualen Anteil von Henrys Gewinn einbehalten. Anaïs überredete auf dieser Basis Hugo, die Druckkosten zu übernehmen.

Im letzten Moment aber lehnte Hugo es in einem plötzlichen Wutanfall ab, auch nur einen Cent für seinen »größten Feind« zu zahlen. Anaïs aber blieb unbeeindruckt, brachte das Geld selbst auf und rettete den Vertrag, nachdem eine fünfzigprozentige Auszahlung der Einkünfte an den Autor vorgesehen war.

Inzwischen mußte Henry sich nach einem festen Wohnsitz umschauen – natürlich mit Anaïs' Hilfe. Walter Lowenfels, der nebenbei ein bißchen als Immobilienmakler gearbeitet hatte, ließ Henry wissen, daß in Fraenkels altem Haus, 18 Rue Villa Seurat, die obere rechte Wohnung leerstand (Michael hatte im Parterre links gewohnt), ein leeres Studio mit Sonnenterrasse, Bad und Dampfheizung, ein luxuriöses Apartment für 40 Dollar im Monat. (Vor einem Monat war Artaud hier ausgezogen.) Walter, der vor kurzem seine sozialen Neigungen entdeckt hatte, war im Begriff, nach Amerika zurückzukehren. Er hatte das Apartment mit einigen Gebrauchsgegenständen für den Haushalt und seiner Schallplattensammlung versehen, die von »Body and Soul« bis zu *Variationen über ein Thema von Haydn* reichte. Am 1. September 1934, genau an dem Tag, an dem *Wendekreis des Krebses* erschien, zog Henry in die Villa Seurat. Mit dem ersten Exemplar unter dem Arm erschien Kahane vor der Tür. Der Umschlag kam Henry fürcherlich vor: Er zeigte einen Krebs, der eine nackte Frau in den Zangen hielt; Jack Kahanes sechzehnjähriger Sohn Maurice hatte ihn entworfen, um seinem Vater die Kosten für einen Umschlagdesigner zu ersparen. Aber Henrys Freude war so groß, daß das kaum ins Gewicht fiel. Als Geste der Dankbarkeit schickte er das erste Exemplar an Fraenkel, ein weiteres an Osborn und schenkte Anaïs und Walter je eines. Er drehte das Grammophon, das Anaïs ihm geschenkt hatte, auf höchste Lautstärke und legte Walters Platten auf – gute, sentimentale amerikanische Songs von Stephen Foster wie »Old Black Joe«, »My Old Kentucky Home« und »Swanee River«. Amerika, die Vergangenheit, seine Visionen, die Geister seiner Freunde, seine lange verschütteten Ichs, nach denen er sich gesehnt hatte, trieben zusammen mit der Sonne und den Vögeln und den wilden Blumen in das Studio. Er glaubte, noch nie so glücklich gewesen zu sein.

Der Tag war ruhig und fröhlich, ganz anders als die folgenden aufregenden Tage, als ihn die Reaktionen auf *Wendekreis des Krebses* zu erreichen begannen. Viele Leute waren von dem Buch betroffen, spürten die neue literarische Qualität. Marcel Duchamp lobte das Buch überschwenglich; Duchamps Frau, Mary Reynolds, zeichnete eine Illustration für Henry (die er Anaïs schenkte), auf der ein Krebs unter einem Vergößerungsglas aus dem Schamdelta kriecht. Eines Tages stampfte der große schweizerisch-französische Schriftsteller Blaise Cendrars, einer von Henrys Helden, die Treppe herauf, um Henry von Künstler zu Künstler die Hand zu schütteln. Henry, sagte er, stünde in der großen moralischen Tradition der französischen Literatur, ein bemerkenswerter Nachfolger der unzähligen Ausländer (wie Cendrars selbst), die nach Paris gekommen waren, um ihre Talente zu entdecken, und die gelernt hatten, Frankreich zu lieben und höher einzuschätzen als ihr eigenes Land. (Er wiederholte das auch in einer Besprechung in *Orbes*, die im Sommer 1935 erschien.) Ein Brief von Ezra Pound kam an, in dem dieser erklärte, Millers *Wendekreis des Krebses* habe Joyces *Ulysses* »überullysst« und sei ein unendlich wertvollerer Beitrag zur Literatur als der dieses »schwachsinnigen Woolf-Weibes« und ihrer Sorte. Havelock Ellis schrieb und lobte die psychologische Präzision des Romans. Als T. S. Eliot in einem Brief erklärte, *Wendekreis des Krebses* sei ohne jede Frage *Lady Chatterley's Lover* überlegen, begann selbst Henry sich zu fragen, ob sie nicht alle verrückt waren – oder sich über ihn lustig machten. Aber er beschloß, an sich selbst zu glauben. Sein erstes Buch war erschienen, und er sang vor Freude.

15. Wunder und Vorzeichen

An die Wand in seiner Wohnung in der Villa Seurat hatte Henry auf deutsch geschrieben: »Jetzt müßte ein Wunder gescheh'n.« 1934 war das Jahr des Wunders für ihn, er hatte so eines nie zuvor erlebt. Am Ende des Jahres vollendete er *Schwarzer Frühling*. Der Tod war das vordergründige Thema wie im *Wendekreis des Krebses*; aber das wirkliche, tiefere Thema war das Leben des Erzählers, der von Katastrophen erzählt und doch voller Lebensfreude ist, des Mannes, der der Apokalypse ins Gesicht lacht. Das erste Buch war die Geschichte seines Überlebens, das zweite ein Bericht seiner künstlerischen Entwicklung. In *Wendekreis des Krebses* zeigte er, wieviel Härte und Ausdauer der Künstler braucht; in *Schwarzer Frühling* war die Kunst, die aus der Härte der Existenz erwuchs, die diese Existenz transzendierte, dargestellt.

Wie besessen schrieb er zwischen dem frühen 1935 und dem Ende des Jahres 1938. Sein äußerliches Leben schien ereignisarm, er war wie ein Tier im Winterschlaf, aber ab und zu tauchte er auf Gesellschaften auf. Am 20. Dezember 1934 wurde Henry von einem Gericht in Mexico City von June geschieden. Sein alter Freund William Dewar hatte den Papierkrieg für ihn bewältigt, und das Verfahren lief ohne Komplikationen ab. Nun war es ihm tatsächlich möglich, Anaïs zu heiraten. Überdies schien sie tatsächlich eine Möglichkeit entdeckt zu haben, Geld zu machen – viel Geld sogar. Nachdem sie Rank einige Zeit lang assistiert hatte, entschloß sie sich nun, eine eigene Praxis als Psychoanalytikerin zu eröffnen. Rank und Allendy hatten ihr versprochen, ihr Patienten zu schicken. Henry war sofort begeistert. Seit seinen Tagen bei der Western Union war er stolz auf seine eigenen Fähigkeiten, was die Analyse von Neurosen anderer betraf. Er selbst hatte sich nie einer Analyse unterzogen, nur einem kurzen Interview mit Rank, aber er hatte keinen Zweifel, daß Anaïs ihn leicht in die Techniken der Psychoanalyse einführen konnte. Dann würde er in ihrer Praxis mitarbeiten, und bald könnten sie beide analysieren wie verrückt, und die Kohle würde nur so hereinrollen. 100 Franc die Stunde, hatte er sich überlegt.

Aber Henry hatte die Rechnung ohne Otto Rank gemacht. Obwohl er weltberühmt war, konnte der Psychotherapeut in Paris kaum genug Patienten finden, um ein Auskommen zu haben. Er entschloß sich, nach New York zu gehen, wo die Psychoanalyse so etwas wie eine Modeströmung geworden war. Zu Henrys vollständiger Überraschung und zu seinem Entsetzen bat Rank Anaïs, ihn zu begleiten und ihm in der ersten Zeit zu helfen. Da sie Rank viel schuldete, konnte Anaïs kaum ablehnen, und bevor Henry sich auch nur an den Gedanken gewöhnt hatte, dampften Rank und Anaïs schon nach New York. Wenige Tage vor dem Jahreswechsel folgte Henry in ihrem Kielwasser, unfähig, es ohne Anaïs in Paris auszuhalten. Er hatte keineswegs die Illusion, ruhmbedeckt in sein Heimatland zurückzukehren. Anaïs mußte Geld telegraphisch anweisen, damit er die Überfahrt überhaupt bezahlen konnte. Er trug zwar eine Liste von Verlegern bei sich, aber was konnte er ihnen als Ergebnis von fünf Jahren Frankreich vorweisen? Nur die Veröffentlichung eines einzigen Buches, das etwa hundert Exemplare verkauft hatte und in die USA nur illegal eingeführt werden durfte. Er erwartete nur Hochmut und Spott; aber ohne Anaïs fühlte er sich einsam, und er hatte das Gefühl, daß er eine Basis für ihr Zusammenleben schaffen mußte – jetzt oder nie!

Seit Monaten hatte er das Manuskript von *Wendekreis des Steinbocks* keines Blickes gewürdigt. Jetzt, da er vorhatte, es mit nach New York zu nehmen, sah er es durch und war enttäuscht und ärgerlich. Er entschloß sich, alles bisher Geschriebene beiseite zu legen, nur den Titel zu behalten und neu anzufangen. Dieser radikale Schnitt ermöglichte es ihm, mit neuer Freude an die Arbeit heranzugehen. Vielleicht war es nur angemessen, daß er dieses Buch in New York schreiben würde, dachte er, an dem Ort, an dem diese unglücklichen Abenteuer stattgefunden hatten. Der Optimismus war kurzlebig. Sobald er die *Champlain* bestieg, legte sich Melancholie auf ihn wie dichter Nebel. Er war sich nicht sicher, ob man ihn überhaupt nach New York hineinlassen würde. In deprimierten Briefen an Freunde sagte er düster voraus, daß man ihn als Pornohändler auf Ellis Island festsetzen würde.

Nichts dergleichen geschah. Er nahm sich ein Zimmer im Barbizon Plaza Hotel, in dem auch Rank und Anaïs wohnten, zog aber bald in das billigere Roger Williams Apartment in der East Thirty-first Street um. Schon nach einer Woche wurde ihm klar, daß er unter den Schriftstellern in New York kaum Freunde finden würde. Walter Lowenfels erklärte ihm geduldig, daß Henrys Bohèmieneinstellung den inzwischen politisierten, nach links gerückten New Yorker Literaten dekadent und überholt erschien. Die einzige Frage, die noch Gewicht hatte, war die nach der Entscheidung zwischen Faschismus und Kommunismus. Das wiederum widerte Miller an, der in seinem fundamentalen Anarchismus alle politischen Systeme für völlig überflüssig hielt; er machte sich über seine Egozentrik nicht die geringste Illusion und griff Walter wegen dessen Unterstützung der »United Front« und seiner Sympathie für »die Massen« schonungslos an. Ob nun unter dem Faschismus oder dem Kommunismus, sagte er Lowenfels, »wenn der Mob herrscht, heißt das, daß sie mir die Kehle durchschneiden«. Wenn die Zivilisation selbst die Quelle aller Korruption war, wer konnte da eine Wahl zwischen Sowjetkommunismus, Demokratie oder Faschismus akzeptieren? Sicherlich, gestand er ein, jeder, der die Welt mit klarem Auge sah, würde sie ändern wollen. Offensichtlich lag die gesamte Zivilisation danieder, ob nun in Rußland oder Deutschland. Aber konnte man die Übel dadurch heilen, daß man Hitler oder Mussolini absetzte, Stalin rausschmiß? Sie waren nur der Ausdruck dessen, was die meisten Leute wollten, und Hunderte von Gangstern warteten nur darauf, sie zu ersetzen, sollten sie verschwinden. Die Gesellschaft war nur dann zu verbessern, wenn erleuchtete Individuen sich anders verhielten als die Masse, nicht durch den Ersatz eines Systems durch ein anderes. Henrys politische Position, nie wirklich abgeklärt, war eine Abart des Anarchismus vor dem Ersten Weltkrieg. Er verabscheute die Zivilisation an sich und weigerte sich deshalb, an Reformen oder echte politische Veränderungen zu glauben: Wenn die Zivilisation in sich ein Defekt war, lebte man einfach so, wie es einem paßte – ohne utopische Illusionen. Seine rebellische Haltung war für die Konservativen natürlich unakzeptabel, und seine linken Bekannten fühlten sich von seiner Gleichgültigkeit und Distanziertheit abgestoßen. Er fand wenig, was er mit den anderen Künstlern in New York teilte. Durch Hilaire Hiler traf er einige – William Carlos Williams, Nathanael West, James T. Farrell und William Saroyan (der einzige, mit dem er sich verstand). Wie vorherzusehen war, hatte er genauso wenig Glück bei den Verlegern, die alle ganz sicher waren, daß man ihn in den USA nicht drucken konnte. Nur Alfred und Blanche Knopf ermutigten ihn, etwas zu schreiben, was an den amerikanischen Zensoren vorbeizuschmuggeln war. Bei so wenig Verständnis seiner Schriftstellerkollegen fühlte sich Henry einsam und isoliert in New York. Es gelang ihm nicht, eine wirklich vitale Beziehung zu seiner Geburtsstadt zurückzugewinnen. Nichts in Manhattan erschien ihm vertraut.

Die alte Nachbarschaft in Brooklyn war heruntergekommen und verändert. Er zeigte sie Anaïs, aber da war nicht mehr viel zu sehen. Es war eine restlose Enttäuschung. Aber ein Gutes hatte die Zeit in New York doch zu bieten. Rank vollbrachte das Wunder, das Henry sich in Paris erhofft hatte. Seine Praxis war auf Anhieb ein Erfolg, und er übergab die Patienten, die er nicht behandeln konnte, an Anaïs. Sie wiederum überließ Henry einige. Ende Februar 1935 sah Miller vier Patienten am Tag. Die Psychoanalyse war seiner Meinung nach nur ein tautologisches Spiel mit Klischees, in dem die meisten der Beschwerden, die die Patienten nannten, überhaupt erst den psychoanalytischen Artikeln der Zeitungen und Magazine entsprangen. Der Therapeut brauchte nicht mehr zu tun, als in den gleichen

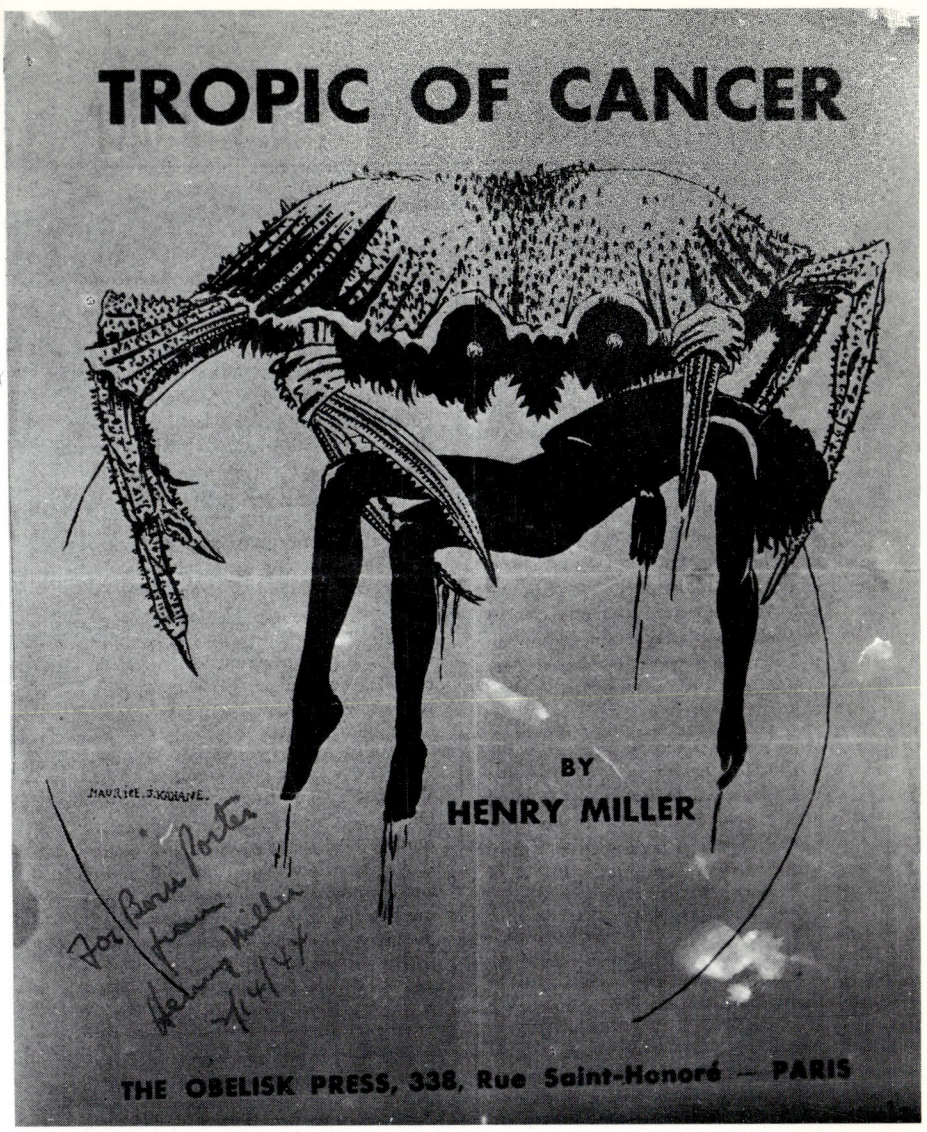

Der ursprüngliche Umschlag von *Wendekreis des Krebses*, 1934
(Copyright: Capra Press)

Lawrence Durrell, 1972
(Copyright: dpa-Bild)

Anaïs in Louveciennes
(Copyright: Capra Press)

Anaïs, Henry und Jean Varda, 1962
(Copyright: Capra Press)

Henry Miller, etwa 1957
(Copyright: Capra Press)

Klischees zu antworten, und der Kranke war »geheilt«. Mitte März bereits fühlte Henry sich als erfolgreicher Therapeut und war überzeugt, bald ganz von der Psychoanalyse leben zu können. Aus einem Teelöffel heiliger Augustin, einem Gramm Emerson, einer Prise Altes Testament, einer Spur Forel und Freud mit einem Schuß Lao-tse rührte er ein Mittel an, das alle Übel kurierte. Die meisten seiner Patienten waren dankbar. Ende April aber ekelte ihn der Job an, er wollte sich und seine Patienten nicht anpassen, er sehnte sich nach radikaleren Kuren.

Er hatte das Gefühl, daß er die Zeit totschlug, daß er seiner eigentlichen Aufgabe auswich. Was schlimmer war, seine Beziehung zu Anaïs war immer noch ungeklärt – sie hatte viel zu tun und er auch. Sie scheuten beide vor Entscheidungen zurück, zögerten jede Diskussion über die Zukunft hinaus. Ihre Liebe welkte aus rätselhaften Gründen. Da Rank nun in New York etabliert war, sagte Anaïs, sie müsse zu Hugo zurück, und im Mai 1935 fuhr sie nach Paris. Henry blieb noch bis zum Ende des Sommers, aber er ließ seine Patienten im Stich. Schließlich besaß er nicht mehr Geld als bei seiner Ankunft, gerade noch genug, sich ein Ticket zu kaufen. An seinem letzten Abend lief er ziellos in New York herum, pleite, und besuchte schließlich eine Freundin. Sie kaufte ihm ein Sandwich – es war, als sei dies das eigentliche Ergebnis seines Besuches in seiner Heimat: ein Schinken-und-Käse-Sandwich, der amerikanische Traum.

16. »Allein mit meinem persönlichen Ruhm«

Paris war sein Zuhause. Hier wollte er auf keinen Fall scheitern. Sobald er im Oktober 1935 zurück war, inszenierte er eine gewaltige Briefkampagne. Er schrieb jeden an, der ihm helfen konnte; nicht so sehr, um ihm zum Erfolg zu verhelfen – so weit gingen seine Hoffnungen nicht –, sondern um wenigstens für das, was er bereits vollbracht hatte, Anerkennung zu finden. Zumindest in einem Punkt hatte ihm New York Mut und Zuversicht gegeben. Er war die moderne amerikanische Literatur durchgegangen und zu dem Schluß gekommen, daß er all seinen Zeitgenossen überlegen war. Nach Beendigung von *Schwarzer Frühling* im April 1935 hatte er triumphierend an Fred Perlès geschrieben:

Wenn ich meine eigenen Seiten lese (weinend und jubelnd) und mir die Arbeiten anderer Männer hier in Amerika anschaue – und es existieren überhaupt nur zwei oder drei, die ich als Rivalen in Betracht ziehen kann –, sie sind nichts. Ich bin allein auf weiter Flur, aber ach, unerkannt und ungekrönt. Allein mit meinem persönlichen Ruhm. Aber gut. Ich schwöre es. Das einzige Buch, das mir Sorgen bereitete, das ich zögerte aufzuschlagen, aus Angst, seine Brillanz und Sicherheit würden mich deprimieren, war *Of Time and the River*, und gestern abend öffnete ich es, und heute morgen verspüre ich weder Sorgen noch Befürchtungen noch Hemmungen. Ich bin darüber hinaus und stehe über all der amerikanischen Literatur hier in meiner Muttersprache.

Seine Behauptung, der Weltmeister zu sein, klang selbst für ihn hohl, denn kaum einer seiner Landsleute hatte bis jetzt auch nur seinen Namen gehört. Ohne eine »Reputation«, erkannte er, konnten seine Bücher mit ihrer begrenzten Verbreitung leicht in Vergessenheit geraten. Diese Erkenntnis brachte ihn dazu, sofort nach seiner Ankunft in der Villa Seurat seine große Reklamekampagne zu starten. Seine Korrespondenz nahm derartige Ausmaße an, daß es dem jungen französischen Schriftsteller Raymond Queneau so vorkam, als sei die Villa Seurat eine *maison d'une commerce*. Queneau traf Henry oft am frühen Abend auf einen Aperitif in einem Café; stets hatte Henry alle Hände voll mit dicken Umschlägen, die an Personen in allen Teilen der Welt adressiert waren. Offensichtlich, dachte Queneau, ruinierte sich Henry durch seine Ausgaben für Briefmarken. Aber Henry war das egal – er schrieb Briefe an die Welt, ob die Welt ihm nun antwortete oder nicht. Zwei dieser Briefe wurden im Oktober 1935 sogar veröffentlicht: »What Are You Going to Do About Alf?« (Was werdet ihr für Alf unternehmen?) und *Aller Retour New York* waren die Titel.

Kaum einen Monat nach seiner Rückkehr nach Paris wurde Henry in eine Sache hineingezogen, die man wahrscheinlich als den umfangreichsten Plan einer künstlerischen Zusammenarbeit im zwanzigsten Jahrhundert bezeichnen könnte. Es fing ganz beiläufig an. Michael Fraenkel war ebenfalls wieder in Paris und hatte sich beschwatzen lassen, Henry und Perlès auf ein paar Drinks ins Café Zeyer einzuladen; es war der 1. November, Allerheiligen. Um Michael einen Gefallen zu tun, diskutierten sie als Gegenleistung für die *fines à l'eau* recht fröhlich über das Todesthema. Aber für Henry schwangen in dieser Diskussion persönliche Untertöne mit. New York war nicht spurlos an ihm vorübergegangen: Er hatte nicht viel geschrieben, seine Beziehung zu Anaïs hatte einen Knacks bekommen, er begann zu glauben, daß er im Alter von fast vierundvierzig Jahren metaphorisch gesprochen im Sterben lag und daß seine Sexualität erschöpft war. Als Michael eine Bemerkung über ein Gedicht von Wallace Stevens machte, unterbrach Henry ihn plötzlich: »Wir könnten genauso gut sieben Fliegen auf einen Streich schlagen. Anstatt nur über den Tod zu reden, warum nicht darüber schreiben? Im Handumdrehn könnten wir tausend Seiten zusammen haben!« Fraenkel stimmte ein: »Tausend Seiten – nicht weniger!« »Und auch nicht mehr!« echote Perlès. »Nicht mehr und nicht weniger, selbst wenn wir mitten im Satz aufhören müssen«, sagte Henry, »tausend Seiten über alle Variationen des Todes!«

Aber wie sollte so ein improvisiertes Buch geschrieben werden? Fraenkel hatte zuerst eine Lösung parat: Er würde die Diskussion mit einem Brief an Henry in Gang setzen mit einem Durchschlag für Alfred; dann würde jeder getrennt antworten mit Durchschlägen für die anderen. Danach mußte jeder mit seinem Tod selbst zurechtkommen. Nach und nach würde sich dann ihre Übereinstimmung herauskristallisieren: Früher oder später würden sie bildlich gesehen alle am Rand des Grabes ankommen. Zumindest würden sie in der Zwischenzeit tatkräftig ihre Tode ausleben. Alfred bestand darauf, ein konkretes Thema hineinzubringen – irgendein Thema. Michael und Henry stimmten zu – aber was sollte es sein? Fred schlug *Die Lustige Witwe* vor – wobei er die Operette im Sinn hatte. Fraenkel hielt das für exzellent, brillant, meinte aber die tödliche Spinne, das Weibchen, das ihren Stachel in das Männchen bohrt: Die Beziehungen zwischen Sex, Fortpflanzung und Tod sprangen geradezu ins Auge. Als Alternative dazu schlug Henry *Hamlet* vor, ein umfassenderes Thema, und das wurde schließlich auch angenommen.

Aber die umfangreichen »*Hamlet*-Briefe« waren keinswegs das einzige, was er im Herbst 1935 in Angriff nahm. Er plante, ein Buch herauszugeben, das je einen Essay von Walter Lowenfels, Michael Fraenkel und ihm enthielt. Der Titel sollte lauten: *Three Essays in Weather Counterpoint: Homage to Walter Lowenfels* (etwa: »Drei Essays in der Kontrapunktik des Wetters. Homage an W.L.«), und das Buch sollte aus Walters »Mental Climate« (»Geistiges Klima«),

Michaels »The Weather« (»Das Wetter«) und Henrys »The Universe of Death« (»Das Universum des Todes«) bestehen. Er verkaufte den fünf Jahre alten surrealistischen Sketch »Portrait of General Grant« an *Night and Day* in London und hätte fast einen Teil seiner Lawrence-Arbeit in T. S. Eliots *Criterion* untergebracht. Ein anderes Projekt war eine Sammlung von Essays – zum größeren Teil schon geschriebene –, die »Das Universum des Todes«, »The Cosmological Eye« (»Das kosmologische Auge«) über Hans Reichel aufnehmen sollte sowie Kommentare zu Filmen von Buñuel und Machaty. Er schrieb eine Burleske über Ezra Pounds ökonomische Theorien, deren Titel eine Zeile von Pound abwandelte: »Money and How It Gets That Way« (»Geld und wie es dazu wird«), die auf die fundamentale Erkenntnis zurückführt: »Geld hat kein Eigenleben außer als Geld!«

Millers grundsätzliches Problem war, daß er über kein richtiges Publikationsorgan verfügte, obwohl er nun in schneller Folge publizierbare Arbeiten herausbrachte, und so mußte er nicht nur künstlerische, sondern auch Herstellungs- und Verteilungsprobleme lösen. Obelisk Press handelte in erster Linie mit obszönen Büchern für englischsprachige Touristen; Kahane war nur gelegentlich an einem Buch wie *The World of Lawrence* interessiert, um Ansehen und Ruf eines Autors zu festigen. Deshalb mußte Henry buchstäblich Kahane die Druckkosten garantieren, um ihn für irgendeines seiner literarischen Projekte zu interssieren. Miller war darauf angewiesen, Geld durch das Schreiben zu verdienen, mußte aber feststellen, daß er Geld dafür ausgab.

Trotz dieser wirtschaftlichen Schwierigkeiten zeigte sich 1935 und 1936, daß sein Werk seinen Weg machte, bekannt wurde. Zweimal täglich, wenn die Post kam, raste Miller die Treppen hinunter, um Lobesbriefe von Kritikern wie Cyril Connolly vorzufinden und, was noch besser war, auch von jungen Bewunderern. Ein solcher Brief kam von einem Harvardstudenten namens James Laughlin IV., der schriftlich um Erlaubnis bat, die ersten zehn Seiten von *Aller Retour New York* im *Harvard Advocate* abdrucken zu dürfen. (Später berichtete Laughlin, daß die Polizei von Boston über die *Advocate*-Büros hergefallen war, die Ausgabe vernichtet und die Redakteure eingesperrt hatte. *Der Bazillus ist also*, sagte sich Miller, *trotz offizieller Vorsichtsmaßnahmen sogar in die Vereinigten Staaten hineingetragen worden!* Vom anderen Ende der Welt, Korfu,

Griechenland, schrieb ein Zwanzigjähriger, Lawrence Durrell, eine Würdigung die Henry tief berührte. »Ich habe eben noch einmal *Wendekreis des Krebses* gelesen«, begann Durrell, ». . . Mir erscheint es als das einzige Werk von männlicher Größe, dessen sich dieses Jahrhundert rühmen kann . . . ich hätte mir nicht vorstellen können, daß so etwas geschrieben werden könnte; und doch, merkwürdigerweise, schien ich es beim Lesen als etwas zu erkennen, für das wir alle bereit waren.«

Wie ein Magnet zog Henry andere zur Villa Seurat. Perlès wohnte nun in der nahe gelegenen Impasse Rouet. Hans Reichel, der deutsche Maler, lebte in der gleichen Straße; er erteilte Henry Unterricht in Aquarelltechnik, aber noch nützlicher war er als lebendes Beispiel künstlerischer Hingabe. David Edgar, ein junger amerikanischer Maler, der nie malte, bildete das genaue Gegenteil dazu. Neurotisch, liebenswert und ohne finanzielle Sorgen zeigte Edgar (wie der junge Henry Miller) breitgefächerte Interessen für Zen, Rudolf Steiner, Madame Blavatsky, Anthroposophie, E. Graham Howe und junge blonde amerikanische Kunststudentinnen. Abraham Rattner, ein weiterer amerikanischer Maler, blieb nur kurz in Paris, aber seine komplizierten leuchtend farbigen Bilder machten großen Eindruck auf Henry. Wie die anderen war auch er oft in Henrys Wohnung. Anaïs Nin unterstützte Miller nach wie vor – und mindestens zweimal pro Woche, während Hugo Unterricht bei Reichel nahm, besuchte sie Henry. Außerdem stellte sie ihm einen Schweizer Astrologen namens Conrad Moricand vor, der ein sehr vertrauter Freund von Max Jacob gewesen war. Bevor sie die beiden Männer miteinander bekannt machte, teilte Anaïs dem Astrologen Datum, Ort und Zeitpunkt von Henrys Geburt mit und bat ihn, ein Horoskop aufzustellen. Moricand war tatsächlich sehr feinfühlig, und Henry entdeckte in dem Horoskop »erstaunliche« Übereinstim-mungen, besonders in der Betonung der »Todesinstinkte«. Als sie sich dann trafen, gaben Moricands Kommentare zu Henrys Horo-skop ihm Anlaß zu glauben, daß seinem persönlichen Gefühl einer schicksalhaften Aufgabe eine kosmologische *raison d'être* zugrunde lag, und das festigte seine Beziehung zu dem Astrologen. Andere Europäer wurden an die Peripherie von Henrys kosmopolitischem Zirkel gezogen: Raymond Queneau, Roger und Jacques Klein, französische Künstler, die in der Rue des Artistes wohnten, der scheue und erfolglose Maler Gregorie Michonze und der Fotograf

Brassai. Schließlich lebte noch in dem Apartment unter Henry eine junge amerikanische abstrakte Malerin namens Betty Ryan, Enkelin von Thomas Fortune Ryan, der einen Besitz von 160 Millionen Dollar hinterlassen hatte. Sie besaß, wie es einer ihrer Bekannten ausdrückte, »eine blumengleiche Grazie«, eine sanfte Stimme, ein »Rolls-Royce-Benehmen« und sprühende Augen. Perlès, Reichel und Miller bekannten alle, daß sie durchaus bereit waren, sich in sie zu verlieben.

Die Mitglieder der Gruppe halfen sich gegenseitig. Queneau rezensierte *Wendekreis des Krebses* und *Schwarzer Frühling* in der *Nouvelle Revue Française*. Miller wurde der Herausgeber der »Siana-Reihe«, Bücher, die von Obelisk Press vertrieben wurden. (»Siana« – Anaïs rückwärts gelesen – war eine Erfindung von Perlès.) Anaïs Nin finanzierte die Reihe, und Miller beabsichtigte, von jedem Mitglied des inneren Zirkels ein Buch herauszubringen. *Aller Retour New York*, dem ersten veröffentlichten Band, folgten *Tragedy in Blue* von Richard Thoma und Anaïs' *House of Incest* (die Erweiterung von *Alraune*). Henry schrieb ein Vorwort zu Fraenkels *Bastard Death*, schrieb in *The Criterion* über Nins Tagebuch und druckte den Essay »Un Être Étoilique« 1937 in einem separaten Heft. Zur gleichen Zeit verfaßte er ein Buch, das, wie er in einem Vorwort sagte, »direkt von einem Phantasiegebilde namens *House of Incest*, geschrieben von Anaïs Nin, inspiriert war«. Es hieß *Scenario (A Film With Sound)*, ein außergewöhnliches Stück literarischen Surrealismus', ebenso außergewöhnlich illustriert durch ein von Abe Rattner gezeichnetes Titelbild. Schließlich schrieb Miller in Blindbänden, die Durrell von Faber & Faber bekam, eine Anzahl von persönlichen Büchern für seine Freunde. Perlès feierte die Gruppe in seinem Buch *Le Quatour en Ré-Majeur*. Betty Ryans Freundin Radmilla Djoukic aus Belgrad formte Henrys Büste. Reichel erteilte ihnen Malunterricht, Moricand stellte ihnen ihre Horoskope, Edgar lieh ihnen esoterische Bücher, und Betty Ryan lud sie zum Essen ein.

Diese Schriftsteller und Maler, die sich um Henry in der Villa Seurat versammelten, schufen alles aus dem Nichts – zu einer Zeit, als die europäischen Mächte darauf aus zu sein schienen, alles auf das Nichts zu reduzieren. Spanien war der Schauplatz eines blutigen modernen Krieges, in dem Hitler und Mussolini ihr Arsenal ausprobierten. Fiel Spanien, dann kam wahrscheinlich Frankreich als nächstes an die Reihe, obwohl noch nicht klar war, ob es den

Faschisten oder den Kommunisten in die Hände fallen würde. England schien dem Untergang geweiht. Und die Vereinigten Staaten? Ihre Bürger waren vollauf mit dem Townsendplan und Baseball beschäftigt. Henry und seinen Freunden kam es so vor, als gäbe es keinen normalen Fleck mehr auf der Welt mit Ausnahme dieser kleinen Ecke, genannt Villa Seurat. Jeder in der Gruppe spürte das, und es brachte die Künstler und Schriftsteller näher zusammen wie in einen gemütlichen Lichtkreis. Viele Künstler in der ganzen Welt gaben den Kampf auf; einige schulterten Gewehre; andere schrieben die Revolution auf ihr Banner, während wiederum andere betäubt und benommen in Untätigkeit versanken. Aber die Villa Seurat war eine Art wärmender, stützender Ort der gegenseitigen Ermutigung. 1936 und 1937 fühlten sich seine Mitglieder wie Überlebende und schauten verwundert auf die Feuersbrunst, die ihre Nachbarn überrascht hatte. Sie tanzten im Feuerschein des heraufziehenden Krieges, tanzten wie Gespenster in der Villa Seurat, die zu einer Legende wurde wie Camelot im mittelalterlichen Europa.

Aus der Perspektive von Korfu schien die Villa Seurat, wie Lawrence Durrell an Henry schrieb, wie »eine gewaltige Fabrik, wie eine Art Walt-Disney-Studio mit Ihnen im Mittelpunkt und umgeben von ein paar hundert klappernden Schreibmaschinen . . .«. Aus dem Reklamefeldzug kamen für Miller einige anerkennende Kommentare heraus – mehr nicht. Einige Autoren – vor allem T. S. Eliot – modifizierten nun vorsichtig ihre erste Begeisterung. Der Vergleich mit Lawrence, schrieb Eliot nun, sei »irrelevant«. 1937 erschien Durrell in Paris und in der Villa Seurat. Frisch von Griechenland, der geborene Geschichtenerzähler mit einem Hauch von Exotik, steckte Durrell sie bald alle mit seinem Gelächter an. Er war ein Mann der Gegensätze: von irischer Abstammung, war er in Indien in Sichtweite von Tibet geboren. Trotz konventioneller Erziehung arbeitete sein Geist sehr unkonventionell. Er bewunderte Henry und seine Glanzleistung, die Wahrheit über seine Persönlichkeit in kühner, experimenteller Prosa zu enthüllen; unter dem Pseudonym (Charles Norden) war Durrell bereits auf bestem Wege, ein wirtschaftlich erfolgreicher, glatter Romancier zu werden. Er hatte ein großes Herz und eine lebhafte Phantasie. Henry war von ihm überwältigt.

Durrell und seine hübsche Frau Nancy wurden in der Wohnung von Betty Ryan untergebracht, die sich auf Reisen befand. Anaïs kam vom Quai de Passy herüber, wo sie wohnte, um sie kennenzulernen. In gewisser Hinsicht war dieser erste Tag von Durrells Besuch der Höhepunkt von Henrys literarischem Leben. Insgesamt gesehen waren Ende 1936 bis Anfang 1938 seine besten Jahre, und Durrell, Millers erster echter Jünger, tauchte genau in der Mitte dieser Zeit auf.

Anfang 1938, vier Jahre nach seiner Veröffentlichung, verkaufte sich *Wendekreis des Krebses* immer noch unentwegt und befand sich nun schon in der dritten Auflage. Das Buch wurde unter dem Titel *Obratnik Raka* ins Tschechische übersetzt und trug eine Matisse-Zeichnung auf dem Umschlag! Die Beschränkungen, die die Zensur seiner Verbreitung setzte, hatten das Buch nicht umgebracht; statt dessen bekam es einen legendären Ruf. Eine in Paris lebende Amerikanerin, Eve Adams, verkaufte im Dôme Exemplare an amerikanische Touristen. Miller war mittlerweile eine derart prominente »Gestalt«, daß Eve Adams sogar seine Aquarelle für fünfzig Franc das Stück verkaufen konnte. Ab und zu wurde auch noch ein Telegramm oder ein Brief von Kahane abgegeben, in dem Henry zum Lunch bei einer Baronin Soundso eingeladen wurde, die seine Bücher gelesen hatte und ihn nun in Fleisch und Blut sehen wollte.

Was noch überraschender war: Amerikanische und selbst englische Verleger schienen nun geradezu begierig, seine Arbeiten zu prüfen. 1936 schrieb T. S. Eliot, daß Faber & Faber gern eine Kopie von *Schwarzer Frühling* sehen würden, und Simon and Schuster teilten ihm mit, daß sie an jedem Roman interessiert wären, den er geschrieben hatte und der in den Vereinigten Staaten veröffentlicht werden könnte. Bennett Cerf von Random House schaute in den Büros von Obelisk Press vorbei und nahm ein paar Exemplare von *Wendekreis des Krebses* und *Schwarzer Frühling* mit, um die Möglichkeiten amerikanischer Ausgaben zu untersuchen. 1937 schenkte Alfred Knopf Henry 100 Dollar und bat als Gegenleistung nur darum, daß Henry ihm die nächsten drei Bücher zeigte, die er schrieb, was immer das auch sein mochte. Blanche Knopf war besonders an der Veröffentlichung der Briefe interessiert, die er an Emil Schnellock geschrieben hatte. Die Juristen bei Knopf sprachen sich gegen eine Veröffentlichung von *Schwarzer Frühling* aus, aber Henry dachte sogar an eine gereinigte Fassung. Sowohl Faber & Faber als auch Knopf zogen eine Sammlung von Arbeiten in Betracht, die Henry unter dem Titel *Max and the White Phagocytes*

(Max und die weißen Phagocyten) zusammengefaßt hatte. Dieses Buch, das schließlich im September 1938 herauskam, verband Stories und Essays, die er einmal in verschiedenen Bänden hatte veröffentlichen wollen. »Max«, die Titelgeschichte, mag durchaus die beste Short Story sein, die Miller je geschrieben hat. Sie schildert die Begegnung zwischen Max Bickel, einem alternden amerikanischen jüdischen Schneider, der in großer Armut in Paris lebt, und Henry Miller, dem Erzähler, der selbst auf dem untersten Existenzniveau lebt, aber keinesfalls in einer solch verzweifelten Notlage steckt wie Max. Ähnlich dem Helden von *Wendekreis des Krebses* wünscht sich Max mehr noch als ein Almosen menschlichen Kontakt. Miller begegnet ihm während seiner Wanderungen durch Paris auf der Suche nach literarischem Material. Im Gegensatz zu Fraenkel, der Max herzlos beiseite schiebt, begegnet der Erzähler als Künstler dem alten Mann sehr menschlich. Dabei läßt Miller auf großartige Weise Sentimentalität und Zynismus, Sympathie und Verachtung ineinanderfließen.

Im Oktober 1937 lehnten Faber & Faber und Knopf *Max and the White Phagocytes* ab. Nicht in der Lage, seine verbotenen Bücher zu veröffentlichen, brachten sie nur lauwarme Begeisterung für seine komischen, kritischen und philosophischen Arbeiten auf. Aber das kritische Interesse an seinem Werk blieb wach. Im Januar 1937 wurde er in der ersten kritischen Besprechung, die in den Vereinigten Staaten über Millers Arbeit erschien, als »außergewöhnlicher Schriftsteller« bezeichnet; geschrieben hatte sie Herbert Faulkner West, ein Englischprofessor in Dartmouth. Noch ehe das Jahr 1937 um war, hatte Henry eine Korrespondenz mit einem wesentlich einflußreicheren Kritiker als Herbert West begonnen – V.F. Calverton. Calverton, ein Linker, der sich weigerte, politische Kategorien auf die Literatur anzuwenden, die Miller künstlerisch als »dekadent« und politisch als »unzuverlässig« eingestuft hätten, informierte Miller darüber, daß er eine Studie seiner Arbeiten und ihrer gesellschaftlichen Bedeutung in Buchlänge plane. Calvertons Interesse geweckt zu haben bedeutete einen Triumph für Miller, denn Calverton war der führende linke Kritiker in Amerika, und alle anderen Linken ignorierten Miller vollständig oder verdammten ihn aufgrund politischer Prinzipien.

Aber das war weder die letzte noch die größte Überraschung in dem Krieg zwischen Kunst und Politik. Einer der frühen Miller-Fans war Huntington Cairns, ein junger Washingtoner Anwalt mit literarischen Interessen. Tatsächlich war es Cairns gewesen, der zuerst Calverton auf Miller aufmerksam gemacht hatte. Das Komischste dabei – und, wie Miller glaubte, das Bedeutsamste – war, daß Cairns der Anwalt war, den die US-Zollbehörden in Fragen der Einfuhr von Büchern in die Vereinigten Staaten konsultierten. Im Grunde war Cairns der inoffizielle Zensor der Vereinigten Staaten! Und obwohl vom Gesetz zu der Empfehlung verpflichtet, *Wendekreis des Krebses* auf die Verbotsliste zu setzen, teilte er Henry offen seine hohe Meinung von dessen literarischer Bedeutung mit. Wenn er selbst den Zensor auf seine Seite bringen konnte, dachte Miller, dann mußte der Rest einfach sein.

17. Historia Calamitatum

Mit all dieser Unterstützung unter der Oberfläche war Henry überzeugt davon, daß mit seinem nächsten Buch der große Durchbruch kommen würde. Er hatte die Geschichte von *Wendekreis des Steinbocks* so oft und auf so viele verschiedene Arten zu erzählen versucht, daß er endlich anfing zu erkennen, daß seine Bedeutung nicht in dem genauen Bericht seiner Leiden unter June und Jean lag, sondern tatsächlich in dem verwirrten Zickzack aus Spuren und Gegenabsichten, den Widersprüchen, Vieldeutigkeiten und Mysterien, denen er in jener Zeit ausgesetzt gewesen war. Es war also nicht die »wahrheitsgetreue« Geschichte seines Lebens mit June, die er zu erzählen hatte, sondern er mußte von seinen eigenen Verwirrungen und Leiden berichten. Er besaß noch seine mittlerweile mehr als zehn Jahre alten Notizen und seine Liste der Ereignisse, Ideen, anzuwendende Stilarten, seine Gestalten, Wandkarten und graphischen Darstellungen. Aber in alldem lag nicht die wirkliche Geschichte verborgen, die er erzählen mußte; in seinem anekdotischen Leben konnte er kein Muster finden. Er mußte einen hoffnungslosen Sprung ins Blaue wagen. Er sprang und fand sich hoch in der Luft schwebend wieder, anstatt wie ein burlesker Clown flach auf das Gesicht zu fallen. Er gab einfach seine Notizen auf, seinen Drang, sein eigenes Verhalten zu rechtfertigen, die Suche nach Wahrheit, und öffnete sich seiner Geschichte. Wie durch Zauberei übernahm ein neues Ich – ein Henry Miller, der noch nicht existiert hatte, als die Notizen für *Crazy Cock* geplant oder geschrieben worden waren – das Kommando über die Geschichte und begann, sie zu formen.

Alle Seiten, die er drei Jahre zuvor geschrieben hatte, beiseite schiebend, begann Miller Mitte 1936 *Wendekreis des Steinbocks* von neuem. »Erst kürzlich bin ich auf Abelards gefeierte *Historia Calamitatum* gestoßen: Sie hat mich ermutigt, mit meiner eigenen Geschichte zu beginnen, der Geschichte *meiner* Mißgeschicke, deren Wiedergabe bis jetzt unmöglich schien . . . Aber selbst die Enthüllung dieser Geschichte wird nutzlos sein: bestenfalls werde ich mir das Recht verdienen, dieses Fegefeuer zu betreten, das wir aus dem Leben gemacht haben, weil wir aufgehört haben zu lieben oder sogar nicht einmal mehr die Bedeutung der Liebe verstehen.«

Diese Zeilen wurden nach und nach wieder hinausgeworfen; sie waren eher Ansatz für eine Haltung als Teil der Geschichte, aber sie brachten die Niederschrift wieder in Gang. Diesmal verschwendete er seine Energie nicht auf Notizen; statt dessen rief er: *Je t'écoute! Vas-y!,* und bereitete sich darauf vor, das zu beschreiben, was immer ihm seine Engel vorsangen. Mitte 1937 hatte er schließlich ein Zwischenspiel mit dem Titel »The Land of Fuck« beendet, das er für das Beste hielt, was er je geschrieben hatte. Hier gab es, erklärte er Calverton, »mindestens zweihundert Seiten, zu denen in der englischen Literatur nichts Vergleichbares existiert«. Ende August 1938 hatte er einen fast endgültigen Entwurf des Buches beendet, Miller erklärte seinen eigenen Roman für »tausendmal besser als Joyce oder St. Augustin«.

Drei verschiedene Teile ließen sich erkennen. Im ersten porträtiert Miller sich selbst als normalen unerleuchteten Bürger einer Welt, die tot ist, obwohl die Leiche noch ungestüm zuckt. In seiner Position als Personalchef der Kosmodämonischen Telegraphengesellschaft besitzt er einen Logenplatz für den Wahnsinn und das Chaos der modernen Zivilisation. Henry Miller, Ph.D., der Helderzähler, ein Mann mit Frau und Kind, ist in Gefahr, den Wahnsinn der Zivilisation hinzunehmen und nach den Regeln der Verrückten zu leben. Seine Erkundungen ins »Land of Fuck« retten ihn. »Fucking« ist Millers Metapher für das Erwachen der uranischen Macht der Sinne. Sein Held entgeht dem Sterben in der zivilisierten Welt durch die sinnlichen Kräfte, die durch die Liebe ins Leben gerufen werden –

keine romantische Liebe, die von der Zivilisation vergiftet ist, sondern körperliche Ekstase. Er hält Verbindung mit den primitiven, vorzivilisierten Menschen und verliert seine gesellschaftliche Identität, wird zu einem anonymen Menschen, einem Mann der Freude. Aber weit davon entfernt, ein Primitiver zu sein, ist er ein Künstler, in dem sich, wie er sich selbst darstellt, die Strömungen der modernen experimentellen Schriftstellerei, des Dadaismus und des Surrealismus zu einem Höhepunkt vereinigen. Seine neue Bibel verkündet: Rette dich, indem du dich der Ekstase in die Arme wirfst!

Das Buch war ihr – seiner Frau June – gewidmet – der magischen Ajeshaanima seiner Psyche, die den Henry-Helden wie Dantes Beatrice durch das Inferno der Zivilisation und das Fegefeuer der Sinnlichkeit in das Paradiso der befreiten Phantasie führt. Als Frau untergegangen, aber als Mythos wiederauferstanden, ist June in *Wendekreis des Steinbocks* Medium der Verwirrung, aber auch der Erlösung des Helden. Sie verkörpert das Geheimnis der Phantasie, dem er sich am Ende des Buches verschreibt.

Es war ein glänzender Abschluß für das Buch, aber für den Autor eine überraschende und vieldeutige Wendung. Denn in dem Augenblick seiner Karriere, da er sich in triumphaler Unabhängigkeit von der Sklaverei seiner Notizen und Aufzeichnungen, von dem Bedürfnis, die Wahrheit über June zu schreiben, befreit hatte, beendete er das Buch mit der Andeutung, daß dies eigentlich erst der Anfang der ganzen Geschichte war. Er hatte ein Kunstwerk geschaffen, aber das war eigentlich gar nicht, was er wollte: Mehr als alles andere brauchte er eine persönliche Rechtfertigung June gegenüber. Daher sagte er seinen Freunden, kaum daß die Überarbeitung und Revision von *Wendekreis des Steinbocks* abgeschlossen waren, daß das Buch nur die Einleitung zu einem großen, epischen Romanwerk sei, das er zu schreiben gedenke – eine kolossale Reihe von Romanen –, mindestens sieben oder acht Bände, die die ganze Geschichte seines Lebens mit June umfassen würde.

Wendekreis des Steinbocks, das erstaunliche Buch, das er mehr als ein Jahrzehnt zuvor begonnen hatte, hatte sich gewandelt wie eine Gestalt bei Ovid. Es war die einleitende Arbeit für ein ganzes Lebenswerk. Das Buch erschien 1939 bei der Obelisk Press in Paris.

Er hatte keine Eile, sofort nach dem *Steinbock* das nächste Buch folgen zu lassen, und so nahm er mit der linken Hand einige kleinere Projekte in Angriff. Für Henry, der einst über jedem Satz geschwitzt und genauso viel vernichtet wie geschrieben hatte, war das Schreiben nun so leicht wie das Denken. Dies war seine große Zeit, seine Träume schienen auf geradem Weg Wirklichkeit zu werden. Er war Mittelpunkt eines Kreises von erleuchteten Künstlern und guten Freunden. Seine Bücher wurden veröffentlicht, und von allen Seiten wurde ihm Lob zuteil. Er saß in der Villa Seurat wie der Herrscher eines magischen Königreiches. Er war der Mann, der zu sein er einst geträumt hatte, und jeder Tag war sein Geburtstag.

18. Der letzte der besten Tage

Da Henry so viel arbeitete, konnte er offensichtlich auch noch mehr tun. Bald arbeitete er sogar an zwei Zeitschriften mit. Seine Beschäftigung bei *The Booster* war dabei das wichtigere Unternehmen und das Ergebnis einer Verkettung komischer Umstände. Im Frühling 1937 schloß die *Chicago Tribune* ihr Büro in Paris, und Alfred Perlès verlor seinen Job. Kurze Zeit danach wurde Fred zu einem Gespräch mit dem Präsidenten des American Country Club of France gebeten. Seit einigen Jahren schon, erklärte dieser Geschäftsmann, unterstütze der Club das Magazin *The Boosters*, um die Klubnachrichten abdrucken zu können und dem Klub eine gewisse Geltung zu verleihen. Perlès nun sollte das Blatt übernehmen, ihm ein schärferes journalistisches Profil geben und neue Anzeigenkunden anschleppen. Schon kurze Zeit später aber nahm die Angelegenheit eine neue Wendung: Der Präsident und sein Klub, offensichtlich des Magazins müde, machten Perlès ein spektakuläres Angebot: wenn er weiterhin die Klubnachrichten im *Booster* (inzwischen Singular) einrücken ließ, konnte er die ganze Zeitschrift *gratis* übernehmen! Nach kurzer Beratung mit den Desperados in der Villa Seurat enschloß sich Perlès, das zweifelhafte Geschenk anzunehmen und den *Booster* in ein literarisches Magazin zu verwandeln. Finanzielle Unterstützung durch Anzeigen war zumindest für die ersten Nummern garantiert, und bevor die Anzeigenkunden die Veränderung in der Umgebung ihrer Werbebotschaften bemerkten, hatte die Zeitschrift vielleicht eine Chance, sich zu etablieren. Henry, sofort zum »Associate Editor« ernannt, machte sich daran, Abonnenten zusammenzutrommeln.

Das Titelblatt der ersten Ausgabe des neuen *Booster* war von Nancy Durrell gestaltet, Anaïs wurde als Gesellschaftsreporterin aufgeführt, Henry als Modereporter und Fraenkel als Chef der Abteilung Metaphysik und Metempsychosis. Auch William Saroyan gehörte zur Redaktion. Die zweite Ausgabe enthielt eine Kurzgeschichte von ihm und eine Kolumne »For Men Only« (Nur für Männer) von Henry. Der Klubpräsident nahm Millers Kolumne, die saftig, aber nicht anstößig war, noch hin, aber eine Geschichte von Lawrence Durrell in der zweiten Nummer schilderte ein unerhörtes Ereignis bei einem Eskimostamm, in dessen Verlauf ein Junggeselle von der Vagina einer jungen schönen Frau ganz verschluckt wird. Ein Telegramm des American Country Club erklärte daraufhin das Magazin in aller Festigkeit für pornographisch. Die »Redaktion« beschloß daraufhin, die Weihnachtsausgabe zu einer »klimatisierten Uterus-Nummer« zu machen, auch wenn das das Ende der Zeitschrift bedeutete. »So weit ich sehen kann«, schrieb Henry, »gibt es nichts außer dem Uterus. Zuerst und zuletzt ist da der Uterus der Natur, dann der Uterus der Mutter und schließlich der Uterus, in dem wir unser Leben verbringen und den wir die Welt nennen.« Diese Ausgabe wurde noch über den alten Vertriebsweg ausgeliefert, aber sie war die letzte, dann übernahm Durrell die finanzielle Verantwortung und änderte den Namen in *Delta* um. Er bestimmte von nun an den Inhalt des Blattes. Als nächstes Projekt versuchte Henry, mit Nancy Durrells finanzieller Unterstützung eine »Villa-Seurat-Reihe« herauszugeben. Die ersten drei Bücher sollten Millers *Max und die weißen Phagocyten*, Durrells *The Black Book* und Anaïs Nins *Winter of Artifice* sein. Den Vertrieb würde Obelisk Press übernehmen. Aber das Unternehmen brach zusammen, da sich herausstellte, daß es Nancys finanzielle Möglichkeiten überstieg.

Im Dezember 1937 bekam Henry einen Brief von seinem Vater, der eine einfache, aber traurige Geschichte enthielt: Vor einigen Monaten hatte Heinrich Miller seinen Schneiderladen aufgeben und als Angestellter in eine Firma in Manhattan eintreten müssen. All seine Ersparnisse waren dem Versuch, das Geschäft zu retten, zum Opfer gefallen. Es war tatsächlich ein Bittbrief, der Vater beklagte sich, daß er überhaupt keinen Pfennig mehr für sich selbst habe, und er bat Henry, ihm eine Kleinigkeit zu schicken.

Henry war tief berührt, schickte seinem Vater das wenige, was er besaß, und begann, Bettelbriefe auszusenden, sogar an Somerset Maugham und T. S. Eliot, aber praktisch ohne Ergebnis. Seine Unfähigkeit, seinem Vater zu helfen, sein chronischer Geldmangel waren sicherlich Einschränkungen, aber im allgemeinen fühlte Henry sich in dieser Zeit sehr gut. In den späten dreißiger Jahren dankte er oft seinen Sternen, es ging ihm weit besser als in seinen frühen Jahren in Paris.

Er liebte es, bei Nacht auf das Dach zu steigen und Jupiter, seinen Glücksstern, anzusehen. Eines Nachts im August 1938 aber hatte er Pech, verlor das Gleichgewicht auf der Eisenleiter und stürzte durch ein Glasfenster auf die Studioterrasse. Einen Moment lang lag er still, fragte sich, wo Jupiter gewesen war, und ob er nun selbst zu den Sternen abberufen wurde. Aber dann schüttelte er sich und merkte, daß keiner seiner Knochen gebrochen war. Er mußte ins Krankenhaus, wo einige Platzwunden genäht wurden, konnte aber noch in derselben Nacht wieder nach Hause. Zumindest hatte Jupiter ihn am Leben gelassen. Außerdem erlaubte ihm der Unfall einen kleinen Urlaub von der Arbeit und brachte den Besuch und die Aufmerksamkeit all seiner Freunde.

19. Salut au Monde

Lange Zeit ging die Veränderung in Henry nur unmerklich und in kleinen Schritten vor sich, aber Anfang 1939 schien sie abgeschlossen zu sein. All seine Freunde nahmen diese Veränderung wahr, obwohl nur wenige sie in Worte fassen konnten: Es war einfacher, einige wesentliche Beispiele für diese Änderung anzuführen. Am meisten verrieten seine Pläne für einen Roman, der 1942 veröffentlicht wurde und den Henry 1939 anzukündigen begann. Versuchsweise nannte er ihn *Draco and the Ecliptic*; der Titel leitete sich aus Frederick Carters *The Dragon of the Apocalypse* her, und der Inhalt des Buches, der stets verschwommen blieb, setzte sich zusammen aus Lawrences *Apocalypse*, James Hiltons *Lost Horizon* und den Schriften von Lao-tse. Der Titel verwies auf Henrys Horoskop, das für 1942 eine Ekliptik ankündigte. Er teilte Schnellock mit, das Buch würde »den Himmel jenseits des Himmels« beschreiben und ein Vorspiel für das nächste Stadium seines Lebens in Tibet oder Shangri-La sein. Nach diesem Buch würde er nichts mehr schreiben. Bei anderen Gelegenheiten jedoch gab er andere Erklärungen ab: Es würde, so sagte er voraus, ein Buch von Anfang und Ende werden, ein alchimistisches Werk, eine Erforschung der Mysterien literarischer Schöpfung, ein Buch mit all den Elementen der Erfahrungen, die er bis jetzt aus seiner Arbeit ausgeklammert hatte, eine Analyse der Struktur seines Lebens. Diese Erklärungen enthüllten, was Miller mit *Draco and the Ecliptic* beabsichtigte – es war die Suche nach einer Vision, das erste deutliche Signal dafür, daß er ein spiritueller Schriftsteller sein wollte. Mehr noch, seine Pläne für *Draco and the Ecliptic* deuteten an, daß er aus dem Strom des experimentellen modernistischen Schreibens heraustrieb, in dem die *Wendekreise* und *Schwarzer Frühling* gehalten waren, und seine zukünftige Arbeit im Rahmen der visionären Traditionen von Blake und Lawrence sah. Zumindest hielt sich Miller für fähig, die Impulse, die diese beiden Schriftsteller unabhängig voneinander repräsentiert hatten, zu vereinigen.

Unvermeidlicherweise bedeutete das nicht nur, daß er das Interesse an der Erzählung seines Lebens verlor, an der vollen Darstellung seiner persönlichen Probleme, sondern er verlor sogar jegliche Begeisterung für Literatur mit Ausnahme dieser einen besonderen Gattung. War das Ziel des Schreibens die Darstellung einer Vision, dann schien die ganze Diskussion um literarische Bedeutung mit ihrer Betonung von Dramatik, Spannung und Aufbau überflüssig. Wenn überhaupt, verkündete Henry, schrieb er für die Menschheit des Jahres 2500. Oder noch besser, er würde die Literatur der Perfektion des Schweigens opfern und, wie er einmal Durrell gegenüber erklärte, »immer unwissender, ruhiger, vegetativer, nachdenklicher, alles verschlingend, fleischfressend, pflanzenfressend werden. Ich möchte stillstehen und innerlich tanzen . . .« Die Gründe, die ihn zum Schreiben getrieben hatten, waren zumindest an der Oberfläche verschwunden. Er glaubte, den Zustand der Weisheit gewonnen zu haben. Wozu brauchte er dann noch Bücher?

Er begann, viel mehr zu malen als zu schreiben. Zu Anfang dieses Jahrzehnts hatte er sich ständig davor gewarnt, sich nicht durch seine Malsucht von seiner literarischen Arbeit ablenken zu lassen. Doch nach 1935 waren die meisten seiner neuen Freunde und Bekannten Maler – zu Hiler, Reichel und Betty Ryan kamen Picasso, Man Ray,

Jean Helion, Max Ernst und Joan Miró hinzu. Schreiben schien jetzt eine einsame Tätigkeit. Malen war gesellig: Er konnte sich über Picassos Schulter lehnen, um ihn bei einem Tuscheporträt von Man Ray zu beobachten, und dabei mit den beiden plaudern, während die Arbeit Fortschritte machte. Hinzu kam, daß nun, da er zumindest ein bißchen Geld durch das Schreiben verdiente, es für ihn unbewußt mit dem Makel des Geschäftlichen beschmutzt war, vor dem er geflohen war, um zu schreiben. Aber sein Malen war durch und durch unkommerziell. Er wußte nie, was am anderen Ende des Pinsels entstehen würde – oder ob er das fertige Werk mit Henry Miller, Crazy George Insel oder Jesus H. Christ signieren sollte. Er mochte dieses Gefühl; schreiben identifizierte er mit Bewußtsein, und er hatte sein Ego satt. Im Gegensatz dazu vermittelte ihm Malen ein Gefühl der Anonymität und unkomplizierter Weisheit.

Ähnliche Gefühle steckten hinter dem kurzen Wiederaufflackern seiner Begeisterung für die Musik. Er sei weit mehr an seiner Schallplattensammlung als an seiner Bibliothek interessiert, erklärte er 1937 Joe O'Regan, denn Musik sei »das Höchste. Ich wünschte, ich könnte komponieren. Ich werde endgültig Musiker.« »Musik«, schrieb er Osborn, »löscht Literatur vollständig aus.« Und Durrell vertraute er an: »Das ist es, was ich schließlich tun möchte – Musik schreiben . . . Das ist *die* Kunst.«

Und dann, ganz plötzlich, wurde Henry im Sommer des Jahres 1938 von der Erkenntnis überwältigt, daß Europa tatsächlich am Rande des Krieges stand. Als Nachkomme zweier Großväter, die aus ihrer Heimat geflohen waren, um dem Militärdienst zu entgehen, hatte er sein eigenes Land verlassen, nur um jetzt feststellen zu müssen, daß er einer neuen Feuersbrunst entgegengeflüchtet war. Im August 1938 rechnete jedermann mit dem Kriegsausbruch. Europa schien wie eine Stierkampfarena, in der verrückt gewordene Toreros nach Blut schrien und wild ihre schwarzen und braunen und roten Capes schwenkten. Und Frankreich wirkte wie eine faule, zufriedene, etwas unbehaglich vor sich hinkäuende Kuh, die auf einen scharfen Schlag auf den Schädel wartete.

Henry war nicht in Schreiblaune, aber er war auch nicht in der Stimmung, sich von Frankreichs Blut bespritzen zu lassen, und so bereitete er sich darauf vor, die Arena zu verlassen. Jedermann reiste ab. Alfred beschloß, nach England zu gehen, und Henry gab eine Abschiedsfeier für ihn. Dann brach Fraenkel nach Puerto Rico auf.

Miller schrieb an Larry Durrell, daß er sich vielleicht bald nach Griechenland einschiffen würde (danach tauchten in seinen Briefen Istanbul, Dalmatien, Mobile, Santa Fe, Timbuktu, die Osterinseln, Indochina, Indien und Tibet auf). Auf jeden Fall war die Grundidee stets: *Flucht!*

Da er Bordeaux für den sichersten und besten Hafen für die Abreise hielt, brach er im September zur Westküste von Frankreich auf, bereit, das erstbeste Schiff nach Griechenland oder Amerika zu nehmen. Mit nur zwei Koffern, einem von Moricand geschenkten Stock und seiner Schreibmaschine erklärte er sich bereit, notfalls auch zu schwimmen. Und Schwimmen schien auch tatsächlich seine einzige Möglichkeit darzustellen, da er es versäumt hatte, das nötige Geld für die Überfahrt mitzubringen. Auf die Götter vertrauend und mit einem Rest von Zuversicht in Junes alten Telegraphentrick setzte er sich in sein Zimmer im Hotel Majestic in der Rue de Condé und gab Telegramme auf. Die Zeit des Schweigens und der Erwartung, die solchen Manövern immer folgte, war unerträglich. In verschiedenen Briefen schlug er auf die Deutschen ein, deren Barbarentum sein friedliches Leben in Paris zerstört hatte. Er schwor sogar, all seine früheren literarischen Pläne aufzugeben und seine restliche Karriere ausschließlich der Verunglimpfung Deutschlands zu widmen.

Aber plötzlich begann das Geld einzutrudeln. Huntington Cairns kabelte 50 Dollar; Laughlin, der Herausgeber von *New Directions*, schickte 200 Dollar als Vorschuß auf die Tantiemen aller amerikanischen Ausgaben von Henrys Büchern; Kahane drahtete trotz seines berüchtigten Geizes 3000 Franc als Vorschuß auf Obelisk-Press-Bücher. Henry war zwar jetzt erleichtert, das Geld für ein Ersterklasseticket nach Amerika zu besitzen, aber dafür teilte man ihm mit, daß in unmittelbarer Zukunft keine Schiffe aus Bordeaux nach Amerika auslaufen würden. Um heimzukommen, würde er es über Le Havre oder Cherbourg versuchen müssen. Aber das erschien ihm verrückt, da alle Züge über Paris gingen und die Stadt nach allem, was er hörte, von verängstigten, flüchtenden Menschen verstopft war. Wie immer, wenn er nicht weiter wußte, blieb er, wo er war, und tat einfach gar nichts. Dieses Mal war sein Instinkt richtig.

An dem Tag, als die deutschen Truppen Hitlers Ankündigungen nach in Frankreich einmarschieren sollten, war der Himmel klar (man würde die Annäherung der Bombengeschwader schon aus einiger Entfernung beobachten können), die Sonne glänzte auf der Wasseroberfläche (was den Hafen zu einem wunderbaren Ziel machen würde), und von See her wehte eine leichte Brise. Es war ein perfekter Tag für eine Katastrophe. Henry schlenderte aus seinem Hotel zu einem Restaurant, wo er ein gutes Essen mit Wein bestellte. Gegen Ende der Mahlzeit begann er, sich vage zu fragen, wann wohl die erste dunkle Welle der Bomber aus den flaumigen Wolken auftauchen würde. Aber er war sich weder über die Fluggeschwindigkeit noch die Entfernung im klaren, und da die Antwort mit der Zeit ganz von selbst kommen würde, hörte er auf, sich Sorgen zu machen. Trotz allem, es war ein herrlicher Tag, er hatte ausgezeichnet gegessen, und so wanderte er hinüber zum Park, dem Allées de Tourny, um auf einer Bank zu dösen. Wo gab es einen besseren Platz, um sich die Show anzusehen?

Aber das Äußerste war in einem Krisentreffen in München noch einmal abgewendet worden. Henry beklagte sich nicht, obwohl er um ein Schauspiel gebracht worden war. Seine Hysterie verschwand, und die westliche Welt schien in eine mürrische Erwartungshaltung zu verfallen. Nach einiger Zeit kehrte er nach Paris zurück und machte sich wieder an die Arbeit. Seine Koffer aber blieben gepackt.

Nach und nach löste er seinen Haushalt in der Villa Seurat auf. Er war bereit zu gehen. Er plante, ein paar Wochen im Süden Frankreichs zu verbringen, dann die Überfahrt in die Staaten zu machen, wo er durch den Süden und Südwesten und dann von dort aus, falls es die Verhältnisse erlaubten, um die Welt reisen wollte. Er nahm sogar Verbindung mit einem Freund auf, Redakteur einer Tageszeitung in Chicago, um Aufträge für Reiseberichte zu bekommen. Dann jedoch, auf Zuspruch von Durrell hin, beschloß er, nach Griechenland zu gehen. Sosehr er den Krieg fürchtete – auch die Aussicht, in seinem eigenen Land eingesperrt zu sein, ängstigte ihn. Auf Korfu, hoffte er, könnte er den Krieg absitzen.

Jetzt, da er einen festen Plan hatte, fühlte er sich leicht und friedvoll, bereit zu neuen Abenteuern. Ende Mai traf er zufällig Queneau; sie gönnten sich um alter Zeiten willen einen Drink. Überall in Paris tauschten alte Freunde Trinksprüche zum Abschied aus. Vorher habe er sich Sorgen gemacht, erklärte er seinem Freund, aber nun stehe er über dem Krieg. »Selbst wenn sie mich in ein Konzentrationslager stecken würden«, sagte er, »mir wär's egal.«

Am letzten Tag im Mai nahm er seine Koffer und seine Schreibmaschine und ging zur Port d'Orléans, um den Nachtzug nach Rocamadour zu besteigen. Er saß auf der Terrasse eines nahe gelegenen Hotels und nahm einen letzten Drink, als eine einarmige Gestalt mit einem vertrauten Gesicht in seinem Blickfeld auftauchte, Blaise Cendrars – der allererste Mensch, der *Wendekreis des Krebses* besprochen hatte. Nur ein paar Minuten blieben Henry noch bis zur Abfahrt des Zuges, und sie sprachen kurz über den Krieg. Dann raste Henry zum Zug, weg von Cendrars, weg von Paris, hinein in die Nacht.

Er verbrachte einen ruhigen Juni in Rocamadour und ging am Tag der Bastille, dem französischen Nationalfeiertag, in Marseille an Bord eines altertümlichen Schiffes, das eher wie ein Truppentransporter aussah, die *Théophile Gautier*. Er hatte ein Zweiterklassetiket und fand die Unterbringung armselig: Er teilte sich eine Kabine mit drei anderen, einem Türken, einem Syrer und einem Griechen. Sehr langsam stampfte das Schiff nach Süden.

Still und leicht bewegte es sich auf das Thyrrenische Meer zu, bis die Küste Frankreichs im ruhigen, sonnenbeglänzten Wasser versank wie ein altes Atlantis, das von seinen Bewohnern aufgegeben wird, die ohne Trauer *Salut au monde* riefen, während sie Kurs auf andere Strände an antiken Küsten nahmen.

Drittes Buch
Passage nach Amerika

1. Reise in ein antikes Land

La morte et resurrection d'amour – dieser Titel ging Henry unaufhörlich durch den Kopf, während das Schiff nach Osten fuhr. Wenn Amerika ihn fast umgebracht hatte, Körper und Seele, dann hatte das in Europa verbrachte Jahrzehnt seine Liebesfähigkeit erneuert. Anaïs, Alfred, Michael, Germaine, Nys, Reichel, Betty Ryan und all die anderen hatten ihn aus der Hölle geholt. Paris hatte ihm warmes neues Leben eingehaucht.

Seine Freunde waren nun in alle Winde zerstreut. Anaïs war noch bei ihm in Aix-en-Provence gewesen, kurz bevor er Marseille in Richtung Athen verließ. Jahre zuvor hatte Henry allen seinen Freunden erzählt, daß sie seine nächste Frau werden würde. Diese Hoffnung war nie ganz gestorben, obwohl sie wieder und wieder enttäuscht wurde. *Wenn die restliche Welt auseinanderfällt, dann vielleicht werden Anaïs und ich endlich vereinigt sein*, dachte er, als sie ihn in Marseille traf. *Was wäre für Anaïs leichter, als an Bord der Théophile Gautier zu gehen?* Er äußerte diesen Vorschlag nicht, denn Anaïs hatte eindeutig klargemacht, daß sie gekommen war, um adieu zu sagen. Sie redeten über alte Zeiten und waren glücklich. Sie beabsichtigte, nach Paris zurückzukehren und einfach in ihrem Apartment in der Rue Cassini 12 im vierzehnten Arrondissement herumzusitzen, schrieb sie an Alfred. Von dort könnte sie Henry weiterhin Geld schicken, bis irgendein Wunder sie entführte und wieder in Amerika absetzte. Sie weigerte sich entschieden, mit ihrem Mann zu brechen. Am 14. Juli – Tag der Bastille – 1939 gingen Anaïs und Henry in verschiedene Richtungen, die eine mit dem Zug, der andere mit dem Schiff. Ohne daß sie es wußten, verschenkten sie die letzte echte Chance eines gemeinsamen Lebens. Mit 47 Jahren war Henry allein – aber alles andere als entmutigt.

Es dauerte nicht lange, und er hatte mit einigen Italienern, Türken, Syrern und Griechen an Bord Bekanntschaft geschlossen. Seit seinem ersten Tag in Paris, als er das Wort für »Bohnen« vergaß, hatte Henry nie wieder Bedenken gehabt, einfach in seiner Spezialsprache draufloszuquasseln, die aus Brooklyner Redewendungen, französischem Slang, Zeichensprache, Pantomime, Grimassen, Grunzen und Stöhnen bestand. Jetzt war er eindeutig auf diese Sprache angewiesen, um sich in diesem babylonischen Sprachengewirr verständlich zu machen. Aber es spielte auch keine Rolle, wenn das nicht immer klappte, denn seine Überschwenglichkeit, die er so offensichtlich in jeden Verständigungsversuch legte, brachte unweigerlich einen menschlichen Kontakt zustande – ein Lächeln, eine Umarmung, eine Hand auf der Schulter.

Als die *Théophile Gautier* für acht Stunden in Neapel festmachte, flitzte Miller, immer noch der Tourist, der er 1928 gewesen war, an Land, um einen Blick auf das wimmelnde Stadtleben zu werfen, das Henry an New York erinnerte. Dann raste er zu einer Besichtigung von Pompeji, obwohl er wußte, daß ein derart hektischer Tourismus absurd war. Er floh aus Frankreich, um dem Angriff der Achsenmächte zu entgehen; und hier war er nun und besichtigte antike Ruinen im Herzen einer der beiden großen faschistischen Mächte. Während er durch das erdrückte Pompeji schlenderte, hatte er eine Vision des von Bomben zerstörten modernen Neapel. Vergangenheit und Zukunft, Pompeji und Neapel waren Schwesterstädte in der Katastrophe – aber für ihn spielte es im Grunde keine Rolle, für ihn war es lediglich eine Station auf seiner Flucht von dem Abbild Montparnasse zu dem echten Parnassus.

Miller wußte, was er hinter sich ließ, und er idealisierte das, was vor ihm lag. In gewissem Sinne war für ihn der Krieg genau zur richtigen Zeit gekommen. Paris – er war der Stadt überdrüssig geworden – er nannte sie »eine Stadt der Abwässer«. Ja, irgendwie war er auch der Literatur überdrüssig. Einst, als sein Leben in Scherben lag, hatte er geglaubt, daß die Kunst dem Leben überlegen war, und hatte sich nichts sehnlicher gewünscht, als Schriftsteller zu sein, um über die Literatur zum Verständnis des Lebens – seines eigenen – zu kommen, das ihm fremd und vollkommen rätselhaft geworden war. Dann hatte er es geschafft, seine Träume zu verwirklichen und sein Leben durch die Kunst zu leben. Und kaum hatte er das erreicht, begann er, den Verlust des wilden, unvorhersehbaren, abenteuerlichen Lebens zu beklagen, das er geführt hatte. Er sehnte sich danach, aus der Stadtatmosphäre herauszukommen und in tiefen Zügen frische Luft zu atmen.

Fünf Tage nach der Abfahrt in Marseille lief sein Schiff im Hafen von Piräus ein. Raymond Queneaus Übersetzung von »Via Dieppe – Newhaven« war gerade in *Volontés* erschienen. Welch ein Kontrast! Die griechischen Zollbeamten waren menschlich: Die Formalitäten hielten sich in bescheidenen Grenzen, und bald schon ging er durch die Tore zu den Docks, wo die Touristenführer darauf warteten, ihn mit unpersönlicher Freundlichkeit zu begrüßen. Sie schwärmten um ihn herum, zeigten in strahlendem Grinsen ihre Zähne, behandelten ihn liebenswürdig und stellten sich zu seiner Verfügung. Obwohl die Sonne brannte und er seine wollenen Knickerbockers und die Mütze trug, konnte Miller der Versuchung nicht widerstehen, einen Blick auf die Akropolis zu werfen. Bis das rasende Taxi sich durch die engen Straßen und über die Hügel geschlängelt hatte, war er tropfnaß. Er beschloß, sich am Fuße der Akropolis unter einen Baum zu setzen und von dem antiken Leben in Athen zu träumen, anstatt die Kletterei in der heißen Sonne zu wagen.

Später fand er mit dem sicheren Instinkt des Stadtbewohners ein Café, wo sich Athens Literaten häufig trafen, das Old Brazil Coffee House in der Stadionstraße. Mit seiner Bestellung konnte er sich dem Kellner nicht verständlich machen, bis ihm ein paar englisch sprechende griechische Studenten zu Hilfe kamen. Nachdem sie ein paar Worte über Literatur gewechselt hatten, fragte er einen von ihnen, Nikos Gatsos, ob sie je amerikanische Autoren lasen. Nikos sagte »ja«, daß sich aber die griechischen Studenten nicht sonderlich für amerikanische Literatur interessierten – sie war zu flach, zu prosaisch. Bewunderten sie dann überhaupt keine amerikanischen Schriftsteller? fragte Henry. »Nun ja, einen auf jeden Fall – von dem Sie sicher noch nie gehört haben«, sagte Gatsos zögernd. Und der wäre? »Henry Miller, ein amerikanischer Autor, der in Paris lebt!« »Aber *ich* bin Henry Miller«, sagte er, total verblüfft. Gatsos war höflich. »Nein, verzeihen Sie. Der Henry Miller, den ich meine, ist ein Schriftsteller, der Autor von *Wendekreis des Krebses*, der in Paris lebt.« Es war eine Slapstickszene. Miller holte seine Papiere, Paß, Fotos und so weiter hervor im Versuch, zu beweisen, daß er *der* Henry Miller war. Der Student dagegen versuchte, ihm geduldig zu erklären, daß »Henry Miller« in Amerika ein häufiger Name wäre, während Miller Geschichten von seinem Leben in Paris und New York hervorsprudelte. Diese Griechen dachten zu logisch, um an einen derartigen Zufall zu glauben. Aber schließlich überzeugte Henry sie, und sie unterhielten sich stundenlang. Als sie gingen, hielt Miller sie noch einmal auf: »Sagt mal, wo kann man hier in der Gegend eine Nummer schieben?« Solch eine Frage sollte man einem jungen, anständigen griechischen Studenten nicht stellen. Es tat ihnen leid, sie konnten ihm nicht weiterhelfen. Aber es bewies, daß er wirklich der echte Henry Miller war!

Henry suchte sich ein Hotel. Am nächsten Morgen ging er zurück zu den Docks, wo die *Théophile Gautier* die Kessel für die Fahrt nach Korfu anheizte. Die Straße von Korinth war durch einen Erdrutsch blockiert, und so machte das Schiff sich auf den einen Tag länger dauernden Weg um den Peloponnes herum. Henry bekam so die Chance, den Zugang zu Griechenland zu verstehen und nachzuempfinden: *Land* und *Wasser*. Nie geriet vom Wasser aus das Land außer Sicht, und irgendein Meeresarm war fast immer sichtbar, egal, wo man sich an Land befand. Als der Hafen von Korfu auftauchte, hielt Henry Ausschau nach Durrells vertrauter Gestalt. Nichts. Dann, als das Schiff am Kai festmachte, fuhr ein Wagen vor, und ein kleiner stämmiger Mann und eine schlanke Frau kletterten hinaus in den Staub. Überzeugt davon, daß in Griechenland Schiffe und Züge niemals pünktlich abfuhren oder eintrafen, war Durrell einfach dadurch gerade richtig gekommen, daß er einen Tag zu spät dran war. Sie scherzten und lachten wie früher, noch ehe sie sich in Richtung auf Durrells Haus in Kalami in Bewegung setzten.

Bis zu seiner Ankunft in Korfu hatte Miller die Zeit unter den Nägeln gebrannt, aus Angst, der Krieg würde ausbrechen – er befürchtete, daß er, nachdem er Frankreich verlassen hatte, nie auf Korfu ankommen würde. Aber nachdem er sich erst mal in Kalami niedergelassen hatte, vergaß er einfach Zeit, Geschichte, den blutigen Hader der Menschheit und die täglichen Nachrichten von Hitlers Drohungen. Er ließ seinen Bart wachsen, saß auf den Felsen, die nach Albanien hinüberschauten, und schwamm nackt im Meer. Er wünschte, er könnte alle Stadien der Zivilisation rückwärts durchlaufen und zu einem Tier werden, indem er seine Bedürfnisse herunterschraubte; dann zu einer Pflanze, indem er seinen Geist leerte; und schließlich wie eine Figur in einem griechischen Märchen zu einem Felsen, Land, Sonne oder Wasser.

Aber bald schreckte er aus seinen Träumereien hoch. Als der König im Spätsommer 1939 nach Athen zurückkehrte, war das für jedermann ein Signal, daß für Griechenland der Ausbruch des Krieges unmittelbar bevorstand, und Miller und die Durrells verließen Korfu und begaben sich in die Hauptstadt. Lawrence konnte es gar nicht erwarten, im Albanienfeldzug gegen Italien in den Krieg zu ziehen. Miller verspürte nicht den leisesten Wunsch, an Kalamis Felsenküste zerfetzt zu werden, und hegte keinerlei Absichten, für irgend jemanden irgendwo zu kämpfen, ganz gleich, ob in Kalami oder in Athen. Der einzige Vorteil, den Athen zu bieten hatte, war die Möglichkeit, neue Bekanntschaften zu schließen. Durrell ging hier Engländern im allgemeinen aus dem Weg, aber er besaß eine Anzahl von Freunden unter den griechischen Schriftstellern und Künstlern, die Englisch sprachen. Es waren die führenden Protagonisten der modernen Wiedergeburt der griechischen Literatur. Zwei Mitglieder dieser Gruppe, Theodore Stephanides und George C. Katsimbalis, hatten Palamas' *Gedichte* übersetzt und eine Anthologie moderner griechischer Dichter in Englisch herausgebracht. George Seferiades, der unter dem Namen Seferis schrieb, übersetzte T.S. Eliot und andere moderne Autoren und schrieb imagistische Verse über die griechische Landschaft und Mentalität. Durch Seferis hatte Miller mehrere andere Schriftsteller kennengelernt, die sich um Katsimbalis' Zeitschrift *Ta Nea Grammata* scharten, in der Arbeiten von Lawrence, Breton, Rimbaud, Lorca und Giraudoux erschienen. Auch der Maler Ghikas schloß sich dieser Gruppe an. Katsimbalis, ein gewaltiger Geschichtenerzähler und stets zu jedem Vergnügen aufgelegt, erinnerte Miller sofort an Blaise Cendrars: Er schien in der Lage, jeden Raum ganz allein durch seine Person zu füllen. Katsimbalis drängte Miller, einen Beitrag zu seinem Magazin zu schreiben. Miller war noch keine zwei Monate in Griechenland, als er seinen Schwur der literarischen Enthaltsamkeit brach und *Reflections on Writing* (Reflexionen über das Schreiben) schrieb, angeregt durch eine Unterhaltung mit Katsimbalis. (In Katsimbalis' Übersetzung erschien es dann 1940 in *Ta Nea Grammata*.) »Selbst jetzt«, sagt Miller in diesem Essay, »halte ich mich nicht für einen Schriftsteller, nicht im üblichen Sinne des Wortes. Ich bin ein Mann, der die Geschichte seines Lebens erzählt, ein Prozeß, der immer unerschöpflicher scheint, je weiter ich vorankomme.« Er beendete den Essay auf Korfu, als er allein dorthin zurückkehrte.

Doch als Nancy Durrell nach Korfu kam, um ein paar Vorräte zu holen, fuhr er mit ihr nach Athen zurück, um sich ein paar Happen von dem künstlerischen, städtischen, intellektuellen Leben zu gönnen. Die Sonne und das Wasser in Korfu waren atemberaubend wie immer, aber er sehnte sich nach geistiger Unterhaltung.

Eines Tages saß Miller zusammen mit Katsimbalis, Seferis und Ghikas im Lumides-Café, und die Unterhaltung streifte die Möglichkeit, daß bald schon vieles, was in Griechenland verehrungswürdig war, zerstört sein würde. Bevor dies geschah, sollte man noch einen letzten Trip machen, wie Junggesellen vor dem Hochzeitstag. Und so brachen sie ohne große Vorbereitungen zu den Stätten des antiken Griechenlands auf, die bald schon von der Landkarte verschwinden konnten. Ghikas und Seferis begleiteten sie bis zu Ghikas' Vaterhaus auf Hydra. Der Maler führte Henry über die Insel. Dann setzten Miller und Katsimbalis ihre Reise allein fort, zwei Monate lang. Henry überließ sich einfach Katsimbalis' Händen wie ein Baby. Es war, als würde er von dem Koloß aufgenommen und dann wieder auf Poros, Nauplia, Epidaurus und Mykenä niedergesetzt. Alles schien einfach, wenn auf so vollkommene Weise für einen gesorgt wurde. Irgendwie begann Henry, das Gefühl zu entwickeln, daß er nicht *auf* einem Weg zu einem veränderten Leben war, einem wiederbelebten Bewußtsein – in einem mystischen Sinne *war* er die Route, die er einschlagen mußte. Auf seiner Reise mit Katsimbalis, obwohl schweiß- und staubbedeckt, fühlte Henry sich wie ein Heiliger. Er versuchte, es zu beschreiben: »Jede Station . . . markierte ein Fortschreiten zu einem neuen geistigen Breitengrad und Längengrad. Es gibt nur eine Analogie, die ich anführen kann, um die Natur dieser erleuchteten Reise zu erklären, die in Poros begann und in Tripolis endete . . . Es war eine Reise ins Licht.«

Er wußte, daß er bald nach Amerika zurückgehen würde, und in seinem Kopf entwarf er Pläne zur Gräzisierung der amerikanischen Kulturszene. Griechenland, sagte er sich, war genau das, was Amerika brauchte, auf Griechenland zielte der amerikanische Traum ab. Er glaubte, nun die Möglichkeiten seines eigenen Landes zu verstehen, und begann, sich sogar auf die Rückkehr nach Amerika zu freuen. Hinzu kam, daß er auf Griechen traf, die ein paar Jahre in Chicago, Detroit oder New York gelebt hatten und sich nun wieder in die Staaten zurückwünschten. Das vermittelte ihm einige Hoffnungen für sein Vaterland.

332

Viele Dinge trieben Henry in das Land seines frühen Leides zurück. Zuerst einmal befanden sich seine Finanzen in einem wirren Zustand. Die Verbindung zu Obelisk Press war seine ökonomische Lebensader. Als Abschlagszahlung auf Tantiemen hatte Kahane Henry weiterhin ein monatliches Stipendium geschickt. Das war ausreichend gewesen, um ihn in Griechenland über Wasser zu halten, aber im September 1939 starb Kahane. Sein Sohn Maurice versprach zwar weitere Zahlungen, aber Frankreich versank im Chaos. Maurice war im Begriff, in die Armee einzutreten, und es schien äußerst unwahrscheinlich, daß Henrys regelmäßige monatliche Zahlungen noch lange aufrechterhalten werden konnten. Auf der anderen Seite schien erstmalig eine amerikanische Publikation möglich. James Laughlin, der früher eine von Henrys Arbeiten im *Harvard Advocate* abgedruckt hatte, gründete einen Verlag mit dem Namen New Directions. Er wollte eine Sammlung von Millers Kurzgeschichten aus *Max und die weißen Phagocyten* unter dem Titel *The Cosmological Eye* (Das kosmologische Auge) veröffentlichen. G. Legman plante einen Raubdruck von *Wendekreis des Krebses* und bot Zahlung von Tantiemen an. Henry ermutigte ihn, das Buch schwarz herauszubringen, ob er selbst nun bezahlt wurde oder nicht. Außerdem schrieben noch einige von Henrys Freunden (Frances Steloff von Gotham Book Mart, William Saroyan, Ben Abramson vom Argus Book Shop und Laughlin), daß sie genügend Geld zusammengebracht hätten, um ihm ein Ticket für die Heimreise zu kaufen.

Sie zogen es vor, ihm ein Ticket zu schicken, schrieb Laughlin trocken, denn »zu oft schon haben Leute traurige Erfahrungen gemacht, die Dir Geld für die Heimreise geschickt haben«. Und schließlich und endlich war Anaïs nun doch nach New York zurückgekehrt, und er sehnte sich danach, sie wiederzusehen.

Das Schicksal beschleunigte seine Pläne. Am 5. Dezember 1939 empfahl der amerikanische Botschafter in Griechenland, Lincoln MacVeagh, allen amerikanischen Zivilisten, das Land zu verlassen. Henry hatte große Angst, auf der Überfahrt torpediert zu werden. »Die Deutschen versenken alles, was ihnen vor die Augen kommt, diese blutigen Idioten«, schrieb er an Cairns. Aber wenn man es nüchtern sah, schrieb er an Emil Schnellock, dann hatte er nur die Wahl zwischen der Möglichkeit, von unten torpediert, und der Gewißheit, von oben bombardiert zu werden, falls er blieb.

Sein achtundvierzigster Geburtstag verlief genauso öd und trostlos wie das vorangegangene Weihnachtsfest. Es regnete in Strömen. Den 26. Dezember 1939 verbrachte er im ratternden Zug von Tripolis nach Athen. Nur die Post, die ihn im Grande Bretagne Hotel erwartete, heiterte ihn ein bißchen auf, vor allem die vielen Karten und Telegramme. Sein Geburtstagsessen nahm er zusammen mit Katsimbalis und Seferis ein, aber niemand hatte viel zu sagen.

Er stand schon mit einem Fuß in Amerika. Am 27. Dezember 1939 begleitete Ghikas ihn gegen elf Uhr vormittags zum Schiff, das noch beladen wurde. Er trug einen verbeulten grauen Hut und seinen alten grauen Mantel und sah selbst ein bißchen grau aus – traurig und besorgt.

Die Frage war: *Was hielt die Zukunft für ihn bereit?* Nur wenige Wochen, bevor Miller Athen verlassen sollte, nahm ihn Katsimbalis zu einem armenischen Wahrsager namens Aram Hourabedian mit, in den er großes Vertrauen setzte. Der Mann hatte die Kabbala, Astrologie, die okkulten Lehren und die mystischen Wissenschaften Arabiens studiert. Wie viele andere vor ihm las er Millers Schicksal. Miller hatte sich viele Feinde gemacht, bemerkte der Wahrsager, und ein schizophrenes Leben geführt, aber bald schon würde er die Einheit von Vision und Persönlichkeit erreichen und die größten Ehren erringen. Er würde sich auf viele Reisen begeben. Bei seinem dritten Orientbesuch würde er schließlich im Licht verschwinden. Zuvor aber lag eine wunderbare Karriere vor ihm mit Triumphen überall und der Gewißheit eines zauberhaften Lebens. »Wenn Sie sich an meine Worte erinnern wollen«, sprach der Wahrsager, »falls Sie wieder in Gefahr geraten – ganz gleich, wie gefährlich die Situation sein mag –, Sie dürfen nie aufgeben, Sie werden gerettet werden. Sie sind wie ein Schiff mit zwei Rudern: Zerbricht das eine, dann springt das andere ein.«

Wahrhaftig, Ruder! dachte Henry, als er mit der *Exochorda* über das einsame Meer schipperte. Wenn ein deutsches U-Boot im Mittelmeer patrouillierte, dann wäre er mit einem Paar Flügel besser versorgt. Doch der Besuch bei dem Wahrsager gab ihm auf Tage zu denken. Es gab viele Fliegeralarme, und alle erwiesen sich als falsch. Langsam fühlte er sich wirklich sicher. Die meisten der Passagiere aßen sich mürrisch durch gewaltige Mahlzeiten und lauschten den Kriegsberichten im Radio. Je weiter er sich von Griechenland entfernte, desto stärker kam ihm seine Rückkehr nach Amerika, halb erzwungen und halb gewünscht, lediglich wie eine weitere Pilgerfahrt vor, ähnlich Whitmans Passage nach Indien. War es jetzt nicht klar, daß er sich aufwärts bewegte und daß seine Rückkehr in die Vereinigten Staaten nur einen weiteren Stopp auf dem großen Kreis, den er bereiste, bedeutete und daß hier die Gelegenheit zu einer weiteren Läuterung geboten wurde? Selbst Griechenland, das erkannte er jetzt, war solch eine Station gewesen – es war, wie er V.F. Calverton geschrieben hatte, »die Welt der Natur par excellence. Man atmet hier einfach nur, und das ist genug.« Wäre er mit achtundzwanzig Jahren in Griechenland angekommen, er hätte sich damit zufriedengegeben, ein Mann der Natur zu werden. Aber seine Erniedrigungen und Leiden in New York und das Jahrzehnt des Wachstums zu künstlerischem Bewußtsein in Paris verwehrten ihm eine solch simple Lösung. Er wußte nicht, welche Rolle er auf der Bühne Amerikas spielen würde, denn er begriff seine Bestimmung noch nicht ganz. Aber er war absolut überzeugt davon, daß Amerika nur ein Zwischenspiel auf seinem Weg zu etwas älterem als Griechenland, zu einer noch urtümlicheren Form darstellen würde. Amerika, dachte er, würde ihm Gelegenheit geben, ein für allemal sein Ego in der abschließenden Orgie zu erschöpfen, zu der er die Vollendung seiner Lebensgeschichte als Fortsetzung von *Wendekreis des Krebses* machen würde, *The Rosy Crucifixion (Kreuzigung in rosa)*, sein endgültiges und letztes Werk. »Und dann«, schrieb er Osborn, »Schweigen. Wenn ich mein Programm beendet habe, werde ich wahrscheinlich nach Tibet gehen und ein Weiser und Seher werden.« Wie Rimbaud war er bereit, »im Augenblick der Fülle« von der Bühne der Literatur abzutreten.

Obwohl das Schiff überfüllt und trostlos war und sich mühsam durch die grauen Winterseen kämpfte, überstrahlten die Farben von Millers Phantasie die ganze Heimreise. In Amerika hatte er einst gespürt, daß er vor etwas davonlief – hauptsächlich vor sich selbst. Nun, da das Schiff unermüdlich nach Westen stampfte, glaubte er, daß er auf etwas zusteuerte, auf seine nächste Ebene des Bewußtseins, was immer das auch sein mochte.

2. Ein kommender Mann ohne Geld

Ein neues Jahrzehnt. 1939 hatte er Griechenland verlassen, und 1940 legte er in Amerika an. Das Schiff lief zuerst Boston an, ehe es nach New York weiterdampfte. Henry spazierte durch einen Bostoner Bahnhof und war ganz verblüfft von den Bücherstapeln und Magazinstößen, die zum Verkauf auslagen. Waren die Amerikaner plötzlich zu einer Nation von Lesern geworden? Vielleicht hatte in Amerika eine Revolution stattgefunden? Sollte der beständige europäische Glaube an einen neuen Menschen und eine neue Ordnung, die in Amerika entstehen würden, endlich in Erfüllung gehen? Doch bei seiner Ankunft in New York sanken seine Hoffnungen. Ja, entschied er, die Amerikaner erschufen eine neue Ordnung, aber es war eine Maschinenwelt, in der für ihn kein Platz war, geschweige denn für die Götter.

Miller wartete allein am Kai auf Anaïs, die versprochen hatte, ihn vom Schiff abzuholen. Er trug ein Geschenk für sie bei sich: einen achtundsechzigseitigen Essay, den er mit der Hand in ein leeres Notizbuch geschrieben und mit zwei Federzeichnungen und zwei Aquarellen illustriert hatte. Er hatte ihm den Titel »The Heaven Beyond Heaven« (»Der Himmel jenseits des Himmels«) gegeben und ihn Anaïs gewidmet »an Bord der ›Exochorda‹ 12/1/40«. Griechenland, erklärte er, sei sein »Himmel jenseits des Himmels«, sein dreizehntes Haus in der Sprache der Astrologie. In seinem Kopf waren die griechische Welt und Anaïs (mit ihrem griechischen Namen) miteinander verbunden: Beide waren absolut menschlich, beide hatten ihn gerettet. Aber Anaïs holte ihn nicht ab, sie lag mit einer Grippe im Bett. Mittellos wie eh und je hatte Henry gerade 10 Dollar bei sich, den gleichen Betrag, mit dem er 1930 abgereist war, und konnte nicht einmal die Zollgebühr für seine mitgebrachten Geschenke bezahlen. Mit dem Taxi fuhr er zum Royalton Hotel in der Nähe des Times Square und ließ sich allein in einem kleinen verwohnten Zimmer im Herzen der grausamsten Stadt der Welt nieder. Eine typische Heimkehr. Noch immer erfüllte ihn die Freude über sein geistiges Wachstum in Griechenland, aber er wußte, daß er wieder in der alten Rattenfalle steckte.

Wenn überhaupt jemand, dann war er der kommende Mann ohne Geld, der im Begriff war, sich einen Namen zu machen. Obwohl er mehrere Bücher veröffentlicht hatte, war in Amerika lediglich eine

Sammlung seiner Essays, *The Cosmological Eye* (1939), erschienen. Nur wenigen Lesern oder Kritikern, ja selbst Schriftstellerkollegen war er bekannt. Aber er beabsichtigte nicht, diesen Zustand lange anhalten zu lassen. Henry hatte schon immer einen sicheren Instinkt bewiesen, wenn es darum ging, Kollegen aufzuspüren, und so war er ins Royalton gezogen, weil hier oft Autoren abstiegen. Vom Portier erfuhr er, daß sich Sherwood Anderson im Hotel aufhielt. Er schickte Anderson eine schüchterne Nachricht und traf dann eine Verabredung in einer nahe gelegenen Bar. Als Henry hereinkam, saß John Dos Passos bei Anderson, und beide begrüßten ihn herzlich. Plötzlich saß er Seite an Seite mit zwei der Schriftsteller, die er seit fast zwanzig Jahren bewundert hatte. Henry fühlte sich unbehaglich, von dem Gefühl beunruhigt, daß er für sie immer noch ein Anfänger war. Aber sie rutschten in eine Unterhaltung über Amerika, und Anderson sprach großartig über amerikanische Kleinstädte und die immer noch unübersehbare Kontinuität des amerikanischen Lebens; beide kamen ihm uramerikanisch vor. Wieder lebten Henrys amerikanische Träume auf: Wenn das Land Männer wie diese hervorbringen konnte, die sich ihren amerikanischen Glauben sogar in engem Kontakt mit den heimischen Verhältnissen bewahrten, dann mußte in diesem Land etwas Vitales stecken. Das gleiche empfand er, als er andere amerikanische Künstler kennenlernte: Kenneth Patchen, Carl van Vechten, Alfred Stieglitz und John Marin. Wer konnte angesichts solcher Evidenz leugnen, daß es möglich war, Künstler in Amerika zu sein?

Natürlich beherbergte New York für ihn viele alte Gespenster. Er war unglücklich mit Anaïs, unfähig, ihr so nahe zu kommen, wie er es sich wünschte. An jeder Ecke konnte er auf June stoßen. Oft dachte er mit der gleichen schmerzhaften Frustration an seine Tochter Barbara. Neugierig schaute er in die Gesichter junger Mädchen, an denen er vorüberging. Würde er Barbara überhaupt erkennen? Und mehr als alles andere verfolgte ihn der Gedanke an seine Eltern. Er hatte ihnen seine Rückkehr mitgeteilt und war sich bewußt, daß sie ihn erwarteten – zumindest auf einen Besuch. Aber er erfand ständig neue Entschuldigungen vor sich selbst – er mußte mit seiner Pariser Freundin Caresse Crosby runter nach Washington, er war mit Schreiben beschäftigt und so weiter –, bis der Januar und der Februar vergangen waren, ohne daß er sich auf den Weg über den Fluß gemacht hätte.

Wie ein genesender Patient machte er sich in Etappen auf den Heimweg nach Brooklyn; mehrfach besuchte er mit Anaïs und anderen Freunden die alte Nachbarschaft. Schließlich bereitete er den Besuch bei seinen Eltern vor. Nach so einer langen Abwesenheit wollte er mit Geschenken im Arm zurückkehren, irgendwas Großartiges tun, wollte ihnen zeigen, daß all diese Jahre nicht verschwendet worden waren, daß er trotz allem die Hoffnungen seiner Eltern nicht enttäuscht hatte. Aber er war total pleite und nahe daran, eine Nachricht zu schicken, daß er nicht kommen könnte. Im letzten Augenblick jedoch verkaufte er ein Manuskript an einen Sammler für 50 Dollar und gab sie restlos für Geschenke aus. Zu Hause angekommen, zuckte er dann den ganzen Abend vor Unbehagen, als träte er im Geiste von einem Fuß auf den anderen. Das Haus atmete Armut – das war genau das, was er befürchtet hatte –, aber er erkannte auch, daß er nun stärker war als seine Schuldgefühle: Er konnte seine Demütigungen niederstarren und seinen Eltern ins Gesicht sehen – arm und krank und hilflos, wie sie waren, bemühten sie sich doch auf pathetische Weise, ihn mit dem alten Anschein von Respektabilität willkommen zu heißen. »Erinnerst du dich an das? – und dies? – und jenes?« fragten sie ständig, »den Tag, an dem du diesen Flieder gepflanzt hast, die Nächte, in denen wir auf diesen Stufen saßen, dieser Tag – jener Tag?« Was ihn am meisten erschütterte, war die Erkenntnis, daß sie von ihm gar nichts erwarteten. Obwohl sein Vater langsam an Krebs starb und sie in Armut lebten, konnten sie ihn nun um seiner selbst willen akzeptieren. Sie erwarteten nichts – es war genug, daß er bei ihnen war. Für ihn kam diese Wendung zu plötzlich. So schnell konnte er seiner Mutter die Forderungen, mit deren Erfüllung er sich ihre Liebe hatte verdienen müssen, nicht verzeihen; er hatte ihr kaltes, kritisches Auge nicht vergessen. Als er sich zum Aufbruch bereitmachte, rief sie: »Oh, Henry, da ist ein Faden an deiner Jacke!«, und beeilte sich, ihn wegzunehmen. Es bekümmerte ihn immer noch, daß ihre Zuneigung lediglich durch seine Unzulänglichkeiten geweckt wurde, aber er umarmte die beiden rasch und eilte dann zur Hochbahn, um den kleinen Henry weinend, der nie seinen Bronco aus Texas bekommen hatte. Er haßte seine Mutter, weil sie nicht in der Lage gewesen war, ihm die Zuneigung zu schenken, nach der er sich verzehrt hatte, und er brannte darauf, einen großartigen Akt der Liebe zu vollbringen, um zu demonstrieren, was Liebe war.

338

Und so machte er den Vorschlag, jeden Morgen vorbeizukommen und den Beutel zu leeren, in den Vaters Exkremente abflossen, aber sie wollten nichts davon hören. Statt dessen kam er an den Nachmittagen herüber, saß mit seinem Vater in der Sonne, und sie redeten von den alten Zeiten im Schneiderladen und der Walcott-Bar, und er erzählte ihm alles über Europa. Er begann, sich in seinem Vater zu erkennen und seinen Vater in sich, und gestand sich seine Liebe zu dem alten Mann ein. Er brachte an kleinen Aufmerksamkeiten mit, was er sich leisten konnte. Aber er wollte mehr tun. Er schrieb an Cairns und andere, daß er verzweifelt Geld benötigte und gewillt sei, von »jedermann auch die geringste Kleinigkeit zu nehmen, wie ein Hund einen Knochen nimmt«. In der Hoffnung auf einen Verkauf ließ er seine Manuskripte bei New Yorker Händlern und Sammlern zirkulieren. Von Laughlin bekam er magere 200 Dollar Vorschuß für eine Sammlung, die ursprünglich »The Enormous Womb« hieß und später unter *The Wisdom of the Heart* (Die Weisheit des Herzens) veröffentlicht wurde. Der Agent eines Pornographiesammlers aus Oklahoma bot Miller einen Dollar pro Seite, wenn er private Pornographiehefte verfassen würde, aber sein künstlerisches Gewissen rebellierte bei der Vorstellung, solchen Schund zu produzieren. Aber er heuerte einen Bekannten als Ghostwriter an, der mit den Gestalten von *Wendekreis des Krebses* die Geschichten schrieb und sich das Geld mit Henry teilte. So konnte er seine Eltern mit den Armen voller Geschenke besuchen. Das war Amerika. Immerhin schrieb er im Mai und Juni 1940 zwei Geschichten, »Mara-Marignan Marinated« und »Quiet Days in Clichy« (»Stille Tage in Clichy«), auf die er später zurückkommen sollte.

Das Griechenlanderlebnis, gefolgt von der Wiedervereinigung mit seinen Eltern, hatte ihn verändert. Anaïs hatte recht, wenn sie sagte, daß die Aussöhnung mit seiner Familie ihn menschlich gemacht habe, indem sie sein Mitleid zum Vorschein brachte. Bereits in der zweiten Märzwoche schrieb er 1940 an Cairns: »In mir hat sich vieles geöffnet durch die Tragödie meiner Eltern. Hat mir gutgetan – ich werde herzzerbrechendes Zeug schreiben . . .« Er fühlte sich wieder zum Schreiben aufgelegt, und so arrangierte er auf seine alte methodisch gründliche Art und Weise sein Leben, um das Schreiben zu ermöglichen. Er zog in ein geräumiges Junggesellenquartier in Caresse Crosbys Apartmenthaus in 137 East Fifty-fourth Street, stellte sich Federn, Tinte, Papierblöcke zurecht, setzte die Schreibmaschine auf einen Tisch am Fenster, das auf einen Hof hinausblickte, und hockte sich davor, als wäre er wieder in Clichy oder der Villa Seurat. Sein Lieblingsthema war Henry Miller und wie er dazu wurde: Er genoß nichts so sehr, wie darüber zu schreiben, wie er eines seiner Bücher geschrieben hatte. Mitte März führte er die Themen seines griechischen Essays »Reflexionen über das Schreiben« in einem langen Aufsatz fort, wobei er die starke Betonung, die er in seinen Büchern auf den Sex gelegt hatte, zu erklären versuchte. Dieser Essay mit dem Titel »The World of Sex« (»Die Welt des Sexus«) wurde in wenigen Wochen vollendet und ist Millers bester Kommentar zu seinen eigenen Arbeiten.

Doch seine ernsthafte Arbeit während dieser Zeit war ganz anderer Art. Sie galt einem Buch über seine Griechenlanderlebnisse, das mit einer fünfseitigen Skizze von Katsimbalis begann. Miller wollte seine Darstellung von Griechenland nicht in einer Sammlung von Essays geringerer Bedeutung begraben sehen, und so erweiterte er ganz gezielt sein Porträt von Katsimbalis. Im Mai 1940 hatte er achtzig Seiten zusammen und schwor sich, es auf ein ausgewachsenes Buch zu erweitern. Bereit, seinen Text durch Beobachtungen anderer Reiseschriftsteller anzureichern, studierte er Pierre Roussels *Delos* und Fernand Roberts *Epidaure*; aber sobald er sich einmal an die Arbeit gemacht hatte, benötigte seine Phantasie keine Stütze: Sie strömte unaufgefordert aus den beiden gegensätzlichen, ursprünglichen Quellen seiner Sensibilität – dem kindhaften Empfinden für das Wunderbare und der Sehnsucht nach Weisheit –, *sagesse*. Griechenland lieferte das perfekte Thema für die Vereinigung dieser Impulse, und in aller Natürlichkeit übernahm Miller den lyrischen Stil des klassischen griechischen Weisen. *The Colossus of Maroussi* (Der Koloß von Maroussi) war in erster Linie eine Schilderung dessen, was Miller zwischen Juli und Dezember 1939 erlebt hatte, denn die Rückkehr in sein Heimatland, die Unsicherheit seiner Zukunft, die überraschende Wiedervereinigung mit seinen Eltern, all das hielt Mitte 1940 seinen Blick nach innen gerichtet. Woher kam er? Wohin ging er? Wer war er, und wer würde er *werden*? Unter den gegebenen Umständen waren solche Fragen natürlich, und sie gestalteten sein griechisches Buch sehr persönlich, es war alles andere als ein Reisebericht. So wurde *Der Koloß von Maroussi* schließlich nicht zu einem Porträt von Katsimbalis, dem »Koloß«. Vielmehr drückte es

340

die Lebenslust aus, die rhapsodische Ader in ihm, die Sensibilität, die durch Griechenland und Katsimbalis belebt und geschärft worden war. Und vor allem war es ein ernster Bericht einer geistigen Erneuerung. Was Gauguin in Tahiti und D.H. Lawrence in Mexiko gefunden hatten, erlebte Miller in Griechenland.

Wozu hatte er dann noch die Kunstgriffe nötig, die er in seinen früheren Arbeiten angewandt hatte – vor allem in *Schwarzer Frühling* und *Steinbock* –, das Phantastische, das Surreale und das Absurde, wenn die Befreiung der Phantasie allein durch eine unerschütterliche Untersuchung der Wirklichkeit erreicht werden konnte? Warum sich in das Leben der Nacht stürzen, wenn die strahlende Sonne Griechenlands dem Betrachter die Farben seiner Menschlichkeit widerspiegelte? In dem Buch ist kein falscher Ton, keine Feierlichkeit; er hielt sich fest an das Persönliche, als wollte er sagen: Ich weiß nicht, wie Griechenland auf euch wirken würde, aber ich kann euch erzählen, was es *für mich* bedeutet hat.

Im Juli fuhr Miller nach Bowling Green, Virginia, um Caresse Crosby zu besuchen. Der Maler John Dudley, seine Frau Flo und Salvador Dali mit Frau waren bereits Gäste in ihrem Haus. Es dauerte nicht lange, bis Henry ziemlich offen äußerte, daß die Dalis den ganzen Aufenthalt verdarben, indem sie sich ständig wie »ein Paar schlauer Wanzen« benahmen und jedermanns Verhalten zu bestimmen versuchten. Die Atmosphäre war ziemlich aufgeladen, und Henry wäre nach New York zurückgekehrt, nur fehlte ihm wie üblich das Geld dazu. Seine letzten Nachrichten von den Tantiemen der Obelisk Press stammten von März 1940, als Maurice Kahane ihm schrieb und das Versprechen erneuerte, Miller monatlich 500 Franc zu schicken. Dann fiel Paris, und der junge Herausgeber verstummte – entweder in einem Gefangenenlager oder tot. Ohne große Hoffnung schrieb Miller an die alte Obelisk-Press-Adresse an der Place Vendôme: »Existiert die Obelisk Press noch?« Er erwartete keine Antwort und bekam auch keine. Statt dessen stellte er sich wurstgesichtige deutsche Offiziere vor, die seine Briefe öffneten und seine Manuskripte verbrannten. *The Cosmological Eye* brauchte Jahre, um den kleinen Vorschuß wieder einzubringen. Victor Weybright von der amerikanischen Filiale von Penguin Books bot Miller 1000 Dollar Vorschuß für die Genehmigung, eine umgeschriebene, gesäuberte Fassung von *Wendekreis des Krebses* zu veröffentlichen, einzig und allein in der Absicht, sich an dem durch

Mundpropaganda berüchtigt gewordenen Roman zu bereichern. Henry konnte dem genauso wenig zustimmen, wie er Pornographie schreiben konnte. John Slocum von Russell & Volkening, der Marion Saunders als Literaturagent ersetzt hatte, übergab er fünf Manuskripte von Buchformat und zweiundzwanzig Artikel oder Skizzen, alle unveröffentlicht oder in irgendeinem obskuren Magazin herausgekommen. Und Slocum konnte nichts davon unterbringen! *The Nation* lehnte einen Sketch, *The New Yorker* drei ab, und Malcolm Cowley erhob Einspruch gegen ein Stück für *New Republic*. Millers Arbeiten wurden auch von *Twelve Arts Monthly, Esquire* und *The Kenyon Review* zurückgeschickt. Um alldem die Krone aufzusetzen, lehnte selbst ein Magazin aus Madison, Wisconsin, genannt *Diogenes* – ein Magazin, das einen Artikel von Miller angefordert hatte –, den Beitrag »Creative Death« (Kreativer Tod), den er geschickt hatte, ab. Und er hatte ihn *gratis* angeboten! So saß er in Virginia, die Hände in seinen leeren Taschen, verfluchte die Dalis und schwelte vor sich hin wie ein mit Wasser übergossenes Feuer.

Der Koloß von Maroussi, glaubte er, würde alles zum Guten wenden. Auf Millers Aufforderung hin schickte Slocum Teil eins, ungefähr hundert Seiten, an Blanche Knopf. Anfang August schickte sie ihm die Stellungnahme von Harold Strauss, einem der Knopf-Lektoren. Das Buch, meinte Strauss, sei »sehr schwer einzuordnen. Es erscheint als Reisebuch, besteht aber in Wirklichkeit aus nicht mehr als Mr. Millers privaten Beobachtungen zu Leben, Kunst und Philosophie.« Er empfahl Ablehnung. Ohne weitere Diskussion wurde das Buch zurückgewiesen. Eine Woche später tat Frank V. Morley das gleiche für Harcourt, Brace. Nacheinander lehnten zehn kommerzielle Verleger in New York den *Koloß* ab; übereinstimmend waren sie der Meinung, daß sich kein Leser für so was interessieren würde (obwohl sich Will Durants dicker Wälzer über antike griechische Philosophie und Zivilisation unerwartet gut verkaufte). Was *wollten* die Verleger dann? Henry fragte John Slocum. Die Antwort war vage und verschwommen: Das Land befand sich in einer kritischen Phase, am Rande des Krieges, und so hatten sich die Amerikaner nach innen gewandt. »Warum bekommen wir kein Buch über Amerika?« fragten sich die Herausgeber.

Wunderbarerweise paßte das genau in Henrys Pläne. Lange, bevor er Paris verließ, hatte er Freunden immer wieder versichert, daß er eines Tages zurückkehren würde, um die Vereinigten Staaten unter die Lupe zu nehmen. Graf Keyserling hatte er 1936 erzählt, er selbst wäre »ein Amerikaner, nicht nur ein hundertprozentiger, sondern ein hundertund*ein*prozentiger«. Doch er glaubte, er habe sein »amerikanisches Leben . . . ausgelebt, *überlebt*«, und könne nun objektiv darüber urteilen. Im Juli 1938 hatte er Kahane ein Buch beschrieben, das er *America, The Air-Conditioned Nightmare* (Amerika, der klimatisierte Alptraum) nannte. »Um diese Sache mit dem amerikanischen Alptraum zu schreiben«, sagte er, »muß ich Amerika bald ein letztes Mal besuchen. Ich will unbedingt nach Arizona und dann den Mississippi rauf und runter . . . Ein Reisebuch voller Impressionen – nichts Vorgefaßtes. Wenn ich jetzt eine Chance bekomme, springe ich aufs nächste Boot und fahr. Denn nach dieser Reise denke ich daran, weit weg zu gehen – vielleicht nach Tibet oder wenigstens bis zur Grenze.« Jetzt, 1940, verlangten die Herausgeber nach Büchern über Amerika, und er wollte eins schreiben: Dieser Zufall war Gold wert.

Ein weiterer Zufall kam hinzu. Der Illustrator von *Scenario,* sein Freund Abraham Rattner, erwähnte, daß er davon träume, einen Trip durch die Vereinigten Staaten zu unternehmen. Sie planten, gemeinsam zu reisen und vielleicht eine Luxusausgabe zu produzieren, die ihre Eindrücke wiedergab: Text von Miller und die Skizzen von Rattner. Die Verleger, an die Slocum mit dem Projekt herantrat, waren einstimmig gegen Rattners Beteiligung: Durch den kriegsbedingten Anstieg der Druckkosten würden umfangreiche Illustrationen das Buch zu teuer machen. Aber sie waren eindeutig interessiert. Doubleday, Doran & Co. schlugen einen Vertrag vor, der festlegte, daß in dem Buch keine Pornographie vorkommen dürfte, und boten Miller 500 Dollar Vorschuß an – nur ein Viertel der Summe, die er für die geplante Reise benötigte. Er trieb den Vorschuß auf 750 Dollar hoch, unterschrieb den Vertrag und kassierte das Geld Ende August 1940. Außerdem wandte er sich (ziemlich schüchtern) an die John-Simon-Guggenheim-Stiftung wegen eines Stipendiums. Die Erwartung der Ablehnung sprach schon aus seinem Antrag:

Ich beabsichtige eine Reise mit dem Automobil durch die Vereinigten Staaten, beginnend irgendwann im Oktober 1940 . . . Die Entscheidung über die Bedeutung des Buches wird die Nachwelt treffen. Für mich bedeutet es die Erfüllung eines Gelöbnisses.

Ich habe keinen Plan . . . Ich möchte einfach nur mit meinen eigenen Augen sehen, wie Amerika heute ist . . .

Da die Beantwortung dieser Frage nun einmal gefordert wird: Mein letztes Ziel als Schriftsteller ist das eines jeden ernsthaften Künstlers – mich selbst zu verwirklichen und somit unbeabsichtigterweise auch die Leben von Männern und Frauen jetzt und hier und für immer danach zu bereichern.

. . .Ihre Hilfe wäre willkommen, aber nicht unentbehrlich. Ich könnte damit vielleicht meiner Aufgabe mit weniger Sorgen nachkommen. Das Abenteuer soll in erster Linie ein fröhliches Unternehmen sein. Zur Abwechslung mal Geld in der Tasche zu haben könnte meine Freude an der Arbeit steigern.

Anstatt seine Probleme zu lösen, bescherte ihm die Unterzeichnung des Vertrags für den *Klimatisierten Alptraum* lediglich neue. Mit derartig begrenzten Mitteln war seine Reise mit großen Schwierigkeiten verbunden. Die finanziellen Beschränkungen, die er sich auferlegen mußte – bei Beförderungsmitteln, Essen und Unterkünften –, mußten sich ziemlich sicher auf seine ganze Auffassung des Trips auswirken und sein Buch bitter machen. Wie würde Mobile nach einem schmierigen Frühstück aussehen? Wie vital würde Chicago mit dem Geruch der Schlachthäuser in seiner Nase wirken? Wie würde sich Kalifornien darbieten, wenn er sich an seine früheren Fehlschläge dort erinnerte? Und wäre der Spaß an der Reise nicht schon erstickt, wenn Abe Rattner nicht mitkam?

Aber er brach schließlich auf. Er hoffte, den amerikanischen Traum von der Erneuerung des Gartens Eden zu erleben. »Wenn möglich, möcht ich mich in das Land verlieben«, schrieb er Herbert West, »wenn es nicht zu ›air-conditioned‹ ist.« Seine bösen Vorahnungen und seine Hoffnungen waren gleich stark.

3. Der klimatisierte Alptraum

Viel später sollte Henry Miller bedauern, daß er überhaupt losgefahren war. Im Rückblick erschien ihm seine Reise als ein verschwendetes Jahr. Seine Gefühle Amerika gegenüber waren genauso zwiespältig wie gegenüber seiner eigenen Identität. Nach fast einem Jahrzehnt in Übersee hatte er Heimweh nach seinem Heimatland. Aber was er wirklich vermißte, war das Amerika seiner Träume. Das echte Amerika war die Arena, in der er zehn Jahre zuvor versagt hatte. Die amerikanische Wirklichkeit schien ihm häßlich, geschmacklos, bourgeois – das wirkliche Amerika bedrohte die psychische Stabilität, die er in Frankreich gewonnen hatte.

Er versuchte, die Reise so zu planen, daß für Gesellschaft und interessante Besuche gesorgt war und so oft wie möglich für freie Unterkunft und Verpflegung. Mit gewohnter Effizienz legte er seine Reiseroute auf der Landkarte fest und durchforstete sein Gedächtnis nach Leuten, die er entlang des Weges kannte. In sein Notizbuch schrieb er Listen von Leuten, auf deren Gastfreundschaft er zählen konnte. Bei einigen Freunden wie beispielsweise Huntington Cairns legte er ein aufrichtiges Geständnis über seine finanzielle Misere ab und bat auf mannhafte Weise um Hilfe. Er schrieb an Sherwood Anderson, daß er hoffe, auf einen Besuch vorbeischauen zu dürfen. Er hatte nie zuvor in einem College eine Vorlesung gehalten, und obwohl er überzeugt davon war, daß er keine Vorlesung halten könne, war er immerhin bereit, es auf einen Versuch ankommen zu lassen. Dem Ratschlag von Henry Volkening folgend, der Millers Agent wurde, nachdem John Slocum die Agentur verlassen hatte, schrieb Miller an Allen Tate in Princeton und an Herbert West in Dartmouth, daß er gegen ein geringfügiges Honorar eine kleine Diskussionsrunde mit an der Schriftstellerei interessierten Studenten veranstalten würde. »Zum Aufwärmen« plante er ein paar Reflexionen darüber, wie man schreibt, dann würde er über die Prozesse der Kreativität sprechen und danach auch die Studenten selbst zum Reden bringen. Er erklärte Tate und West, die Studenten würden das sicherlich weit mehr genießen als diese Art von »klebrigem, ästhetisch-kritischem Quatsch«, den andere Vortragende für gewöhnlich »hinklatschten«. (Unglücklicherweise hielt er seinen Vortrag an keiner der beiden Universitäten!)

Ganz kurz vor Antritt seiner Reise wurde Miller der Königin der Burleske, Gypsy Rose Lee, bei der Weltausstellung in Flushing Meadows vorgestellt. Als er ihr von seinen Plänen erzählte, meinte sie verführerisch: »Na, *ich* könnte mir 'ne Menge schönere Sachen vorstellen, als kreuz und quer durch Amerika zu fahren!« Aber Henry wollte glauben, daß sie im Unrecht war. Er war mittlerweile besessen von der Idee, das Land zu sehen. In seinem Hinterkopf spukte natürlich die Erkenntnis herum, daß der Krieg ihn in die Vereinigten Staaten zurückgezwungen hatte und ihn daran hindern würde, nach Europa zurückzukehren – wer konnte schon sagen, für wie lange? Und deshalb mußte er, wie er insgeheim wußte, ein Zuhause in Amerika finden, irgendeine Gegend, die ihn ernähren konnte, einen amerikanischen Ort, der ein Frankreich oder Griechenland für ihn sein konnte.

Seine endgültigen Pläne machte Henry im Spätsommer und Frühherbst 1940. Zuerst kaufte er einen 1932er Buick Sedan für 100 Dollar. Dann ließ er sich von Kenneth Patchen im Schnellverfahren das Autofahren beibringen. Zu der Zeit, als er zur Abreise bereit war, konnte man von seinen Fahrkünsten bestenfalls sagen, daß er ja unterwegs ausreichend Gelegenheit zum Üben hatte.

Am 24. Oktober startete er. Mit Abe Rattner neben sich steuerte Miller den Wagen durch den Verkehr von New York, bog in die Canal Street und folgte dem Verkehrsstrom zum Holland Tunnel. Er war ohnehin nervös, aber der Abstieg in den summenden Tunnel, der unter dem Hudson River hindurchführte und in New Jersey wieder auftauchte, entnervte ihn vollends. Als er schließlich auf die gewaltige Hochstraße gelangte, die sich dem Tunnel anschloß, spürte er, daß er sich einem Nervenzusammenbruch näherte, und mußte sich zwecks Sammlung an den Straßenrand retten.

Henrys Reisen dauerten länger als ein Jahr. Rattner begleitete ihn einen Teil des Weges, aber die meiste Zeit war Henry allein. So nach und nach legte er den Trip in mehreren großen Bögen an, die das Land durchschnitten. Der erste »Querschnitt« trug ihn von New York südlich durch North Carolina, dann nach Charleston, durch South Carolina weiter durch Georgia nach Florida, dann westlich bis Louisiana mit dem Schlußpunkt Natchez, Mississippi.

Als er in Natchez die Nachricht erhielt, daß sein Vater ins Krankenhaus eingeliefert worden war, wollte er sofort nach New York zurück. Wie üblich hatte er nur ein paar Dollar in der Tasche. Die Fahrt mit dem Auto zu machen kam nicht in Frage, da die Zeit drängte, aber für Flugtickets fehlte ihm das Geld. Er hing in fürchterlicher Frustration in Natchez fest, bis Anaïs ihm schließlich dreißig Dollar telegraphisch anwies. Henry raste nach Hause, um seinem Vater im letzten Stadium der Krankheit beizustehen. Aber er schaffte es nicht mehr. Zwei Stunden vor seiner Ankunft in New York starb sein Vater.

Es war ein Schock. Die nächsten paar Wochen fühlte sich Henry elend. Das Begräbnis schien kalt und die Arrangements brutal. Er und seine Mutter hielten Totenwache im Haus in der Decatur Street. Die Beerdigung fand dann auf dem Evergreen-Friedhof statt, einem Ort, an dem sein Vater an sonnigen Tagen gern spazierengegangen war. Mehrmals besuchte Henry das Grab seines Vaters. Es war bitter kalt in diesem Winter. Anfangs wirkte der Friedhof trostlos, aber nach einiger Zeit genoß Henry es, am Grab seines Vaters zu sitzen. Stundenlang dachte er über ihn nach und stellte bald schon fest, daß er ihn wirklich vermißte. Jetzt, wo er es ihm nicht mehr sagen konnte, merkte er, daß er ihn geliebt hatte. Er begann zu spüren, daß in seinem Inneren etwas gesundete. Aber seine emotionale Aussöhnung mit seinem Vater hatte auch ihre frustrierenden Seiten. Nicht nur, daß er sich wünschte, ein besserer Sohn gewesen zu sein, Henry wurde auch schmerzlich daran erinnert, was für ein kläglicher Vater er selbst gewesen war: Er beschuldigte sich, sowohl seinen Vater als auch seine Tochter durch seine Selbstsucht verloren zu haben.

Am 2. März 1941 nahm Henry seine Reisen wieder auf. Mit dem Zug fuhr er nach Ohio und Michigan und Wisconsin, blieb eine Weile in Chicago und kehrte dann nach Natchez zurück, wo sein Auto stand. Die Stipendien der John-Simon-Guggenheim-Stiftung wurden um diese Zeit herum bekanntgegeben, und Henry gehörte nicht zu den erfolgreichen Bewerbern. Er schwor, falls er je ein Buch schrieb, dem diese Reise zugrunde lag, dann würde er am Ende eine Liste einrücken mit all den Nullen, die Guggenheims gewonnen hatten, und ihren lächerlichen Projekten. (Als *Der klimatisierte Alptraum* veröffentlicht wurde, befand sich die Liste tatsächlich darin.)

Von Natchez fuhr er nach Arkansas, wo er die »Route 66« nach Westen nahm. Das brachte ihn an die kalifornische Küste und nach Hollywood, wo er zunächst einmal blieb, um das Buch zu beginnen. Schließlich kam er auf der nördlichen Route nach New York zurück, schlug noch einen Haken durch Wyoming und Iowa und erreichte endlich den nördlichen Teil des Staates New York. Er war »25 000 Meilen« gefahren, schrieb er erschöpft in sein Notizbuch und schloß, daß es »ein verschwendetes Jahr« war.

Miller war kein guter Reisender, aber unter den Umständen hätten wohl nur wenige Leute Vergnügen an dem Trip gefunden. Das Fahren erschöpfte ihn, er war gezwungen, in miserablen Motels zu übernachten, und er haßte das Essen, das er in billigen Restaurants entlang der Straße oder im Herzen der Städte bekam. Schlimmer noch, er fand nicht die Ruhe zum Schreiben, er hatte keine Zeit nachzudenken. Und immer wartete er auf telegraphische Geldanweisungen.

All die feuchten, regendurchtränkten Motels, das elende Essen, die sterilen Restaurants, das fehlende Geld, seine Müdigkeit und die schmerzenden Augen – all das griff auf den Stil des Buches über, das er zu schreiben versuchte. Seit *Wendekreis des Krebses* war er nicht mehr so bitter gewesen. Erneut fühlte er sich wie ein Versager, weil er die fröhliche Einstellung dem Leben gegenüber verplempert hatte, die er in *Schwarzer Frühling, Wendekreis des Steinbocks* und *Der Koloß von Maroussi* zum Ausdruck gebracht hatte. Diese Wiederkehr einer mürrischen Haltung entmutigte Henry – er fragte sich, ob seine Kräfte mit zunehmendem Alter nachließen; wieder glaubte er, daß er zu spät mit der Schriftstellerei begonnen hatte. Am tiefsten traf ihn, daß es mit dem Buch so schlecht voranging. Er gestand sich ein, daß er in seinem Stolz und seiner Arroganz geglaubt hatte, er hätte es als Schriftsteller zur Meisterschaft gebracht, aber nun mußte er sich eingestehen, daß er auch auf diesem Gebiet anscheinend ein Versager war.

Mitte September 1941 hatte er sich in Kalifornien unglücklich gefühlt; in seiner Einsamkeit hatte er Anaïs angerufen, und sie hatte ihm das Geld geschickt, das ihn in die Lage versetzte, die Rückreise durch den Kontinent anzutreten. Nach seiner Rückkehr nach New York im Oktober 1941 begann er, ernsthaft zu arbeiten. Nicht alles war schlecht gewesen: Er hatte ein paar nette Besuche bei Freunden hinter sich wie beispielsweise bei Jasper Deeter, Direktor des Hedgerow-Theaters in Pennsylvania, und bei einer achtzigjährigen Ärztin-Malerin aus Louisiana namens Marion Souchon. In Kalifornien hatte er ein paar Leute gefunden, die er mochte, wie John Steinbeck und dessen Freund Ed Ricketts, außerdem den Dichter William Everson (später Bruder Antonius) und die Romanciers Aben Kandel und Aldous Huxley. Sein alter Freund Hilaire Hiler, bei dem er in Paris Malunterricht genommen hatte, arbeitete an den sensationellen Wandgemälden im San-Francisco-Aquarium, und er hatte sich gefreut, Hiler wiederzusehen. Vielleicht die besten Tage der Reise hatte er in Kalifornien erlebt. In San Francisco hatte er auch die Veröffentlichung von *Der Koloß von Maroussi* in die Wege geleitet – für hundert Dollar Vorschuß.

Aber alles zusammengenommen mußte er die Reise als riesige Enttäuschung werten.

Lange vor seiner Vollendung haßte Miller das Buch, an dem er schrieb. Er glaubte, daß Doubleday es, selbst wenn es publizierbar sein sollte – und auch daran glaubte er nicht –, ablehnen würde. Er selbst hätte es auch abgelehnt, denn er fand, daß es seit *Dion Moloch* das Schlechteste war, was er geschrieben hatte. Er machte sich Sorgen, daß ihm das Buch Ärger eintragen könnte. Immerhin war 1941 nicht gerade das ideale Jahr, eine rücksichtslose Attacke auf amerikanische Errungenschaften, amerikanische Werte und auf die amerikanische Zukunft zu veröffentlichen; während des Krieges setzte sich jeder, der von innen die Heiligtümer der Nation herabzog, dem Verdacht aus, ein Spion oder ein Drückeberger zu sein. Am 7. Dezember 1941 hatte Miller vierhundert Manuskriptseiten geschrieben, als die Nachricht vom japanischen Angriff auf Pearl Harbor durchkam. Damit war klar, daß *Der klimatisierte Alptraum* für die amerikanische Öffentlichkeit ungenießbar und unzumutbar sein würde, ob mit oder ohne Obszönitäten. Die Regierung trieb Amerikaner japanischer Herkunft zusammen, um sie zu internieren. Miller befürchtete, sein Buch könnte einen derartigen Sturm der Entrüstung auslösen, daß man ihn auch einlochen würde. Was war er denn – ein Pornograph, ein Mann ohne Job, ein ungetreuer Ehemann, der Frau und Kind verlassen hatte, ein Mann, hinter dem Detektive her waren, die ihn schnappen wollten, weil er Beatrice Alimentenzahlungen in Höhe von 20 000 Dollar schuldete, ein Vagabund, ein Herumtreiber und Gesetzesbrecher. Würde irgend jemand Einspruch erheben, wenn sie ihn einsperrten, um die Kriegsanstrengungen nicht zu gefährden?

Nichtsdestoweniger plagte er sich weiter mit dem Manuskript ab. Weihnachten 1941 näherte er sich dem Ende. Über fünfhundert Seiten waren fertig. Wie stets drückte Weihnachten auf seine Lebensgeister, aber er arbeitete stur den ganzen Tag durch, ohne einen Bissen zu essen zu haben. In einem Delirium von Hunger und Melancholie schrieb er schließlich spät am Heiligen Abend »Ende« auf die letzte Seite des Manuskripts. Dann ging er hinaus, streifte ziellos durch die Stadt und landete schließlich um Mitternacht in einem Drugstore. Er empfand keine Freude, keine Hoffnung auf die Zukunft, er hatte nicht das Gefühl, in der Vergangenheit etwas vollbracht zu haben. Das Lokal war schauderhaft. Er gestand den einfachen Arbeitern dort, daß er kein Geld hatte und eine milde Gabe nicht ablehnen würde. Die beiden Angestellten, die die Kneipe in Gang halten mußten, während alle anderen Beschäftigten feierten, versorgten ihn als Gegenleistung dafür, daß er ihnen seine Hilfe beim Saubermachen anbot, mit einer Mahlzeit aus Resten des Weihnachtsessens. Das warme Essen und die Tatsache, daß er das Buch vollendet hatte, munterten Henry allmählich wieder auf. Als sie ihre Pflichten erledigt hatten, fühlte er sich bewegt, den Angestellten eine euphorische Rede zu halten, eine Weihnachtsansprache. »Die Götter kehren zur Erde zurück«, begann er. Er sprach von dem neuen Zeitalter, dem Zeitalter des Wassermanns, dessen Morgendämmerung sich abzeichnete, in dem alles, was sie als Zivilisation kannten – Krieg und Hungersnot und Bücher –, für immer ausgelöscht sein und ein neues, menschlicheres Zeitalter seinen Anfang nehmen würde. Es gehörte Kühnheit dazu, das zu sagen, gestand er ein, gerade jetzt, wo der Krieg ernsthaft begann, aber er schloß: »Das ist keine Pferdescheiße. Ich sage euch die Wahrheit!« Sie nahmen es großartig hin und ließen ihn hochleben.

Der nächste Tag war sein fünfzigster Geburtstag. Mit blutunterlaufenen Augen starrte er auf sein »vollendetes Buch« und erblickte nichts als Unzulänglichkeit. Er fing einen Epilog an, machte an verschiedenen Stellen Einschübe, war aber immer noch nicht zufrieden. Später schrieb er eine imaginäre Konversation mit Rattner als Schluß. Aber sein erster Instinkt am Weihnachtsabend war richtig gewesen; das Buch war fertig. Jede Ergänzung drohte lediglich, weitere Ergänzungen nach sich zu ziehen. Am 12. Januar 1942 schrieb er seinem Agenten Henry Volkening, daß er beschlossen habe, das Buch nicht zur Veröffentlichung anzubieten, da es ein »Fiasko« geworden sei. Er schlug vor, mit seinen Tantiemen von anderen Büchern den Vorschuß, den er für *Der klimatisierte Alptraum* erhalten hatte, zurückzuzahlen.

Fehlschlag oder nicht, *Der klimatisierte Alptraum* war eine neue Episode in der Fortsetzungsgeschichte seines Lebens. Er hatte ja keinesfalls beabsichtigt, einen exakten Führer durch Amerika zu schreiben. Vielmehr hatte er über das Thema Amerika und seine Beziehung zu seiner Heimat improvisiert, hatte einen Bericht seiner Debatte mit sich selbst über sein Land wiedergegeben und damit ein rein subjektives Buch geschrieben. Er schrieb es auf die gleiche Weise, in der er für Alfred Perlès in Clichy Stegreifreden gehalten hatte. Jetzt erkannte er, daß es für das Buch besser gewesen wäre, wenn er gar nicht losgefahren wäre, sondern nur eine der Rhapsodien geschrieben hätte, in die er immer gefallen war, wenn Perlès ihn gebeten hatte: *Erzähl mir von Arizona, Joey!*

4. Die Seele lüften

Die große transkontinentale Reise hatte sich nicht nur als überflüssig erwiesen, sie hatte dem Schreiben auch alle Fröhlichkeit genommen. Schlimmer noch, während der achtzehn Monate, die er brauchte, um das Land zu bereisen und den *Klimatisierten Alptraum* zu schreiben, arbeitete er nicht an der Geschichte seines Elends mit June, was darauf hinauslief, daß er schon bei der Planung und dem Schreiben des einen Buches bedauerte, daß er das andere, viel wichtigere Buch zurückstellen mußte. Mehr als vier Jahre, nachdem er beschlossen hatte, dieses Buch zu schreiben, hatte er nichts als einen Titel – *Kreuzigung in rosa* –, einen Haufen Notizen und hundert Seiten vorzuweisen, die er im Sommer 1940 geschrieben hatte. Im Januar 1942 schließlich nahm er die Arbeit an dem Manuskript wieder auf und beendete im Juni einen ersten Entwurf. Aber er war nicht zufrieden: Es schien unvollständig, einseitig, unentschlossen. Anstatt der »Wahrheit« näher zu kommen, schien er sich von ihr zu entfernen, je weiter er vorankam. Seit seiner Rückkehr in die Vereinigten Staaten lief es mit Millers Arbeit nicht mehr gut. Vielleicht drängte er zu sehr, nahm sich zuwenig Zeit zum Nachdenken. Vielleicht fühlte er sich ohne eine romantische Liebe einsam und unsicher. Das Fehlen eines literarischen oder künstlerischen Gefährten machte sich bei ihm empfindlich bemerkbar – irgendein Osborn oder Perlès oder Rattner oder eine Nin brauchte er. Welche Kombination von Gründen letzten Endes auch dafür verantwortlich sein mochte, er quälte sich mühsam voran, richtungslos, ja sogar unsicher, *ob* er überhaupt schreiben sollte.

Auch emotional steckte er in einer tiefen Krise. Er wollte daran glauben, daß er um eine »spirituelle Ecke gebogen war«, wie er Huntington Cairns erzählte, aber insgeheim fragte er sich, ob nicht bloß seine Energie im Schwinden begriffen war. Er wirkte, wie Anaïs bemerkte, »resigniert, mystisch, still«. Der Tod seines Vaters hatte ihn tief berührt. Einst hatte er die Existenz des alten Mannes als Belastung empfunden, jetzt vermißte er ihn. Den ganzen öden, kalten Winter 1942 hindurch besuchte er oft das Grab seines Vaters auf dem Evergreen-Friedhof. Während er auf der eisernen Bank saß, die seltsam geschnitzten Engel betrachtete und die komischen französischen und elsässischen Familiennamen las und jenseits des Friedhofs auf die zerklüftete New Yorker Skyline schaute, empfand er dem Tod gegenüber eine merkwürdige Gelassenheit. Er spürte, wenn es erlaubt wäre, könnte er sogar die Knochen seines Vaters herausholen und wie ein Idiot glücklich mit ihnen spielen, so schlicht und einfach war der Tod für ihn geworden, und so nahe fühlte er sich seinem Vater. Er schrieb in sein Notizbuch: »Im Kielwasser des Todes des alten Mannes blieb etwas Wunderschönes zurück. Habe alles Entsetzen verloren, den Toten nahe zu sein. Könnte nun in Gesellschaft einer Leiche dasitzen und ein paar meditative Augenblicke genießen. Bald werde ich auch dort sein. Erfreuliches Erwartungsgefühl. Keine Angst vor Würmern. Die Würmer sind hier – im Leben.«

Nur eine Liebesbeziehung konnte ihn aus seiner körperlichen und geistigen Trägheit herausreißen, und Anfang 1942 trieb ihn sein Selbsterhaltungswille dazu, eine Frau zu suchen, die er anbeten konnte. Im Frühling 1942 band er sich leidenschaftlich an eine junge Frau, die jene Kombination von impulsiven slawischen und sanften mediterranen Charakterzügen besaß, die ihn schon bei June so gefesselt hatten. Vom ersten Moment an erklärte er sie für »göttlich«. Die göttliche Laure besaß eine herrliche Haltung und einen fast klassisch geformten Kopf; in ihren Adern floß polnisches, baskisches und peruanisches Blut. Sie *war* June, vom Scheitel bis zur Sohle. Sie besaß die gleiche herablassende Art, Bewunderung entgegenzunehmen, die gleiche Neigung, zu tyrannisieren, den gleichen monströsen Eigensinn. Henry förderte all diese Eigenschaften in einer Frau natürlich noch durch seine eigene vollständige Unterwerfung. War er verliebt, dann erniedrigte er sich auf jede nur denkbare Art und Weise, er gab alles auf – bis auf den unnachgiebigen Willen, die Geliebte vollständig zu besitzen. Er gab alles, um zu triumphieren. Liebe ohne großartige romantische Augenblicke der Enthüllung und ohne Gefühlsausbrüche war für ihn nicht vorstellbar.

Wie June erstaunte ihn Laure mit einer gewaltigen Eruption von Leidenschaft; in einer einzigen Sturzflut der Ergebung brach ihr

352

Wille zusammen, so wie der gesamte Winterschnee auf einmal schmilzt und voller Unrat einen Kanal heruntergestürzt kommt, der die kochende Flut kaum fassen kann. Das waren die Momente, für die Henry lebte – die Zeiten, in denen er glaubte, um seiner selbst willen bewundert zu werden, und in denen er ohne jeden Rückhalt eine Frau anbeten konnte. Nie ließ sich eine Liebesaffäre auf dieser Ebene des Wahnsinns halten. Jede Frau wird schließlich vor totaler Selbstverleugnung zurückweichen oder der Demütigungen ihres Geliebten müde werden. Wenige Frauen konnten es ertragen, gleichzeitig zu einer Göttin und einer Sklavin gemacht zu werden. Henry spürte Laures Widerstand bald und sagte den Ausgang der Affäre voraus. Im Mai 1942 beschloß Laure, das Weite zu suchen, und verließ New York in Richtung Hollywood.

Jetzt gab es nichts mehr, was Henry in New York gehalten hätte. Er haßte die Stadt, er hatte nicht das Gefühl, daß seine Mutter ihn oder seine Gesellschaft brauchte (was umgekehrt ebenfalls zutraf). Die meisten seiner alten New Yorker Freunde hatte der Krieg oder wirtschaftliche Notwendigkeit zerstreut (Emil Schnellock unterrichtete nun an einem College in Virginia). Das Schlimmste von allem war, daß Anaïs ihm mitteilte, daß sie mit den für sie so oft schmerzhaften Emotionen Schluß machen müßte. Sie konnte nicht tun, worum er sie bat – ihren Mann verlassen. Sie führten nie wirklich einen entscheidenden Bruch herbei oder hatten einen verheerenden Streit, aber über Freunde hörte er, daß sie ihn für einen Verräter hielt. Sie hatten ihren »accord« verloren, und sie steckte voller Vorwürfe. Einst waren sie tief ineinander verliebt gewesen, und das hatte alle unterschiedlichen Interessen und Bedürfnisse überbrückt, aber nun, da die Liebe abgekühlt war, tat sich eine Kluft zwischen ihnen auf. Ohne eine Frau, die er lieben konnte – und nach dem Bruch mit Anaïs hatte er so eine Frau verzweifelt nötig –, bedeutete ihm New York City nichts mehr. Laures Abreise führte ihn nach Kalifornien. Wenn er schon June und Anaïs verloren hatte, so würde er beide zurückgewinnen – in dieser neuen Frau. Durch einen glücklichen Zufall waren seine jungen Freunde Margaret und Gilbert Neiman gerade in einen Bungalow in Beverly Glen gezogen, eine Gegend im Westen von Los Angeles direkt nördlich vom Sunset Boulevard, und sie boten ihm ein Zimmer an. In der zweiten Juniwoche 1942 saß Henry im Zug – auf der Suche nach Laure.

Es gab andere Gründe, nach Kalifornien zu gehen. Bei seiner

Reise durch Amerika war er zu dem Schluß gekommen, daß wenn noch irgendwo Hoffnung für die Vereinigten Staaten bestand, dann in Kalifornien. »Das ist der vitale Platz (für Leute wie uns) in Amerika. Er ist fast unerschöpflich«, hatte er an Anaïs geschrieben. Von den kalifornischen Städten wirkte Los Angeles am europäischsten auf ihn – die Atmosphäre Kolonialspaniens lag noch über der Stadt, und aufgrund des Krieges waren viele Emigranten von Europa hierhergekommen, daß es den Anschein erweckte, als hätte sich hier ein Kongreß aller Nationen versammelt. »Ich geh meine Seele lüften«, schrieb Henry an Herbert West, als er nach Los Angeles aufbrach. Er wollte die Vergangenheit hinter sich lassen und sich selbst einem neuen geistigen Klima öffnen. Die alten Wettervorhersagen wie Michael Fraenkels Prophezeihung der kommenden geistigen Eiszeit hatten keine Gültigkeit mehr. Miller ging nach Kalifornien seiner Wärme, seiner Lebendigkeit, seines Versprechens wegen. Er vergaß dabei fast, daß er ja nach Westen reiste, um hinter der göttlichen Laure herzujagen. Aber obwohl er sie wiedersah, hauchte ihre kurze Liebesaffäre ihr Leben so still aus wie eine Hollywoodoption. Henry fühlte sich indessen überraschend wohl und glücklich. Er richtete sich bei den Neimans häuslich ein, fing wieder an zu schreiben und unterzeichnete seine Briefe mit »Henry Valentine aus Glen«.

Das Häuschen in Beverly Glen war in Wirklichkeit bloß eine Dreizimmerhütte, in den immer noch unberührten Hügeln nördlich des Sunset Boulevards gelegen. Hinter dem Haus war alles mit Bäumen und Blumen bedeckt, und wilde Tiere und Vögel huschten durch das Unterholz. Henry schlief auf einem Feldbett in einem Zimmerchen, das so winzig war, daß man es wirklich nur als Schlafraum verwenden konnte. Tagsüber arbeitete er an einem Tisch in der Garage. Nach ein paar Wochen freundete er sich mit den Jordans an, die in einem soliden Haus in der Nähe der Neimans wohnten. Er nahm ihr Angebot eines größeren Schlafzimmers in ihrem Haus an, ging aber zu den Mahlzeiten und wegen der Gesellschaft weiterhin zu Gilbert und Margaret. In der Nähe von Beverly Glen lag Bel Air Estates, eine luxuriöse Neugründung. Südlich von Bel Air, ungefähr eine Meile von Henrys Zimmer entfernt, befand sich das UCLA-Universitätsgelände, wo er die Bibliothek benutzen konnte; und jenseits davon lag Westwood Village, wohin er oft Streifzüge unternahm.

Er wußte, daß er, der die Fünfzig schon überschritten hatte, in der Lage sein sollte, für sich selbst zu sorgen; aber er war immer noch auf Mildtätigkeit angewiesen. Ziemlich widerstrebend begann er, die Möglichkeit ins Auge zu fassen, einen Job als Drehbuchautor in den Filmfabriken anzunehmen. Daß die Studios Fabriken *waren* für die »niedrigste und verrückteste Arbeit, die ein Mann nur tun konnte«, hatte er bei seinem Hollywoodbesuch im Sommer 1941 gesehen, als er sich mit Waldo Salt und anderen jungen Drehbuchautoren unterhalten hatte. Sie beichteten ihre Scham und Schande und gaben zu, daß ihnen die fabelhaften Summen, die sie verdienten, nicht bekamen. 1941 hatte er alle Andeutungen, daß auf ihn ein freier Platz in den Studios wartete, lässig ignoriert. Er wohnte schon über einen Monat in Beverly Glen, aber obwohl er davon träumte, Geld zu haben, konnte er sich nicht überwinden, sich an die Leute zu wenden, die ihn damals hatten haben wollen, und ihnen seine Dienste anzubieten. Statt dessen phantasierte er vor sich hin, irgendein risikobereiter Produzent könnte *Scenario, A Film With Sound*, auf die Leinwand bringen. Das war offensichtlich ausgeschlossen, brachte ihn aber dazu, darüber zu spekulieren, was für Filme er machen würde, falls sich die Möglichkeit dazu bot. Diese Idee nahm ihn so vollkommen gefangen, daß er den Umriß einer Story niederschrieb, der er den Titel »Notizen für einen imaginären exotischen Film« gab:

Starring Merle Oberon, Ingrid Bergman, Irene Dunne, Miriam Hopkins, Barbara Stanwyck, Judy Canova, Michèle Morgan, Simone Simon und andere. Volle Spielfilmlänge – ein ernsthaftes Liebesdrama. Liebeszenen werden voll ausgespielt. Wenn ein Gabin zum Beispiel ein Mädchen leidenschaftlich küßt, dann sollte er unter ihrem Kleid seine Hand wandern lassen, sie ausziehen, flachlegen. Dann normal weitermachen – mit Handlung. Kleine Zwischenspiele – surrealistisch – mit Stars der Pornowelt, die anonymen Monster wie französische Telegraphenjungen, Negerinnen, die vor der Kamera mit den Augen zwinkern usw. Szenen in Hotels, Peep Shows, U-Bahn-Zusammenstöße, Exhibitionisten. George Grosz' Behandlung via Dali-Buñuel – mit einem Anflug von de Sade. Sitzungen mit Psychoanalytikern. Träume in toto – gespielt in Disney-Technik. Technicolor-Ficks. Hollywooddramen – Fickmaschinen. Vergewaltigung mit zerbrochenen

Flaschen. Caligari-Alpträume. Eifersucht wie im *Ewigen Gatten*. Bankette à la Giono. Kurz gesagt, eine verlängerte endlose Fiesta aus Essen, Trinken, Ficken, Lieben, Morden. Regie von Marcel Duchamp & John Ford. Mit reingemischt noch ein bißchen Boogie-Woogie – und die Mona Lisa.

Das war natürlich nur eine Art, sich gegen Hollywood zu verteidigen; sich darüber lustig zu machen, während er es schon zu umschwänzeln begann. Und dann wurde ihm zu seiner Überraschung tatsächlich Leinwandarbeit angeboten.

Marcel Friedman, ein Emigrant aus Wien, den Henry im letzten Jahr in New York kennengelernt hatte, kaufte die Exklusivfilmrechte an Jakob Wassermanns *Der Fall Maurizius*, und er sicherte sich Henrys Hilfe für die Leinwandfassung. *Der Fall Maurizius* entsprach genau der Art von metaphysischem Roman mit Schuld und Erlösung, mit der man unweigerlich Henrys Aufmerksamkeit einfangen konnte. Friedman hatte keinerlei Schwierigkeiten, ihn davon zu überzeugen, daß sich daraus ein wunderbarer Film machen ließe, und so machte sich Henry eifrig ans Werk und schrieb eine Zusammenfassung und eine Rohbearbeitung des Romans. Er selbst, erklärte Friedman, habe kein Geld, um Henry zu bezahlen, bis das Buch von einem Studio gekauft wurde. Und so schrieb Miller »auf Spekulation« für fünfzehn Prozent vom eventuellen Gewinn, einem Gewinn, der ziemlich sicher schien. Aber die Situation war ironisch: Er hatte sich geschworen, nur um des Geldes willen für Hollywood zu arbeiten – und nun schrieb er an einer Adaption, ohne einen Cent zu sehen. Er machte es trotzdem und übergab es Friedman.

Dann fing das Hollywoodkarussell an, sich zu drehen. Man hatte ihm erzählt, daß während der letzten Jahre, als der Wassermann-Nachlaß unübersichtlich und wirr war, die Hollywoodproduzenten nach den Rechten an seinen Büchern geschrien hätten. Aber nun schien niemand ernsthaft interessiert, Wassermann mußte »verkauft« werden. Mittlerweile hatte sich Miller ein bißchen am Hollywoodfieber angesteckt. Er hoffte, den Auftrag für das Drehbuch zu bekommen, obwohl er keine Leinwanderfahrungen vorzuweisen hatte. Aber der Rat, den er im Nachtrag zu seiner Zusammenfassung gab, brachte ihn um jede Chance, mit dem Film betraut zu werden. Er schrieb: »Will man die Sache richtig anpacken, braucht man Meilen um Meilen an Film. Mehr Film, als selbst ein

Eisenstein verlangt. . . Kurz ausgedrückt, ich würde mein gesamtes Vermögen und die Vermögen meiner Kollegen auf den Erfolg dieses einen Filmes setzen.« Wie auch immer, seine Drehbuchfassung wurde nie angekauft. Henry bekam schließlich lumpige 100 Dollar von Friedman als direkten Kaufpreis für seine Zusammenfassung gezahlt.

Miller gab nicht auf. Wenn sich eine Idee in seinem Kopf festgesetzt hatte, war er hartnäckig. Eine Zeitlang glaubte er, durch Marlene Dietrichs Sekretär an Filmarbeit heranzukommen. Später hoffte er, daß Erich Maria Remarque, der angeblich sein Werk bewunderte, ihm helfen würde. Der Regisseur Josef von Sternberg hatte angeblich alle Bücher von Miller gelesen, und Miller war »der Mann auf der ganzen Welt, den er am sehnlichsten kennenzulernen wünschte«. Er hatte Erstausgaben der *Wendekreise* in seiner legendären 100 000-Dollar-Erotika-Sammlung. Nachdem er Sternberg kennengelernt und seine Freundschaft gewonnen hatte, träumte Henry, würde ihn der Regisseur bitten, ein fürstliches Gehalt anzunehmen, und schließlich würden sie gemeinsam Filme machen (vielleicht ein oder zwei erotische Filme nebenbei – für den privaten Vertrieb). Aber obwohl er dem Regisseur sein Interesse an einem Treffen mitteilte, ließ von Sternberg nie auch nur den leisesten Wunsch nach beruflicher Zusammenarbeit durchblicken. Als nächstes nahm Henry Verbindung mit Budd Schulberg auf, von dem er glaubte, er könnte ihm Arbeit in mexikanischen Filmen beschaffen.

Zusätzlich zu allem anderen, schrieb er an Anäis, »ist da noch eine Sache, die gegen mich arbeitet: die Tatsache, daß mich jedermann für ›rein‹ hält. Jeder drückt seine schreckliche Enttäuschung darüber aus, daß ich zu einem Kompromiß neige. Niemand scheint wirklich davon überzeugt, daß ich bereit bin, es den anderen nachzumachen. Das ist auch meine Schuld. Schlechte Schauspielerei, ohne Zweifel. Aber du weißt ja, wenn ich die Kriecher, Lügner, Betrüger, Speichellecker usw. sehe, dann fühl ich mich absolut angewidert. Ich kann nicht einfach so in diese Rolle überwechseln.« Vielleicht rationalisierte er auch. Fast vier Monate richtete er all seine Anstrengungen auf das Filmgeschäft. Aber der zweischneidige Segen seiner Unfähigkeit, überhaupt irgendeine Stellung zu ergattern, verfolgte ihn weiterhin. Anfang Dezember 1942 unternahm er einen letzten Versuch. In der Myron-Selznick-Agentur traf er einen Agenten namens Donohue und beschrieb ihm ausführlich seine

Qualifikationen. Nach ihrem Treffen ging Henry heim und schickte ihm einen kurzen Brief. »Als ich nach Hollywood kam, dachte ich, daß ich irgendwann einen Mann kennenlernen würde, für den die Geschichte meines Lebens und meiner Leiden eine Bedeutung hätte. Ein Mann, der sein Vertrauen in mich setzen würde, nicht nur aufgrund meiner Fähigkeit zu schreiben, sondern aufgrund dessen, was ich bin, was ich repräsentiere. Ich glaube, daß es für mich einen Platz in Hollywood geben sollte. Irgendwo sollte ein Job für einen amerikanischen Schriftsteller vorhanden sein, der versucht hat, die Wahrheit über seine Erfahrungen mitzuteilen, der allen Versuchungen, seine Arbeit zu prostituieren, widerstanden hat und der daran geglaubt, daß er der Welt etwas von Wert zu geben hat.« Als Antwort kam ein Telegramm von der Agentur, das Miller zu einem dringenden Treffen rief. Nachdem er eine Weile um den heißen Brei herumgeredet hatte, sagte Donohue, ja, er sei bereit, Miller Arbeit zu geben – falls er es wirklich ernst damit meinte. Frei nach Millers Wiedergabe des Gesprächs fragte ihn Donohue schlicht: »Was wir wissen möchten, Mr. Miller, ist folgendes: Könnten Sie nicht einfach glatte Scheiße schreiben, eingewickelt in Zellophan, mit einem Hauch von Opferbereitschaft darin? Opfer sind sehr wichtig heutzutage.« *Scheiße in Zellophan – ein hübsches, glänzendes, hygienisches Päckchen?* – das war alles, was Donohue von ihm wollte, nachdem Henry ihm sein Herz ausgeschüttet hatte.

Sein einundfünfzigster Geburtstag näherte sich, und Henry Miller, der Autor von elf zum größten Teil unveröffentlichten Büchern, war seit sechs Monaten in Hollywood, der Goldstadt, und hatte genau 100 Dollar verdient. Er dachte daran, nach New York zurückzugehen und sich dort auf Jobsuche zu begeben, aber ihm fehlte wieder mal das Fahrgeld. Er bewarb sich um einen Bibliothekarsjob in Los Angeles, aber die zahlten lediglich fünfunddreißig Cent die Stunde bei dreißig Stunden pro Woche. Er versuchte es mit Französischübersetzungen für eine mit größerem Etat versehene Bibliothek in Pasadena, aber das machte sich nicht bezahlt. Als nächstes bewarb er sich um eine Stelle zur Betreuung von Exsträflingen beim Bewährungsamt. Man teilte ihm mit, das Fehlen eines College-Diploms schließe ihn von Sozialarbeit aus. Man gab ihm den Rat, es bei den jugendlichen Straftätern zu probieren, was er auch tat – erfolglos.

»Ganz unter uns, Huntington, alter Junge«, schrieb er an Cairns, »ich mein es ernst damit, wenn ich in den nächsten zwei oder drei

Wochen nicht irgendeine Art von Job bekomme, mit dem ich mich über Wasser halten kann, dann hab ich die Absicht, zurück zur Western Union zu gehen, vorzugweise in Beverly Hills, um dort als Bote zu arbeiten. Wenigstens weiß ich, daß ich das kann!« Im Frühling 1943 schließlich war Henry an einem Punkt angekommen, den nie zu erreichen er sich geschworen hatte: Er war so tief gesunken, daß er die Herausgeber von Zeitschriften anschrieb und um Bücher zum Rezensieren bat. Antwort erhielt er von *Tomorrow, Nation, New Republic* und der *New York Tribune*, daß ihm einige Bände zugeschickt würden bei einer Bezahlung von 10 Dollar pro Rezension. Eine kurze Lebensgeschichte von Kierkegaard machte den Anfang, gefolgt von verschiedenen anderen Buchbesprechungen während des Jahres 1943.

Mittlerweile war Skorpion im Steigen begriffen und zog Mars, den Mond und Uranus nach sich, die warmen Santa-Ana-Winde wehten, und »Mösenduft lag in der Luft«. Die meisten der verfügbaren Frauen waren das, was sein Freund Savington Crampton als »neurotische Fotzen« bezeichnete. Eines der Mädchen, das sich freiwillig angeboten hatte, für ihn zu tippen – rein zufällig handelte es sich um *Die Kreuzigung in rosa* –, hielt es nicht länger aus und bot sich ihm an, während sie an der Schreibmaschine saß. Durch das Schreibmaschineschreiben verführt zu werden – das schockierte selbst Miller. Eine andere liebte es, mit ihm ins Bett zu kriechen und zum Aufwärmen psychoanalysiert zu werden – sie brauchte ein gutes langes Vorspiel an ihren Ödipuskomplexen, oralen Fixierungen und neurotischen Hysterien mit je einem kleinen Schuß Freud und Adler. Während die Neimans in Sacramento waren, wurde Henry von Nachbarn zum Essen eingeladen. Die Hausfrau deutete ständig an, daß sie nicht genug Sex bekam. »Warum können nicht zehn oder fünfzehn Männer da sein, die alle scharf drauf sind und ihre Dinger wie Besenstiele in den Händen halten? Ich könnte nahtlos von einem zum anderen wandern«, sagte sie geradeheraus, während ihr Mann im Zimmer nebenan saß.

Das aber wollte Henry eben *nicht*, intellektuelle Huren und neurotische Mösen – kaltherziges Ficken. Er wollte eine Pauline, eine June, eine Anaïs – eine Frau, die ihn leidenschaftlich liebte, aber nichts von ihm forderte. Aber schließlich hatte er ja Pauline verlassen und June in all ihre Betrügereien hineingetrieben. Und von Anaïs hatte er zum Schluß zuviel verlangt. Er träumte davon, sie

zurückzugewinnen – so wie bei Beatrice und June, nachdem er sie
verloren hatte. Aber er mußte sich eingestehen, daß ihre Liebesaffäre vorbei war.

Und jetzt wollte Henry das, was er immer gewollt hatte: »eine Frau
zum Anbeten« – was bedeutete, eine Frau, die ihn anbetete. Er
suchte romantische Liebe, nicht bloß eine Nummer mit irgendeiner
neurotischen Dame. »Ich brauch jetzt eine Gefährtin«, schrieb er an
Savington Crampton. »Jetzt mehr denn je kann ich eine Frau
glücklich machen und ihr Leben bereichern. Aber ich weigere mich,
eine Verbindung bloß um des Sexes willen einzugehn. Ich möchte mit
Leib und Seele dabei sein. Ich möchte ihr alles geben, was ich
habe.«

5. Sevasty – Sevasty

»Die Verehrungswürdige!« – das war die Bedeutung von Sevasty.
Sevasty Koutsaftis, so hieß das süße junge griechische Mädchen, in
das sich Henry verliebte. Allein schon der Name betörte ihn. Er war
immer noch in Griechenland verliebt – sogar mehr denn je. (»Anaïs«
war ebenfalls griechisch.) Seit sein Schiff vor drei Jahren den Hafen
von Piräus verlassen hatte, war es mit ihm abwärts gegangen. Nur
Der Koloß von Maroussi hatte wahre Freude bedeutet – während des
Schreibens fühlte er sich sonnendurchflutet wie das Land. Alles
Griechische bezauberte ihn, und so war die Wirkung einer lebenden
jungen griechischen Frau monumental. Außerdem war Sevasty von
Anfang an mit *Der Koloß von Maroussi* verbunden, denn Henry
hatte sie als mögliche Übersetzerin für das Buch kennengelernt.
Schon immer stark an Auslandsübersetzungen seiner Arbeiten
interessiert, war Henry besonders begierig darauf, dieses Buch ins
Griechische übersetzt zu sehen. Da die Achsenmächte das Land
besetzt hielten, kam es nicht in Frage, mit jemandem in Griechenland
wegen einer Übersetzung in Verbindung zu treten. Henry wandte
sich ratsuchend an Lawrence Clark Powell, den Bibliothekar an der
Universität von Californien in Los Angeles (UCLA), den er vor
einem Jahrzehnt in Dijon kennengelernt hatte. Powell kannte ein
junges, sehr intelligentes griechisches Mädchen namens Sevasty, die
früher an der UCLA katalogisiert hatte und Griechisch, Französisch

und Italienisch ebenso gut wie Englisch sprach. Mit Henrys Erlaubnis wurde ihr ein Exemplar von *Koloß* übergeben. Schon nach kurzer Zeit schrieb sie an Henry und lobte das Buch.

Und so wurde ein Treffen arrangiert. Sie verkörperte sicherlich all das, was Powell von ihr behauptet hatte, griechisch durch und durch. Und diese Aphrodite arbeitete nun als Sekretärin bei Lockheed! Henry benötigte kaum einen zweiten Blick, um sich auf der Stelle in sie zu verlieben, für ihn die einzig mögliche Art, sich zu verlieben. »Hab mich Hals über Kopf verliebt«, schrieb er an Emil Schnellock, »ungefähr so wie damals in June. Jetzt ist alles möglich.« Sevasty verfügte nicht über die Erfahrung, um eine derartig umfassende Übersetzung in Angriff zu nehmen, wie sie *Der Koloß von Maroussi* verlangte, aber Diskussionen über das Buch lieferten ihr und Henry den Vorwand für zahlreiche Treffen. Sie war eine interessante, lebhafte, widersprüchliche junge Frau. Sie schrieb imagistische Gedichte, und obwohl Henry zugab, sie nicht zu verstehen, schickte er ein Blatt mit ihren Versen an seinen Freund Tambimuttu, Herausgeber von *Poetry-London*.

Es war ein deutliches Zeichen dafür, daß die Unterhaltungen in eine Romanze umgeschlagen waren, als auch Henry ein Gedicht verfaßte (sein zweites: das einzige andere war von Camilla Fedrant inspiriert). Das Gedicht war ein Ausfluß seiner Träume und Wünsche. Erst kürzlich hatte er sein bestes Aquarell gemalt, das er »Sevasty-Sevasty« nannte; und wie seine Aquarelle, so war auch dieses Gedicht ohne Vorbereitung entstanden. Er brauchte lediglich einen Bleistift in die Hand zu nehmen und seine Phantasien niederzuschreiben. Es floß dahin wie eine chinesische Schriftrolle.

Es fing mit einer Zeile an, die ihm nicht aus dem Kopf ging: »Die, die ich liebe, in Blumen.« Es war Versprechung, wovon er redete, der Mond im Widder:

> Die, die ich liebe, in Blumen
> Kreist in der Stunde des Mondes.
> Vögel aus Jade in milchigem Feuer
> Lindern des Herzens Sehnsucht.

Französische Bruchstücke tanzten in seinem Kopf herum, als ob er das Gedicht gleichzeitig ih zwei Sprachen schriebe – in Sternzeitsprache! *Au dessus deux oiseaux – un qui parle, un qui écoute,* Vögel, Flügel an Flügel, wie zwei Liebende, verschmelzen im Raum, *sans corps, sans nom:*

Das Herz ist wie ein See von Licht.
Blumen, Mond, Milch aus Feuer. . .

Dieses Traumgedicht war allerdings auch schon der Höhepunkt seiner Romanze mit Sevasty. Lange bevor es in *Harper's Bazaar* veröffentlicht wurde, hatten er und Sevasty sich für immer getrennt. Sevasty in ihrer merkwürdigen Mischung aus mediterranem Gefühl und herbem, fast isländischem Verstand war wie eine wiederaufer-standene June: Sie verführte ihn und wehrte ihn zugleich ab, und im Juni 1943 erklärte sie ihm, weiter könne sie nicht gehen – sie wolle ganz Schluß machen. Er lehnte sich verzweifelt dagegen auf. Es war ein schwerer Schlag, der inmitten einer ohnehin schweren Zeit kam. Er war über fünfzig, ein anerkannter Schriftsteller, aber irgendwie schien er auf einem toten Gleis gelandet. Und jetzt war er von einem weiteren persönlichen Fehlschlag bedroht: Er hatte das Herz eines jungen Mannes voller Liebe – aber wer würde annehmen, was er zu bieten hatte?

Sevasty begann, ihm lange, grausame Briefe über ihre Ähnlichkeit mit Rimbaud zu schreiben. Eine Zeitlang hoffte Henry noch. Im August 1943 sagte ihm eine Hollywoodwahrsagerin namens Rose Feine, daß er und Sevasty füreinander bestimmt seien und bald schon eine gemeinsame Reise – vielleicht nach Griechenland – unterneh-men und dann plötzlich heiraten würden. Sie riet Henry: »Sie waren zuviel allein. Sevasty gab und wurde zurückgewiesen. Nun ist sie für die wahre Liebe bereit – wegen der vorangegangenen Leiden.« Kein Orakel hätte falscher sein könen. Kaum eine Woche war vergangen, als Henry einen abschließenden Brief von Sevasty erhielt, einen »kalten, grausamen«, logischen Brief, der ihn mit absoluter Endgül-tigkeit abwies. »Ich weiß nun, wo die Mauer steht, und ich weiß, daß sie unübersteigbar ist«, schrieb er ihr. »Aber, Sevasty, ganz gleich, wie hoffnungslos die Situation ist, ich kann nicht aufhören, Dich zu lieben. . . es liegt an Dir, was Du aus solch einer Liebe machst. . . Für mich selbst habe ich keinerlei Hoffnungen. Ich stehe vor der Mauer und rufe Dir auf der anderen Seite zu, hinzunehmen, was du kannst und willst.« Eva Sikelianou, der Frau des großartigen griechischen

Schriftstellers, gestand er: »Wirkliche Qual ist fürchterlich. Ich *dachte* nur, ich wüßte, wie es ist. Jetzt *weiß* ich es.«

Henry verband den Namen Rimbaud mit persönlichen Niederlagen. Das Auftauchen von Rimbaud in Sevastys Brief war wie ein Fluch. Jean Kronski hatte den französischen Dichter bewundert; und 1943 gab es nicht nur Sevasty, sondern auch noch einen seltsamen jungen Mann namens Pierce Harwell, den Anaïs zu Henry geschickt hatte und der selbst ein Rimbaud zu sein schien. Irgend etwas sagte Henry, daß er auf der Hut sein und Rimbaud näher in Augenschein nehmen sollte.

In kriegerischer Stimmung begann er, im Sommer 1943 *Une saison en enfer* zu lesen. Aber merkwürdigerweise eroberte ihn Rimbaud trotz seiner unangenehmen Assoziationen. Er hatte den Franzosen für seinen Feind gehalten – aber nun entdeckte er in den Gedichten und den Biographien von Jean-Marie Carre und Enid Starkie erstaunliche Parallelen zu seinen eigenen Gedanken und Erfahrungen. Bald schon genoß er seine Qualen über Sevastys Grausamkeit. Recht munter erzählte er Herbert West, daß Leiden »dem Schreiben nie schaden« könne, und er begann, ein kleines autobiographisches Buch über seinen Schmerz zu planen. Ende September fand ein letztes Treffen mit Sevasty bei ihm statt. »Ich liebe dich. . . und werde dich immer lieben«, waren seine letzten Worte. Aber während er noch romantische Abschiedsworte fand und Treue schwor, dachte er bereits darüber nach, wie er diese Begegnung wirkungsvoll in seinem Buch verarbeiten könnte. Ein paar Minuten, nachdem Sevasty die Tür hinter sich geschlossen hatte, saß er am Tisch und tippte auf ein Blatt: »Mein Leben mit Sevasty.« Einen Augenblick überlegte er, ob er nicht schon aufgehört hatte, Sevasty zu lieben. (Er war sich nicht wirklich sicher, ob er noch wußte, wie sie aussah. Seine Gedanken wanderten, und er begann, sich zu fragen, ob nicht vielleicht sogar Sevastys Mutter besser aussah als die Tochter. . . Vielleicht sollte er sie mal unter einem Vorwand aufsuchen und ihr sein Interesse an ihr zu verstehen geben?) Sevasty selbst war bereits auf dem Weg, ein Mythos zu werden, wieder eine von all den Maras und Monas, die er gekannt hatte, austauschbar mit all den anderen Frauen, die er geliebt hatte. Er erklärte Herbert West: »Ich kann wieder frei atmen. Welch eine Erleichterung!« Als er ein paar Monate später einen freundlichen Brief von Sevasty erhielt mit der Andeutung, ihre Beziehung wiederaufleben zu lassen, konnte er ihn beiläufig beiseite schieben – »jetzt bedeutet es nichts mehr«, bemerkte er einem Freund gegenüber.

6. Das grüne, mit Frauenhaar gedeckte Haus

Im Herbst 1943 bedeutete Malen fast alles für Henry. Er war wieder umgezogen, wohnte nun weiter oben in Beverly Glen, wo ihm drei Zimmer über der Garage eines Hauses, das sein alter Pariser Freund Richard Thoma gemietet hatte, zur Verfügung standen. Nicht länger eingeengt – lediglich mit einem Bett, einem Stuhl ohne Rückenlehne und einem Tisch in den drei Zimmern –, hatte er genügend Raum zum Malen und ausreichend Wände, um seine Produktion aufzuhängen. Wenn er nur Geld für Malsachen gehabt hätte! Dieses Problem löste sich auf unerwartete und unvorhersehbare Art und Weise. Eines Tages ging er in das Kunstgeschäft in Westwood Village, das von Attilio Bowinkel geführt wurde, und verlangte die billigsten Wasserfarben. Der Besitzer erkundigte sich höflich, ob er noch andere Dinge benötigte, aber Henry gestand, daß er sich sonst nichts leisten konnte. »Dann wählen Sie sich aus, was Sie möchten«, sagte Bowinkel großzügig, »Papier, Farben, Pinsel, was immer Sie brauchen. Es ist ein Geschenk!« Ein paar Tage später schaute der Händler im Glen vorbei und nahm einige von Henrys Aquarellen mit, um sie in seinem Geschäft auszustellen. Schon früh am nächsten Tag tauchte Henry aufgeregt unten in Westwood auf, um seine Arbeiten zu bewundern – alle gerahmt *und* zum Verkauf. Wunderbar! Und was noch wunderbarer war: Noch am gleichen Tag schlenderte ein Produzent von Metro-Goldwyn-Mayer namens Arthur Freed, der Gemälde von mehreren modernen europäischen Meistern besaß, an dem Geschäft vorbei und bemerkte die Bilder. Als er sich überzeugt hatte, daß sie von demselben Henry Miller stammten, der *Wendekreis des Krebses* geschrieben hatte, kaufte er alle zu einem guten Preis. Das gab Henry derartigen Auftrieb, daß er in den nächsten sechs Monaten 128 Bilder vollendete.

Als die Neimans beschlossen, nach Colorado zu ziehen, schrieb Henry an seinen alten Künstlerfreund John Dudley, der seit kurzem geschieden war, und schlug ihm vor, gemeinsam das Häuschen der Neimans zu übernehmen, es in ein Atelier zu verwandeln und zusammen zu malen. Dudley kam sofort. Obwohl Dudleys Melancholie und sein Alkoholismus ihn davon abhielten, viel zu malen, erwies er sich als großartiger Gefährte und exzellenter Kritiker. Bald führten sie ein Leben, wie es Miller mit Fred Perlès geteilt hatte. Die Hütte bot wenig Komfort, aber es war ein Zuhause wie Clichy. Henry belebte das Ganze ein bißchen, indem er seine Bilder aufhängte und Sprüche an die Wände malte wie »Furchtbar sind die Morgen eines Säufers« (eine Warnung für Dudley), »Wenn du an Selbstmord denkst, ruf mich mal an« (Satire auf Henry selbst), »Wenn ich das Wort Kultur höre, greif ich zu meinem Revolver« (Inschrift am Eingang zur Küche) und über der Tür von Henrys Zimmer »S'Agapo« (»Ich liebe dich« auf griechisch – eine Erinnerung an Sevasty). Tagsüber ging Henry gewöhnlich zu Thomas Garage, um zu schreiben. Aber gegen Abend erschien er in 1212 Beverly Glen, nun auch bekannt als das »Haus der Analyse« oder das »Grüne, mit Frauenhaar gedeckte Haus«. Dann begannen das Malen und der Spaß.

Der kleine Bungalow wurde zu einer Ausstellungsgalerie für Henrys Arbeiten, und er schrieb ein kleines einladendes Reklameflugblatt »In 1212 Beverly Glen Blvd., West Los Angeles, dem glückseligen Wohnsitz von John Dudley (vagabundierender Paranoiker) und seinem Schüler Henry Miller. . . wird von nun an eine ständige Ausstellung von Aquarellen und damit verbundenen Medien stattfinden, sowohl innen als auch außen, falls das Wetter es zuläßt, einschließlich des Küchen- und des Toilettenflügels. Aufgrund andauernder wirtschaftlicher Not stehen keine Erfrischungen zur Verfügung, aber der Meister und sein Schüler werden stets das Auftauchen einer gelegentlichen Flasche willkommen heißen – für den Meister Bourbon, für seinen Schüler *französische Weine und Liköre*. . . Selbstredend sind die Meisterwerke der Ausstellung käuflich erwerbbar.« Die Ankündigung endete mit dem strikten Versprechen: »Ladies werden mit Respekt behandelt.« Und die Besucher kamen, Künstlerkollegen und manchmal auch Käufer. Knud Merrild, der dänische Maler, war oft da und erzählte von seinen gemeinsamen Tagen mit D.H. Lawrence in Mexiko. Man und Julie Ray kamen von Hollywood in ihrem weißen Mercedes hochgefahren, manchmal brachten sie eine Kamera mit, um das seltsame Treiben im Grünen Haus festzuhalten, manchmal ein Schachproblem und stets neue Gedanken über den göttlichen

Marquis. Gelegentlich blieben die Gäste Tag und Nacht. In alldem lag etwas herrlich Halluzinatorisches, und manchmal verabschiedeten sich die Gäste mit gekauften Aquarellen, deren Preis zwischen fünf und fünfundzwanzig Dollar lag.

Zu Henrys totaler Verblüffung schien die Malerei seine Finanzprobleme gelöst zu haben. Im Oktober 1943 bot ihm Clara Grossman von der American Contemporary Gallery in Hollywood eine Ausstellung an. Stets auf Eigenreklame bedacht, schrieb Henry an das *Time*-Magazin: »Wenn Sie die Aufmerksamkeit auf diese Ausstellung lenken könnten. . . es wäre eine große Hilfe für mich, und ich wäre Ihnen zu tiefem Dank verpflichtet.« Von seinen Freunden lieh er sich zwanzig seiner besten Bilder (die er meist verschenkt hatte), damit die Ausstellungsliste den Namen des Besitzers neben dem Bildtitel zeigte. Er hob seine Preise von 25 auf 100 Dollar an und verkaufte noch vor Eröffnung ein halbes Dutzend Bilder für fünfzig Dollar. *Town and Country* berichtete über ihn und die Ausstellung in der Dezembernummer, druckte einige Schwarzweißreproduktionen und wertete ganz allgemein seine Bilder als originell und der Aufmerksamkeit wert. »Na, Emil, alter Junge«, schrieb er an Schnellock, »es wär doch wirklich komisch und ironisch, wenn ich meinen Lebensunterhalt als Maler von Aquarellen verdienen würde, oder?«

Aber er war nicht damit zufrieden, sich auf die Malerei als einzige Einkommensquelle zu verlassen. Zu Beginn des Herbstes 1943 schrieb er einen »Offenen Brief an alle und jeden«, den er an eine beträchtliche Anzahl von Prominenten in Kunst und Medien schickte. In diesem kleinen Bittgesuch beschrieb Henry seine Armut; aber er erklärte, daß er nicht willens sei, seine Kunst dem Kommerz zu opfern, und verkündete seine Bereitschaft, Mäzenen, die ihm Geld oder Kleidung schickten, Aquarelle zukommen zu lassen. Dieser Brief hätte die Überschrift »Was gedenken Sie, im Fall Henry zu unternehmen?« tragen können. Aber diesmal tat der Aufruf seine Wirkung: Bis zum 1. Oktober waren 400 Dollar eingegangen; weitere 300 kamen im Oktober und November. (Diese 700 Dollar waren fast das Doppelte von dem, was er während des ganzen vergangenen Jahres verdient hatte.) Die persönliche, aber begrenzte Bitte funktionierte so gut, daß Henry gewaltige Pläne darauf aufzubauen begann. Er brachte seinen Brief im *Circle*-Magazin unter und dann in der *New Republic*, wo er zahlreiche Kommentare auslöste. »Ich glaube«, schrieb James T. Farrell an Miller, »daß ich Ihre Gefühle der Empörung, Unabhängigkeit und Rebellion sehr gut verstehen kann. . . Für einen ernsthaften amerikanischen Schriftsteller existieren keine anderen Alternativen, er kann nur als Rebell weitermachen, ansonsten wird er zu einem Lohnschreiber, der sich und seine Talente prostituiert.« Farrell legte ebenfalls einen Scheck bei, und von anderen tröpfelte auch noch ein hübscher Geldbetrag herein.

Aber nicht alle Antworten waren so freundlich. Ein Romancier machte sich über Henrys Bitte lustig und schickte ihm ein Paar Socken mit der Botschaft, daß diese »früher die Füße des großen amerikanischen Schriftstellers Henry Morton Robinson (das bin ich) geziert haben«. Miller schickte Robinson nie ein Aquarell – aber er trug die Socken und heckte sofort weitere Bittschriften aus. Eine war dem Modell seiner regelmäßigen Essen bei Bekannten in Paris nachempfunden. Miller stellte eine Liste von Bekannten zusammen, die regelmäßig kleine Beträge beitragen konnten, »Einen-Dollar-pro-Woche-Wohltäter« wie zum Beispiel Arthur Freed, Dudley Nichols und James Agee. Die Liste erwies sich nicht gerade als lukrativ, aber Melpo Niarchos ließ ihm einige Unterstützung zukommen und, noch wichtiger, die Versicherung, daß er sich in einer wirklichen Notlage immer an sie wenden könnte. (Er nahm ihre Hilfe nie in Anspruch, aber typischerweise widmete er ihr eines seiner Bücher, *Sunday After the War* (Sonntag nach dem Krieg). Im November 1943 besaß er genug Selbstvertrauen, um ein Angebot von Freed für einen Drehbuchvertrag bei MGM auszuschlagen. »Die Tür steht dir immer offen«, sagte Freed. Mehr wollte Henry in Wirklichkeit auch nicht.

Als 1943 seinem Ende entgegenging, versuchte Henry vergeblich, ein Fazit zu ziehen. Die erste Hälfte des Jahres schien fast nur aus Katastrophen zu bestehen, und die zweite Hälfte hatte ihm viel Glück gebracht. Eines aber war sicher: 1943 hatte die Verbreitung seines literarischen Rufes weitere Fortschritte gemacht. Zahlreiche neue Freunde und Bewunderer erschienen auf der Bildfläche. Paul Weiss von der philosophischen Fakultät vom Bryn Mawr College pries Henrys originellen Verstand und seine authentische Kraft und bezeichnete sich selbst als »glühenden Miller-Fan«. Ben Abramson plante, *Wendekreis des Steinbocks* herauszubringen. Ein junger Wissenschaftler namens Bern Porter zeigte großes Interesse an

Millers Arbeiten und versprach, einen Verlag zu gründen, um auf eigene Kosten alles neue Miller-Material zu publizieren. Ein junger Dockarbeiter und strebend bemühter Schriftsteller namens Harry Herschkowitz schickte ihm drei Dollar wöchentlich und sammelte manchmal noch bei seinen Kollegen. »Solange ich das Pech habe, für meinen Lebensunterhalt arbeiten zu müssen«, schrieb Harry, »werde ich Ihnen drei Dollar in der Woche schicken.« George Leite, Herausgeber von *Circle*, machte ebenfalls Pläne, um die Veröffentlichung von Millers Werken möglich zu machen. Tagsüber arbeitete Leite als Taxifahrer, und von den kleinen Beträgen, die er verdiente, schickte er Henry, obwohl er Frau und Kind hatte, »ab und zu kleine Geschenke, stets in kritischen Momenten, denn er hatte eine Nase für meine Bedürfnisse«. Frieda Lawrence und Henry begannen, eine lebhafte Korrespondenz zu führen; Lawrences Witwe wies oft auf die verblüffenden geistigen und künstlerischen Ähnlichkeiten zwischen Miller und ihrem Ehemann hin. Und so endete 1943 noch als ein gutes, reiches Jahr.

Das einzige, was Miller fehlte, war eine Frau, die ihn liebte. Die Zurückweisungen durch Laure und Sevasty hatten einen Stachel in ihm hinterlassen. Aber ganz hatte er die Hoffnung noch nicht aufgegeben. Am Ende des Jahres schrieb er Abe Rattner: »Ich bin fast zu dem Glauben gelangt, daß ich für eine Frau nicht tauge. . . Manchmal hab ich das Gefühl, ich sollte mir per Inserat eine arme Hure suchen, jemanden, der niedergeschlagen und verzweifelt ist, und ihr anbieten, mein Leben mit ihr zu teilen. Eine schlichte Bauernfrau oder eine Negerin oder eine Indianerin würde schon genügen.«

7. Ein Paradies für den Künstler

Natürlich war eine Frau nicht alles, was Miller fehlte. Um wirklich schreiben zu können, brauchte er ein Zuhause, aber bis Ende 1943 hatte er immer noch nicht geklärt, wo er sich auf Dauer niederlassen sollte. Manchmal dachte er daran, sich Fraenkel in Mexiko anzuschließen; dann wieder zog er in Erwägung, Perlès in England zu treffen, sobald der Krieg vorbei war – beide Männer waren mit den glücklichen Zeiten in Paris verbunden. Aber für keines der beiden

Unternehmen besaß er die nötigen Mittel. Nach der ersten Antwort-flut und dem anfänglichen Interesse an seiner Malerei – die Folgen seines »Offenen Briefes« – war sein Einkommen wieder versickert: Er hatte seine Schulden bezahlt, aber für ihn selbst war nichts übriggeblieben.

Im Januar 1944 jedoch entwickelte er andere Pläne, um das Geldproblem zu lösen. Nachdem ihn das Glück verlassen und mehrere Projekte erfolglos verlaufen waren, entwarf er einen Formbrief, in dem er verschiedene Literaturgönner drängte, ihm fünfzig Dollar für fünfzig Wochen zu schicken. Er stellte eine Liste von Freunden zusammen und sandte diese vervielfältigten Bitten auf der Grundlage des 50-50-Dollar-Planes los. Er erklärte in seinem Brief, daß er seit seiner Rückkehr nach Amerika lediglich vier- oder fünfhundert Dollar im Jahr verdient hatte, ausgenommen das letzte Jahr, wo er durch den Verkauf von Aquarellen auf 1 400 Dollar gekommen war. Aber nachdem er mit diesem unerwarteten Glücks-fall kleinere Darlehen zurückgezahlt hatte, schuldete er nach seinen Berechnungen immer noch 24 000 Dollar. So konnte er einfach nicht weitermachen, er vergeudete seine Zeit und verplemperte seine Talente. Er brauchte ein regelmäßiges Stipendium, damit er nach Mexiko gehen und sich auf die Beendigung seiner Hauptwerke konzentrieren konnte, vor allem des *Klimatisierten Alptraumes* und der *Kreuzigung in rosa.*

»Ich will nichts weiter als fünfzig Dollar pro Woche für fünfzig Wochen. In dieser Zeit werde ich vollenden, was ich mir vorgenom-men habe.« – »Will es jemand mit mir riskieren?« – so schloß er ziemlich kläglich.

Anfangs war kaum eine Reaktion zu spüren. Fünfzig Dollar kamen von Abramson vom Argus Bookstore (aber dafür zahlte Ben nie Tantiemen für seine Raubdrucke der Miller-Bücher). Weitere fünfzig Dollar kamen von der Schauspielerin Geraldine Fitzgerald. Schließlich erreichte ihn Ende April 1944 ein Brief von Henry Volkening: »Eine merkwürdige und vielleicht wunderbare Sache ist passiert. Gestern war ein Gentleman hier, der darauf besteht, vollkommen anonym zu bleiben. Er will, sagt er, bei einer Bank ein Treuhandkonto mit 2 500 Dollar einrichten mit Ihnen als Nutznießer, wobei die Bank die Anweisung hat, Ihnen, solange die Summe reicht, entweder fünfzig Dollar pro Woche oder zweihundert im Monat zu schicken.« Volkening befürchtete, daß der Mann »ein Spinner sein könnte«, aber er war im Gegenteil sehr zuverlässig, denn er deponierte sogleich dreihundert Dollar in der Bank und zahlte danach zweihundert Dollar im Monat ein. Miller hatte in *Die Welt des Sexus* geschrieben, daß jeder, der einem Künstler helfen wollte, anonym spenden sollte, und anscheinend hatte sein geheimnisvoller Wohltäter das Buch sorgfältig gelesen, denn er folgte Henrys Rat buchstabengetreu. In einem anonymen Brief an Miller machte er nicht mehr als drei Aussagen über sich: »Tchelitchew ist mein Maler / Miller ist mein Autor / Robicsek ist mein Psychologe.« Er erwartete keine Zinsen, verlangte nicht Henrys Tantiemen als Sicherheit und bat nur um Rückzahlung, wenn (falls jemals) Henry es sich leisten konnte. Er selbst sei keineswegs reich, schrieb er; er müsse sich sogar das Geld borgen, das er schickte.

Die ersten zweihundert Dollar kamen am 3. Mai 1944 an. Noch am gleichen Tag schickte Henry, ohne zu zögern, hundert Dollar an Anaïs Nin und versprach, auch den Rest dieses warmen Regens mit ihr zu teilen, um davon die Druckkosten für den ersten Band ihres Tagebuches zu bestreiten. Anaïs nahm sein Angebot an. Darüber hinaus schickte Henry fünfzig Dollar monatlich (die Hälfte seiner noch verbleibenden hundert) an Harry Herschkowitz als Geste künstlerischer Kameradschaft mit einem jungen Schriftsteller, der sein Vertrauen in ihn gesetzt hatte. Damit blieben Miller selbst noch fünfzig Dollar im Monat. In einem Brief an Cairns versuchte er, zusätzlich zu der Bitte, neue Gönner aufzutreiben, seine Vision einer Künstlergemeinschaft zu erklären. Indem er Anaïs und Harry mit dem wenigen, das er hatte, half, schrieb er an Cairns, machte er einen Anfang, diese Vision Gestalt annehmen zu lassen: »Ich denke, Sie wissen, daß ich für mich selbst nie mehr in Anspruch nehmen werde, als ich brauche. Zufällig bin ich zu so einer Art vitalem Zentrum geworden: so was wie ein Umsetzer. Vor allem, wenn es um die Belange der Künstler geht. Ja, als ich mit meiner Not an die Öffentlichkeit gegangen bin, was ich nun schon öfter getan habe, habe ich mehr an die Lage der amerikanischen Künstler im ganzen gedacht als nur an meine eigene... Künstler werden immer auftauchen, und einige wenige werden überleben, egal, wie schlecht die Bedingungen sind. Aber es ist die Öffentlichkeit, die darunter leidet, und bis die amerikanische Öffentlichkeit Art und Ausmaß dessen erkennt, was ihr dadurch vorenthalten wird, besteht keine Hoffnung auf Besserung.«

Die Idee von einem Künstlerparadies stand im Vordergrund seiner Überlegungen, denn einige Monate zuvor hatte er geglaubt, den idealen Platz für sich selbst gefunden zu haben. Im Februar 1944 besuchte er den Maler Jean Varda und dessen Frau Virginia in Monterey, Kalifornien. Wie Abe Rattner war Varda ein Meister der Farbe, ein kraftvoller Maler und wunderbarer Gesprächspartner, »ein Zirkus mit drei Manegen, ein Weiser, ein Heiliger, ein Seiltänzer, alles auf einmal«, wie Miller Knud Merrild berichtete. Obwohl Miller Los Angeles mit nur sieben Dollar in der Tasche und Bitterkeit im Herzen verlassen hatte, kehrten seine Lebensgeister bei Varda im Nu zurück, und er zog die Gegend um Monterey als mögliches Zuhause in Betracht. Seit er 1941 zum erstenmal diese zerklüftete Küste entlanggefahren war, hielt er sie für eine »herrliche Landschaft« und war von ihrer Primitivität fasziniert. Varda fuhr ihn bis nach Big Sur, um ihm seine Freundin Lynda Sargent, eine entfernte Verwandte des großen Porträtmalers, vorzustellen. Die Natur zeigte in Big Sur zugleich ein wildes und ein lächelndes Gesicht. Big Sur schien, so schrieb er an einen Freund, »das Tibet Ähnlichste, was man in diesem Land voll hastiger Geschäftigkeit finden konnte«.

In Big Sur fühlte er sich spontan wie zu Hause, und er machte es zu seinem Zuhause. Lynda Sargent ließ ihn in ihrer Blockhütte wohnen, während sie ihm half, eine eigene Unterkunft zu finden. (»Zwischen uns gibt's keine Fisimatenten«, erzählte Miller Herbert West.) März und April blieb er bei Lynda. Dann bot ihm im Mai 1944 der Exbürgermeister von Carmel, Keith Evans, der sich in der Armee befand, für die Dauer des Krieges sein Blockhaus auf der Partington Ridge an, und Henry hatte ein Zuhause. Sich in Big Sur niederzulassen war eine plötzliche, aber keine weltfremde Entscheidung. Da er keine Miete zahlen mußte, bestand seine Hauptsorge darin, genügend Brennholz heranzuschaffen, da das Meer oft einen herrlich schillernden, aber eisigkalten Nebelvorhang über die ganze Gegend legte. Er hatte sogar ganz hübsche Vorräte – Holz, Decken, Wäsche, ein großes Faß Kerosin, Nahrung, ja selbst eine Axt –, alles von Lynda, die wegzog. (Der Besitzer hatte ihr Blockhaus an Orson Welles für Rita Hayworth verkauft.)

»Ich tue mein Bestes«, schrieb er an Knud Merrild, kurz bevor er auf den Gebirgskamm zog, »um jetzt eine Art von Paradies zu bauen, nicht nur für mich selbst, sondern für all jene, an die ich glaube. Ich will nicht ganz allein an die Spitze gelangen wie jene Geier und Hyänen von Lawrence. Es gibt bereits fünfzehn oder zwanzig Leute in der Welt von unserer Art. Wir sollten einander bis zum Letzten unterstützen, glaube ich. Eine poetische lebensfähige Realität inmitten der Negativität und einer Welt der Korruption. Wir könnten es schaffen.« Vor allem, seit er den *Klimatisierten Alptraum* umarbeitete, fühlte er sich mehr und mehr überzeugt davon, daß Amerika grundsätzlich (wie er an Osbert Sitwell schrieb) »eine Wüste ist, in welcher der sensible Mann oder die sensible Frau ihren unerwünschten Samen verschleudern – wie Kamele, die in die Dunkelheit pissen, irgendwo in Arabien«. Trotzdem glaubte er, wie auch die ersten Siedler daran geglaubt hatten, daß der Mensch in Amerika – vor allem in Big Sur – einen neuen Anfang machen konnte.

Telegrafen, Telefon, Kanalisation, Müllabfuhr, Elektrizität, Butantanks oder Eisschrank, all das gab es auf Partington Ridge nicht. Dagegen hatte es vorzuweisen: Meilen struppiger Büsche, Stinktiere, Schlangen, ein paar Geier und einen fast undurchdringlichen Dschungel von giftigem Efeu. Außerdem noch: ein grandioses Vierzigmeilenpanorama einer zerklüfteten, majestätischen Küste, einen steilen, anderthalb Meilen langen Aufstieg von der Straße, bis man sich dreihundert Meter über dem Meer befand, unzuverlässige Postzustellung, heftige Winterregen, Fliegen, Schwefelbäder sechs Meilen südlich, sengende Sonne und dichte Nebel und trotz der allgemeinen Atmosphäre der Einsamkeit in jedem Winkel und in jeder Ritze versteckte Nachbarn, die sich zu einem Plausch versammelten und auf die Post warteten oder aus dem Nichts heraus auftauchten und Geschenke und kluge Ratschläge für den Neuankömmling brachten. In der ersten Zeit in Big Sur trug Henry oft eine lange Kutte mit Mandarinkragen, einen Kulihut und einen knorrigen Spazierstock. Er sagte seine Morgengebete – gewöhnlich betete er um Geld – vor einem kleinen geschnitzten chinesischen Gott und einer Ansammlung anderer Gegenstände, die zur Dekoration auf dem Kaminsims standen. Er liebte es, die Rolle eines tibetanischen Mönches zu spielen.

Aber er hatte ganz sicher kein leichtes Leben. Als Stadtbewohner war sich Miller gar nicht klar darüber gewesen, mit welchen körperlichen Anstrengungen eine derartige Existenz verbunden war. Post und Lebensmittel und Vorräte wurden dreimal wöchentlich zum

372

Fuße des Kammes geliefert, anderthalb Meilen unterhalb seines Hauses. Begab sich Henry hinunter, dann bot ihm der Hügel einen hübschen Spaziergang. Eine kleine Brise kühlte seinen Nacken. Der kleine Holzkarren, in dem er immer die Vorräte den Hügel hochzog, war leer und rollte leicht dahin. Er fühlte sich wie ein orientalischer Weiser, der auf diesem verlassenen Gebirgskamm zu einem Eremiten geworden war. Aber das änderte sich abrupt, wenn er seine Vorräte eingesammelt hatte und sich hügelaufwärts bewegte. Die Länge des Pfades schien auf das Fünffache angewachsen. Die Gebete wurden durch Flüche ersetzt. Wenn er seine Ladung in dem hölzernen Wagen den Hügel hochzerrte, wie ein Ochse schwitzend und atemlos vor sich hinfluchend, dann fühlte er sich wie ein Kuli, nicht wie ein Mönch. Bevor er halb oben war, hatte ihn die stechende Sonne gut durchgegrillt. Und hatte er es endlich geschafft, die Vorräte bis zu seinem Blockhaus zu schleppen, dann nahm die eigentliche Tagesarbeit erst ihren Anfang. Im Wald mußte er abgestorbene Äste sammeln, wieder seinen Wagen füllen und das Brennholz zum Haus zurückziehen, um es anschließend zu zersägen und zu zerhacken. Wollte er warmes Essen oder Kaffee (was meist der Fall war), mußte er Feuer machen. Dann waren alle Vorräte zu lagern und das Geschirr zu spülen. Die Arbeit schien kein Ende zu nehmen. Jeden Nachmittag hielt er ein Nickerchen – er hatte es wirklich nötig.

Trotzdem nahm er in Big Sur endlich die Arbeit an *Die Kreuzigung in rosa* wieder auf und fing verschiedene andere Manuskripte an. »Hier oben hab ich jeden Tag einen Einfall«, erzählte er Bern Porter. »Die Luft ist erfrischend und belebend und soviel wert wie hundert Beverly Glens.«

Seine erste neue Arbeit war ein kurzer Essay über Knud Merrild, »A Holiday in Paint«, in dem er betonte, daß »es die Anstrengung der wenigen kreativen Künstler unserer Zeit ist . . . befreiend zu wirken«. Er revidierte »Of Art and the Future« und schrieb »Varda, the Master Builder« für die Zeitschrift *Circle*. Er wandte sich mit noch größerer Faszination als zuvor Rimbaud zu und versuchte sich an einer Übersetzung von *Une saison en enfer*. Seine Korrespondenz nahm ständig zu. »Ich bekomme so viele Briefe von jungen Leuten«, sagte er einem Freund, »alle strebend und suchend und kämpfend – voller Verzweiflung«, und er mußte ihnen einfach antworten. Er strömte geradezu vor Energie über, ließ seinen Geist in viele Rich-

tungen treiben. Vielleicht war er in seinem neuen Heim zu glücklich, um an der Geschichte seines Elends mit June zu arbeiten.
Jedenfalls ließ er sich ständig durch neue Einfälle von der Arbeit an
der *Kreuzigung in rosa* ablenken; er ließ die Idee wiederaufleben,
das immer noch nicht in der endgültigen Fassung vorliegende *Draco
and the Ecliptic* als Schlußstein der *Kreuzigung in rosa* einzufügen.
Aber die Tage, in denen er wie in Clichy sein Schreiben in einen
strengen Zeitplan einzwängen konnte, waren vorbei. Er wollte
alles tun und nichts aufgeben: Er hatte an Disziplin verloren. Es war
ein schlechtes Zeichen, daß er seinen großen Roman neu zu planen
begann anstatt ihn zu beenden; er beschloß, drei Bände daraus zu
machen, und der gewaltige Umfang dieser neuen Idee half ihm, die
Vollendung des Buches hinauszuschieben. Auch daß er so viel malte,
war ein schlechtes Zeichen – genug für drei Ausstellungen in diesem
Jahr: in Santa Barbara, Washington D.C., und London. Früher war
er gezwungen gewesen, auf alles zu verzichten – sogar auf seine
Selbstachtung. Nun aber war er nicht mehr bereit, auf irgend etwas zu
verzichten.

Und er fühlte sich glücklich. Oder wie er es gern ausdrückte: Er
pißte warm und trank kalt. Nach so vielen Jahren war wieder die alte
Frische und Fröhlichkeit da. Trotz der vielen Stunden, die er allein
schon den Notwendigkeiten des Lebens opfern mußte, gehörten die
nächsten drei Jahre in Big Sur zu den glücklichsten seines Lebens. Er
hatte sich schon immer ganz natürlich zu Gemeinschaften hingezogen
gefühlt, aber die meisten waren nur von kurzer Dauer gewesen – die
Xerxes-Gesellschaft, sein Kreis bei der Western Union, seine
Emigrantenfreunde in Paris. Hier in Big Sur nun schuf er sich eine
weitere Gemeinschaft von Freunden. Er erinnerte sich an einen
jungen Mann namens Emil White, den er vor zwei Jahren in Chicago
kennengelernt hatte. (Jahre zuvor hatte White bei der Western
Union gearbeitet, während Miller Personalchef war, aber damals
waren sie einander kaum begegnet.) White verkörperte genau den
Typ, den Henry mochte, ein österreichischer Sozialist mit europäi-
schem Geschmack für gutes Essen, Bücher und Frauen. Jetzt, 1944,
schrieb Henry prompt an White nach Yukon, wohin dieser sich
verzogen hatte, um der Einberufung zum Militär zu entgehen, und
lud ihn nach Big Sur ein.

White wurde zu seinem ständigen Gefährten. Wie Alfred Perlès
war er ein Helfer, ein Bewunderer und ein ergebener Freund. Er

wurde der vollkommene Freund, den Henry immer gesucht hatte. Nie gab es zwischen ihnen Spannungen. Unter Millers Einfluß begann White, recht gut zu malen – aber nur, wie er freundlich grinsend behauptete, als Köder für die Frauen. Nach und nach schrieb er dann den *Big Sur Guide* (Big-Sur-Führer), in dem Henry einen prominenten Platz einnahm. Er las viel, und sein Geschmack ähnelte dem von Henry; schon bevor sie sich getroffen hatten, war er ein begeisterter Anhänger von Millers Büchern gewesen. »Es gibt einige Männer«, sollte Miller viele Jahre später schreiben, »deren Hingabe die Grenzen der Freundschaft überschreitet. Emil White gehört zu diesen Männern. Fünfundzwanzig Jahre lang habe ich gewußt, daß ich mich in allem auf Emil verlassen kann – und ich meine in allem.«

White war die zentrale Figur in der sich ständig wandelnden Gruppe von Freunden, die Miller umgaben. Dazu gehörten Schriftsteller wie Maud Oakes, Walker Winslow (Harold Maine), Lillian Bos Ross und George Leite; der Bildhauer Benny Bufano; einige Verehrer aus Hollywood wie Leon Shamroy, der Bilder kaufte und oft genug Lebensmittel mitbrachte; der israelische Künstler Bezalel Schatz; der deutsche Pianist Gerhardt Münch; eine Unzahl von Nachbarn und Bewohnern von Big Sur – Norman Mini; Harrydick Ross; Jean Wharton und viele andere einschließlich Noel Young, ein um Anerkennung bemühter junger Romanautor, der bei Miller Zuflucht suchte, zu einem lebenslangen Freund und schließlich zu Millers Verleger wurde.

Wenn Emil White in gewissem Sinne den Platz von Perlès einnahm, so wurde Ephraim Doner, ein Maler, der in Carmel Highlands lebte, zu einem neuen Emil Schnellock. Doner, ein energiesprühender Künstler und ein noch kraftvollerer Mann, konnte sich über jedes Thema unterhalten, angefangen von den Werken Dostojewskijs bis zur russischen Revolution, vom Zionismus bis zu französischen Weinen. Und natürlich wußte er sehr viel über Kunst und war mit vielen der Künstler vertraut, die Miller in Paris gekannt hatte. Tatsächlich waren sie sich einmal bei einer Party in Paris begegnet. Jetzt nahmen sie ihre Unterhaltung wieder auf – und Reden war immer noch Henrys Lieblingsbeschäftigung. Er und White und Doner und viele andere Besucher saßen oft bis spät in die Nacht in der kleinen, von Kerosinlampen erleuchteteten Hütte und führten Gespräche über alles unter der Sonne. Henry erschienen diese Lichtkreise, die von den Lampen auf sie fielen, wie Heiligenscheine – fröhliche, clownhafte Heiligenscheine, denn es war eine glückliche und heilige Zeit, dieses erste Jahr in Big Sur.

8. Andere glorreiche Boten

Ende Juli 1944 wurde Henry nach Brooklyn gerufen. Seine Mutter war sehr ernst an Krebs erkrankt. Dieses Mal beeilte er sich; er behauptete zwar, daß er sich nie mit seiner Mutter aussöhnen könnte, nichtsdestoweniger wollte er seiner Pflicht nachkommen und anders als im Falle seines Vaters an ihrer Seite sein, wenn das Ende kam. Aber wieder mal durchkreuzte seine Mutter seine besten Absichten. Nach ihrer Operation erholte sie sich prächtig. Sie brauchte ihren Sohn nicht an ihrer Seite. Zwei junge Romanisten an der Yale-Universität, Henri Peyre und Wallace Fowlie, hörten, daß Miller im Osten war, und arrangierten eine Ausstellung einiger seiner Bilder in New Haven, Connecticut.

Henry hatte immer noch keine Frau gefunden, die er lieben konnte, und er sehnte sich nach Zuneigung. Als er in New York ankam, um seine Mutter zu besuchen, lernte er zwei Schwestern kennen, die aus Polen emigriert waren. Sie sprachen Englisch mit Akzent – was Henry, immer noch in sein Ideal der »europäischen Frau« verliebt, attraktiv fand – und waren beide hübsch und ernsthaft veranlagt. Die eine war die zwanzigjährige Janina Martha Lepska, zu der er sich sehr hingezogen fühlte, obwohl kaum etwas Ernsthaftes daraus werden konnte. Nicht nur, daß er mehr als doppelt so alt war, sie hatte auch sehr konkrete Pläne. Im Frühling hatte sie am Bryn Mawr College das Examen gemacht, und im kommenden Herbst wollte sie in Yale Geschichtsphilosophie studieren.

Unruhig saß Henry seine Zeit in New York ab, bis seine Mutter außer Gefahr war. Anfang Oktober 1944 beeilte er sich dann, nach Yale zu kommen, um seine Verehrer aufzusuchen, bei seiner Ausstellung zugegen zu sein und Martha Lepska wiederzusehen. Er genoß diesen Besuch – es war eine Abwechslung und gab ihm Möglichkeit, mit den jungen Leuten über Literatur zu sprechen. Stundenlang unterhielt er sich mit Yale-Studenten in kleinen Gruppen zu viert oder zu fünft. Schließlich lud der Präsident von

Yale Henry zu einer öffentlichen Vorlesung ein und bot ihm ein Honorar von tausend Dollar an – ein Jahreslohn nach Millers Maßstäben! Seine öffentliche Schüchternheit brach durch. »Wenn irgend jemand das Geld nötig hat, dann ich«, erzählte er Fowlie, »aber ich hab noch nie einen Vortrag gehalten und werde es auch nie tun.«

Natürlich sah er Martha Lepska mehrmals, und er redete sich ein, daß sie irgendwie June ähnlich war. Sie besaß die gleichen festen und doch feinen slawischen Gesichtszüge wie June und eine ähnliche impulsive Lebhaftigkeit. Sie war slawisch wie June, aber blond, nordisch wie seine Oberschulflamme Cora Seward; Henry sah in ihr eine Mischung aus romanischen und teutonischen Zügen, die in Anaïs Nin zur Vollkommenheit vereinigt waren. Aber was mehr war, Martha war an seinen Gedanken interessiert und – falls er die Zeichen richtig las – an *ihm*. Selbstverständlich war er auf der Stelle verloren. Er würde alles tun, um diese Frau zu gewinnen – selbst wenn dabei nichts anderes als Liebeskummer herauskam.

Trotz seines Schwurs in Yale, keine Vorlesung zu halten, gab Miller, als er Professor Herbert West in Dartmouth besuchte, seinen ersten und letzten College-Vortrag zum besten. Bei diesem Anlaß wurde zum erstenmal deutlich, daß Miller auf eine gewisse unterschwellige Art und Weise im Begriff war, sich einen besonderen Ruf zu erwerben. Er war zu einer ästhetischen Berühmtheit geworden, an der sich die Geister schieden: Er hatte glühende Verehrer und wütende Kritiker. An der Oberfläche schien sein Vortrag schlicht genug zu sein: Sein Thema war: der kreative Geist in Kunst und Zivilisation. Zu seiner Überraschung wurde er jedoch von einem Zwischenrufer aus dem Publikum gestört. Und kurz darauf erschien in *New Currents* ein Artikel von dem gleichen Störenfried über Millers Besuch in Dartmouth. Unter dem Titel »Odyssee eines Lockvogels« wurde Henry darin zusammen mit Gide, Pound und Hamsun als übles Beispiel jener Künstler bezeichnet, die antipatriotisch, gesellschaftsfeindlich und antiamerikanisch eingestellt waren. Der Autor ließ deutlich anklingen, daß er Miller für subversiv und unzuverlässig hielt. Während des Krieges waren solche Anwürfe nicht ungefährlich, und infolge des Vorfalls bekamen Miller und West Besuch vom FBI. Miller war etwas besorgt: Wenn Agenten nach »leicht brennbarem Material« suchten, dann konnten sie sicherlich jede Menge Zunder in seinen Büchern finden. (Vor allem hatte er kürzlich ein Antikriegsstück fertiggestellt, *Murder the Murderer* [Ermorde den Mörder], das er nicht zu veröffentlichen wagte – es kam auch erst nach Kriegsende heraus.) Der Zwischenfall in Dartmouth hatte keine weiteren Folgen, war aber ein erstes Indiz dafür, daß Konservative Millers Werk und seine Person als subversiv empfanden. Und der Artikel in *New Currents* war der erste einer ganzen Reihe von Veröffentlichungen, in denen er als amoralischer Schädling und als eine Bedrohung für die Gesellschaft gebrandmarkt wurde.

Nichtsdestoweniger blieb Henry noch im Osten, um Freunde und Bewunderer zu besuchen. In Bridgeport blieb er bei Richard Osborn, der sich nie mehr ganz von seinem Pariser Zusammenbruch im Zusammenhang mit Jeanne erholt hatte. Paris hatte ihn aus der Bahn geworfen, und Bridgeport hatte sich mit melancholischer Hoffnungslosigkeit auf ihn gelegt. Martha Lepska besuchte das nahe gelegene New Haven, während sich Henry nur kurz bei Osborn aufhielt. Er lud sie ein, ihn nach Kalifornien zu begleiten, und sie nahm an. Nach kurzen Aufenthalten in Washington, D.C., bei Caresse Crosby und Emil Schnellock in Fredericksburg, Virginia, starteten sie Anfang Dezember in Richtung Westen. In Boulder, Colorado, blieben sie bei Margaret und Gilbert Neiman, und hier heirateten Henry und Martha Lepska am 18. Dezember 1944, als Mond und Venus in naher Konjunktion standen. Danach verbrachten sie eine Woche bei den Rexroths in San Francisco, bevor sie Varda in Monterey besuchten, der sie schließlich nach Big Sur fuhr.

Ein Jahr später erzählte Henry einem Freund, daß er gar nicht geplant hatte, Martha zu heiraten – er hatte sie nur rein zufällig vor Yale gerettet, und der Rest ergab sich dann. Hinter dem plötzlichen Impuls stand der Schatten seiner Mutter; die Krankheit seiner Mutter hatte ihn nach dem Osten gebracht, und der Kontakt mit seiner Mutter ließ ihn wie stets – fast blindlings – nach dem greifen, was sie ihm seinem Gefühl nach nie gegeben hatte: Zuneigung, die man sich nicht erst verdienen mußte. Er hatte immer gegen seine Mutter gekämpft, weil er sie dazu bringen wollte, daß sie ihn um seiner selbst willen akzeptierte, nicht für das, was er für sie »tun« würde. Wenn eine Frau an ihn glaubte, dann war er bereit, alles für sie zu tun, wollte sie ihn aber erst auf die Probe stellen, dann war er wie gelähmt. »Vielleicht hab ich mich an meiner Mutter durch meine inzestuöse Beziehung zu Pauline gerächt«, meditierte er einmal. Pauline liebte

378

ihn, selbst als er sie verriet; und er kehrte zu ihr zurück, um sie von neuem zu betrügen und zu verraten und so zu beweisen, daß sie ihm alles vergeben würde. Durch seine Arbeit über D. H. Lawrence lernte Henry diese Bindung an seine Mutter verstehen, und Lawrences Betonung des »Inzestmotivs« gehörte zu den Problemen, die diese Studie zu einem derartigen Kampf für Henry machten. Lawrence bestand darauf, daß die »Inzestsehnsucht« so normal wäre wie ehelicher Geschlechtsverkehr und nicht unterdrückt werden sollte. Millers eigene Mutterfixierung erlaubte ihm nicht, derart weit zu gehen, aber ihm waren die Augen für dieses Problem geöffnet worden, und er las Jungs *Psychologie des Unbewußten,* um die mythologischen Dimensionen der Muttergestalt zu erkennen. Zehn Jahre später nun in seiner Arbeit über Rimbaud verfolgte er die gleiche Spur: die heftige Anstrengung, die sich entwickelnde Persönlichkeit von der Mutter abzunabeln. »Ich glaube«, schrieb er in seiner Rimbaud-Studie, »daß es bei Lawrence und Rimbaud dasselbe war. Der ganze rebellische Geist, den ich mit ihnen teile, entspringt diesem Problem.« Als die Krankheit seiner Mutter ihn an ihre Seite zwang, schlug er zurück, indem er sich in Martha verliebte. »Ich bin sehr glücklich«, schrieb Miller zwei Tage nach seiner dritten Eheschließung an Knud Merrild.

Aber kaum spürte Henry den Druck nicht mehr, den die Nähe seiner Mutter auf ihn ausgeübt hatte, fragte er sich, warum er Martha geheiratet hatte. Sie ihrerseits hatte sich keine rechte Vorstellung davon gemacht, wie anstrengend das Leben in Big Sur sein würde. Sie ertrug Big Sur ohne große Klagen, aber ihr leidenschaftlicher Sinn für Ordnung zerstörte für Henry die Atmosphäre des Ortes. Ganz bestimmt konnte man Martha nicht die Schuld an den Spannungen geben, die sich bald schon zwischen ihnen aufbauten. Sie versuchte, ihn zu beschützen, und so bewahrte sie ihn vor Störungen und Ablenkungen, ohne zu erkennen, daß Henry Ablenkungen liebte – er zog es vor, seine Freunde zu sehen anstatt an seinen Büchern zu schreiben –, und trotz ihrer guten Absichten wandten sich seine Freunde und schließlich auch Henry gegen sie. Henry hatte geglaubt, daß sein Polenmädel slawisch wäre wie June; aber sie entpuppte sich als deutsch – wie seine Mutter. Um keinen Irrtum aufkommen zu lassen, auch er selbst war nach all seinen Erfahrungen auf Ordnung angewiesen – aber sein Geist brauchte auch ein Element des Chaotischen. Bald hatte Henry das Gefühl, daß Martha ihn tyrannisierte, und er rebellierte dagegen, dem Tagesplan eines anderen unterworfen zu werden. Martha brachte nicht nur Ordnung in sein Leben, sie lehrte ihn auch, wie man in Big Sur leben mußte, denn sie war in Polen in ländlicher Gegend aufgewachsen und wußte wesentlich besser als er, wie man sich unter ziemlich primitiven Umständen durchschlagen konnte. Was die Sache noch schlimmer machte, alle Frauen von Big Sur standen auf ihrer Seite: Sie bewunderten die Art, wie Martha ihren Mann und ihr neues Leben »in den Griff bekommen« hatte, wie sie das Beste aus allem machte und sich nie beklagte. Die Nachbarn betrachteten Martha als Musterfrau – und später dann als beispielhafte Mutter. Mit was mußte sie nicht alles fertig werden. Zuerst einmal kehrte Evans wieder zurück und belegte sein Haus mit Beschlag; Henry und Martha mußten in ein anderes Blockhaus am Anderson Creek ziehen, das derart heruntergekommen war, daß die Miete nur 7,50 Dollar im Monat betrug. Martha mußte auf einem uralten Holzofen kochen und einen zänkischen, wunderlichen alten Schriftsteller als Ehemann ertragen. Trotzdem war sie nie niedergeschlagen, sondern blieb allem Anschein nach fröhlich. Sie mußte eine Heilige sein – darin waren sich die Nachbarn einig. Aber Henry gefielen die Ansichten der Nachbarn ganz und gar nicht, geschweige denn Marthas grimmige Heiterkeit. Je munterer sie wurde, desto mürrischer wurde er.

Aber dann im März wurde Martha schwanger, und Henrys Herz machte einen Sprung zurück ins Leben. Den letzten Monat vor Marthas Niederkunft verbrachte er in fieberhafter Sorge und Ungeduld. Im November 1944 endlich gebar sie eine Tochter. »Es ist ein Mädchen, Valentine – dunkle Augen – slawisch – perfekte Figur & Gesicht. Überbewußt geboren«, schrieb er an Huntington Cairns am Tag nach ihrer Geburt im Krankenhaus von Berkeley. Sie wurde auf den Namen Valentine getauft – Henrys zweiten Vornamen –, und er überschüttete sie mit all der Liebe, die sich bei ihm für seine verlorene Tochter aufgestaut hatte. Noch ehe Valentine einen Monat alt war, erzählte er Durrell: »Sie ist eine kleine Schönheit, ein Engel, und ich bin wahnsinnig verliebt in sie. Macht überhaupt keinen Ärger. Schläft ständig und schreit so gut wie nie.« Unglücklicherweise verstärkten sich durch Valentines Geburt die Differenzen zwischen Henry und Martha. Henry widmete seine ganze Aufmerksamkeit dem Kind. Für Martha bedeutete die Ankunft eines Kindes, daß sie die Zügel der Ordnung noch straffer anziehen mußte. Als sie ihm vorschreiben wollte, wie er seinen Arbeitsplan einzuteilen hatte, brach der offene Krieg aus. Je deutlicher ihm wurde, daß sie ihn beschützte und bewachte, damit er schreiben konnte, desto stärker fühlte er sich wie ein Gefangener, paralysiert in seinem Schreiben, nur noch von dem Drang besessen, seinem Studio zu entfliehen. Auch die Erziehung von Valentine entwickelte sich zu einem heftig umkämpften Streitpunkt. Martha hatte das Gefühl, daß Val bei Henry die erste Geige spielte – und schlimmer noch, daß er sie auf geradezu absurde Weise verzog. Ständig wiederholte sie, das Kind müsse diszipliniert und kontrolliert werden. Aber Henry war entschlossen, ihr das natürliche Leben zu schenken, daß ihm, wie er glaubte, seine Eltern vorenthalten hatten. Er nahm Valentine auf lange Spaziergänge durch die Wälder mit, bis sie erschöpft war. Er nannte sie eine »kleine Mongolin« oder eine »wilde Indianerin« und argumentierte, daß es auf der ganzen Welt absolut keinen Grund geben würde, sie einmal in die Schule zu schicken. Die Kampflinien zwischen ihm und Martha waren klar.

9. Geld und wie es den Weg zu ihm fand

In einer Atmosphäre der Unzufriedenheit und wachsenden Verbitterung, ständiger Armut und der ewigen Routine harter körperlicher Arbeit vergingen die Jahre 1945 bis 1949. Miller war so deprimiert, daß er über weite Strecken überhaupt nichts schrieb. Seine Beziehung zu Martha verfiel zusehends. Wie in seinen schlimmsten Jahren mit June verlor er wieder alles Selbstvertrauen, empfand sich selbst als unverantwortlich, egoistisch, unfähig. Die Notwendigkeiten des harten Lebens in Big Sur, ein gewaltiger Berg an Korrespondenz und der ständige Kampf ums Geld, all das lenkte ihn vom ernsthaften Schreiben ab.

Er empfand nicht mehr die Freude, die einst seinem Schreiben Lebendigkeit und Schwung verliehen hatte. Was er schrieb, rang er sich mühsam ab. Die meisten seiner Arbeiten in der zweiten Hälfte der vierziger Jahre beharren auf den immer gleichen Ideen, sind in einem gleichbleibenden Stil geschrieben – glatter, aber auch mechanischer. Eine Anzahl von Magazinen, von denen einige sogar zahlten, übernahmen alles, was Henry anzubieten hatte, und er produzierte Dutzende von Artikeln. Verleger von Liebhaberausgaben baten ihn um kürzere Texte. Viele dieser Arbeiten waren Neuauflagen oder wurden schon früher geschrieben. »Der Engel ist mein Wasserzeichen« aus *Schwarzer Frühling* wurde erneut 1944 von Holve-Barrows von Fullerton aufgelegt. Eine Auswahl seiner Pariser Briefe an Emil Schnellock brachte Porter 1944 heraus. Von New Directions wurde endlich 1945 *Der Klimatisierte Alptraum* veröffentlicht. 1946 gab Porter die *Henry Miller Miscellanea* heraus, eine Zusammenstellung von Arbeiten, die bis 1924 zurückgingen. Unabhängig voneinander veröffentlichten die Colt Press und der Motive Book Shop in Waco, Texas, den Essay über Wassermanns *Maurizius*-Trilogie, »Maurizius Forever«. *Ermorde den Mörder,* 1944 vollendet, erschien 1946.

Während dieser Zeit war Millers kreativste Arbeit seine Studie über Rimbaud, die in zwei Teilen veröffentlicht wurde. Sie trug den Titel: »When Do Angels Cease to Resemble Themselves?« (Wann hören Engel auf, sich selbst ähnlich zu sehen?). Und selbst diese Arbeit hatte ihren Ursprung im Jahre 1941, als er versuchte, *Une saison en enfer* zu übersetzen.

So war seine Arbeit in den späten vierziger Jahren eher kompilatorisch und sekundär als originär. Das traf vor allem auf seine Arbeit an *Die Kreuzigung in rosa* zu; 1946 lag ein Manuskriptberg von über tausend Seiten vor ihm mit einem Sinnspruch des tibetanischen Weisen Milarepa auf der Titelseite: »Es wurde geschrieben; und es mußte so sein. Siehe, wohin es geführt hat.« Ende 1948 hatte er mehr als 1 500 Seiten, zuviel für die einbändige Fortsetzung von *Wendekreis des Steinbocks,* die er 1939 geplant hatte. 1948 teilte er den gesamten Stoff in zwei Bände, betitelt *Sexus* und *Plexus.* Die restliche Geschichte beabsichtigte er, unter dem Titel *Nexus* zu vollenden.

Von der Aufmachung her gesehen, war *Ins Nachtleben hinein* das schönste Buch, das er während dieser Zeit produzierte – das Traumkapitel aus *Schwarzer Frühling.* Es war eine wunderbar gedruckte und von Bezalel Schatz illustrierte Ausgabe. Es war Schatz' Idee, ein ganzes Buch im Siebdruckverfahren herzustellen; er übernahm das Design und den künstlerischen Teil und Henry den Text, der genauso serigraphiert wurde, wie er geschrieben worden war, mit Variationen in Stil und Schreibgeräten entsprechend dem Fluß der Erzählung und der jeweiligen Stimmung. »Der Satz von

Freud, von dem der Titel stammt«, notierte Henry stolz, »ebenso wie seine Unterschrift sind in Henry Millers Handschrift gehalten, da es nicht möglich war, Freud wiederauferstehen zu lassen, um den Job selbst zu erledigen.« Die Arbeit begann im Februar 1946. Sie glaubten, in ein paar Monaten damit fertig zu sein, aber ein Jahr verging, ehe 800 Exemplare zum Binden gingen. Allein die Materialkosten für ein Exemplar beliefen sich auf 73 Dollar, und sie planten, dieses sagenhafte Buch für nur 100 Dollar zu verkaufen. Es war der luxuriöseste Ausdruck von Millers Vision künstlerischer Zusammenarbeit. Schatz lieferte den Schlüssel zu der Arbeit: »Die Chinesen, die Hindus, die mittelalterlichen Mönche schufen instinktiv Werke wie diese. In unserer Zeit bemerken wir ein auffälliges Fehlen dieser Art von Zusammenarbeit.« Und Miller ergänzte: »Wir hoffen und glauben, daß dadurch andere Künstler inspiriert werden.« Henry holte sich im Juli 1947 eine »Lizenz, sich geschäftlich als Verkäufer zu betätigen«, und begann, mit dem Band hausieren zu gehen. Er bestand darauf, daß Schatz die ersten 2 000 Dollar bekam, die sie einnahmen. »Ich kann warten«, sagte Henry. Die ersten 2 000 Dollar kamen schnell herein: Henry und Schatz und Benny Bufano unternahmen einen Streifzug durch Hollywood und verkauften achtzehn Exemplare in fünf Tagen. Doch dann stockte der Verkauf, und es dauerte lange, bis Henry seinen Anteil kassieren konnte. Nachbarn und Freunde jedoch schienen immer bereit, ihm das zu geben, was er zum Überleben brauchte. In Big Sur war er nie in Gefahr zu verhungern. Nur das Problem, tatsächlich mal Geld in der Tasche zu haben, konnte er nicht lösen. Seine Honorare der vier von New Directions vor 1945 veröffentlichten Bücher (*The Cosmological Eye, Der Koloß von Maroussi, The Wisdom of the Heart* und *Sunday After the War*) brachten ihm kaum mehr als tausend Dollar pro Jahr ein. Selbst der *Klimatisierte Alptraum*, von New Directions endlich 1945 herausgebracht, verkaufte sich schlecht.

Erst 1944 mit der Befreiung Frankreichs begann sich seine finanzielle Lage zu verbessern. Er erhielt eine Nachricht von einem Offizier der Handelsmarine, einem Leser seiner Bücher, daß er zwei für Miller bestimmte Koffer hätte, die aus Louveciennes stammten – Koffer, die Miller vor seiner Abreise nach Griechenland in Aufbewahrung gegeben hatte – und die seine wertvollsten Manuskripte enthielten, die Originale von *Wendekreis des Krebses* und *The World of Lawrence*. Mitte Oktober 1944 dann bekam Miller einen Brief von

Jack Kahanes Sohn, der sich nun Maurice Girodias nannte (»In Frankreich hat jetzt praktisch jeder einen neuen Namen«, erklärte er), mit der Ankündigung, daß er mit dem Verlag Editions du Chêne die Publikation wiederaufnehmen würde. »Ihre Bücher sind von den Deutschen nicht konfisziert worden«, sagte er in einem Postskriptum; »all die Sachen, die Sie bei mir zurückgelassen haben, sind in Ordnung.« Knappe drei Monate nach dieser Nachricht schickte ihm Girodias einen genauen Bericht. Henrys Bücher verkauften sich weiterhin unerwartet gut, erklärte der Verleger vornweg. Nach vielen weiteren unwichtigen Details kam er dann endlich zur Sache: Henrys angesammelte Tantiemen beliefen sich auf 410 000 Franc. Vierzigtausend Dollar! *410 000 Franc. Jawohl, vierzigtausend Dollar.* Henry setzte sich hin und rauchte eine Zigarette. Hier, in dieser Hütte für 7,50 Dollar im Monat, mit 200 Dollar Schulden beim Lebensmittelhändler, ohne Auto, ohne Bankkonto, sah er sich plötzlich im Besitz von mehr Geld, als während seines ganzen Lebens durch seine Hände gegangen war.

Nun ja, fast im Besitz. Denn wenn man Girodias' Brief etwas genauer las, wurde deutlich, daß die französischen Nachkriegsbestimmungen des *Office des Changes* den Export einer solchen Summe verboten. Vielleicht würde die französische Wirtschaft zusammenbrechen, wenn man einem verarmten amerikanischen Autor seine Honorare ausbezahlte. Henry war also in Amerika und sein Geld in Paris. Wie *wurde* Geld zu dem, was es war? Der einzige durchführbare Vorschlag von Girodias ging dahin, daß Henry nach Frankreich kommen, sich einen Landsitz kaufen und wie ein König leben sollte.

Es war ein verlockender, ein blendender Gedanke, und Martha drängte gemeinsam mit Girodias auf seine Verwirklichung. Für ein Butterbrot konnte er Antiquitäten kaufen, Bilder von Miró, Picasso, Braque und Soutine, in ein nettes einträgliches französisches Geschäft investieren. Wer hatte schon in Frankreich 410 000 Franc? Aber für Henry kam das überhaupt nicht in Frage. Er weigerte sich ganz entschieden, überhaupt in Erwägung zu ziehen, nach Europa zu gehen. Zum einen war die Gesundheit seiner Mutter immer noch stark gefährdet, und er hatte geschworen, sich im Falle ihres Todes sofort um seine hilflose Schwester Lauretta zu kümmern, die niemanden sonst auf der Welt hatte. Zum anderen sorgte er sich wegen Val. Immerhin war sie noch ein Baby, und er fand es hartherzig und verantwortungslos, sie den Gefahren der Reise, den Veränderungen in Nahrung und Wasser, den Schwierigkeiten, das richtige Essen für sie im Nachkriegsfrankreich zu beschaffen, und den Ungewißheiten der medizinischen Versorgung auszusetzen. Er war vernarrt in sie, er wollte sie nicht mitnehmen, und er weigerte sich, ohne sie zu gehen. Was er aber tun konnte, war, einen »Landsitz« von seinem Big-Sur-Freund Jean Wharton zu kaufen – ein Haus hoch oben auf Partington Ridge, das sicherlich eine gewaltige Verbesserung im Vergleich zu seinem Blockhaus am Anderson Creek darstellte. (Dieses Haus war es dann, das stets mit Millers Leben in Big Sur in Verbindung gebracht wurde.) Trotzdem besaß er nicht die paar tausend Dollar – jedenfalls nicht in den Vereinigten Staaten –, um das Haus zu bezahlen, das er »gekauft« hatte. Auf dem Papier war er reich, aber er mußte in einem geborgten Haus leben.

Und so begann er, auf seine alte erfinderische Art und Weise Strategien auszuhecken, um ein bißchen was von dem Geld aus Frankreich herauszuschaffen. Die Verzögerung aber führte zu einem ersten Fiasko: Die Zeit ließ sein Geld dahinschmelzen, noch ehe er es in die Finger bekommen konnte. Zwei Monate nach den ersten guten Nachrichten kamen die schlechten: Im Januar 1946 wurde der Franc entwertet, der Dollar stieg um ein Drittel; aus vierzigtausend Dollar wurden plötzlich fünfundzwanzigtausend. Die Verkäufe seiner Bücher jedoch liefen weiterhin erfolgreich, und zusätzliche Honorare sammelten sich an; Millers Bücher wurden in Auflagen von je zehntausend Stück nachgedruckt und waren rasch wieder vergriffen. Seine Prozente an Übersetzungen und Nachdruckrechten ließen seine Guthaben schneller anschwellen, als sie von der Geldabwertung weggefressen werden konnten.

Im Juni 1947 betrug nach mehreren Abwertungen die Summe, die Henry gehörte, 4 470 000 Franc. Aber immer noch konnte er nichts davon aus Frankreich herausbekommen. So schnell, wie sich das Geld in der Bank ansammelte, so schnell fiel der Wechselkurs. Die offensichtlichste und einfachste Lösung wäre gewesen, jemand damit zu beauftragen, leicht transportable Güter wie zum Beispiel Schmuck zu kaufen und sein Editions-du-Chêne-Konto damit zu belasten. Aber Henry entwickelte stets zu umständliche Strategien, als daß sie hätten funktionieren können. Er hatte eine Idee, die er für absolut brillant hielt: die Honorare mit französischen Autoren zu tauschen, die Geld in den Vereinigten Staaten verdienten. (Von allen französischen Autoren war lediglich Albert Cossery damit einverstanden, und Miller konnte gerade ein paar hundert Dollar einstekken.) In der Ausführung eines noch schwerfälligeren Planes bestürmte Henry Freunde und Bekannte, die nach Frankreich reisten – zum Beispiel Caresse Crosby –, ihm vor der Abreise Dollar zu geben und sich bei ihrer Ankunft in Frankreich von Girodias Franc aushändigen zu lassen. Ein paarmal führte er solch einen Tausch durch, aber es war bloß ein Tropfen auf den heißen Stein und so unzuverlässig, daß es fast genauso unbefriedigend war, wie überhaupt kein Geld zu haben. Mit den in Frankreich auflaufenden Honoraren im Rücken beendete Miller seine Beziehungen zu seinem New Yorker Agenten, Henry Volkening, und seinem englischen Agenten, Patience Ross von Heath and Company, und nahm Verbindung mit einer Pariser Firma, Agence Hoffman, in der Rue Caumartin auf. Hoffman schaffte es, einige Gelder loszueisen, ein Scheibchen nach dem anderen. Anfang 1946 kassierte er eine Teilzahlung von 2 500 Dollar, dann 2 000 und später noch mal weitere 3 038 Dollar. Ende Mai 1947 belief sich Henrys Konto auf 3 714 000 Franc oder 37 250 Dollar. »Man macht mir wenig Hoffnung, das Geld bald zu bekommen. Das ist ein ziemlicher Schlag für mich, wie Sie sich vorstellen können«, schrieb er an Huntington Cairns. Trotz der enormen Summe, die ihm gehörte, hatte er nie einen Cent übrig, er war immer noch ständig verschuldet und wurde nun dauernd von Gläubigern und Möchtegernschnorrern belästigt, die von seinem »großen Reichtum« gehört hatten.

Er erhielt sogar einen Bettelbrief von June, in dem sie schrieb, daß sie arm und krank und von ihrem gegenwärtigen Ehemann verlassen sei. Sie bettelte in der schlichtesten, mitleiderregendsten Weise um jeden Betrag, den er entbehren konnte. Dieser Brief traf ihn hart. June bettelte ihn um Geld an – auf ihren Knien! Sein Bild von einer abgehärteten June, die für sich selbst sorgen konnte, zersplittere wie Glas vor der Realität dieses Briefes. Henry war wirklich verstört. Es demütigte ihn geradezu, daß er June, die ihn für reich hielt, nicht mit Hilfe überschütten konnte, wie er es gern getan hätte. Augenblicklich schickte er June die kleine Summe, die er zusammenkratzen konnte, danach sandte er ihr ab und zu zehn oder zwanzig Dollar. Wie konnte er June nur beibringen, daß er sie nicht betrog und daß die Berichte von seinen großen Einnahmen zwar in der Theorie der

Wahrheit entsprachen, aber weit davon entfernt waren, in der Praxis zu stimmen?

Selbst die amerikanische Finanzbehörde erschien auf der Bildfläche, und Henry mußte feststellen, daß er den Vereinigten Staaten Steuern für seine Einnahmen schuldete – bis zum August 1947 einen Betrag von 800 Dollar. Da er Steuern auf seine Einkünfte bezahlen mußte, ganz gleich, ob er sie nun einkassieren konnte oder nicht, geriet er immer tiefer in Schulden, je mehr er verdiente. Er bekam ernste Schwierigkeiten mit der Steuerbehörde. Im Herbst 1947 rettete ihn die Agentur Hoffman vor der drohenden Katastrophe, indem sie es schaffte, während einer Entspannungsperiode im *Office des Changes* alle paar Tage hundert Dollar herüberzuschicken. Mitte 1948 dann bekam Girodias die offizielle Genehmigung, Henry 500 Dollar im Monat auszahlen zu dürfen. Und immer noch hatte Henry in Paris anderthalb Millionen Franc liegen, die er nicht nach Amerika hatte transferieren können. Gegen Ende 1949 konnte er seine Schulden bezahlen und mit seinen Steuerzahlungen auf dem laufenden bleiben – und das auch nur durch den Verkauf seiner Aquarelle.

Seine Sorgen waren nicht nur finanzieller Natur. Sein Erfolg in Frankreich machte ihn berühmt. Das zog keinesfalls nur Gutes nach sich. Zum Beispiel veranlaßte ein Artikel über »Sex und Anarchie in Big Sur« in *Harper's Magazine* (April 1947) den *San Francisco Examiner* zu einer wilden Attacke auf den vermeintlichen Henry-Miller-»Kult« aus Haß und Gewalt und Antiamerikanismus in Big Sur. Der amerikanischen Öffentlichkeit wurde mitgeteilt, daß sein Verhalten schmutzig, skandalös und unmoralisch sei. Die Folgen ließen nicht auf sich warten: In Zeitungen und Journalen wurden mehrfach Hinweise auf die »Henry-Miller-Kolonie« abgedruckt. Viele Leser traten die Reise nach Big Sur an. Einige Artikel zogen die Unzufriedenen, andere die »Wüstlinge« an, wieder andere die Bohèmiens und jene, die damals schon mit Drogen experimentierten. Journalisten schrieben um Auskunft oder baten Miller darum, sie zu seiner Kolonie zuzulassen.

Eine endlose Prozession von Besuchern erschien vor seinem Haus. Ein paar Psychopathen waren dabei, die forderten, Henry solle sich gefälligst seinem Ruf entsprechend benehmen, andere beschuldigten Miller der Verführung einer Ehefrau oder Tochter und drohten, ihm den Hals umzudrehen.

Miller war ganz sicher nicht für den Ruf verantwortlich, den die Journalisten aufbauten und der nur zu gern von Sensationslüsternen aufgenommen wurde. Für die meisten Big-Sur-Bewohner, einschließlich Henrys und seiner Freunde, gab es keinen »Haß« in Big Sur und bestimmt mehr Liebe und Gemeinschaftssinn und gegenseitige Unterstützung als Sex. Keinesfalls hatte Henry den Sex aus den Augen verloren, aber er war entschlossen, das Leben eines glücklichen Clowns und weisen Mannes zu führen. Er korrespondierte mit Krishnamurti, er trug ein Yemen-Amulett, das Schatz ihm geschenkt hatte und trat wie ein Heiliger auf. Er befreite sich von allen Wünschen nach Erfolg. Er wies Angebote zurück, nach denen er sich einst gedrängt hatte – Mitarbeit bei zahlreichen Filmen und Fernsehprojekten, Bücherrezensionen, Reisen nach dem Orient oder Tibet. Er war mit dem Leben in Big Sur vollkommen zufrieden.

Außerdem rührte sich nun auch in Amerika neue Aufmerksamkeit für seine Werke. *Nation* berichtete 1949, daß von Frankreich zurückkehrende Amerikaner Exemplare von *Wendekreis des Krebses* und *Wendekreis des Steinbocks* mitgebracht hätten, zu einem Band zusammengebunden und mit einem Schutzumschlag versehen, auf dem der Titel *Jane Eyre* prangte. Im Museum von San Francisco, in Harvard und in Dartmouth wurden seine Bilder ausgestellt. An der Columbia University schrieb jemand eine Dissertation über sein Werk. Es war das Thema zweier Bücher, das eine von Nicholas Moore und in England veröffentlicht, das andere eine von Bern Porter herausgegebene Essaysammlung unter dem Titel *The Happy Rock. A Book about Henry Miller* (Der glückliche Felsen: Ein Buch über H. M.). Sie enthielt Beiträge von Durrell, Fraenkel, Perlès, Paul Rosenfeld, William Carlos Williams, Philip Lamantia, Wallace Fowlie, Osbert Sitwell, Kenneth Patchen und Paul Weiss. Junge Schriftsteller wie Robert Creeley baten ihn brieflich um Rat. In den nächsten Jahren war er Gegenstand mehrerer positiver kritischer Essays von Edmund Wilson, Frederick Hoffman, Philip Wylie, Philip Rahv, Herbert Read und John Cowper Powys. Lawrence Durrell kündigte Pläne an, einen *Henry Miller Reader* herauszugeben und ein Buch über Miller zu schreiben. Und so erduldete Miller, während seine Hauptwerke in Amerika immer noch verboten waren, alle Nachteile des Ruhms, konnte aber nur wenige seiner Vorteile genießen.

10. Teufel im Paradies

Nichts hätte abenteuerlicher sein können, als einen Außenseiter in seinen häuslichen Clinch zu holen, aber er tat es. Mitte 1946 erreichte ihn ein Hilferuf von Conrad Moricand, der Berichte von Henrys sagenhaften Buchverkäufen gehört hatte. Er befand sich in Vevey, total verarmt, und bat Henry, ihn aufzunehmen. Millers erste Reaktion war praktischer Natur – daß es unmöglich wäre, ihm in Big Sur einen Zufluchtsort zu bieten; nicht nur, daß er selbst knapp bei Kasse war, das Blockhaus am Anderson Creek war keinesfalls geeignet, Moricand zu beherbergen. Und außerdem, erklärte Miller, stünden er und Martha dicht vor einer Trennung. Doch seine Ablehnung nagte an ihm, und in einem typischen Beispiel seiner Großzügigkeit kabelte er im März 1947: »Verzweifle nicht. Unser Haus ist auch dein Haus.«

Moricand nahm sofort an, aber die nötigen Vorbereitungen waren schwierig. Offensichtlich mittellos, würde er mit Ausländerstatus nur dann einreisen dürfen, wenn ein Bürger der Vereinigten Staaten für ihn bürgte. Also unterzeichnete Henry eine eidesstattliche Erklärung, in der er sich finanziell für Moricand verantwortlich machte. Er kaufte Tickets für die Reise von Vevey (zu einem Preis, der dem Betrag seiner amerikanischen Honorare der letzten sechs Monate entsprach) und zahlte Moricands Hotelrechnung in Vevey über 165 Dollar.

Kaum war all das geschehen, befand sich Moricand angeblich in einem derart neurotischen und gelähmten Zustand, daß er sich der Reise nicht gewachsen fühlte. Miller ließ sich nicht entmutigen und bat Caresse Crosby, die sich in Europa aufhielt, Moricand auf den Weg zu bringen. Caresse, bemerkte er, »könnte selbst den Teufel aus seinem Loch hervorlocken, wenn sie es darauf anlegte«.

Dieser Satz war von unheilvoller Hellsichtigkeit. Denn kaum war Moricand im Februar 1948 angekommen, als sich herausstellte, daß er *tatsächlich* fast der Teufel persönlich war. Wenn Henry und Martha eine Fegefeuerexistenz geführt hatten, dann beförderte Moricand sie geradewegs in die Hölle.

Durchaus möglich, daß der Astrologe vor seiner Abreise nach Amerika die Sterne nicht konsultiert hatte; ganz sicher hatte er kein klares Bild von Henrys Leben und mußte es sich wesentlich großartiger vorgestellt haben, als es in Wirklichkeit war. Bei seiner

Ankunft tat er sofort kund, daß er mit den für ihn getroffenen Arrangements absolut unzufrieden wäre. Er war ein Stadtmensch, ein Kosmopolit, an eine zivilisierte Umgebung gewöhnt, und er fand es schwierig und geistig einengend, in diesem groben, ungebildeten Land zu leben. Das Klima erschien ihm rauh und extrem, ungesund feucht und unbequem kalt. Es sei absolut notwendig, beklagte er sich bei Henry, daß ihm eine Badewanne zur Verfügung stünde – sonst gäbe es keine Linderung für seine Hautkrankheit –, aber selbst in seinem neuen Haus auf Partington Ridge hatte Henry lediglich eine Dusche. Auch sein Zimmer gefiel Moricand nicht. Miller bot ihm das Zimmer an, das er selber als Arbeitsraum benutzte und das er wegen der hellen, fröhlichen Atmosphäre liebte. Aber obwohl Moricand das Zimmer mit Beschlag belegte, bezeichnete er es als kaum bewohnbar.

Erneut schwanger, war Martha nicht gerade glücklich, Moricand auf dem Hals zu haben, aber er hing sich wie ein Blutegel an sie und übergoß sie den ganzen Tag mit einem ätzenden Strom von Jammer und Leid. Er schimpfte über die kleine »verzogene Göre« von einem Mädchen, Valentine, und ihr »albernes Geplapper«, ihre »fehlenden Manieren« und Henrys »närrische Nachsicht«. Er machte deutlich, daß er auch von seinen Gastgebern schrecklich enttäuscht war – und das nach all ihren Versprechungen. Ende März 1948 verkündete er, daß er das Leben in Big Sur einfach nicht mehr ertragen könne. Auf irgendeine noble Art und Weise solle Henry ihn gefälligst davon befreien. Moricand ließ keinen Zweifel daran, daß dies ausschließlich Henrys Angelegenheit sei. Er selbst begnügte sich mit dem Vorschlag, am besten sei es, wenn Henry ihm eine angemessene Position und Niederlassung in Europa suchen und ihn dort etablieren würde.

Als nächstes zog Moricand in ein gutes Hotel in San Francisco. Zwischen Ende März und Ende Mai stiegen Henrys Ausgaben für ihn auf über 275 Dollar. Um noch Salz in die Wunden zu streuen, gab er dem *San Francisco Chronicle* ein Interview, in dem er Miller vorwarf, ihn im Stich gelassen zu haben.

Schließlich beschloß Henry, sich von diesem Alpdruck zu befreien. Er arrangierte die Schiffsreise und schickte Moricand für die Überlandfahrt 150 Dollar. Moricand verbrauchte die 150 Dollar, reiste aber nicht ab, sondern erklärte glatt, er könne sich auf Henrys Versprechungen nicht verlassen und würde nicht von der Stelle weichen, ehe Henry ihm nicht die Übergabe von eintausend Dollar bei seiner Ankunft in Paris garantierte. Ansonsten würde er einfach in den Vereinigten Staaten bleiben, wo Henry verpflichtet war, ihn zu unterstützen. Nahm Miller etwa an, daß er bereit war, in die Armut zurückzukehren?

An diesem Punkt brach Miller jede Verbindung mit ihm ab. Darauf wandte sich Moricand an den schweizerischen Vizekonsul Jost in San Francisco und erhob Klage gegen seinen Mentor trotz der Tatsache, daß Henry bis jetzt über 3 000 Dollar für Moricands Unterstützung aufgebracht hatte; einen Teil dieser Summe hatte er sich sogar borgen müssen. Moricand erklärte Jost, daß er vollkommen hilflos und verloren sei, ein Mann ohne Ressourcen, vom Schicksal verflucht und ohne Freunde, ein Mann, der von Miller verraten worden war, diesem Heuchler, der ihn mit falschen Versprechungen nach Amerika gelockt hatte. Die gleiche Geschichte erzählte er einem Rechtsanwalt in San Francisco, der Henry drohte, er werde »die Angelegenheit vor die entsprechenden offiziellen Stellen bringen«. Und schließlich begann er, einen autobiographischen Bericht zu schreiben, betitelt »Bel Abbes à Big Sur«, in dem er Millers Grausamkeit ihm gegenüber enthüllen wollte. Miller war gezwungen, sich auf allen Seiten gegen diesen Teufel zur Wehr zu setzen, der in sein Paradies gekrochen war, und nachdem er Verteidigungsbriefe auf all die Anklagen, die Moricand gegen ihn erhoben hatte, geschrieben hatte, ging er zur Offensive über und schrieb einen Bericht über Moricands teuflische Methoden unter dem Titel »Paradise Lost« (Das verlorene Paradies, später umbenannte in »Ein Teufel im Paradies«), der später in *Big Sur and the Oranges of Hieronymus Bosch (Big Sur und die Orangen des Hieronymus Bosch)* aufgenommen wurde.

Dieser lange Essay über die Umtriebe der *l'affaire* Moricand floß ihm leicht aus der Feder. Miller hatte von Anfang an sein Konzept fest in der Hand. Es stimmte, er hatte viele Sorgen in Big Sur gehabt – angefangen beim Geld über seine Frau bis zu Klapperschlangen –, aber nichts und niemand hatte sein Leben so verdüstert wie Moricand. Big Sur *vor* Moricands Ankunft erschien im Vergleich dazu wie ein wahres Paradies. Mit leichter Hand und einem aus · Schutz gegen Verbitterung geborenen Witz geschrieben, gehörte »A Devil in Paradise« zu den besten Arbeiten dieser Zeit. Die Begegnung mit Moricand erinnerte Henry an die Art von Elend, die er 1930 und 1931 in Paris erlebt hatte. Und Elend war für ihn immer ein Auslöser der Kreativität gewesen.

Sogar in Frankreich, wo er am erfolgreichsten war, bekam Miller Schwierigkeiten. Im März 1946 hatte der *President du Cartel d'Action sociale et morale,* Daniel Parker, Klagen gegen Les Editions du Chêne (wegen *Wendekreis des Steinbocks*) und Editions Denöel (wegen *Wendekreis des Krebses*) aufgrund des Antipornographiegesetzes von 1939 erhoben. Ein offizelles Komitee wurde zur Untersuchung des Falles gegründet. Zur allgemeinen Verblüffung entschied es gegen Miller, stellte fest, daß er ein Pornograph *war*, und beantragte, die Verbreitung seiner Werke unter Strafe zu stellen. An diesem Punkt jedoch appellierten Claude Edmonde Magny und Maurice Nadeau, zu der Zeit Literaturredakteur beim *Combat,* an die Schriftsteller Frankreichs, gegen diese Beschneidung der künstlerischen Freiheit zu protestieren und Miller zu verteidigen. Und so wurde ein *Comité de défense d'Henri Miller* ins Leben gerufen, dem unter anderen André Breton, Albert Camus, Paul Eluard und Jean-Paul Sartre angehörten. Selbst André Gide, der zum erstenmal Millers *Schwarzer Frühling* las, schloß sich dem Komitee an.

Parker schlug zurück, indem er ein Pamphlet herausbrachte mit dem Titel: *Que faut-il penser de l'Affaire Miller?* (Was ist von der Affäre Miller zu halten?). Er bestand darauf, daß Millers Verleger unter Anklage gestellt werden und er selbst sich als Psychopath in medizinische Behandlung begeben sollte. Die Schlacht begann. Man konnte keine französische Zeitung aufschlagen, ohne nicht irgend etwas über Miller zu finden. Die Artikel reichten von ernsthaften Verteidigungen von Millers Arbeiten bis zu gefälschten Berichten, daß Miller nackt auf der Spitze eines New Yorker Wolkenkratzers gesichtet worden sei, das Bild einer üppigen Blondine malend. In vier Monaten erschienen zweihundert Artikel über ihn. Girodias berichtete fröhlich: »Sie werden mehr gepriesen, durchgehechelt, gehaßt und bewundert als irgendein französischer Schriftsteller seit Baudelaire, Rimbaud oder Verlaine. Ständig werden sie erwähnt: Kritiker schreiben über ›Ford, Capra, diese Henry Millers des Films‹ usw. Die Leute sprechen von *Le Cas Miller*, wie sie einst die Affäre Dreyfus diskutiert haben.« Girodias machte sich lediglich Sorgen, daß durch die Aufregung über die Bücher die Tatsache ans Licht kommen könnte, daß er wegen der großen Nachfrage der Millerschen Bücher auf Schwarzmarktpapier hatte zurückgreifen müssen. Schließlich verklagten die *Société des gens de lettre* und Girodias Daniel Parker wegen Verleumdung und forderten die Einstellung des Verfahrens gegen Miller.

Das regelte die Angelegenheit in Frankreich zu Millers Gunsten. Aber selbstverständlich hatte es nicht die geringsten Auswirkungen auf die Meinung der Autoritäten und Schriftsteller in den Vereinigten Staaten. Als ein Buchhändler wegen des Verkaufs von *Wendekreis des Krebses* und *Wendekreis des Steinbocks* zu drei Jahren Gefängnis verurteilt wurde, erhob kein einziger amerikanischer Autor seine Stimme zu Millers Verteidigung. Keine Komitees wurden gegründet, um sein Werk in Schutz zu nehmen oder auf seine freie Verbreitung zu drängen.

Auf seine eigene Art ging Miller zum Gegenangriff über, indem er *Sexus* zur Veröffentlichung freigab, ein Buch, welches bewußt »das Seherische und Obszöne« wiederaufleben ließ. »Wie Sie wissen«, schrieb Miller an Girodias, »wollte ich alle drei Bücher [*Sexus, Plexus* und *Nexus*] gleichzeitig herausbringen, vor allem weil ich nicht wünschte, daß falsche Schlußfolgerungen aus dem ersten Band gezogen würden, der so stark von sexuellen Erfahrungen durchdrungen ist – gesättigt ist wohl das richtige Wort.« Aber da Girodias' Verlag auf wackeligen Beinen stand und dringend einen Verkaufserfolg benötigte, stimmte Miller 1949 der getrennten Publikation von *Sexus* zu, kurz nach seinem Sieg über die Moralapostel. Das war eine Fehleinschätzung. *Sexus* versetzte selbst Frankreich in neue Erregung. Noch ehe tausend Exemplare verkauft waren, wurde das Buch wegen Verletzung der öffentlichen Moral aus dem Handel gezogen; im Dezember 1950 entschied dann der Innenminister, daß *Sexus* in Frankreich in keiner Sprache veröffentlicht werden dürfe. Die französischen Schriftsteller, die Henry zuvor verteidigt hatten, verhielten sich nun merkwürdig schweigsam, und bald schon kam der Grund ihres Schweigens ans Licht. Sie waren sich nicht im klaren darüber, wie sie das Buch verteidigen sollten; sie selbst empfanden den darin enthaltenen Sex als »exzessiv«. Maurice Nadeau, der das letzte Verteidigungskomitee für Miller angeführt hatte, erkundigte sich, ob der Autor selbst das Buch als »eindeutig obszön« betrachtete. Welche Absichten verfolgte Henry? Miller war keine Hilfe. »In den autobiographischen Erzählungen«, antwortete er, »verfolge ich keine Absicht! Ich berichte lediglich meine Lebensgeschichte. . .« Pierre Lesdain, ein einflußreicher Redakteur und Übersetzer, schrieb ihm und fragte, ob nach Meinung des Autors *Sexus* besser oder schlechter sei als Millers andere Bücher. Henry antwortete, daß er das nicht beurteilen könne.

Miller fand bald heraus, daß viele seiner Freunde das Buch bedauerten. Bei Pierre Lesdain konnte er die Kritik mit einer Nebenbemerkung abschütteln:»Vielleicht *habe* ich mich verschlechtert. Wenn dem so ist, *tant pis pour moi*!« Aber einen Frontalangriff von Durrell konnte er nicht so leicht beiseite wischen. »R.C. [die *Kreuzigung in rosa*] wird Dir vielleicht überhaupt nicht gefallen«, warnte er Durrell mehrere Monate vor der Veröffentlichung. »In gewisser Weise ist sie eine Rückkehr zu dem Stil vor den Wendekreisen.« Trotzdem war er wohl kaum auf Durrells harte Reaktion gefaßt.»Erhielt Sexus von Paris und und bin durch den Band II halb durch. Ich muß gestehen, ich bin tief enttäuscht davon trotz der Tatsache, daß es einige der besten Sachen enthält, die Du bis jetzt geschrieben hast. Aber, mein lieber Henry, die moralische Vulgarität von vielem ist künstlerisch schmerzlich. Diese albernen, bedeutungslosen Szenen, die keinen raison d'être, keinen Humor haben, bloß kindische Explosionen der Obszönität sind – welch ein Jammer, welch ein schrecklicher Jammer für einen großen Künstler, nicht genügend Sinn für Kritik zu besitzen, um mit seinen Kräften sparsam umzugehen, um seine Talente auf ein Ziel gerichtet zu halten. Was um alles in der Welt hat Dich besessen, soviel Geschwätz drinzulassen?« Miller antwortete dieses Mal ausführlich:

Ich möchte Dir folgendes sagen – ich hab es zuvor schon gesagt, und ich wiederhole es feierlich: Ich schreibe genau das, was ich schreiben will und auf die Art, die mir vorschwebt. Vielleicht ist es Geschwätz, vielleicht nicht. Die Tatsache, daß ich alles unter der Sonne hineingepackt habe, mag ihre Ursache darin haben, wie Du glaubst, daß ich jeden Sinn für Werte verloren hab. Vielleicht aber auch nicht. Ich versuche, mit Worten ein Buch meines Lebens zu reproduzieren, das für mich von allerhöchster Bedeutung ist – jeder einzelne Teil davon. Nicht weil ich in mein eigenes Ego vernarrt bin. Du solltest in der Lage sein, zu erkennen, daß nur ein Mann ohne Ego auf diese Weise über sich selbst schreiben kann. (Oder ich bin wirklich verrückt. In diesem Fall bete für mich.) Seit 1927 trage ich das Material zu diesem Buch in mir. Hältst Du es für möglich, daß ich nach einer derart langen Schwangerschaft eine

Fehlgeburt haben könnte? Vielleicht ist es ein Monster, das ich zur Welt bringe. Aber ehrlich, es ist mir egal. Das Wichtigste für mich ist, es mir aus dem Leib zu schreiben – und dabei zu enthüllen, wer ich war und bin. Ich habe eine herkulische Anstrengung gemacht, mich so darzustellen, wie ich damals war. Der einzige Kunstgriff, den anzuwenden ich bemüht war, lag im Einfangen dieses anderen Ichs in jenen anderen Tagen. Ich bin so aufrichtig gewesen, wie es nur irgend möglich war, vielleicht zu aufrichtig, denn ganz sicher hab ich kein liebliches Bild von mir gemalt. Um dem gerecht zu werden, denke ich, daß Du, gerade Du in der Lage sein solltest, zwischen den Zeilen zu lesen, um den Wahrheitssucher mit dem Künstler, dem Lügner, dem Playboy und was weiß ich noch in Einklang zu bringen.

Larry, ich kann nie etwas von dem zurücknehmen, was ich geschrieben habe. Wenn es nicht gut war, dann war es wahr; wenn es nicht künstlerisch war, dann aufrichtig; wenn es von schlechtem Geschmack zeugte, dann war das Leben so. Wäre ich ein Angeber und Egoist, ich hätte vielleicht glorreicher geschrieben. Diese Armut und Sterilität, die ich einzufangen versuchte, haben vielleicht nur wenige Männer gekannt. Wesentlich besser, ein Galgenvogel gewesen zu sein! Aber ich habe nur dieses eine Leben aufzuzeichnen. Diese Leidenschaft, die Du vermißt, ist auf die Minusseite geflossen. Dieses Leben »sinnloser Aktivität«, das die Weisen schon immer als Tod verdammt haben – das war es, was ich aufzeichnen wollte. Aber wie ich am Ende von Buch 2 sage, ich litt aus Unwissenheit, und das war sehr lehrreich. In der Gesamtbilanz wird mein Leben vielleicht als riesige, über einem Minuszeichen errichtete Pyramide erscheinen. Aber immerhin eine Pyramide. Vielleicht eher verständlich, wenn man sie verkehrt herum hinstellt.

Zwei Wochen später kam er auf dieses Thema zurück: »Wenn ich an Deine Worte denke, Larry, dann muß ich mehr und mehr lächeln, vor allem wenn Du Dich auf die geistlosen oder albernen oder unbedeutenden Passagen beziehst, von denen einige auch noch viel zu lang sind. Ich war ziemlich stolz auf mich, daß ich sie so gut hingebracht habe. Ich weiß nicht, wie ich es erklären soll, woran es liegt, was diese Arbeit meiner Meinung nach davor rettet, im groben, vulgären Sinne ›realistisch‹ zu sein. Aber ich bin dessen sicher. . . Ich glaube, das ›Unbedeutende‹ war in meinem Leben sehr wichtig – falls Du verstehst, was ich meine.« Es war die Wahrheit des Lebens, die er mit seiner Kunst einfangen wollte – selbst wenn es dafür nötig schien, scheinbar die Kunst zu opfern – selbst wenn er, dafür verurteilt – oder eingesperrt –, von seinen Freunden verlassen werden sollte.

Vollkommen unbeeindruckt beendete er 1949 *Plexus*. Er schrieb stetig, wie er es seit zehn Jahren nicht mehr getan hatte. Das Buch strömte wie eine Symphonie hervor, die alle kleineren Ablenkungen von Big Sur unter sich begrub. Seit *Wendekreis des Steinbocks* hatte er nicht mehr so inspiriert gearbeitet. Sobald er jeden Morgen in seinem kleinen Studio auftauchte, ergriff eine innere Stimme vollkommen von seinem Willen Besitz und zwang ihn zum Schreiben. Stundenlang purzelten Wörter, Sätze, Abschnitte und ganze Kapitel ohne Unterbrechung aus ihm heraus. Er wußte nicht mehr, warum er schrieb – er schrieb einfach.

11. Lebensspuren

Anstatt an *Nexus* und der Vollendung der *Kreuzigung in rosa* weiterzuarbeiten, wandte sich Miller einer anderen Art von Autobiographie zu, einer Historie des Lesens. *Books in My Life (Die Kunst des Lesens. Ein Leben mit Büchern)* hatte seinen Ursprung 1950 in einem Vorschlag von Lawrence Clark Powell, dem Bibliothekar der UCLA, der regelmäßig nach Big Sur fuhr, um Miller Bücher zu leihen und um seine Manuskripte und Briefe für das »Miller-Archiv« in der UCLA-Bibliothek für Spezialsammlungen mitzunehmen. Eines Abends nach dem Essen erwähnte Miller zufällig, daß Raymond Queneau, nun Cheflektor bei Gallimard, eine Sammlung zusammenstellte, in der verschiedene Autoren die hundert Bücher aufführten, die sie am stärksten beeinflußt hatten, und Miller war um solch eine Liste gebeten worden. (Die ursprüngliche Idee dazu stammte von John Cowper Powys in *One Hundred Best Books*.) Voller Bewegung, wie er es oft tat, sprach Miller zu Powell von den Büchern, die er als Kind gelesen hatte, dem Zauber der Bücher, der Pracht der Buchreihen in den öffentlichen Bibliotheken. Schließlich unterbrach ihn Powell: »Warum schreiben Sie das nicht in einem kleinen Skript für die Freunde der Bibliothek nieder, das ich drucken lassen kann?« Miller stürzte sich sofort auf die Idee, da solch ein Bericht »meine Lebensgeschichte ergänzen würde«; es wäre »ein Nachtrag zu den autobiographischen ›Romanen‹, die ich geschrieben habe – sozusagen direkt aus dem Bild meines Lebens«. Er machte sich auf der Stelle an die Arbeit und listete auf Karteikarten fünftausend Bücher auf, an die er sich erinnern konnte. (D. H. Lawrence und Maurice Maeterlinck waren mit den meisten Titeln vertreten.)

Obwohl mit einer umfangreichen Korrespondenz belastet und von Besuchern geplagt, schrieb er *Ein Leben mit Büchern* schnell und schaffte etwa hundert Seiten pro Monat. Im Januar 1951, fast genau ein Jahr, nachdem er angefangen hatte, beendete er eine überarbeitete, dritte, endgültige Fassung.

In dieser Zeit kam echte Ruhe in sein Leben. Was immer er tat, er hatte das Gefühl, stillzustehen, um ihn war Ruhe wie im Auge des Sturms. Seine Wünsche und Sehnsüchte klangen ab. »Was ich in diesem Leben nicht vollbringe«, schrieb er, »vollbringe ich vielleicht im nächsten. . . ich mache wenige oder keine Pläne für die Zukunft. Jeden Tag tue ich, was ich kann, und überlasse die Zukunft sich selbst.« Er glaubte, daß er seine Wünsche ausgelebt hatte und nun frei war. Ob er über Freunde schrieb, kritisch die Werke anderer interpretierte, die Fehler seines Heimatlandes analysierte, sein glückliches Leben der Schande in Paris enthüllte oder seine Abenteuer auf den Straßen oder in seinem Arbeitszimmer erzählte, stets war es eine einfache Geschichte – die einer Befreiung.

Doch sein Privatleben schien ihn zunehmend einzuengen. Selbst die Geburt eines Sohnes am 28. August 1948 vermochte nicht, den Frieden mit Martha wiederherzustellen. Das Baby hatte sogar ihre Streitereien über Kindererziehung verstärkt. (Henry nannte seinen Sohn Henry Tony – der Name, den June einst ihrem Sohn hatte geben wollen, der Name von Henrys Alter ego, Tony Bring aus *Crazy Cock*.)

Martha hatte zunehmend das Gefühl, daß sie unerwünscht war und ihr Leben in bitteren Streitigkeiten verschwendete. Sie verliebte sich in einen Biophysiker, und im Juli 1951 verließ sie Henry und zog mit den Kindern zu ihren Eltern nach New York. Im Oktober kehrte sie nach Big Sur zurück, um mit Henry eine Einigung wegen der Kinder und der Scheidung zu erzielen. Henry bat darum, die Kinder zuerst in seiner Obhut behalten zu dürfen. Hätte er die volle Verfügungsgewalt über sie gefordert, so mußte er fürchten, daß bei einem Gerichtsentscheid der Richter dem Autor von *Sexus,* einem sogar in Frankreich verbotenen Buch, nicht gerade vollste Sympathie entgegenbringen und ihm die Genehmigung verweigern würde, eine engelsgleiche Tochter, die nun gerade in die Schule kam, und einen drei Jahre jüngeren Buben zu behalten. »Ohne meine beiden Kinder wäre mein Leben trostlos und leer«, erklärte er Durrell. Sie kamen überein, daß die Kinder sechs Monate bei Henry und sechs Monate bei Martha verbringen sollten. Mit Hilfe seines Freundes Walker Winslow versuchte Henry, seinen Kindern Vater und Mutter gleichzeitig zu sein. Bald jedoch begann er, sich zu fragen, ob Marthas Entgegenkommen nicht eine weitere der Torturen war, die sie ihm aufzuerlegen entschlossen war. Nie zuvor hatte er erkannt, wie schwierig die Kinder waren – wie unmöglich es war, sich alleine um sie zu kümmern. Nichtsdestoweniger schwor er sich, sie großzuziehen – er konnte sich dabei auf die Hilfe von Nachbarn wie Dorothy Herbert und Winslow verlassen. Aber er schaffte es nicht, und er war vernünftig genug, sich das einzugestehen. Er schrieb Martha, sie möchte Tony so lange zu sich nehmen, bis er in der Lage war, ordentlich für den Jungen zu sorgen. Sofort danach bedauerte er diesen Entschluß, und nachdem er sich die Dienste einer jungen Frau gesichert hatte, holte er Tony zurück. Aber seine Hilfskraft ließ ihn bald im Stich, und Henry gelang es einfach nicht, Mahlzeiten zu bereiten, für Tonys Unterhaltung zu sorgen, Wäsche zu waschen, Spielzeug zu reparieren, für frische Bettbezüge zu sorgen, einkaufen zu gehen, seine Korrespondenz zu beantworten, zu malen und nach San Francisco zu reisen, mit den Kindern lange Spaziergänge zu unternehmen, mit ihnen zu spielen und, alles zusammengenommen, ihnen ein ideales Leben mit ihrem Vater zu schenken. Er konnte kaum Schritt halten mit dem, was die Kinder unbedingt brauchten, geschweige denn mit dem, was sie forderten.

Auf Walker Winslows Zureden gab er schließlich auf und schickte Martha ein Telegramm, in dem er sie bat, die Kinder zu holen. »Walker«, jammerte er, »ich werf das Handtuch.« Doch ein paar einsame Tage später stöhnte er vor Selbstbeschuldigungen, daß er nur ein bißchen länger hätte durchhalten müssen, daß er ein bißchen mehr Mühe, mehr Mut hätte aufbringen müssen, dann würde er jetzt die Kinder immer noch bei sich haben. Er beschuldigte sich, als Vater ein Versager zu sein.

Jetzt war er allein und hatte genügend Zeit zum Schreiben, aber er verspürte keinerlei Lust dazu, jegliche Spontaneität fehlte ihm. Er wollte *Nexus* schreiben und damit die Kreuzigungs-Trilogie beenden, aber zwischen ihm und seinen Erlebnissen hatte sich eine Mauer aufgerichtet. Er rief die Diktatstimme an, aber nicht mal ein Flüstern antwortete ihm. War er zu alt? Hatte sein kürzlicher Kummer seine Fähigkeit absterben lassen, von seinen uralten Leiden aufgewühlt zu werden? Er war Schriftsteller geworden, nur um diese einzige Geschichte zu erzählen. Tausend Erniedrigungen erlitten zu haben, als Verletzer der geltenden Moral gebrandmarkt zu sein – und dann seine Geschichte *nicht* zu Ende zu bringen –, hieß das nicht, daß er um nichts und wieder nichts Schriftsteller geworden war? Selbstzweifel und unbeantwortbare Fragen nagten an ihm. Er mußte sich selbst fragen: War er als Schriftsteller am Ende? – war dies das endgültige Versagen in jener langen Kette von Fehlschlägen, die seinen Versuch, diese eine Geschichte zu erzählen, markierten?

Ihm blieb nicht viel Zeit, diese Fragen einer gründlichen Untersuchung zu unterziehen. Gerade als Henry glaubte, als Liebhaber und wahrscheinlich als Schriftsteller am Ende zu sein, stellte er plötzlich fest, daß sich eine ausgesprochen hübsche, intelligente junge Frau in ihn verliebt hatte! Ende November 1951 begann Eve McClure, ihm von ihrem Haus in Beverly Hills aus zu schreiben. In ihrem ersten Brief erwähnte sie, daß sie Bezalel Schatz' Schwägerin war und schon mehrfach versucht habe, ihn zu treffen. Erst vor kurzem hatte sie *Wendekreis des Steinbocks* gelesen, und sie wollte »das Genie, das solch ein Kunstwerk hervorgebracht hat, in Wirklichkeit sehen«. Ihre Briefe waren aufrichtig und lebhaft, und bald schrieb Henry zurück und schickte ihr Bücher. Von Schatz hörte er, daß sie ihrer Familie »begeisterte Berichte« von ihm gab.

Während eines Besuches seiner Kinder in Long Beach im März 1952 nahm Henry Valentines Masern und seine eigene Erkältung zum Vorwand, um im südlichen Kalifornien zu bleiben und Eve zu treffen. Er fand sie wunderschön. Natürlich war sie jung – immer noch unter dreißig –, doch sie schien wirklich hingerissen von ihm, und sie kamen großartig miteinander aus. Wenn die Götter ihm mit der einen Hand sein Talent nahmen, dann schenkten sie ihm vielleicht mit der anderen eine Frau. Henry hatte wieder Glanz in den Augen, aber dieser sechzigjährige Mann und diese achtundzwanzigjährige Frau scheuten sich beide, sich oder sonst jemandem einzugestehen, daß es buchstäblich Liebe auf den ersten Blick war. Sie benahmen sich wie Verschwörer und hinterließen füreinander kleine Liebesbriefchen am Schalter der Spezialsammlungen der UCLA-Bibliothek. Als er nach Big Sur zurückfuhr, begleitete ihn Eve. Miller war schlicht in Ekstase. Um Eve seinen Freunden beschreiben zu können, mußte er sie mit seiner großen Liebe vergleichen. Sie »erinnert mich in vielem an Anaïs«, schrieb er Durrell, »genau wie Anaïs verbreitet sie ein Gefühl von Leichtigkeit und Überfluß«. »Sie ist alles, was ich mir erträumt habe, und noch mehr. Ein reines Geschenk der Götter«, erzählte er einem Bekannten. Sie schenkte ihm genau das, was er ersehnte: ein freies, bedingungsloses Angebot der Liebe. Eve lächelte viel, und Lächeln stand ihr gut. »Ich sag Dir«, schrieb Miller an Durrell, »ich fühl mich wie ein neuer Mensch – und ungefähr fünfzig Jahre jünger!. . . Mit ihr zusammen zu sein ist wie ein Leben auf Samt gebettet.«

Mit Eve an seiner Seite merkte Henry, daß er die Kinder abwechselnd in den Sommern zu sich nach Big Sur nehmen konnte, und das erfüllte ihn mit tiefer Freude. Eve und Emil White bauten einen Swimming-pool für die Kinder, in den sie seitlich Muscheln, Münzen und Reifen einbetteten – »so wunderschön«, sagte Henry, »daß ihr mich darin beerdigen könnt«. Durch Wiederaufnahme seiner »Einen-Dollar-pro-Woche-Kampagne« (»Macht weiter, bis ich stopp sag«) sammelte er ein bißchen Geld von seinen alten Freunden ein. Er verschickte einen Vordruck, in dem er seine Bücher und Bilder anbot »zu Preisen, nicht höher . . . als die üblichen Raten für ein Grab«. Er riet seinen Kunden, »waggonweise« zu bestellen, und ließ keinen Zweifel daran, daß er wegen der »ständig steigenden Lebenshaltungskosten plus der exorbitanten Besteuerung« jeden Pfennig benötigte, den er in die Finger bekommen konnte.

1952 kam ihm das Leben wieder wunderbar vor. Er hatte alles, was er sich wünschte – eine junge, vitale Frau, ein echtes Zuhause, einen Platz für die Kinder. Val und Tony machten ihm enorm viel Freude. Er hatte immer noch einen wunderbaren Sinn für Spiele, und die Kinder gaben ihm genügend Möglichkeiten zum Spielen. Acht Jahre nach seiner Ankunft in Kalifornien gewann er seine ursprüngliche Vision des Paradieses zurück, das er hier entdeckt hatte. Zwischen

1944 bis 1947 war er in Big Sur ungemein glücklich gewesen, ehe ihn die Schwierigkeiten mit Martha und das Auftauchen verschiedener Teufel verwundet und rastlos aus dem Paradies vertrieben hatten. Jetzt öffneten sich 1952 wieder die Tore, und für die nächsten drei Jahre war das Leben wieder fröhlich.

Erstmals seit 1940 stellte er plötzlich fest, daß er gern nach Europa zurückkehren würde; dies war Teil seines Gefühls der Erneuerung und des Triumphs, es war ein Wiederaufleben seines Abenteurergeistes. Er empfand wie ein Kind und wollte sich und Eve eine Freude machen.

Am Silvesterabend 1952 landeten sie in Nebel und Schneesturm auf dem Flughafen Le Bourget und begannen einen sieben Monate dauernden Besuch, der ihn überwiegend enttäuschte. Wie hätte Europa auch seinen Träumen gerecht werden können? Europas Schicksal war es, so glaubte er, zwischen Rußland und den Vereinigten Staaten zermalmt zu werden. Wohin er schaute, entdeckte er Fäulnis und Verfall. »Wir stecken in der apokalyptischen Ära«, war der ständige Refrain seiner Briefe nach Hause.

Aber Eve verliebte sich in Frankreich. Sie wohnten im Quartier Latin *chez* Maurice Nadeau und empfingen Besuche von alten Freunden wie Georges Belmont, Hans Reichel und Brassai, selbst der lange verschollene Eugene Pachoutinsky vom Cinéma Vanves kam. Correa & Cie., sein wichtigster französischer Verlag, gab für Henry einen wunderbaren Empfang, zu dem Hunderte von Menschen erschienen. In Frankreich war sein Gesicht so bekannt wie das eines Filmstars, und die Leute wollten ihn einfach sehen. Einige versuchten, ihn aus Dankbarkeit für sein Werk zu umarmen.

Eve und Henry ließen sich ein bißchen durch die Gegend treiben, bis Schatz, von Jerusalem kommend, sich ihnen anschloß und sie sich alle mit den Delteils in Montpellier zu einem Ferienausflug nach Spanien trafen. Miller hatte dieses Land schon immer besuchen wollen, und es schien so, als käme genau beim Überschreiten der Grenze, unterhalb von Perpignan, die Sonne heraus. Perlès traf sie in Barcelona, und zwei großartige Tage lang war es wie in alten Zeiten – alles versetzte sie in brüllende Begeisterung. Sie saßen in den Straßencafés, lachten ungezwungen, schwelgten in tollen Erinnerungen und spielten herum, wie sie es immer getan hatten.

Den nächsten Monat über reisten sie durch Spanien. Miller liebte das Land, die klaren Farben unter dem hohen Himmel, die

Landschaften. Er genoß alles in vollen Zügen. Als sie schließlich Spanien über Andorra verließen, war er froh, daß er es 1930 nicht geschafft hatte, das Land zu besuchen. Hätte er es getan, dann hätte er, glaubte er, nichts mehr geschrieben. Wahrscheinlich wäre er ein bescheidener Fischer oder ein Schmuggler geworden. Vielleicht auch wäre er in der blutigen Revolution abgeschlachtet worden.

Wenn irgendwo ein Paradies existierte, dann war es in Big Sur, wohin sie Ende August 1953 zurückkehrten. Eve stimmte ihm zu, daß Big Sur das wahre Paradies war. »Henrys ›Paradies‹«, schrieb Eve an Emil White, »ist auch *mein* Paradies, Emil . . . ich bin hier *glücklich* – so wie ich es nie zuvor gewesen bin.« Zum erstenmal in seinem Leben erlebte Henry eine Liebe, die weiter anwuchs. »Wir lieben uns – zunehmend«, schrieb Eve an Emil White. »Alles ist und wird besser und besser – und die erfülltesten Jahre liegen noch vor uns.« Henry fühlte sich nicht länger getrieben und belästigt und konnte sich zufrieden in Big Sur niederlassen.

Im Herbst 1953 besuchte ihn der griechische Koloß, George Katsimbalis. Er war von der griechischen Regierung mit einer Mission für den kulturellen Austausch betraut und kam geradewegs nach Big Sur. Als er wieder abgereist war, tauchten der Kritiker Van Wyck Brooks und seine Frau Gladys auf. Brooks hatte sich zum Miller-Fan entwickelt und war dabei, Henrys Wahl in das National Institute of Arts and Letters vorzuschlagen.

So schön diese Besuche waren, sie wurden übertroffen, als plötzlich Henrys Tochter Barbara auf der Bildfläche erschien. Er hatte geglaubt, sie sei für ihn verloren. Vor zwanzig Jahren hatte er Osborn gesagt, er würde nie die Hoffnung aufgeben, daß er eines Tages in der Lage wäre, »zu dem Mädchen durchzudringen und ihr die Dinge so zu erzählen, wie sie waren«. Er hatte ihr viele Postkarten aus Europa geschickt, aber nie eine Antwort erhalten. Um 1940 hatte er die Hilfe seines damaligen Agenten John Slocum, von Joe O'Regan und zahlreichen anderen Freunden in Anspruch genommen, um mit ihr in Verbindung zu treten – alles vergeblich. Um 1944 herum verlor er sie aus den Augen – obwohl ironischerweise zur gleichen Zeit, als sich Henry in Big Sur niederließ, Beatrice und Barbara nach Pasadena, Kalifornien, gezogen waren, gerade zwanzig Meilen von seinem früheren Wohnsitz Beverly Glen entfernt. Dann plötzlich brachte der Postbote aus heiterem Himmel einen Brief von ihr mit der Adresse: »Henry Miller, Big Sur, Kalifornien.« Sie erklärte, daß sie erst kürzlich in der Dezemberausgabe 1951 von *Family Circle* auf einen Artikel über sein Leben in Big Sur gestoßen sei. Zuvor hatte sie nicht gewußt, wo er lebte oder wie sie mit ihm in Verbindung treten könnte. Sie hätte in den letzten Jahren häufig an ihn gedacht und nun keine Bedenken mehr, sich mit ihm zu treffen: Tatsächlich hoffte sie darauf. Das war die Erfüllung seines ältesten Traumes. Er antwortete noch am gleichen Tag und lud sie zu einem Besuch ein; im Juni kam sie. Barbara und er verstanden sich sofort, gerade so, wie er es sich erträumt hatte. Natürlich sah er sich selbst in ihr. Wie er war sie schlank und drahtig und hatte ungefähr seine Größe. Wenn sie lächelte, traten ihre Backenknochen hervor, genau wie bei ihm. Sie spielte Klavier – das erinnerte ihn an Beatrice und die Tage, als er selbst noch Klavier gespielt hatte; es war keineswegs eine unerfreuliche Erinnerung. Und was das Beste war, sie hatte sich gut herausgemacht: Offensichtlich war sie ein hart arbeitendes, lebhaftes Mädchen, und vor allem hegte sie keinen Groll mehr gegen ihn. Er genoß es, Barbara und Val zusammen zu sehen; alle kamen gut miteinander aus, und er empfand überströmende Freude.

Im November schließlich erschien ein weiterer Besucher. Alfred Perlès kam, um bei ihm den letzten Teil seiner Biographie *My Friend Henry Miller* zu schreiben. Sie war mehr die Geschichte einer freundschaftlichen Beziehung als eine erzählende Darstellung von Henrys Leben. Das Buch war aus der »Erinnerung der Seele« heraus geschrieben und sehr nachlässig im Umgang mit Daten; aber das Lachen jener alten Zeiten blitzte darin auf. Die beiden Freunde spazierten durch die Hügel, malten zusammen, unternahmen Ausflüge nach Los Angeles und San Francisco, lasen und schrieben und waren vor allen Dingen ausgelassen und fröhlich.

Auf seinem Heimweg nach England machte Perlès einen kurzen Abstecher zu Henrys Mutter und Schwester in die 1063 Decatur Street, Brooklyn, und berichtete: »Lauretta versuchte, mir den Fernsehapparat zu erklären, aber ich machte ihr klar, daß ich technisch nicht begabt sei. Sie mag zurückgeblieben sein, aber sie ist sehr warmherzig und freundlich und ähnelt Dir ein bißchen, Joey. Mir hat sie sehr gefallen. Beide scheinen recht glücklich zu sein; ich fragte, ob ich oder Du irgendwas für sie tun könnten, aber anscheinend geht es ihnen wirklich gut, und sie brauchen nichts. Bevor ich sie verließ, hab ich ihnen erzählt, was für ein großartiger und bedeutender Bursche Du bist, Joey, daß ich den langen Weg von England rübergeschickt worden bin, um ein Buch über Dich zu schreiben, und Deine Mutter sagte daraufhin: ›Henry war immer ein guter Junge.‹ Aber in ihren Augen standen Tränen. Lauretta erklärte mir weiter den Fernsehapparat. Ich umarmte beide zärtlich und ging nach einer halben Stunde.«

12. Ein Schoß, in dem die Sonne birst

1956 plante Miller, die Arbeit an *Nexus* wiederaufzunehmen. Doch sobald er anfing, den Schluß der *Kreuzigung in rosa* zu schreiben, drängte ihn eine innere Stimme: »Jetzt ist es an der Zeit, der Welt von deinem ruhigen Leben im abgelegenen Big Sur zu erzählen.« Er überschrieb seine erste Seite »Frieden und Einsamkeit: Eine freie Phantasie« und legte sofort los. »Es fließt wie Wasser heraus«, bemerkte er. »Ich hänge den ganzen Tag wie ein Verrückter dran.« Dieses Buch stellte ein Potpourri dar, in dem Miller eine Anzahl von Elementen versammelte und sie zusammenzwang. Eines der Hauptthemen war in der früheren Arbeit über Moricand unter dem Titel »Ein Teufel im Paradies« enthalten. Moricand ist jedoch nicht der einzige Teufel in diesem Buch. Martha ist sein weibliches Gegenstück. Henry machte nicht einmal den Versuch, Martha oder Moricand realistisch zu behandeln. Er bediente sich bewußt eines verzerrenden surrealistischen Stils. Der Moricand-Teil, erklärte Miller seinem Agenten Hoffman, sei »ein äußerst wichtiges Kapitel des Buches, denn er stellt die Vertreibung aus dem Paradies dar«; dieser Teil erfreute ihn am meisten. »Ich nagelte ihn ans Kreuz und äscherte ihn dann ein – mit Liebe und Zärtlichkeit plus ein paar Flammenwerfer«, frohlockte er Schatz gegenüber. Ein anderer Abschnitt des Buches beleuchtete das Thema verlorenes Paradies aus anderer Perspektive. Wie der Held von *Lost Horizon* porträtiert sich Henry als jemand, der das Paradies sucht, das er verloren hat – durch Moricand oder andere Freunde, die ihn verraten haben. In einer überraschenden Wendung stellt das Buch auch ein Geständnis dar, daß er sich beispielsweise von Moricand angezogen fühlte, denn er selbst wies zahlreiche Ähnlichkeiten mit Moricand auf. Aber wenn Miller sich selbst in dem Monster erkannte, würde er es dann schaffen, ins Paradies zurückzufinden? Er mußte sich zuvor von dem Moricand in sich befreien. In der Beschreibung von Big Sur verband er das freie Spiel seiner Phantasie mit einem autobiographischen Potpourri, indem er die Themen aus Hieronymus Boschs apokalyptischem Triptychon *The Millennium* variierte, und um diese Verbindung anzudeuten, gab er dem Buch seinen endgültigen Titel: *Big Sur und die Orangen des Hieronymus Bosch.*

Im Januar 1956 erhielt er die Nachricht, daß seine Mutter mit Leberkrebs im Sterben lag. Es ging ihr sehr schlecht, als er dann in der ersten Februarwoche neben ihrem Bett stand. Aber drei ermüdende, schreckliche Monate verstrichen in New York, ehe sie starb, während er sich nach Big Sur zurücksehnte, um sein Buch zu vollenden und seine Kinder zu sehen. Die ständige Beschäftigung mit seiner Mutter fraß an ihm, da er nie wirklich mit seiner Beziehung zu ihr fertig geworden war. Er schlief schlecht. Ein alter Traum, eine unterdrückte Erinnerung daran, wie ihn seine Mutter in den Park mitgenommen hatte, verfolgte ihn. Sie gingen hin, um Adelina Patti singen zu hören. Irgendwie wußte er, daß dies der erste Schöpfungstag war. Plötzlich wurde alles grün, ein wunderschönes, volles, saftiges Grün, so dick und flüssig, als wäre es aus einer gigantischen Tube herausgequetscht worden. Die Worte des Dreiundzwanzigsten Psalmes schienen Farben zu sein, die blitzten und tanzten wie goldene Noten. Er rannte auf seine Mutter zu, durch grüne Hügel und eine goldene Sonne, vorbei an schwarzen Schatten, tief wie Brunnen und dunkel wie eine Sonnenfinsternis. Da stand seine Mutter, die Patti selbst, singend und ihren prächtigen grünen Sonnenschirm herumwirbelnd. Sie, seine Mutter, rief ihm zu, herzukommen. Sie wartete auf ihn. Weder Frau noch Mutter, war sie nichts als ein großer Sonnenschirm eines Schoßes, in dem die Sonne in Flammenzungen barst. Voll schuldiger Würde ging er auf sie zu und sagte: »Ich bin hier . . . ich bin gekommen.«

Wachen Bewußtseins aber bestand er darauf, daß seine Mutter für ihn stets ein Hindernis gewesen sei. Eve argumentierte dagegen: »Wenn sie tot ist, wirst du sie vermissen.« Das machte ihn ärgerlich: »Niemals!« sagte er. »Ich bin seit langem mit ihr fertig, ihr Tod bedeutet mir nichts.« Aber sie kämpften miteinander bis zum Ende. Selbst im Sterben verlor sie nichts von ihrer Willensstärke. Doch er war nun stärker. »Jesus!« schrieb Eve an Emil White, »vorgestern erlebte ich eine Demonstration ihrer ›Stärke‹, die mir Angst einjagte. . . Du hättest sehen sollen, wie Henry mit ihr umsprang! Ich bin sicher, er genoß es – das erstemal in seinem Leben, daß er die Macht über den Thron hatte, möchte ich wetten.« Noch auf ihrem Sterbebett schimpfte und schalt sie ihn. Er wurde wütend, als sie sich – kurz vor dem Ende – dafür noch im Bett hochzustemmen versuchte. »Du bist jetzt krank«, rief er. »Schluß mit diesem Gerede!« – und er stieß sie zurück. Ein paar Tage später starb sie. »Ein neues Leben beginnt«, schrieb er an einen Freund. »Tag für Tag – das ist nun das Motto.«

Wieder daheim, gab er *Big Sur und die Orangen des Hieronymus Bosch* schnell den letzten Schliff, denn eine Anzahl von kleinen Unannehmlichkeiten beschäftigten ihn: Lauretta mußte in einem nahe gelegenen Heim untergebracht werden; von Martha erfuhr er, daß sich Tony das Schlüsselbein gebrochen hatte und daß Geld für Arztkosten benötigt wurde. Und er lebte in der ständigen Furcht, daß Beatrice ihn auf Zahlung all der Alimente verklagen könnte, die er ihr seit 1924 schuldete! Doch kaum veröffentlicht, entwickelte sich *Big Sur und die Orangen des Hieronymus Bosch* zum allergrößten Ärgernis; denn jetzt, da allgemein bekannt war, daß er auf Partington Ridge in Big Sur lebte, schlängelte sich ein stetiger Pilgerstrom den Hügel hoch. Was wollten all diese Besucher? Die meisten wollten ganz schlicht ihren Bekannten erzählen können, daß sie Henry Miller gesehen hatten. Manche warteten schweigend darauf, daß er ein paar Weisheitsperlen fallenließ: Sie betrachteten ihn als ihren Guru. Viele wollten, daß er sich ihre Lebensgeschichte bis hin in die kleinste Einzelheit anhörte. Viele nahmen seine Zeit in Anspruch, als besäße sie überhaupt keinen Wert. Einige ließen keinen Zweifel daran, daß sie sich als seine Gäste betrachteten: Wann würde das Essen fertig sein? Für manche war es selbstverständlich, ihn nachts aus dem Bett zu werfen; er und Eve wurden einmal nachts um zwei Uhr von einem Pärchen hochgeschreckt, das mit der Taschenlampe in der Hand in ihr Schlafzimmer drang. Zwei unternehmungslustige Burschen tauchten auf und verlangten, daß er ihnen testamentarisch seinen Schwanz vermachte. Einige Frauen schlugen vor, daß er unmittelbareren Gebrauch davon machte. Fünf Manuskripte von hoffnungsvollen Autoren kamen wöchentlich mit der Post.

Bei seiner Einführung ins National Institute of Arts and Letters 1957 pries Louise Bogan Millers »Originalität und stilistischen

Reichtum«, seine »thematische Kühnheit und intensive Neugierde«. 1959 wurde er durch die Gründung einer seinem Werk gewidmeten Institution geehrt: »The Henry Miller Literary Society«, in Minneapolis ins Leben gerufen von Eddie Schwartz; das dazugehörige Informationsblatt erlangte internationale Verbreitung. Kein lebender amerikanischer Schriftsteller hatte einen größeren internationalen Ruf. Gerüchte tauchten auf, daß er Chancen auf den Nobelpreis habe. Doch in Big Sur wurde er von Verehrern belästigt, von Gläubigern verfolgt und von Schulden bedrückt. Er fand lediglich Zeit, altes Material umzuarbeiten. Er holte zwei 1940 geschriebene Geschichten hervor – »Stille Tage in Clichy« und »Mara-Marignan Marinated« – und faßte sie unter dem ersten Titel zu einem Kurzroman zusammen, seine vielleicht beste fiktive Arbeit seit *Wendekreis des Steinbocks.* Henrys immer noch enormes Talent für die ihm eigene literarische Leichtigkeit war darin voll entfaltet. Aus zwei eher durchschnittlichen Erzählungen machte er ein bezauberndes und lockeres Buch. Als nächstes nahm er sich *Die Welt des Sexus* vor und arbeitete es für die Veröffentlichung in Girodias' neuer Olympia Press total um. Das Buch wurde zu einem großen Erfolg.

Miller hatte schon immer dazu geneigt, den Blick zurückzuwenden, wenn er den Weg in die Zukunft aus den Augen verloren hatte, und sich selbst im Schreiben zu verlieren, wenn er verletzt und desorientiert war. So schrieb er auch nach dem Tod seiner Mutter sehr viel – die unterschiedlichsten Sachen: von sexuellen Rhapsodien bis zu metaphysischen Phrasen, von amüsanten literarischen Phantasien bis zu Alltagsarbeiten wie Einführungen, zu denen ihn Verleger aufforderten (Gallimard zahlte ihm 150 Dollar für ein paar Seiten über *The Odyssey,* und denselben Betrag bekam er für eine Einleitung zu Jack Kerouacs *The Subterraneans*). Obwohl in einigen seiner Arbeiten der späten fünfziger Jahre die alte Originalität aufblitzte, lastete selbst auf den besten eine gewisse Routine, sie wiederholten nur alte Wahrnehmungen und alte Schlagwörter. Durrell und andere Freunde fragten sich, ob Amerika seine kritischen Fähigkeiten eingeschläfert hatte. »Mach Schluß mit dieser Selbstzufriedenheit«, drängten sie, »hol das alte Miller-Bowiemesser raus!«

Im Herbst 1958 wurde Miller auf eindringlichste Art und Weise daran erinnert, daß die Zeit verging, obwohl seine »wirkliche« Arbeit noch unbeendet war. Ganz plötzlich starben Hans Reichel und Emil Schnellock. Kurz darauf starb Michael Fraenkel. Mit leichtem Unbehagen begann Henry, in seinen Briefen zu schreiben: »Reichel . . . Schnellock . . . Fraenkel . . . wer wird der nächste sein?«

Ein Gefühl verhängnisvoller Endgültigkeit brachte ihn in Bewegung. Er ging die Archive und Papiere durch, die sich in seinem Arbeitszimmer angesammelt hatten, warf alles Unwesentliche weg und brachte den Rest in Ordnung. Seine gesamte Korrespondenz überließ er von nun an Eve. Um neun Uhr abends ging er zu Bett, und um fünf Uhr früh stand er auf. Einige Monate lang arbeitete er ohne Unterbrechung mit hartnäckiger Intensität und beendete *Nexus* im Januar 1959. Anfang April hatte er das Buch gründlich überarbeitet. Einige seiner Freunde waren sicher, daß er nach der Vollendung von *Nexus* seinen Tod erwartete. Statt dessen schwor er, seine Geschichte in einem weiteren Buch fortzuführen. Er war mit der Erzählung seines Lebens noch immer nicht fertig. Aber er zögerte den Beginn des zweiten, »abschließenden« Bandes von *Nexus* hinaus. Und lebte weiter.

13. Wir, die wir das Leben unlebbar machen

Obwohl er der berühmteste lebende Autor verbotener Bücher war, hatte Miller der theoretischen Erörterung über das Wesen von Pornographie und Obszönität vergleichsweise wenig Aufmerksamkeit gewidmet; jedenfalls nicht vor dem Mai 1957, als der Generalstaatsanwalt von Norwegen *Sexus* mit der Begründung beschlagnahmte, es handle sich um »obszöne Literatur«, und Verfahren gegen zwei Buchhändler einleitete. Im Juni 1958 wurden die Angeklagten für schuldig befunden und wandten sich an den norwegischen Bundesgerichtshof. Für die Verteidigung im Verfahren gegen *Sexus,* das in Oslo stattfand, schrieb Henry eine donnernde Rechtfertigung in Form eines langen Briefes an den Verteidiger, Trygive Hirsch. Als glühendes Plädoyer für die Freiheit, das lesen zu können, was man will, steht dieser Essay auf einer Stufe mit D. H. Lawrences »Pornography and Obscenity« und »A Propos of *Lady Chatterley's Lover*«. Miller drang zum Kern der Rechtsfrage vor, indem er die Ästhetik seiner autobiographischen Romane aufgriff:

408

Um es klar zu formulieren, die Frage lautet: Handelt es sich bei dem Autor der in Frage stehenden Werke und dem Mann, der auf den Namen Henry Miller hört, um ein und dieselbe Person? Meine Antwort ist ja. Und ich bin auch identisch mit dem Protagonisten dieser »autobiographischen Romanzen«. Das ist vielleicht schwerer zu schlucken. Aber warum? Weil ich »vollkommen schamlos« jeden Aspekt meines Lebens enthüllt habe. Ich bin nicht der erste Autor, der diese konfessionelle Methode angewandt hat, der das Leben nackt und bloß dargestellt hat oder der eine Sprache benutzt hat, die angeblich für die Ohren von Schulmädchen nicht geeignet ist. Wäre ich ein Heiliger, der sein sündiges Leben erzählt, würden diese kahlen Darstellungen meiner sexuellen Gewohnheiten vielleicht für aufklärend gehalten, vor allem von Priestern und Medizinern. Vielleicht würde man sie sogar lehrreich finden.

Aber ich bin kein Heiliger . . . Nein, ich bin kein Heiliger – dem Himmel sei Dank! –, noch nicht mal der Propagandist einer neuen Ordnung. Ich bin schlicht ein Mann; ein Mann, zum Schreiben geboren, der die Geschichte seines Lebens zu seinem Thema gemacht hat, ein reiches Leben, ein fröhliches Leben trotz der Hochs und Tiefs, trotz der Barrieren und Hindernisse (viele selbstverschuldet), trotz der Handikaps, die mir durch stupide Regeln und Konventionen auferlegt wurden. Tatsächlich hoffe ich, mehr als nur das deutlich gemacht zu haben, denn was immer ich über mein eigenes Leben sagen mag, das schließlich nur *ein* Leben ist, es stellt lediglich eine Möglichkeit dar, über das Leben selbst zu sprechen, und was ich versucht habe, manchmal verzweifelt versucht habe, ist klar auszusprechen, daß ich das Leben selbst für gut halte, gut, unter welchen Bedingungen auch immer, daß ich glaube, *wir* sind es, die es unlebbar machen, *wir,* nicht die Götter, nicht das Schicksal, nicht die Umstände.

»Dieses Verfahren«, sagte er – in Wirklichkeit ein Gerichtsverfahren über das Leben selbst –, »wird seit den Tagen von Prometheus geführt.« Sein Brief wurde 1959 unter der Überschrift »Verteidigung der Freiheit des Wortes« in der Sommerausgabe von *The Evergreen Review* veröffentlicht, einer Publikation der Grove Press. Der Besitzer des Verlages, Barney Rosset, erkannte natürlich, daß angesichts der amerikanischen Gesetze gegen Obszönität eine derartige Erklärung äußerst vorteilhaft zu einem Angriff auf die

Zensur in den Vereinigten Staaten benützt werden konnte. Als Miller und Eve im Sommer 1959 die Kinder nach Europa mitnahmen, bat Rosset Girodias, ihn ganz zwanglos bei einem Lunch mit Miller bekannt zu machen. Miller merkte deutlich, daß die beiden Verleger etwas im Schilde führten. Rosset erwähnte, daß Vladimir Nabokovs *Lolita,* ursprünglich in Girodias' Olympia Press erschienen, zunächst in den Vereinigten Staaten verboten gewesen war, seit kurzem aber durch Gerichtsentscheid frei verbreitet werden dürfe. Nun, sagte Rosset, bereitete er die Veröffentlichung von *Lady Chatterley's Lover* vor und wollte den freien Verkauf über die Gerichte erzwingen. Er rechnete mit einer Entscheidung zu seinen Gunsten – doch das allein könne ihn nicht befriedigen. Nur ein Sieg über die Zensur an allen Fronten zählte wirklich. Und das ließ sich nur erreichen, wenn das Recht, *Wendekreis des Krebses* und *Wendekreis des Steinbocks* zu kaufen, für jedermann erstritten worden war! Er wolle dies, fügte er hinzu, nicht um des kommerziellen Erfolges willen, denn er sei bereit, seine gesamten Mittel für die Verfahren zu opfern, sondern er betrachte das als seinen Beitrag zur Liberalisierung der Kultur in den Vereinigten Staaten. Er untermauerte seinen Vorschlag durch praktische und moralische Gründe. Henry, der so viel dafür getan hatte, die amerikanische Literatur zu befreien, könnte ähnliches für den amerikanischen Leser tun, wenn er der Grove Press gestattete, in seinem Fall gegen die amerikanischen Zensurbestimmungen vorzugehen. Er und Girodias drängten Henry gemeinsam, Grove Press die amerikanischen Rechte für die Veröffentlichung von *Wendekreis des Krebses* und *Wendekreis des Steinbocks* zu übertragen. Miller erklärte, daß noch vor kurzem – 1953 – George Oldhausen einen Gerichtsstreit um *Wendekreis des Krebses* verloren hatte. Als zwei Filmemacher – James B. Harris und Stanley Kubrick – sich 1958 wegen einer Leinwandfassung der *Wendekreise* an ihn wandten, habe er abgelehnt. »Nein«, sagte er, »ich werde bis zu dem Tag durchhalten, wo es bei uns wirklich Freiheit des Wortes gibt.« Solch eine Zeit, glaubte er, »wird wahrscheinlich nicht mehr zu meinen Lebzeiten kommen, falls überhaupt«.

Und so tat Miller die Idee von Rosset als leere Hoffnung ab. Er schrieb jetzt keine Bücher mehr, gegen die man hätte Einwände erheben können, nur noch kleinere Essays oder literarische Kommentare wie jene, die er der Diskussion seines Werkes in Perlès' und Durrells *Art and Outrage (Kunst und Provokation)* beisteuerte, oder freundliche Texte für illustrierte Bücher wie *To Paint is to Love Again.*

Er hatte keine Lust mehr, sich mit der Zensurbehörde herumzustreiten, da es ohnedies genug Probleme gab. Er mußte am Ohr und an der Hüfte mehrfach operiert werden, in seine Ehe mit Eve hatten sich nach sieben Jahren Schwierigkeiten eingeschlichen. (Dieser Siebenjahreszyklus war seit Pauline bemerkenswert konstant geblieben.) Und 1960 erschien eine neue Frau an Henrys amourösem Horizont.

Tatsächlich trug Henry keinesfalls die Alleinschuld am Zerbrechen seiner Ehe. Eve hatte zumindest dazu beigetragen. Sie liebte Henry, aber sie fühlte sich in viele Richtungen gezogen – von ihrem starken sexuellen Verlangen, von dem Gefühl, daß sie nicht mehr jung war, aber noch nichts eigenes vollbracht hatte (auch sie hatte künstlerischen Ehrgeiz und Talent), und vom Alkohol. Zugleich aber war sie mit einem berühmten Mann verheiratet und mußte für ihn intellektuelle Gefährtin und Mutter seiner Kinder sein. Sie konnte das alles nicht länger miteinander in Einklang bringen und begann, sich von Henry zu entfernen.

Im Herbst 1959 ging Henry allein in die Nepenthe-Bar in Big Sur und bemerkte eine schöne junge Frau, eine Kellnerin der Bar, die mit einem ihm bekannten Mann tanzte. »Macht es Ihnen wirklich Spaß, mit Homosexuellen zu tanzen?« fragte er sie. Vielleicht war sein Konkurrenzgefühl geweckt. Die Frau antwortete freundlich, und sie unterhielten sich lange. Ihr Name war Caryl Hill. Sie war in der Gegend hier aufgewachsen, verheiratet gewesen und nun geschieden; sie hatte ein Kind. Eine Zeitlang hatte sie die Universität von Kalifornien in Berkeley besucht. Sie war lebhaft, begeisterungsfähig, emanzipiert, und sie lachte leicht. Innerhalb weniger Tage war er wieder im Nepenthe und hielt nach ihr Ausschau.

Beim drittenmal besuchte er gemeinsam mit Eve die Bar, und Eve fing an zu trinken und weigerte sich zu gehen. Als Henry hinausging, um im Wagen zu warten, folgte ihm Caryl und schlüpfte auf den Sitz neben ihm. Henry war entzückt – eine Romanze lag in der Luft.

Im gleichen Herbst noch, als Eve längere Zeit in Berkeley blieb, um ihre kranke Mutter zu unterstützen, fing Henry eine ernsthafte Affäre mit Caryl an. Manchmal posierte Caryl nackt für die Malklasse, die Eve besuchte, und Eve fand es merkwürdig peinlich, den Körper der Frau so genau zu beobachten, mit der ihr Mann schlief. Eines Nachmittags, als Caryl im Haus war, wandte sie sich offen an die beiden: »Ich weiß, daß du und Henry einander sehr mögt, und natürlich ist Liebe eine großartige Sache, und niemand sollte sich ihr in den Weg stellen, und selbst ein vorübergehender Flirt kann sehr aufregend sein, warum also geht ihr beiden nicht auf der Stelle hoch ins Bett? Ich mein es wirklich.« Selbstverständlich war das ein Akt der Verstellung, und zwar ein verzweifelter: Sie dachte, wenn sie die ganze Angelegenheit verächtlich abtun könnte, würde sie ihr alle Romantik nehmen. Aber das Ergebnis entsprach nicht ganz dem, was Eve erwartet hatte. Henry fand den Vorschlag tatsächlich aufregend – mit einer jungen Frau zu schlafen, praktisch unter den Augen seiner Frau! Doch Caryl sah, daß Eve litt, tröstete sie und versicherte ihr, daß Henry in Wirklichkeit nur sie liebte.

1960 entschloß sich Henry, nach Europa zu gehen – er hatte eine Einladung als Mitglied der Jury für die Internationalen Filmfestspiele in Cannes erhalten –, einige Zeit alleine zu verbringen und sich um Geschäft und Vergnügen zu kümmern, dann sollte sich Caryl ihm gegen Ende des Filmfestivals in Cannes anschließen.

Vor Beginn der Filmfestspiele reiste Miller nach Hamburg, um seinen deutschen Verleger Ledig-Rowohlt zu besuchen, den er bei seiner letzten Europareise kennengelernt hatte. Henry war froh, seine Probleme in Big Sur zurücklassen zu können. Er fühlte sich verjüngt und übermütig. Zum Beispiel überredete er bei der Landung des Flugzeugs in Hannover eine Stewardeß, mit ihm auf einen gemütlichen kleinen Drink von Bord zu gehen. Das Ergebnis? Beide verpaßten den Weiterflug nach Hamburg. Fünf oder sechs Journalisten und Fotografen, die ihn in Hamburg erwarteten, mußten sich eine weitere Stunde die Beine vertreten, bis der nächste Flug ankam.

Auf dem Internationalen Filmfestival von Cannes amüsierte er sich großartig. Kurz vor Ende der Festspiele kam dann Caryl zu ihm nach Cannes, und er freute sich über ihre Anwesenheit, nahm sie überall hin mit, sorgte dafür, daß auch sie sich amüsierte, und gab ein bißchen mit ihr an. Die restliche Zeit genoß er es, wieder mit Durrell zusammen zu sein, von Cannes aus fuhren sie in Durrells Haus nach Nîmes. Das war der Höhepunkt. Durrell versetzte Henry in beste Laune. Nachdem die Preisverteilung vorüber war, nahm Henry Caryl zu Besuchen seiner Freunde in Südfrankreich und Italien mit.

412

Mittlerweile hatte Eve über ihre Ehe nachgedacht. Mitte Mai beschloß sie zu handeln. Zuerst schrieb sie an Martha, mit der sie sich sehr angefreundet hatte. Seit Jahren, erklärte sie, hätte es keine »eheliche Gemeinschaft mehr« zwischen ihr und Henry gegeben. Sie hoffte, in Big Sur bleiben zu können – vielleicht einfach als Henrys Sekretärin und Managerin, ein Posten, den sie ohnehin bereits ausfüllte. Dann holte sie tief Luft und schrieb Henry, daß es Zeit für die Scheidung sei, nicht wegen Caryl, sondern weil sie der ehrlichen Überzeugung war, daß kein Grund existierte, warum sie weiterhin zusammenbleiben und mit einer Lüge leben sollten. »Ich empfinde keinen Groll oder fühle mich verletzt oder sonstwas«, schloß sie, »sondern habe nur den Wunsch, das zu tun, was ich für richtig halte, und mehr und mehr ich selbst zu werden.«

Der Brief erreichte Henry, als er gerade mit Caryl im Hause seines italienischen Verlegers Feltrinelli weilte. Zuerst stimmte der Brief ihn traurig – dann fühlte er sich beschwingt. »Ich glaube, alles, was Du sagst, ist richtig«, antwortete er. Er bat sie, keinerlei Schuldgefühle zu haben und sich nicht selbst anzuklagen: »Wir sind immer noch Freunde.« Mehr als alles andere war er erleichtert, obwohl er jedesmal zusammenzuckte, wenn er seine Alimentenzahlungen und die Unterstützung für Lauretta addierte. Er sprach von erneuter Heirat mit Caryl, aber das nahm keiner von ihnen sonderlich ernst. Caryl, bemerkte er zu einem Freund, sei »nicht sein Typ«. Sie kehrten getrennt in die Vereinigten Staaten zurück. Er fühlte sich elend und zerschlagen.

14. Über den Äquator

Im September 1961 kam es zu dem von Miller schon lange erwarteten Zusammentreffen mit seiner zweiten Frau June in New York. Das war keine Überraschung – Henry rechnete mit ihr. Schon lange zuvor hatte er geplant, auf dem Rückweg von Europa einen Stopp in New York City einzulegen, und June den Vorschlag gemacht, ihn dort zu treffen. Er hatte sich seit ihrer Scheidung über sie auf dem laufenden halten lassen, natürlich ohne ihr Wissen. Sie hatte Stratford Corbett geheiratet, doch irgendwas war ihr gegen Ende der dreißiger Jahre zugestoßen, irgendwas war ausgerastet: Emil Schnellock hatte berichtet, daß sie sich streng wie eine Nonne kleidete und leichenhaft und krank aussah. »Ich habe nicht den Mut, sie zu sehen, und doch muß ich sie eines Tages treffen – eine Abrechung muß sein«, schrieb Miller an Claude Houghton. Doch dann kam der Krieg, Corbett wurde Captain der Air Force, June folgte ihm nach Texas und Florida, gegen Ende 1942 verließ er sie, und sie verschwand spurlos. Als sie Henry gegen Kriegsende brieflich um Hilfe bat, lebte sie in einem elenden Loch in der Clinton Avenue, ganz in der Nähe vieler ihrer alten Schlupfwinkel. Die ganzen späten vierziger und frühen fünfziger Jahre jammerte June unablässig um Hilfe, bettelte Henry mitleiderregend um Geld, Nahrung, seine Bücher, Fotos von ihm und seiner Familie, seine Aquarelle – um alles an. Sie klagte, daß sie absolut mittellos und am Verhungern sei, nie Fleisch zu essen hatte, daß sie Penicillin brauchte, daß ihr die Zähne ausgefallen und ihre Augen schlecht waren und daß sie Geld für ärztliche Behandlungen brauche.

Sie wohnte in einer Einzimmerwohnung in einer schlechten Gegend, in der Ninety-fifth Street in der Nähe vom Riverside Drive. Henry sicherte sich die Unterstützung von Annette Kar Baxter, einer Professorin in Barnard, die ein Buch über ihn geschrieben hatte, um June durch regelmäßige Besuche und kleine Aufmerksamkeiten behilflich zu sein.

Im September 1961 endlich trafen sie sich. Es war, als würden sie den Schluß der *Kreuzigung in rosa* durchleben, des Buches, das er nach all den Jahren immer noch nicht vollendet hatte. June schaute ihn voller Bewunderung an. Sie sagte ihm, daß er »wunderbar gut aussah, flott, fein, verwegen, voller Energie und Heiterkeit«. Aber er war sprachlos. Sie war alt geworden! Obwohl sie erst achtundfünfzig Jahre zählte, war sie in jeder Hinsicht geschrumpft, nicht nur physisch, sondern auch geistig. All das Geheimnisvolle, das Rätselhafte an ihr war verschwunden, verweht von den Winden der Zeit. Ihm erschien die ganze Begegnung herzzerreißend und vernichtend. Und doch, so gestand er sich ein, verspürte er einen Funken von Vergnügen und Triumph bei diesem schrecklichen Ende seiner großen Leidenschaft. Könnte er einen Bericht dieses Treffens schreiben, es wäre eine wunderbare Ergänzung zu seinen autobiographischen Romanzen. Das Thema würde sein: June war stärker – aber *er* hatte gesiegt. Aber er konnte es nicht schreiben, das wußte er.

Diese »Abrechnung« mit June war die erste von zwei Begegnungen mit alten und immer noch mächtigen Lieben. Er hatte sich kaum von dem Treffen mit June erholt, als er sich auch schon darauf vorbereitete, Anaïs Nin in Kalifornien zu empfangen. Sie selbst hatte vorgeschlagen, sie sollten sich treffen und sich aussprechen. Von Anaïs zu hören war für ihn eine echte Überraschung – längst schon hatte er die Hoffnung auf ein Wiedersehen aufgegeben. Noch 1955 war sie wütend geworden, als sie in den Korrekturfahnen las, was Alfred Perlès über sie in *My Friend Henry Miller* geschrieben hatte. Sie bestand darauf, daß niemand zu wissen brauchte, daß sie jemals in irgendeiner Beziehung zu Henry gestanden hatte, und drohte schließlich, Perlès zu verklagen, falls er ihren Namen in dem Buch nicht löschte. Perlès mußte schließlich ihrer Drohung nachgeben und ein Pseudonym in das Buch setzen.

Aber Millers wachsender Ruhm aufgrund der Veröffentlichung von *Wendekreis des Krebses* – mit Anaïs' Vorwort – brachte sie auf eine Idee. Im Frühling 1962, genau sechzehn Jahre nach ihrer letzten Begegnung, besuchte ihn Anaïs, um ihm davon zu erzählen. Das Wiedersehen verlief überraschend gut. Für Henry hatte sie sich »überhaupt nicht verändert« – sie war immer noch ein sagenhaftes, mythisches Geschöpft. Allein ihre Anwesenheit schien das Leben wieder hell erstrahlen zu lassen. In ihren Augen lag das gleiche leuchtende, engelhafte Lächeln, das gleiche funkelnde Wahrnehmungsvermögen. Immer noch wirkte sie wie von Geheimnissen umgeben, so neptunisch wie eh und je.

Ihre Idee war einfach. Einige Zeit zuvor hatte sie erfahren, daß Henry die Briefe, die sie ihm geschrieben hatte, der Special Collection Division der Universität von Kalifornien zusammen mit seinen persönlichen Papieren übergeben hatte. Nun hatte sie den Einfall, aus den Briefen, die Miller ihr geschrieben hatte, eine publizierbare Sammlung zu machen – eine Sammlung, die seine frühe Entwicklung zeigen und Hinweise auf die wichtige Rolle, die sie dabei gespielt hatte, liefern würde. Würde er ihr – oder ihrem Agenten – gestatten, eine Auswahl seiner Briefe unter dem Titel *Letters to Anaïs Nin (Briefe an Anaïs Nin)* herauszubringen? Vielleicht könnte ein erfolgreiches Buch dieser Art als Wegbereiter für den ersten Band einer gekürzten Ausgabe ihres Tagebuches dienen, das sie endlich veröffentlichen wollte. Allein die bloße Vorstellung, er könnte nach all diesen Jahren Anaïs einen Gefallen tun, begeisterte Henry, und er stürzte sich sofort auf die Idee. Auf seine alte, großzügige Art und Weise ging er noch einen Schritt weiter und bestand darauf, daß ihr die Honorare an dieser Veröffentlichung zufielen, da ihr die Briefe ja in Wirklichkeit gehörten.

Zuerst die Versöhnung mit June – dann mit Anaïs! Für ihn waren es große Siege.

Und es kamen noch mehr: Bei seiner Rückkehr in die Vereinigten Staaten 1961 fand er *Wendekreis des Krebses* in jeder Buchhandlung New Yorks! Es war *der* Bestseller in Amerika, und er hatte sich zum berühmtesten und meistdiskutierten Autor des ganzen Landes entwickelt.

Hinter der Publikation des Buches steckte eine Reihe von Verhandlungen. Lange Zeit verweigerte Henry Miller hartnäckig die Veröffentlichung seines eigenen Buches in Amerika. Barney Rosset von Grove Press war fest davon überzeugt, daß er *Wendekreis des Krebses* durch die Gerichte bringen könnte; zur Bekräftigung schlug er Michael Hoffman einen Vertrag vor, Miller zehntausend Dollar Vorschuß zu zahlen, sämtliche in Verbindung mit den Büchern anfallenden Prozeßkosten zu übernehmen – bis zum Obersten Gerichtshof – und alles aus seiner eigenen Tasche zu bezahlen. Doch mit diesem Angebot eröffnete er lediglich die Verhandlungen. Von nun an ging es Schlag auf Schlag: Angebot, Ablehnung und Gegenangebot. Als nächstes bot Rosset 2 500 Dollar für eine Option, die Miller verpflichtete, innerhalb der nächsten vier Jahre keinem anderen Verleger als Grove Press die Veröffentlichung der *Wendekreise* zu gestatten. Auch diesen Vorschlag wischte Miller vom Tisch, doch dieses Mal versuchte er, seine Haltung zu erklären. Teilweise befürchtete er persönliche Angriffe und Vergeltung einschließlich Arrest: Er würde sich nicht wundern, wenn vor seiner Tür Angehörige der American Legion mit Eimern voller Teer und Federn auftauchen würden – solche Dinge geschahen im Lande der Freien!

Viel mehr Angst hatte er allerdings vor den publizistischen Folgen, die diese Veröffentlichung nach sich ziehen würde: Fotografen, Reporter, Nachrichtenjäger, Radio- und Fernsehmenschen und Tausende von Autogrammjägern würden auftauchen, und Post würde hereinströmen; der sogenannte »Erfolg« würde in Form einer Sintflut über ihn hereinbrechen.

Anfang 1960 schlugen Rosset und Girodias eine neue Taktik ein. Sie machten Miller darauf aufmerksam, daß die *Wendekreise* durch das US-Copyright nicht geschützt waren und in hohen Auflagen als Raubdrucke erscheinen konnten – vielleicht in einer gesäuberten Fassung. Als weiteres Lockangebot erhöhte Rosset den Vorschuß. In einem Brief an Girodias antwortete Miller wiederum ablehnend: »Wir alle brauchen Geld zum Leben. Die Frage ist – wieviel? An welchem Punkt hört es auf, einen zu nähren? Ich habe es geschafft, mit all meinen Hochs und Tiefs zu leben. Was ich benötige, das wird sich einstellen, wenn ich es benötige, davon bin ich überzeugt. [Aber] . . . je mehr ich verdiene, desto mehr Probleme habe ich, und desto weniger genieße ich das, was ich verdiene. Ich muß für meine Kinder sorgen, bis sie auf eigenen Beinen stehen; danach sind sie auf sich selbst angewiesen. Ich sehe keine Möglichkeit, irgend jemand durch Geld zu beschützen, durch Sicherheit irgendwelcher Art. Ganz im Gegenteil, ich betrachte alle Arten der Sicherheit als Bedrohung für die Weiterentwicklung des Charakters.« Er hatte gar nichts dagegen, daß Leute, die seine Bücher lesen wollten, sie in das Land schmuggeln oder Unsummen dafür bezahlen mußten. Gut – dachte er –, die höheren Preise verleihen den Büchern zusätzliches Prestige; die Schwierigkeit, sie zu bekommen, gab ihnen einen Sonderstatus. Sie machten ihren Weg, sie *wurden* gelesen trotz aller von den Behörden getroffenen Maßnahmen. Doch die Copyrightfrage machte Miller Sorgen. Nachdem er all die Jahre durchgehalten hatte, könnte ein flinker Verleger auf der Bildfläche erscheinen, die Bücher so weit säubern, daß er gerichtlich nicht mehr zu belangen wäre, und sie dann herausbringen, als handelte es sich um die lang erwarteten *Wendekreise*.

Dann gerieten die Dinge in Bewegung. Karl Shapiro, ein bekannter Kritiker und Lyriker, veröffentlichte im Magazin *Two Cities* einen äußerst lobenden Artikel über Miller. Henry hatte das Gefühl, daß Shapiros lobende Worte wie eine »Bombe einschlagen« und seinen Büchern den Weg ebnen würden. Er ließ sich nun doch von einem nochmals erhöhten Vorschußangebot von Rosset beeindrucken. Die »drastischen Veränderungen in meinem Leben, die ich am liebsten sofort vornehmen würde«, erklärte er dem Verleger, »verlangen eine Mordssumme«. In der Zwischenzeit hatte Hoffman an einem vernünftigen Vertrag gearbeitet. James Laughlin, überzeugt davon, daß Jahre vergehen würden, bis die *Wendekreise* öffentlich verkauft werden konnten, verzichtete Miller gegenüber auf alle Ansprüche, die von New Directions noch erhoben werden konnten. Rosset erklärte sich einverstanden, über *Wendekreis des Krebses* und *Wendekreis des Steinbocks* separat zu verhandeln. Das neue Angebot für den *Krebs* lag bei 10 000 Dollar sofortiger Optionszahlung und einer Garantiesumme von 40 000 Dollar, zahlbar unmittelbar nach Abschluß eines Vertrages über die Veröffentlichung zu einem bestimmten Datum. Aber Henry zögert, immer noch. Er schrieb Rosset:

Ich habe mit meinen Landsleuten einen Guerillakrieg geführt. Ich denke, ich habe sie bereits besiegt. Was ich geschrieben habe, kann nicht mehr ausgelöscht werden; meine Werke werden weiterhin auf die eine oder andere Art und Weise zirkulieren, bis sie an ihrem natürlichen Ende angelangt sind. Die bloße Tatsache, daß meine Bücher nur unter Schwierigkeiten erworben werden können, fördert sie nur. Warum also sich den Torturen und der Komödie eines Sensationsprozesses aussetzen, bloß um sie jedermann zugänglich zu machen? Was für einen Wert haben für mich diese zusätzlichen Leser? Ich könnte lediglich hoffen, mehr Ruhm und mehr Geld zu erringen. Inzwischen weiß ich, daß der wahre Ruhm von der guten Meinung einiger weniger am Leben gehalten wird. Und was einen plötzlichen Vermögenszuwachs anbelangt, er würde mir unzweifelhaft mehr schaden als nützen... Meine Stärke und Sicherheit kommen von innen. Ich muß meinen Intuitionen vertrauen.

Während Miller dieses Problem noch von allen Seiten beleuchtete, erfuhr Rosset, daß ein anderer Verlag ohne jeden Zweifel einen Raubdruck von *Wendekreis des Krebses* plante und ihn wahrscheinlich in gesäuberter Fassung in den Vereinigten Staaten verkaufen wollte. Nun gab Henry nach. In größter Eile flogen Rosset von New York und Hoffman von Paris nach Hamburg, um dort Henry zu treffen. Rosset legte zehntausend Doller auf den Tisch und garantierte, alle juristischen Folgekosten zu tragen und Henry vor jeder Vorladung vor Gericht zu bewahren. Und Miller nahm die Feder und unterschrieb. Das war ein historischer Augenblick! Innerhalb einer Woche berichtete Leonard Lyons in seiner New Yorker *Post*-Kolumne, daß »Grove Press, die hierzulande *Lady Chatterley's*

Lover herausbrachte, erneut die Zensur mit Henry Millers *Wendekreis des Krebses* herausfordern will«.

Am 24. Juni 1961 wurde *Wendekreis des Krebses* in den Vereinigten Staaten veröffentlicht. Die Rezensionen waren überwältigend, die Kommentare in den Medien fast ausschließlich positiv. In einer Woche wurden 68 000 Exemplare verkauft. Gegen Ende des ersten Jahres belief sich der Gesamtverkauf auf über 100 000 Hardcoverausgaben und über eine Million Paperbackexemplare. Dieses siebenundzwanzig Jahre alte Buch war der »Superbestseller« des Jahres.

Doch Millers Vorhersagen erwiesen sich als richtig. Der Ärger begann fast augenblicklich: Verschiedene Buchhändler wurden verhaftet und mehrere voneinander unabhängige Klagen gegen Grove Press erhoben. Einer der ersten Fälle ereignete sich in Los Angeles, wo Bradley Smith wegen des Verkaufs des Buches verhaftet wurde. Diese Verhandlung lieferte den Präzedenzfall für die lächerliche Art und Weise, in der die Gerichte sein Buch zu behandeln gedachten. Henrys alter Freund Lawrence Clark Powell verteidigte das Buch als »soziales Dokument« – doch als der Staatsanwalt von ihm verlangte, eine bestimmte Passage vorzulesen, weigerte er sich, das Buch durch Vorlesen von aus dem Zusammenhang gerissenen Abschnitten in ein falsches Licht zu rücken. Ein UCLA-Professor für amerikanische Literatur argumentierte, daß es in dem Buch nichts gäbe, »dessen man sich schämen müßte oder das morbid wäre«, weigerte sich aber ebenfalls, Teile davon laut vorzulesen. Robert Kirsch von der *Los Angeles Times* und Jack Hirschman, der Dichter, verteidigten den Roman, indem sie ihn mit Pepys, Casanova und St. Augustin auf eine Stufe stellten; Hirschman überraschte das Gericht damit, daß er *Krebs* als »tiefreligiöses Buch« bezeichnete. Auf der anderen Seite erklärte der wohlbekannte Shakespeare-Experte von der Universität von Südkalifornien, Frank Baxter, das Buch für obszön, und der Romancier Leon Uris sprach von dem »pervertierten, irrationalen Geblubber eines ungesunden Geistes«. Dr. Howard McDonald, der Präsident des Los Angeles State College, bezeugte ebenfalls für die Anklage, daß das Buch obszön sei, gab im Kreuzverhör allerdings zu, daß er noch nie etwas von *The Sun Also Rises, Butterfield 8, Lolita* oder Matisse gehört hatte. Aufgrund solcher Zeugenaussagen wurde Bradley Smith verurteilt. Im Gegensatz dazu erklärte Richter Samuel B. Epstein vom Obersten Gerichtshof des Staates Illinois nur wenige Tage vor Smiths Verurteilung *Wendekreis des Krebses* für »unzüchtig, nichtswürdig und vulgär«, dem Gesetz nach aber für nicht obszön. Er untersagte der Stadt von Chicago und sechs Vorstädten, den Verkauf zu behindern. Diese wichtige Entscheidung wurde in folgenden Prozessen ausgiebig zitiert. Zur gleichen Zeit ungefähr unterzeichneten 198 amerikanische Schriftsteller, unter ihnen Saul Bellow, John Dos Passos, Lillian Hellman, Alfred Kazin, Norman Mailer, Bernard Malamud, William Styron, Robert Penn Warren und Edmund Wilson, eine Erklärung, in der Miller unterstützt und die Zensur verurteilt wurde.

Während des ersten Jahres nach der Veröffentlichung mußte Grove Press sechzig gerichtliche Verfahren durchfechten und gab dafür über 100 000 Dollar aus. Gegen die Epstein-Entscheidung wurde sofort vom Staatsanwalt der Stadt Chicago Revision eingelegt, und der berühmte Rechtsanwalt Elmer Gertz mußte die Sache noch einmal im Revisionsverfahren durchkämpfen. Im März 1963 erreichten die verschiedenen Verhandlungen ihren Höhepunkt: Ein Revisionsgericht in New York, das höchste Gericht in Kalifornien, der Oberste Gerichtshof von Illinois und der Supreme Court beschäftigten sich alle mit der Frage, ob Millers Werk gegen das Gesetz verstieß. Auf Bitte von Gertz schrieb Miller in diesem Monat eine großartige Verteidigung seines Buches in einem offenen, an den Supreme Court adressierten Brief, der in der *Chicago Sun Times* abgedruckt wurde. Er und Gertz rechneten mit einem Sieg und waren siegesbewußt, aber Miller wußte, was der Sieg bedeutete: Er verlor seine Anonymität, er konnte nicht nach Big Sur zurückkehren, er hatte gewaltige Steuerschulden, seine Zeit wurde durch Konsultationen mit Anwälten aufgefressen, und gewisse Seiten seiner Bücher wurden heimlich in Hinterzimmern gelesen. Er war tatsächlich der König der schmutzigen Literatur.

15. Rückkehr zu einem neuen Leben und andere Burlesken

Als Miller im Herbst 1961 nach Kalifornien zurückkehrte, wünschte er sich vor allem, seinen Kindern nahe zu sein. In Big Sur zu leben war unmöglich, da Eve noch dort war. Henry bezog ein möbliertes Zimmer in Pacific Palisades in der Nähe der Kinder, die mit ihrer Mutter in Las Lomas wohnten. Er hatte eine derartige Angst vor ständigen Störungen, daß er nur wenigen Leuten seinen Aufenthaltsort mitteilte. Berühmt zu sein war gleichbedeutend damit, ein Krimineller zu sein. Das Zimmer kostete ihn 65 Dollar im Monat. Wie die alte Henry-Street-Wohnung schien es unter der Erde vergraben. Vollgestopft mit einem Eisschrank, Heizung, zwei großen Lehnstühlen, zwei Eßstühlen, zwei Tischen, Kommode und Küchenschrank, einem Feldbett und einem Wandschirm, ließ es ihm gerade noch genügend Platz, sich umzudrehen.

Aber er schlenderte so oft wie möglich zu den Kindern hinüber, wanderte durch die Palisades, und manchmal fuhr er sogar per Anhalter den Sunset Boulevard hinunter nach Hollywood, wie er es in jenen Beverly-Glen-Zeiten getan hatte, als er pleite gewesen war. Tatsächlich war er jetzt armseliger dran als damals; denn nun besaß er weder ein Haus noch Wohltäter. Seinen Grove-Press-Vorschuß hatte er bereits verbraucht und schuldete immer noch Steuern, er wollte für die Kinder bezahlen und Eve monatlich weitere 250 Dollar zukommen lassen, er mußte den Betrag für Laurettas Heim, Steuern und den Unterhalt für den Big-Sur-Besitz aufbringen; er wollte June, Barbara und anderen kleine Beträge schicken, für die Kinder Geschenke kaufen und alten Freunden wie Walker Winslow helfen, die »mit dem Rücken zur Wand dastanden und hilflos« waren. Eines Tages, als er überhaupt kein Geld in den Taschen hatte, hielt er bei einer Bank in Pacific Palisades, um einen Scheck einzulösen, und wurde zurückgewiesen. Draußen in der Buchhandlung neben der Bank war eine ganze Reihe dunkelblauer Paperbacks von *Wendekreis des Krebses* ausgestellt. Er starrte sie dumpf an. Mit dem Gefühl, als hätte er das Buch gar nicht geschrieben, ging er davon, so als hätte man ihn beschuldigt, falsche Schecks in Umlauf zu bringen, indem er sie mit dem Namen »Henry Miller« unterschrieb; als wäre er eine Fälschung von sich selbst. Er versuchte, an dem zweiten Band von *Nexus* zu arbeiten, doch nachdem er 110 Seiten beendet hatte, verlor er das Interesse an der Geschichte und konnte sich nicht mehr an die Einzelheiten seiner Europareise mit June erinnern. Was für ein schlichtes Gemüt, welch freundlicher Tölpel war er damals gewesen! Und wie elend fühlte er sich jetzt! Kein Wunder, daß seine Weihnachtskarten für 1961 solch eine trostlose Botschaft enthielten (ein Zitat von Whitman): »Nur weiter so, meine lieben Amerikaner, holt das Letzte aus den Pferden heraus – Aufregung! Geld! Politik! . . . Ihr seid auf dem besten Weg, eine ganze Nation von Verrückten zu schaffen.«

Aber arm oder nicht arm, Henry hatte einen Ausstoß wie eine Fabrik: Henry Miller, Inc. George Wickes begann, die Korrespondenz zwischen Miller und Durrell herauszugeben. Grove Press schickte *Wendekreis des Steinbocks* und *Schwarzer Frühling* zum Drucker. Die Miller-Aktien blühten, aber der Hauptaktionär hatte Geldprobleme. Zum Teil war es seine eigene Schuld, daß das Geld so schnell dahinschwand. Während der abschließenden Verhandlungen hatte sein Agent Hoffman ein Arrangement vorgeschlagen, das vorsah, Millers europäische Honorare in einer Schweizer Bank zu deponieren anstatt sie nach Amerika zu schicken, wo sie der gewaltigen Besteuerung zum Opfer fielen. Hoffman und andere gingen noch weiter und schlugen probeweise andere Maßnahmen vor, um größere Zahlungen zu vermeiden. Sie argumentierten, es sei nur recht und billig, wenn Miller nach Jahren der Armut einen größeren Profit in Anspruch nähme. Doch er wehrte sich hartnäckig gegen solche Pläne und bestand darauf, keinerlei Maßnahmen zu ergreifen, um große Abzüge von seinem Einkommen zu verhindern. Als Folge davon kassierte das Finanzministerium der Vereinigten Staaten ungefähr 75 Prozent seiner Tantiemen, und er geriet mit den Zahlungen immer mehr ins Hintertreffen. 1962 hatte er einen Rückstand von fast 15 000 Dollar auf 1961 und mußte seine Tantiemen von *Wendekreis des Steinbocks* zur Zahlung seiner Steuern für *Wendekreis des Krebses* verwenden. Und womit würde er seine Steuern für die Einnahmen aus *Wendekreis des Steinbocks* bezahlen?

Diese Situation ähnelte den verrückten Verhältnissen in Frankreich Mitte der vierziger Jahre – und mit den gleichen Büchern. *Wendekreis des Krebses* und *Wendekreis des Steinbocks* brachten massenhaft Geld ein, aber es war wie Quecksilber.

Martha hatte die Absicht, ein neues, größeres Haus zu kaufen, und sie rechnete mit Henrys Unterstützung. Die Kinder wuchsen heran, argumentierte sie sehr überzeugend, und brauchten einen Platz, wo ihre Freunde sie besuchen konnten. Außerdem, fuhr sie fort, wenn sie ein ausreichend großes Haus finden konnte mit einem kleinen Seitenflügel und wenn sie sich (mit seiner Hilfe) den Kauf leisten konnte, dann bestünde doch für ihn die Möglichkeit, bei ihnen zu wohnen; er könnte getrennt, aber bequem leben und stets für die Kinder da sein. Henry gefiel die Idee. Seit seiner Scheidung von Eve im April 1961 war er allein gewesen, und er haßte die Einsamkeit.

Im Februar 1963 zog die ganze Familie in ein hübsches zweistöckiges Haus am Ocampo Drive mit Swimming-pool und einem Arbeitszimmer für Henry. Er zahlte für das Haus und Martha für die Umbauten. Während der Zeit, in der bei Henry alles drunter und drüber gegangen war, hatte Martha die Kinder allein aufgezogen, aber nun würden sie wieder alle zusammen leben – es war eine glückliche Lösung. Tagsüber blieb er in seinem Teil des Hauses, nahm aber das Abendessen gemeinsam mit Martha und den Kindern ein. George Wickes, der ihn hier besuchte, beschrieb voller Wärme die häusliche Szenerie: »Als ich ankam, half Henry gerade Val bei ihrer Französischlektion – Übersetzung von Rimbaud, den sie ganz verrückt aussprach, vollkommen daneben. Sie schien auch überzeugt davon, daß Henry nicht die geringste Ahnung von Rimbaud hatte. Während des Essens dann erklärte Tony (der fast schon die Karikatur eines Teenagers ist mit seinen übertriebenen Posen und seiner Tolle platinblonden Haares) die geschlechtliche Fortpflanzung – der Amöben, um da keinen Irrtum aufkommen zu lassen, aber einige seiner Bemerkungen waren durchaus erinnerungswürdig; er tat den alten Mann als jemanden ab, der von solchen Dingen ja ohnehin nichts wußte . . . Alle necken ihn auf eine recht herzerwärmende Art und Weise, sogar Martha, und er genießt es ganz offensichtlich.«

16. Ärger mit dem Krebs –
was soll's, Hauptsache, man ist gesund!

Das Gerücht machte die Runde, in Brooklyn sei ein Haftbefehl gegen Miller erlassen worden. Es breitete sich sogar bis nach England aus und erreichte Alfred Perlès. Der hielt das natürlich für einen Witz und bot an, die britische Marine zur Rettung zu entsenden, falls Henry ins Gefängnis gesteckt wurde. Aber es konnte ja gar nicht stimmen, sagte Fred, denn 1963 war *Wendekreis des Krebses* sogar in England veröffentlicht worden – am Erscheinungstag wurden 40 000 Exemplare verkauft –, und immerhin war England der verstockteste Ort auf der ganzen Welt.

Mit dieser Annahme lag er völlig falsch. Das puritanischste Fleckchen Erde der Welt war Henrys Heimatort Brooklyn, New York, dessen Behörden ungemein beleidigt waren, daß ein Sohn des vierzehnten Bezirks, Brooklyn, ein Buch voller »Schmutz« verbrochen haben sollte. Anfang 1964 erließ der Staatsanwalt des Stadtteils Brooklyn einen Haftbefehl gegen Miller und verlangte dessen Auslieferung von Kalifornien nach Brooklyn, damit er und Grove Press sich vor dem Strafgericht von New York, Kings County, verantworten konnten. Die Anklage behauptete, »daß in der Zeit vom 1. Januar 1961 bis zum 30. Juni 1962 der Angeklagte Henry Miller im Kings County besagtes obszönes Buch vorbereitet und autorisiert habe« – geradeso, als hätte er es geschrieben, während der Drucker neben ihm stand. Ein paar Monate lang hatte es tatsächlich den Anschein, als würden die Behörden von Brooklyn Henry ergreifen und »wie einen gewöhnlichen Verbrecher« ins Gefängnis stecken. Seine Anwälte erhoben Einspruch und beantragten außerdem eine gerichtliche Verfügung gegen Nelson A. Rockefeller, Gouverneur des Staates New York, und Edward S. Silver, Staatsanwalt von Kings County. In der Begründung der Verfügung wies Miller darauf hin, daß zu der Zeit, als er tatsächlich *Wendekreis des Krebses* geschrieben hatte, Grove Press noch gar nicht existierte und Barney Rosset zwölf Jahre alt gewesen war. Er erklärte sich einverstanden, für die Dauer des Verfahrens in den Vereinigten Staaten zu bleiben. Dieses Zugeständnis war ein Fehler von großer Tragweite: Es bedeutete, daß Miller in den Vereinigten Staaten gefangen war, bis das Verfahren vollständig geklärt und das

Auslieferungsgesuch aufgehoben war. Selbst Mitte 1964 noch, als der Supreme Court den Verkauf von *Wendekreis des Krebses* unter den Schutz der Verfassung stellte, ging das Brooklyn-Verfahren gegen Grove Press weiter, und erst im Oktober 1964 wurde die Anklage gegen Henry fallengelassen. Der Fall ging in die Geschichte ein – in Elmer Gertz' *A Handful of Clients* (1965) und sogar in Textbücher der Universität wie Milton R. Konvitz' *First Amendment Freedoms: Selected Cases*. Schließlich wurde der gesamte Prozeß von E. R. Hutchison zusammengefaßt in *Wendekreis des Krebses vor Gericht: Eine Fallstudie der Zensur*.

All diese Prozesse regten Millers Phantasie an, und er begann, einen burlesken Einakter über Zensurmaßnahmen zu schreiben: *Just Wild About Harry (Ganz wild auf Harry)*: Richter, Rechtsanwälte und Regierungsvertreter diskutieren im juristischen Kauderwelsch über einen Schriftsteller, den man der Obszönität angeklagt hatte.

Wendekreis des Krebses, dieser Roman, den zu schreiben er nie beabsichtigt hatte, verursachte nun nichts als Ärger, und sobald sich erst einmal die Filmemacher dafür interessierten, konnte alles mögliche passieren. Joseph E. Levine kaufte 1962 die Filmrechte an *Wendekreis des Krebses* und verkündete, daß er aus dem Buch einen Zweimillionendollarfilm machen wollte und Henry Miller in beratender Funktion an der Produktion mitwirken würde. Die ersten paar Monate ging alles glatt; dann jagte eine Katastrophe die andere. Bernard Wolfe lieferte ein schwaches Drehbuch, das abgelehnt wurde. Als nächstes wurde Levine wegen des Films in Rechtsstreitigkeiten verwickelt – zuerst von seinen Partnern, dann von der Schauspielerin Carroll Baker, die schon vor dem ersten Drehtag gefeuert wurde. Als Teilhaber an den Filmrechten war Miller selbst vier Jahre lang in diese Prozesse verwickelt. Mittlerweile wollte Shirley MacLaine die June spielen, aber die Filmproduktion wurde durch die Prozesse verzögert. Dann machte Perlès die ganze Angelegenheit durch seinen Vorschlag noch komplizierter, einen »Henry-Miller«-Film für Hildegard Knef zu entwerfen – in dem sie sämtliche weiblichen Rollen spielen würde –, und er schrieb tatsächlich ein Skript mit dem Titel »Jenseits der Wendekreise«, in dem er unglücklicherweise an Levine verkauftes Material verwandte. Erst mehrere Jahre später kam *Wendekreis des Krebses* wirklich in die Kinos, und dann war es, wie Pauline Kael bemerkte, »um so vieles schwächer als das Buch, daß fast schon die bewußte Absicht dahinterzustecken schien, Miller auf . . . Würstchengröße zu reduzieren«.

Inzwischen war Miller voll damit ausgelastet, eine Berühmtheit zu sein. Bei Hollywoodparties stand er hoch in Kurs. Ava Gardner, Kim Novak und Yvette Mimieux korrespondierten mit ihm. Miß Novak schickte ihm einige ihrer Gedichte. Er hatte eine »lockere Romanze« mit Ziva Rodam, einer israelischen Schauspielerin. Sie inspirierte ihn in mehreren seiner Aquarelle zu jüdischen Themen. Sein Ratschlag bezüglich Liebe und Sex war äußerst begehrt: Sein romantischer Essay über die Liebe wurde in *Elle* publiziert, dem französischen Journal, das von Blaise Cendrars' Tochter Miriam herausgegeben wurde. Auf englisch wurde der gleiche Essay von *Mademoiselle* zum »Spitzenpreis« von 750 Dollar gekauft und unter dem Titel »Love and How it Gets That Way« (Liebe und was sie dazu macht) veröffentlicht. Henry trat mehrfach in der Steve Allen Show auf, war Teilnehmer verschiedener Talkshows und schien sich zu amüsieren. Vielleicht hatte sich sein Geist wie sein Hüftgelenk glattgescheuert.

Der Ruhm hielt ihn in Atem. Irgend jemand trieb ihn immer in das eine oder andere Projekt. Würde er eine neue Ausgabe autorisieren, eine andere Übersetzung, eine Filmfassung, eine Lesung, ein Opernlibretto, eine Radiosendung? Würde er ein Interview geben, im Fernsehen auftreten, ein Vorwort schreiben, Geld spenden, Kaution für einen Freund stellen, den Klappentext für ein Buch liefern oder Autogramme in ein Dutzend jener einst verbotenen Bücher schreiben – beginnend mit der Inschrift: »Für meinen lieben Freund«, selbst wenn er nie zuvor von der Person etwas gehört hatte? Schlimmer noch, sein Leben wurde zu einer endlosen Kette von Besuchen bei Geschäftsleuten, Produzenten, Technikern, Rechtsanwälten, Buchhaltern und Steuerberatern. Aus steuerlichen Erwägungen gründete er sogar eine Firma: Rellim Productions nannte sie sich – sein Name von rückwärts gelesen –, und er fühlte sich dabei, als hätte man sein Inneres nach außen gewendet. Kümmerliche zehn Jahre zuvor war er mit tausend Dollar im Jahr ausgekommen; nun verbrauchte er pro Monat mehr. Nachdem er durch die Verkäufe der verschiedenen Bücher, in erster Linie der *Wendekreise,* innerhalb von drei Jahren über 200 000 Dollar verdient hatte und Manuskripte, andere Dokumente und Aquarelle im Wert von 30 000 Dollar Universitäten, Museen, Bibliotheken und anderen gemeinnützigen

Institutionen gespendet hatte, blieben ihm gerade noch mickrige 1500 Dollar auf der Bank, die nicht für Steuerzahlungen aufgewendet werden mußten.

Niemand wollte ihm glauben, daß er kurz vor dem Bankrott stand, und niemand wollte ihm Geld leihen. Selbst Lawrence Durrell, dessen *Alexandria Quartet* so großes Aufsehen erregte, erklärte, er könne Henry nichts borgen, als er sich während einer finanziellen Notlage 1963 an ihn wandte. 1964 konnte Miller lediglich einen Vorschuß von 2 500 Dollar aus Rosset herausholen: Er hatte bereits 5 000 Dollar Vorschuß verbraucht. Und Laurettas Konto hatte er schon 3 500 Dollar entnommen. Gegen Ende 1964 hatte Miller ungefähr 100 000 Dollar für Freunde in Not ausgegeben.

Er hatte keine Zeit zum Schreiben außer für Artikel, die sich sofort verkaufen ließen, und bald stellte er fest, daß die gutzahlenden Magazine wie zum Beispiel der *Playboy* zwar gern seinen *Namen* anführten, seine schriftstellerischen Arbeiten aber vollkommen unangemessen fanden. Wie Midas wünschte er sich manchmal, wieder ein armer Mann zu sein. Ende 1964 war er dreiundsiebzig, aber an ihm gab es keine Spur von Senilität, nur eine Art blinde Sehnsucht nach Ruhe. Er hatte Kopfschmerzen, und seine Augen taten ihm weh; seine Arterien schienen zu verkalken, und er lebte unter ständigen Schmerzen. Manchmal, wenn er nachts wach lag und sein Verstand gigantische Panoramen seines Lebens an die dunklen Wände warf, fühlte er sich fünfhundert Jahre alt, aber kein bißchen weiser als je zuvor.

17. Ein zweiter Goethe

Er war einsam. Tony hatte den Wunsch, eine Militärakademie in Carlsbad, Kalifornien, zu besuchen und zog deshalb 1964 von zu Hause weg. Dann heiratete Valentine einen jungen Mann namens Ralph Day. Jeder fand, ihr neuer Name passe »wie die Faust aufs Auge«, vor allem, weil sie am Valentine's Day 1964 heiratete. Der Name war in Ordnung, bloß war es der verkehrte Mann, und bald schon tauchten Probleme in ihrer Ehe auf. Im April 1964 zog Martha, die wieder geheiratet hatte, ebenfalls aus dem Haus – und präsentierte Henry eine »umwerfende« Rechnung für die gesamte Möblierung. Jetzt, da er plötzlich das ganze Haus für sich hatte, kam sich Miller wie ein Gespenst vor, das durch die weiten Räume spukte. Freunden gegenüber scherzte er, es sei so viel Platz vorhanden, daß er sich ein Paar Rollschuhe anschaffen müsse, um überall herumzukommen. Er amüsierte sich mit einer Reihe junger Frauen, die vorbeikamen, um ihm Gesellschaft zu leisten, bis dann Anfang September Tony die Militärakademie verließ und auch Val und ihr Mann wieder in das Haus zogen. Damit begann eine der zufriedensten Lebensperioden von Miller.

Das einzige, was ihn beunruhigte, war die mögliche amerikanische Veröffentlichung von *Sexus*. Miller selbst war zu der Ansicht gelangt, daß *Sexus* pornographisch, nicht bloß obszön war. Als Girodias Material zu seiner eigenen Verteidigung sammelte und Miller um eine Stellungnahme bat, gestand Miller in einem Brief an den französischen Innenminister ein, sein Buch besäße »anstößige, obszöne und unmoralische« Elemente. Im März 1964 schließlich wurde Girodias zu einem Jahr Gefängnis und einer Geldstrafe von 7 000 Franc verurteilt, weil er die »öffentliche Moral in Frankreich verletzt« habe, und außerdem wurde ihm für die Dauer von zwanzig Jahren das Recht abgesprochen, in Frankreich zu publizieren. Wenn Frankreich schon zu derart extremen Maßnahmen griff, fragte Miller vernünftigerweise, welche Anklagen würden dann erst die Staatsanwälte in den Vereinigten Staaten gegen *Sexus* erheben?

Zu Millers Entsetzen tauchte eines Tages ein Mann an seiner Tür auf und teilte ihm mit, daß er *Sexus, Plexus* und *Nexus* (Band I) als »Greenleaf Classics« herausbringen wollte. Er erklärte, daß er bereit war, Miller den üblichen Autorenvertrag anzubieten, obwohl die Bücher in den Vereinigten Staaten nicht vom Copyright geschützt waren. Miller lehnte ab. Der Mann zuckte die Schultern: Innerhalb einer Woche, verkündete er beiläufig, sei seine Ausgabe auf dem Markt. In größter Eile produzierte Grove Press innerhalb von zehn Tagen eine billige Ausgabe und startete eine wirkungsvolle Kampagne, um die Buchhändler zu überreden, den Raubdruck nicht auf Lager zu nehmen. Um einem ähnlichen Fall zuvorzukommen, brachte Grove Press dann neben der *Kreuzigung in rosa Die Welt des Sexus* und *Stille Tage in Clichy* heraus. Miller wartete darauf, daß das Beil der Staatsanwaltschaft niederfiel, aber nichts geschah. Einst hätten diese Bücher einen Sturm der Entrüstung ausgelöst, aber nun gab es so gut wie keine ernsthafte Opposition mehr. Die Amerikaner schienen der Meinung zu sein, daß der »Fall Miller«, der Kampf gegen die Zensur, mit *Wendekreis des Krebses* endgültig geregelt worden war.

Nur wenige Menschen erleben den Triumph einer großen kulturellen Revolution, für die sie in erster Linie verantwortlich zeichnen. Aber Miller erlebte eine totale Umkehrung der amerikanischen Gesetze und gesellschaftlichen Sitten, was die Verbreitung von Literatur mit freizügigen sexuellen Darstellungen anbelangte, größtenteils als Folge seiner eigenen Bücher. H. L. Mencken hatte es vor dreißig Jahren vorausgesagt: Wenn sein Triumph kommen würde, dann würde er schnell kommen wie ein Erdrutsch.

In der zweiten Hälfte des Jahres 1964 sprach Miller davon, daß er wahrscheinlich nie den zweiten Band von *Nexus* beenden würde. Öffentlich erklärte er gegenüber Bernard Wolfe 1964 in einem *Playboy*-Interview, daß die gesamte Trilogie »ein Bericht ist, den ich von meinem Leben geben möchte, ganz gleich, wie lange es dauert oder wie viele Bände dafür nötig sind«. Doch privat erklärte und rechtfertigte er auf viele verschiedene Weisen seine Unfähigkeit, das Buch zu vollenden. Maxwell Geismar erklärte er, daß es künstlerisch besser sei, die Trilogie mit dem ersten Band von *Nexus* enden zu lassen statt mit der schließlichen Auflösung. Das Ende sei angedeutet, sagte er, und brauche nicht literarisch verwirklicht zu werden.

Von jetzt an zeigten seine Briefe und seine öffentlichen Erklärungen spürbare Tendenzen der Entspannung. Er las sehr wenig – meist griff er auf alte Lieblingsbücher zurück. In zurückliegenden Zeiten hatte er jedes Jahr ein Dutzend neue literarische Favoriten entdeckt. Der einzige neue Schriftsteller in diesen Jahren, der ihn wirklich begeisterte, war Isaac Bashevis Singer. Henry wurde fernsehsüchtig. Er stellte sich voll darauf ein, so richtig albern zu werden, der größte Narr auf Erden, und es machte ihm Spaß, seinen Freunden zu erzählen, daß es zu den höchsten Vergnügen gehörte, im Alter kindisch zu werden.

Sorgen mit den Kindern schreckten ihn hoch. Val wurde 1966 geschieden. Sie wußte nicht so recht weiter, und so borgte sie Geld von Henry für den Kauf eines Skigeschäfts in Aspen, Colorado. Er hatte immer gehofft, daß Val Schriftstellerin werden würde, aber bis jetzt zeigte sie keinerlei Neigung dazu. Ganz bestimmt hatte er seine Kinder stets vor formaler Erziehung und dem Intellektualismus geschützt; außer kurzen Gastspielen im Santa Monica Junior College besuchten sie beide das College nicht lange. Anstatt eingezogen zu werden und keine Auswahlmöglichkeit zu haben, meldete sich Tony freiwillig zur Army und kam nach Fort Ord. Es war Krieg in Vietnam, und Henry machte sich Sorgen, daß Tony dorthin geschickt werden könnte. Insgeheim hatte Henry gehofft, daß seine beiden Kinder sich für irgendeine Art von Freiwilligendienst interessieren würden wie beispielsweise das Friedenskorps, aber dafür schienen sie nicht bestimmt zu sein. Doch wie konnte er sich darüber beklagen, daß sie sich treiben ließen, wenn er selbst ziellos dahintrieb?

Er hatte keine Angst mehr vor dem Tod. Aber Eves Tod im August 1965 in Big Sur schockierte ihn. 1962 hatte sie Henry geschrieben, daß sie sich nicht von Gefühlen der Schuld und des Versagens frei machen könnte und immer wieder an die Fehler dächte, die sie bei ihm gemacht hatte. Sie fürchtete sich vor dem Alkoholismus, trank aber weiter, und ihre Depressionen verstärkten sich. Zum Schluß gab sie sich vollkommen auf und trank sich zu Tode.

Nach einer kurzen Zeitspanne intensiver Trauer raffte sich Henry auf – Eves Depressionen empfand er als Warnung. Ungefähr zwei Wochen nach Eves Tod erzählte er einem Freund, daß er in vier Frauen gleichzeitig verliebt sei – in eine Jüdin aus New York, eine Schönheit aus Leipzig (Schauspielerin, Malerin und Pianistin), eine chinesische Filmschauspielerin namens Lisa Lu und eine japanische Jazzsängerin – die letzte nannte er seine »anata bakari«, seine einzige wahre Liebe.

Er ging auf die Dreiundsiebzig zu. Das, so fiel ihm ein, war genau noch ein Jahr bis zu dem Alter, in dem sich Goethe in ein neunzehnjähriges Mädchen verliebt hatte. Henry war fasziniert von dieser ganzen Episode und Goethes Gedicht darüber. Er wollte verliebt sein. Einer von Millers Besuchern hatte an die Wand geschrieben: »Wenn auch Liebende verloren sein mögen, die Liebe nicht.« Er glaubte, er spürte, daß er immer noch das Herz eines Liebenden besaß.

Die japanische Jazzsängerin Hiroko Tokuda faszinierte ihn. Henry begegnete ihr auf einer Party im Sommer 1966 im Hause eines seiner Ärzte, des Internisten Lee Siegel. Auf den ersten Blick wurde deutlich, daß es sich bei »Hoki« um eine sehr moderne junge Japanerin handelte, für die Miniröcke wesentlich selbstverständlicher waren als Brokatkimonos. Ehe sie 1965 nach Kalifornien gekommen war, hatte sie in japanischen Filmen gespielt und gesungen. Außerdem hatte sie am Alma College in Ontario Musik, Piano und schöne Künste studiert und sich zu einer vollendeten Jazzsängerin und Pianistin entwickelt. Auf der Party beachtete Miller sie nicht sonderlich. Sofort am nächsten Tag jedoch rief sie ihn an. »Hallo, hier spricht Ihre kleine Freundin aus Tokio«, sagte sie. Hiroko übte aus vielen Gründen eine tiefe Anziehungskraft auf Henry aus, und bald schon dachte er unbewußt an sie als an »seine letzte Frau«. Obwohl Miller ihre moderne Erscheinung akzeptierte, behauptete er, unter der glänzenden Oberfläche eine traditionsbewußte Frau zu erkennen. Sie war jung – siebenundzwanzig Jahre – und lebhaft; ihre Heiterkeit und Munterkeit steckten ihn an. Und so verabredeten sie sich gelegentlich, und Henry sah sich oft ihre Show im Grand Star Restaurant in Chinatown an. Natürlich bemerkte er, daß sie den anderen, die entlang ihrer Pianobar saßen, genauso zulächelte, und trotzdem harrte er in einem angeregten Zustand exquisiter Qual aus, als wäre jedes Lächeln von ihr in Wirklichkeit nur für ihn bestimmt. Als unverbesserlicher Romantiker kam er sogar früh am Abend, um vor Erscheinen der anderen Gäste bei ihr zu sitzen und sich so der Illusion hingeben zu können, daß sie ganz allein für ihn sang.

Nach mehreren Monaten, einigen tausendmal Lächeln und Hunderten von Liebesliedern, nächtlichen Telefongesprächen, nicht abgeschickten und nicht beantworteten Briefen, Mah-Jongg-Spielen und dem Konkurrenzkampf mit süßholzraspelnden Rivalen stellte Henry fest, daß er verliebt war. Mitten in der Nacht wachte er auf und dachte an sie, schrieb ihr um drei Uhr morgens Liebesbriefchen und malte ihr Bild in den frühen Morgenstunden an die Wände seines Wohnzimmers und Arbeitszimmers. Er wollte alles über sie wissen, und genau wie June erzählte sie ihm, was immer er wissen wollte – sie versuchte, ihn davon zu überzeugen, daß sie ein Teufel war. Sie war geheimnisvoll, und Henry liebte das.

Inzwischen war während des Jahres 1967 mehr als eine Story in den Klatschspalten der Zeitungen und Magazine aufgetaucht, sogar in Tokio, in denen über die Liebesaffäre zwischen einem jungen japanischen Mädchen und dem berühmten Autor, dessen Bücher in Japan sehr beliebt waren, berichtet wurde. Henry nahm das zum Anlaß, um ihrem Vater zu schreiben und sein Bedauern wegen dieser Klatschberichte zum Ausdruck zu bringen; anschließend gestand er seine Liebe für Hoki. »Obwohl sie eine ›moderne‹ junge Japanerin ist«, schrieb er, »symbolisiert sie für mich sehr viel von dem, was echt japanisch ist, Qualitäten, meine ich, die Ihre Landsleute in ihren Frauen zu bewahren versucht haben. Was mehr kann ich sagen?« Bevor er schloß, erkundigte sich Miller noch bei Rokuro Tokuda, ob dieser zufällig die Stunde von Hokis Geburt wüßte. Selbstverständlich wandte er sich an seine Astrologen, um zu erfahren, ob sie für ihn »die Richtige« wäre. Die Antworten waren günstig.

In diesen Tagen hörte er auf, von Goethes Enttäuschung zu sprechen, und redete mehr davon, daß Pablo Casals mit achtzig Jahren eine Zwanzigjährige geheiratet hatte. Hoki wies seine Annäherungen zurück, erklärte oft genug ihre Bewunderung für ihn, wertete sich selbst aber ab, indem sie ihre Fehler und Schwächen hervorhob. »Und so«, schrieb Miller, »stehen wir vor der Situation, daß dieser angeblich berühmte Mann (75 und kein Jahr weniger!) hinter einem jungen Irrlicht her ist. Der alte Mann sehr romantisch, die junge Sängerin mit beiden Beinen auf dem Boden. Das muß sie auch sein, denn es gehört zu ihrem Geschäft, Männer dazu zu bringen, daß sie sich in sie verlieben, närrische Dinge tun und ihr teure Kleider und Schmuck kaufen.« Jedem seiner Annäherungsversuche wich sie aus, und so kamen sie keinen Schritt weiter.

Es hätte ewig so weitergehen können, wäre nicht die ahnungslose, aber zeitgerechte Intervention der Einwanderungsbehörde der Vereinigten Staaten dazwischengekommen, die Hoki davon in Kenntnis setzte, daß ihr Visum abgelaufen war und sie das Land verlassen mußte. Henry schlug vor, sie sollte ihn statt dessen heiraten. Und plötzlich stimmte sie zu. Diese Verschwörung gegen die Behörden machte ihre Romanze sogar noch aufregender. Schnell beantragten sie eine Heiratslizenz, und am 10. September 1967 wurde die Zeremonie vollzogen. Henry behauptete, die winzigen Smaragde des Ringes, den er ihr über den Finger streifte, entstammten den »Minen König Salomons«. Sie erklärte den Reportern: »Ich bin nervös, aber sehr glücklich.«

Immer noch strahlend, begaben sie sich eine Woche später auf ihre Hochzeitsreise nach Paris; sie verbanden damit den Besuch einer *Vernissage* mit neuen Gouachemalereien und Aquarellen von Miller. Wie üblich warteten bei seiner Ankunft in Orly die Journalisten auf ihn. Ein Reporter von *Le Figaro* fragte Miller, ob er sich selbst in erster Linie als Schriftsteller oder Maler sah. In seinem immer noch guten Französisch, immer noch mit Brooklynakzent, anwortete er

432

ohne Zögern: »*Pour moi, c'est l'ange qui peint et le diable qui écrit.*« (Für mich ist es der Engel in mir, der malt, und der Teufel, der schreibt.) Was immer er sagte, wie schwer auch immer sein Akzent sein mochte, in Frankreich war er ein Held. Die Eröffnung seiner Ausstellung in der Daniel-Gevis-Galerie in der Rue de Bac war derart überfüllt, daß er buchstäblich von der Polizei vor der Menge gerettet werden mußte.

Auf verblüffende Art und Weise stellte sein Leben mit Hoki eine Wiederholung seiner Tage mit June dar. Hoki erschien ihm nicht einfach nur deswegen mysteriös, weil sie Japanerin oder über vierzig Jahre jünger als er war, sondern weil bei ihr genau wie bei June sogar die Wahrheit erfunden klang, wenn sie ihm von ihrem Leben erzählte. Sei schien weich und nachgiebig, voller Verehrung, bereit, sich ihm zu Füßen zu werfen, aber sie konnte sich auch distanziert, gleichgültig und anmaßend benehmen. Häufig tauchten ihre männlichen Bekannten auf, und Henry war eifersüchtig auf sie. Sie brachte ihre Freundinnen mit nach Hause, und zwei von ihnen zogen bei ihnen ein. Es dauerte nicht lange, und Henry war wieder deprimiert und wütend und frustriert. Tatsächlich begann er, wieder den gleichen hilflosen *Weltschmerz* zu spüren, der in der Zeit seines Heranwachsens an ihm genagt hatte. Und so kehrte er wie eh und je trostsuchend zu seiner Schreibmaschine zurück und begann, einen melancholischen Bericht seines Liebeslebens zu entwerfen mit dem Titel *Insomnia – or The Devil at Large (Insomnia oder Die schönen Torheiten des Alters).* Dieses Buch gehörte zum Besten, was er in einem Jahrzent geschrieben hatte.

»Mit einer gebrochenen Zehe fing es an, dann kam ein gebrochener Schädel, und schließlich war es ein gebrochenes Herz«, begann er. Das Jahr über, in dem er Hoki den Hof gemacht hatte, war er häufig mitten in der Nacht mit Schmerzen in der Zehe und Schmerzen im Herzen aufgewacht. Jetzt spürte er wieder die gleichen Schmerzen, obwohl die Zehe geheilt war. Er hatte begonnen, Bilder zu malen, die aus »Sprüchen« bestanden, die Traummalerei eines Schriftstellers, bei der die Worte Bilder *waren.* Diese Gemälde und Beschriftungen zierten immer noch die Wand, als er *Insomnia* schrieb. Er starrte auf das Labyrinth der weiblichen Gesichter und schrieb die Zeilen ab: »Die eisigweiße Jungfräulichkeit der Liebeslogik!«, »Der Gorilla, der seine Flügel wachsen fühlt!«, »Ein Splitter, in der tiefsten Seele vergraben«, »Hoki Doki«, »Mein japanischer

Sandmann«. Und vieles andere lauerte da noch in den Schatten; grüne und rote und braune Wörter starrten ihn wie Augen an.

Hoki war ein Geschöpf der Nacht, und sie blieb oft noch spätabends aus – zum Mah-Jongg-spielen vielleicht? Sie liebte das Spiel leidenschaftlich, sagte sie, und verbrachte halbe Nächte damit. Und er spielte wie eh und je Detektiv – wie ein unglücklicher Skorpion stach er sich selbst mit seinen Nachforschungen, obwohl er genau wußte, daß er sich lächerlich benahm, ein berühmter, alberner, romantischer alter Mann. Erneut las er Hamsuns *Mysterien*, als könnte Herrn Nagels Not seine eigene erklären.

Und so verwandelte Miller, wie er es schon oft getan hatte, seinen Kummer in Clownerien und seine Clownerien in Literatur. Er schrieb sich nicht zum Glück zurück, sondern in die Gleichgültigkeit hinein. Wenn er schrieb, dann gewann er stets das eisige Mah-Jongg seiner eigenen Agonie. *Insomnia* war, als holte er ein in den Falten seines Kimono verstecktes Stilett hervor. Eine weitere Dame abserviert, eine weitere Liebe im Schrein seiner Prosa verwahrt. Vielleicht würde er es nie lernen, die Liebe so zu leben, wie die Blume die Schönheit auslebt. Doch bei der Literatur war ihm das möglich, und damit überlebte er seine Jahreszeiten der Qualen.

Nach zwei Jahren Ehe zog Hoki aus. 1970 mietete sie sich ein eigenes Apartment in Santa Monica und eröffnete eine Boutique auf dem Sunset Strip. Obwohl sie in regelmäßigen Abständen zurückkehrte und dann wieder verschwand – für Henry war es klar, daß ihn die ganz große Liebe, die romantische Liebe, wieder einmal in die Irre geführt hatte. Da stand er nun, fast achtzig, und suchte immer noch jemanden, den er anbeten konnte – und von dem er ohne Einschränkungen angebetet werden würde.

Und so trieb Miller in die siebziger Jahre und fühlte sich mehr und mehr wie eine Kreatur eines antiken Zeitalters. Er fühlte sich von der Zivilisation zurückgelassen, der er doch einst geglaubt hatte, ihre Vorhut zu sein. Schon 1942 hatte er sein Vertrauen zum Ausdruck gebracht, daß seine Arbeit eines Tages ihre gewünschte Wirkung haben würde. Obwohl er damals Theodore Schroeder gegenüber erklärt hatte, er wüßte, »kein Mann könne zu seinen Lebzeiten hoffen, die bestehenden Sitten und Gebräuche radikal zu verändern«, hatte er trotzdem behauptet: »Ich weiß, daß meine Stimme gehört wird und daß mein Einfluß mit der Zeit wachsen wird.« Vielleicht kam es manchen so vor, daß die Änderungen in den

Zensurgesetzen, die in erster Linie durch die *Wendekreise*-Prozesse zustande gekommen waren, Millers Vertrauen vollauf rechtfertigten. Vielen schien er sogar durch seine Arbeit schon zu Lebzeiten tatsächlich die »bestehenden Sitten« verändert zu haben.

Doch nun hegte er selbst seine Zweifel. Einem Interviewer, der 1976 seinen Einfluß rühmte, entgegnete er: »Sexuelle Revolution? Linda Lovelace? Oh, ich betrachte es als ein Unglück für uns, daß wir diese Dinge geschaffen haben . . . Wirklich, ich bin . . . erstaunt und angewidert.« Er sagte, daß sich seine Vorstellungen geändert hätten. »Ich denke nicht mehr so wie zu der Zeit, als ich diese Bücher schrieb [die *Wendekreise*]. . . ich scher mich den Teufel um Sex und all das Zeug.« Er hatte keine sexuelle Revolution vorantreiben wollen, sondern eine Revolution der Sensibilität, einen Umsturz des Bewußtseins. Er hatte Einfluß besessen, sein Werk hatte den Durchbruch geschafft, aber er blieb besorgt. »Die jungen Leute heutzutage«, sagte er, »scheinen dieses gewisse Etwas nicht zu haben, das *wir* hatten, als wir jung waren . . . Zwischen mir und der jüngeren Generation hat sich eine tiefe Kluft aufgetan. Vielleicht bin ich bloß ein alter Mann, zu alt, um sie zu würdigen und zu verstehen, aber ich kann keine *Ehrfurcht* in der Jugend entdecken.«

Sein Gesundheitszustand verschlechterte sich. Er mußte seine Lieblingsbeschäftigungen aufgeben: Malen wurde schwierig und Tischtennis so gut wie unmöglich. Er konnte nur großgedruckte Bücher lesen – außerdem war er ohnehin mit seinen alten Favoriten zufrieden, Dostojewskij und Hamsun und Marie Corelli, und im allgemeinen nicht daran interessiert, auf eigene Faust neue Autoren zu entdecken. Gegen Ende seines fünfundachtzigsten Lebensjahres war er ans Bett gefesselt und mußte sich im Rollstuhl fortbewegen. Bei den wenigen Gelegenheiten, wo er sich aus dem Haus wagte – um beispielsweise Jacob Gimpels Meisterklasse für Klavier zu besuchen –, mußte er die Treppen herauf- und heruntergetragen werden. Meist jedoch war er zufrieden, in seinem Haus zu bleiben, die mit jeder Bewegung verbundenen Schmerzen zu vermeiden und einer Welt aus dem Wege zu gehen, die nur zu oft Überraschungen bereithielt. »In diesem Haus habe ich alles, was ich brauche«, sagte er, » . . .gehe ich hinaus, dann bin ich wieder ein Niemand.«

Manchmal träumte er seinen alten Traum, das »Fleckchen« zu finden, den vollkommenen europäischen Wohnsitz, oder nach Big Sur zurückzukehren. Aber dann müßte er sich neue Ärzte suchen.

Jetzt sprach er nicht mehr davon, in den Nebeln der tibetanischen Berge zu verschwinden. Er blieb in Pacific Palisades und verteilte seine Bücher und Bilder in Erwartung seines Ablebens. »Ich will auf keinen Fall, daß das Finanzamt irgendwas kriegt«, grollte er.

Er schrieb jedoch weiter, obwohl physische Schwäche ihn dazu zwang, alles – nicht ohne Schmerzen – mit der Hand zu schreiben. Für seinen Freund Noel Young, Verleger der Capra Press in Santa Barbara, produzierte er Anfang der siebziger Jahre eine Reihe von kleinen Geschichtenbüchern. Die Idee zu dem interessantesten dieser Büchlein entstand 1972 und wurde dann in den folgenden beiden Jahren ausgeführt; unter dem Titel *Book of Friends (Jugendfreunde)* lieferte dieses Bändchen einige neue Informationen über Millers Freunde während seiner Jugend in Brooklyn. Nach der Publikation dieser Arbeit 1975 kündigte Miller an, dies wäre nur das erste in einer Reihe von Büchern, in denen er über seine späteren Freunde in Griechenland und Kalifornien schreiben würde. Mehr noch, er schrieb Briefe an Zeitungen, gab Interviews und produzierte Klappentexte. Bereits 1963 hatte er gesagt: »Ich weiß heute nie, was ich morgen machen werde. Höchstwahrscheinlich werde ich an der Schreibmaschine sterben.« Fast jeden Tag schrieb er etwas – diese Gewohnheit behielt er bei und sammelte täglich Kraft dafür. Davon, daß er das Buch seines Lebens zum Abschluß bringen wollte, indem er den zweiten Band von *Nexus* beendete, redete er nicht mehr.

Val richtete sich in dem alten Haus in Big Sur ein und begann schließlich, an einem Tagebuch zu arbeiten. Auch Tony zeigte Neigung zum Schreiben; er brachte ein Filmskript zustande, das seinem Vater gefiel. Aber Henry merkte, daß beide Kinder »durch mich beim Schreiben gehemmt sind – ich bin ihr Handikap, bin nicht gut für sie. Ich sollte sterben. . . und dann können sie mit ihrer Arbeit weitermachen.« Tony zog in das Haus, um sich um seinen Vater zu kümmern, und gemeinsam lebten sie »ein süßes, friedliches, zufriedenes Leben«.

Er söhnte sich mit seinem Leben aus – aber nicht auf die Art eines Mannes, der aufgibt. Er zeigte dieselbe alte Willenskraft, die ihn immer gerettet und durch alles Elend getragen hatte. Vielleicht war das das Erbe, das er von seiner Mutter mitbekommen hatte. Nach all diesen Jahren des Kampfes schloß er jetzt vielleicht auch endlich Frieden mit seiner Mutter. 1977 schrieb er in einem Geschichtenbüchlein *»Mother, China, and the World Beyond« (Mutter, China und* *das Jenseits)*, in dem er sich seinen Tod vorstellte: »Ich hatte nicht richtig mitbekommen, daß ich gestorben war ... bis ich meine Mutter näher kommen sah.« Sie begrüßt ihn herzlich, und plötzlich, zum erstenmal, empfindet er Liebe zu ihr: »Mutter, liebe Mutter«, sagt er in einer Aufwallung seiner Gefühle. Dann reden sie über ihre irdische Vergangenheit, und Henry stellt die wesentliche Frage seines Lebens; denn letztendlich kreisten all seine Lieben, sein Schreiben, sein Leben um diese ein Person – seine Mutter:

Nachdem sie so viel gesagt hatte, was mir vernünftig vorkam, beschloß ich, sie direkt zu fragen, warum sie immer so kalt zu mir gewesen war. Vor allem wollte ich wissen, warum sie nie ein Wort des Trostes für mich übrig gehabt hatte, wenn sie wußte, daß mir das Herz brach. Könnte sie mir jetzt nicht helfen, Cora aufzuspüren, überlegte ich mir. Nein, die einzige Möglichkeit, hier jemanden zu finden, bestand darin, intensiv an diese Person zu denken, sie sich herzuwünschen, und dann würde sie erscheinen. Sie hielt es durchaus für möglich, daß Cora bereits wieder zur Erde zurückgekehrt war.

»Sie war ein gutes Mädchen«, sagte sie, »obwohl ich ja nicht viel von ihr zu sehen bekommen hab. Ich wußte, daß du leidest, aber ich dachte, du müßtest das mit dir selbst abmachen. Ich war immer der Meinung, die Leute das tun zu lassen, was sie wollten, selbst wenn sie sich umbringen wollten.«

Ich beschloß, Cora nicht mehr zu erwähnen, sondern sie auf eigene Faust zu finden.

Meine Mutter jedoch riskierte noch ein paar zusätzliche Worte. »Der Ort, wo du sie suchen mußt«, sagte sie, »ist auf Erden. Das ist der ganze Sinn der Liebe – deine andere Hälfte zu finden. Manchmal dauert die Suche tausend Jahre.«

Diese Worte warfen mich um. »Aber Mutter«, rief ich aus, »das hört sich an, als hättest du Marie Corelli gelesen.«

Aber ich war noch nicht damit fertig, meine Mutter über Dinge auszufragen, die uns im Leben einander entfremdet hatten. Natürlich hatte ich schon im ersten Augenblick unserer Begegnung erkannt, daß sie hier eine vollkommen andere Person war. Wie gut es tat, mit ihr Gedanken auszutauschen! Unten hatten wir kaum miteinander geredet.

»Mutter«, begann ich, »erinnerst du dich an eine Frau, die ich heiraten wollte und die wesentlich älter war als ich? Erinnerst du dich an den Tag, als ich dir von ihr erzählte – wir saßen in der Küche –, und du nahmst ein großes Fleischmesser und drohtest, es mir in den Leib zu rennen, wenn ich noch ein Wort von Heirat sagen würde? Wenn du, wie du eben noch behauptest hast, daran glaubtest, die Leute das tun zu lassen, was sie wollten, warum wurdest du dann so wütend, so gewalttätig?«

»Weil du«, antwortete sie, »nicht bei Sinnen warst. Es war nur eine Vernarrtheit, nicht wahre Liebe.«

»Aber«, ergänzte sie, »du hast ja trotzdem ein paar Jahre mit ihr zusammengelebt, selbst wenn du sie nicht geheiratet hast. Und es waren Jahre der Qual und des Elends, oder?«

Bestätigend nickte ich mit dem Kopf. »Aber Mutter, ganz gleich, ob es Vernarrtheit war, sie war eine gute Frau. Du hättest ein bißchen Mitgefühl für sie aufbringen können.«

Sie entgegnete: »Manchmal geht einem das Mitgefühl aus. Die Welt da unten steckte so voller Elend, daß man Ströme an Tränen vergießen könnte, wenn einem jeder leid täte, der sich in Bedrängnis befindet. Wenn ich zur Erde zurückkehre, dann bin ich sicher, daß ich diesmal mehr Mut und Stärke aufbringen werde als zuvor.«

Nachdem ich so viele Qualen, Elend und Demütigungen durchlitten hatte, konnte ich ihre Wort gut nachvollziehen. Eine wichtige Frage mußte ich ihr noch stellen.

»Mutter«, fing ich an, »ich habe nie glauben können, du hättest es lieber gesehen, wenn ich Schneider anstatt Schriftsteller geworden wäre. Stimmte das, oder hattest du einen anderen Grund?«

»Ich bin nur zu froh, daß du diese Frage stellst. Natürlich wollte ich damit nie sagen, ein Schneider sei wichtiger als ein Schriftsteller. (Obwohl ich gestehen muß, daß ich seit meiner Ankunft hier zu dem Schluß gekommen bin, daß eine Sache nicht besser als eine andere ist. Ich habe hier einige wunderbare Seelen getroffen, die auf Erden nicht die geringste Rolle gespielt haben.) Aber ich schweife ab. Ich wollte, daß du bei deinem Vater bist, um ihn zu führen und zu beschützen. Ich konnte es nicht ertragen, ihn vor die Hunde gehen zu sehen. Das ist der wirkliche Grund, warum ich wollte, daß du Schneider wirst.«

Schließlich bereiten sie sich darauf vor auseinanderzugehen, und Miller – nach sechsundachtzig Jahren befreit von allen Zweifeln und Ängsten – sagt genau in der Art auf Wiedersehen zu seiner Mutter, wie er es sich immer erträumt hatte. . .

> Als ich aufschaute, nahm ich meine Mutter in einiger Entfernung wahr. Sie schien auf dem Weg nach draußen zu sein. Als ich genauer hinblickte, erkannte ich, daß sie mir zuwinkte, einen Abschiedsgruß.
> Daraufhin stand ich mit Tränen in den Augen auf und rief ihr mit mächtiger Stimme zu: »Mutter, ich liebe dich. Ich liebe dich! Hörst du mich?«

Und so hatte er schließlich am Ende seinen Triumph – und seine Aussöhnung.

Er war sehr krank. Seine Kreislaufschwäche wuchs ständig, und er mußte sich einer Reihe von Operationen unterziehen, um die Durchblutung zu seinem Herzen zu gewährleisten, was auch die Einpflanzung einer Plastikader einschloß, die sein Körper wieder abstieß. Die dritte Operation löste einen Schock aus, der einen Schlaganfall nach sich zog; als Folge davon erblindete er auf einem Auge, hörte auf einem Ohr nichts mehr, und seine rechte Seite war teilweise gelähmt. Er war krank – aber nie schwach. Er fuhr fort zu schreiben, und im Herbst 1977 beendete er wunderbarerweise »My Bike and Other Friends« (Mein Fahrrad und andere Freunde), das hauptsächlich von seinen Bekanntschafen in Big Sur handelte.

An seiner Haustür befestigte er ein Schild: »*Wenn ein Mann alt geworden und seine Mission erfüllt hat, dann hat er ein Recht, sich in Frieden mit der Vorstellung des Todes vertraut zu machen. Er braucht seine Mitmenschen nicht mehr, er kennt sie bereits und hat genug von ihnen gesehen. Was er braucht, ist Frieden. Es gehört sich nicht, solch einen Mann heimzusuchen, ihn mit Geschwätz zu plagen und Banalitäten erdulden zu lassen. Man sollte an der Tür dieses Hauses vorübergehen, als lebte niemand darin.*« Aber er klammerte sich weiterhin ans Leben, auch wenn er überzeugt davon war, daß der Tod vor der Tür stand. Er hatte sein Leben zu seinen eigenen Bedingungen gelebt und wollte auf die gleiche Art sterben. Sein Wille war nie gelähmt. Er lieferte sich nicht dem Tod aus – *er* bereitete sich auf das Sterben vor.

1953 hatte er einem Bekannten geschrieben: »Könnte ich wie ein Tonband rückwärts laufen, ich würde jedes Wort löschen.« Doch in Wirklichkeit gab er nie die Hoffnung auf. Er schrieb weiter, er wurde herzlich begrüßt, wenn er im Actors Studio auftauchte, seine enge Beziehung zu seinem Sohn war für ihn eine Quelle steter Freude, er korrespondierte weiterhin mit seinen Freunden.

War er bereit, seinen Beitrag zum Buch des Lebens zu löschen? Das lag nicht in seinen Händen; er lebte in seinen Büchern und in unzähligen Herzen. Außerdem, glaubte er, war er schon immer für ein besonderes Schicksal bestimmt. 1976 hatte Uranus den ganzen Tierkreis durchwandert. »Er steht wieder dort, wo er seine Bahn begann, als ich geboren wurde«, sinnierte er. »Die wenigsten Leute erleben das – doch wenn es geschieht, dann ereignen sich große Dinge.«

Aufs Sterben vorbereiten? Dann schon eher aufs Leben, auf irgendeine neue, unvorstellbare Ekstase.

Im Frühjahr 1980 gestand sich Miller ein, daß er im Sterben lag. Im März sagten ihm seine Ärzte, daß er nur noch wenige Monate hatte. Sein Körper war einfach am Ende; seine Kreislaufstörungen nahmen zu, und er war schon zu schwach für weitere Operationen.

Aber er blieb guten Mutes. Seinem Verleger Noel Young sagte er recht munter: »Hey, Noel, ich krepier. Ich hasse es, solch ein Licht ausgehen zu sehen.« Diese Bemerkung war typisch für ihn: Einerseits war er der egoistischste aller Männer, andererseits bewahrte er sich immer die Fähigkeit, sich selbst distanziert zu sehen. In seinen Büchern und in seinem Leben zeigte er ein gleiches Maß an Egozentrik und Selbstironie.

Am späten Nachmittag des 7. Juni 1980 ging das Licht aus. Miller starb friedlich im Schlafzimmer seines Hauses in Pacific Palisades. »Er ging sehr ruhig«, sagte ein Freund, der bei ihm war, »er ist einfach eingeschlafen.«

Die Nachricht von seinem Tod ging durch alle großen Zeitungen und Sendungen in Radio und Fernsehen in den Vereinigten Staaten und in Europa. Von der *New York Times* befragt, erklärte Barney Rosset, daß Grove Press etwa drei Millionen Exemplare *Wendekreis des Krebses* verkauft habe. Aber Millers Hinterlassenschaft war verhältnismäßig bescheiden, seine drei Kinder teilten sich ein Vermögen von 500 000 Dollar, und das Haus in Big Sur vermachte er Martha Lepska.

Nach seinem Tod gingen die Kritiker noch einmal daran, sein Gesamtwerk zu analysieren und zu werten. Anatole Broyard schrieb, daß Miller »ein wunderbarer Beobachter war, ein Mann mit einem unfehlbaren Gehör und dem Flair, Symbolik in aufdringliche Formen zu bringen«.• Eine frühere Würdigung Millers von Norman Mailer wurde oft zitiert: »Was einen stutzig macht«, schrieb Mailer, »ist der Graben zwischen der Persönlichkeit des Künstlers und seinem Werk – bei Miller besonders der Abstand zwischen dem gewalttätigen, krachenden ›fuck you!‹-Lebensgefühl des *Wendekreis des Krebses* und der starken, gütigen, freundlichen Atmosphäre, die der Mann heute ausstrahlt. Man kommt zu dem Schluß, daß Schreiben auch eine Läuterung dessen ist, was an Gutem und Schlechtem in einem steckt.«

In der *Los Angeles Times* habe ich in einem Artikel Miller in der Woche nach seinem Tod in die Hauptströmung der literarischen Tradition in Amerika eingeordnet:

Es ist besonders ironisch, daß Miller von seinen Landsleuten so wenig geachtet worden ist, denn er ist einer der amerikanischsten Schriftsteller in diesem Land. Wie die größten unserer Autoren, wie Emerson, Thoreau und Whitman, war er zugleich ein Individualist und ein ausgesprochener Idealist. Wie Melville ging es Miller sowohl um die materielle als auch um die metaphysische Seite des Lebens. Er war ein großartiger Erzähler. Die Amerikaner sind immer große Erzähler gewesen, vom »tall tale« bis zur symbolischen Abenteuergeschichte, und Miller gehört in diese Tradition. Er war überdies ein großer Humorist in der umgangssprachlichen humoristischen Tradition von Mark Twain und Sherwood Anderson. Sein komisches Talent war weit gefächert – von »slapstick« über Witz und Satire bis hin zu einer Art tiefen philosophischen Humors. Wie die meisten großen amerikanischen Schriftsteller kritisierte Miller unbeirrbar die Mechanisierung des amerikanischen Lebens und die Erniedrigung und den Verfall des amerikanischen Traums. Aber hinter dieser Kritik stand seine Liebe zu seinem Land – von den urtümlichen Big-Sur-Kämmen bis zu den Brooklynvierteln, in denen er aufwuchs. Im ganzen gesehen ist sein Werk wie das der meisten klassischen amerikanischen Autoren letztlich affirmativ.

Wahrscheinlich werden seine literarischen und persönlichen Qualitäten sowie seine Zugehörigkeit zur amerikanischen Literaturtradition in den kommenden Jahren zunehmend erkannt werden.

1972 wurde Miller nach seiner Haltung zum Tod gefragt. Je näher er dem Tod komme, antwortete er, steige sein Gefühl des »Staunens«, des Fragens: »Wenn ich sterbe, und Sie würden fragen: ›Was ist Ihr letztes Wort?‹, so würde ich sagen ›das Geheimnis‹.« Bis zum Ende seines Lebens bewahrte er sich, was er in früher Kindheit entdeckt und in Paris zurückgewonnen hatte – das Gefühl für die Wichtigkeit des Staunens und für die zentrale Rolle des Geheimnisvollen im Leben, selbst im Tode. Das letzte Wort über Miller ist noch nicht gesprochen. Es ist unsere Aufgabe, noch immer, ihn einzuholen. Er ist Geschichte geworden, aber er verweist uns durch sein Werk auf die Geheimnisse dieser Welt. Wie Walt Whitman am Ende von »Song of Myself« verharrt Miller irgendwo und wartet auf uns.

Epilog

Miller beklagte sich eigentlich ständig, daß die Bücher über ihn seine Absichten, seine Ideen, sein Werk mißdeuteten. Die Kritiker, glaubte er, führten Kategorien ein, die auf ihn nicht zutrafen, und übersahen die Nuancen seines Werks. Zuerst kam Nicholas Moores Buch von 1943, dem folgten die Essays in *Happy Rock,* Perlès' Buch, Durrells und Perlès' *Art and Outrage (Kunst und Provokation)*, Sidney Omarrs astrologisches Porträt, Annette Kar Baxters intellektuelle Studie über Miller im Exil, Walter Schmieles Monographie, die in Deutschland von Rowohlt veröffentlicht wurde, F. J. Temples Abhandlung auf französisch und verschiedene wissenschaftliche Bibliographien. In den späten sechziger Jahren erschienen einige Bücher über ihn, und er verzweifelte über jedes einzelne. Jetzt, da er berühmt war, konnten sich die Kritiker an ihm austoben, indem sie ihn »entmythologisierten« oder dem Klatsch auslieferten – wie Kingsley Widmer und Kenneth Dick es taten. In *Sexual Politics (Sexus und Herrschaft)* faßte Kate Millet das Schlimmste an Widmers Zynismus und Dicks Sensationalismus zusammen und klassifizierte Miller mit wenig Sinn für Unterscheidungen zusammen mit Lawrence und Mailer als Gegner der Frauenbefreiung. Miller schüttelte die meisten Angriffe mühelos ab, aber dieser traf ihn. In seiner Sicht waren sowohl Männer als auch Frauen versklavt. »Weder Mann noch Frau«, schrieb er 1961, »hat bis jetzt den Weg zur Freiheit gefunden. Sie können sie nur gemeinsam finden, nicht getrennt, genau wie ›Poesie von allen geschaffen werden muß‹.« Er schüttelte den Kopf über Kate Millets irreführende Darstellungen. Hatte er nicht immer wieder die Bedeutung weiblicher Sensibilität betont, besonders in seinen Lobliedern auf Anaïs Nin? War nicht sein großes Thema immer die Befreiung gewesen?

Mit den Kritikern, die zu seinen Anhängern zählten, war er indessen auch nicht viel zufriedener. Er versuchte, die Argumente nachzuvollziehen, mit denen Mailer ihn (und sich selbst) in *The Prisoner of Sex* verteidigt hatte, aber Mailer schien ihm alles viel zu kompliziert zu machen. »Ich habe niemals irgend etwas von Mailer gelesen«, sagte er 1976 einem Interviewer der *Los Angeles Free Press*. »Nicht einmal das Ding, das er geschrieben hat, um mich gegen die Feministinnen zu verteidigen. Ich habe angefangen, aber ich konnte es nicht ertragen. . . Sehen Sie, ich hasse diese New Yorker Typen – die überkultivierten, analytischen, die allem kritisch gegenüberstehen.« (Andererseits freute er sich, als Mailer zu Besuch kam und Tony ihn um ein Autogramm bat. Mailer schrieb: »Von Norman Mailer zu Füßen des Meisters.« Das gefiel Henry. »Der Mann hat Charme«, sagte er.)

Die akademische Kritik begann, sich in den sechziger Jahren mit Miller zu beschäftigen. Miller war nicht besonders glücklich über diese angeblich verantwortungsvollen, ernsthaften Universitätskritiker, die versuchten, ihn dort einzuordnen, wo er ihrer Meinung nach hingehörte – als bräuchte er so eine Schublade in der Literaturgeschichte. William Gordon zum Beispiel glaubte, Miller sei von Rank beeinflußt, während Jane Nelson meinte, daß die Schriften von Jung die beste methodologische Voraussetzung zum Verständnis von Millers Werk böten. Eine kurze Abhandlung von George Wickes war wahrscheinlich die ausgeglichenste Deutung seiner Bücher. Miller begann, diese Kritiker bald mit demselben Widerwillen zu betrachten wie die ungebetenen Besucher in Big Sur. Er wollte ihnen die Tür vor der Nase zuschlagen, ihnen sagen, er sei nicht zu Hause. Was ihn am meisten ärgerte, war, daß die Kritiker nicht bereit schienen, die Sicht seiner selbst zu akzeptieren, die er mit so viel Energie aufgebaut und in seinen Büchern projiziert hatte. Er hatte einen Henry Miller erschaffen, den Helden seiner autobiographischen Romane, der für ihn der wahre Miller war, während die Kritiker darauf versessen zu sein schienen, hinter dieses Bild zurückzugehen, zum »wahren« Miller, den jeder nun ganz unterschiedlich darstellte. Schon bei Perlès' Buch über ihn wollte er »helfen«, indem er es stark revidierte. Auch später hatte er immer den Wunsch, die Texte, die über ihn geschrieben wurden, zu beaufsichtigen: William Gordons veröffentlichte Korrespondenz mit ihm über sein Buch zeigt diese Tendenz ebenso wie sein Briefwechsel mit Wickes, Schmiele und Temple. Er wollte, daß seine Kritiker ihn so sahen, wie er sich sah.

Er tat alles, um einen bestimmten Henry Miller an die Nachwelt weiterzugeben. Er wiederholte in Interview auf Interview die gleichen Geschichten. In der Herausgabe seiner Briefe an Durrell und Nin bestand er auf der Herausnahme vieler persönlicher Details. Er stritt sich mit Wickes so lange über die Edition seines Briefwechsels mit Emil Schnellock herum, bis Wickes das ganze Projekt aufgab. Für Miller war der Unterschied zwischen Fiktion und Wirklichkeit nicht mehr relevant: Er zog auf jeden Fall die Fiktion vor. Henry Miller begann, die Wahrheit über sich selbst zu unterdrücken! – diese Idee schien unglaubhaft, unmöglich und absurd. Niemand, sagte er, könne seine Biographie schreiben. In den späten sechziger Jahren hieß es, daß Richard Elman vom Columbia College über das Leben Millers schreiben wollte. »Für wen hält er sich – einen Zauberer?« fragte Miller scharf. Jeder konnte über ihn schreiben, sagte er, aber er könnte einem solch unsinnigen Unternehmen weder Hilfe noch Trost geben.

Um diese Zeit herum, im Sommer 1970, besuchte mich Lawrence Clark Powell. Als er sich verabschiedete, sagte er: »Sie sollten die Biographie über Henry schreiben. Ich ruf ihn an und sag ihm das.« Zu meiner Überraschung rief noch am gleichen Abend Henrys Freund Robert Snyder an und sagte: »Komm Sonnabend rauf. Red mit Henry. Spiel Tischtennis.«

Miller selbst öffnete die Tür und führte mich ins Wohnzimmer, wo ein paar Stühle um einen niedrigen Tisch herumstanden. Er wirkte kleiner, als ich erwartet hatte.

In der Mitte des Raumes befand sich eine Tischtennisplatte, am anderen Ende ein Piano, dahinter waren einige vergrößerte Fotos von Henry Miller an die Wand geheftet. Auf dem Plattenteller drehte sich Skrjabins Fünfte Klaviersonate.

»Schön, Mr. Martin«, begann Miller »ich mag keine amerikanischen Biographien. Zu viele Details. Sie erzählen dem Leser alles, was er nicht wissen will.« Nach einigen Minuten erwähnte er ein paar Biographien, die ihm gefielen. »Wenn Sie so eine Biographie im Auge haben wie Chestertons über Dickens oder Gides über Dostojewskij – ein wunderbares Porträt, obwohl Gide total falsch lag – oder Delteils Arbeit über den heiligen Franziskus – wenn in dieser Art über mich geschrieben würde, das würde mir zusagen, reine

445

poetische Beschwörung, bei der die Fakten nicht die geringste Rolle spielen. Ach was, Sie könnten die Fakten sogar erfinden. Würde ich vorziehen. Mir wäre es egal, solange Sie nur interessant schreiben.«

Ich versuchte anzudeuten, daß die wirklichen Fakten nicht nur faszinierend, sondern auch poetisch sein könnten. Aber Miller wechselte bereits seine Position. Ich spürte den ihm eigenen Zauber. Nüchtern und sachlich hatte er begonnen, Biographien auseinanderzunehmen. Aber allmählich, so wie sich eine Welle aufbaut, fing er an zu phantasieren. Je länger er redete, desto wundervoller ließ er die Biographie erscheinen, bis sie die höchste aller literarischen Formen zu sein schien. Millers Worte wirkten wie ein Tanz.

»Biographie *kann* faszinierend sein«, sagte er, »und schwierig. Wissen Sie, daß hier mein einziger Fehlschlag liegt? Ich versuchte, ein Buch über D.H. Lawrence zu schreiben. Ich machte Tausende von Notizen, schrieb und schrieb wieder um in dem Bemühen, dieses Buch zusammenzubekommen. Aber ich habe es nie geschafft, ich erlitt eine Niederlage nach der anderen. Immerhin, ich habe Hunderte von Biographien gelesen. Zu der Zeit, als ich Rimbaud studierte, fesselte mich alles an ihm, selbst seine Wäschelisten. Ich las zwanzig Bücher über ihn, von – wie hieß sie doch gleich? – Enid Starkie und anderen. Nie habe ich von jemanden gehört, der mehr litt. Was für eine elende Existenz! Und mit vielen Parallelen zu meinem eigenen Leben. . . Und Skrjabin. . .«, Miller deutete zu dem Plattenspieler, »ich *liebe* Skrjabin, verstehen Sie? Kürzlich hat mich eine junge Dame besucht und mir diese Platten dagelassen. Mich interessiert alles, was über diesen Meister oder über Pablo Casals aufzutreiben ist. Und dann natürlich die Lebensläufe der großen Weisen – wie Carlos Suares' Buch über Krishnamurti oder Rollands Buch (haben Sie je von ihm gehört?) über die indischen Propheten, das sind großartige Geschichten. Ja, die wirkliche Wahrheit über *irgend jemandes* Leben ist immer faszinierend, wenn man sie nur erzählen kann.«

Wieder wechselte er das Thema. »Warum schreiben Sie nicht über sich selbst?« forschte er. »Ich habe das immer getan. Warum über mich schreiben, wenn Sie eine Autobiographie schreiben könnten? Kennen Sie Emersons Bemerkung über Autobiographien? ›Fesselnde‹ Bücher nennt er sie. Mein einziger Grund zum Schreiben, selbst wenn es mir nicht immer bewußt war, bestand darin, mich von einem

Dämon zu befreien. Ich schrieb, um mit dem Leben beginnen zu können. Meine Favoriten waren stets Männer wie Keyserling und Strindberg und Nijinsky und dieser Weise, John Cowper Powys, ich nenn ihn Prester John, die allesamt Autobiographien schrieben. Auch Walt Whitman gehört dazu – sein ›Song of Myself‹ hat mich stark beeinflußt.«

Ich wollte einwerfen, daß das Leben eines anderen Menschen einem helfen konnte, das eigene besser zu verstehen, doch Miller machte schon weiter, und mir blieb nichts anderes übrig, als in angemessenen Abständen zustimmend zu nicken. »Selbstverständlich habe ich oft über meine Freunde geschrieben wie z. B. Beauford Delaney oder Abe Rattner. Ich habe ein Buch über einen griechischen Freund namens George Katsimbalis geschrieben, den ich zum ›Koloß von Maroussi‹ ernannte. Oder Anaïs Nin: Ich habe viel über sie geschrieben. Die Leute merken gar nicht, wieviel meiner Arbeit von Freunden und Bekannten handelt, beispielsweise von der Chirurgin und Malerin aus Louisiana, Dr. Marion Souchon.«

Dann stieß Miller in nebligere Gefilde vor: »Es gibt wirklich niemand, der irgendwas über mich sagen könnte. Ich habe meine eigene Biographie geschrieben, verstehen Sie. Was nicht in meinen Büchern steht, ist nicht wirklich wichtig. Wem würde es nützen, herumzurennen und mit meinen Freunden zu reden? In Ihrem Buch über West haben Sie mit allen gesprochen, die ihn kannten. Aber das nützt überhaupt nichts. Außerdem wußte keiner meiner Freunde vollkommen über mich Bescheid: Dieser kannte einen Teil meines Lebens und jener einen anderen, doch keiner von ihnen wußte alles. Ja, und dann gibt es noch andere wie diesen Firmendetektiv, der immer noch in New York lebt, der mich überhaupt nicht als Schriftsteller kennen würde – bloß als Gauner und Rumtreiber. Einige meiner besten Freunde sind tot, Joe O'Regan und mein wunderbarer Briefpartner Emil Schnellock, den ich mit zehn Jahren schon kannte. Nein, jeder, der über mich zu schreiben versuchte, würde nur einen Blickwinkel erwischen. Ich selbst habe meine wahrste Biographie geschrieben.«

Ich wollte antworten, daß er in dem Punkt sicherlich recht hatte. Aber wenn auch Millers autobiographische Romane vielleicht die bestmögliche Biographie darstellten, so könnte doch der Versuch des Biographen, Elemente seines Lebens zu verstehen, die in den Romanen vollkommen ignoriert wurden, ungemein spannend und

447

von hohem Wert sein, ein Gefühl des kreativen Prozesses vermitteln und die Art und Weise verständlich machen, wie der Künstler aus einem authentischen Leben ein Leben im Roman erschafft. Doch Miller fuhr bereits fort: »Natürlich habe ich in keinem meiner Bücher die ganze Wahrheit erzählt, nicht mal in allen zusammengenommen. Selbst von meinen Liebschaften – über die ich so viel erzählt habe – habe ich ganz bestimmt nicht alles erzählt. Ich habe viele Lügen ausgestreut, um meine Biographen zum Narren zu halten, um sie von meiner Spur abzubringen. Es gibt einige Liebesaffären, die nicht in meinen Büchern auftauchen, vor allem eine, die über acht oder neun Jahre andauerte und über die ich um der davon betroffenen Frau willen nie das Geringste habe verlauten lassen. Nie habe ich jemandem erzählt, warum ich mich endgültig in Kalifornien niederließ, und ich werde es auch nie tun. Über das von mir erschaffene Leben habe ich viel gesagt, und von meinem wirklichen Leben habe ich viel weggelassen. Keiner wird das je herausfinden, doch wenn irgend jemand es *könnte*. . .!«

»Selbstverständlich«, sagte er, schon wieder auf einer neuen Spur, »ist es mir scheißegal, was Sie über mich schreiben. Nur ein Essay von Karl Shapiro und ein paar Essays französischer Kritiker haben mir Gerechtigkeit widerfahren lassen. Die anderen sind mir gleichgültig. William Gordon, um nur einen zu nennen, bestand hartnäckig darauf, daß ich von Rank beeinflußt wurde, als hätte sonst niemand einen vergleichbaren Einfluß auf mich gehabt. Und was ist mit Maurice Maeterlinck? – Von ihm habe ich mehr als von jedem anderen Schriftsteller gelesen, ehe ich mich auf D.H. Lawrence stürzte, wie ich bei den Arbeiten zu *Books of my Life* herausfand. Gordon erwähnte ihn nicht mal. Ich hab versucht, dem Kerl das klarzumachen, aber er hat mir nie zugehört, er hatte seine eigenen Vorstellungen, er dachte, er kennt mich besser als ich mich selbst.«

Obwohl er darauf beharrte, Kritik gegenüber gleichgültig zu sein, schnappte er einen Augenblick später einen schmalen Band vom Tisch, eine vor kurzem erschienene kritische Studie seines Werkes. »Schauen Sie sich das an! Von irgendeiner Dame in Massachusetts. Ich hab die Wörter nachgeschlagen, die sie benützt – ich hab keine Ahnung, wovon sie redet –, sie hält mich für einen Anhänger von Jung! Warum hat sie mich nicht gefragt? Ich hätte ihr *geholfen!*«

»Nun, Mr. Martin«, seufzte Miller, »ich hab das Schreiben satt. Ich mag jetzt Spiele, und nach einem kleinen Ping-Pong-Match halt ich ein Nickerchen. Ich spiele, schwimme und male gern, wenn mir danach zumute ist, und ich mag es nicht, mit Interviews und Fragen belästigt zu werden. Ich könnte Ihnen keine große Hilfe bei Ihrem Buch sein, verstehen Sie.«

»Überhaupt«, bemerkte Miller, »hab ich schon die schlimmsten Sachen gesagt, die man über mich sagen kann. Sie können über mich verdammt noch mal schreiben, was Ihnen Spaß macht.«

Dann sagte er: »Okay. Spielen wir Ping-Pong!«

Zufällig oder absichtlich waren mehrere von Millers alten Freunden an diesem Tag anwesend. Millers Frau Hoki und eine ihrer Freundinnen schauten kurz herein und waren genauso schnell wieder verschwunden. Es wurde Ping-Pong gespielt oder geschwommen, und hinterher saß man bei Gin und Tonics am Küchentisch und redete. Henrys Freund, der großartige Pianist Jacob Gimpel, stattete einen Besuch ab und spielte ein bißchen. Es war ein schöner Tag, ein fröhlicher Tag.

Als ich das Haus verließ, mußte ich mir eingestehen, daß ich zwar in sehr oberflächlicher Hinsicht viel über Miller wußte, in Wirklichkeit aber so gut wie nichts. Miller hat einmal gesagt, er wünsche sich Rimbauds Zeile »Alles, was uns gelehrt wird, ist falsch« auf seinem Grabstein eingraviert. Vielleicht hatte Rimbaud recht. Und doch träumte ich davon, ein Buch zu schreiben, das einiges von der Wahrheit von Millers Leben in sich tragen würde.

Ich glaube, in den folgenden Jahren habe ich diesen Traum nie ganz verloren. Zugegeben, als ich erkannte, daß ich mich in mehr als zwanzig Bibliotheken durch über hunderttausend Manuskriptseiten würde kämpfen müssen, wurde ich schwankend, aber ich las sie. Interviews mit Millers engsten Freunden – Man Ray in Paris, George Katsimbalis in Athen, Alfred Perlès in Kreta zum Beispiel – wirkten allein durch die schlichte Wohltat ihrer menschlichen Wärme belebend. Wohin immer ich auch ging, mein Tonband war stets dabei, und das Rauschen der Mittelmeerbrandung oder der Straßenlärm von St. Sulpice bilden den Geräuschhintergrund, wenn ich die Bänder abspiele oder mich an diese Gespräche erinnere.

Nur zu gut verstand ich Millers Skepsis, daß irgend jemand genug über ihn wissen könnte, um sein Leben nachzuzeichnen. 1967 erklärte Miller George Belmont, jedes Buch über ihn sei »trivial, oberflächlich, wichtige Details fehlen – alles zu sehr auf meine

Bücher abgestellt . . .«. Und was in seinen Büchern steht, meinte er, sei lediglich eine »Menge Magermilch«. Als ich schließlich mit Lesen und Interviewen fertig war und mir meinen Karton voller Notizen anschaute, da war ich fast soweit, ihm zuzustimmen: Ich hätte mir die Fakten für die Wiederaufbereitung seines Lebens besser zusammenträumen sollen, anstatt sie zu notieren.

Ich hatte das Gefühl der Hilflosigkeit und des drohenden Scheiterns, das Miller selbst einst empfunden hatte, als er mit leeren Blicken die riesige Ansammlung von Notizen über Lawrence anstarrte. (Ich erwähnte das ihm gegenüber einmal. »Sie beziehen sich auf meine Recherchen über Lawrence«, schrieb er. »Glauben Sie mir, das läßt sich mit Ihren gegenwärtigen Mühen gar nicht vergleichen.«) Wie sollte ich jemals aus den Fragmenten, in denen sein Leben seine Spuren hinterlassen hatte, ein vollständiges Bild zusammenstellen? Miller, skeptisch wie eh und je, hatte vielleicht recht, als er mir schrieb: »Ich wünsche Ihnen alles Gute. Wenn das Buch so wird, wie Sie es sich gewünscht haben, dann hat das einen Wert in sich.« Das hätte es in der Tat, denn ich wollte genau das Buch schreiben, das er für unmöglich hielt, die Geschichte eines Mannes, der mir, obwohl fast achtzig, herausfordernd in die Augen sehen und sagen konnte: »Sie können über mich verdammt noch mal schreiben, was Ihnen Spaß macht!«

Bibliographie

Ich möchte vor allem anderen Henry Miller danken, daß er mir erlaubte, bisher unzugängliches Manuskriptmaterial zu verarbeiten.

Ich danke den Kuratoren und dem Personal der Bibliotheken, in denen ich gearbeitet habe, für ihre großzügige Hilfe. Die Bibliotheken, in denen sich die Manuskripte, auf denen meine Biographie basiert, befinden, sind die folgenden:

1. Brooklyn Public Library – 36 Seiten Miller-Korrespondenz.
2. Columbia University, Butler Library – 33 Briefe, zwei Buchmanuskripte.
3. Dartmouth College, Baker Memorial Library – 104 Briefe, 30 Manuskripte, 27 Briefe an Fraenkel, Miscellania, im Ganzen 600 Seiten, in der Herbert F. West Collection.
4. University of California, Special Collections. Dies ist die bedeutendste Henry-Miller-Sammlung. Sie besteht aus über 50 000 Seiten Manuskriptmaterial, Dokumenten und Miscellania.
5. Library of Congress – 13 Kästen juristisches Material und 6 Kästen Briefe und Manuskripte.
6. The Henry E. Huntington Library – 50 Briefe von Miller und seiner dritten Frau, Lepska, in der Walker Winslow Collection.
7. Indiana University – 755 Seiten Manuskripte.
8. University of Kansas – 8 Ordner Manuskriptmaterial und Briefe.
9. University of Minnesota – Papiere der Henry Miller Literary Society, 290 Briefe und Manuskriptmaterial.
10. New York Public Library – ein Buchmanuskript, andere Manuskripte, Briefe und Miscellania, etwa 250 Seiten.
11. Northwestern University – ein Manuskript, 4 Anaïs-Nin-Romane, 20 Briefe.
12. San Francisco Public Library – ein einhundertsechsundzwanzigseitiges unveröffentlichtes Manuskript.
13. Southern Illinois University – Korrespondenz mit Durrell, Nin, Buñuel und literarische Manuskripte.
14. University of Texas – eine sehr wichtige Sammlung, die aus 62 Manuskripten, 500 Briefen und 500 Seiten Miscellania besteht.
15. University of Virginia – Manuskripte, Korrespondenz, Notizen, Gemälde, Fotografien und Verträge.
16. Yale University – Manuskripte und Korrespondenz, etwa 100 Seiten.

Obwohl meine Biographie in erster Linie auf den bisher unveröffentlichten Quellen basiert, habe ich alle Bücher und viele Artikel, die von und über Henry Miller geschrieben wurden, berücksichtigt. Die folgende Liste enthält in alphabetischer Reihenfolge die Bücher, die ich benutzt habe.

1. *The Air-Conditioned Nightmare,* New York, New Directions 1945, von Henry Miller (*Der klimatisierte Alptraum,* Rowohlt 1977).
2. *Aller Retour, New York,* Paris, Obelisk Press 1935, von Henry Miller.
3. *Americans Abroad: An Anthology,* Den Haag, Servire Press 1932, von Peter Neagoe.

4. *Art and Outrage: A Correspondence About Henry Miller Between Alfred Perlès and Lawrence Durrell, with Intermissions by Henry Miller*, New York, Dutton 1961 (*Kunst und Provokation. Ein Briefwechsel*, Rowohlt 1960).
5. *Big Sur*, Vorwort von Henry Miller, Paris, Denoël 1948, von Lillian B. Ross.
6. *Big Sur and the Oranges of Hieronymus Bosch*, New York, New Directions 1957, von Henry Miller (*Big Sur und die Orangen des Hieronymus Bosch*, Rowohlt 1958).
7. *Black Spring*, Paris, Obelisk Press 1938, von Henry Miller (*Schwarzer Frühling. Erzählungen*, Rowohlt 1954).
8. *Books in My Life*, Norfolk, New Directions 1952 (*Die Kunst des Lesens*, Rowohlt 1963).
9. *The Booster*, Ausg. 7 – 10/11, Paris, September 1937 bis Ostern 1939.
10. *Collector's Quest: The Correspondence of Henry Miller and J. Rives Chields, 1947 – 1965*, University Press of Virginia 1968.
11. *The Colossus of Maroussi*, San Francisco Colt Press 1941, von Henry Miller (*Der Koloß von Maroussi*, Rowohlt 1956).
12. *The Cosmological Eye*, Norfolk, New Directions 1939, von Henry Miller.
13. *A Devil in Paradise*, New York, New American Library 1956, von Henry Miller (*Ein Teufel im Paradies*, Rowohlt 1961).
14. »The Durrell of the Black Book Days«, von Henry Miller, in Harry T. Moore, Hg., *The World of Lawrence Durrell*, Carbondale 1962.
15. *First Impressions of Greece*, Santa Barbara, Capra Press 1973, von Henry Miller.
16. *Greece*, New York, Viking Press 1964, von Henry Miller.
17. *Hamlet*, zwei Bände, Santurce, Carrefour Press 1939–41, von Henry Miller und Michael Fraenkel.
18. *The Happy Rock: A Book About Henry Miller*, Berkeley, Packard Press 1945.
19. *Henry Miller*, Minneapolis, University of Minnesota Press 1966, von George Wickes.
20. *Henry Miller*, New York, Twayne Publishers 1963, von Kingsley Widmer.
21. *Henry Miller*, Paris, Editions Universitaires 1965, von Frederic J. Temple.
22. *Henry Miller: Between Heaven and Hell*, Big Sur 1961, von Emil White.
23. *Henry Miller: A Chronology and Bibliography*, Baltimore, The Waverly Press 1945, von Bern Porter.
24. *Henry Miller in Selbstzeugnissen und Bilddokumenten*, Reinbek, Rowohlt 1961, von Walter Schmiele.
25. *Henry Miller: Expatriate*, Pittsburgh, University of Pittsburgh Press 1961, von Annette Kar Baxter.
26. *Henry Miller: His World of Urania*, Vorwort von Henry Miller, London, Villiers Publishers for 9th House 1960, von Sydney Omarr.
27. *Henry Miller in Conversation*, von Anthony MacNabb und Harry Scott, Chicago, Quadrangle Books 1972.
28. *A Henry Miller Miscellanea*, San Mateo, Bern Porter 1945.
29. *The Henry Miller Reader*, Hg. Lawrence Durrell, New York, New Directions 1959 (*Ein Henry Miller Lesebuch*, Rowohlt 1961).
30. *Henry Miller: Years of Trial and Triumph, 1962 – 64, The Correspondence of Henry Miller and Elmer Gertz*, Hg. Elmer Gertz und Felice Flanery Lewis, Carbondale, Southern Illinois University Press 1978.
31. *Insomnia; Or the Devil at Large*, Euclid, Loujon Press 1971, von Henry Miller (*Insomnia oder die schönen Torheiten des Alters*, Rowohlt 1977).

32. *Into the Nightlife,* Berkeley 1947, von Henry Miller (»Ins Nachtleben hinein« in *Sämtliche Erzählungen,* Rowohlt 1968).
33. *The Intimate Henry Miller,* New York, New American Library 1959.
34. *Just Wild About Harry: A Melo-melo in Seven Scenes,* New York, New Directions 1963, (*Ganz wild auf Harry. Ein melo-melo in 7 Szenen,* Gerhardt, 1963).
35. *Lawrence Durrell and Henry Miller: A Private Correspondence,* Hg. George Wickes, New York, Dutton 1963.
36. *Letters of Henry Miller and Wallace Fowlie,* New York, Grove Press 1975.
37. *Letters to Anaïs Nin,* New York, Putnam 1965, von Henry Miller (*Briefe an Anaïs Nin,* Rowohlt 1968).
38. *The Literature of Silence: Henry Miller and Samuel Beckett,* New York, Knopf 1967, von Ihab Hassan.
39. *Maurizius Forever,* Waco, Motive Presse 1946, von Henry Miller.
40. *Max and the White Phagocytes,* Paris, Obelisk Press 1938, von Henry Miller (»Max und die weißen Phagocyten«, *in Sämtliche Erzählungen,* Rowohlt 1968).
41. *The Mind and Art of Henry Miller,* Baton Rouge, Louisiana State University Press 1967, von William A. Gordon.
42. *Mother, China, and the World Beyond,* Santa Barbara, Capra Press 1977, von Henry Miller.
43. *Murder the Muderer: An Excursus on War,* Big Sur 1944, von Henry Miller.
44. *My Bike and Other Friends,* Santa Barbara, Capra Press 1978, von Henry Miller.
45. *My Friend Henry Miller: An Intimate Biography,* New York, J. Day Co. 1956, von Alfred Perlès.
46. *My Life and Times,* Chicago, Playboy Press 1972, von Henry Miller (*Mein Leben und meine Welt,* Rowohlt 1974).
47. Form and Image in the Fiction of Henry Miller, Detroit, Wayne State University Press 1970, von Jane A. Nelson.
48. *Nexus,* Paris, Correa 1960, von Henry Miller (*Nexus,* Rowohlt 1961).
49. *The Nightmare Notebook,* New York, New Directions 1975, von Henry Miller.
50. *On Turning Eighty,* Santa Barbara, Capra Press 1972, von Henry Miller.
51. *Order and Chaos Chez Hans Reichel,* mit einer Einführung von Lawrence Durrell, Tucson, Loujon Press 1966, von Henry Miller.
52. *Plexus,* Paris, Olympia Press 1953, von Henry Miller (*Plexus,* Rowohlt 1955).
53. *Quiet Days in Clichy,* Paris, Olympia Press 1956, von Henry Miller (*Stille Tage in Clichy,* Rowohlt 1968).
54. *The Red Notebook,* Highlands, Jonathan Williams 1959, von Henry Miller.
55. *Remember to Remember,* London, Grey Walls Press 1952, von Henry Miller (*Land der Erinnerung,* Rowohlt 1967).
56. *The Rosy Crucifixion,* 3 Bde., New York, Grove Press 1965, von Henry Miller (*Die Kreuzigung in rosa,* Rowohlt 1970).
57. *Scenario (A Film with Sound),* Paris, Obelisk Press 1937, von Henry Miller.
58. *Semblance of a Devoted Past,* Berkeley, Bern Porter 1944, von Henry Miller.
59. *Sexus,* Paris, Obelisk Press 1949, von Henry Miller (*Sexus,* Rowohlt 1970).
60. *The Smile at the Foot of the Ladder,* New York, Duell, Sloan and Pearce 1948, von Henry Miller (*Das Lächeln am Fuße der Leiter,* Rowohlt 1965).
61. *Stand Still Like the Hummingbird,* Norfolk, New Directions 1962, von Henry Miller (*Von der Unmoral der Moral und andere Texte,* Rowohlt 1979).
62. *Sunday After the War,* Norfolk, New Directions 1944, von Henry Miller.

63. *This Is Henry, Henry Miller from Brooklyn, Conversations with the Author,* Los Angeles, Nash Publishing Co. 1974, von Robert Snyder.
64. *The Time of the Assassins: A Study of Rimbaud,* Norfolk, New Directions 1956, von Henry Miller.
65. *To Paint Is to Love Again,* Alhambra, Cambria Books 1960, von Henry Miller.
66. *Tropic of Cancer,* Vorwort von Anaïs Nin, Paris, Obelisk Press 1934, von Henry Miller (*Wendekreis des Krebses,* Rowohlt 1953).
67. *Tropic of Capricorn,* Paris, Obelisk Press 1939, von Henry Miller (*Wendekreis des Steinbocks,* Rowohlt 1953).
68. *What Are You Going to Do About Alf?,* Paris, Lecram-Servant 1935, von Henry Miller.
69. *The Wisdom of the Heart,* Norfolk, New Directions 1940, von Henry Miller.
70. *The World Of Sex,* Paris, Olympia Press 1959, von Henry Miller (*Die Welt des Sexus,* Rowohlt 1960).
71. *Writer and Critic: A Correspondence with Henry Miller,* Baton Rouge, Louisiana State University Press 1968, von William A. Gordon.

Henry Millers Bericht seines Lebens findet sich vor allem in seinen »autobiographischen Romanen«: *Wendekreis des Steinbocks, Sexus, Plexus* und *Nexus.* Andere Werke, die wichtige Aspekte seiner Biographie berühren, sind: *Wendekreis des Krebses, Schwarzer Frühling, Die Welt des Sexus, Stille Tage in Clichy, Der klimatisierte Alptraum, Big Sur und die Orangen des Hieronymus Bosch* und *Insomnia.*

Anaïs Nin hat über ihre Beziehung zu Miller in *The Diary of Anaïs Nin* geschrieben, dessen Bände bei Harcourt, Brace, Jovanovich in New York herausgekommen sind.

Alfred Perlès hat über seine Freundschaft zu Miller in *My Friend Henry Miller* berichtet.

Anmerkungen

Erklärung der Abkürzungen:

ACN	Das Air-Conditioned Nightmare-Manuskript
AN	Anaïs Nin
BSN	Black Spring-Notizen
DC	Dartmouth College Library
ES	Emil Schnellock
HL	Henry E. Huntington Library
HM	Henry Miller
IU	Indiana University Library
LC	Library of Congress
MM	Miscellaneous Manuscripts
MPM	Miscellaneous Printed Material
MPR	Miscellaneous Prefaces and Reviews
Ms	Manuskript
NU	Northwestern University Library
NYPL	New York Public Library
PU	Princeton University Library
PN	Pariser Notizbücher
SFPL	San Francisco Public Library
SIU	Southern Illinois University Library
TC	Tropic Of Cancer-Manuskripte
T CAP	Tropic Of Capricorn-Manuskripte
UCLA	Library of The University of California
UM	Unkatalogisierte Manuskripte
UT	University of Texas Library
UVA	University of Virginia
YU	Yale University Library
WL	The World of Lawrence-Manuskripte

ERSTES BUCH: NEW YORK

1. KLEIN-HENRY UND SEIN PFERD DEXTER
Seite
19 Er wurde am. . . geboren: HM an Sidney Omarr, nicht datiert (1962); HM an Tom Moore, 21. 9. 1963, SIU.
19 »Ich wurde glücklich geboren«: HM an Alfred Perlès, in *Kunst und Provokation*, S. 57.
19 sein Großvater väterlicherseits: HM an Eve Miller (1960); über andere Vorfahren: PN II, 153.
20 im Haus seines Vaters in Yorkville: HM an F. J. Temple, 27. 6. 1965.
21 deutsche Atmosphäre: HM an Renate Gerhardt, 26. 8. 1966, Sammlung Gerhardt.
21 Lauretta Anna: Henry Miller, Familienbriefe.
22 geliebten Blumen (und andere Gartendetails): »Elemental Events«, BSN, 22 ff.

22 Konservenfabrik: »Postkriptum« zu Träume vom 30./31. 5. 1933, 15/16.
22 Feuer: »Astrology«, MM, 1.
22 Neiting tatsächlich einmal weigerte: »Astrology«, MM, 1.
23 Laterna Magica: BSN, 22.
24 Kapitän eines Fährschiffes: *Dreambook* (Kommentare), 18.
24 Etonjacke: *Moloch,* 160/61.
24 Fenster putzen: *Plexus,* Ms., gestrichener Text, 779.
24 demütigte ihn schrecklich: Ms., Essay, geschrieben Weihnachten 1965; geplant als Beitrag für Franz Schneider Verlag (München) »zugunsten geistig behinderter Kinder«, 1–3.
25 Die Straßen . . . waren herrlich usw.: BSN, 23; *Moloch* Ms., 156/57; T CAP, Ms., 93/94.
26 Fillmore Place: Richard G. Osborn, 2. Ordner.
26 United States Street: HM an Richard G. Osborn, 4. 7. 1931, 4.
27 erweiterte das Lesen: BSN, 21.
27 die Bücher von Henry: HM an Norman Holmes Pearson, 2. 9. 1965 Pearson-Sammlung; HM an Lawrence Clark Powell, 7. 12. 1960.
28 Schwester Lauretta: »Astrology«, MM, 1.
28 rücksichtslose Wahl: HM an Renate Gerhardt, 22. 12. 1961, Sammlung Gerhardt.

2. DAS NEUE VIERTEL
28 Haus gekauft: HM an F. J. Temple, BSN, 2.
29 alle Häuser des Blocks glichen einander: Henry Miller: Collection of Photographs, UCLA.
30 der Ältere: Charles Gross an HM, nicht datiert, 2/3.
30 Klavierstunden: BSN, 13.
31 Kleiderpakete: BSN, 4.
31 Oktober 1902: »Astrology«, MM, 3.
32 die Lehrer: George Wright an HM, 6. 4. 1951.
33 irgendwelchen Streichen: »Astrology«, MM, 4.
34 »Die tiefen Denker«/ HM an F. J. Temple; *Plexus,* Notizen, SIU; eine gedruckte Neujahrskarte von 1910 der Xerxes-Gesellschaft befindet sich in der UCLA.
35 »die Jungs«: George Wright an HM, 6. 4. 1951; HM an Renate Gerhardt, 8. 12. 1961, Sammlung Gerhardt; Notizen zu Träumen, September 1933.
36 -athleten: HM an F. J. Temple, 1.
36 scheiterten . . . an Kleinigkeiten: *Plexus,* Notizen, SIU.
36 drohte ihn einzufangen: BSN, 5, 6.
36 sich abrackerte: BSN, 5; T CAP, Ms., 93/94.
37 vom Lehrplan . . . angewidert; HM an Huntington Cairns, 23. 7. 1938, Sammlung Cairns, LC; HM an Henri Fluchère, 23. 7. 1938.
37 Atlas Portland Cement Company: ACN, Notizen; TC, II, 71.
37 schläfrigste Angestellte: Ray A. Wetzler an HM, 2. 9. 1952.
37 Stanley Borowski: HM an Bern Porter, 5. 5. 1944, 2.
38 Sudermann: HM an John Lane Co., 2. 5. 1951.
38 »Eines Tages . . .«: TC, Ms., II, 74/75.

3. WEIN, WEIB UND GESANG
39 sexuelle Erfahrungen: usw., BSN, 16, 18.
40 Frances Glanty: PN, II, 142.

41 Miß Green: Traumbuch, 31. 3. 1933.
41 Edna Booth: Traumbuch, 7. 2. 1933.
42 wirkte strahlend: *Moloch,* Ms., 95/96.
43 Pauline Chouteau: das Material über Millers Beziehung zu ihr stammt aus: BSN,
    5–12; *Moloch,* Ms., 99–109; TC, Ms., II, 7, 8; TC, Ms., III, 230; HM an Henri
    Fluchère, 23. 7. 1938; PN, III, 139; HM an Huntington Cairns, 23. 7. 1938 und
    30. 4. 1939, Sammlung Cairns, LC; HM an AN, Mai 1932, SIU.
45 Tanzveranstaltung der Cement Company: PN, III, 119.
45 die alte Dame . . . abzuschieben: *Moloch,* Ms., 102.
46 Dr. Cassius: TC, Ms., III, 228/29.
46 auf das Cornell-College zu schicken: *Moloch,* Ms., 102.
47 Selbst in seinen kühnsten Träumen: *Moloch,* Ms., 99–102.
48 Savage School: BSN, 10.
49 schrieb . . . Briefe: BSN, 10.
49 Eines Abends: *Moloch,* Ms., 107/09.
50 Frances Hunter: Traumbuch, 17. 9. 1933, 14. 10. 1933.
51 Fötus: TC, Ms., II, 77a/78a.

4. SKLAVENTAGE UND SCHIZOPHRENIE
51 saß Henry auf einer Bank: T CAP, Ms., 130/32; HM an Renate Gerhardt, 9. 2.
    1962, Sammlung Gerhardt.
52 Robert Hamilton Challacombe: T CAP, Ms., 133/34; BSN, 13/14.
54 mit Pauline brechen: HM an F. J. Temple, 27. 6. 1965.
54 fürchtete sich vor der Zukunft: Traumbuch, 42.
55 ersten Job: ACN, Notizbuch.
55 außer Kontrolle geriet: »Was bin ich? – Wo bin ich? – Was tue ich hier?« Ms.
    (1968).
56 Bill Parr: PN, III, 118.
56 Emma Goldmann: BSN, 9–11.
57 Pauline: HM an F. J. Temple, 27. 6. 1965.
57 Theater: »Vorwort« zu *Ecce Homo,* Ms. (1965), 7.
60 Lou Jacobs: PN, III, 119.
60 kunstvolle Reden: BSN, 12.
60 Phantasiearbeit: »The Bowery« Ms. (etwa 1953), 1–3.
61 Frank Harris: »Bezeque« Ms. (etwa 1933), 2; Elmer Gertz an HM, 9. 1. 1962,
    Sammlung Gertz, LC.
61 Boardman Robinson: PN, I, 165.
61 einem kalifornischen Dichter. . . mitteilte: HM an Charles Keeler, 9. 12. 1916,
    1–3, HL.

5. HENRY VAL MILLERS LIEBESLIEDER
63 Pianistin aus Brooklyn: BSN, 11/12; *Moloch,* Ms., 143, 154/55, 67.
64 »Miß Wickens und ich. . .«: HM an Charles Keeler, 19. 12. 1916, 3, HL.
64 *Washington Post:* HM an Huntington Cairns, 6.3.1938, Sammlung Cairns, LC.
64 bevorstehender Heirat: T CAP, Ms., 32/33.
64 einmal Rasieren: *Moloch,* Ms., 4.
65 dominierende: Barbara Sanford an HM, 10. 2. 1954.
65 Schriftsteller zu werden: *Moloch,* Ms., 141/42.
65 derart viele Stellungen: HM an Huntington Cairns, 23. 7. 1938, Sammlung
    Cairns, LC.

65 Dreiundfünfzigsten Straße: Henry Miller, Familienbriefe, fester Wohnsitz von Henry Miller, Schneider.
66 schwarzen Brettern: »Rimbaud Opus«, Teil 2, Ms., gestrichener Text, 2.
66 strategischen Fehler: *Moloch,* Ms., 175, 358/61; T CAP, Ms., 101; *Welt des Sexus,* Ms., 33–35.
67 stritten unaufhörlich: *Moloch,* Ms., 74–94.
68 Waldo Frank: HM an Richard G. Osborn, nicht datiert.
68 masochistischer Gründlichkeit: HM an Gerald Robitaille, 8. 3. 1951, SIU.
68 *The Black Cat:* TC, Ms., II, 72–74; »The Black Cat Club«, *The Black Cat Magazine* 24 (Januar 1919), 44/45.
69 erste Veröffentlichung: »The Black Cat Club«, *The Black Cat Magazine* 24, Nr. 4 (Mai 1919), 43.
70 ein gemachter Mann: HM an Valentine Miller, 22. 1. 1960; HM an Renate Gerhardt, Sammlung Gerhardt.
70 es kam ja Geld herein: Briefe des Herausgebers von *The Black Cat Magazine,* H. E. B. an HM, 8. 5. 1919, 13. 6. 1919, 5. 8. 1919, 25. 10. 1919; Millers Essays erschienen wie folgt: 24, Nr. 9 (Juni 1919), 42; 24, Nr. 11 (August 1919), 44/45; 24, Nr. 13 (Oktober 1919), 44.
72 praktisch pleite: HM an Maurice Girodias, 24. 6. 1948.
72 Das erste Geschenk: HM an AN, 27. 5. 1933.

6. DIE KOSMODÄMONISCHE TELEGRAPHENGESELLSCHAFT
72 Western Union Telegraph Company: Materialien bezügl. Millers Job in: HM an Harold J. McGrath, 9. 1. 1959; Muriel Cowley an Jay Martin, nicht datiert (Dezember 1970) und 19. 3. 1971, Sammlung Jay Martin; *Dreambook,* September 1933; M. J. Rivise an Bern Porter, 24. 7. 1951; *Moloch,* Ms., 46–48.
76 groteske Briefe: Rosario Dimiceli an HM, 30. 11. 1921.
77 Gupte: TC (erste Fassung), Ms., Notizen; »Notizen über bizarre Charaktere«, Ms., 1–3 (75 Personen sind aufgeführt und beschrieben).
78 Ramakrishna und Tagores: HM, Interview mit Minoo Javan, Ms. (etwa 1959); »Original Unfinished Erotica«, Ms. in »Material, entnommen aus ›Der klimatisierte Alptraum‹ «, 163.
80 Untermieter: Orvis Ross, »Henry Miller braucht Sympathie«, *Minnesota Sunday Tribune,* 24.1.1960, 4; Orvis Ross an Tom Moore, 27.2.1959, UT; *Moloch,* Ms., 77.
81 warum kam er dann nicht: *Moloch,* Ms., 76.
81 qualvolles Stadium: T CAP, Ms., 36/37; T.Takikana an HM, 19. 9. 1921.
82 spürte Henry: T CAP, Ms., 49/50; *Moloch,* Ms., 369–76.
83 Eines dieser Opfer: William J. Grimmond an HM, 8. 4. 1922.
84 Emil Schnellock: HM an ES, 7. 9. 1933.
86 war sehr großzügig: T CAP. Ms., 34.
86 ersten Gedicht: HM an Lawrence Currell, 29. 4. 1958.
86 Engelmacherin: *Moloch,* Ms., 260.
87 »habe ich keinen Blick hineingeworfen«: HM an ES, nicht datiert (1924/25).

7. GESTUTZTE FLÜGEL UND ANDERE ENGEL
87 *Twelve Men:* Orvis Ross an Tom Moore, 27. 2. 1959, UT.
88 klaren Abend: »Postskriptum« zu Träume vom 30./31. Mai 1933, 24/25.
89 Am 20. März: HM zu ES, 20. 3. 1922; TC, Ms., II, 74.
89 Charles Candles: »Charles Candles – ›Der moralische Irre‹ « in »Messenger Sketch Book«, 1–18.

90 jammervollen Blicken: TC, Ms., II, 75.
90 ersten Schreibtages: HM an ES, 20. 4. 1922.
91 anderen kürzeren Sachen: »Auctioneer«, Ms., 1–4; HM an F. Florian Steiner,
   8. 4. 1965; HM an Ingeborg Bertuch, 13. 12. 1957; Mezzotinto-Archiv; HM an
   ES, 15. 12. 1923; HM an ES, nicht datiert (etwa 1924); HM an Bern Porter, auf
   Ms. von *Miscellanea* geschrieben, nicht datiert.
92 Wieder in der Küche: Mezzotinto »The Awakening«, MPM.

8. JUNE, JULIA, JULIETTE, HENRIETTE, SIE
93 Gewicht des Geldes in seiner Tasche: T CAP, Ms., 19.
94 Zentraleuropa: HM an Alfred Perlès, 21. 5. 1965, UT.
94 Strindberg: HM an F. J. Temple, 27. 6. 1965.
94 ungewisse Nebelbänke: T CAP, Ms., 13/14; Anaïs Nin, »The Labyrinth«, Ms.,
   NU; HM an AN, Mai 1932, SIU.
95 Geheimnis der Sexualität: PN, I, 187; ES, nicht katalogisierte Papiere; *Crazy
   Cock,* Ms., 74, 131/32; *Crazy Cock,* zweite Ms.-Fassung, 12/13, 55/56; T CAP,
   Ms., 43–47, 92/93.
96 ein neues Leben: HM an Claude Houghton, November 1942, 1–5; HM an Eva
   Sikelianou, 7. 2. 1943.
97 der dritte Abend: T CAP, Ms., 97.
97 flüsterte sie: *Crazy Cock,* 2. Ms.-Fassung, 175; T CAP, Ms., 38.
100 als Nachweis ihrer Herkunft: »Cinéma Vanves«, Teil 2, 8.
102 Rollen vertauschten: *Crazy Cock* Ms., 131/32.
103 Hotel: T CAP, Ms., 100; PN, III, 114.
105 wütenden Polizisten: PN, III (1935), keine Seitenangabe.

9. EIN NEUES LEBEN
107 vergossen beide Tränen: *Crazy Cock,* 2. Ms.-Fassung, 146/47.
108 *Machen sie dreißig draus:* HM an ES, 15. 12. 1923.
108 rückte Henry: »Auszüge aus Briefen von Jacobus Hendrik Dun«, MM.
108 Willever: *Moloch,* Ms., 332.
109 Rationalisierungsexperten: A. H. Diamond an HM, 25. 10. 1963;
    26. 11. 1963.
109 Ägypter: HM an Albert Cossery, 2. 5. 1945; T CAP, Ms., 89/90.
109 nötigen Respekt: HM an June Mansfield, 22. 9. 1923.
112 seinen Job einfach im Stich: T CAP, Ms., 137/38.

10. CANDY UND ANDERE GAUNEREIEN
115 haßte das Sonnenlicht: *Crazy Cock,* Ms., 102.
115 während sie vom . . . zum: TC, Ms., III, 11/12; TC, Ms., IV, 205; *Crazy Cock,*
    2. Ms.-Fassung, 89/90; A. K. Baxter an HM, 10. 8. 1957.
116 »Candy-Racket«: HM an ES, 2. 2. 1925; HM an Richard G. Osborn, 8. 6.
    1933.
116 luxuriösen Dinners: PN, II, 86.
117 »Mezzotintos« MPM (alle noch vorhandenen, erwähnten Mezzotintos befinden
    sich in UCLA, UT und SIU); HM an ES, 8. 8. 1924; PN, III, 104 (Verso); HM an
    ES, nicht datiert (1925).
118 *Pearson's: Monthly Review* Vol. 51, Nr. 1 (Februar 1925).
122 nach Florida zu gehen: TC, Ms., III, 305; HM an R. G. Osborn, nicht datiert
    (1933).

11. VISIONEN UND REVISIONEN
125 sie hätte keine Hoffnung: HM an F. J. Temple, 27. 6. 1965.
125 »Das Tagebuch eines Futuristen«: T CAP, Ms., 140/41.
126 In scherzhafter Laune: HM an ES, 5. 11. 1923, 4.
126 Bruce Barton: PN, II, 18.
126 H. L. Mencken: TC, Ms.
128 Die ersten beiden Geschichten: HM an Huntington Cairns, 30. 4. 1939, SIU.

12. IN DER KATAKOMBE
129 Remsen Street; usw.: HM an R. G. Osborn, nicht datiert (1933).
129 Loseblattenzyklopädie: HM an Lawrence Clark Powell, 15. 2. 1950; *Crazy Cock,*
2. Ms.-Fassung, 45–89.
130 Zeitungen zu verkaufen: *Crazy Cock,* Ms., 250/51.
130 träumte er davon: »Roman mit Träumen als Grundlage«, *Dreambook* (1933),
88/89; PN, III, 112.
131 Bordellroutine: PN, I, 163.
131 June. . .Plan ausgearbeitet: *Crazy Cock,* Ms., 216/17.
132 Sie benützte Make-up: Muriel Cowley an Jay Martin, 19. 3. 1971.
132 »Wie eine Nutte. . .«: *Crazy Cock,* Ms., 41.

13. DIE FABELHAFTEN ZWILLINGE
134 wie vertraut Bodenheim June betatschte: PN, I, 203.
134 Jean Kronski: Materialien zu dem Jean-June-Henry-Dreieck sind in erster Linie
den verschiedenen gesamten oder teilweisen Fassungen des Romans *Crazy Cock*
und Millers Kommentaren, Notizen und Marginalien im Manuskript entnommen. Zusätzlich verwendete ich: »Notes for a Novel«, 1–23 u. 1–7, UT; PN, I,
156–286; PN, III, 112; TC, Ms., III, 224; T CAP, Ms., 67; »Brochure« (1932/33),
Marginalien, 224; HM an ES, 4. 12. 1933; HM an Renate Gerhardt, 27. 9. 1961,
Sammlung Gerhardt.
134 ein Bekannter: Alfred Perlès, *The Renegade* (London, George Allen & Unwin,
1943), 159/60.
141 »Der Versager«: *Crazy Cock,* 2. Ms.-Fassung, 139.

14. LEGENDÄRE GEBURTSWEHEN
143 dauerhafter Job: T CAP, Ms., 79.
144 June setzte sich neben ihn: T CAP, Ms., 80/81.
145 als Geschenk: HM an AN, Mai 1932, SIU.
145 Soll er leben zum Beweis: PN, I, 161.

15. DER GEIST VON ST. VALENTIN
147 Er rief seine Eltern an: TC, Ms., II, 10–13.
148 warum nicht . . . zu Beatrice und Barbara zurückkehren?: PN, I, 159; *Crazy
Cock,* 2. Ms.-Fassung, 90–112, 117, 149–56.
149 nebensächlichsten Fragen: *Dreambook,* 30./31. 5. 1933, 4.
150 Charles Lindbergh: T CAP, Ms., 78–83.
150 Notizen . . . für ein Buch niederzuschreiben: »Notes for a Novel« (diese Notizen
wurden ursprünglich im Zeitraum von 24 Stunden im Büro vom Park Commis-
sioner, Queens County, handschriftlich zusammengestellt, 1927, als June mit
ihrer Freundin Jean Kronski in Europa war. Eine Kopie des Originals übergab er
1932 oder 33 in Paris Berthe Schrank), UT.

460

221 Richard Galen Osborn; Osborn Papiere, *passim.*
222 »Es ist durchaus möglich«: HM an ES, 10. 3. 1931, 4.
223 Germaine Daugeard: HM an ES, 10. 3. 1931, 4.
224 Madeleine Boyd: TC, Ms., IV, 4.
224 rief er fröhlich: HM an ES, 10. 5. 1931, 4/5.
224 Zirkus Medrano: HM an ES, 10. 3. 1931, 4.
226 Silvester 1930: HM an ES, 16. 2. 1931, 11.
226 Millard Fillmore Osman: PN, II, 145–48; TC, Ms., I, 78; TC, Ms., III, 223; *Dreambook,* 31. 1. 1933, 5–7.

6. DIE VILLA SEURAT: EIN INSTINKTIVISTISCHES PORTRÄT.
229 Villa Seurat: HM an ES, etwa 15. 11. 1931, 1–4.
229 winkte Henry herein: HM an ES, 20. 5. 1933.
231 Perlès als Verfasser: PN, I, 133; »Miscellaneous Essays on Paris«, MPM; HM an ES, 10. 3. 1931, 2.
232 Hôtel Central: TC, Ms., I, 82.
232 hungrig überlegte Henry: HM an ES, 10. 3. 1931 und etwa 15. 11. 1931; HM an R. G. Osborn, nicht datiert (1933); PN, I, 7/8 (Marginalien).
233 war er von dem lieblichen Gesicht. . . hingerissen: TC, Ms., II, 73; TC, Ms., III, 215/16; HM an Renate Gerhardt, 8. 12. 1961, Sammlung Gerhardt.
236 Michael Fraenkel, der. . . hielt: HM an Gunther Stuhlmann, 11. 12. 1964.
236 »Es ist immer gut«: HM an Walker Winslow, 23. 9. 1946, HL.
238 Am frühen Nachmittag: HM an ES, begonnen 24. 8. 1931, beendet 3. 9. 1931, 1–19.
239 einen tollen Spaß: »Der Neue Instinktivismus«, Ms., 1–20, CWBL, UVA; HM an ES, 12. 7. 1932.
239 »Ich hab nie was von Rilke gelesen«: Bleistiftnotiz in »Rainer Maria Rilke«, Ms., MM.
240 versöhnlichen Ton: Samuel Putnam an Alfred Perlès und HM, 21. 8. 1931, UT.

7. GLÜCKLICHERE TAGE – UND NEUERE KATASTROPHEN
241 June Mansfield: PN, I. 59 (und Rückseite).
241 An einem Samstagabend: TC, Ms., »Gestrichene Seiten«, 99–110, Sammlung Cairns, LC.
242 tauchte Bald auf: TC, Ms., II, 104.
243 Hôtel Princesse: HM an AN, Mai 1932, SIU; TC, Ms., II, 105.
243 Affäre mit Bertha: TC, Ms., II, 103; PN, III, 129/30.
244 »Ich lebe in«: »Originalfassung«, TC, Ms., I, 1.
245 Anaïs Guiler: Osborn Papiere, 2. Ordner, *passim.*
247 verglich ihre Schönheit: HM an ES, 7. 9. 1933, 2.
248 jede Leidenschaft: HM an R. G. Osborn, 6. 2. 1933.
249 stellte June sogar bald fest, daß Anaïs: Millers Informationsquellen über die Beziehung zwischen June und Anaïs Nin waren: 1. Unterhaltungen mit June, Nin und Perlès; 2. Anaïs Nins Journal und das Manuskript ihres autobiographischen Romans »Alraune«, das sie Miller zur Beurteilung überließ; so ist das, was Miller »wußte«, ziemlich gefärbt und entspricht teilweise der Wahrheit und ist teilweise erfunden. Meine Quellen sind: PN, III, 115, 132/33; »Miscellaneous Intimate Notes on June« (1932/33), 1–5; TC, Ms., 107–10; Alfred Perlès, »Mein Freund Henry Miller«, Ms., 66–70 ; Anaïs Nin, »Alraune«, Ms., 1. und 2. Fassung, mit

Marginalien von HM (1933, 1934), NU; Anaïs Nin, *Das Tagebuch der Anaïs Nin: 1931–1934,* Band I, New York: The Swallow Press and Harcourt, Brace & World, 1966, *passim.* Miller sagt (HM an ES, 14. 10. 1932), daß er und AN bis zum Jahre 1932 über 900 Briefseiten gewechselt hatten.
250 »Ich werd nie wieder heiraten«: PN, III, 113/15.

8. EINGEMAUERT

251 einen Job in Dijon: HM an Joe O'Regan, 25. 1. 1932; Osborn-Papiere, 2. Ordner (Briefe bezeichnet mit »Lycee Carnot/Dijon«); »Intimates Notes on June« einschließlich HM an AN, 29. 1. 1932, MM; HM an AN (Briefe aus Dijon, 1932, *passim*), SIU.
254 »le spleen anglais«: »Le Cadavre Vivant«, (etwa 1932), MM.
254 sechsundzwanzig Artikeln: Titelliste an ES geschickt, 1932, MM.
254 »Es soll«: HM an ES, 12. 7. 1932.
254 begab er sich auf kürzestem Weg: TC, Ms., I, 26.

9. »DAS LETZTE BUCH«

256 Er schrieb an Bertha: PN, II, 40 (Rückseite).
257 (ein Geschenk von Anaïs): HM an AN, 27. 5. 1933.
257 4 Avenue Anatole France: HM an ES, Frühjahr (Anfang März) 1932, 1.
258 verlor Henry prompt seinen Job: PN, II, 107; Ralph J. Frantz, Managing Editor, *Chicago Tribune,* an HM, 25. 3. 1937, 2.
258 wurde sie ihm verweigert: PN, II, 150 (und Rückseite): ein Brief mit Antrag auf Arbeitserlaubnis.
259 Sein teutonischer Ordnungssinn: »Arbeitsprogramm: Hauptprogramm«, MM, 1/2; George Wickes, »Conversations with Henry Miller«, 21. 6. 1965, Sammlung Wickes.
261 würde dir das nie verzeihen: TC, Ms., II, »Brief von Michael« (Fraenkel), 17. 12. 1931.
261 Richard Osborn drohte tatsächlich: Osborn-Papiere, vor allem 2. Ordner; HM an R. J. Osborn, 7. 8. 1932, 1–6; HM an Michael Fraenkel, nicht datiert (1933), 6.
265 es Lowenfels zu zeigen: Lowenfels' Kommentar, nicht datiert, 1, UVA.
265 *Satyricon:* »Auszüge aus ›Satyricon‹ « MM, 1, zusammen mit Marginalien der zitierten Passage.
267 »etwas Größeres als *Ulysses*«: TC, Ms., IV, 4; HM an ES, 12. 7. 1932, 2/3.
267 William Aspenwall Bradley: in Balds Kolumne »La Vie Bohème« vom 19. 8. 1931.
267 Bradley antwortete: PN, II, 70 (Rückseite).
267 ersten Unterredung: HM an Samuel Putnam, Oktober 1932.
268 »Wenn nur June«: *Dreambook,* 31. 3. 1933, 4.
268 »Ich glaub, er ist verrückt«: HM zu ES, 14. 10. 1932, 12.
268 Auf die Titelseite war. . . getippt: *Crazy Cock,* Ms., II, korrigierte Kopie.
269 »Feuer und Dynamit«: HM an ES, Dienstagmorgen, Oktober 1932.
269 Einleitung: HM an ES, 14. 10. 1932; HM an Luis Bunuel, MM, 3.
269 »von Anonymus«: TC, Ms., I, Titelblatt,
269 nichts umschreiben: WL, 4/5.
269 Vertrag: Henry V. Miller, Esq. of 4, Avenue Anatole France, Clichy (Seine). . . und der Obelisk Press of 38, Rue Saint-Honore, Paris I.

10. SIE-DER-ZU-GEHORCHEN-IST
270 regierten die Sterne: PN, II, 62; HM an ES, 12. 6. 1933.
270 regelmäßige Unterstützungen: HM an ES, Frühjahr 1932 und 16. 3. 1934.
270 einen Eintrag in ihr *Journal intime:* PN, III, 2.
271 Haus in Louveciennes: HM an ES, 25. 8. 1934, 8/9; »In das Tagebuch von Anaïs Nin geschrieben«, MPM, 2; »Selbstporträt«, 4. Einleitung, BSN; Perlès, »Mein Freund Henry Miller«, Ms., 178/79.
271 »*Du* bist mein Lehrer gewesen«: HM an AN, in WL, (etwa 1. März 1933), 9; HM an ES, 14. 10. 1932, 9.
271 Venus: PN, II, »Auszüge aus Anaïs? Tagebuch«, 62/63; AN an HM, 1933, *passim*; HM an ES, 1. 1. 1933, 15. 6. 1933, 15. 2. 1934; »In das Tagebuch von Anaïs Nin geschriebene Notizen«, MPM, 1–6; HM an Michael Fraenkel (1933), 1–7; PN, II, handschriftliche Notiz von AN an HM; Perlès, »Mein Freund Henry Miller«, Ms., 664–67; HM an Huntington Cairns, 11. 5. 1938, Sammlung Cairns, LC.
272 verlangte nur: AN an Gerald Robitaille, nicht datiert (September 1968).
272 »Meine nächste Frau«: HM an ES, Oktober 1932.
272 Paul Morand: HM an ES, 12. 7. 1932.
272 Manuskript von *Wendekreis des Steinbocks:* T CAP, Ms., 5; HM an R. G. Osborn, nicht datiert, Osborn-Papiere, 2. Ordner, 10.
273 Wiedererscheinen in Paris: HM an ES, Oktober 1932.
273 seine alten Manuskripte: HM an ES, 23. 10. 1932, 2.
273 zerfetzte sie: *Dreambook,* 29. 10. 1932.
274 kam June an: TC, Ms., III, 238/39.
275 »Alraune«: PN, III, 132/33; Unveröffentlichte Manuskripte der Nin-Sammlung, NU.
275 Eine Zeitlang drohte Fred Perlès: Jay Martin: Interview mit Alfred Perlès, Hania, Kreta, August 1971.
277 ein Bällchen Klopapier: HM an ES, 1. 1. 1933.
277 als June überraschend erschien: PN, II, 84 (Rückseite); HM an ES, 28. 11. 1932, 1/2, u. 1. 1. 1933, 3–5; HM an R. G. Osborn, 6. 12. 1932, 5. 1. 1933.
280 »Sag Henry«: HM an ES, 1. 1. 1933; HM an R. G. Osborn, 5. 1. 1933.

11. CLICHY-TAGE UND ALPTRAUM-NÄCHTE
280 daß er die Arbeiten von Otto Rank: HM an R. G. Osborn, 5. 1. 1933, 6/7.
281 ein Traumbuch zu führen: »Für Anaïs Nin, Original-Ms. von Traumbuch, von Henry Miller« ist HMs Arrangement einer Folge von »Alten Traumbuch«-Aufzeichnungen seiner Träume, wie er es nannte; später versuchte er, daraus eine Erzählung zu machen mit dem Titel »At Night All Leaping Fountains Speak with a Louder Tone«; andere Teile des Traumbuchs finden sich in »Dream Section« und MM. Das Traumbuch hat einen Index, der entsprechend dem »thematischen Material« angeordnet ist. Bei der Untersuchung von Millers Träumen verwende ich auch verschiedene Briefe, darunter: HM an Huntington Cairns, 30. 4. 1939, Sammlung Cairns, LC; und HM an Raymond Queneau, 8. 3. 1950.

12. DAS VERLORENE BUCH
285 Covici-Friede: HM an Pascal Covici, 1. 3. 1933.
285 Entwurf von *Wendekreis des Steinbocks:* HM an R. G. Osborn, 23. 2. 1933, 3/4, u. Mai 1933, 10.

285 einer kritischen Arbeit über D. H. Lawrence: in Manuskripten wie »Brochure«, »The Universe of Death« und »The World of Lawrence« – einschließlich zweier kompletter Entwürfe, Umarbeitungen und Auszüge aus Letzterem. Außerdem beziehe ich mich auf HM an ES, 11. 4. 1933, 3, u. 7. 9. 1933, 1–3. Von höchster Bedeutung ist das rotgebundene Notizbuch mit der Überschrift *The World of Lawrence by Henry Miller,* »Begonnen in Clichy als Broschüre von 100 Seiten, um die Veröffentlichung von ›Wendekreis des Krebses‹ einzuleiten«. Am Ende des Traumbuchs schreibt Henry: »Für Anaïs – die mir die ›Welt von Lawrence‹ zugänglich gemacht hat. Henry V. Miller, Februar 1934.«

285 hatte Jack Kahane bemerkt: WL, 1; T CAP, Ms., 161.

285 »niedermachen«: HM an R. G. Osborn, 14. 3. 1933.

286 Originalkonzept von »Brochure«: die zahlreichen Änderungen, Umrisse, Pläne, Umarbeitungen usw. dieser Arbeit befinden sich in: »Themen« von »Brochure«, I, 31, 203; »Scheme for Brochure«, MMI–IV; »Notizen zu dem Lawrence-Buch, ansonsten glaube ich ›Brochure‹ genannt«, in HM an Huntington Cairns; »Inhalte« in HM an R. G. Osbron, nicht datiert (etwa Mai 1933), »The World of Lawrence (Originalentwurf)«; »Thematischer Umriß von Brochure«, WL, 1–14.

287 dieser Idee zu Fraenkels: HM an ES, 11. 4. 1933, 2.

288 »von Namen unabhängiges Buch«: HM an R. G. Osborn, nicht datiert (etwa Mai 1933), 3.

289 »Lawrence. . . hat . . . bedeutet«: HM an ES, 16. 2. 1931 u. 7. 9. 1933; HM an AN, 30. 5. 1933; HM an Frieda Lawrence, 8. 9. 1935.

13. »ALL DIE LOSEN ENDE, DIE IN MEINEM INNEREN HERUM-FLATTERN«

290 Osborn schickte: R. G. Osborn an HM, 1. 5. 1933.

290 »an Jahren beträchtlich Dein Junior«: PN, 141 (Rückseite); HM an R. G. Osborn, (20. 5. 1933), 1–9.

292 »Dernières pages«: TC, Ms., III, 107–110.

293 »Das Allerschwierigste«: T CAP, Ms., 1/2.

293 »Selbstporträt«: BSN, HM an R. G. Osborn, 14. 3. 1933; HM an ES, 28. 4. 1933, 1/2.

294 »Der vierzehnte Bezirk«: »Postskriptum« zu Träume vom 30./31. 5. 1933, *Dreambook,* 12.

294 über eine Konversation mit Walter Lowenfels: HM an Dante Zaccagnini, 8. 2. 1950.

295 Gottfried Benn: »Soul and Destiny (Gottfried Benn)«, »Brochure«, II; HM an Eugene Jolas, 14. 7. 1950.

295 Malstunden bei Hilaire Hiler: HM an Hilaire Hiler, nicht datiert (Herbst 1933); Hiler an HM, 20. 4. 1962.

296 »Nein. Wir wollen keine«: »Selbstporträt (Louveciennes)«, BSN, 11/12.

297 Der grandiose Wahnsinn: AN »A Boost for Black Spring«, Ms., UT.

14. ANAÏS, ANAÏS, ANAÏS

297 Schon Anfang März: HM an R. G. Osborn, 14. 3. 1933.

298 »amerikanische Mösen«: HM an ES, 2. 3. 1933.

298 Im Mai: HM an Joe O'Regan, 4. 5. 1933.

298 kehrte Hugo Guiler zurück: HM an ES, 15. 6. 1933 u. 12. 7. 1933.

298 um ihr nahe zu sein: HM an ES, 15. 2. 1934; »Arbeitsprogramm: Hauptprogramm«, MM, 1/2.

298 (Er schrieb sechs Seiten hinein.): »In das Tagebuch von Anaïs Nin geschrieben«, 1. 1. 1933; Notizen beginnen: »Neujahr. . . in der Stille von Louveciennes«, S. 1–6. Diese Notizen erscheinen nicht in Nins veröffentlichtem *Tagebuch*, einer stark gekürzten Fassung ihres *Journal intime*.

298 schwere Schuldgefühle: PN, I, 159 (Rückseite) u. 184 (Rückseite).

299 seine Beziehung . . . zu erniedrigen: HM an ES, 15. 6. 1933.

299 Perlès dagegen war . . . verärgert: Perlès, »My Friend Henry Miller«, Ms., 66.

299 Anaïs überredete . . . Hugo: HM an R. G. Osborn, nicht datiert (1933), 2. Ordner.

300 lehnte Hugo es . . . ab: HM an R. G. Osborn, Juli 1934.

300 Anaïs aber blieb: HM an ES, 21. 7. 1933; HM Korrekturen im Enzyklopädie-Artikel von Gerald Robitaille, Sammlung Robitaille.

300 rettete den Vertrag: Vertrag vom 18. 6. 1934; zusätzliche Klauseln Nr. 7, 8.

300 Artaud: Raymond Queneau, »Préhistoire de Henry Miller«, Ms., Sammlung Queneau; HM an Paul Jacobs, 12. 9. 1953.

300 erschien Kahane: HM an Alfred Perlès, 20. 4. 1954 u. 31. 10. 1954.

301 Duchamps Frau: HM an Hilaire Hiler, 29. 11. 1934, 8.

301 T. S. Eliot: T. S. Eliot an HM, 18. 4. 1935 u. 13. 6. 1935.

15. WUNDER UND VORZEICHEN

302 Praxis als Psychoanalytikerin: HM an ES, 28. 8. 1934.

302 dampften Rank und Anaïs: HM an ES, 25. 10. 1934.

302 folgte Henry: HM an ES, 29. 12. 1934; »Finale« von *Crazy Cock*, UT.

302 Anaïs mußte Geld: HM an ES, 29. 12. 1934.

303 In deprimierten Briefen: HM an Hilaire Hiler, 5. 1. 1935, 1–5.

303 Walter Lowenfels erklärte ihm: HM an W. Lowenfels, nicht datiert, (Januar 1935).

304 traf er einige: HM an Hilaire Hiler, nicht datiert (etwa 20. 1. 1935); HM an Alfred Perlès, 5. 4. 1935; James T. Farrell an HM, 20. 12. 1943.

304 Nichts in Manhattan: HM an Hilaire Hiler, nicht datiert (etwa 7. 1. 1935).

304 vier Patienten am Tag: HM an Joe O'Regan, O'Regan-Papiere, nicht datiert (Februar 1935); HM an Walter Lowenfels, 14. 3. 1935.

305 An seinem letzten Abend: HM an ES, Oktober 1935, 3.

16. »ALLEIN MIT MEINEM PERSÖNLICHEN RUHM«

306 Wenn ich . . . lese: HM an Alfred Perlès, 5. 4. 1935.

306 Reklamekampagne: HM an Hilaire Hiler, 12. 10. (1935); Jay Martin: Interview mit Raymond Queneau, Paris, August 1971.

307 ein Buch herauszugeben: HM an Walter Lowenfels, 13. 11. 1935.

308 surrealistischen Sketch: HM Anmerkung zu »Portrait of General Grant«, MPM.

308 Zweimal täglich: Jay Martin: Interview mit Betty Ryan, Athen, Juli 1971.

309 »Ich habe eben . . . gelesen«: Lawrence Durrell an HM, August 1935, in *Lawrence Durrell und Henry Miller: A Private Correspondence* (»Briefe 1935–1939«), Herausgeber George Wickes (New York: E. P. Dutton & Co, Inc., 1963), 4.

309 tatsächlich sehr feinfühlig: HM an Conrad Moricand, 21. 7. 1936, UT; »Paradise Lost«, Originalfassung, UT.

310 »eine blumengleiche Grazie«: R. G. Osborn an HM, 28. 11. 1938.

312 T. S. Eliot: T. S. Eliot an HM 1. 1. 1936.
312 Simon and Schuster: HM an W. Lowenfels, nicht datiert (1935), 2, UVA.
312 Bennett Cerf: HM an ES, 6. 7. 1936, 4.
312 Alfred Knopf/ HM an Francis F. Dobo, 10. 5. 1937; HM an Huntington Cairns,
17. 6. 1937, Sammlung Cairns, LC; HM an Joe O'Regan, 11. 10. 1937.
313 »Max«: Manuel Bickel an HM, 5. 9. 1935; HM an Joe O'Regan, 4. 11. 1937.
313 lehnten *Max and the White Phagocytes* ab: HM an Huntington Cairns, Oktober
1935, Sammlung Cairns, LC; HM an Abraham Rattner, 8. 11. 1937.
313 Herbert Faulkner West: HM an Herbert F. West, 16. 6. 1937, Sammlung West,
DC.
313 V. F. Calverton: Huntington Cairns an HM, 25. 2. 1937, Sammlung Cairns, LC;
HM an V. F. Calverton, nicht datiert (Frühjahr 1937).
314 Huntington Cairns: HM an Huntington Cairns, 17. 6. 1937, Sammlung Cairns,
LC.

17. HISTORIA CALAMITATUM
314 Er hatte . . . zu erzählen versucht: TC Ms., »Gestrichene Seiten«, in HM an
Huntington Cairns, 11. 6. 1936, Sammlung Cairns, LC.
314 Er gab einfach seine Notizen auf: PN, II, 64.
315 »The Land of Fuck«: HM an Huntington Cairns, 19. 3. 1938, Sammlung Cairns,
LC.
315 erklärte er Calverton: HM an V. F. Calverton, nicht datiert (1938).
316 Dantes Beatrice: PN, III, 39.
316 glänzender Abschluß: T CAP, Ms., Originalschluß, in HM an ES, 25. 8. 1938,
2–5.

18. DER LETZTE DER BESTEN TAGE
318 »Villa-Seurat-Reihe«: »Villa-Seurat-Reihe / Herausgeber: Henry Miller«,
Ankündigung durch die Obelisk Press, 1–4; Jay Martin: Interview mit Betty
Ryan, Athen, Juli 1971; HM »Abkommen mit Jack Kahane von Obelisk Press«,
14. 12. 1937.
318 von seinem Vater: in Henry Miller, Familienbriefe, 1937.

19. SALUT AU MONDE
319 *Draco and the Ecliptic:* HM an Huntington Cairns, 23. 7. 1938, Sammlung Cairns,
LC; HM an ES, 27. 7. 1938; HM an R. G. Osborn, nicht datiert (1938); »This is
my Answer«, UT; HM an John Cowper Powys, 19. 5. 1950.
320 Doch nach 1935: HM an ES, 6. 7. 1936 und 4. 11. 1938.
321 erklärte er 1937 Joe O'Regan: HM an Joe O'Regan, 11. 10. 1937.
321 Im August 1938: HM an Bern Porter, nicht datiert (1944), im Manuskript von
»Semblance of a Devoted Past«.
322 In verschiedenen Briefen: HM an ES, 3. 5. 1939, u. 27. 9. 1938, Sammlung
Cairns, LC.
323 Redakteur einer Tageszeitung in Chicago: HM an James Taylor Dunn, 20. 6.
1939.
323 »Konzentrationslager«: Jay Martin: Interview mit Raymond Queneau, Paris,
August 1971.

DRITTES BUCH: PASSAGE NACH AMERIKA

1. REISE IN EIN ANTIKES LAND
327 herumzusitzen: AN an Alfred Perlès, nicht datiert (1939), UT.
329 Old Brazil Coffee House: Jay Martin: Interviews mit Charles Halderman und Nikos Gatsos, Hania, Kreta; und Athen, Juli 1971.
331 George C. Katsimbalis: HM an ES, 9. 9. 1939; Jay Martin: Interview mit George C. Katsimbalis, Athen, Juli 1971.
331 der Maler Ghikas: Jay Martin: Interview mit Nikos Ghikas, London, August 1971.
333 Sein Sohn Maurice: HM an Huntington Cairns, 15. 10. 1939, Sammlung Cairns, LC.
333 einen Raubdruck: G. Legman an HM, 26. 1. 1940, Sammlung Cairns, LC; G. Legman an Kathryn Mecham, (August.) 1940.
333 »zu oft schon«: James Laughlin an HM, 30. 12. 1939.
333 Am 5. Dezember 1939: HM an ES, 5. 12. 1939.
333 »Die Deutschen«: HM an Huntington Cairns, 15. 10. 1939, Sammlung Cairns, LC.
333 hatte er nur die Wahl: HM an ES, 20. 9. 1939.
335 »die Welt der Natur«: HM an V. F. Calverton, 20. 9. 1939.
335 schrieb er Osborn: HM an R. G. Osborn, 26. 2. 1939.

2. EIN KOMMENDER MANN OHNE GELD
337 Sherwood Anderson im Hotel: HM an Huntington Cairns, 12. 3. 1940., Sammlung Cairns, LC.
338 auf den Heimweg: HM an Huntington Cairns, 15. 3. 1940, Sammlung Cairns, LC.
339 »In mir hat sich vieles geöffnet«: HM an Huntington Cairns, 12. 3. 1940, Sammlung Cairns, LC.
341 die Dalis: HM an John Slocum, nicht datiert (August 1940).
341 Maurice Kahane ihm schrieb: Maurice J. Kahane an HM, 7. 3. 1940.
341 Victor Weybright: HM an Victor Weybright, 27. 10. 1948.
342 John Slocum: »Von Henry Miller an John J. Slocum übergebene Manuskripte«, 3. 7. 1940; und »Von Henry Miller an John J. Slocum übergebenes Material«, 29. 8. 1940.
342 Slocum konnte nichts davon unterbringen: John Slocum an HM, 16. 8. 1940.
342 Harold Strauss: Harold Strauss an John J. Slocum, 29. 7. 1940, NYPL; »Ein offener Brief an die Privatperson Alfred Perlès« (gestrichener Text), 16.
343 ein Buch beschrieben: »America, The Air-Conditioned Nightmare« (»Der klimatisierte Alptraum«), Originalentwurf.
343 Abraham Rattner: HM an Herbert F. West, 20. 8. 1940, Sammlung West, DC.
343 Doubleday: HM an John Slocum, nicht datiert (August 1940); HM an Lawrence Clark Powell, 28. 3. 1965.
343 Ich beabsichtige: HM an Huntington Cairns, September 1940, Sammlung Cairns, LC.

3. DER KLIMATISIERTE ALPTRAUM
345 an Allen Tate. . . und an Herbert West: HM an Allen Tate, 16. 9. 1940, Tate Papiere, PU; HM an Herbert West, 14. 9. 1940, Sammlung West, DC.

346 Rattner begleitete: HM an Huntington Cairns, 2. 5. 1941, Sammlung Cairns, LC.
346 in mehreren großen Bögen: »Vollständiger Reisebericht des Alptraum-Trips für J(ames) L(aughlin)«, 1–3; »Reisebericht« in »Red Notebook«.
346 sein Vater ins Krankenhaus: HM an Knud Merrild, 4. 7. 1944; HM an Sidney Omarr, 16. 10. 1952.
347 »25 000 Meilen«: The Nightmare Notebook, New York: New Direction, 1975, Faksimile ohne Seitenangabe. Millers Einschätzung ist natürlich übertrieben, Ausdruck und Symbol seiner Erschöpfung. Diese Bezugnahme und andere nicht dokumentierte Hinweise auf Millers Trip durch Amerika stammen aus Millers Notizbuch, in dem er diese Reise festgehalten hat. Die New-Directions-Ausgabe ist ein Faksimile des Original-Notizbuches in der Special Collections der UCLA, das ich als Quelle benutzt habe.
349 Weihnachten 1941: HM an Huntington Cairns, 16. 12. 1941, Sammlung Cairns, LC.
349 schrieb er... »Ende«: »Originalschluß von ›Der klimatisierte Alptraum‹ «, »Coda«, 34–47, CWBL, UVA.
350 schrieb er seinem Agenten Henry Volkening: HM an Henry Volkening, 12. 1. 1942.

4. DIE SEELE LÜFTEN
351 nahm er die Arbeit: HM an Huntington Cairns, Februar 1942, Sammlung Cairns, LC; und Huntington Cairns an HM, 16. 10. 1942.
351 »spirituelle Ecke«: HM an Huntington Cairns, 1942, Sammlung Cairns, LC.
352 Die göttliche Laure: HM an Lawrence Durrell, 7. 4. 1944, 2 (fehlt bei veröffentlichten Briefen); HM an Sidney Omarr, 16. 10. 1952.
353 ihren »accord« verloren: AN an Emil White, nicht datiert, Sammlung White.
354 »meine Seele lüften«: HM an Herbert F. West, 21. 1. 1942, Sammlung West, DC.
354 unterzeichnete seine Briefe: HM an Lawrence Clark Powell, 19. 12. 1942.
354 schlief auf einem Feldbett: HM an Huntington Cairns, September 1942, Sammlung Cairns, LC; HM an Lawrence Durrell, 15. 9. 1942, SIU (dieser Teil in den veröffentlichten Briefen gestrichen).
355 »niedrigste und verrückteste«: HM an Huntington Cairns (etwa September 1942), Sammlung Cairns, LC.
355 Umriß einer Story: »Notizen zu einem imaginären exotischen Film«, MM.
356 Leinwandarbeit angeboten: HM an ES, 16. 11. 1942; Eva Broche de Rothermann an HM, 23. 10. 1942; HM an Herbert F. West, 15. 10. 1942, Sammlung West, DC.
356 Nachtrag zu seiner Zusammenfassung: »Beilage (zum Film)«, Sammlung West, DC.
357 schrieb er an Anaïs: HM an AN, nicht datiert (1942), SIU.
357 Agenten namens Donohue: HM an AN, nicht datiert (Dezember 1942), SIU; HM an Mr. Donohue, 12. 12. 1942, YU; HM an Dudley Nichols, 6. 3. 1943, YU.
358 fehlte... das Fahrgeld: HM an Huntington Cairns, November 1942; HM an Claude Houghton, November 1942, 5.
358 Betreuung von Exsträflingen: HM an AN, nicht datiert (1941), SIU.
358 »Ganz unter uns«: HM an Huntington Cairns, 22. 12. 1942; HM an Cyril Connolly, 5. 1. 1943, UT.

359 nie zu erreichen: HM an Christopher Morley, nicht datiert (1942).
359 Bücher zum Rezensieren: HM an Herbert F. West, 4. 1. 1943, 18. 1. 1943 u. 6. 3. 1943, Sammlung West, DC; HM an Dudley Nichols, 11. 6. 1943, YU.
359 »neurotische Fotzen«: HM an Savington Crampton, 14. 4. 1943; und HM an Crampton, »Freitag nach Ostern« (April 1943); HM an Huntington Cairns, 12. 6. 1943.
359 von Anaïs hatte er zum Schluß zuviel verlangt: HM, »Notes on Rimbaud«, Ms. (1945); HM an ES, 12. 6. 1943; HM an LD, 7. 4. 1944; Anaïs Nin, »Tagebuch«, Ms., nicht datiert (Frühjahr 1942), SIU; HM an Sidney Omarr, 16. 10. 1952.

5. SEVASTY – SEVASTY
360 »Die Verehrungswürdige!«: HM an Herbert F. West, 3. 11. 1943, Sammlung West, DC.
360 Sevasty Koutsaftis: »My Life With Sevasty«, 2/3; HM an Dudley Nichols, 11. 6. 1943, YU.
361 schrieb sie an Henry: Sevasty Koutsaftis an HM, 31. 3. 1943.
361 Lockheed: Sevasty Koutsaftis an HM, 7. 4. 1943.
361 »Jetzt ist alles möglich«: HM an ES, 12. 6. 1943.
361 ein Gedicht verfaßte: »O Lake of Light«, MPM; HM an Tambimuttu; Schreibmaschinen-Ms. des Gedichts befindet sich in HM an Sevasty Koutsaftis, nicht datiert (Frühjahr 1943).
362 im Juni 1943: Sevasty Koutsaftis an HM, 11. 6. 1943.
362 »Ich weiß nun«: HM an Sevasty Koutsaftis, nicht datiert (Juli 1943).
362 Eva Sikelianou: HM an Eva Sikelianou, 31. 7. 1943.
363 Pierce Harwell: HM an Savington Crampton, nicht datiert (März 1943); »Manuskriptnotizen zu Rimbaud Opus«; Pierce Harwell an HM, 29. 6. 1943.
363 »dem Schreiben nie schaden«: HM an Herbert F. West, 16. 8. 1943 u. 4. 11. 1943, Sammlung West, DC.
363 autobiographisches Buch: »My Life With Sevasty«.

6. DAS GRÜNE, MIT FRAUENHAAR GEDECKTE HAUS
364 bedeutete Malen fast alles: HM an Alfred Stieglitz, 19. 3. 1943; HM an Sidney Omarr, 16. 10. 1952.
364 schlenderte. . . an dem Geschäft vorbei: HM an Herbert F. West, 8. 10. 1943, Sammlung West, DC.
365 »Haus der Analyse«: »Offener Brief an Jedermann (Nr. 3)«, MM, 1.
365 ein kleines einladendes Reklame-Flugblatt: der »Offene Brief« war auf beiden Seiten eines Blattes bedruckt; »Layout für gedruckte Notizen« in Brief von HM an H. F. West, 4. 11. 1943, Sammlung West, DC.
365 Man und Julie Ray: Jay Martin: Interview mit Man Ray, Paris, August 1971; HM an George Metzger, 14. 9. 1948.
366 »Na, Emil, alter Junge«: HM an ES, 3. 1. 1943, 2.
366 »Offenen Brief an alle und jeden«: HM an Herbert F. West, 10. 4. 1943 u. 22. 11. 1943; Henry Morton Robinson an HM, 16. 7. 1943; HM an Huntington Cairns, 3. 10. 1943; HM an Abraham Rattner, 8. 11. 1943.
367 James T. Farrell an Miller, 4. 12. 1943.
367 einen Drehbuchvertrag: HM an ES, 3. 11. 1943.
367 Bewunderer erschienen: Paul Weiss an HM, 7. 5. 1943.
368 schrieb er Abe Rattner: HM an Abraham Rattner, 8. 11. 1943, 5.

7. EIN PARADIES FÜR DEN KÜNSTLER

368 in Mexiko: HM an Bern Porter, 18. 1. 1944.

369 fünfzig Dollar für fünfzig Wochen: HM an »Liebe Freunde« (zwanzig Freunde erhielten Kopien), Ostersonntag (1944).

369 von Henry Volkening: Henry Volkening an HM, 24. 4. 1944.

370 anonymer Brief: Anonymer Gönner an HM, 29. 6. 1944.

370 schickte... hundert Dollar: HM an Bern Porter, 4. 5. 1944; HM an Huntington Cairns, 5. 5. 1944 u. 31. 5. 1944, Sammlung Cairns, LC; HM an Bern Porter, 7. 7. 1944.

370 »Ich denke, Sie wissen«: HM an Huntington Cairns, 5. 5. 1944, 3, Sammlung Cairns, LC.

371 »ein Zirkus mit drei Manegen«: HM an Knud Merrild, 28. 2. 1944.

371 »das Tibet Ähnlichste«: HM an George Dibbern, 17. 4. 1945.

371 »keine Fisimatenten«: HM an Herbert F. West, 13. 3. 1944, Sammlung West, DC.

371 »Ich tue mein Bestes«: HM an Knud Merrild, 20. 4. 1944.

372 an Osbert Sitwell: HM an Osbert Sitwell, 9. 4. 1944.

372 eine lange Kutte: UCLA, Fotosammlung, HMs Anmerkung: »Foto von HM während der frühen Partington-Ridge-Tage, als er danach strebte, ein Mönch zu sein.«

372 sagte seine Morgengebete: Bern Porter, »Notizen«, UM, 1944.

373 erzählte er Bern Porter: HM an Bern Porter, nicht datiert (Februar 1944).

373 »Ich bekomme so viele Briefe«: HM an Knud Merrild, 20. 4. 1944.

374 *Kreuzigung in rosa:* HM an Frederic Carter, 14. 4. 1944; HM an Cyril Connolly, 9. 1. 1943, UT.

374 Hier in Big Sur: Interviews mit Emil White, Ephraim Doner und Noel Young in Big Sur, 1977.

8. ANDERE GLORREICHE BOTEN

376 Mutter war sehr ernst... erkrankt: HM an Huntington Cairns, nicht datiert (Anfang Oktober 1944), Sammlung Cairns, LC.

378 heirateten Henry und Martha Lepska: HM an H. F. West, 18. 12. 1944, Sammlung West, DC; HM an Knud Merrild, 20. 12. 1944; HM an Maurice Girodias, 20. 6. 1945.

379 »Inzestmotivs«: WL, 7/8.

380 »Es ist ein Mädchen«: HM an Huntington Cairns, 20. 11. 1945, Sammlung Cairns, DC.

9. GELD UND WIE ES DEN WEG ZU IHM FAND

382 *Ins Nachtleben hinein:* HM an Herbert F. West, 4. 4. 1946 u. 13. 3. 1947, Sammlung West, DC; Bezalel Schatz, »The Story of the Making of the Book *(Ins Nachtleben hinein)*«; HM, »Text for Circular on *Into the Night Life*« (1947).

383 »Ich kann warten«: HM an Bezalel Schatz, 30. 4. 1947.

384 Jack Kahanes Sohn: Maurice Girodias an HM, 2. 10. 1944; HM an Dane Rudhyar, 20. 10. 1955.

384 Export... verboten: Maurice Girodias an HM, 3. 1. 1946 u. 15. 3. 1946; Michael A. Hoffman an HM, 19. 9. 1946.

386 Agence Hoffmann: Michael A. Hoffman an Patience Ross, 18. 9. 1945; M. A. Hoffman an HM, 19. 9. 1946.

386 »wenig Hoffnung«: HM an Huntington Cairns, 4. 6. 1947.

10. TEUFEL IM PARADIES

389 Hilferuf von Conrad Moricand: HM an Conrad Moricand, 6. 10. 1946, UT.
389 kabelte er im März 1947: HM an C. Moricand, UT; HM an Maurice Girodias, 10. 7. 1947.
389 Caresse, bemerkte er: HM an Maurice Girodias, 9. 8. 1947.
389 kaum war Moricand. . . angekommen: HM an ES, 12. 2. 1948; Huntington Cairns an HM, 20. 2. 1948.
390 *San Francisco Chronicle:* 8. 7. 1948.
392 Im März 1946: »Die Affäre Miller«, 1/2; HM an Herbert F. West, 16. 3. 1946, Sammlung West, DC.
392 Girodias berichtete fröhlich: Maurice Girodias an HM, 14. 9. 1946.
393 verklagten. . . Girodias: HM an H. F. West, 30. 9. 1947, Sammlung West, DC.
393 in den Vereinigten Staaten: Martha Miller an Walker Winslow, nicht datiert (April 1947), HL.
393 ging Miller zum Gegenangriff über: HM an Maurice Girodias, 20. 6. 1945, 20. 8. 1945, 18. 12. 1947.
393 »Wie Sie wissen«: HM an M. Girodias, 30. 9. 1948.
393 »In den autobiographischen Erzählungen«: HM an Maurice Nadeau, 15. 12. 1949.
394 Kritik. . . abschütteln: HM an Pierre Lesdain, 15. 10. 1949; HM an Eugene Jolas, 8. 10. 1950.
394 »Erhielt Sexus von Paris«: LD an HM, 5. 9. 1949, in *Lawrence Durrell and Henry Miller: A Private Correspondence* (Briefe: 1935–1959), 264/65.
394 »Ich möchte Dir folgendes sagen«: HM an LD, 28. 9. 1949, in *Briefe: 1935–1959,* 267–269.
396 beendete er 1949: HM an ES, 29. 12. 1949.

11. LEBENSSPUREN

396 Anstatt. . . weiterzuarbeiten: HM an Lawrence Clark Powell, 16. 1. 1950.
397 es wäre »ein Nachtrag«: HM an »Liebe Freunde« (Rundschreiben), 4. 2. 1950.
397 (D. H. Lawrence und Maurice Maeterlinck): HM an Helene le Boterf, 25. 4. 1951.
398 Marthas Entgegenkommen: HM an Renate Gerhardt, 11. 2. 1964, Sammlung Gerhardt.
399 In ihrem ersten Brief: Eve McClure an HM, 20. 11. 1951.
400 Liebesbriefchen: HM an Andrew Horn, 16. 4. 1952; Eve McClure an Andrew Horn, 21. 9. 1952.
400 Sie »erinnert mich«: HM an LD, 27. 4. 1952 (nicht in veröffentlichten Briefen enthalten).
400 einen Vordruck: HM an »Liebe Freunde«, nicht datiert (Frühjahr 1952).
400 jeden Pfennig benötigte: HM an L. C. Powell, 23. 6. 1951, 4. 7. 1951, 14. 11. 1951.
401 Silvesterabend: »Mejores no Hay!« 1–19, UVA.
401 bekannt wie das eines Filmstars: HM an Lawrence Clark Powell, 10. 3. 1953.
402 »Henrys ›Paradies‹ «: Eve Miller an Emil White, 11. 2. 1953, Sammlung White.
402 George Katsimbalis: HM an Père Raymond Leopold Bruckberger, 23. 6. 1954.

402 »zu dem Mädchen durchzudringen«: HM an R. G. Osborn, 1. 11. 1934.
402 Um 1940 hatte er : HM an Joe O'Regan, 11. 10. 1937, 4. 11. 1937, 8. 1. 1938,
    15. 2. 1938; HM an John Slocum, nicht datiert (Ende August 1940); Barbara
    Berch an Barbara Sandford, nicht datiert (etwa 1944).
402 brachte der Postbote: Barbara Sandford an HM, 10. 2. 1954.
403 Barbara und Val zusammen: Barbara Sandford an HM, 21. 6. 1954.
403 »Lauretta versuchte«: Alfred Perlès an HM, 2. 1. 1955.

12. EIN SCHOSS, IN DEM DIE SONNE BIRST
404 »Jetzt ist es an der Zeit«: »Peace and Solitude: A Free Fantasia« (gestrichen); »A
    Potpourri«, Originalfassung, einschließlich »Contents«, UT.
404 »Es fließt«: HM an Neville Armstrong, 13. 6. 1955; HM an Michael A. Hoffman,
    15. 6. 1955; HM an L. C. Powell, nicht datiert (etwa Juli 1955); HM an Sidney
    Omarr, 2. 7. 1955.
404 erklärte Miller seinem Agenten: HM an Michael A. Hoffman, 3. 6. 1956.
404 »Ich nagelte ihn«: HM an Bezalel Schatz, 5. 10. 1955.
404 das Thema verlorenes Paradies: Walker Winslow an HM, 12. 8. 1956, HL; HM an
    Thomas Parkinson, 30. 7. 1958.
405 mit seiner Beziehung zu ihr: HM an Sydney Omarr, 14. 8. 1955.
405 Ein alter Traum: »Dream Center«, 47; T CAP, Ms., Originalfassung, 25/26.
405 »Wenn sie tot ist«: HM an Renate Gerhardt, 29. 9. 1961, Sammlung Ger-
    hardt.
405 »Jesus!« schrieb Eve: Eve Miller an Emil White, 25. 2.1956, Sammlung
    White.
406 kurz vor dem Ende: Jay Martin: Interview mit Renate Gerhardt, Berlin, August
    1971; Jay Martin: Interview mit Gerald Robitaille, Bourg-la-Reine und Paris, Juli
    und August 1971.
406 »Ein neues Leben«: HM an Paul Jacobs, 5. 4. 1956.
406 Lauretta müßte untergebracht werden: HM an L. C. Powell, 6. 4. 1956.
406 Beatrice ihn. . . verklagen: Barbara Sandford an HM und Eve Miller, 8. 6.
    1957.
406 National Institute of Arts and Letters: Malcolm Cowley an HM, 13. 2. 1957.
407 zwei 1940 geschriebene Geschichten: HM an Ben Grauer, 31. 5. 1956; »Quiet
    Days in Clichy« (Stille Tage in Clichy), drei Revisionen von zwei Kurzgeschich-
    ten, UT; HM an Maurice Girodias, 15. 2. 1957.
408 »Reichel. . .«: HM an Dante Zaccagnini, 3. 1. 1959.
408 Einige Monate lang arbeitete: HM an Lawrence Durrell, 25. 4. 1958 (HM
    Marginalien); Eve Miller an Jean Bagby, 15. 5. 1958; HM an Alfred Perlès, 14. 1.
    1959; Eve Miller an Lawrence Durrell und Claude Durrell, 18. 3. 1959.

13. WIR, DIE WIR DAS LEBEN UNLEBBAR MACHEN
410 Rosset erwähnte: HM an Barney Rosset, nicht datiert (etwa 17. Juni 1959),
    SIU.
410 Miller erklärte: K. S. Giniger an HM, 9. 4. 1951.
410 George Oldhausen: HM an George Oldhausen, 26. 6. 1950.
410 Als zwei Filmemacher: James B. Harris und Stanley Kubrick an HM, 10. 6. 1958;
    HM an J. B. Harris und Stanley Kubrick, 20. 6. 1958.
411 Eve hatte dazu beigetragen: Jay Martin: Interview mit Emil White, Oktober
    1977.
411 Ihr Name war Caryl Hill: Jay Martin: Interview mit Caryl Hill, Januar 1978.

412 »Ich weiß, daß du und Henry«: Eve Miller an Lawrence Durrell und Claude Durrell, 7. 11. 1959 u. 6. 12. 1959; Emil White an L. C. Powell, 2. 12. 1959.
412 Vor Beginn der Filmfestspiele: »Reisebericht von Henry Miller und Vincent Birge«, 24. 9. 1960 bis 17. 6. 1961, und »Notizen zum Reisebericht«.
413 beschloß sie zu handeln: Eve Miller an Lepska Verzeano, 17. 5. 1960.
413 Zeit für die Scheidung: Eve Miller an HM, 17. 5. 1960.
413 »Ich glaube, alles, was Du sagst«: HM an Eve Miller, 22. 5. 1960.
413 Caryl, bemerkte er: HM an Renate Gerhardt, 5. 7. 1960, Sammlung Gerhardt.

14. ÜBER DEN ÄQUATOR
413 Sie hatte. . . geheiratet: R. G. Osborn an HM, nicht datiert (Januar 1945); Janice Pelham an HM, nicht datiert (1945); HM an Robert W. Hill, 5. 11. 1955; A. K. Baxter an HM, 3. 11. 1956.
414 habe nicht den Mut«: HM an Mr. Oldfield (Claude Houghton), 31. 1. 1942.
414 jammerte June. . . um Hilfe: June E. Corbett an HM, 25. 12. 1956.
414 Einzimmerwohnung in einer schlechten Gegend: June E. Corbett an HM, 24. 1. 1959.
414 »wunderbar gut«: June E. Corbett an HM, 7. 10. 1961.
415 war sie wütend geworden, als sie. . . las: HM an AN, 7. 5. 1955; Alfred Perlès an AN, 9. 5. 1955.
415 brachte sie auf eine Idee: HM an Eve Miller, 26. 5. 1962.
415 »überhaupt nicht verändert«: HM an Eve Miller, 31. 7. 1962.
415 leuchtende, engelhafte Lächeln: HM an Eve Miller, 14. 10. 1962.
416 schlug er. . . einen Vertrag vor: Barney Rosset an Michael A. Hoffman, 2. 4. 1959.
416 Als nächstes bot Rosset: Barney Rosset an M. A. Hoffman, 23. 6. 1959; HM an Barney Rosset, 5. 8. 1959; HM an L. C. Powell; 5. 2. 1960.
417 »Wir alle brauchen Geld«: HM an Maurice Girodias, 28. 1. 1960.
417 »Bombe einschlagen«: HM an Jean Fanchette, 15. 2. 1960.
417 »drastischen Veränderungen«: HM an Barney Rosset, 20. 1. 1960.
418 Ich habe. . . geführt: HM an Barney Rosset, 14. 7. 1960.
418 nahm die Feder und unterschrieb: HM an Eve Miller, 20. 2. 1960.
419 Der Ärger begann: umfangreiche juristische Dokumente der Elmer-Gertz-Sammlung, LC, wurden in vollem Umfang zu Rate gezogen.

15. RÜCKKEHR ZU EINEM NEUEN LEBEN UND ANDERE BURLESKEN
421 bezog ein möbliertes Zimmer: HM an L. C. Powell, 27. 9. 1961, HM an Eve Miller, 25. 9. 1961; HM an Renate Gerhardt, 24. 9. 1961, Sammlung Gerhardt.
421 um einen Scheck einzulösen: HM an Renate Gerhardt, 29. 9. 1961, Sammlung Gerhardt.
421 Er versuchte, an. . . Nexus zu arbeiten: HM an Renate Gerhardt, 1. 2. 1962, Sammlung Gerhardt.
422 das Geld so schnell dahinschwand: HM an Renate Gerhardt, 6. 1. 1963, 9. 7. 1963, 18. 7. 1963, 21. 8. 1963, 27. 8. 1963, 3. 9. 1963, 15. 9. 1963, 5. 10. 1964, 25. 11. 1964, Sammlung Gerhardt; HM an Margaret Mondragon, 5. 12. 1964.
423 Henry gefiel die Idee: HM an Eve Miller, nicht datiert (November 1962); HM an Renate Gerhardt, 7. 2. 1962, 16. 11. 1962, 15. 12. 1962, Sammlung Gerhardt.
423 Scheidung von Eve: HM an Eve Miller, 26. 4. 1961.

423 Im Februar 1963: HM an L. C. Powell, 25. 2. 1963.
423 »Als ich ankam«: George Wickes an Lawrence Durrell, 27. 2. 1963.

16. ÄRGER MIT DEM KREBS – WAS SOLL'S, HAUPTSACHE, MAN IST GESUND!
424 erreichte Alfred Perlès: Alfred Perlès an HM, 31. 8. 1962; Elmer Gertz an HM, 29. 3. 1963.
424 Die Anklage behauptete: HM an Renate Gerhardt, Februar 1964, Sammlung Gerhardt; HM an Eve Miller, 1. 3. 1964 u. 6. 3. 1964.
425 er begann, einen burlesken Einakter. . . zu schreiben: HM an Renate Gerhardt, 15. 9. 1963, Sammlung Gerhardt.
425 machte Perlès. . . noch komplizierter: HM an Alfred Perlès, 25. 5. 1964 u. 22. 6. 1964.
426 Ziva Rodam: HM an Eve Miller, Oktober 1963.
426 Irgend jemand trieb ihn immer: HM an Alfred Perlès, 5. 7. 1964, UT.
426 Rellim Productions: HM an Harry Millard, 5. 7. 1963.
427 wenn er nachts wach lag: HM an Alfred Perlès, 25. 5. 1964, UT.

17. EIN WEITERER GOETHE
427 eine »umwerfende« Rechnung: HM an Renate Gerhardt, 8. 8. 1964, Sammlung Gerhardt.
428 einer Reihe junger Frauen: HM an Tullah Hanley, 21. 7. 1963, UT; HM an Eve Miller, 15. 4. 1964 u. 23. 4. 1964; HM an Alfred Perlès, 25. 5. 1964, UT.
428 Tony. . . und auch Val: HM an Alfred Perlès, 17. 9. 1964.
428 amerikanische Veröffentlichung von Sexus: George Wickes, »Gespräche mit Henry Miller, 21. 6. 1965«, Sammlung Wickes.
428 gestand Miller: »An den Innenminister«, 1/2.
429 Maxwell Geismar erklärte er: HM an Maxwell Geismar, 10. 1. 1966; HM an Renate Gerhardt, 18. 6. 1963, Sammlung Gerhardt.
430 1962 hatte sie Henry geschrieben: HM an Eve Miller, 4. 4. 1962.
430 Hiroko Tokuda: HM an Bezalel Schatz, 4. 6. 1967; HM an Rokuro Tokuda, 9. 9. 1967; Rokuro Tokuda an HM, 11. 9. 1967 u. 2. 3. 1968; HM an A. S. Neill, 14. 10. 1968; Jay Martin: Interviews mit Gerald Robitaille, Bourg-la-Reine und Paris, Juli und August 1971.
434 Theodore Schroeder gegenüber erklärt: HM an Theodore Schroeder, 9. 3. 1942.
435 Einem Interviewer, der 1976 seinen Einfluß rühmte: Jonathan Kirsch, »Henry Miller at 84: The Prisoner of Pacific Palisades«, Los Angeles Free Press, 30. 7. bis 5. 8. 1976, 1, 6/7. In diesem Teil verwende ich außerdem: Ben Reuven, »Miller Recollects in Tranquility«, Los Angeles Times Book Review, 4. 4. 1976, 3; und Jonathan Cott, »Reflections of a Cosmic Tourist«, Rolling Stone, 27. 2. 1975, 35–46, 57.
436 »an der Schreibmaschine sterben«: HM an Ron Phelps, 17. 2. 1963.
440 »Könnte ich. . . rückwärts laufen«: HM an Gerald Robitaille, 13. 11. 1953.

EPILOG
444 »Ich habe niemals irgend etwas von Mailer gelesen«: zitiert in Jonathan Kirsch, »Henry Miller at 84: The Prisoner of Pacific Palisades«, Los Angeles Free Press, 30. 7. bis 5. 8. 1976, 1, 7.
450 »Sie beziehen sich auf meine Recherchen«: HM an Jay Martin, 17. 10. 1972, Sammlung Jay Martin.

Register

484